Gerd Theißen

Texttranszendenz

Beiträge zum Verstehen der Bibel

Contributions to Understanding the Bible

herausgegeben von / edited by

Prof. Dr. Manfred Oeming
und / and
Prof. Dr. Dr. h. c. mult. Gerd Theißen

(Heidelberg)

Band 36

LIT

Gerd Theißen

TEXTTRANSZENDENZ

Beiträge zu einer polyphonen Bibelhermeneutik

LIT

∞

Gedruckt auf alterungsbeständigem Werkdruckpapier entsprechend
ANSI Z3948 DIN ISO 9706

Bibliografische Information der Deutschen Nationalbibliothek
Die Deutsche Nationalbibliothek verzeichnet diese Publikation in der Deutschen Nationalbibliografie; detaillierte bibliografische Daten sind im Internet über http://dnb.d-nb.de abrufbar.

ISBN 978-3-643-14246-7 (br.)
ISBN 978-3-643-34246-7 (PDF)

Verlagskontakt:
Fresnostr. 2 D-48159 Münster
Tel. +49 (0) 2 51-62 03 20
E-Mail: lit@lit-verlag.de http://www.lit-verlag.de

Auslieferung:
Deutschland: LIT Verlag, Fresnostr. 2, D-48159 Münster
Tel. +49 (0) 2 51-620 32 22, E-Mail: vertrieb@lit-verlag.de

E-Books sind erhältlich unter www.litwebshop.de

Inhaltsverzeichnis

Vorwort 1

1. Doppelte Texttranszendenz:
Eine polyphone Lektüre des Neuen Testaments 3

Teil 1: Hermeneutische Entwürfe

2. Das religionsgeschichtliche Programm:
Die religionsgeschichtliche Schule – damals und heute 33

3. Das lebensphilosophische Programm:
Martin Dibelius und die Suche nach dem Übergeschichtlichen 51

4. Das existenztheologische Programm:
Rudolf Bultmann: Entmythologisierung und Zeitgeschichte 71

5. Das konflikthermeneutische Programm:
Paul Ricœur und seine theologische Rezeption 87

6. Das dialoghermeneutische Programm:
Ulrich Luz: Zwischen theologischer Identität und postmoderner Pluralität 103

7. Das religionstheoretische Programm:
Polyphone Texttranszendenz 117

Teil 2: Interdisziplinäre Dimensionen

8. Literaturgeschichte:
Die vier Phasen der Entstehung des Neuen Testaments 139

9. Soziologie:
Ein hermeneutischer Konflikt in der Theologie 169

10. Psychologie:
Vorurteil und Fortschritt auf dem Weg zur psychologischen Exegese 195

11. Religionswissenschaft:
Außen- und Innenperspektive als komplementäre Sichtweisen 225

12. Philosophie
Religionskritik als Hermeneutik und Erneuerung der Religion? 243

Teil 3: Theologisches Schriftverständnis

13. Die Kanonizität der Schrift:
Wie wurden neutestamentliche Texte zu heiligen Schriften? 275

14. Die Exklusivität der Schrift:
Sola Scriptura – Grundlage für Konsens und Individualisierung? 303

15. Die Problematisierung der Schrift:
Die Krise des Schriftverständnisses
als Grundlage des modernen Protestantismus 321

16. Die Normativität der Schrift:
Über theologische Texttranszendenz 343

17. Die Zweiteilung der Schrift:
Der Eigenwert des Alten Testaments 369

18. Die Pluralismusfähigkeit der Schrift:
Das Alte Testament im Neuen Testament –
Paradigma einer religionspluralistischen Bibellektüre? 385

Schlussbetrachtung 411

Literaturverzeichnis 415

Vorwort

Die in diesem Band gesammelten Aufsätze sind Beiträge zu einer Bibelhermeneutik, die davon überzeugt ist: Biblische Texte lassen sich nur verstehen, wenn wir sie sowohl im Kontext menschlichen Lebens als auch als Dialogaufnahme mit Gott deuten. Der Titel „Texttranszendenz" meint eine doppelte Texttranszendenz. Der Text wird transzendiert in Richtung auf Gott und auf das Leben. Diese doppelte Texttranszendenz ist eine Analogie zum Doppelgebot der Liebe in der Ethik. So wie in diesem Grundgebot des Christentums die Beziehung zu Gott und zum Menschen als ethisch gleichwertig nebeneinandersteht, so betrachten auch diese Aufsätze beide Beziehungen als hermeneutisch gleichwertig, wenn es um das Verstehen der Bibel geht.

Der erste Teil interpretiert ausgewählte hermeneutische Programme, in denen diese Doppeltranszendenz des Verstehens immer deutlicher erkannt wird. Neben der zentralen existenzialtheologischen Hermeneutik R. Bultmanns analysieren wir auch Programme, die heute vergessen oder nur einseitig rezipiert wurden wie das Programm der Religionsgeschichtlichen Schule, die lebensphilosophische Hermeneutik von M. Dibelius oder der konflikthermeneutische Ansatz von P. Ricœur. Unsere Aufgabe ist heute, die Pluralität dieser Anregungen zu integrieren, wie es U. Luz in seiner „Theologischen Hermeneutik" 2014 getan hat. Wenn wir dabei mit der Religionsgeschichtlichen Schule beginnen, so deshalb, weil hier die Bibel programmatisch im Dialog mit anderen Religionen dargestellt wird – und weil das am Ende entworfene eigene Programm daran anknüpft. Der Religionsdialog ist m.E. für die gegenwärtige Bibelhermeneutik eine zentrale Herausforderung.

In einem zweiten Teil werden die Beiträge zur Literaturgeschichte, Soziologie, Psychologie, Religionswissenschaft und Religionsphilosophie zur neutestamentlichen Exegese in jeweils einem Aufsatz behandelt. Dadurch soll etwas von dem Leben spürbar werden, das in den neutestamentlichen Texten pulsiert. Wir suchen auch hier nach „Texttranszendenz" in zwei Richtungen – geleitet von der Überzeugung, dass da, wo Gott ins Spiel kommt, das ganze Leben betroffen ist, auch das Leben in einer säkularen Welt, in der die Religionskritik zur Form des allgemeinen Religionsdiskurses geworden ist. Wie im Gespräch mit der Bibel ein Dialog mit Gott geschehen kann, kann heute nur in Auseinandersetzung mit der Religionskritik argumentativ plausibel gemacht werden.

Im dritten Teil sind Beiträge zum „Schriftverständnis" gesammelt. Für eine theologische Hermeneutik ist entscheidend, dass die biblischen Texte als Chance verstanden werden, in ihnen das Wort Gottes hören zu können. Eine theologische Theorie der Schrift muss aber gleichzeitig deutlich machen, dass die Schrift Grundlage von Gemeinschaften ist, von Kirchen und Konfessionen. Aber damit ist die soziale Bedeutung der Schrift noch nicht erfasst: Die Bibel ist ein Buch der ganzen Menschheit. Daher ist heute neben dem ökumenischen Dialog der interreligiöse Dialog die wichtigste Herausforderung. Die Pluralismusfähigkeit der Bibel ist besonders in den beiden abschließenden Beiträgen das Thema. Diese Aufsätze plädieren insgesamt für eine „schriftinspirierte Theologie": Sie bleibt an die Schrift gebunden, aber an den Geist der Schrift, der Freiheit verleiht.

Die einzelnen Beiträge und die Gesamtkonzeption des Buches werden im Einleitungsteil dieses Buches vorgestellt, Grundgedanken in der Schlussbetrachtung zusammengefasst. Die Fragestellung dieser Beiträge entspricht der „polyphonen Hermeneutik", wie ich sie in: „Polyphones Verstehen. Entwürfe einer Bibelhermeneutik", BVB 29, 2014 ²2015 vorgestellt habe. Von den hier gesammelten 18 Aufsätzen waren acht bisher unveröffentlicht. Alle schon veröffentlichten Texte wurden überarbeitet, manche so stark, dass sie im Grunde neue Veröffentlichungen sind. Da jeder Beitrag in sich verständlich sein soll, wurden Wiederholungen von Gedanken in Kauf genommen. Mein Dank gilt vor allem Sabine Fartash, die alle Texte redigiert, korrigiert und als erste kritische Leserin ihre Lesbarkeit an vielen Stellen verbessert hat. Sie hat das Buch formatiert und bis zu seiner Fertigstellung begleitet. Mein Dank gilt ferner Dr. Michael Rainer und allen Mitarbeitern des LIT-Verlags, die das Manuskript betreut haben.

Heidelberg, im Juli 2019 Gerd Theißen

1 Doppelte Texttranszendenz
Eine polyphone Lektüre des Neuen Testaments

Im Zentrum der protestantischen Theologie steht die Interpretation der Bibel. Jedes Wort, jeder Satz, jeder Text der Bibel wird mit einer Intensität gedeutet, die erst verständlich wird, wenn man die Erwartung hat, verborgen im Gestrüpp der Worte, Sätze und Texte liege ein „Schatz im Acker“ (Mt 13,44), um dessentwillen es sich lohnt, alles dahinzugeben. Dieser Schatz ist das Wort Gottes. Es ermöglicht Dialogaufnahme mit Gott. Manchmal öffnet sich ein Text für diesen Dialog. Texttransparenz bedeutet an erster Stelle: Dieser Schatz wird sichtbar und ermöglicht Kontakt mit Gott. Aber dieser Schatz ist in einem von Disteln übersäten Feld, in der historischen Welt des Textes, verborgen. Zu ihm gehört die Vielfalt kultureller, politischer und ökonomischer Faktoren sowie des psychischen Erlebens und Verhaltens von Menschen. Historisch-kritische Forschung will diese Welt sichtbar machen. Auch für sie soll der Text transparent werden. Daher hat der Begriff „Texttranszendenz“ in diesem Buch eine Doppelbedeutung. Er weist in zwei Richtungen über den Text hinaus – auf die Transzendenz Gottes und die Transzendenz menschlichen Lebens. Erst wenn beides sichtbar wird, werden biblische Texte lebendig.

Für manche ist freilich weniger die historische Welt das mit Disteln übersäte Feld als die historisch-kritische Exegese, die mit immer differenzierteren Methoden den Zugang zu dieser Welt sucht. Diese Exegese will synchronisch und diachronisch, semiotisch und historisch, sozial- und ideengeschichtlich, modern und postmodern sein. Für manche wurde sie zu einem Labyrinth, aus dem kein Weg ins Freie führt, weder zum menschlichen Leben noch zu dem Gott, von dem die Texte zeugen.

Manche meinen resignierend, dass sie auf dem Weg historisch-kritischer Methoden nie den verborgenen Schatz finden werden. Andere wollen sich mit Gewalt den Weg durch das methodische Gestrüpp zu ihm bahnen. Zu ihnen gehörte auch ein so bewundernswerter Theologe wie Karl Barth (1886–1968), der in der Einleitung zu seinem Römerbriefkommentar programmatisch für die gesamte Dialektische Theologie erklärte:

> „Die historisch-kritische Methode der Bibelforschung hat ihr Recht: sie weist hin auf eine Vorbereitung des Verständnisses, die nirgends überflüssig ist. Aber wenn ich wählen müßte zwischen ihr und der alten Inspirationslehre, ich würde entschlossen zu der letzteren greifen, sie hat das größere, tiefere, wichtigere Recht, weil sie auf die Arbeit des Verstehens selbst hinweist, ohne die alle Zurüstung wertlos ist. Ich bin froh, nicht wählen zu müssen zwischen beiden. Aber meine ganze Aufmerksamkeit war darauf gerichtet, durch das Historische hindurch zu sehen in den Geist der Bibel, der der ewige Geist ist.“[1]

Die hier vorgelegten Aufsätze zur Bibelhermeneutik kreisen um eben diese Frage, wie man durch historische Texte „hindurchsehen“ kann, um Spuren des ewigen Lichtes zu erblicken. Wie kann man Texte so zum Leuchten bringen, dass

---

[1] K. BARTH, Der Römerbrief, 1923, V.; W. HÄRLE, Art. Dialektische Theologie, 1981.

sie transparent für Gott werden? Aber sie vertreten gleichzeitig die These, dass die Frage nach theologischer Texttranszendenz nicht beantwortet werden kann, ohne dass die Texte für das menschliche Leben transparent werden. Wie sollte es möglich sein, „durch das Historische hindurch zu sehen", wenn man nicht einmal das Historische und Menschliche richtig wahrgenommen hat? Wir plädieren daher für eine polyphone Lektüre der Bibel. „Texttranszendenz" ist für uns eine theologische und humane Doppeltranszendenz, letztere mit religionsgeschichtlichen, sozialgeschichtlichen und psychologischen Dimensionen.

1 Texttranszendenz als Lebenskontext der Bibel: Die Frage nach dem Menschen

Wir suchen nach der menschlichen Realität, deren religiöser Ausdruck die biblischen Texte sind. Damit widersprechen wir der Dialektischen Theologie Karl Barths. Denn diese kontrastierte die Religion mit der Offenbarung, hatte ein gebrochenes Verhältnis zur Sozialgeschichte und lehnte psychologische Ansätze in der Exegese dezidiert ab. Jedoch ist die Dialektische Theologie darin vorbildlich, dass sie auch jede Verwechslung von Gott und Mensch ablehnt, auch wenn einige Dialektische Theologen allzu schnell das eigene Wort mit dem Wort Gottes identifizierten – etwa, wenn sie Psychologie und Mystik als Götzendienst verdammten.[2] Doch war die Dialektische Theologie keine Einheit. Sie verzweigte sich bald in eine Theologie der Verkündigung und des Verstehens, deren Exponenten Karl Barth und Rudolf Bultmann waren. In ihrer Einstellung zur Exegese gab es neben Gemeinsamkeiten wichtige Unterschiede. Sie zeigen sich in ihrer Stellung zu religionsgeschichtlichen, sozialgeschichtlichen und psychologischen Fragen in der Exegese.

1.1 Die religionsgeschichtliche Frage

Sofern die *religionsgeschichtliche* Schule die Bibel als Ausdruck eines intensiven Austauschs mit anderen Religionen erkannte,[3] galt ihr Ansatz in Teilen der Dialektischen Theologie als Irrweg – es sei denn, man konnte zeigen, wie das biblische Kerygma die Mythen und Riten anderer Religionen umgeprägt hat. R. Bultmann rehabilitierte durch solch eine „Transformationshermeneutik" die Religionsgeschichte. Der Schwerpunkt seiner religionsgeschichtlichen Forschung war die antike Gnosis, deren Weltverneinung er leicht mit der biblischen Botschaft kontrastieren konnte. Die Bultmann-Schule hat intensiv und erfolgreich Religionsgeschichte getrieben – freilich oft, um eine Überlegenheit des Christentums nachzuweisen. Der Gedanke, dass der antike Religionsdialog zwischen biblischem Glauben und Umwelt auch für den Religionsdialog unserer Gegenwart

---

[2] E. BRUNNER, Die Mystik und das Wort, 1924 (^{2}1928).

[3] Vgl. H. GUNKEL, Zum religionsgeschichtlichen Verständnis des Neuen Testaments, 1903. Hier wird das Urchristentum als synkretistische Religion gedeutet.

wichtig sein könnte, war ihr fremd.[4] Hinzu kam, dass manche ihrer religionsgeschichtlichen „Ableitungen" (vor allem die Deutung der Christologie aus dem Mythos vom gnostischen Erlöser) widerlegt wurden.[5] Dadurch erhielt die Erklärung von Glaubensvorstellungen aus innerbiblischen und innerjüdischen Entwicklungen Auftrieb. Der *canonical approach*, der die Bibel in ihrer Endgestalt als Ganzes liest, ließ die Bedeutung der Religionsgeschichte noch mehr verblassen. Wenn wir die Bibel aber erneut wie die religionsgeschichtliche Schule als Ausdruck eines intensiven Dialogs mit anderen Religionen lesen, gibt das Freiheit zum heutigen interreligiösen Dialog.

1.2 Die sozialgeschichtliche Frage

Anders verlief die Auseinandersetzung mit den Ansätzen *sozialgeschichtlicher* Forschung in den beiden Flügeln der Dialektischen Theologie. Die Frage nach dem „Sitz im Leben" hielt die Frage nach dem sozialen Kontext biblischer Texte aufrecht, begrenzte sie jedoch auf religiöse Gemeinschaften. Der Existenzialismus war insgesamt individualistisch. Der Einzelne sollte auch in Grenzsituationen Autor seines Lebens bleiben. Er erfuhr die Gesellschaft in der Zeit der großen europäischen Krisen oft nur als Bedrohung. Nach Überwindung dieser europäischen Krisen entwickelte die Existenzialtheologie in den Zeiten des Kalten Kriegs zwischen Ost und West eine Tendenz, die christliche Botschaft an die Mentalität der westlichen Wohlfahrtsgesellschaft anzupassen. Wer Sozialgeschichte trieb, stand besonders nach der Studentenrebellion 1968 im Verdacht, Marxist zu sein. Sozialgeschichte wurde auch deswegen von manchen Vertretern einer Existenzialtheologie heftig abgelehnt. Theologen in der Nachfolge Karl Barths waren in dieser Frage gelassener. Für sie war das Kerygma Kritik an der Gesellschaft. Sie bauten auch im Kalten Krieg Brücken zwischen Ost und West. Beide theologischen Strömungen waren sich aber darin einig: Die zentrale Dimension der Texte ist ihre „theologische Texttranszendenz". Beide werteten die Erforschung ihrer „sozialen Texttranszendenz" in unterschiedlicher Weise ab. Für die einen bedrohte sie die objektive Autonomie der Verkündigung, für die anderen die subjektive Autonomie der individuellen Existenz.

1.3 Die psychologische Frage

Diese Abwertung neuer humaner Fragestellungen zeigte sich noch deutlicher in der Auseinandersetzung mit den ersten Ansätzen einer psychologischen Exegese. Für die Dialektische Theologie war die psychologische Exegese Götzendienst.[6] Die Existenziale Theologie näherte sich zwar sachlich einer psychologischen Exegese an, konnte aber gerade deshalb keine psychologische Analyse neben sich zulassen, denn beide Ansätze konkurrierten miteinander. Beide wollten das

---

[4] Vgl. A. STANDHARTINGER, Rudolf Bultmann im interreligiösen Dialog, 2011, 16–34.
[5] Vgl. C. COLPE, Die religionsgeschichtliche Schule, 1961.
[6] U. LUZ, Theologische Hermeneutik des Neuen Testaments, 2014, 206: „Karl Barth lehnte die Psychologie als Kult des Götzen Persönlichkeit fast konfessorisch ab". Vgl. M. LEINER, Psychologie und Exegese, 1995, 49.

menschliche Leben erhellen. So verdanken wir der existenzanalytischen Theologie wertvolle psychologische Einsichten, nur durfte niemand sie „Psychologie" nennen. Wer wollte bezweifeln, dass Angst und Sorge das menschliche Dasein prägen, dass menschliches Leben durch Vorlaufen in den Tod bestimmt ist? Als psychologisches Phänomen wurden Angst und Sorge geringgeschätzt, als fundamentalontologischer Zugang zum Sein aufgewertet.

Trotz aller Nuancen zwischen verschiedenen theologischen Strömungen war das Resultat: Religionsgeschichtliche Studien wurden einseitig betrieben, sozialgeschichtliche Ansätze abgewertet, psychologische Ansätze mit theologischem Pathos abgelehnt. Es spricht für die akademische Theologie, dass Religionsgeschichte dennoch unangefochten weiterbetrieben wurde, dass die Sozialgeschichte inzwischen anerkannt ist und sogar psychologische Exegese gelassen betrieben wird, obwohl die theologische Texttranszendenz immer wieder gegen die verschiedenen Dimensionen humaner Texttranszendenz ausgespielt werden.

Die hier gesammelten Studien sind ein Plädoyer für die Doppeltranszendenz biblischer Texte. Wir werden den Texten nur gerecht, wenn wir beide Dimensionen, die theologische wie die humane, im Blick haben. Wer die humane Dimension der Texte gering achtet, widerspricht der Bibel. Das Doppelgebot der Liebe stellt theologische und humane Beziehungen gleich. Was für die Ethik gilt, ist für die Hermeneutik verpflichtend. Das theologische Pathos, mit dem die religionsgeschichtliche, sozialgeschichtliche und psychologische Erforschung der Bibel abgewertet wurde, ist theologisch verfehlt. Wenn Jesus die Beziehung zu Gott und zum Nächsten in der Ethik auf eine Stufe stellt, sollten wir auch in der Hermeneutik beiden Beziehungen die gleiche Bedeutung einräumen. Wenn es unter den neuen Ansätzen in der Theologie die psychologische Exegese am schwersten hat, so widerspricht dies dem Gebot, dass wir Gott *mit ganzem Herzen, ganzer Seele und allen Kräften* lieben sollen. Hier werden drei Größen genannt, die zweifellos Gegenstand psychologischer Betrachtung sind. Hier ist der ganze Mensch im Blick, auch seine Gedanken, Gefühle und Motivationen, dazu seine sozialen Beziehungen. Das Doppelgebot der Liebe verpflichtet zu einer Hermeneutik der Doppeltranszendenz des Textes.

Zum Doppelgebot der Liebe kommt in der Bibel als zweiter Grundsatz die „mosaische Unterscheidung".[7] So wie wir durch die griechische Philosophie gelernt haben, zwischen Wahr und Falsch in unserem Wissen zu unterscheiden, haben wir durch die mosaische Religion gelernt, zwischen wahrer und falscher Religion zu unterscheiden. Kriterien für diese Unterscheidung sind der Dekalog mit seinen ethischen Geboten, dazu das Nächstenliebegebot in Lev 19,18. Daher charakterisierte man früher die Religion des Alten Testaments mit Recht als „ethischen Monotheismus". Aufgrund dieser mosaischen Unterscheidung gehört auch Religionskritik konstitutiv zur Bibelauslegung. Religionskritik untersucht die inhumanen Auswirkungen der Religion. Eine Hermeneutik, die sich am doppelten

---

[7] J. ASSMANN, Die Mosaische Unterscheidung: oder der Preis des Monotheismus, 2003, hat diese Unterscheidung kritisiert. Die Unterscheidung von wahrer und falscher Religion habe Intoleranz in die Religionsgeschichte eingeführt. Sein Buch ist m.E. eine vorbildliche Anwendung der mosaischen Unterscheidung, wenn es zwischen lebensdienlicher und lebensschädigender Religion unterscheidet. Der Untertitel „Der Preis des Monotheismus" ist zweideutig: Das Buch ist indirekt auch ein Lobpreis des monotheistischen Glaubens.

Liebesgebot orientiert, ist daher alles andere als unkritisch. Sie weiß: Um des menschlichen Zusammenlebens willen, ist Religionskritik notwendig. Sie ist ein Erbe sowohl der Propheten als auch des philosophischen Nachdenkens der Antike.

2 Texttranszendenz als theologische Transzendenz: Die Frage nach Gott

Insgesamt gilt in der Neuzeit: Nicht die humanen Dimensionen biblischer Texte sind das Problem, sondern ihre theologische Transzendenz. Gerade für die Bibel gilt die Verheißung, die Heinrich Heine so formuliert hat: „Wer seinen Gott verloren hat, der kann ihn in diesem Buche wieder finden, und wer ihn nie gekannt, dem weht hier entgegen der Odem des göttlichen Wortes".[8] Er spielt auf das Wort vom Geist an, der weht, wo er will (Joh 3,8). Unsere Frage ist: Wie finden wir in der Bibel diesen Geist? Wie kann der Geist dieses Buches die Theologie so inspirieren, dass sie zu einer „schriftinspirierten Theologie" wird?

Wenn es um diesen theologischen Transzendenzbezug geht, prallen in der Theologie drei scheinbar unvereinbare Positionen aufeinander.[9] Die *Offenbarungstheologie* hält Theologie nur aufgrund dessen für möglich, dass Gott sich selbst erschlossen hat. Das Medium, in dem er sich erschließt, ist sein Wort. Es ist in der Bibel zu finden, aber ist nicht mit dem Bibelwort identisch. Vorausgesetzt wird, dass dieses Wort transparent für Transzendenz werden kann. Die Bewegung theologischen Denkens geht hier „von oben" nach „unten, von Gott zum Menschen. Die *Erfahrungstheologie* durchsucht dagegen die ganze Wirklichkeit nach Gottes Spuren. Sie setzt voraus, dass die Wirklichkeit an manchen Orten hin und wieder für ihn transparent wird. Worttheologie „von oben" und Erfahrungstheologie „von unten" scheinen auf den ersten Blick unvereinbar zu sein. Hinzu kommt als dritter Ansatz eine *Transzendentaltheologie,* die im Menschen nach einem *sensus divinitatis* fragt (J. Calvin, inst. I 3,1), der die Augen für Gottes Wirklichkeit öffnet und sowohl in der Gesamtwirklichkeit wie in der Bibel seine Spuren findet. Es kann sein, dass dieser *sensus divinitatis* von außen geweckt werden muss, entscheidend ist jedoch, dass er den Menschen in seinem Inneren so verändert, dass er sich für Gott öffnet. Es ist eine Theologie, die den Weg nach innen geht und von innen heraus denkt. An alle drei Positionen muss man kritische Anfragen stellen.

2.1 Offenbarungstheologie als Weg zu Gott

Beginnen wir mit kritischen Fragen an die *Offenbarungstheologie*. Sind etwa Predigt und Bibel in sich selbst schon das Wort Gottes? Sind sie nicht immer Worte von Menschen, in denen manchmal etwas aufleuchtet, das mit diesen Worten nicht identisch ist? Worte haben diese Fähigkeit. Sie weisen auf etwas Anderes. Die Buchstaben „B A U M" weisen z.B. auf einen real existierenden Baum. Sie haben einen Zeichencharakter, oft sogar einen doppelten Zeichencharakter, wenn die erste Bedeutung für eine zweite Bedeutung transparent wird und der Baum

---

[8] H. HEINE, Geschichte der Philosophie und Religion in Deutschland. Vorrede 2. Auflage 1852, 7.
[9] Viele Gedanken sind übernommen aus: G. THEISSEN, Transparente Erfahrung, 2014, 14–23.

zum Symbol für ein Leben wird, das fest verwurzelt ist. Alle sprachlichen Bilder haben diese Doppelstruktur. Religiöse Sprache ist reich an Bildern. Jesus hat seine Botschaft durch Bilder und Gleichnisse vermittelt. Er hat das alltägliche Leben für Gott transparent gemacht: Saat und Ernte, Baum und Frucht, Arbeit und Lohn, Vater und Sohn. Wie aber kommt es dazu, dass menschliche Worte solch eine Transparenz erhalten? Etwa durch eine „Stimme" von oben, die sich durch alle menschliche Worte hindurch bemerkbar macht? Oder dadurch, dass Menschen aus einer Wahrnehmung „von unten" und „von innen" diese Worte in einer veränderten Einstellung hören, verändert durch einen *sensus divinitatis*?

2.2 Erfahrungstheologie als Weg zu Gott

Die *Erfahrungstheologie* sucht die Spuren Gottes in den menschlichen Erfahrungen unserer Welt. Wir würden diese Spuren übersehen, wenn wir nicht in uns ein Suchprogramm hätten, sie zu entdecken und zu deuten. Viele Menschen neben uns nehmen ja dieselbe Wirklichkeit wahr, deuten sie aber nicht religiös. Ist es also von unserer inneren Einstellung abhängig, dass die Wirklichkeit für Gott transparent wird? Man kann die Wirklichkeit in dieser Hinsicht mit einem Kippbild vergleichen. Ein bekanntes Kippbild zeigt uns einen Pokal, der auch als zwei einander zugewandte Gesichter deutbar ist. Wenn wir unsere Erwartungen verändern und nach menschlichen Gesichtern suchen, entdecken wir sie sehr schnell. Nichts hat sich dabei in der Wirklichkeit verändert, wohl aber etwas in unserer Wahrnehmung. Aber erfahren wir so wirklich etwas von Gott? Oder verwechseln wir etwa einen Teil der irdischen Realität mit Gott?

2.3 Transzendentaltheologie als Weg zu Gott

Offenbarungs- und Erfahrungstheologie weisen beide auf den Menschen selbst zurück. Daher ist die Frage naheliegend: Liegt vielleicht im Menschen selbst der Schlüssel dafür, dass sich ihm die theologische Dimension der Bibeltexte öffnet? Sicher ist: Ohne Einbeziehung unserer selbst gäbe es keine Theologie. Daher hat auch der dritte Ansatz in der Theologie seine Berechtigung: die *Transzendentaltheologie*, die nach den Bedingungen der Möglichkeit in uns fragt, um Gott zu erfahren. Wir müssen den Weg „von oben" und „von unten" daher durch einen dritten Weg „von innen" oder „nach innen" ergänzen. Denn nur eine innere Verwandlung macht Erfahrungen und Menschenworte transparent für Gott.

Aber auch dieser Weg „von innen" und „nach innen" ist kein sicherer Weg zu Gott. Viele Menschen finden in sich keine Unruhe vor, die sich nach Gott sehnt, sondern leben zufrieden in dieser Welt, ohne nach einem Sinn des Lebens zu fragen. Wenn im Menschen ein Such- und Interpretationsprogramm mit der Frage nach Gott aktiviert wird, geschieht dies oft durch einschneidende Erfahrungen, manchmal auch durch ein „Wort" von außen, das Menschen wie aus einer Betäubung herausreißt. Dass wir geboren werden, um wiedergeboren zu werden, ist nicht nur eine pietistische Überzeugung, sondern das Grundwissen vieler Religionen. Der Mensch muss eine innere Verwandlung und Wiedergeburt erleben, um Kontakt mit dem Göttlichen zu bekommen. Halten wir fest: Wir stoßen im theologischen Denken immer wieder auf die drei skizzierten Wege zu Gott. Entweder wird Gott aus Gott selbst erkannt. Dann sprechen wir von *Offenbarung als Selbsterschließung Gottes*. Dabei wird das Wort der Bibel oder der Predigt zum Medium für einen Kontakt mit Gott. Religiöse Traditionen benutzen dafür das anthropomorphe Bild vom „Wort Gottes", in dem Gott als sprechender Gott vorgestellt wird.

Der zweite Weg ist: *Gott wird durch Interpretation der Welt erkannt.* Hier wird die Welt als Ganze oder in einem ihrer Teile zum Medium religiöser Erfahrung. Religiöse Traditionen kennen dafür die Metapher von der „Lesbarkeit der Welt".[10] Im „Buch der Natur" wird die Handschrift des Schöpfers entziffert. Auch dies ist ein anthropomorphes Bild, das besagt, Gott habe die Welt wie ein Künstler geschaffen und ihr dabei seine Handschrift aufgeprägt.

Der dritte Weg führt nach innen: Der *Zugang zu Gott wird im Ich des Menschen gesucht*, in den subjektiven Bedingungen, durch die sich dem Menschen die Wirklichkeit Gottes öffnet. Hier wird der Mensch selbst zum Medium. Auch dafür hat unsere religiöse Tradition ein beeindruckendes Bild: Der Mensch ist „Ebenbild Gottes". Als Ebenbild Gottes trägt er die verborgenen Spuren Gottes.

3 Die Notwendigkeit von Theologie- und Religionskritik

Wichtig ist: Alle drei Arten von Theologie sind auf Kritik angewiesen, weil alle drei dafür anfällig sind, Medium und Sache zu verwechseln. *Offenbarungstheologie* steht in Gefahr, Macht auszuüben, wenn Menschenworte mit Unbedingtheit aufgeladen werden. *Erfahrungstheologie* steht in Gefahr, etwas Endliches in der Welt für Gott zu halten. *Transzendentaltheologie* steht in Gefahr, Voraussetzungen für den Kontakt mit Gott für diesen Kontakt selbst zu halten und die Tiefen des Ichs mit Gott zu verwechseln.

Kritik an diesen theologischen Ansätzen kann prophetisch und philosophisch geschehen. Prophetische Kritik entlarvt die Verwechslung von Gott mit dem, was nicht Gott ist. Deuterojesaja kritisiert, dass sich der Mensch seine „Götterbilder" selbst macht, um sie zu verehren (Jes 44,9–20). Prophetische Kritik warnt davor, Endliches und Unendliches, Bedingtes und Unbedingtes zu verwechseln.

Philosophische Kritik macht unzulängliche Vorstellungen von Gott bewusst. Selbst wenn sie den Sinn der Rede von Gott bestreitet, wählt sie religiös aufschlussreiche Bilder. L. Wittgenstein vertrat in seinem „Tractatus logico-philosophicus" die Ansicht: „Worüber man nicht sprechen kann, darüber muss man schweigen" (Nr. 7), aber er bestritt nicht, dass es etwas gibt, worauf sich dieses Schweigen bezieht: „Es gibt allerdings Unaussprechliches. Dies zeigt sich, es ist das Mystische" (Nr. 6.522).[11] Er spricht davon mithilfe einer optischen Metapher. Dieses Mystische *zeige* sich in der Welt, aber entziehe sich unserem Erkennen. Rudolf Carnap hielt Metaphysiker für Musiker ohne musikalische Fähigkeiten.[12] Auch diese akustische Metapher ist erhellend: Die ganze Wirklichkeit wird so

---

[10] H. Blumenberg, Lesbarkeit der Welt, 1986.

[11] L. Wittgenstein, Schriften, 1960, 82f.

[12] R. Carnap, Überwindung der Metaphysik, 1932, 107.

erlebt, dass man mit Musik auf sie antworten möchte. Das aber lässt erst recht danach fragen, was in uns solch eine „musikalische“ Resonanz anregen kann.[13]

Eine theologische Hermeneutik versucht zu entziffern, wie sich Gott „zeigt“, wie er in uns „Resonanz“ anregt und durch Worte und Texte der Bibel zugänglich wird. Sie will alle drei Ansätze vereinen: Offenbarungs-, Erfahrungs- und Transzendentaltheologie. Sie will eine polyphone Hermeneutik sein, ohne zu beanspruchen, in einem System alle drei Ansätze zum Ausgleich zu bringen. Sie betont vielmehr: Alle drei Ansätze sind notwendig und müssen mit der kritischen Frage konfrontiert werden, ob in ihnen nicht Gott mit etwas verwechselt wird, was nicht Gott ist. Diese Kritik ist in der Bibel begründet und im religionsphilosophischen Nachdenken über unser Scheitern, Gott zu denken.

3.1 Kritik an der Offenbarungstheologie

Die Offenbarungstheologie (oder Worttheologie) sagt: Gepredigt wird ein Wort, das aus keiner Erfahrung abgeleitet werden kann. Wir hören in der Predigt ein Echo des Wortes, das *alles* geschaffen hat. Wenn wir diesen Schöpfungsgedanken ernstnehmen, hat Gott auch die Bedingungen unserer Erfahrung und unseres Denkens geschaffen. Wenn wir ihn in seinem Wort begegnen, so nur deshalb, weil er die Möglichkeiten, ihn zu verstehen, in uns hineingelegt hat. Zugrunde liegt das Axiom: Gott wird nur durch Gott erkannt, so wie ein Mensch nur erkannt wird, wenn er etwas von sich selbst zu erkennen gibt und seinem Gegenüber sein Inneres öffnet. Das ist in sich einleuchtend: Wie könnte Gott anders erfahren werden als dadurch, dass er sich selbst erschließt? Wenn Gott alles geschaffen hat, muss er auch die Bedingungen geschaffen haben, unter denen er erkannt werden kann. Dann muss jede Erkenntnis Gottes letztlich zu der Einsicht gelangen, dass sie durch Gott bewirkt ist. Oder es handelt sich nicht um den Gott, der alles geschaffen hat – einschließlich der Möglichkeit, ihn zu erkennen. Jede Gotteserkenntnis ist daher spätestens in der Retrospektive Offenbarungstheologie.

Doch immer bleibt dabei ein Problem: Es klingt sehr demütig, wenn ein Prediger beteuert, dass Gott selbst die Bedingungen für unser Verstehen seines Wortes schafft, sodass das Gelingen seiner Verkündigung ganz bei Gott liegt und nicht bei seiner Predigt. Aber das sagt er nicht retrospektiv, nachdem wir in Kontakt mit Gott gekommen sind. Das sagen *Menschen* von vornherein, die sich durch ein Theologiestudium dafür qualifiziert haben, eine Leitungsrolle in der Kirche zu übernehmen. Wenn man manche offenbarungstheologische Äußerungen in die „wahre Sprache“ menschlicher Absichten übersetzt, lauten sie in Kurzfassung: Auch, wenn du nicht verstehst, was ich sage, sollst du es akzeptieren. Denn Gott spricht durch mich. Solch eine Kommunikation ist autoritär und muss sich eben deshalb hinter viel Demut vor Gott verbergen, um erträglich zu sein. Bei manchen Offenbarungstheologen steckt dahinter ein diktatorischer Wille, andere Menschen zu kontrollieren. Denn dass sich in den Gläubigen etwas ereignet,

[13] Den Weg von Erfahrung zur religiösen Erfahrung analysiert D. JØRGENSEN, Den skønne tænkning, 2014.

was sich prinzipiell ihrer Kontrolle entzieht, ist für sie ein Horror. Daher polemisieren sie maßlos gegen jede Erfahrungstheologie: Sie führe ins Neuheidentum, liefere den Glauben an die Moden der Zeit aus, sei „religiöser Klimbim".

Mit dem Pathos einer Fundamentalkritik an allem religiösen Erleben übertönt solch eine Offenbarungstheologie, dass sie sich nicht die Frage stellt: Ist sie vielleicht selbst Ausdruck eines klerikalen Kontrollzwangs? Was nicht von der Kanzel her geformt und gebilligt wird, gilt ihr als illegitim. Vergessen wird, dass der Geist weht, wo er will. Geleugnet wird, dass Gott sich zeigen kann, wem er will, wo er will und wann er will. Verdrängt wird der Grundsatz: Nichts Endliches kann Unendliches fassen. *Finitum non capax infiniti*. Dies ist ein Grundsatz strenger Offenbarungstheologie und zeigt, dass man sie auch ganz anders konzipieren könnte, nicht als Ideologie kirchlicher Verwaltung oder Autoritätsanspruch theologischer Schulen. Sie kann auch Ausdruck einer fundamentalen Erschütterung sein, die den Menschen in ein Vakuum führt, in dem er Gott begegnet.

Die Offenbarungstheologie hat jedenfalls in einem recht: Würden wir Gott begegnen, wie Hiob es am Ende seiner Dialoge tut, würden wir uns in die Schranken unserer Einsicht fügen. Dann hätten wir diese Schranken erkannt und damit schon hinter uns gelassen: Wer Kontakt mit Gott hat, ist am Ziel. Gott aber kann überall begegnen. Er verbirgt sich in Erfahrungen, wo immer er will.

3.2 Kritik an der Erfahrungstheologie

Hat also die Erfahrungstheologie darin Recht, dass der Weg zu Gott durch die äußere Welt führt? Alles, was für uns Realität ist, kann uns nur dadurch zugänglich werden, dass es uns von außen berührt. Dies gilt für die Erfahrung der Welt ebenso wie für die Erfahrung des „Wortes". Gerade ein radikaler Konstruktivismus, der alle Erkenntnis der Welt als Konstrukt deutet, muss zu folgender Erkenntnis kommen: Wenn durch alle unsere Konstruktionen hindurch Erkenntnis von Gegenständen möglich ist, muss uns Information erreicht haben, die von den Gegenständen selbst ausgegangen ist. Wir wüssten von der Sonne nichts, wenn ihre Strahlen uns nicht s erreicht hätten. Jede gültige Erkenntnis basiert insofern auf einer „Offenbarung" oder einer Selbsterschließung des Gegenstandes, auf die sich unsere Erkenntnis bezieht. Erst recht gilt dies für die Erkenntnis Gottes. Dabei ist unbestreitbar, dass wir alles, was von außen auf uns einströmt, durch unsere Deutung so formen, dass es für uns Erfahrung werden kann. Erst dann haben wir die Chance, darin etwas zu entdecken, das für etwas Anderes transparent ist. Bei der Suche nach Gott müssen wir uns deshalb auf alle Erfahrungen einlassen und ihre Verarbeitung so lange variieren, bis sie durch Unterbrechung unseres Alltagsbewusstseins für etwas Anderes transparent werden. Wir wissen oft nicht: Ist es nur eine ungewöhnliche Deutung dessen, was wir sinnlich wahrgenommen haben, oder gibt es in, mit und unter diesen Erfahrungen eine Erfahrung, die durch keine Sinne vermittelt wurde?

Die Sakramente sind ein Paradigma für diese Art von Erfahrung. Sie sind sinnlich sichtbare Gegenstände und Ereignisse. *Mit* ihnen vollzieht sich nach der reformierten Sakramentstheologie parallel zum äußeren Geschehen etwas, wofür sie Zeichen sind. Die lutherische Sakramentstheologie sagt dagegen: *In, mit* und *unter* dem sinnlich Wahrnehmbaren sei die Gottheit nicht nur zeichenhaft, sondern real präsent. Am weitesten geht die katholische Theologie: Verborgen vollziehe sich im Sakrament eine Wandlung, die niemand sehen kann. Symbolisch verstanden ist diese katholische Interpretation m.E. die ansprechendste Deutung des Abendmahls: Wo Gott ist, verändert sich etwas, auch wenn es vom Menschen nicht mit seinen Sinnen wahrgenommen wird. Im Abendmahl verändern sich die Menschen, die das Sakrament vereint. Es öffnet ihnen die Augen dafür, dass die Welt sich verändert und dass Gott Menschen für diese Veränderungen engagiert. Hier stellt sich uns die Frage: Kann man diese sakramentale Theologie zu einer Deutung der theologischen Wahrnehmung der Welt verallgemeinern? Kann die Welt überall zu einem sakramentalen Zeichen werden, das auf Gott weist?

Aber auch hier stoßen wir auf ein Dilemma, das wir aus der Offenbarungstheologie kennen. Es klingt sehr beeindruckend, wenn man sagt: Gott ist in, mit und unter allen sinnlichen Erfahrungen zugänglich. Alle Kirchen versuchen, solche sinnliche religiöse Erfahrung exklusiv an die Sakramente zu binden, die sie kontrollieren können. Sakramente können aber auch Ausdruck kirchlichen Machtwillens sein, was im Katholizismus besonders deutlich wird, aber auch für andere Kirchen gilt. Folgende drei Fragen können die Ausübung von kirchlicher Macht durch Sakramente enthüllen:

Wer darf die Sakramente verwalten? Die katholische Kirche sagt: Frauen dürfen das überhaupt nicht, Männer nur dann, wenn sie durch apostolische Sukzession geadelt sind. Nur von der katholischen Kirche geweihte Priester haben die Vollmacht, Brot und Wein in der Eucharistie auszuteilen.

Wer darf zu den Sakramenten zugelassen werden? Die katholische Kirche sagt: Ausgeschlossen sind Exkommunizierte, Geschiedene, Mitglieder anderer Konfessionen – auch wenn sie mit einem katholischen Christen verheiratet sind.

Wer darf über die Zulassung zu den Sakramenten entscheiden? Nur Kleriker, sagt die katholische Kirche, nur Männer, nur Menschen, die durch apostolische Sukzession einen Sonderstatus haben.

Manche Sakramentstheologie ist genauso Ausdruck eines klerikalen Kontrollzwangs wie manche Offenbarungstheologie. Sie ist sogar noch kontrollierender, denn vom Hören des Wortes kann niemand ausgeschlossen werden, wohl aber von der Teilnahme an den Sakramenten. Dennoch ist die Sakramentstheologie in einem Punkt berechtigt: Sakramente sind Modelle sinnlicher Erfahrung, durch die Gott für die Gläubigen transparent wird. Nicht nur in den Sakramenten, sondern in der ganzen Wirklichkeit gibt es Orte, an denen Gott transparent wird. Wenn man die Sakramentstheologie zu einer Theologie sakramentaler Erfahrung auch außerhalb des Gottesdienstes ausweitet, entzieht sie sich klerikaler Kontrollsucht. Und das wäre konsequent: Man kann Gott nicht vorschreiben, wo er in der Welt transparent werden will. Endliches kann Unendliches nicht fassen. *Finitum non capax infiniti*. Der Geist weht, wo er will. Er kann nicht exklusiv an die Sakramente gebunden werden. Vielmehr öffnet er in allen Erfahrungen die Augen für etwas, das über jede Erfahrung hinausweist. Dabei hält die katholische Sakramentenlehre fest, was man nie vergessen sollte: Es muss sich etwas in der Welt und im Menschen verändern, damit im Sichtbaren Gott begegnet. Mit dem Verweis auf eine innere Veränderung kommen wir zum dritten Weg, den Weg „nach innen" und „von innen".

3.3 Kritik an der Transzendentaltheologie

Man kann fragen: Wäre es in der modernen Zeit nicht angemessen, Theologie vor allem als Transzendentaltheologie zu konzipieren? Religion ist eine anthropologische Möglichkeit, die uns die Wirklichkeit in anderer Weise erleben lässt als in der alltäglichen Einstellung, in der wir normalerweise die Welt erleben. In uns selbst müssen also die Bedingungen dafür liegen, dass wir in religiöser Weise auf die uns erfahrbare Wirklichkeit reagieren. Zum Weg der Offenbarungstheologie „von oben" und zur „Erfahrungstheologie „von unten" tritt deshalb notwendigerweise die Transzendentaltheologie als dritter Weg „nach innen" und „von innen". Ehe wir auch ihn kritisieren, müssen wir ihn noch etwas genauer vorstellen. Denn dieser dritte Weg scheint auf den ersten Blick der modernste zu sein. Das Christentum erlebte in der Neuzeit einen dreifachen Transformationsprozess, der jeweils zu einer kritischen Sichtung der Tradition führte, die besagt, dass der Mensch sich nur das aneignen könne, was er aufgrund von Evidenzerlebnissen bejahen kann.

Durch eine *ethische Transformation* wurde nur das positiv aus der Tradition herausgefiltert, was für ein gutes Leben und Zusammenleben Norm sein kann: die Nächstenliebe, die auch den umfasst, der schwach, marginal oder feindselig ist; dazu die Gleichrangigkeit aller Menschen durch ihre Ebenbildlichkeit mit Gott.

Durch eine *ästhetische Transformation* wurde die Bibel zu einer Dichtung, die voll von Bildern ist, von denen man sich subjektiv leiten lassen kann, um in ihrem Lichte etwas in der Wirklichkeit zu entdecken. Die Erzählung von der Schöpfung programmiert unsere Augen z.B. dafür, in allen Dingen wahrzunehmen, dass sie auch nicht existieren oder anders sein könnten.

Durch eine *religiöse Transformation* wurde das Subjekt zur Grundlage der Religion, auch um die Eigenständigkeit der Religion gegenüber der Metaphysik und Ethik zu sichern. Der Mensch wird als *homo religiosus* vom Ganzen der Wirklichkeit so berührt und verwandelt, dass er sein Leben als Antwort auf diese Wirklichkeit führt.

Diese drei Transformationen haben die Reflexion auf das handelnde, deutende und erlebende Ich verstärkt. Alle drei sind mit einem Weg „nach innen" verbunden und sind daher Grundlage einer Theologie „von innen". Auch sie muss kritisiert werden. Denn auch solch eine Transzendentaltheologie kann Ausdruck eines subtilen Machtwillens sein. Sie sucht nach einem religiösen Apriori im Menschen, stößt aber heute auf viele Menschen, die sich als „religiös unmusikalisch" definieren. Wenn die moderne Theologie daran festhält, dass solche unreligiösen Menschen in sich eine religiöse Anlage unterdrücken, läuft sie Gefahr, diese Menschen zu bevormunden. Richtig ist, dass in manchem Erleben Gott anonym gegenwärtig ist. Er wird erfahren, aber in diesen Erfahrungen nicht erkannt. In anderen Erfahrungen ist Gott pseudonym gegenwärtig. Er wird erfahren, aber mit falschem Namen benannt. Aber wer einfach dekretiert, dass Religion notwendig zum Menschsein gehört, spricht denen, die nicht religiös sein wollen, das volle Menschsein ab. Dies verbietet sich aus ethischen Gründen und widerspricht unserer Erfahrung. Noch einmal sei wiederholt: Es gibt Menschen, die zufrieden in dieser Welt leben, ohne nach einem Sinn von Welt und Leben suchen, und sie vermissen nichts. Es ist schwer, ihnen eine unbewusste Suche nach Gott zu unterstellen und ihnen vorzuschreiben, worauf ihre tiefsten Sehnsüchte zielen sollten. Die Unterstellung einer solchen latenten Religiosität ist freilich eine sehr milde Form von Bevormundung. Wir unterstellen bei anderen Menschen manchmal auch ein verschüttetes moralisches Gewissen, was Ausdruck unserer Achtung vor ihnen ist. Täten wir dies nicht, würden wir sie erst recht entmündigen. In einem analogen Sinne sollten wir an der Möglichkeit festhalten, dass jeder Mensch unbewusst nach Spuren Gottes sucht – nach etwas, das seinem Leben unbedingt Sinn gibt.

Wichtig ist in unserer Situation: Durch die oben skizzierten Transformationsprozesse geriet die Religion in eine Aporie. Transzendentaltheologie konzentriert sich auf das Ich des Menschen, das Erleben und Denken des Subjekts. Religiöser Glaube zielt aber auf das Gegenteil; auf eine Dezentrierung des Ichs. Mag sich die Reflexion über den Glauben dem Ich zuwenden, so wirkt im Glauben eine entgegengesetzte Dynamik, die von Egozentrizität befreien will. Der Mensch erfährt, dass auch sein Ich nur ein Medium ist, das auf etwas Anderes verweist. Die religiöse Umkehr im Leben besteht genau darin, dass das Leben zur Antwort auf einen Ruf wird. Wenn das Axiom gilt, Endliches könne Unendliches nicht fassen: *finitum non capax infiniti*, dann gilt das erst recht gegenüber dem menschlichen Ich. Das Ich kann Gott nicht fassen, denn Gott ist größer. Zweifellos steht die moderne Spiritualität in Gefahr, das Ich mit Gott zu verwechseln.

Dieser Gefahr kann man dadurch begegnen, dass man Transzendentaltheologie mit einer Wort- und Erfahrungstheologie verbindet. Alles, was im Ich geschieht, ist von außen veranlasst – durch das Wort der Verkündigung oder durch Erfahrungen der Welt. Aber dies darf nicht bedeuten, dass man den Weg nach innen abbricht. Man muss ihn konsequent zu Ende gehen, d.h. bis zur Befreiung von Egozentrizität. Dann kann man auch die Ego-Zentrierung moderner Spiritualität überwinden und begibt sich auf den Weg der *Mystik*. In der Mystik werden die Bedingungen der Möglichkeit religiöser und anderer Erfahrungen im Menschen erschüttert, der Mensch wird frei von seinem Ich. Dieses Ich muss sterben, um neu zu werden. Erst so wird es offen für Gott und geht in ihm auf. Das ist nicht die Schnell-Mystik moderner Spiritualität, sondern eine durch die Bilder des Christusgeschehens geprägte Mystik, die Tod und Leben umfasst. Viele Theologen halten solch eine Mystik zwar nur für eine marginale Strömung im Christentum oder wie die Dialektische Theologie sogar für einen Irrweg. Dennoch ist sie im Zentrum des christlichen Glaubens verankert: im Glauben an den Heiligen Geist, d.h. in der Überzeugung von Gottes Gegenwart im menschlichen Leben durch den Geist. Paulus und Johannes haben eine beeindruckende Christusmystik entfaltet.[14] Aber auch hier gilt der Grundsatz prophetischer Kritik: Endliches ist nicht fähig, Unendliches aufzunehmen. Unendliches kann aber im Endlichen anwesend sein, ohne in ihm aufzugehen. Die innere Gefährdung der Mystik liegt nicht darin, dass sie das Ich in Gott aufgehen lässt, sondern dass Gott im Ich aufgeht und Mystik in Atheismus umschlägt. Prophetische Kritik ist daher auch hier nötig: Auch in der Mystik wird Gott zu schnell mit dem verwechselt, was nicht

[14] G. THEISSEN, Paulus und die Mystik, 2013.

Gott ist. Daher war die totale Ablehnung der Mystik in der Offenbarungstheologie zwar verfehlt, aber sie war berechtigt, insofern sie betont: Endliches kann Unendliches nicht fassen. *Finitum non capax infiniti.*

4 Texttranszendenz in Hermeneutik, Exegese und Theologie

Die in diesem Buch gesammelten Beiträge zu einer polyphonen Hermeneutik suchen nach einer doppelten Texttranszendenz in biblischen Texten – also nach dem, was über die Texte selbst hinausweist, einerseits auf das Leben der Menschen hin, andererseits auf Gott hin. Dabei gehen wir in drei Schritten vor: Der erste theologiegeschichtliche Teil bringt Darstellungen zur Geschichte der Hermeneutik, der zweite interdisziplinäre Teil bringt Beiträge nicht-theologischer Wissenschaften zum Verständnis des Neuen Testaments, der dritte systematische Teil entwickelt eine „Theorie der Schrift" als Grundlage der gegenwärtigen christlichen Religion. Dabei ist die Grundfrage: Kann die Schrift, eine historisch kontingente Sammlung von Schriften, die Grundlage einer Theologie für unsere Zeit sein? Wir plädieren für eine „schriftinspirierte Theologie". Dabei greifen wir bewusst das Stichwort „Inspiration" aus der vormodernen theologischen Hermeneutik auf. Wir meinen damit nicht, dass die Autoren der Bibel in dem Sinne inspiriert waren, dass ein zweiter Autor hinter ihnen ihre Worte lenkte. Wir meinen vielmehr: Die Bibel zeugt von religiösen Erfahrungen. Die biblische Rede vom Geist, der Menschen erfasst und bewegt, bezieht sich auf solche Erfahrungen. Es gibt daher einen „Geist der Bibel". Von ihm sollten sich Theologie und Predigt inspirieren lassen, so wie sich ein Künstler zu eigenen Kreationen inspirieren lässt. Es kommt alles darauf an, diesen „Geist" so klar wie möglich zu erfassen, so dass sich aus ihm Kriterien dafür ergeben, wie wir heute den christlichen Glauben formulieren und die Kirche überzeugend gestalten können.

4.1 Sechs hermeneutische Programme: Von der religionsgeschichtlichen zur religionstheoretischen Hermeneutik

Im ersten Teil dieses Buches stellen wir fünf hermeneutische Programme dar, beginnend mit dem religionsgeschichtlichen Programm aus dem Ende des 19. Jh. und endend mit einem religionstheoretischen Programm aus der heutigen Zeit. Die Wiederkehr des Begriffs „Religion" ist kein Zufall. Der Begriff „Religion" wurde dazwischen in der Blütezeit der Dialektischen Theologie systematisch abgewertet. Mit ihm bezeichnete man all das, was man im Christentum überwinden wollte, also das, was in der christlichen Religion von Menschen gemacht ist und nicht auf Offenbarung zurückgeht. Richtig an dieser Kritik ist, dass Religion von Menschen gemacht ist. Daraus folgt aber nicht, dass man sich von ihr distanzieren muss, sondern dass Menschen die Verantwortung für sie übernehmen müssen. Die Hauptverantwortung besteht darin, dafür zu sorgen, dass alles in der Religion transparent wird für Gott. Die Religion ist wie ein Kirchenfenster. Ein Künstler hat es geschaffen. Aber das Licht, das in diesem Fenster aufleuchtet, kann der beste Künstler nicht schaffen, er kann es nur sichtbar machen und dafür sorgen, dass es nicht verdunkelt wird. Verantwortung für die Religion umfasst auch den

Dialog zwischen den Religionen. Die Einführung und Durchsetzung des Religionsbegriffs war ja eine Anerkennung dessen, dass christliche, jüdische, islamische, hinduistische und buddhistische Kulte unter ein und demselben Oberbegriff zusammengefasst werden konnten. Seitdem wurden andere Religionen nicht mehr als „Häresie", „Sekte" oder „Götzendienst" abgewertet.[15]

Der Beitrag Kap. 2, *Das religionsgeschichtliche Programm: Die Religionsgeschichtliche Schule – damals und heute*,[16] will zeigen, dass schon die Vertreter der Religionsgeschichte eine „polyphone Hermeneutik" vertraten. Sie umfasste neben der historischen Fragestellung drei Teilprogramme. An erster Stelle stand die religionsgeschichtliche Forschung, die nicht nur griechische Einflüsse auf das Urchristentum untersuchte, sondern Einflüsse aus der ganzen orientalischen Religionsgeschichte – schon dies war ein Abrücken von einer eurozentrischen Perspektive. Mit diesem Anliegen hat sich die Religionsgeschichtliche Schule durchgesetzt, auch wenn viele ihrer konkreten religionsgeschichtlichen Ableitungen korrigiert wurden. An zweiter Stelle vertrat sie ein sozialgeschichtliches Programm, indem sie nach dem „Sitz im Leben" biblischer Gattungen fragte. Hier begründete sie forschungsgeschichtlich eine Kontinuität, die bis in die Gegenwart reicht, aber in der Zeit der Dialektischen Theologie nur deshalb nicht abbrach, weil der Sitz im Leben vor allem in seiner Bedeutung für Gottesdienst und Predigt gesehen wurde, nicht aber für eine Sozialgeschichte des Urchristentums überhaupt. Beim dritten Teilprogramm, der psychologischen Deutung der Religion, kam es dagegen zu einem forschungsgeschichtlichen Abbruch, sodass bei diesem Ansatz in der Gegenwart wieder neu angefangen werden musste. Dabei suchte die Religionsgeschichtliche Schule gerade durch psychologische Fragen nach Texttranszendenz: nach dem menschlichen Leben hinter den Texten und einem Mehrwert an Sinn über jede menschliche Lebenswelt hinaus.

Von der religionsgeschichtlichen Schule beeinflusst war Martin Dibelius (1883–1947). Sein hermeneutisches Programm ist heute fast vergessen. Der Beitrag (Kap. 3), *Das lebensphilosophische Programm. Martin Dibelius und die Suche nach dem Übergeschichtlichen*,[17] zeigt, dass er durch F. Nietzsches Lebensphilosophie geprägt war. Seine Suche nach einer übergeschichtlichen Wahrheit im Urchristentum greift Stichworte aus dessen Schrift: „Vom Nutzen und Nachtheil der Historie" auf, um die lähmende Wirkung des historischen Denkens zu überwinden. Nietzsches Moralkritik wirkt nach, wenn Dibelius in seiner Frühzeit die Bergpredigt als Ausdruck eines Seins statt eines Sollens interpretierte. Seine Deutung der Armenfrömmigkeit des Jakobusbriefs akzeptierte Nietzsches These vom Christentum als „Sklavenaufstand in der Moral", relativierte sie aber durch Nachweis einer Theologie des „freien Geistes" bei Paulus und Johannes. Dibelius setzte in seinen Arbeiten den Kulturprotestantismus seines Lehrers A. v. Harnack fort, repräsentierte aber nicht die im Kaiserreich dominierende Kultur, sondern eine alternative Kultur in Reformbewegungen, moderner Kunst und Philosophie,

---

[15] Vgl. E. Feil, Religio. Bd. 1–4, 1986/1997/2001/2007

[16] Unveröffentlichter Vortrag 21.03.2013 in Göttingen aus Anlass des 20jährigen Bestehens des „Religionsgeschichtlichen Archivs" in Göttingen, das von Gerd Lüdemann gegründet wurde.

[17] Dieser bisher unveröffentlichte Beitrag entstand aus einer Disputation der Arbeit von Hans Bringeland an der Universität Bergen am 15.7.2011, in dem ich als Opponent mitgewirkt habe. Er basiert auf den Forschungsergebnissen von Hans Bringeland.

die in Opposition zur herrschenden Kultur des Kaiserreichs stand und erst in der Weimarer Republik zur dominierenden Kultur wurde. Er machte dabei in der Weimarer Republik eine Entwicklung von seinen oppositionellen kulturtheologischen Anfängen zu einer Offenbarungstheologie durch, auch wenn er seine liberalen Ansätze mit der neuen Dialektischen Theologie nie in Ausgleich brachte. Die kritischen Motive in seinem Denken sind bis heute bedenkenswert: Was Nietzsche für die Zukunft erhoffte, eine kulturrevolutionäre Umwertung aller Werte, sah Dibelius in Ansätzen im Christentum selbst.

M. Dibelius veröffentlichte 1925 und 1929 in der Zeit der Weimarer Republik seine hermeneutischen Grundsatzüberlegungen, als noch Hoffnung auf einen Erfolg der Republik bestand. Als diese Hoffnung durch den Nationalsozialismus zerbrochen war, veröffentlichte R. Bultmann (1884–1976) auf dem Höhepunkt nationalsozialistischer Macht 1941 seinen hermeneutischen Entwurf, der bis heute die Diskussion bestimmt: Kap. 4, *Das existenztheologische Programm. R. Bultmanns Entmythologisierung und die Zeitgeschichte*,[18] zeigt, dass damals im Protestantismus eine „hermeneutische Unruhe" verbreitet war. Bultmanns Programm konkurrierte mit dem „Modernisierungsprogramm" der Deutschen Christen, welches alles Jüdische aus dem Christentum entfernen wollte. Bultmann wollte dagegen den „Mythos" entfernen, aber dabei seine tiefere Intention bewahren. Sein Entmythologisierungsprogramm war ein Gegenprogramm zur Hermeneutik des führenden Theologen der Deutschen Christen, E. Hirsch, der parallel zu R. Bultmann das Christentum von seiner mythischen Schale befreien wollte. Etwa gleichzeitig sah D. Bonhoeffer in der „Religion" das, was überwunden werden musste. Bultmann setzte das religionsgeschichtliche Programm fort. Urchristliche Theologie war für ihn durch Einflüsse der religiösen Umwelt geprägt. Auch sozialgeschichtliche Ansätze lebten in seiner formgeschichtlichen Arbeit weiter, wenn er nach dem „Sitz im Leben" urchristlicher Texte fragte. Jedoch ersetzte er die psychologischen Ansätze der Religionsgeschichtler durch Existenzialanalyse, obwohl man diese als philosophisch vertiefte Psychologie deuten kann. Er und seine Schüler teilten den Antipsychologismus der Dialektischen Theologie. Trotzdem vertrat er in seinem hermeneutischen Programm überzeugend ein Anliegen, das über dessen zeitgeschichtlichen Kontext hinausweist: Theologie muss sich autonom begründen, für alle verständlich sein und darf sich nicht an ein überholtes Weltbild binden.

Die Dialektische Theologie hatte Offenbarung und Religion im Christentum schroff unterschieden. Sie sah in ihm einen Konflikt zwischen dem, was Menschen als Religion konstruieren und was Gott in seiner Offenbarung zeigt. Dieser Konflikt zwischen Religionskritik und Religionshermeneutik wurde nicht analysiert und durchreflektiert, sondern mit theologischem Pathos zugunsten der Offenbarung entschieden. Man traute der Selbstevidenz des Kerygmas zu, dass es sich gegen jede Religionskritik von selbst durchsetzt. In diese Lücke stieß die Hermeneutik P. Ricœurs (1913–2005). Denn Ricœur sieht die Moderne grundsätzlich von einem hermeneutischen Deutungskonflikt um die Religion bestimmt. Eine religionskritische „Archäologie des Sinns" führt die Religion auf Ängste,

[18] Die Grundidee zu diesem Beitrag in: G. THEISSEN, Karl Georg Kuhn und Günther Bornkamm, in: Neutestamentliche Wissenschaft vor und nach 1945, 2009, 195–221, habe ich hier ausgearbeitet.

Machtansprüche und Wünsche zurück. Dem steht eine religionsbewahrende „Teleologie des Sinns“ entgegen, in der die religiösen Symbole zu Ende gedacht werden, um die in ihnen verborgene Kraft zu aktivieren. Damit wird „Religion“ als Werk von Menschen erkannt, aber nicht als Götzendienst verurteilt, sondern als Herausforderung verstanden, sich intellektuell mit ihr auseinanderzusetzen. Der Beitrag Kap. 5, *Das konflikthermeneutische Programm P. Ricœur und seine theologische Rezeption*,[19] zeigt, dass Ricœur in deutschsprachigen theologischen Hermeneutiken nur einseitig rezipiert wurde: Seine Symbol-, Metaphern- und Erzähltheorien wurden positiv aufgenommen, sein Grundthema des hermeneutischen Konflikts zwischen kritischer und restaurativer Hermeneutik aber ausgeklammert. Erklärung dafür könnte sein: In der ersten Nachkriegsgeneration stellte die Hermeneutik von H.-G. Gadamer das durch die NS-Zeit erschütterte Vertrauen in die Tradition wieder her. Die Theologen der ersten Nachkriegsgeneration haben im Vertrauen auf die Tradition die kritische Seite im hermeneutischen Konflikt geleugnet. In der zweiten Nachkriegsgeneration aber kam in einer Hermeneutik des Misstrauens fast nur noch eine Kritik an der Tradition zur Geltung, nicht als allgemeine Hermeneutik, sondern in den konkreten Fragestellungen des jüdisch-christlichen Dialogs, der Befreiungstheologie und der feministischen Theologie. Die unterschiedliche Mentalität zweier Nachkriegsgenerationen erklärt das Verschwinden des grundsätzlichen hermeneutischen Konflikts bei der Rezeption von Ricœur in Deutschland. Dies ist zu bedauern, Denn Ricœur hat klargemacht: Religionskritik ist in der modernen Zeit Teil des allgemeinen Religionsdiskurses. Mit ihr verständigt sich die moderne Gesellschaft über die Religion. Der „hermeneutische Konflikt“ muss daher ein Thema jeder theologischen Hermeneutik sein.

Eine umfassende theologische Hermeneutik hat U. Luz vorgelegt. In ihr werden P. Ricœur und der hermeneutische Konflikt einschließlich psychologischer, sozialkerygmatischer, wirkungs- und rezeptionsgeschichtlicher Ansätze in ein umfassendes Programm integriert. Die Vielzahl der Ansätze und Methoden wird als ein neues Problem erkannt. Wie die Bibel dennoch in dieser Vielstimmigkeit als eigene Stimme zur Geltung kommen und christliche Identität begründen kann, ist ein zentrales Thema des Beitrags Kap. 6, *Das dialoghermeneutische Programm. U. Luz: Zwischen theologischer Identität und postmoderner Pluralität*.[20] Während die Postmoderne den Tod des Autors erklärt und dafür den Leser inthronisiert, der den Sinn des Textes schafft, plädiert U. Luz dafür, den Textsinn als Richtschnur der Auslegung zu respektieren. Dennoch teilt er mit der Postmoderne einige Züge: Erstens verzichtet er darauf, die Bibel als „große Erzählung“ zu deuten, sondern findet in den „kleinen Erzählungen“ der Bibel ausreichend Texttranszendenz für Gott. Zweitens kommt der Sinn der Bibel in seiner Hermeneutik nicht nur in der Exegese zur Geltung, sondern ebenso in Kunstwerken. Drittens plädiert er aufgrund der mannigfachen Wirkungsgeschichte der Bibel für Toleranz gegenüber einer Vielzahl von Deutungen. Gegen die Postmoderne hält er aber an der Prämisse der scheinbar „vormodernen“ Dialektischen Theologie fest: In der Bibel hören wir Gottes Wort. Das verbindet er mit einer allgemeinen

---

[19] Überarbeitete Form von G. THEISSEN, Das Verschwinden des hermeneutischen Konflikts, 2013.
[20] Unveröffentlichter Beitrag. Erstveröffentlichung in diesem Band.

Prämisse der aufgeklärten Moderne: Wir müssen Dialogregeln finden, mit denen wir uns über die Bibel verständigen. Sein Programm zielt auf die Ermöglichung des Dialogs über die Bibel in der Kirche, zwischen den Konfessionen und in der ganzen Gesellschaft. Der theologische Dialog mit Gott und der humane Dialog mit anderen Menschen (in Form sozialgeschichtlicher, psychologischer und engagierter Exegese) werden in dieser Hermeneutik nicht gegeneinander ausgespielt. Dadurch ist die Hermeneutik von U. Luz eine reife Synthese der gegenwärtigen Bibelhermeneutik.

Danach stelle ich im Beitrag (Kap. 7), *Das religionstheoretische Programm: Polyphone Texttranszendenz*,[21] mein eigenes Programm vor. Es knüpft an das Programm der religionsgeschichtlichen Schule an, die Bibel und Christentum unter dem Oberbegriff „Religion" analysierte. Aber es teilt mit der Dialektischen Theologie die Sensibilität für die Autonomie der Religion und mit der neueren Hermeneutik das Interesse, einen offenen Dialog über unsere religiösen Traditionen zu ermöglichen. Religionen gelten als Zeichensprachen, die von Menschen konstruiert wurden, sich aber nach einer eigenen Grammatik entfalten. Sie umfassen vier Dimensionen: Sie verweisen (1) auf Transzendenz und (2) auf die Geschichte, sie formen (3) durch Gebote das Leben und begründen (4) durch Riten Gemeinschaft. Die Bibel ist Grundlage der christlichen Zeichenwelt. Diese Zeichenwelt wird durch zwei Axiome, Monotheismus und Christologie, und viele Grundmotive bestimmt, die immer wieder in der Bibel wiederkehren. Grundmotive interpretieren und ermöglichen religiöse Grunderfahrungen wie das Staunen über die Existenz aller Dinge, die Erfahrung absoluter Geborgenheit und die Erfahrung von Schuld und Verantwortung (L. Wittgenstein). Solche Erfahrungen durchziehen alle vier Dimensionen der Bibel: den kerygmatischen Kontakt mit Transzendenz, den Bezug zur Geschichte Jesu, ihre ethische Funktion im Leben und ihre kanonische Bedeutung für die Kirche. In unserer Zeit umfasst der Gemeinschaftsbezug der Bibel auch die Beziehungen zu anderen Religionen. Der Artikel regt deshalb an, dass man eine Bibelausgabe mit interreligiösen Apokryphen herausgibt.

Diese Auswahl von fünf Programmen ist nicht zufällig. In allen Programmen findet man Ansätze zu einer Doppeltranszendenz des Textes. Der Religionsgeschichtlichen Schule verdanken wir die Offenheit für einen interreligiösen Dialog, der lebensphilosophischen Hermeneutik die Offenheit für die soziale Dynamik hinter den Texten, der existenzphilosophischen Hermeneutik die dezidierte Ausrichtung auf die Autonomie des Wortes Gottes, das den Menschen bis in seine Tiefen verwandelt, dem konflikthermeneutischen Ansatz die Auffassung von Religionskritik als Form des modernen Religionsdiskurses. Das Dialoghermeneutische Programm ist ein Modell für meinen eigenen Entwurf: Es verbindet theologische und soziale Texttranszendenz und führt das Liebesgebot als Kriterium der Hermeneutik ein. Die hermeneutische Doppeltranszendenz der Texte und das ethische Doppelgebot der Liebe entsprechen einander.

---

[21] Erstveröffentlichung: G. THEISSEN, Om at forstå Bibelen i den moderne verden, 2011= Bibelhermeneutik als Religionshermeneutik, 2012.

4.2 Interdisziplinäre Exegese: Von der Literaturwissenschaft bis zur Religionsphilosophie

Der zweite Teil dieses Buches bringt Beiträge zu außertheologischen Disziplinen, ohne die das Neue Testament nicht sachgemäß interpretiert werden kann: Literaturgeschichte, Sozialgeschichte, historische Psychologie, Religionswissenschaft und Religionsphilosophie. Texttranszendenz bedeutet hier, den Text durchsichtig zu machen für das Leben überhaupt – für ästhetische Gestaltung, soziale Gruppen, psychisches Erleben und Verhalten und die vielfältigen Ausdrucksformen von Religion. Auch hier ist der „Weg nach draußen" über den Text hinaus nicht selbstverständlich. Denn wir haben als zuverlässigen Ausgangspunkt unserer Untersuchungen immer nur die vorliegenden Texte in ihrer jetzigen Gestalt. Aber wie wir im Alltag keine sprachliche Äußerung verstehen, wenn wir sie nicht in ihren Lebenskontext einordnen können, so verstehen wir auch Texte der Vergangenheit nur aus ihrem Lebenskontext heraus. Noch schwieriger aber scheint der „Weg nach draußen" zu sein, wenn es sich um Erfahrungen der Transzendenz Gottes handelt. Gerade danach fragt aber eine theologische Lektüre des Neuen Testaments: Sie möchte in menschlichen Wörtern das Echo des Wortes Gottes finden. Von Gott aber kann man nur so reden, wie er im menschlichen Erleben und Verhalten wirksam geworden ist. Beides, Lebens- und Gottestranszendenz, sind daher eng miteinander verbunden. Um das Wort Gottes in den Wörtern der Menschen zu finden, müssen die Texte für uns in doppelter Weise transparent werden. Dies gilt analog für Ethik und Hermeneutik, für menschliches Handeln und Verstehen: Die hermeneutische Doppeltranszendenz des Textes entspricht formal dem ethischen Doppelgebot der Liebe. Die menschliche Dimension hat dabei denselben Rang wie die theologische Dimension. Diese menschliche Dimension wiederum kann unter vielen Aspekten betrachtet werden, die von verschiedenen Wissenschaften erforscht werden. Zu einigen der hier relevanten wissenschaftlichen Disziplinen findet sich je ein Beitrag. Jeder Beitrag fragt in unterschiedlicher Weise nach Lebenstranszendenz, aber immer mit dem Interesse, Spuren einer Transzendenz Gottes in den Texten zu finden.

Das Neue Testament ist zunächst einmal Literatur. Als Literatur hat es dadurch eine theologische Texttransparenz, weil Literatur im engeren Sinne einen Eigenwert hat, der über ihren Gebrauchswert hinausgeht. Daher ist eine literaturästhetische Betrachtung des Neuen Testaments theologisch sachgemäß. Indem diese Literatur auf Gott weist, weist sie auf einen absoluten Eigenwert. Oft wird freilich bestritten, dass eine Literaturgeschichte des Neuen Testaments überhaupt möglich und eine ästhetische Betrachtung ihrer Texte sinnvoll sei: Als *Urliteratur* sei es die analogielose Schöpfung des Urchristentums, als *Kleinliteratur* Produkt literaturferner Unterschichten, als *Koineliteratur* Teil einer durch die Septuaginta (LXX) bestimmten Sonderliteratur. Ästhetisch gesehen habe sie einen geringen Wert. Literaturgeschichtliche Phasen ließen sich ohnehin nicht in der kurzen Zeit der Entstehungsgeschichte des Neuen Testaments erkennen. Dem widerspricht der Beitrag Kap. 8, *Literaturgeschichte: Die vier Phasen der Entstehung des Neuen Testaments.*[22] Er plädiert für eine ästhetische Betrachtung des Neuen Testaments und unterscheidet vier Phasen in der urchristlichen Literaturgeschichte, eine charismatische, pseudepigraphe, funktionale und kanonische Phase. (a) Die *Anfänge* des Neuen Testaments gehen auf die beiden Charismatiker Jesus und Paulus zurück. Mündliche Jesusüberlieferungen wurden durch Verschriftlichung zu Evangelien, Paulusbriefe als Briefsammlung zur „Literatur" mit einem allgemeinen Adressatenkreis. Es war keine „Urliteratur" im Sinne einer analogielosen Schöpfung. Im Gegenteil, das Evangelium war ein *bios* mit Vorbildern in der paganen Literatur. Das Markusevangelium griff eine Ausdrucksform der literarischen Oberschicht auf und konkurrierte als *euaggélion* mit den *euaggélia* des Kaisers Vespasian. Paulus entwickelte den Privat- zum Gemeindebrief und erreichte mit dem Römerbrief die Schwelle zur Publizistik, die sich an eine größere Öffentlichkeit wendet. Dessen Inhalt bezeichnete er als *euaggélion.* Paulus und der Mk-Evangelist schufen somit die beiden Grundformen urchristlicher Literatur, indem sie den öffentlichen Anspruch ihrer Verkündigung in Anlehnung an eine öffentliche politische Botschaft artikulierten. (b) In der *pseudepigraphen* Phase, schon in der zweiten Generation des Urchristentums, schrieb man im Namen des Paulus Briefe und verfasste Evangelien unter Rückgriff auf die Autorität Jesu. Damit endete sehr früh die schöpferische Anfangsphase. Von jetzt an ahmte man nach. Die deuteropaulinischen Briefe sind fiktive Selbstauslegungen des Paulus, ebenso die nach-synoptischen Evangelien fiktive Selbstauslegungen Jesu: Jesus wird im JohEv als Bote der Liebe Gottes, im ThomEv als Vermittler höherer Erkenntnis gestaltet. (c) In der *funktionalen Phase* wurde die Autorität der Autoren durch das Eigengewicht der Gattungen ergänzt: Der Hebräerbrief ist eine Rede, die Apostelgeschichte ein historiographisches Werk, die Apokalypse ein Offenbarungsbuch. In den Kanon gelangten sie nicht aufgrund ihrer Form. Vielmehr wurde der Hebräerbrief im Schlepptau der Paulusbriefe, die Apostelgeschichte im Schlepptau des LkEv, die Apokalypse als Teil des *corpus Johanneum* kanonisiert. (d) In der *kanonischen Phase* wurden die Grundlagen des Kanons geschaffen. Dabei förderte die Ablehnung des (aus nur einem Evangelium und nur aus den Paulusbriefen bestehenden) Kanons Markions den frühchristlichen Konsens über die *vier* Evangelien und die Briefe *mehrerer* Apostel, vor allem aber den Konsens über den kanonischen Rang des *Alten Testaments* neben dem Neuen Testament. Diese vier Phasen spiegeln den Weg von den charismatischen Anfängen zu einer institutionalisierten Kirche mit innerer Pluralität. Die Formgeschichte des Neuen Testaments entsprach daher einer geschichtlichen Dynamik des Urchristentums. Neutestamentliche Schriften überschritten die Grenze zwischen Charisma und Institution, Unter- und Oberschicht, Juden- und Heidentum. Man merkt ihnen an: Es war die Literatur einer kleinen Subkultur, die sich als der Anfang einer neuen Menschheit verstand. In der Literatur- und

[22] Erstveröffentlichung: G. THEISSEN, Les quatre phases de la naissance du Nouveau Testament. Esquisse d'une histoire de la littérature du christianisme antique, 2007. Das hier vorgelegte Programm wurde ausgeführt in: G. THEISSEN, Die Entstehung des Neuen Testaments als literaturgeschichtliches Problem, 2007 ^{2}2011 = The New Testament. A Literary History, 2011.

Formgeschichte des Neuen Testaments zeigt sich, dass der in ihnen bezeugte Gott ein Gott aller Menschen sein will.

Da die urchristliche Literatur soziale Grenzen überschreitet, kann eine Literaturgeschichte des Urchristentums nicht ohne Berücksichtigung der Sozialgeschichte geschrieben werden. Doch der Weg zur sozialgeschichtlichen Erforschung des Neuen Testaments war voller Hindernisse. Der Beitrag Kap. 9, *Soziologie: Ein hermeneutischer Konflikt in der Theologie*,[23] zeigt, wie bereits Ende des 19. Jh. alle Voraussetzungen für die Entstehung der sozialgeschichtlichen Erforschung des Urchristentums gegeben waren, d.h. ein soziales Interesse, sozialgeschichtlich materialreiche Darstellungen und differenzierte religionssoziologische Theorien. Ferner hatte die Formgeschichte mit der Frage nach dem „Sitz im Leben" eine Methodik entwickelt, um Texte durch konkrete Beobachtungen sozial einzuordnen. Die Krisentheologie in der ersten Hälfte des 20. Jh. ließ diese Ansätze ins Leere laufen. Nur die Frage nach dem „Sitz im Leben" hielt sich auch in dieser Zeit durch. Sie wurde in den 1960er/70er Jahren zum Anknüpfungspunkt einer neuen sozialgeschichtlichen Forschung, die sich bald in konkurrierende Strömungen verzweigte. Zu unterscheiden ist (a) eine *sozialdeskriptive* Strömung, die sozial relevanten Daten geschichtlich darstellt, (b) eine *sozialkerygmatische* Exegese, die nach der „sozialen Botschaft" im Neuen Testament fragt, (c) eine *sozialwissenschaftliche* Exegese, die mit soziologischen Modellen das Urchristentum erhellt, (d) ein *kulturanthropologischer* Ansatz, der das Urchristentum nach Analogie fremder Kulturen untersucht. Die Sozialgeschichte stieß theologisch oft auf Widerspruch – gerade bei den Theologen der Bultmannschule, die durch eine existenziale Exegese die Modernisierung des Christentums betrieben hatten. Es fehlte in dieser Schule das Bewusstsein eines hermeneutischen Konflikts, der den Religionsdiskurs in der Moderne kennzeichnet (P. Ricœur). Der Beitrag versucht daher am Ende zu zeigen, inwiefern ein sozialgeschichtlicher Ansatz neben der Lebenstranszendenz der Texte auch eine theologische Texttranszendenz im Blick haben kann: Spuren Gottes entdeckt man dort, wo eine soziologische Betrachtung auf die Grundwerte der ökumenischen Ethik, d.h. auf Frieden, Gerechtigkeit und die Bewahrung der Schöpfung stößt.

Die Sozialgeschichte wurde nach anfänglicher Ablehnung in der Exegese akzeptiert. Schwerer hatte es die psychologische Exegese. Der Beitrag Kap. 10 mit dem Titel: *Psychologie. Vorurteil und Fortschritt auf dem Weg zur psychologischen Exegese*,[24] zeigt, wie auch Ansätze, die eine psychologische Exegese fördern wollten, ambivalent gewirkt haben. Was für die einen ein verheißungsvoller neuer Zugang zu den biblischen Texten war, war für andere ein Irrweg. Dabei galt einst im 19. Jh. ein psychologischer Zugang zu religiösen Texten als ein sachgemäßer Zugang. Doch die Dialektische Theologie verwarf zusammen mit dem Historismus auch den Psychologismus in der Exegese. Sie revidierte später ihr Verdikt über die historische Forschung, nie aber ihr Verdammungsurteil über die psychologische Auslegung. Verstärkt wurden ihre Vorbehalte durch (a) eine

---

[23] Überarbeitete und erweiterte Fassung von: G. THEISSEN, Soziologie und Theologie des Neuen Testaments – ein hermeneutischer Konflikt, 2014. Verarbeitet wurde darin: G. THEISSEN, Exégesis socio-histórica desde los comienzos de la investigación histórico-crítica hasta la antropología cultural, 2008.

[24] Dieser Beitrag war bisher unveröffentlicht und wurde für diesen Band ausgearbeitet.

Dominanz psychoanalytischer Auslegungen religiöser Texte, da die Psychoanalyse generell umstritten war; (b) durch die Konkurrenz mit der existenzialanalytischen Auslegung, die m.E. oft eine vertiefte psychologische Auslegung ist; (c) durch den großen Erfolg der archetypischen Auslegung von E. Drewermann, der exegetisch nicht überzeugen konnte. Auch war (d) der relative Erfolg der konkurrierenden sozialgeschichtlichen Auslegung (zumindest bei der Auslegung paulinischer Briefe) ein Hemmnis. So kam es, dass (e) die psychologische Auslegung eher anonym unter anderen Überschriften getrieben wurde: als historische Anthropologie, Kulturanthropologie, Alltags- oder Mentalitätsgeschichte. Ein Wandel setzte erst mit der „Emotionsforschung" ein, die zunächst im Neuen Testament, dann auch im Alten Testament und inzwischen in vielen anderen Disziplinen betrieben wird. Bei „Emotionen" und „Affekten" gibt es einen vorwissenschaftlichen Konsens, dass die „Psychologie" für sie zuständig ist. Daher werden psychologische Fragestellungen heute zögernd akzeptiert. Der Beitrag diskutiert abschließend vier Probleme ihrer Durchführung: das Problem des Quellenmangels, der Distanz zwischen Text und Leben, zwischen Vergangenheit und Gegenwart sowie zwischen Gegenstand und theoretischem Deutungsrahmen.

Theologisch bedingte Einwände gegen eine sozialgeschichtliche und psychologische Erforschung der Religion sind von Seiten der Religionswissenschaft nicht zu erwarten. Es liegt daher nahe, die neuen exegetischen Ansätze mit religionswissenschaftlichen Arbeitsweisen zu verbinden. Aber auch hier gibt es Abgrenzungsprobleme mit gegenseitigen Vorwürfen und Vorurteilen. Entweder gelten Religionswissenschaftler als verkappte Theologen oder Theologen als Religionswissenschaftler ohne theologisches Engagement. Der Beitrag Kap. 11: *Religionswissenschaft. Außen- und Innenperspektive als komplementäre Sichtweisen*[25] diskutiert sechs allzu einfache Alternativen (1) Theologie sei Selbstauslegung einer Religion, Religionswissenschaft Auslegung fremder Religionen. (2) Theologie denke eurozentrisch, Religionswissenschaft universal. (3) Theologie betrachte Religion aus einer Binnenperspektive, Religionswissenschaft aus einer Außenperspektive. (4) Theologie sei subjektiv engagiert und wertgebunden, Religionswissenschaftlich objektiv und neutral. (5) Theologie treibe Religionshermeneutik, Religionswissenschaft Religionskritik. (6) Theologie übernehme praktische Verantwortung, Religionswissenschaft bleibe Beobachter. In allen Alternativen steckt ein Körnchen Wahrheit, aber alle sind zu korrigieren. Theologie ist keine neutrale Religionswissenschaft, in der die Frage nach einer absoluten Wahrheit suspendiert wird, damit sie sich allen Religionen gleichmäßig zuwenden kann. Aber man kann Theologie als Religionswissenschaft treiben, wenn man sie als engagierte Religionswissenschaft versteht, die sich für die Wahrheit einer bestimmten Religion einsetzt und durch sie eine religiöse Identität vermitteln will. Nach wie vor ist es eine Utopie, dass man bei solch einem Engagement gleichzeitig universal nach der Wahrheit jeder Religion fragen kann. Zurzeit ist nur die Religionswissenschaft fähig, unparteiisch den Blick auf alle Religionen zu richten. Dennoch dürfen wir die Vision nicht aufgeben, dass sich einmal beides

[25] Neu bearbeitete Fassung von: G. THEISSEN, Forholdet mellem Teologi og Religionsvidenskab, 2004 = Theologie und Religionswissenschaft. Gegenseitige Inspiration und Irritation zweier komplementärer Wissenschaften, 2005.

verbinden lässt: die universale Weite der Religionswissenschaft und die theologische Frage nach der Wahrheit. Eben danach sucht eine pluralistische Religionstheologie. Vielleicht können folgende Überlegungen ein Ansatz sein: Menschliche Kultur ermöglichte durch Technik, Wissen und Solidarität das Leben auch dort, wo es sich unter natürlichen Umständen nicht entwickeln könnte. Kultur reduziert Selektionsdruck. Dieses Programm wird durch die verschiedenen Religionen in ihren Zeichensprachen kodiert. Sie motivieren dazu, ihm auch in Krisen treu zu bleiben. Alle Religionen umkreisen dabei eine zentrale Wirklichkeit, die sich ihnen erschließt, wenn sie diesem Programm folgen.

Zum hermeneutischen Konflikt um die Religion gehört vor allem die Religionskritik, die bestreitet, dass es überhaupt eine zentrale oder letzte Wirklichkeit gibt. Der Beitrag Kap. 12: *Religionsphilosophie. Religionskritik als Hermeneutik und Erneuerung der Religion*?[26], setzt sich mit ausgewählten klassischen Positionen moderner Religionskritik auseinander. Sie alle kritisieren, dass der Mensch in Projektionen seine Wünsche in einen jenseitigen Himmel verlegt. Feuerbach, Comte und Marx waren sich darin einig, dass diese „Werte" im Prinzip gut seien, die Liebe bei Feuerbach, der Humanismus bei Comte, die Solidarität bei Marx. Diese Religionskritiker wollten die positiven Werte der Religion auf Erden und nicht im Himmel auf unterschiedlichem Wege realisieren: durch die Philosophie bei Feuerbach, die Wissenschaft bei Comte oder einer Sozialrevolution bei Marx. Friedrich Nietzsche forderte dagegen eine kulturrevolutionäre Umwertung aller Werte auch im „Überbau" des Himmels. Was die Religion in den Himmel hineinprojiziere, sei nicht positiv, im Gegenteil: Der biblische Gott sei Ursprung einer lebensfeindlichen Vergiftung des Lebens durch Moral. Sigmund Freud führte diese Entzauberung des Himmels zu Ende: Er war aber skeptisch gegenüber der Annahme, dass eine Verwirklichung religiöser Wunschträume möglich sei, sondern riet dazu, auf die in ihnen wirksame kindliche Geborgenheitssehnsucht zu verzichten. Nur dadurch zeige man seine Reife als Erwachsener. Im zweiten Teil zeigt der Beitrag, dass es zu den wichtigsten religionskritischen Thesen jeweils eine Gegenthese in der Religionskritik selbst gibt: Dem Projektionsverdacht widerspricht die Reaktionsthese, dem Repressionsverdacht die Ressentimentthese: Religion dient nicht nur der Repression der Unterschichten, sondern auch der Domestizierung von Oberschichten durch die „Fesseln" der Moral. Mit solchen „Antithesen" wird die Religionskritik zwar nicht widerlegt, wohl aber für das Verstehen der Religion fruchtbar gemacht: Religion ist viel komplexer, als es sich die reduzierende Religionskritik träumen lässt. Im dritten Teil wird gegen die Religionskritik die These gesetzt, dass Religion als Resonanzerfahrung keine Illusion ist. Resonanz mit der physikalischen Natur wird durch deren mathematische Beschreibbarkeit objektiv bestätigt, Resonanz zwischen Lebewesen durch den gemeinsamen genetischen Kode des Lebens, Resonanz zwischen Menschen durch die gleichen neuronalen Strukturen unseres Gehirns. Zur religiösen Erfahrung wird diese Resonanz, wenn sie zu einem Lebenswert wird: Dabei herrscht keine fremde Macht über den Menschen, sondern seine Eigenfrequenz wird von außen angeregt, sodass er zu dem aktiviert wird, was seinem eigenen Sein entspricht. Der christliche Glauben lässt sich im Lichte solch einer Religionsauffassung als

[26] Vortrag auf einem Dies Academicus der Theologischen Fakultät Heidelberg 20.07.2018.

„trinitarische Resonanzerfahrung" beschreiben. Er basiert auf einer *extensiven Resonanz* im Glauben an Gott den Schöpfer alles Seins, auf einer *intensiven Resonanz* in der Begegnung mit Jesus als Offenbarer der Liebe, auf einer *aktivierenden Resonanz* in der Verwandlung des Menschen durch den Heiligen Geist. In jeder Hinsicht ist er Widerstand gegen die Absurdität der Welt und in uns selbst. Er löst nicht die Theodizeefrage, aber gibt Kraft, mit ihrer Unlösbarkeit zu leben.

Die hier gesammelten interdisziplinär ausgerichteten Beiträge beleuchten verschiedene menschliche Dimensionen der Texte: ihre ästhetische Qualität, soziale und psychische Funktion, religiöse Aussagekraft und ihren Inhalt, der auch religionskritischen Anfragen standhält. Immer spielt theologische Texttranszendenz dabei eine Rolle. Selbst Religionskritik als Form des modernen Religionsdiskurses kann differenziert durchgeführt dazu beitragen, in den Texten Erfahrungen von Transzendenz aufzuspüren.

4.3 Schriftinspirierte Theologie: Von der Kanonizität bis Pluralismusfähigkeit der Schrift

Im dritten Teil beschäftigen sich mehrere Beiträge mit der Frage, wie die Bibel als Schrift religiöse Erfahrungen vermitteln kann und zur heiligen Schrift werden konnte. Sie reihen sich damit in eine „Religionshermeneutik" ein, die in den Texten die Spur religiöser Transzendenzerfahrungen sucht und ihnen die Kraft zutraut, solche Erfahrungen hervorzurufen, zu deuten und an andere zu vermitteln.[27]

Eine Grundfrage jeder Bibelhermeneutik ist die Frage: Wie kann ein Text jene Zeichen-Transparenz erlangen, dass man in ihm Spuren Gottes entdecken kann? Das Problem wird durch die moderne These verschärft, dass die neutestamentlichen Schriften ursprünglich nicht als „heilige Schrift" verfasst wurden, sondern erst nachträglich dazu gemacht wurden. Der Beitrag Kap. 13: *Die Kanonizität der Schrift: Wie wurden neutestamentliche Texte zu heiligen Schriften?*[28], legt vier Kanonkriterien zugrunde: (a) Transzendenzbezug; (b) kultische Verwendung aufgrund einer Liste dafür zugelassener Schriften; (c) Endgültigkeit des Textbestandes, (d) Zugehörigkeit zu einer abgeschlossenen Schriftensammlung. Dabei stößt man auf einen überraschenden Widerspruch: Gegen die moderne These einer sekundären Sakralisierung profaner Gebrauchsliteratur spricht, dass die ersten beiden Kanonkriterien in den Paulusbriefen von Anfang an wirksam waren. Die Briefe treten mit transzendenzbezogener Autorität auf, werden im Gottesdienst gelesen und verwandeln sich in Verbindung mit der Predigt zur *viva vox evangelii*. Sie waren von Anfang an zwar nicht kanonisch, wohl aber kanonfähig. Für die Gegenthese einer sekundären Kanonisierung spricht dagegen: Die Formensprache der neutestamentlichen Schriften lehnt sich nicht an den „Kanon" der ersten Christen, das Alte Testament, an. Das Alte Testament ging nicht in den neutestamentlichen *Schriften* in Erfüllung, sondern in der neutestamentlichen *Geschichte*. Bis heute wird daher die Botschaft durch drei Medien vermittelt: durch

---

[27] U. Luz, Theologische Hermeneutik, 2014, 71–88, bespricht mit Recht meine Überlegungen neben der „Religionshermeneutik" von J. Lauster, Schriftauslegung als Erfahrungserhellung, 2014.

[28] Erstveröffentlichung: G. Theissen, Wie wurden neutestamentliche Texte zu heiligen Schriften, 2012. Der Text wurde gründlich überarbeitet.

die *Geschichte* hinter den Texten, die kontrovers ausgelegte *Schrift* und das lebendige *Wort* der Verkündigung aufgrund vorgegebener Texte. Von Anfang an aber wird in den paulinischen Schriften betont: Ohne das Wirken des Geistes bleibt diese Botschaft tot, haben die Texte keine Texttranszendenz, ist die Verkündigung unwirksam. Das Wirken des Geistes ist der neutestamentliche Name für religiöse Erfahrung. Der Geist verstärkt die Botschaft in dreifacher Weise: durch persönliche *Erfahrung,* durch soziale *Zustimmung* und vernünftige *Argumentation.* Die Schrift bekam ihre Qualität als „heilige Schrift" erst als Ausdruck und Ermöglichung religiöser Geist-Erfahrungen. Oft wird im Protestantismus eine der genannten Größen überbewertet. Dann kommt es zu einem Geschichts-, Schrift- oder Predigtkult, viel seltener zu einem Erfahrungs-, Gemeinschafts- oder Vernunftkult. Die dreifache Gestalt des „Wortes Gottes" und seiner Rezeption gaben dem Protestantismus eine gewisse Flexibilität: Er kann immer wieder neu bei verschiedenen Größen ansetzen, um in Geschichte, Schrift und Kirche sowie in persönlicher Erfahrung, Gemeinde und Vernunft Zeichen göttlicher Transzendenz zu finden.

Hat sich der Protestantismus aber nicht allzu sehr auf die Schrift festgelegt, wenn er sie allein zur Rechtschnur erklärte? Kap. 14: *Die Exklusivität der Schrift: Sola Scriptura – Grundlage für Konsens und Individualisierung?*[29], setzt dieser Exklusivität der Schrift die vierfache Grundlage des Glaubens in Schrift, Tradition, Erfahrung und Vernunft entgegen, das methodistische „Quadrilateral". Meine These ist: Diese vier Grundlagen widersprechen nicht dem *sola scriptura* des Protestantismus. Denn Tradition, Erfahrung und Vernunft wirken schon innerhalb der Schrift als normative Grundlagen. Das Schriftprinzip ermöglicht daher eine große Varianztoleranz. Es kann (a) Grundlage für den Religions- und Konfessionsdialog sein, kann (b) Tradition, Erfahrung und Vernunft legitimieren. Es kann (c) die Pluralität der Interpretationswege begründen, vor allem die Polyphonie einer kritischen, poetischen, existenzialen und kerygmatischen Lektüre der Schrift. Auch auf dieser vierfachen Grundlage entsteht oft kein Konsens. Daher muss das methodistische Quadrilateral um eine fünfte Größe erweitert werden: um den Dialog in der Gemeinde. Er tritt an die Stelle des Lehramts im traditionellen Katholizismus. Damit wird man nicht dem Buchstaben, wohl aber dem Geiste des reformatorischen Sola-scriptura-Prinzips gerecht. Denn es diente an erster Stelle dazu, eine von Papst und Kirche unabhängige Norm zu finden, an der sich alle in der Kirche orientieren. Nicht die „Schrift allein", sondern der vernünftige, demokratische, schriftinspirierte Dialog wird heute den reformatorischen Intentionen gerecht. Dieser Dialog ist auf Vorgaben und Kriterien angewiesen. Dazu sind als Vorgaben Schrift, Tradition, Erfahrung und Vernunft notwendig. Auch wenn der Protestantismus nicht mehr an die Verbalinspiration der Schrift glaubt, sollte er sich daher in jedem Fall um eine „schriftinspirierte Theologie" bemühen.

Konsens ist, dass dieses Schriftprinzip durch die historisch-kritische Forschung in eine Krise geriet. Die Schrift verlor ihre unangefochtene Position als Wahrheits- und Gewissheitsgenerator. „Es steht geschrieben", ist nicht mehr identisch mit: „Es ist wahr". Kap. 15: *Die Fragwürdigkeit der Schrift: Die Krise*

[29] Erstveröffentlichung: G. THEISSEN, Sola Scriptura, 2017. Der Text wurde überarbeitet.

des Schriftverständnisses als Grundlage des modernen Protestantismus,[30] vertritt die These, dass der Protestantismus das Kunststück fertiggebracht hat, in dieser Dauerkrise seine Identität zu finden. Er hat Krisenmerkmale zu Modernitätsmerkmalen umgedeutet. Die historisch-kritische Methode verlieh seiner Theologie Dynamik: Sie kommt immer wieder zu neuen Ergebnissen und wurde Teil eines „Modernitätspathos", mit dem sich Protestanten gerne von anderen Konfessionen absetzen. Protestanten wehren sich ferner mit der historisch-kritischen Methode gegen Autoritätsansprüche in Kirche und Gesellschaft und vergrößern den Toleranzspielraum im Innern ihrer Kirche. Gleichzeitig hat der Protestantismus verschiedene theologische Hermeneutiken entwickelt, um die Krise des Schriftprinzips aufzufangen: (a) So konnte er mit Hilfe der *existenzialen* Hermeneutik den Text historisch-kritisch begraben, um ihn dennoch kerygmatisch immer wieder auferstehen zu lassen. (b) Durch eine *universalgeschichtliche* Hermeneutik restaurierte er das Vertrauen in die Geschichte, indem er die Überlieferungsgeschichte zu einem Teil der Geschichte machte. (c) Durch eine *literarische* Hermeneutik wertete er die Endgestalt des Textes auf, die als Text allen in gleicher Weise zugänglich ist. Am Ende des Beitrags wird dargelegt, wie ein *religionshermeneutischer* Ansatz die Krise des Schriftprinzips bewältigen kann: Axiome und Grundmotive in der Schrift bilden die Mitte der Schrift. Mit Hilfe des durch diese Grundüberzeugungen umschriebenen „Geistes" der Bibel kann man viele Spannungen überbrücken, die zur Erosion des Schriftprinzips geführt haben: die Spannung zwischen Text und Geschichte, zwischen Singularität und Analogien des Geschehens, zwischen Antike und Gegenwart, Gewissheit und Hypothesen, Menschenwort und Gotteswort. Dieses religionstheoretische Schriftverständnis hat seinen „Sitz im Leben" in einer säkularisierten Gesellschaft, in der religiöse und religionslose Menschen zusammenleben. Einer solchen Situation entspricht eine „polyphone Lektüre der Bibel", die sie für alle Menschen verständlich macht. Eine religionshermeneutische Bibellektüre will verhindern, dass sich die Interpretation der Bibel dabei auf historische und literarische Aspekte beschränkt und ihr religiöser Gehalt einer innerkirchlichen Theologie vorbehalten bleibt. Denn die Bibel muss auch in einer säkularisierten Gesellschaft als religiöser Text interpretiert werden, d.h. als Grundlage eines Zeichensystems, das den Menschen Zugang und Übereinstimmung mit einer letztgültigen Wirklichkeit verheißt.

Die Schrift ist und bleibt auch heute die Grundlage der Kirche. Aber immer wieder wird ihre Rolle durch zwei Fragen problematisiert: Wie kann ein Text aus der Vergangenheit heute Geltung beanspruchen? Und wie können von Menschen geschriebene Texte Gott bezeugen? Im ersten Fall handelt es sich um die *historische Distanz* zwischen damals und heute, im zweiten Fall um die *theologische* Distanz zwischen Mensch und Gott. Kap. 16: *Die Normativität der Schrift: Warum ist christlicher Glaube an die Bibel gebunden?*[31], greift auf die altprotestantische Lehre von den Eigenschaften der Schrift oder den *affectiones scripturae* zurück. Danach besitzt die Schrift (a) *auctoritas*, da sie sich selbst beglaubigt und

---

[30] Die Grundidee, dass der Protestantismus mit der Krise des Schriftprinzips in einer stabilen Symbiose lebt, habe ich vor langer Zeit in einem Vortrag vor dem Pfarrkonvent Ladenburg-Weinheim über das das „Schriftverständnis" am 14.03.1990 vorgetragen, aber hier gründlich überarbeitet.

[31] Dieser Beitrag ist unveröffentlicht.

ihre Autorität aus sich selbst gewinnt. (b) Ihre *necessitas* besteht darin, dass sie für die Entstehung und Erhaltung des Glaubens notwendig ist, (c) ihre *sufficientia* darin, dass sie alles enthält, was zum Heil notwendig ist und (d) ihre *claritas et perspicuitas* darin, dass sie sich selbst interpretiert, indem sie dunkle Stellen durch klare Texte deutet (*scriptura sui interpres*, oder: *semetipsam interpretandi facultas*). Dieser Beitrag will zeigen, dass auch eine moderne polyphone Hermeneutik die altprotestantische Lehre von den vier *affectiones* der Schrift weiterführen kann. In allen Dimensionen ist der Transzendenzbezug entscheidend. *Auctoritas* hat die Schrift dadurch, dass sie Dialogaufnahme mit Gott ermöglicht, *necessitas* dadurch, dass nur durch die Schrift die Geschichte Israels bis Jesus von Nazareth für uns zugänglich ist. Ihre *sufficientia* basiert darin, dass auch Tradition, Erfahrung und Vernunft in der Schrift begründet sind, ihre *claritas* darin, dass sie Evidenzerlebnisse ermöglicht, in denen sich ihre Grundmotive in Lebensmotive verwandeln. Dabei wurden in der Vernunfthermeneutik der Aufklärung, der Gefühlshermeneutik der Romantik und der Willenshermeneutik der Lebensphilosophie verschiedene Aspekte des Menschen angesprochen, die in Evidenzerlebnissen Gewissheit geben. In allen Dimensionen der Schrift aber ist ihr Transzendenzbezug entscheidend. Nur durch ihn gewinnt die Schrift *Autorität*, nicht durch das, was sie über Natur oder Geschichte lehrt. *Notwendig* ist die Schrift, um historisches Wissen über die Geschichte Israels und Jesus zu vermitteln, sie bezieht sich damit auf eine Geschichte, in der der Dialog mit Gott in ein entscheidendes Stadium trat. Die Entdeckung des einen und einzigen Gottes im Alten Testament ist daher die Basis auch für die Entstehung der Idee des Kanons: Der Transzendenzbezug ist auch hier das Wichtigste in der Schrift. Aber es ist immer ein doppelter Transzendenzbezug: Die Beziehung zu Gott und zum Mitmenschen sind immer miteinander verbunden.

Freilich gab es immer wieder Versuche, trotzdem nur das Neue Testament als (end-)gültige Offenbarung Gottes zu betrachten und das Alte Testament in verschiedener Weise herabzustufen. Kap. 17, *Die Zweiteilung der Schrift: Der Eigenwert des Alten Testaments*[32], vertritt dagegen die These, dass das Alte Testament weit mehr als eine Vorbereitung auf das Neue Testament ist. Wir finden in ihm Themen, die im Neuen Testament fehlen oder unterrepräsentiert sind: den Schöpfungsglauben, die Verantwortung für Geschichte und Gesellschaft, eine Theologie der Lebensfreude. Auch Paulus deutet an, dass Gestalten wie Abraham zunächst einmal für sich zu sehen sind. Sie werden erst in zweiter Hinsicht zum Hinweis auf den christlichen Glauben.

Der letzte Beitrag setzt diesen Eigenwert des Alten Testaments voraus und stellt die Frage, ob das Nebeneinander von Altem und Neuen Testament für den Dialog zwischen Juden und Christen und allen Religionen wertvoll sein könnte: Kap. 18: *Die Pluralismusfähigkeit der Schrift: Das Alte Testament im Neuen Testament – Paradigma einer religionspluralistischen Bibellektüre?*[33]. Die historisch-kritische Exegese zeigt, dass die christologische Deutung des Alten Testaments nicht zu halten ist. Das Alte Testament hat zwar eine Verheißungsdynamik,

---

[32] Erstveröffentlichung: G. THEISSEN, Der Eigenwert des Alten Testaments, 2009.

[33] Gründlich überarbeitete Form von G. THEISSEN, Neutestamentliche Überlegungen zu einer jüdisch-christlichen Lektüre des Alten Testaments, 1995.

die auf das Neue Testament weist. Aber noch deutlicher sind die Entwicklungslinien, die zum Judentum führen. Daraus die Folgerung zu ziehen, man müsse das Alte Testament aus dem Kanon entfernen, ist töricht. Vielmehr liegt in der Zweigliedrigkeit des Kanons eine große Chance: Das Christentum konnte von vornherein ein kritisches Verhältnis zu heiligen Überlieferungen entwickeln, ohne diese Überlieferungen aufzugeben. Wir stehen heute vor demselben Problem, wenn wir gegenüber eigenen und fremden Traditionen Loyalität und Kritik verbinden wollen. Das Zusammenleben in einer globalisierten Welt nötigt dazu, religiöse Traditionen kritisch zu bewerten, ohne sie grundsätzlich abzulehnen. Eine weitere große Chance besteht darin, dass das Christentum verpflichtet ist, mit seiner Mutterreligion in einen Dialog einzutreten. Dieser Dialog gehört aufgrund des zweigeteilten Kanons zu den Grundlagen des Christentums. In ihm können wir Erfahrungen für den interreligiösen Dialog überhaupt gewinnen. Denn dieser Dialog ist heute die große geistige Herausforderung für die Theologie: Wie können Menschen mit verschiedenen Traditionen einen Dialog führen und dabei Irritationen der eigenen Identität in den Griff bekommen? Die Verheißungsgeschichte der Bibel gewinnt hier eine neue Bedeutung. Die Bibel enthält die Verheißung, dass einmal alle Menschen den einen und einzigen Gott gemeinsam verehren. Sie weist in eine Zukunft weit über das Neue Testament hinaus. Es wäre ein großer Fortschritt, wenn sich in Zukunft die verschiedenen Religionen verständigen könnten – vielleicht am Anfang nur als Gäste der Gottesverehrung der jeweils anderen. Alle Beiträge können für sich gelesen werden. Alle wurden als in sich geschlossene Aufsätze und Vorträge konzipiert, bilden jedoch ein Ganzes. Gemeinsam ist ihnen die Suche nach der doppelten Texttranszendenz der Schrift in einem zweifachen Sinn – nach einem Weg, der nach draußen ins Leben führt, und nach den Spuren der Transzendenz Gottes, in denen eine ganz andere Realität Menschen anspricht, in Evidenzerfahrungen aufleuchtet und Handeln motiviert. Wenn wir in der Bibel eine doppelte Texttranszendenz finden, wird die Theologie zur „schriftinspirierten Theologie“.

I. Teil: Hermeneutische Entwürfe

2 Die Religionsgeschichtliche Schule als Programm – damals und heute

Gerd Lüdemann gewidmet[34]

Die Religionsgeschichtliche Schule bildete sich ab 1888 in Göttingen um den Kirchenhistoriker Albert Eichhorn. Ihre bekanntesten Mitglieder sind Hermann Gunkel, Alfred Rahlfs, Wilhelm Bousset, Johannes Weiß, William Wrede und Ernst Troeltsch. In der Wissenschaft wollten sie als Religionsgeschichtler die Entstehung der christlichen Religion aus ihrem historischen Kontext heraus erforschen und dabei Wechselwirkungen mit anderen Religionen erhellen. Zugleich wollten sie über die Wissenschaft hinauswirken. Ihre Vertreter publizierten „Religionsgeschichtliche Volksbücher", deren Programm sie wie folgt beschrieben: Diese Volksbücher wollen

> „Religion, Christentum und Kirche historisch und kritisch verstehen lehren, aber nicht ‚verteidigen'. Das Verständnis, das sie vermitteln, suchen sie bei der strengsten Wissenschaft von der Geschichte der Religion. Sie werden deshalb (ohne es zu wollen) im Volke vieles zerstören, was heute zwar mit dem theologischen Anspruch auftritt, bewiesene Wahrheit zu sein, in Wirklichkeit aber den Forschungen der gelehrten Welt nicht standgehalten hat. Sie werden (ohne danach zu streben) im Volke das befestigen, was durch ehrliche Wissenschaft und ihr gegenüber sich als Wirklichkeit erwiesen hat."[35]

Das Programm bezweckte Aufklärung im Rahmen der Religion, vor allem in Gestalt *historischer* Aufklärung und sollte allen Menschen zugänglich sein. Dieses Programm gilt auch heute noch. Auch in der Religion hat die Wahrheitssuche Vorrang vor allem anderen. Beide, Wissenschaft und Religion, sind *truth searching communities*, „Wahrheit suchende Gemeinschaften" (J. Polkinghorne)[36]

Und dennoch können wir nicht einfach das Programm der Religionsgeschichtler übernehmen. Dieses Programm nennt unbefangen die drei Größen ‚Religion', ‚Christentum' und ‚Kirche', die heute aus verschiedenen Gründen problematisiert werden.

Umstritten ist heute, was *Religion* ist: Die Religionsgeschichtler damals meinten, es zu wissen. Heute behaupten einige Religionswissenschaftler, dass erst in der Zeit der Religionsgeschichtlichen Schule unser Verständnis von Religion entstanden sei. Religion sei für sie in einer naiven Weise das gewesen, was sie mit

---

[34] Gerd Lüdemann hat 1987 das „Archiv der Religionsgeschichtlichen Schule" an der Universität Göttingen gegründet und bis 2011 geleitet. Der hier vorgelegte Beitrag ist die Überarbeitung eines Vortrags, der zum 25-jährigen Jubiläum des Archivs am 21.03.1913 in Göttingen gehalten wurde. Mit ihm ehre ich einen Kollegen, von dem ich viel gelernt und dessen Lebensweg ich mit Respekt verfolgt habe.

[35] G. LÜDEMANN/M. SCHRÖDER, Die Religionsgeschichtliche Schule in Göttingen, 1987, 116: „Programmatischer Klappentext aus den ‚Religionsgeschichtlichen Volksbüchern'."

[36] M. WELKER, The Theology and Science Dialogue. What Can Theology Contribute?, 2012, 74, definiert in seinem, dem Physiker und Theologen John Polkinghorne gewidmetem Buch dessen Begriff so: „Truth-seeking communities are communities which do not claim to possess the truth, but rather raise truth-claims and develop agreed modes to test these claims."

den Kategorien der christlichen Religion begreifen konnten. Dieser eurozentrische Religionsbegriff wird heute historisch dekonstruiert.[37] Doch fairerweise sollte man sagen: Gerade die Religionsgeschichtler haben dieser Dekonstruktion vorgearbeitet. Sie zeigten ja oft, dass das Urchristentum mit Kategorien verstanden werden kann, die bei der Analyse nicht-christlicher Religionen entwickelt worden waren.

Naiv erscheint auch ihre Rede vom *Christentum*. Sie schienen darunter stillschweigend den Protestantismus zu verstehen. Im Kaiserreich und seiner protestantischen Nationalreligion waren Katholiken eine sperrige Minderheit. Ökumene gab es kaum. Und doch zeigten gerade die Religionsgeschichtler, dass der urchristliche Sakramentsglaube eher katholischem als protestantischem Verständnis entsprach.[38] Sie bereiteten so die Erkenntnis vor, dass sich alle Konfessionen auf die Bibel berufen können.

Einseitig ist auch, wie sie von der *Kirche* sprachen. Sie verstanden Kirche spiritualistisch als Begegnung religiöser Individuen. Nach ihrem Programm sollte historische Aufklärung dem einzelnen Menschen Mut geben, „sein inneres Leben statt auf irgendeine fremde Lehre auf sich selbst zu gründen und auf das, was er da vom lebendigen Gott erlebt".[39] Trotz dieses programmatischen Individualismus haben die Religionsgeschichtler die Bedeutung der Sozialgestalt von Religion und Kirche erkannt. Dies zeigt eines ihrer wichtigsten Werke: Die „Soziallehren der christlichen Kirchen und Gruppen" (1911) von Ernst Troeltsch.

Die Religionsgeschichtler waren zweifellos in ihrem Verständnis von Religion, Christentum und Kirche Kinder ihrer Zeit. Jedoch weist ihr Programm, Aufklärung im Rahmen der Religion zu schaffen, über ihre Zeit hinaus. Das soll im Folgenden an den vier Teilprogrammen der religionsgeschichtlichen Schule gezeigt werden, die Gerd Lüdemann unterschieden hat und deren Wirkungen wir bis in die Gegenwart verfolgen wollen.[40]

Das erste Teilprogramm war die historische Kritik, die sich bei der Erforschung der Bibel und der Kirchengeschichte allein der Wahrheit verpflichtet fühlt. Die Rekonstruktion des historischen Jesus sollte dem Christentum neue Impulse geben. Die Religionsgeschichtler teilten diese Intention. Aber in einer Zeit,

---

[37] M. BERGUNDER, Was ist Religion? 2011. H.G. KIPPENBERG, Die Entdeckung der Religionsgeschichte, 1997.

[38] Vgl. N. JANSSEN, Der ‚Wissenschaftliche Predigerverein' in Hannover, 1996, 97–101: „Leitsätze für den Vortrag ‚Die Sakramente im neuen Testament'" von W. Heitmüller 1903. Heitmüller sah sich aufgrund des kritischen Echos genötigt, in der „Christlichen Welt" klarzustellen, er habe nicht behauptet, die Sakramentslehre des NT sei die katholische, bestätigt aber den pointierten Satz: „Die Katholiken sitzen bezüglich der Sakramentslehre in der Bibel, wir sitzen daneben" (ChW 14 [1904] Nr. 3, Sp. 28f). Vgl. Janssen, S. 100.

[39] G. LÜDEMANN/M. SCHRÖDER (Hrsg.), Die Religionsgeschichtliche Schule in Göttingen, 116. Die Religionsgeschichtler waren überzeugt, so ihrer Kirche am besten zu dienen. Vorbildlich war ihre Bildungsarbeit durch die „Religionsgeschichtlichen Volksbücher", aber auch in der Fortbildung der Pastoren im „Wissenschaftlichen Predigerververein". Die Kirche hat es ihr nicht gedankt. Ein Synodalbeschluss der hannoverschen Kirche erklärte die Religionsgeschichtlichen Volksbücher gar für unvereinbar mit der kirchlichen Lehre.

[40] G. LÜDEMANN, „Die Religionsgeschichtliche Schule" und die neutestamentliche Wissenschaft, 1987, 9–13. Was im Folgenden über dieses Programm ausgeführt wird, basiert auf den Arbeiten von Gerd Lüdemann und seiner Mitarbeiter am Religionsgeschichtlichen Archiv: Martin Schröder, Alf Özen, und Nittert Janssen.

als viele Theologen und Christen noch davon träumten, den historischen Jesus wissenschaftlich rekonstruieren zu können, um so dem christlichen Glauben neue Impulse zu geben, begannen die Religionsgeschichtler, Zweifel an der Historizität der Jesusüberlieferungen zu säen, auch wenn sie der völligen Auflösung des historischen Jesus in einen Mythos widersprachen. Am Ende relativierten sie die Bindung des Christentums an die Geschichte – sei es durch eine Religionsphilosophie, die das Ewige gebrochen in allen Erscheinungen ahnt (so Wilhelm Bousset) oder durch eine Mystik, die aus der Geschichte aussteigt (so Ernst Troeltsch).[41] Damit widersprachen sie ihrem eigenen Historismus. Der Rückzug auf ein der Geschichte entzogenes Erleben wurde dann später zum Ansatzpunkt, an den jene antihistorische Revolte in der Theologie anknüpfen konnte, die man Dialektische Theologie oder (in der biblischen Exegese) Kerygmatheologie nennt. Nach ihr bezeugt die Bibel, dass etwas von jenseits der Geschichte in diese Geschichte hineinspricht und hineinbricht.

Das zweite Teilprogramm war die *religionsvergleichende Arbeit*, die Erklärung des Urchristentums durch Analogien in anderen Religionen: Anfang des 20. Jh.s setzte sich die christliche Mission das Ziel, in absehbarer Zeit die ganze Welt zu missionieren und hinterließ bis heute auf allen Kontinenten Spuren des Christentums.[42] Ihre Mission wollte alle anderen Kulturen beeinflussen. Gegen diese Tendenz wiesen die Religionsgeschichtler nach, dass umgekehrt schon das Urchristentum von anderen Kulturen und Religionen beeinflusst worden war. Hermann Gunkel formulierte das Programm, dass das Urchristentum als eine synkretistische Religion zu verstehen sei.[43] Wilhelm Bousset führte es durch:[44] Sakramentsglaube, Kyrioskult und der gnostische Erlöser sind danach Importe aus orientalisch-hellenistischen Religionen. Die Religionsgeschichtler konnten dies akzeptieren, weil sie von der Einheit der Religionsgeschichte überzeugt waren. Damit widersprachen sie einem eurozentrischen Überlegenheitsbewusstsein, das sie mit ihrer Zeit teilten.

Das dritte Teilprogramm der Religionsgeschichtler war die *Sozialgeschichte*. In einer Zeit, als die individuelle religiöse Persönlichkeit als Ziel aller Religion und Bildung galt, erkannten die Religionsgeschichtler die Bedeutung religiöser Riten für die Gemeinschaftsbildung – auch von Riten wie dem Abendmahl mit einer Nähe zur „Theophagie", zum Verspeisen einer Gottheit. Die Religion war für sie ein Sozialphänomen.[45] In ihren Forschungen korrigierten sie ihren elitären

---

[41] Vgl. K. LEHMKÜHLER, Die Bedeutung des Kultus für das Christentum der Moderne 1987; ausführlicher ders., Kultus und Theologie, 1996, 35–176.

[42] Als Beispiel sei die Missionskonferenz in Edinburgh (1910) genannt, die unter dem Motto „Die Evangelisation der Welt in dieser Generation" stand. Vgl. TH. WETTACH, Art. Missionskonferenzen, 1992, 457.

[43] H. GUNKEL, Zum religionsgeschichtlichen Verständnis des Neuen Testaments, 1903.

[44] W. BOUSSET, Kyrios Christos, (1913) ²1921. Umso mehr betonte man, dass das Christentum alle fremden Einflüsse umgeformt und „getauft" habe. Daran knüpfte die Kerygmatheologie an: Das Kerygma, als eine Botschaft aus der Transzendenz, zeigt sich in der Umschmelzung aller Traditionen, die in das Urchristentum eingegangen sind.

[45] Auch daran knüpft paradoxerweise die Kerygmatheologie an: Durch Verbindung mit dem Existenzialismus radikalisierte sie diesen protestantischen Individualismus, verankerte ihn aber durch das Kerygma in der Kirche. Das Kerygma war im NT in Formen erhalten, die ihren Sitz im Leben in der Gemeinde hatten. Dadurch blieb ein Rest des sozialgeschichtlichen Ansatzes erhalten.

Individualismus, der sie in eine innere Distanz zu ihrer Kirche brachte, und entwickelten bei der Analyse des Urchristentums viel Sinn für die Religion kleiner Leute (wobei einige von ihnen wie Wilhelm Bousset und Martin Dibelius durch ihre linksliberale Haltung dafür auch politisch prädestiniert waren).[46] Damit widersprachen sie der eigenen bildungsbürgerlichen Mentalität.

Das vierte Teilprogramm war die *Religionspsychologie.* In Übereinstimmung mit damaligen lebensphilosophischen Strömungen erklärten die Religionsgeschichtler das religiöse Erleben zum Kern der Religion und vertraten die Ansicht, Lehren und Dogmen seien nur sekundäre Objektivationen einer in ihnen verborgenen mystischen Glut. Hinter dieser Unterscheidung stand ein hermeneutisches Anliegen: Selbst, wenn Lehren und Dogmen überholt sind, kann das in ihnen verborgene religiöse Erleben in der Gegenwart weiterleben. Damit widersprachen sie einer Tendenz, die sich damals in evangelikalen Gruppen entwickelte: Je mehr die Religion ihre Weltbildkompetenz verlor, desto mehr wurden als Reaktion darauf in diesen evangelikalen Kreisen bestimmte „Lehren" zum Kriterium des wahren Glaubens: Schöpfung statt Evolution, Inspirationslehre statt historischer Kritik, Jungferngeburt statt menschlicher Geburt.[47] Mit der Religionspsychologie widersprachen die Religionsgeschichtler dezidiert der Fixierung von Religion auf bestimmte Lehren und entsprachen damit ihrer Zeit. Hier, in einer religionspsychologischen Betrachtungsweise, fanden sie ihre theologische Identität in Übereinstimmung mit ihren Zeitgenossen und mit sich selbst.

Was von diesen vier Teilprogrammen bis heute nachwirkt, wollen wir im Folgenden untersuchen. Wir beginnen dabei mit der religionsgeschichtlichen Fragestellung, weil sie dieser neuen Richtung den Namen gab, auch wenn unsicher ist, ob dieser Name am Anfang eine Fremd- oder Selbstbezeichnung war

1 Die religionsvergleichende Fragestellung

War die religionsgeschichtliche Fragestellung der Religionsgeschichtler wirklich neu? Analogien aus anderen Religionen hatte schon Johann Jakob Wettstein (1693–1754) im 18. Jahrhundert mit großem Erfolg gesammelt.[48] Diese Fragestellung war daher eigentlich anerkannt. Warum aber wurden die Thesen der Göttinger Religionsgeschichtler dennoch so scharf abgelehnt? Eine Synode der Hannover'schen Landeskirche, der auch Wilhelm Bousset angehörte, stellte damals fest, dass die Lehren, die in den Religionsgeschichtlichen Volksbüchern unters Volk gebracht wurden, unvereinbar mit der kirchlichen Lehre seien. Das Neue und Provokative dieser Bücher kann man am Beispiel eines damals sehr angesehenen Theologen veranschaulichen, des Berliner Ordinarius für Systematische

---

[46] Zur politischen Einstellung der Göttinger Religionsgeschichtler vgl. H.-J. DAHMS, Politischer und religiöser Liberalismus, 1987, 225–242.

[47] Auch diese Relativierung der „Lehre" wurde in der existenzialen Interpretation fortgesetzt, freilich mit Übernahme eines dezidierten Antipsychologismus. Man suchte in „existenziellen Erfahrungen" Zugang zum Sein. Angst galt als Existenzial, nicht als psychisches Erleben. Fundamentalontologie verdrängte die Psychologie und war dennoch oft nicht mehr als einseitige Psychologie. Man muss beides verbinden: Emotionen haben sowohl eine die Wirklichkeit erschließende sachliche Bedeutung als auch eine pragmatisch-funktionale Bedeutung im psychischen Leben.

[48] J.J. WETTSTEIN, Ἡ ΚΑΙΝΗ ΔΙΑΘΗΚΗ, 1751/1752. Vgl. U. SCHNELLE, Art. Wettstein, Johann Jakob, 2003.

Theologie und Religionsphilosophie Otto Pfleiderer (1839–1908), der der alten Tübinger Schule angehörte.[49] Kurz bevor sich in Göttingen 1888 die religionsgeschichtliche Schule sammelte, klagte er 1887:

„Ich weiß, dass meine Herbeiziehung von Parallelen aus der heidnischen Religionsgeschichte vielen überflüssig und anstößig erscheint. Man verhält sich bei uns in Deutschland zur Zeit noch mehr als anderswo spröde und misstrauisch gegen die Verwertung der vergleichenden Religionswissenschaft auf dem Gebiet der biblischen Theologie; die wenigen, die sich darauf einlassen, ziehen sich sogar, wie ich aus eigener Erfahrung weiss, die Anklage auf paganisierende Tendenzen zu."[50]

Otto Pfleiderer wollte zeigen, dass das Urchristentum die besten Traditionen von Juden und Griechen vereinte und eine Synthese von Platonismus und Judentum war. Darin sah er einen Nachweis für die Wahrheit und Überlegenheit des Christentums. Aber ausgerechnet ihn hätte Kaiser Wilhelm I. 1878 beinahe als „Zerstörer der Religion" aus seiner Professur entlassen.[51] Um wie viel mehr muss man die Göttinger Religionsgeschichtler zur Oppositionskultur des Kaiserreichs zählen! Warum wurden sie noch weit mehr als Pfleiderer angefeindet?

Pfleiderer sah im Urchristentum eine Synthese von Platonismus und Bibel. Griechen und Juden gehörten für ihn zur europäischen Geschichte. Die Religionsgeschichtler jedoch bezogen altorientalische Kulturen in ihre Thesen ein, die nicht unmittelbar zur europäischen Tradition zählten: Athen und Jerusalem hatten damals unter Bildungsbürgern eine höhere Reputation als Babylon und Persien.

Pfleiderer interpretierte das Urchristentum als Synthese von philosophischen und biblischen Traditionen, die Religionsgeschichtler aber berücksichtigten auch Magie, Wunderglauben, Astrologie und Theophagie – all das, was andere Theologen den „Folkoristen" und „Müllkehrern der Historie" überlassen wollten.[52]

Pfleiderer spürte in der Nachfolge des deutschen Idealismus in der gesamten Geschichte dem Zu-sich-selbst-Kommen des absoluten Geistes im menschlichen Geist nach. Er hatte eine Vision von der Einheit der Geschichte. Die Religionsgeschichtler waren dagegen Positivisten, die von den historisch erhaltenen Zeugnissen der antiken Religionen ausgingen. Auch sie teilten den Glauben an die Einheit der Religionsgeschichte, aber sie verzichteten darauf, diese Einheit als Entwicklung einer nachkonstruierbaren Logik zu rekonstruieren. Später warf man ihnen deswegen „Geschichtspantheismus" vor.

Dennoch verband die Religionsgeschichtler viel mit Otto Pfleiderer:[53] Sie alle wirkten in die Öffentlichkeit hinein, Pfleiderer mit erfolgreichen Büchern[54], die Religionsgeschichtler mit „Volksbüchern" und der Göttinger ‚Ketzerbibel'. So nannte man die bei Vandenhoeck & Ruprecht verlegte Kommentarreihe „Die

---

[49] F.-W. GRAF, Art. Pfleiderer, Otto, 1996.

[50] Zitiert nach W.G. KÜMMEL, Das Neue Testament, 1970, 265f.

[51] Vgl. F.-W. GRAF, Art. Pfleiderer, Otto, 1996, 432.

[52] So die Darstellung von Harnacks Kritik bei A. DEISSMANN, Der Lehrstuhl für Religionsgeschichte, 1914, 8, zit. nach K. LEHMKÜHLER, Bedeutung des Kultus für das Christentum der Moderne, 1987, 208 Anm. 4.

[53] Sie alle wirkten bewusst in die Öffentlichkeit hinein, Otto Pfleiderer mit erfolgreichen Büchern, die Religionsgeschichtler mit ihren Volksbüchern und der berühmten Göttinger „Ketzerbibel", wie man die bei Vandenhoeck & Ruprecht verlegten „Schriften zum Neuen Testament" nannte.

[54] Z.B. O. PFLEIDERER, Religionsphilosophie auf geschichtlicher Grundlage, 1878, ^{2}1884.

Schriften des Neuen Testaments neu übersetzt und für die Gegenwart erklärt". Öffentliche Debatten verliehen religionsgeschichtlichen Fragen damals große Aufmerksamkeit, z.B. der Bibel- und Babelstreit[55] und die Frage, ob Jesus überhaupt gelebt habe oder ein historisierter Mythos war.[56] Wichtiger als einzelne Debatten war, dass O. Pfleiderer und die Religionsgeschichtler alle schon vor ihnen gemachten Beobachtungen zu einem einheitlichen Programm machten. Dieses Programm hieß bei Pfleiderer „Urchristentum als Synthese" der besten griechischen und jüdischen Traditionen, bei den Religionsgeschichtlern dagegen „Urchristentum als synkretistische Religion" mit orientalischen und okzidentalen Wurzeln.

Das Programm der Religionsgeschichtler hat sich durchgesetzt. Aber zweimal ereignete sich ein Paradigmenwechsel. Der erste geschah um das Jahr 1920 mit der Kerygmatheologie (oder der Schule Rudolf Bultmanns). Diese übernahm die historische Sicht der Religionsgeschichtlichen Schule und teilte ihre Ansicht, dass Mysterienreligionen, sterbende und auferstehende Götter und ein iranischer gnostischer Mythos das Urchristentum geprägt haben. Schon die Religionsgeschichtler hatten betont, dass das Urchristentum diese Einflüsse umgeprägt hat. In ihm entstand durch Abwandlung religionsgeschichtlicher Einflüsse etwas Neues – aber immer innerhalb einer als Einheit gedachten Religionsgeschichte. Die Kerygmatheologie sah in diesem Neuen dagegen die Auswirkung einer transzendenten Botschaft. Im Grunde suchte sie nach dem Neuen im Urchristentum wie nach einem Meteoriten, der vom Himmel gefallen war – und nicht nur nach historischen Transformationen innerhalb ein- und derselben Religionsgeschichte.

Ein zweiter Paradigmenwechsel geschah in den 60er Jahren des 20. Jahrhunderts: Zur Zeit der Religionsgeschichtler galt es als ein Indiz modernen, kritischen Geistes, das Urchristentum aus religionsgeschichtlichen Analogien abzuleiten. Wer sich dagegen sträubte, galt als unmodern. Aber viele Ableitungen der Religionsgeschichtler (etwa die Annahmen eines vorchristlichen gnostischen Erlösermythos[57] oder einer Theophagie in allen Mysterienmahlzeiten[58]) verloren ihre Plausibilität. Man erkannte, dass sie oft zuerst christliche Deutungsmuster in die Religionsgeschichte hineinprojiziert hatten, um dann aus ihr zirkulär das Christentum zu erklären. Außerchristliche Texte von sterbenden Sohngottheiten wurden nach dem Modell von Tod und Auferstehung Christi umgedeutet,[59] um dann mit ihnen den urchristlichen Glauben zu deuten. Darin sieht man heute nicht nur einen methodisch problematischen zirkulären Fehlschluss, sondern vor allem eine hermeneutisch illegitime Christentumszentriertheit, die andere Religionen nach eigenen Mustern wahrnimmt und umprägt. Heute gilt deshalb gerade der Theologe als „unmodern", der Analogien zum Christentum in fremden Religionen nach den Mustern seiner christlichen Religion deutet.

---

[55] S. GEBAUER, Art. Babel-Bibel-Streit, in: M. Bauks, K. Koenen, St. Alkier (Hrsg.), Das wissenschaftliche Bibellexikon im Internet (WiBiLex).

[56] A. DREWS, Die Christusmythe, 1909.

[57] Vgl. die Kritik durch C. COLPE, Die religionsgeschichtliche Schule, 1961; H.-M. SCHENKE, Der Gott „Mensch" in der Gnosis, 1962.

[58] Vgl. H.-J. KLAUCK, Herrenmahl und hellenistischer Kult, 1982.

[59] D. ZELLER, Die Mysterienkulte und die paulinische Soteriologie, 1991, 42–61.

Und doch haben die Religionsgeschichtler in Vielem Recht behalten. Sie haben aufgedeckt, dass das Neue Testament und das Urchristentum nicht direkt ans Alte Testament anschließen. Ohne das dazwischenliegende Frühjudentum, wie es sich in außerbiblischen, nicht-rabbinischen Schriften des Judentums zeigt, lässt sich das Neue Testament nicht verstehen. Bis heute wird zudem ihre These anerkannt, dass das Frühjudentum in Interaktion mit nicht-jüdischen Religionen geprägt wurde. Das Urchristentum setzte diese Interaktion nur fort.

Dabei wird der Austausch zwischen Urchristentum und nicht-jüdischen Religionen in der Forschung häufig unterschätzt. Dies sei am Beispiel der Erhöhung Jesu zu einem göttlichen Status aufgrund des Osterglaubens veranschaulicht: Bei der Erhöhung Jesu handelt es sich um eine Apotheose. Der göttliche Status des Erhöhten hat dreierlei Charakteristika: Versetzung in *Unsterblichkeit*, Verleihung von *Herrschaft* über Mächte, kultische *Verehrung* durch Menschen.

Die Verklärungsgeschichte (Mk 9,2–10) macht deutlich, wie schwer es Zeitgenossen Jesu fiel, Jesu einzigartige Würde innerhalb jüdischer Traditionen zu begreifen. Neben dem verklärten Jesus erscheinen Mose und Elia, Petrus möchte allen dreien eine Hütte bauen. Er stellt damit Jesus auf eine Ebene mit jüdischen Ahnen im Himmel. Der Erzähler kommentiert: „Er wusste nicht, was er sagt". Daraufhin erscheint eine Wolke, Mose und Elia verschwinden. Nur Jesus bleibt als einzigartiger Sohn Gottes zurück. Jede Andeutung einer kultischen Verehrung seiner Person fehlt, niemand kniet vor Jesus nieder. Vermutlich wurden in die Verklärungsgeschichte Reste der Ersterscheinung Jesu vor Petrus hineingewoben. Sie wurde nicht als Ostergeschichte tradiert, weil sie ein inadäquates und tastendes Verständnis der Hoheit Jesu verriet. So wurde sie zum Vorläufer der wahren Ostergeschichte herabgestuft und im Evangelium vor die entscheidenden Osterereignisse platziert. Keiner der drei Merkmale einer Apotheose ist in dieser Perikope voll erkennbar: Jesus wird nicht in die Ewigkeit versetzt, er herrscht über keine Mächte, er wird nicht in singulärer Weise kultisch verehrt. Dagegen sind in der Erscheinung des Auferstandenen nach den Osterereignissen am Ende des MtEv (Mt 28,18–20) diese drei Elemente klar realisiert: Der Auferstandene hat die Todesgrenze überschritten. Ihm ist gegeben alle Gewalt im Himmel und auf Erden. Er wird kultisch verehrt, denn in seinem Namen wird getauft.

Fragen wir nun, wo die Menschen des 1. Jh. n.Chr. Modelle dafür fanden, dass Menschen nach ihrem Tod eine Apotheose erfuhren, so finden wir dieses Motiv vor allem in der Apotheose römischer Kaiser. Daher ist die Frage berechtigt: Wurde Jesu Erhöhung nach diesen Mustern gedeutet, nachdem der Glaube an seine Auferweckung aufgrund der Ostererscheinungen entstanden war? Dabei geschah gewiss keine direkte Übertragung paganer Vorstellungen auf Jesus. Es handelte sich eher um eine Transformation jüdischer Traditionen aufgrund ihrer Konkurrenz mit der heidnischen Verehrung vergöttlichter Menschen, die man überbieten musste. „Überbietungssynkretismus" habe ich das genannt.[60] Dieser indirekte Austausch zwischen den Religionen, den die Religionsgeschichtler „Synkretismus" nannten, wird heute m.E. unterschätzt.

---

[60] G. THEISSEN, Die Religion der ersten Christen, (2000) ^{4}2008, 83–90.

Im Prinzip ist das Programm der Religionsgeschichtler aber heute Konsens. Die Religionsgeschichtler haben vor mehr als 100 Jahren eine forschungsgeschichtliche Kontinuität eingeleitet, die bis in die Gegenwart führt. Die beiden oben skizzierten Umbrüche wirken zwar wie Versuche, den religionsgeschichtlichen Ansatz, der die Einzigartigkeit des Christentums relativiert, zu domestizieren, auch wurde der Religionsbegriff in letzter Zeit kontrovers diskutiert.[61] Aber bis heute blieb das Bewusstsein erhalten, dass wir nur durch religionsvergleichende Verfahren das Urchristentum verstehen können. Die Grundeinsicht der Religionsgeschichtler ist deshalb nach wie vor gültig und müsste in einer multireligiösen Gesellschaft sehr viel mehr verbreitet werden: Schon die Bibel ist das Dokument eines Gesprächs, an dem viele Religionen beteiligt waren. Historische Aufklärung kann die Polyphonie dieser Religionen hörbar machen. Wenn heutige Christen in der Bibel die Stimmen anderer Religionen hören, nicht (nur) als Störgeräusche, dann werden sie frei, sich auch in der Gegenwart für die Stimmen nichtchristlicher Religionen zu öffnen. Sie folgen darin den Vorbildern der Bibel. Der interreligiöse Dialog kann Teil ihrer Identität werden.

2 Die sozialgeschichtliche Fragestellung

Während das religionsvergleichende Programm der Religionsgeschichtler bis heute akzeptiert wurde, gilt dies nicht für ihr sozialgeschichtliches Programm[62]: Hier verbindet nur ein dünner Faden die Religionsgeschichtler mit der gegenwärtigen sozialgeschichtlichen Exegese. In der Zeit der Religionsgeschichtlichen Schule entstanden zwar die drei wichtigsten Elemente für die heutigen theologisch-sozialgeschichtlichen Fragestellungen, aber sie wurden damals nicht zusammengefügt. Es handelt sich um folgende Elemente:

Ein (1) *sozialgeschichtliches* Interesse, das sozial relevante Daten sammelt und ordnet. Als Beispiele sei genannt Adolf Harnack: „Die Mission und Ausbreitung des Christentums" (1902) oder die Arbeiten von Adolf Deißmann.[63]

Damals lagen (2) die drei klassischen *religionssoziologischen Theorien* von Karl Marx, Émile Durkheim und Max Weber vor. Max Weber suchte durch Kulturvergleich den Ursprung der okzidentalen Rationalität zu finden, Ernst Troeltsch suchte durch Religionsvergleich nach Argumenten für die relative Absolutheit des Christentums. Beide wohnten in Heidelberg im selben Haus und beeinflussten sich wahrscheinlich gegenseitig.

Vor allem brauchte man (3) eine *Methodik, um biblische Texte soziologisch auszuwerten*. Hier liegt der wichtigste Beitrag der Religionsgeschichtler zur sozialgeschichtlichen Fragestellung. Hermann Gunkel[64] erkannte, dass man Texte aus ihrem Lebenszusammenhang deuten muss und ihre Form Aufschlüsse über

[61] Viele Religionswissenschaftler verstehen sich heute als Kulturwissenschaftler und behaupten, dass die Isolierung der Religion als eigenständiger Bereich im sozialen Leben und in der Kultur eine europäische Sonderentwicklung sei. Religion sei in vielen Kulturen kein autonomer Bereich, sondern eine allgegenwärtige Dimension der Kultur.

[62] R. Hochschild, Sozialgeschichtliche Exegese, 1999. Vgl. G. Theissen, Soziologie und Theologie des Neuen Testaments, 2014.

[63] A. Deissmann, Das Urchristentum und die unteren Schichten, 1908.

[64] W. Klatt, Hermann Gunkel, 1969.

diesen Lebenszusammenhang gibt. Die Frage nach dem „Sitz im Leben" war deshalb so wichtig, weil biblische Texte seit Gunkel nicht nur dann sozialgeschichtlich ausgewertet werden, wenn sie explizit etwas zur Sozialgeschichte sagen. Vielmehr sind alle Texte Ausdruck eines sozialen Geschehens, sofern sie durch ihren Gebrauch in wiederkehrenden Situationen durch soziale Faktoren geformt sind. Diese formgeschichtliche Methode wurde von Gunkels Schüler Martin Dibelius in seiner Arbeit: „Die urchristlichen Überlieferungen von Johannes dem Täufer" (1911) noch vor R. Bultmann auf das Neue Testament übertragen. Seine Arbeit über den Täufer war in Berlin als Habilitationsschrift nicht willkommen. Umso aufschlussreicher ist es, dass sie in der Buchreihe der Religionsgeschichtler, in den „Forschungen zur Religion und Literatur des Alten und Neuen Testaments (FRLANT)" in Göttingen erscheinen konnte. Die Antrittsvorlesung von Dibelius, der Abschluss seiner letztlich erfolgreichen Habilitation, „Der literarische Charakter der Evangelienliteratur" (1910),[65] zeigt, dass er schon damals das Programm der urchristlichen Formgeschichte konzipiert hatte. Die grundlegenden formgeschichtlichen Werke von Dibelius und Bultmann erschienen erst 1919 und 1920.[66]

Mit der formgeschichtlichen Frage nach dem „Sitz im Leben" wurde eine Kontinuität des sozialgeschichtlichen Ansatzes bis in die Gegenwart geschaffen – diese Kontinuität beruhte jedoch fünfzig Jahre lang auf einer sehr schmalen Basis. Grund dafür war die große europäische Krise des 20. Jahrhunderts mit zwei Weltkriegen und unermesslichem Leid. Sie rief die Dialektische Theologie hervor, die den Menschen „von oben" mit dem *einen* Wortes Gottes in den vielen Wörtern der Bibel konfrontierte, aber alle menschlichen Wörter theologisch abwertete; denn sie bestritt, dass es „von unten" einen Zugang zu Gott geben könnte. Sie war davon überzeugt, dass Gott allein durch sein Wort, durch die Predigt oder das „Kerygma", den Zugang zu sich selbst „von oben" schafft. Wenn in dieser Zeit Sozialgeschichte getrieben wurde, so geschah dies nur, um zu zeigen, dass die ersten Christen nicht „von dieser Welt" waren: Sie erwarteten das baldige Ende der Welt und hatten in dieser Welt keine Heimat. Man fragte nicht nach den sozialen Gründen dafür, warum die Christen in ihrer Gesellschaft heimatlos und entwurzelt waren. Dennoch wurde die Frage nach dem „Sitz im Leben" der biblischen Texte beibehalten, denn dieser Sitz im Leben war nach Martin Dibelius die *Predigt*. Er legitimierte die gottesdienstliche Verwendung der biblischen Texte. Daher hielt sich die sozialgeschichtliche Frage nach dem Sitz im Leben der Texte in diesem eingeschränkten Sinne auch in der Zeit der Kerygma- oder Wort-Gottes-Theologie durch, obwohl diese vor allem theologisch orientiert war.

Nach dem 2. Weltkrieg verlor die Kerygmatheologie als Basis von Theologie und Exegese an Plausibilität parallel zu Fortschritten des „Wirtschaftswunders" und einem wachsenden gesellschaftskritischen Bewusstsein. In den 1970er Jahren wandte sich die Exegese der Realgeschichte zu. Die drei Elemente, die schon

[65] Diese Antrittsvorlesung ist unveröffentlicht. Sie befindet sich im Nachlass von Martin Dibelius der UB Heidelberg. Dazu H. BRINGELAND, Religion und Welt, 2013, 201f.219f.

[66] M. DIBELIUS, Formgeschichte des Evangeliums, 1919; R. BULTMANN, Geschichte der synoptischen Tradition, 1921.

in der Zeit der Religionsgeschichtlichen Schule entstanden waren – das sozialgeschichtliche Interesse, die soziologischen Theorien und die formgeschichtliche Methodik – wurden jetzt erst, in den 1970er Jahren, programmatisch verbunden. Man erkannte, dass Bibeltexte nicht nur in Kleingruppen eine Funktion haben, sondern auch in der Gesamtgesellschaft. Der Begriff „Sitz im Leben" wurde so ausgeweitet, dass er alle Kontakte eines Textes mit der sozialen Realität umfasste. Jetzt erst, nach einem halben Jahrhundert seit der Einführung dieses Begriffs, konnte die Frage nach dem „Sitz im Leben" die in ihr enthaltenen Möglichkeiten voll entfalten, die soziale Funktion biblischer Texte zu untersuchen. Dadurch entstand die Sozialgeschichte in der Exegese. Sie beschränkte sich nicht auf die mikrosoziologische Analyse von Rollen und Status, auch nicht auf die mittlere soziologische Perspektive auf Kleingruppen und Netzwerke. Sie nahm auch makrosoziologisch die ganze Gesellschaft in den Blick: In ihr ist die Religion eingebettet in einen Verteilungskampf um Lebenschancen zwischen Schichten und Klassen und dient sowohl der Unterdrückung als auch dem Widerstand dagegen. Eine Aufklärung im Rahmen der Religion kann und muss diese gegensätzlichen Funktionen erhellen.

Nehmen wir als Beispiel für den Sitz im Leben urchristlicher Glaubensvorstellungen noch einmal die Christologie: Die wichtigsten religionsgeschichtlichen Modelle für Heilsgestalten, nach denen das Bild von Christus geformt ist, sind Ausdruck einer Oppositionskultur zur herrschenden Klasse. Der Menschensohn in Daniel 7 steht in Opposition zu den bestialischen Weltreichen der Babylonier, Meder, Perser und Griechen auf Erden. Der Messias in PsSal 17 steht in Opposition zu den Hasmonäern (oder bei einer Spätdatierung der Psalmen Salomos zu den Herodäern). Wenn Jesu Hoheit im Neuen Testament als Gegenbild zur Apotheose der römischen Kaiser stilisiert wird wie in der Johannesapokalypse, so kommt darin Opposition zum Ausdruck. Selbst das lk Doppelwerk, das den christlichen Lesern die Botschaft vermittelt, dass das römische Reich die Chance bietet, trotz vieler Widerstände ungehindert die christliche Botschaft zu verbreiten (Apg 28,31), ist durchzogen von Konfrontationen zwischen falscher und wahrer Apotheose.[67] Hin und wieder wird dort deutlich, dass die falsche Apotheose bei den Herrschern zu suchen ist – Herodes Agrippa I. wird unmittelbar nach seiner Akklamation als Gott, von Gott selbst mit dem Tod bestraft, weil er diese Apotheose akzeptiert hat (Apg 12,20–23). Der Sitz im Leben der Christologie ist eindeutig eine Oppositionskultur im römischen Reich.

Fazit zum sozialgeschichtlichen Teilprogramm der Religionsgeschichtlichen Schule ist: Die Religionsgeschichtler haben die Grundlage für die Sozialgeschichte gelegt. Die sozialgeschichtliche Fragestellung konnte sich freilich erst nach einem 50jährigem Moratorium entfalten. 50 Jahre lang führte nur ein schmaler Steg bis in die Gegenwart. Er war schmal, weil der Sitz im Leben allzu schnell auf die gottesdienstliche Funktion von Texten in kleinen religiösen Gruppen verengt worden war.

[67] I. KEZBERE, Umstrittener Monotheismus, 2006.

3 Die religionspsychologische Fragestellung

Ganz anders erging es dem dritten Teilprogramm, der religionspsychologischen Fragestellung. Hier gibt es keine Kontinuität zwischen der Religionsgeschichtlichen Schule und heute, sondern nur einen Abbruch dieser Fragestellung, die erst in letzter Zeit wiederauflebte. Für Friedrich D.E. Schleiermacher (1768–1834) war das psychologische Verstehen von Texten die Vollendung ihres grammatischen Verstehens. Wilhelm Dilthey (1833–1911) sah in der verstehenden Psychologie das Zentrum der Geisteswissenschaften. Otto Pfleiderer (1839–1908) plädierte für eine psychologische Interpretation des urchristlichen Mythos und beeinflusste damit wahrscheinlich einen seiner Hörer, Rudolf Bultmann und sein späteres Entmythologisierungsprogramm.[68] Manche Systematiker wollten damals sogar die Systematische Theologie auf religionspsychologischer Grundlage aufbauen.[69] Die „Psychologie" genoss vor dem Aufkommen der Dialektischen Theologie in den 20er Jahren des 20. Jh. ein großes Ansehen, obwohl sie als Wissenschaft noch in den Anfängen steckte. Dennoch wurde „Psychologie", obwohl sie zu einer etablierten und erfolgreichen Wissenschaft wurde, für viele Theologen und Exegeten zu einem *bad word*.

Hier ist ein großer Wandel eingetreten. Dies lässt sich veranschaulichen anhand des Habilitationsverfahrens von Martin Dibelius im Jahr 1909/10. Seine Arbeit über den Johannes den Täufer, in der er das Programm der Formgeschichte zum ersten Mal erprobte, fand an der Berliner Theologischen Fakultät, wie bereits erwähnt, keine Gnade. Daher verfasste er schnell eine neue Schrift, bestehend aus einem exegetischen und einem psychologischen Teil: „Das Selbstzeugnis des Paulus von seiner Bekehrung" (1909).[70] Dibelius deutete in ihr das Damaskuserlebnis des Paulus als Durchbruch einer unbewussten Bindung an Jesus in das Bewusstsein des Paulus. Mit dieser Arbeit habilitierte er sich ohne Probleme.

Es wäre 100 Jahre später undenkbar gewesen, eine in die Krise geratene neutestamentliche Habilitation dadurch zu retten, dass der Antragsteller anstelle der abgelehnten Schrift eine psychologisch orientierte Exegese vorlegte, er käme vom Regen in die Traufe! Dies ist m.E. ein enormer Rückschritt gegenüber der Religionsgeschichtlichen Schule. Wie war solch ein Rückschritt möglich? Fünf Gründe seien genannt:

Die Religionsgeschichtler formulierten ihre theologische Identität mithilfe der Psychologie. Für die Kerygmatheologie aber war gerade die Religionspsychologie der „Sündenfall" der Theologen vor ihr: Sie sprachen vom Menschen, wo sie von Gott sprechen sollten. Sie trieben Psychologie statt Theologie. So wurde die Religionspsychologie für die Kerygmatheologie ein Teil ihrer ‚negativen Identität' – also etwas, durch dessen Ablehnung sie sich definierte. Die Folge war ein ‚konfessorischer Antipsychologismus' in der Theologie bis heute.

---

[68] O. Pfleiderer hat wahrscheinlich durch seine „psychologische Interpretation" biblischer Texte die „existenziale Interpretation" seines Hörers R. Bultmann beeinflusst. So W. SCHMITHALS, Von der Tübinger zur religionsgeschichtlichen Schule, 1989; GRAF, Art. Pfleiderer, Otto, 1996, 435.

[69] Vgl. G. WOBBERMIN, Systematische Theologie nach religionspsychologischer Methode, 1913.

[70] Dazu H. BRINGELAND, Religion und Welt 2013, 149–156. Dibelius hat diese Arbeit übrigens nie veröffentlicht. Das Manuskript liegt in seinem Nachlass (UB Heidelberg).

Die Psychologie konkurrierte ferner mit der Existenzphilosophie.[71] Beide sprachen z.B. von Angst, jedoch stellte diese für die Psychologie ein empirisches Phänomen dar, die Existenzphilosophie aber suchte in ihr den Zugang zum Sein. Für die Theologie ist es natürlich viel attraktiver, philosophisch den fundamentalontologischen Schlüssel zum Sein zu suchen, als sich psychologisch über Angstneurosen Gedanken zu machen. Daher wurde der Platz, den die Psychologie in der Theologie hatte durch die Existenzphilosophie besetzt. Konkurrenten sind unerbittlich – zumal die existenziale Analyse sorgfältig alle Spuren verwischte, die von der verworfenen Psychologie zu ihr führten, z.B. von der religionspsychologischen Deutung des Mythos bei Otto Pfleiderer zu dessen existenzialer Interpretation bei Rudolf Bultmann (s.o. Anm. 35).

Der dritte Grund für die Ablehnung der psychologischen Exegese liegt (3) in der Religionskritik. Unter allen psychologischen Strömungen wirkte vor allem die religionskritische Psychoanalyse in Kultur, Literatur und Geisteswissenschaften hinein. Sigmund Freud kritisierte die Religion als Zwangsneurose und Illusion in seinen Werken „Totem und Tabu“ (1812/13), „Die Zukunft einer Illusion“ (1927) und „Der Mann Moses und die monotheistischen Religion“(1939).[72] Seine beeindruckenden Analysen hinterließen in der Theologie Wunden und verhinderten, dass sich die Theologie auf die Psychologie einließ, auch wenn schon bald differenzierte theologische Antworten wie z.B. von Oskar Pfister (1873–1956) auf die Thesen von Freud verfasst wurden.[73]

Den vierten Grund lieferten die Religionsgeschichtler selbst. Sie erkannten, dass es sich bei den biblischen Texten um Traditionsliteratur handelte, die vorgeformte Formeln, Motive und Ideen wiedergibt. In jedem biblischen Text spricht die Vergangenheit in einer Vielzahl anonymer Autoren und Tradenten mit. Damit relativierten die Religionsgeschichtler lange vor dem „Tod des Autors“ (Roland Barthes) den Endverfasser biblischer Schriften, aber setzten an seine Stelle nicht den Leser ein, sondern die Tradition. Wenn die biblischen Autoren z.B. von ekstatischen Erlebnissen erzählen, glaubt die moderne Exegese ihnen bis heute meist nicht, dass es sich um erlebnisechte Erzählungen handelt. Man meint, sie folgten vorgegebenen Mustern und seien quasi „nach Schablone“ entzückt. Selbst wenn es so wäre, würde das einem psychologischen Ansatz nicht widersprechen. Dass traditionelle Deutungsmuster (oder „Schablonen“) Bedingung der Möglichkeit von Verhalten und Erleben sind, ist eine solide psychologische Erkenntnis. Daher

---

[71] Die Existenzphilosophie basierte methodisch auf der Phänomenologie der Lebenswelt und führte inhaltlich die Subjektorientierung des Neukantianismus weiter. Phänomenologie und Neukantianismus waren beide „antipsychologisch“ eingestellt, weil die Psychologie nur empirisch beschreibe und analysiere, was für sie als Grundlage von Geltungsansprüchen über jede Empirie hinausreiche. Psychologie war dadurch gleichbedeutend mit „Relativierung“ von Geltungsansprüchen. Diese Fragen wurden zwischen dem Philosophen Edmund Husserl und dem Psychologen Wilhelm Wundt 1910/1911 diskutiert. Vgl. M. RATH, Der Psychologismusstreit in der deutschen Philosophie, 1994.

[72] S. FREUD, Studienausgabe, 1974.

[73] O. PFISTER, Die Entwicklung des Apostels Paulus, 1920.

lässt sich die Traditionsgeschichte ausgezeichnet in eine psychologische Exegese integrieren.[74]

Für den wichtigsten Grund halte ich den fünften Grund: Es gelang selten, historisch relevante Forschungsergebnisse mithilfe psychologischer Überlegungen zu erzielen, so wie es Martin Dibelius in seiner unveröffentlichten Habilitationsschrift gelungen war. Methoden und Forschungsprogramme müssen wissenschaftlich fruchtbar sein. Dann setzen sie sich durch.

Hat sich die Akzeptanz der Psychologie in den Geschichts- und Geisteswissenschaften bis heute geändert? Anders als die Soziologie hat die Psychologie bisher keinen anerkannten Ort in den Literatur- und Geschichtswissenschaften. Auf den zweiten Blick entdeckt man freilich einen interessanten Sachverhalt: Die Psychologie wird in ihnen oft unter anderem Namen betrieben, z.B. als Mentalitätsgeschichte und Alltagsgeschichte. In der Bibelexegese finden wir Psychologie[75] als kulturanthropologische Auslegung, als historische Anthropologie und als kognitive Exegese. Letztere wird von einer Minderheit in englischen und skandinavischen Ländern vertreten, in Deutschland auch von mir.[76] Hinzu kommt, dass seit einiger Zeit interdisziplinär intensiv Emotionsforschung betrieben wird, die meist spontan der Psychologie zugeordnet wird.[77] Vielleicht könnte so der Traum der Religionsgeschichtlichen Schule von einer psychologischen Exegese nach 100 Jahren doch noch Wirklichkeit werden! Denn es besteht für mich kein Zweifel: Wunder und Magie, Ekstase und Glossolalie, Mystik und Askese, die kontraintuitiven Vorstellungen im Mythos und die rätselhafte Macht der Riten – all diese Phänomene verlangen nach psychologischer Deutung, ebenso aber auch die weit „normaleren" Ausdrucksformen von Religion wie Gebet und Meditation, Glauben und Vertrauen.[78]

Nehmen wir noch einmal unser Beispiel, die neutestamentliche Christologie. Paulus schildert im Römerbrief mehrfach das Gericht als ein Zorngericht über die ganze Menschheit. Dann aber zieht in Röm 8,31–39 Christus in den Gerichtssaal ein, setzt sich zur Rechten des göttlichen Richters und wird zum Fürsprecher für die Angeklagten. Kein Ankläger erhebt mehr eine Anklage, keine Verurteilung wird ausgesprochen. Der Richter spricht den Sünder frei! Dies ist Rechtsbeugung in höchster Instanz, das Schlimmste was ein Richter tun kann! Psychologisch gesehen handelt es sich dabei um eine paradoxe Intervention: Ein unerwünschtes Verhalten wird positiv verstärkt. Paradoxe Interventionen führen unter bestimmten Umständen zur Reduktion des unerwünschten Verhaltens – sie können sogar

---

[74] Vgl. die Religionspsychologie von HJ. J. SUNDÉN, Religionen och rollerna, 1959 = Die Religion und die Rollen, 1966; ders., Gott erfahren, 1975. Die religiösen Traditionen enthalten Rollenangebote, die der Mensch für sich selbst *übernimmt*, und Rollen, die er als Partnerrolle *aufnimmt*, sodass er im Lichte seiner Erwartungen an die Partnerrolle die Wirklichkeit erlebt.

[75] Vgl. P. V. GEMÜNDEN, Methodische Überlegungen zur Historischen Psychologie, 2005; Dies., Ansätze zur psychologischen Auslegung im hellenistischen Judentum und frühen Christentum, 2010; Dies., Die Fremdheit der Bibel wahrnehmen, 2012. Vgl. die Themenhefte: Psychologische Exegese, 2005, und: Kulturanthropologische Exegese 2008.

[76] Vgl. das Themenheft: Kognitive Religionswissenschaft und neutestamentliche Exegese, 2011.

[77] Ein Beispiel für diese Entwicklung ist die Gründung eines „Centre for the History of the Emotions" im Jahr 2008 an der Queen Mary University in London.

[78] G. THEISSEN, Erleben und Verhalten, 2007; Ders./P. V. GEMÜNDEN (Hrsg.), Erkennen und Erleben, 2007.

effektiver wirken als jede direkte Bekämpfung. In den religiösen Imaginationen der Christologie vollzieht sich somit eine kognitive Umstrukturierung von Verstärkungs- und Sanktionssystemen, die durch eine imaginierte paradoxe Intervention des Christus im Himmel das Erleben und Verhalten der Menschen ändert. Da das Neue Testament auch sonst paradoxe Interventionen kennt – am bekanntesten ist die Feindesliebe und der Gewaltverzicht in der Bergpredigt – gelangen wir hier durch psychologische Erkenntnisse ins Zentrum seiner Botschaft. Die Religionsgeschichtler hatten recht: Ohne Psychologie bleibt Aufklärung im Rahmen der Religion unvollendet.

4 Die historische Kritik

Bei den Teilprogrammen der religionsgeschichtlichen Schule konnten wir bei der religionsvergleichenden Fragestellung die größte Kontinuität bis zur Gegenwart feststellen, bei der Sozialgeschichte ein Wiederaufleben nach 50 Jahren auf Grundlage einer sehr schmalen Kontinuität, bei der Religionspsychologie einen Abbruch und einen noch zaghaften Neubeginn nach mehr als 100 Jahren „Stille". Die historische Kritik aber bildet das größte Kontinuum. Sie bestimmt seit der Aufklärung alle Arbeit an der Bibel. Welche Religionsgemeinschaft hat es fertiggebracht, ihre eigenen historischen Grundlagen so konsequent und kritisch zu untersuchen wie das protestantische Christentum? Seit dem II. Vatikanum hat sich auch der Katholizismus für die historisch-kritische Methode geöffnet. Das Christentum ist und bleibt an eine Geschichte gebunden, die für uns nur historisch-kritisch zugänglich ist. Sich von dieser Bindung an die Geschichte zu lösen, indem man sie zum Symbol einer zeitlosen Geschichtlichkeit des Menschen macht, ist kein dem Christentum angemessener Weg. Das Christentum würde damit seine Identität verändern. Was für ein Geschichtsverständnis aber hatten die Religionsgeschichtler? Sie verstanden unter Geschichte eine Einheit, die alle Menschen umfasst. Religionsgeschichte war für sie Universalgeschichte. In der Anwendung der historischen Kritik auf die Bibel setzte die Religionsgeschichtliche Schule fort, was sie von ihren Vorgängern empfangen hatte. Denn die historische Kritik der Bibel hatte mit der Aufklärung begonnen. Aber in dieser Ausweitung auf die ganze Religions- und Universalgeschichte hinterließ sie ein uneingelöstes Vermächtnis.

Es gibt nur einen Theologen, der es gewagt hat, eine universalgeschichtliche Theologie unter Einbeziehung der universalen Religionsgeschichte zu konzipieren: Wolfhart Pannenberg will Theologie wissenschaftsanalog im Zusammenspiel von Erfahrung, Hypothese und Verifikation durchführen – als Versuch, das Ganze der Wirklichkeit zu deuten.[79] Er sah mit Recht: Wir könnten unsere Hypothesen über das Ganze der Geschichte nur überprüfen, wenn wir das Ende der Geschichte kennen würden. Pannenberg behauptet nun, Verifikation sei dadurch möglich, dass dieses Ende der Geschichte in der Auferstehung Jesu schon geschehen ist und für uns zugänglich wird. Dieses proleptische Aufleuchten der

[79] W. PANNENBERG, Wissenschaftstheorie und Theologie, 1973.

Wahrheit bettet er in die universale Religionsgeschichte ein.[80] Die gesamte Religionsgeschichte ist für ihn die Erscheinungsgeschichte des göttlichen Geheimnisses und eine ständige Kritik menschlicher Gottesbilder, die wieder verschwinden, wenn sie ohne interpretatorische Kraft sind. Dieses kühne theologische Programm Pannenbergs erinnert an das vom Idealismus geprägte Programm Otto Pfleiderers. Die Erscheinungsgeschichte des göttlichen Geheimnisses und die Selbstentfaltung des göttlichen Geistes in der Geschichte sind verwandte Konzepte. Inspiriert durch die Religionsgeschichtler, möchte ich an dieses beeindruckende Programm drei Fragen stellen.

Die erste Frage ist: Wenn wir Erfahrung als Basis unseres Wissens akzeptieren, muss dann nicht die individuelle religiöse Erfahrung für die Theologie von zentraler Bedeutung sein und mit ihr die Religionspsychologie? Sie fehlt jedoch in der Theologie Pannenbergs. Erfahrung ist für ihn Erfahrung der Geschichte, und er versteht darunter weniger das, was Menschen direkt in der Geschichte erleben, als das, was sie aus Überlieferungen (also vor allem vermittelt durch Bücher) über die Geschichte lernen. Religiöse Erfahrung im engeren Sinne ist aber etwas, was Menschen unmittelbar erleben. Die Universalgeschichte ist eine sekundäre Deutung, in die man solche persönlichen Erfahrungen einbetten kann und muss. Sie ist ein Produkt konstruierender Gelehrsamkeit, kein *testimonium spiritus sancti internum* im reformatorischen Sinn, kein Evidenzerlebnis, das zur Grundlage einer Lebensführung werden kann.

Meine zweite Frage lautet: Ist die Universalgeschichte von Pannenberg wirklich universal gedacht? Gehört zur Universalgeschichte nicht auch die Evolution des Kosmos und des Lebens? Die „großen Erzählungen", die das gesamte Universum umfassen, sind inzwischen ausgestorben. Die idealistische Selbstentfaltung des Geistes, der grenzenlosen Fortschritt des Liberalismus, auch die biblische Heilsgeschichte geben uns keinen Rahmen, um all unser Wissen darin einzeichnen zu können. Überlebt hat m.E. nur ein auf der Evolutionstheorie basierendes evolutionäres Denken, das auf eine Sinndeutung des Ganzen verzichtet. Aber eben dieses evolutionäre Denken fragt umso mehr danach, wie es kommt, dass die Evolution Lebewesen hervorbrachte, die nach Sinn suchen und Religionen hervorbringen.

Meine dritte Frage betrifft diesen *Sinn*: Wilhelm Bousset, Ernst Troeltsch und Wolfhart Pannenberg suchten ihn in der Geschichte als Erscheinen des Unbedingten: Bousset in einer Ahnung des Absoluten, Troeltsch in einer mystischen Einheit mit Gott, Pannenberg in einer Prolepse des Endes aller Geschichte in Kreuz und Auferstehung. Rudolf Bultmann deutete das Kerygma von Kreuz und Auferstehung als eine aus dem Nichts schaffende Macht des göttlichen Wortes, einer Deutung, der ich zustimmen kann. Aber ich versuche, dieses Kerygma in größere evolutionäre Zusammenhänge einzuordnen, ohne diese evolutionäre Deutung zum Fundament des Glaubens machen zu wollen. Solche Deutungen können den Glauben sekundär überprüfen und erläutern, aber nicht begründen.

---

[80] W. PANNENBERG, Erwägungen zu einer Theologie der Religionsgeschichte, 1967. Ders., Systematische Theologie 1988, 187, vertritt dort die These, dass „die Religionsgeschichte als Erscheinungsgeschichte der göttlichen Wirklichkeit wie auch als Prozeß der Kritik an unzureichenden Auffassungen der Menschen von der göttlichen Wirklichkeit gelesen werden kann".

Ich kann nur in wenigen Stichworten eine evolutionäre Deutung der biblischen Religion skizzieren:[81] Das Leben suspendierte m.E. in offenen Systemen das Entropieprinzip der Natur und brachte den Tod in die Welt. Die Kultur suspendierte in humanen Kulturen das Selektionsprinzip, dem das Leben unterworfen ist, und brachte mit Werkzeugen und Waffen den Krieg in die Welt. Die Religion überwand das Moralprinzip der Kultur: In der Bibel geschieht dies durch die Verkündigung einer radikalen Gnade, die auch dem Gescheiterten gilt. Offenbarungsreligionen haben in sich die Fähigkeit, einen Weg ins Leben auch jenseits der Moral zu öffnen, auch für unvollkommene, scheiternde, fragwürdige Menschen. Aber eine Suspension des Moralprinzips kann ebenso zu Formen religiösen Fanatismus führen. Wer in der unmittelbaren Beziehung zu Gott meint, ein Heil jenseits der Moral zu finden, kann sich dazu berechtigt fühlen, etwas Unmoralisches zu tun, wenn er es für den Willen Gottes hält. Diese Überwindung der Moral ist kein christliches Spezifikum. Andere Religionen haben in anderer Weise die Moral und unser Scheitern an ihr transzendiert. Die Erfahrung einer unbedingten Lebensbejahung, die reines Geschenk jenseits der Moral ist, ist ein inneres Ziel menschlicher Entwicklung, das in vielen religiösen Bewegungen im Christentum und außerhalb des Christentums aufleuchtet.

Natürlich können wir das Ganze von Evolution und Geschichte immer nur fragmentarisch und perspektivisch aus unserem Blickwinkel heraus erkennen. Aber weil Religion dem Menschen immer einen Ort im Ganzen der Dinge gegeben hat, ist es fast unvermeidbar, dass wir mit solchen fragmentarischen Erkenntnissen Skizzen des Ganzen entwerfen.

Was können wir aus all diesen Varianten von Sinndeutung in verschiedenen Religionen und Philosophien lernen, von denen ich hier nur wenige genannt habe? Muss nicht gerade die Theologie toleranter werden gegenüber den vielen Möglichkeiten, mit denen Menschen sich dessen vergewissern, was der Sinn ihres Lebens in dieser Welt ist? In der *Wissenschaft* gelangen wir zu zuverlässigen Aussagen, die wir intersubjektiv mit anderen Menschen teilen. Wir können sie zuverlässig korrigieren und weiterentwickeln, wenn sie sich als unzulänglich erweisen. In der *Ethik* suchen wir nach einem Minimum von Kooperation, das auch dann noch trägt, wenn wir einen Dissens lebbar gestalten müssen. Der Spielraum legitimer Pluralität ist hier weiter als in der Wissenschaft. Es ist schwerer, in der Ethik eine intersubjektive Grundlage für unsere Urteile zu finden als in der strengen Wissenschaft. In der *Religion* gibt es einen noch größeren Toleranzspielraum, der nicht durch Absolutheitsansprüche begrenzt werden darf. Die Ringparabel Lessings ist dafür ein wunderbares Symbol, auch ein Symbol dafür, dass wir im Bereich des Ästhetischen die größte Freiheit haben. Denn in *Dichtung und Kunst* können wir auch Unmoralisches, Surreales und Irreales akzeptieren. Das Programm der Religionsgeschichtler war: Aufklärung im Rahmen der Religion. Für mich bedeutet solch eine Aufklärung entsprechend den vier skizzierten Stufen unserer kulturellen Akte – Wissenschaft, Ethik, Religion, Ästhetik – viererlei:

Eine glaubwürdige Religion darf nicht unseren *wissenschaftlichen Erkenntnissen* von Natur und Geschichte widersprechen, sondern muss sie verarbeiten,

[81] Vgl. ausführlicher: G. THEISSEN, Biblischer Glaube in evolutionärer Sicht, 1984; ders., Biblischer Glaube und Evolution, 2011, zusammengefasst in: ders., Glaubenssätze, 419–428, Nr. 235.

auch wenn die Bilder und Deutungen der Religion weit über wissenschaftliche Erkenntnisse hinausgehen.

Sie muss ferner an einer *kooperativen Ethik* für alle arbeiten, dabei auch an Überzeugungen, die Dissens lebbar machen. Ziel muss ein minimaler inhaltlicher Konsens sein, verbunden mit einer Achtung vor der Haltung der anderen. Die seit mehr als 200 Jahren wirkende Menschenrechtstradition zeigt, dass solch ein minimaler Konsens möglich ist.

Sie muss sich drittens zu einem *Pluralismus zwischen den Religionen* und in den einzelnen Religionen bekehren. Die Wissenschaft hat gelernt, Letztgültigkeitsansprüche aufzugeben, ohne deswegen an ihren Geltungsansprüchen zu zweifeln. Das heißt für die Religionen: Auch sie müssen Absolutheitsansprüche aufgeben, ohne auf ihren Anspruch auf Geltung zu verzichten. Religionen beziehen sich auf Absolutes, sind aber selbst nicht absolut. Sie basieren auf Erfahrungen des Unbedingten, aber müssen eingestehen, dass alle Erfahrungen bedingt sind, auch wenn sie sich intentional auf Unbedingtes beziehen.

Die Religion kann in der Gegenwart durch eine schon lange wirksame ästhetische Transformation religiöser Dogmen und Riten jedem Menschen innere Freiheit geben, selbst zu entscheiden, was er aus einer Religion übernimmt, wo er zustimmt und wo nicht.

Das Programm ist zur Zeit der Religionsgeschichtler wie heute Aufklärung im Rahmen der Religion. Dies ist ein riskantes Unternehmen und wir müssen dabei respektieren, dass manch einer dabei zum scharfen Kritiker von Kirche, Theologie und Religion wird. In einer offenen Gesellschaft sind wir auf solche Stimmen angewiesen. Die hier geforderte Aufklärung im Rahmen der Religion ist aber nicht Religion im Rahmen der Aufklärung. Religion im Rahmen der Aufklärung endet meist in Aufklärung ohne Religion. Der Bezug zur Transzendenz Gottes geht verloren. Aufklärung im Rahmen der Religion respektiert dagegen das Geheimnis Gottes, das höher ist als alle unsere Vernunft. Hier bleibt die doppelte Texttranszendenz erhalten – als Transzendenz nicht nur für das menschliche Leben, sondern als Transzendenz für Gott. Dadurch wird solch eine Aufklärung eines der faszinierendsten intellektuellen Abenteuer der Moderne. Es ist ein großes Glück, bei diesem Projekt mitarbeiten zu dürfen. Die Religionsgeschichtliche Schule strahlte etwas von diesem Glück aus. Was macht hier so glücklich? Alle Wahrheit suchenden Gemeinschaften leben unter einer Verheißung, die das Johannesevangelium so formuliert: „Die Wahrheit wird euch freimachen" (Joh 8,32), wobei Paulus hinzufügt: „Wo aber der Geist des Herrn ist, da ist Freiheit" (2 Kor 3,17). Das ist das Glück der Freiheit und des Erkennens.

3 Das lebensphilosophische Programm – Martin Dibelius und die Suche nach dem Übergeschichtlichen

Martin Dibelius (1883–1947) war neben Rudolf Bultmann (1884–1976) der bedeutendste deutsche Neutestamentler des 20. Jahrhunderts und steht bis heute in dessen Schatten.[82] Oft ist wenig bewusst, dass nicht Bultmann, sondern Dibelius die Grundlagen für die Formgeschichte des Neuen Testaments gelegt hat.[83] Noch weniger bekannt ist, dass er noch vor Bultmann ein hermeneutisches Programm entwickelt hat, um das Neue Testament für die Gegenwart zu deuten. Man kann es als lebensphilosophisches Programm von der existenztheologischen Hermeneutik R. Bultmanns unterscheiden.

Die Lebensphilosophie war eine philosophische Strömung gegen Ende des 19. Jh., die sich gegen den Positivismus auf der einen und den neukantianischen Rationalismus auf der anderen Seite abgrenzte, indem sie die Ganzheit des Lebens, seine Irrationalität und Emotionalität betonte. W. Dilthey (1833–1911) vertrat den kulturhermeneutischen Flügel der Lebensphilosophie, der die Schätze der bestehenden Kultur für das Leben fruchtbar machen wollte, F. Nietzsche (1844–1900) ihren kulturrevolutionären Flügel, der in einer „Umwertung aller Werte" der Bejahung des Lebens gegen alle lebensabwertenden Tendenzen in Philosophie und Christentum zum Durchbruch helfen wollte.[84] Dibelius war seit seiner Jugend von F. Nietzsche fasziniert und hat sich sein Leben lang mit ihm auseinandergesetzt.[85]

---

[82] 2013 und 2014 erschien ein dreibändiges Werk des norwegischen Neutestamentlers H. BRINGELAND, Religion und Welt. Martin Dibelius (1883–1947). Bd. 1: Dibelius in seiner Frühzeit (bis 1915), Bd. 2: Dibelius in seiner Heidelberger Zeit (bis 1933), Bd. 3: Dibelius im Dritten Reich und in der Nachkriegszeit. Bringeland verarbeitete darin bisher unbekannte Quellen aus Archiven, aus dem Nachlass und aus Interviews mit Zeitzeugen. Oft kamen dabei bisher unbekannte Tatsachen ans Licht. Wer hätte z.B. geahnt, dass der Autor der „Predigttheorie", also der weit verbreiteten formgeschichtlichen Theorie über den „Sitz im Leben" der synoptischen Gattungen, selbst nur selten gepredigt hat. Das vorliegende Kapitel ist ohne das *opus magnum* von Hans Bringeland nicht denkbar.

[83] In M. DIBELIUS, Die urchristliche Überlieferung von Johannes dem Täufer, 1911.

[84] Verständlicherweise zögert man, F. Nietzsche wegen seines eigenständigen Profils in eine größere Strömung einzuordnen. Aber er ist m.E. der bedeutendste Anreger der Lebensphilosophie. Aufschlussreich ist, dass sowohl ihr Kritiker H. RICKERT, Die Philosophie des Lebens, 1920, als auch ihr Verteidiger M. SCHELER, Versuche einer Philosophie des Lebens 1913 (^{4}1972), Nietzsche zur Lebensphilosophie zählen. Auf jeden Fall hat er das Stichwort „Leben" großgemacht. Vgl. G. PFLUG, Art. Lebensphilosophie.

[85] Vgl. BRINGELAND, Religion und Welt 1, 41: „Eine starke Triebfeder nicht nur der Theaterleidenschaft, sondern auch der literarischen Interessen bildete seine intensive Beteiligung an der „weltanschaulichen" Auseinandersetzung der Gegenwart, die übrigens ebenso aus seiner Beschäftigung mit Richard Wagner (1813–1883) hervorzugehen scheint. Von Wagner wurde er dann zur Lektüre Friedrich Nietzsches (1844–1900) geführt, mit dessen Philosophie, Kulturanalyse und Christentumskritik er sich lebenslang auseinandersetzte". Gegen Ende seines Lebens hat sich Dibelius noch einmal intensiv mit Nietzsche auseinandergesetzt: M. DIBELIUS, Der ‚psychologische Typus des Erlösers' bei Friedrich Nietzsche, 1944. W. Dilthey spielte dagegen in seinem Denken keine Rolle. Bei Bringeland wird er nirgendwo erwähnt.

Die Existenzphilosophie des 20. Jh. kann man als Transformation der Lebensphilosophie während der großen europäischen Krisen deuten. Nach Martin Heidegger (1889–1976), einem ihrer profiliertesten Vertreter in Deutschland, ist der Mensch weit mehr als alles, was man empirisch an ihm feststellen kann. Sein eigentliches Sein realisiert sich erst in seinen Entscheidungen. Daher ist er ein Seiendes, dem es um das Sein geht, sodass die Analyse menschlichen Daseins eine „Fundamentalontologie" ermöglicht. Im Vollzug des Daseins wird das Sein selbst zum Thema. Tod und Endlichkeit rufen den Menschen in einer gegenstandslosen Angst dazu auf, er selbst zu sein, und reißen ihn aus der „Uneigentlichkeit" seines Lebens heraus. Während seine Umwelt ihm suggeriert: „So lebt *man*", macht sich der zu sich selbst gekommene Mensch von der Herrschaft des *Man* frei und wird zum Autor seiner Existenz. R. Bultmann griff solche Gedanken auf, verwandelte sie aber in einem entscheidenden Punkt: Bei ihm geht der Appell zur Eigentlichkeit nicht von Tod und Endlichkeit des Menschen aus, sondern von der Konfrontation mit Christi Tod und Auferstehung im „Kerygma", das den Menschen aus allen Bezügen herausreißt, in denen er bisher gelebt hat, und ihn dadurch neu schafft. „Entweltlichung" und „Eigentlichkeit" der je eigenen Existenz sind zwei Seiten ein- und derselben Verwandlung des Menschen.

Dibelius war von Friedrich Nietzsche geprägt, Bultmann von Martin Heidegger. Nietzsches Denken war ein Vorläufer der Krise Europas in der ersten Hälfte des 20. Jh., Heideggers Denken ein Ausdruck dieser Krise. Dem entspricht, dass bei Dibelius der Kulturprotestantismus des 19. Jh. nachwirkte, während R. Bultmann mit ihm gebrochen hat. Obwohl Bultmann nur ein Jahr jünger war als Dibelius, repräsentierten sie in ihrer Theologie zwei verschiedene Generationen, während sie in ihrer Exegese derselben Generation angehörten.

Beide sind moderne Theologen. Beide setzen die anthropologische Wende der Theologie voraus: Theologie kann nur so von Gott sprechen, wie er im Menschen wirksam und erfahrbar wird, d.h. in seinem Denken, Erleben und Entscheiden. Gemeinsam ist ihnen ferner die Erkenntnis, dass das Neue Testament von einer Nah-Eschatologie bestimmt ist. Nicht in der Konfrontation mit dem Tod, sondern in Erwartung des nahen Endes der Welt entstand der christliche Glaube. Obwohl diese Nah-Eschatologie durch die Weiterexistenz der Welt widerlegt wurde, sehen beide in ihr eine Wahrheit: Christlicher Glaube reißt durch Konfrontation mit einer neuen Welt aus allen Bindungen dieser Welt heraus. Die eschatologische Botschaft hat eine verändernde Kraft. Im Rahmen dieser Gemeinsamkeiten unterscheidet sich die Hermeneutik Bultmanns und Dibelius' in zweifacher Hinsicht:

Die Existenztheologie Bultmanns sieht die verändernde Kraft der eschatologischen Botschaft in einer Erneuerung des Selbstverständnisses einzelner Menschen. Dibelius denkt an eine Veränderung von Welt *und* Gesellschaft. Zwar betont auch Dibelius, dass das Christentum nicht von dieser Welt ist, aber ihn interessiert, wie diese Weltdistanz innerweltliches Handeln motivieren kann. Er beschäftigt sich intensiv mit Problemen von Gesellschaft und Politik und folgt darin der kulturtheologischen Tradition seines Lehrers Adolf von Harnack. Der radikale Individualismus der Existenzphilosophie war ihm fremd.

Ein zweiter Unterschied liegt in ihrem Verhältnis zur Philosophie. Nietzsche vertrat eine dezidierte Religions- und Christentumskritik. Wer sich als Theologe von ihm inspirieren ließ, musste sich von seiner Religionskritik abgrenzen. Dibelius war sich dessen bewusst, wie ein Brief an seine Schülerin und Vertraute Helga Rusche zeigt:

„[W]er sich von N[ietzsche] aus bequemen Positionen aufscheuchen lässt zu einer Verantwortung (das aber allein heisse mit N[ietzsche] philosophieren), der könne N[ietzsche] nur verpflichtet sein, dass er die Entscheidungsfrage – ‚wir glauben an den Olymp und nicht an den Gekreuzigten' – so klar und scharf gestellt habe."[86]

Heideggers Philosophie nötigt dem Theologen keine vergleichbare Entscheidung ab. R. Bultmann konnte sich an die Existenzphilosophie Heideggers anlehnen, Dibelius musste sich von der Religionskritik Nietzsches distanzieren.

Es könnte sein, dass Dibelius manchmal den Einfluss Nietzsches auf sein Denken undeutlich gemacht hat. So bringt er in seiner Programmschrift: „Geschichtliche und übergeschichtliche Religion im Christentum" (1925) die Hoffnung auf eine Erneuerung der Religion durch Jugendbewegung, Expressionismus und Irrationalismus zum Ausdruck.[87] Vielleicht sah er darin die Erfüllung dessen, was Nietzsche 1874 in seiner Schrift „Vom Nutzen und Nachtheil der Historie für das Leben" für die Zukunft erhofft hatte.[88] Denn Nietzsches hatte gegen eine „historische Jugenderziehung" protestiert und dafür plädiert, dass „der Mensch vor allem zu leben lerne, und nur im Dienste des erlernten Lebens die Historie gebrauche".[89] Die Jugendbewegung hatte in der Sicht von Dibelius diesen Protest realisiert. Wandte sie sich doch nach seinen Worten gegen eine Erziehung, die junge Menschen ohne „Absicht auf Gelehrsamkeit" dazu nötigt, dass sie „den schönsten Teil des Tages hindurch das Dasein eines Geistesarbeiters führen".[90] In ihrer Zuwendung zur Natur und ihrem Protest gegen das mechanisierte Leben der modernen Gesellschaft entdeckte Dibelius „präreligiöse" Ansätze. Wenn er solche Impulse auch in Expressionismus und Irrationalismus wirken sah, erinnert das an die „aeternisierenden Mächte von Kunst und Religion",[91] von denen Nietzsche die Überwindung der historisierenden Lähmung des Lebens erhofft hatte. Auch wenn sich Dibelius bei solchen Gedanken nie explizit auf Nietzsche berief, hat Bringeland in seiner Darstellung seines Lebens und Wirkens gezeigt, wie sehr er von Jugend auf von Nietzsche beeinflusst war.

Bringeland bringt das Leben und Werk von Dibelius auf den Nenner „Religion und Welt": Christentum bedeute Distanz zur Welt und gleichzeitig Weltgestaltung. Eine zentrale Frage ist, wie ein Glaube, der nicht von dieser Welt ist, dennoch die Welt verändern kann. Die urchristliche Literatur deutete Dibelius als sukzessive Anpassung an die Formensprache der antiken Umwelt, die urchristliche Ethik als Bewältigung einer Welt, mit deren Dauer man mit nachlassender

---

[86] Brief an Helga Rusche vom 21.05.1943. Zitiert nach H. BRINGELAND, Religion und Welt 3, 185.
[87] DIBELIUS, Geschichtliche und übergeschichtliche Religion, 1925, 3–15.
[88] Für das Verständnis der Historienschrift von Nietzsche verdanke ich viel dem noch unveröffentlichten Kommentar von B. NEYMEYR zu den „Unzeitgemäßen Betrachtungen", der ca. 2019 bei de Gruyter erscheinen wird.
[89] NIETZSCHE, Vom Nutzen und Nachtheil der Historie für das Leben (1874), 325.
[90] DIBELIUS, Geschichtliche und übergeschichtliche Religion, 1923, 5.
[91] NIETZSCHE, Vom Nutzen und Nachtheil der Historie für das Leben (1874), 330.

Parusie-Erwartung rechnen musste, die urchristliche Religion als Auseinandersetzung mit konkurrierenden Religionen und Philosophien. Bringeland konnte so bei Dibelius in überzeugender Weise eine einheitliche Lebensthematik und Kontinuität entdecken. Im Folgenden formuliere ich drei Anfragen an dieses Gesamtbild, die auf ungelöste Spannungen und Brüche in seinem Leben und Denken aufmerksam machen, ohne dieses Gesamtbild grundsätzlich in Frage zu stellen.

1 Die Spannung zwischen Religion und Welt – ein Grundthema bei Dibelius

Bringeland kombiniert in der Formel „Religion und Welt" den Titel der Programmschrift von Dibelius: „Geschichtliche und übergeschichtliche *Religion* im Christentum" von 1925 mit dessen Abänderung in der Neuauflage von 1929 zu: „Evangelium und *Welt*". Aus dem ursprünglichen Titel stammt der Begriff „Religion", aus dessen Abänderung der Begriff „Welt". Meine Frage lautet: Wird mit diesem Wortpaar die Einheit des Werkes von Dibelius erfasst oder nicht zugleich eine Spannung zwischen Kulturprotestantismus und Offenbarungstheologie verdeckt? Meine Vermutung ist, dass die Abänderung des Titels eine Veränderung in der Gedankenwelt von Dibelius zwischen 1925 und 1929 signalisiert.

Das Stichwort „Religion" weist auf einen liberalen theologischen Ansatz „von unten". Religion war für Dibelius ein Stück „Welt", das Gott zugewandt ist.[92] Sofern sie Gott zugewandt ist, ist sie übergeschichtlich, sofern sie zur Welt gehört, geschichtlich. Der Gegensatz von „geschichtlich" und „übergeschichtlich" folgt einer Tradition.[93] F.W.J. Schelling hatte von Jesus gesagt: „Wer von einer übergeschichtlichen Geschichte nichts weiß, hat keinen Raum, wohin er eine Persönlichkeit wie Christus stellen könnte".[94] Nietzsche sprach in seiner Schrift „Vom Nutzen und Nachtheil der Historie für das Leben" vom „Nein des überhistorischen Menschen", der sich der historischen Schwächung des Lebens widersetzt, weil er „nicht im Prozesse das Heil sieht, für den vielmehr die Welt in jedem einzelnen Augenblicke fertig ist und ihr Ende erreicht". Modell dieses „überhistorischen Menschen" dürfte bei Nietzsche Jesus sein, auch wenn er dessen Namen nicht nennt. Denn nach Nietzsche hat Jesus das „Ende" der Welt als Realisierung des „Heils" erwartet.[95] Nietzsche setzt ferner in derselben Schrift die urchristliche Naherwartung voraus, „die von allen Stunden des Menschenlebens die letzte für

---

[92] M. DIBELIUS, Geschichtliche und übergeschichtliche Religion im Christentum, 1925, 1.

[93] Dieser Gegensatz umfasst verschiedene Gegensätze: 1) Gott und Mensch: Übergeschichtlich ist dann die von Gott gewirkte Geschichte; 2) Vergangenheit und Gegenwart: Übergeschichtlich ist dann, was aus der Vergangenheit die Gegenwart angeht; 3) Veränderlichem und Ewigem: Übergeschichtlich sind dann zeitlose Strukturen, Ideen und Werte. Darüber hinaus kann er 4) sich entweder auf Gegenstände oder auf deren Betrachtungsweise beziehen.

[94] Vgl. zur Begriffsgeschichte H. SCHNEIDER/T. GLOYNA, Art. Übergeschichtlich, überhistorisch. Dort auch die zitierte Stelle aus: F.W.J. SCHELLING, Philosophie der Offenbarung, 25. Vorlesung (1854), 427f.

[95] F. NIETZSCHE, Vom Nutzen und Nachtheil der Historie für das Leben (1874), 255. Die Bezugnahmen von Nietzsche auf F.W.J. Schelling sind zu spärlich, um einen direkten Einfluss von Schelling auf Nietzsche nachweisen zu können. Es besteht aber eine sachliche Analogie. Durch seinen Freund F. Overbeck war Nietzsche mit Jesu Naherwartung vertraut. Zum Verhältnis von Overbeck und Nietzsche vgl. A.U SOMMER, Der Geist der Historie und das Ende des Christentums, 1997, bes. 44–72.

die wichtigste hält, die einen Schluss des Erdenlebens überhaupt voraussagt und alle Lebenden verurtheilt, im fünften Akte der Tragödie zu leben".[96] Hier ist das Christentum gemeint. Trotz dieser versteckten Polemik lobt Nietzsche in seiner Historienschrift neben der Kunst auch die Religion als Gegenmittel gegen die „historische Krankheit":

„Nun man wundert sich nicht, es sind die Namen von Giften: die Gegenmittel gegen das Historische heissen – das Unhistorische und das Ueberhistorische. ... Mit dem Worte „das Unhistorische!" bezeichne ich die Kunst und die Kraft vergessen zu können und sich in einem begrenzten Horizont einzuschliessen; ‚überhistorisch' nenne ich die Mächte, die den Blick von dem Werden ablenken, hin zu dem, was dem Dasein den Charakter des Ewigen und Gleichbedeutenden gibt, zu Kunst und Religion. Die Wissenschaft – denn sie ist es, die von Giften reden würde – sieht in jener Kraft, in diesen Mächten gegnerische Mächte und Kräfte; denn sie hält nur die Betrachtung der Dinge für die wahre und richtige, also für die wissenschaftliche Betrachtung, welche überall ein Gewordnes, ein Historisches und nirgends ein Seiendes, Ewiges sieht; sie lebt in einem innerlichen Widerspruche ebenso gegen die aeternisierenden Mächte der Kunst und Religion".[97]

Als eine „übergeschichtliche Religion" will Dibelius das Christentum der relativierenden Macht historischer Betrachtung entziehen. Auch für ihn ist die „aeternisierende" Macht der Religion ein Gegengift zum Historismus, auch wenn er sich dafür nicht auf F. Nietzsche beruft. Er spricht auch nicht vom „Überhistorischen", sondern vom „Übergeschichtlichen", folgt dabei aber einem verbreiteten Sprachgebrauch.[98] Sachlich steht er Nietzsche nahe, denn er sieht das Übergeschichtliche in der eschatologischen Naherwartung des Urchristentums. Für Nietzsche war diese nicht in Erfüllung gegangene Naherwartung fein Einwand gegen das Christentum, für Dibelius dagegen der Schlüssel für dessen „übergeschichtlichen" Geltung: Er konnte nicht „den Endglauben Jesu für erledigt halten, weil seine Erwartung nicht eintraf". Vielmehr betonte er: „Im Endglauben gipfelte sich die Zeit in die Ewigkeit hinaus, das Evangelium verlor seine geschichtliche Bedingtheit. Der Endglaube, selbst zeitgeschichtlich bedingt, ist doch das geschichtliche Gewand des Übergeschichtlichen. Nur weil er die Zeit übersah und das Ende vor Augen schaute, konnte Jesus so unbedingt reden und handeln, wie er es tat".[99] Genauso wie Nietzsche sieht also auch Dibelius das Übergeschichtliche in der Religion in deren Fähigkeit, Geschichtliches ins Unbedingte zu erheben.[100] Auch für ihn geschieht das im eschatologischen Endzeitglauben.

---

[96] F. NIETZSCHE, Vom Nutzen und Nachtheil, 304.

[97] F. NIETZSCHE, Vom Nutzen und Nachtheil, 330.

[98] Er findet sich auch bei dem Theologen Martin Kähler (1835–1912), später bei Paul Tillich, bei K. GIRGENSOHN, Geschichtliche und übergeschichtliche Schriftauslegung, 1922, und A. OEPKE, Geschichtliche und übergeschichtliche Schriftauslegung, 1931 (Vgl. H. BRINGELAND, Religion und Welt 2, 319 Anm. 1382). Zur Philosophie vgl. H. SCHNEIDER/T. GLOYNA, Art. Übergeschichtlich, überhistorisch.

[99] M. DIBELIUS, Geschichtliche und übergeschichtliche Religion, 46.

[100] M. DIBELIUS, Geschichtliche und übergeschichtliche Religion, 44, betont, „wie der Endglaube dem Evangelium die Erhebung ins Unbedingte verleiht" (ähnlich S. 41). Der Endglaube des Urchristentums riss einst „jenes Stück Geschichte aus der irdischen Verklammerung heraus und in die Geltung des Unbedingten empor" (S. 15).

Auch er deutet dabei die Religion „von unten“ als Akt des Menschen, ohne dass Dibelius deshalb den religiösen Glauben für eine menschliche Illusion hält.

Dibelius könnte bei der Lektüre von K. Barths Römerbrief (2. Auflage 1922) auf Nietzsche's Historienschrift gestoßen sein. Dort wird die Geschichte Abrahams in Röm 4,17b–25 unter der Überschrift „Vom Nutzen der Historie“ ausgelegt.[101] Barth plädiert dabei für eine Betrachtung der Geschichte in einem „Oberlicht“, in dem „die Gleichzeitigkeit [...] alles Geschehens“ sichtbar wird und beruft sich dafür auf Nietzsches Plädoyer für einen „überhistorischen Standpunkt“, die den Betrachter davon heilt, „die Historie von nun an noch übermäßig ernst zu nehmen“.[102] Dibelius wird diese Stelle gekannt haben, aber ist nicht direkt von ihr abhängig. Denn das Übergeschichtliche ist für ihn weniger eine historische Betrachtungsweise als die geschichtliche Realität, auf die sich diese Betrachtungsweise bezieht.

Schon als Dibelius 1925 seiner Programmschrift den Titel „Geschichtliche und übergeschichtliche Religion im Christentum“ gab, wählte er Begriffe, die man als Nähe zur Theologie Karl Barths verstehen konnte. Doch erklären sich Berührungen mit dessen Römerbriefkommentar eher dadurch, dass beide von der Historienschrift Nietzsches abhängig sind. Als Dibelius später den Titel seiner Programmschrift zu „Evangelium und Welt“ abwandelte, näherte er sich auf jeden Fall der Dialektischen Theologie, aber nicht, um sich ihr äußerlich anzupassen. Denn 1934 formulierte er in eigenen Worten, was er unter dem „Evangelium“ verstand: Im Evangelium rede Gott „endzeitlich und einmalig, letztmalig und maßgeblich“, die „Geschichte Jesu sei diese endzeitliche Offenbarung“.[103] Hier spricht Dibelius als ein Offenbarungstheologe – nicht aus Anpassung an eine neue theologische Strömung, sondern aus Überzeugung. Jetzt ist sein Thema nicht mehr die „Religion“ des Menschen als ein Stück Welt, das Gott zugewandt ist, sondern das „Evangelium“ als Offenbarung Gottes in diese Welt hinein. Für den späten Dibelius trifft die Polarität „Evangelium und Welt“ zu.

Die beiden Titel „Geschichtliche und übergeschichtliche Religion“ auf der einen, „Evangelium und Welt“ auf der anderen Seite signalisieren m.E. bei Dibelius verschiedene theologische Ansätze. Indem Bringeland beide Titel in der Formel „Religion und Welt“ kombiniert, verdeckt er diese Spannung en wenig. Es ist die Spannung zwischen Kulturprotestantismus und Offenbarungstheologie, die Dibelius nie zum Ausgleich gebracht hat.

Dibelius unterscheidet sich darin von R. Bultmann, der eine Synthese von Kerygmatheologie (als Ansatz „von oben“) und Existenzialtheologie (als Ansatz „von unten“) mithilfe philosophischer Begrifflichkeit zustande gebracht und dabei als Dialektischer Theologe mit der kulturprotestantischen Tradition gebrochen hat. Bultmanns Synthese ist klarer konzipiert als die tastenden Versuche von

---

[101] K. BARTH, Römerbrief (Zweite Fassung) 1922, 191–203. Barth zitiert S. 192 und 200f. in diesem Abschnitte Nietzsche, Vom Nutzen und Nachtheil, 243–334. Dibelius war mit dem Römerbrief von Barth vertraut. In einem Brief vom 17.08.1921 fragt er ihn, ob er für das theologische Seminar ein Exemplar der damals schon ausverkauften 1. Auflage des Römerbriefkommentars haben könne. Vgl. BRINGELAND, Religion und Welt 2, 285 Anm. 1233.

[102] BARTH, Römerbrief, 192. Das Zitat von Nietzsche, Vom Nutzen und Nachtheil, 254.

[103] M. DIBELIUS, Das soziale Motiv im Neuen Testament 1943, 15–17 = Botschaft und Geschichte, 1953, 178–203.

Dibelius. Bultmann setzt sich explizit mit Heidegger auseinander, Dibelius oft nur implizit mit Nietzsche. Dennoch ist Dibelius in einem Punkt überlegen: Bei Bultmann trifft das aus der Transzendenz kommende Kerygma auf die je individuelle Existenz des Menschen und bewirkt dessen „Entweltlichung". Bultmann macht sich in seinen hermeneutischen Schriften wenig Gedanken über die Welt, über Politik und Gesellschaft. Bei Dibelius aber wirkt das Evangelium gerade durch seine Weltdistanz in die Welt hinein. Dibelius macht sich in seiner hermeneutischen Programmschrift daher Gedanken über Arbeiter, Gewerkschaften und Demokratie. Wenn man der Schrift eine doppelte Texttranszendenz zuschreibt mit einer theologischen und einer sozialen Dimension, dann hat die lebensphilosophische Hermeneutik von Dibelius diese doppelte Texttranszendenz klarer erfasst als die existenziale Hermeneutik Bultmanns.

2 Änderungen in der Entwicklung von Martin Dibelius?

Unsere zweite Anfrage an Bringelands Darstellung knüpft an die Spannung zwischen liberaler Kulturtheologie und dialektischer Offenbarungstheologie bei Dibelius an. Bringeland sieht eine große Kontinuität ohne radikale Veränderungen bei ihm. Wir meinen dagegen, dass sich Dibelius von einem kirchendistanzierten Kulturprotestanten zu einem kirchlichen Offenbarungstheologen entwickelt hat. Sein Denken in der Jugend und im Alter stehen in Spannung zueinander, auch wenn kein scharfer Bruch erkennbar ist. Diese Wandlung sei mit drei Veränderungen in seinem Verhältnis zu Jesus, zur Kirche und zur Mystik belegt.

Die theologische Bedeutung *Jesu* wird vom jungen und späten Dibelius diametral entgegengesetzt bewertet. Der junge Dibelius legte in seiner Doktordisputation 1908 – also bei einer Veranstaltung, die für seine weitere Universitätslaufbahn wichtig war – eine extrem liberale These vor: Gotteserkenntnis sei unabhängig von Jesus. Er berief sich dafür auf das Jesuswort der Bergpredigt, sich nicht zu sorgen wie die Vögel unter dem Himmel und die Lilien auf dem Felde. Er verstand dieses Wort im Sinne einer Offenbarung Gottes in der Natur: „Die Einschränkung der christlichen Gotteserkenntnis auf die Gottesoffenbarung in Jesus widerspricht nicht nur dem religiösen Bewusstsein, besonders des modernen Menschen, sondern auch dem Herrnwort Mt 6,26–30".[104] 31 Jahre später veröffentlichte er 1939 eine kurze Jesusdarstellung, in der er die Worte Jesu „als Offenbarung" Gottes bezeichnet[105] und gegen die damaligen christentumsfeindlichen Strömungen betont: „Ob in diesem Geschehen [d.h. im Jesusgeschehen] Gott seinen Willen offenbar gemacht habe – das ist die Entscheidungsfrage im Kampf um das Christentum".[106] Konstatierte Dibelius am Anfang seiner Entwicklung noch eine Offenbarung unabhängig von Jesus, so steht er am Ende der Theologischen Erklärung von Barmen (vom Mai 1934) nahe, die den Glauben und die Offenbarung auf Christus konzentrierte.

Auch sein Verhältnis zur *Kirche* hat sich im Laufe seines Lebens gewandelt. Der junge Dibelius schrieb in einem nur handschriftlich erhaltenen, erst durch Bringeland erschlossenen Manuskript („Gott finden", ca. 1905), dem modernen

---

[104] Zit. bei H. BRINGELAND, Religion und Welt 1, 110.
[105] M. DIBELIUS, Jesus, Berlin 1939 (^{2}1947), 6.
[106] M. DIBELIUS, Jesus, 9f., zit. bei H. BRINGELAND, Religion und Welt 3, 191.

Menschen widerstrebe es, „das Heil auf sich zu beziehen, weil er der Gemeinde angehört", denn „der Mensch von heute will Gott selbst finden, nicht im Rahmen der Christenheit [...], sondern durch eigenes, ihm allein gehöriges Erleben".[107] Dibelius setzte deshalb in seiner Frühzeit seine Hoffnung auf kirchendistanzierte Reform- und Aufbruchsbewegungen: auf Jugendbewegung, Expressionismus und Lebensphilosophie. Er vertrat ein spiritualistisches Kirchenverständnis, nach dem die wahre Kirche unsichtbar ist. Seit der Lausanner Weltkirchenkonferenz (1927) arbeitete er aber in der ökumenischen Bewegung mit und verfasste ein handschriftlich erhaltenes Gutachten (wahrscheinlich aus den 1930er Jahren): „Die Bekenntnisse der Kirchen und das Grundbekenntnis der Kirche".[108] In ihm erklärt er die Bibel zur einzig möglichen Grundlage für ein ökumenisches Christentum. Ende 1945 verfasste Dibelius ein privates Gebet für die Kirche, das deutlich zeigt, wie sehr er sich mit der Kirche identifizierte: „Dank sei dir dargebracht für die große Gabe, die du uns mit ihm [d.h. Jesus] und seinem Evangelium geschenkt hast. Gib, daß unsere Kirche immer kräftiger sage und bezeuge – auch am morgigen Sonntag – was dieses Geschenk für den Menschen bedeutet. [...] Laß mich als rechtes Glied deiner Kirche mein Leben führen in Glauben und Liebe. [...] Deine Kirche, unsere Gemeinde und mein Leben befehle ich in deine Hand".[109]

Eine deutliche Wandlung lässt sich bei Dibelius auch in seiner Einschätzung der *Mystik* feststellen. Der junge Dibelius konnte sich 1909 in Berlin nicht mit einer Schrift über Johannes den Täufer habilitieren, obwohl wir heute in ihr eine bahnbrechende Arbeit sehen. Anstatt dieser im Vorfeld abgelehnten Arbeit schrieb er sehr schnell eine neue Habilitationsschrift: „Das Selbstzeugnis des Paulus von seiner Bekehrung". Dessen Damaskuserlebnis ist für Dibelius der Ursprung seiner Christusmystik. Dass Gott nach Gal 1,16 seinen Sohn „in mir" offenbart hat, deutet er so, dass im Inneren des Paulus Christus lebendig wurde.[110] Er träumte gleichzeitig von einer Andachtsform, die weitgehend symbolisch ist und ohne Predigt auskommt. Ein wortloses mystisches Erleben ist für ihn der Kern des christlichen Glaubens. 1941 aber veröffentlichte er die kleine Schrift „Paulus und die Mystik",[111] in der er zeigt: Die Mystik des Paulus unterscheidet sich von anderen Formen der Mystik. Es ist eine Christusmystik, keine Gottesmystik. Sie beruht auf einer Verschmelzung des menschlichen Willens mit Christus, nicht auf einer Verschmelzung menschlichen Seins mit Gott oder auf einer Schau Gottes. Sie weiß um die Distanz zwischen Gott und Mensch. Unverkennbar ist, wie Dibelius sich hier von einer Mystik distanziert, die unter den Deutschen Christen verbreitet war. Die mystische Einheit mit Gott war für sie eine Überwindung der jüdischen Religion, in der die Distanz von Gott und Mensch betont wurde. Meister Eckhart galt ihnen als urdeutscher Theologe.

---

[107] H. BRINGELAND, Religion und Welt 1, 107.

[108] H. BRINGELAND, Religion und Welt 3, 24 Anm.76.

[109] H. BRINGELAND, Religion und Welt 3, 152.

[110] H. BRINGELAND, Religion und Welt 1, 171. Dibelius steht mit seiner Wertschätzung der Christusmystik Adolf Deißmann nahe, mit dessen Unterstützung er sich doch noch habilitieren konnte.

[111] M. DIBELIUS, Paulus und die Mystik, 1941 = Dibelius, Botschaft und Geschichte 1956.

Dibelius hat sich diesen persönlichen Wandel von einem kirchendistanzierten Kulturprotestanten zu einem kirchlichen Offenbarungstheologen nie eingestanden. Bringeland hat ihn registriert, aber unterschätzt ihn vielleicht ein wenig. Richtig ist, es gibt bei Dibelius keine datierbare Bekehrung oder „Kehre". Aber wenn man Anfang und Ende seiner theologischen Entwicklung betrachtet, liegt dazwischen eine Wendung um 180°, mag sie auch in kleinen Schritten erfolgt sein. Da sich diese Wendung in der Ersetzung von „Religion" (1925) durch „Evangelium" (1929) andeutet, liegt die Hypothese nahe, dass sie zwischen 1925 bis 1929 vor sich ging. Was hat sich in diesem Zeitraum ereignet?

Erstens ist hier seine Vorlesung 1926 über die religiöse Lage des deutschen Protestantismus zu nennen, in der er die neue Dialektische Theologie positiv würdigte.[112] Sie schlug sich nieder in seiner Rektoratsrede von 1927 (veröffentlicht 1928), in der er den „Kampf [...] gegen den Kulturprotestantismus" für legitim erklärte.[113] Hiermit sprach er sich bei einer feierlichen akademischen Gelegenheit explizit gegen die liberale Theologie aus! Auch weitere Äußerungen (z.B. in: „Mensch und Gott", 1926)[114] zeigen seine Annäherung an die Dialektische Theologie.

Zweitens erschien zwischen 1925 und 1929 die kritische Rezension seiner Programmschrift „Geschichtliche und übergeschichtliche Religion im Christentum" durch Bultmann in der Zeitschrift der Dialektischen Theologie „Zwischen den Zeiten" (1926).[115] Diese Rezension war sehr scharf und wird dieser gehaltvollen Schrift nicht gerecht. Aber sie wird Dibelius beeindruckt haben. Möglicherweise hat ihn diese Kritik dazu bewegt, sich der Hochschätzung des Wort Gottes in der Dialektischen Theologie anzunähern.

Drittens erhielt Dibelius 1928 einen Ruf nach Bonn, wo Karl Barth lehrte, und setzte sich gleichzeitig für eine Berufung von Karl Barth nach Heidelberg auf die Stelle des 1928 verstorbenen Systematikers Willy Lütge ein.[116] Sowohl in Bonn wie in Heidelberg hätte Dibelius neben Karl Barth gelehrt. Zeigt sich darin vielleicht eine Annäherung an die Dialektische Theologie?

Viertens nahm Dibelius 1927 in Lausanne zum ersten Mal an einer ökumenischen Konferenz teil. Er schrieb in diesem Zusammenhang einen Aufsatz mit dem Titel „Das geistliche Amt in der Kirche" (erschienen 1929).[117] Er gewann immer mehr Verständnis für die objektiven und normativen Grundlagen der Kirche.

Fünftens: Gleichzeitig erkannte er in dieser Zeit immer deutlicher, dass die kirchenferne neue Religiosität oft im Abseits endet – in Aberglaube und völkischen Strömungen mit antichristlichem Akzent. Ihm wurde klar: Seine Hoffnung,

---

[112] H. BRINGELAND, Religion und Welt 2, 281.
[113] M. DIBELIUS, Urchristentum und Kultur, Rektoratsrede (22.11.1927), 17.
[114] M. DIBELIUS, Mensch und Gott, 1926, 16–23.
[115] R. BULTMANN, Geschichtliche und übergeschichtliche Religion im Christentum?, 1926 = Glauben und Verstehen 1933. Bultmann ordnet die Unterscheidung von Geschichtlichem und Übergeschichtlichem am Anfang in die „Tradition des Rationalismus" ein (S. 65), sieht aber insgesamt in dem Buch das „zu einem romantischen Pantheismus umgedeutete Christentum" (S.83).
[116] H. BRINGELAND, Religion und Welt 2, 12.
[117] M. DIBELIUS, Das geistliche Amt in der Kirche 1929.

diese Strömungen würden zu einer Erneuerung des christlichen Glaubens beitragen, hatte getrogen.

Ich nehme daher an, dass sich das Denken von Dibelius schon in der Weimarer Republik tiefgreifend geändert hatte – wahrscheinlich beschleunigt während seiner Rektoratszeit (1927/1928 und 1929). Auch Bringeland sieht bei Dibelius eine Entwicklung, datiert sie aber in eine etwas spätere Zeit: „Erst ab etwa 1930 näherte sich Dibelius wesentlich der Dialektischen Theologie an, unter dem Eindruck sowohl der Defizite der Jugendbewegung und sonstiger irrationalistischer Kreise als auch der Omina der nationalsozialistischen Bewegung und ihrer deutsch-christlichen, völkisch-gläubigen und antichristlichen Seitenstücke".[118] Es scheint sich hier zwar nur um eine geringe chronologische Verschiebung dieser Entwicklung bei Dibelius zu handeln, aber sie bedeutet im damaligen historischen Kontext sehr viel. Die Rektoratszeit von Dibelius fiel nämlich in die „Silberstreifenzeit" der Weimarer Republik, als die Hoffnung aufkam, die Republik könne sich trotz aller Schwierigkeiten stabilisieren. Die Wende im Denken von Dibelius wäre dann kein Ausdruck von Resignation angesichts der selbstzerstörerischen Kräfte der Weimarer Republik, sondern geschah in der Zeit einer vorübergehenden Konsolidierung der Republik.

3 Ungelöste Spannungen im Leben und Werk von Martin Dibelius

Bringeland hat Leben und Werk von Dibelius auf die Formel „Religion und Welt" gebracht. Meine dritte Frage ist: Verdeckt diese Formel nicht, dass diese Spannung sehr verschiedenen Charakter hatte – je nach dem politischen System, in dem Dibelius lebte? Es waren andere Spannungen im Kaiserreich, in der Weimarer Republik und in der NS-Zeit. Diese Spannungen gingen durch ihn selbst hindurch. Die von Bringeland zutreffend herausgearbeitete Spannung zwischen seiner Predigttheorie und seiner Predigtpraxis ist nur ein Symptom dafür.

Für die Zeit vor 1914 weist Bringeland die Nähe von Dibelius zur Alternativkultur des Kaiserreichs nach: Er war als Anhänger Friedrich Naumanns[119] ein liberaler Demokrat, begrüßte die Jugendbewegung, setzte Hoffnungen in eine kirchendistanzierte und freischwebende Religiosität, bewunderte Expressionismus und Lebensphilosophie. Dabei entwickelte er theologisch radikale Gedanken: Für ihn war damals eine Emanzipation des Christentums vom historischen Jesus denkbar, dessen Existenz in jener Zeit bestritten wurde. Seiner familiären Herkunft nach gehörte Dibelius jedoch zur Oberschicht: Sein Vater war der letzte Oberhofprediger in Sachsen, der Leiter der sächsischen Kirche und Repräsentant einer untergehenden offiziellen Kultur. Auch wenn Dibelius äußerlich gesehen eine normale Universitätskarriere hatte[120] und sein Lebenslauf ohne Brüche ist –

---

[118] H. BRINGELAND, Religion und Welt 3, 220.

[119] Friedrich Naumann (1860–1919) war evangelischer Theologe, vertrat als Politiker einen sozialen Liberalismus, war der erste Vorsitzende der 1918 gegründeten Partei „Deutsche Demokratische Partei" (DDP), eine Vorläuferpartei der Freien Demokraten (FDP), die nach ihm ihre Stiftung „Friedrich-Naumann Stiftung" genannt hat.

[120] Dibelius hatte Schwierigkeiten bei seiner Habilitation in Berlin zu überwinden. Bernhard Weiß lehnte seine eingereichte Habilitationsschrift ab. Oft war solch eine abgelehnte Habilitationsschrift das Ende einer Universitätskarriere. Dass Dibelius eine zweite Habilitationsschrift einreichen

in sich musste er starke Spannungen verarbeiten. Als Sohn der offiziellen Kultur sympathisierte er mit einer Alternativkultur, die in Widerspruch zur offiziellen Kultur stand.

Dies erklärt seine Haltung nach 1919: Dibelius konnte den Zusammenbruch der alten Ordnung als Herausforderung für eine Weltgestaltung aus christlichen Motiven begreifen. Die Alternativkultur der Kaiserzeit wurde in der Weimarer Republik zur Leitkultur, ebenso wie die von Bismarck bekämpften und verfolgten Oppositionsparteien, das Zentrum und die Sozialdemokraten, zu Trägern der Republik wurden. Dibelius hat die Weimarer Republik positiv begrüßt:[121] Er konnte hoffen, mit seiner Alternativkultur in ihr eine Heimat zu finden und anerkannt zu werden. Wichtig war dabei auch, dass Dibelius keine national gefärbte Geschichtstheologie vertrat, für die die deutsche Niederlage und der Friedensvertrag von Versailles 1919 eine Kränkung war. Er war weit weniger nationalistisch als der von ihm bewunderte Friedrich Naumann.[122] In der Weimarer Republik blieb er deshalb oft isoliert. Dies zeigt der Fall des G. Dehn, für den er sich als einziger in der Fakultät 1930 einsetzte. Dehn hatte sich öffentlich für Völkerversöhnung und gegen die Verklärung des Krieges eingesetzt.[123] Proteste nationalistischer Studenten führten dazu, dass der Senat seine Berufung an die theologische Fakultät Heidelberg widerrief. Die wenigsten Universitätsprofessoren und Pastoren waren wie Dibelius überzeugte Anhänger der Weimarer Republik. Auch theologisch ist Dibelius in dieser Zeit hin- und hergerissen zwischen seiner liberalen Prägung und der neuen dialektischen Theologie. Aus seiner liberalen Einstellung stammt eine Offenheit für eine religiöse Erfahrung mit mystischer Färbung. Sie entzieht sich den Worten. Dadurch kann er eine große Sensibilität für Transzendenz entwickeln: Gott ist für ihn das „Ganz-Andere“, entsprechend der Gottesvorstellung der Dialektischen Theologie. Christlicher Glaube bedeutet für ihn keine neue Moral, sondern ein neues Sein. Seine Programmschrift zeigt jedoch, dass sein Versuch scheiterte, vom Boden einer liberalen Theologie aus die berechtigten Elemente der Dialektischen Theologie aufzugreifen. Dieses Scheitern wurde ihm durch die kritische Rezension seines Werkes durch Bultmann bescheinigt, der darin die Sprachlosigkeit der religiösen Erfahrung, also das Fehlen einer Wort-Gottes-Theologie, aber auch den Enthusiasmus eines neuen Seins vor jedem moralischen Sollen kritisierte.

Der Grund für diese scharfe Kritik lag darin, dass Bultmann kein Verständnis für die Synthese zwischen einer Freiheits- und einer Protestreligion hatte, die Dibelius im Neuen Testament gefunden hatte und die sich ohne Kenntnis von F. Nietzsche kaum verstehen lässt. Diese Synthese zeigte sich für Dibelius in der

---

konnte, war nicht selbstverständlich. Er erhielt die *venia legendi* am 10. Februar 1910. Vgl. H. BRINGELAND, Religion und Welt 1, 58–66.

[121] M. DIBELIUS, Warum bekenne ich mich zur Demokratie? 1920.

[122] F. Naumann plädierte z.B. in einem 1915 erschienen Buch „Mitteleuropa“ für einen „liberalen Imperialismus“ Deutschlands.

[123] G. Dehn hatte einen Ruf nach Heidelberg als Praktischer Theologe, wurde aber von nationalistischen Studierenden vehement abgelehnt, weil er sich in ihren Augen pazifistisch geäußert hatte. Ihr Protest führte zur Rücknahme des Rufs. Dibelius war der einzige in der Theologischen Fakultät, der in diesem Fall anders abstimmte. Dies ist ein Zeichen dafür, dass er weder mit den Konservativen noch den Liberalen in der Fakultät vernetzt war. Zu G. Dehn vgl. J.F.G. GOETERS, Art. Günther Dehn, 1981.

Vereinigung sozial verschiedener Strömungen im Urchristentum. Jesu Botschaft verkörperte für ihn in Verbindung mit Paulus und Johannes eine Religion der Freiheit für Führergestalten. Im Jakobusbrief sah er dagegen die Protestreligion eines Konventikels kleiner Leute, die von Ressentiment gegenüber den Reichen geprägt war. Charakteristisch für die Freiheitsreligion der sozial Starken sei die Kritik der Moral; sie verkündige ein Sein, kein Sollen. Charakteristisch für die Protestreligion kleiner Leute sei dagegen die Kritik an Reichen und Herrschenden mithilfe der Moral. Beide Religionstypen gehörten für Dibelius zusammen; erst durch ihre Vereinigung habe das Christentum seine geschichtliche Durchschlagskraft erhalten. Die Unterscheidung der beiden Religionstypen folgt Nietzsche, für den freilich das ganze Urchristentum ein „Sklavenaufstand in der Moral" war, was Dibelius nur für den Jakobusbrief gelten ließ.[124]

Worin besteht für Dibelius die Religion für freie Geister, wie sie Jesus vertrat? Nach ihm hatte Jesus keine innerweltlichen Ziele, vielmehr wirkte sich in ihm „ein Strom Leben aus, seiner selbst gewiß, keiner Zielsetzung bedürftig".[125] Entscheidend für Jesus sei die Nähe des Reiches Gottes gewesen. Dessen Naherwartung war ein Irrtum im Rahmen eines überwundenen Weltbildes,[126] aber Ausdruck einer zeitlosen Wahrheit. Charakteristisch für Jesus sei im Unterschied zu den apokalyptischen Traditionen des Judentums „die aktuelle Zuspitzung" der Enderwartung gewesen, dazu eine durch die Naheschatologie bewirkte „*Erhebung ins Unbedingte*": „Im Rahmen des Endglaubens erscheint auch das Zeitgebundenste in der Atmosphäre des Ewigen und das Weltläufigste auf dem Hintergrund einer großen Weltferne".[127] Immer wieder betonte Dibelius diesen Gedanken, dass „der Endglaube dem Evangelium die *Erhebung ins Unbedingte* verleiht".[128] Nur „wer die Probleme des Weltbildes für die wahren Wertfragen der Menschheit hält, kann den Endglauben Jesu für erledigt halten, weil seine Erwartung nicht eintraf. Im Endglauben gipfelte sich die Zeit in die Ewigkeit hinaus, das Evangelium verlor die geschichtliche Bedingtheit. Der Endglaube, selber zeitgeschichtlich bedingt, ist doch das geschichtliche Gewand des Übergeschichtlichen".[129] Dibelius denkt hier in der Tradition von Nietzsches Historienschrift, in der die „aeternisierende" Macht der Religion als Gegengift zum Historismus beschworen wird.[130]

Diese Nähe zu Nietzsche hat Dibelius sensibel gemacht für seine moralkritische Deutung der Verkündigung Jesu:

„Das Ende der Welt und das kommende Reich vor Augen gebietet er, nicht um etwas in der Welt hervorzubringen, sondern um in den Hörern die Haltung zu schaffen, aus der das Gebotene hervorgehen kann. Diese Haltung aber ist überzeitlich und hängt nicht mehr

---

[124] Dabei muss man im Auge haben, dass das Bild Jesu bei Nietzsche in sich widersprüchlich ist und die beiden Seiten umfasst, die Dibelius im Urchristentum verwirklicht sah. Dies hat M. Dibelius in einer späteren Schrift herausgearbeitet. Wir kommen darauf zurück.

[125] M. DIBELIUS, Geschichtliche und übergeschichtliche Religion, 37. Solche Gedanken vertrat er schon in: „Neue Jugend", in: Die Brücke I, 01.11.1920. Vgl. BRINGELAND, Religion, 114.

[126] M. DIBELIUS, Geschichtliche und übergeschichtliche Religion, 40f.

[127] M. DIBELIUS, Geschichtliche und übergeschichtliche Religion, 41. Hervorhebung bei Dibelius.

[128] M. DIBELIUS, Geschichtliche und übergeschichtliche Religion, 44. Hervorhebung bei Dibelius.

[129] M. DIBELIUS, Geschichtliche und übergeschichtliche Religion, 46.

[130] F. NIETZSCHE, Vom Nutzen und Nachtheil 1, 330.

mit den Bedingtheiten der Welt zusammen. [...] Nicht Ethik, sondern Ethos, nicht Handeln in der Welt, sondern Sein im Angesicht der kommenden Welt ist die Forderung Jesu".[131]

Bei dieser moralkritischen Deutung der Verkündigung Jesu war Dibelius von zwei Autoren beeinflusst, die sich auf Nietzsche beriefen. Hans Hartmann hatte in seinem Buch, „Jesus, das Dämonische und die Ethik" (1920)[132] Nietzsches Begriff des „Dionysischen" durch den biblisch leichter vermittelbaren Begriff des „Dämonischen" ersetzt. Hartmann folgte dabei Johannes Müller (1864–1949),[133] der in Schloss Elmau ein modernes, freischwebendes Christentum vertrat, in dem Nietzsche und Christus verbunden wurden. Dibelius bezeugt, dass er von dessen Deutung der Bergpredigt im Geiste Nietzsches beeinflusst war.[134]

Gerade deshalb ist es aufschlussreich, dass Dibelius schon zuvor in seinem Kommentar zum Jakobusbrief (1921) in ganz anderer Weise auf Nietzsche zurückgegriffen hatte. In ihm hatte er die Armenfrömmigkeit des Jakobusbriefs, nach der Gott die Armen erwählt und die Reichen verwirft, als Ausdruck von Ressentiment gedeutet:

„Nietzsche, von dessen durch persönliche Gegnerschaft und ererbte Christlichkeit geschärftem Spürsinn für das Echtchristliche man bei solchen Wesensbestimmungen immer wieder lernen kann, würde hier den bezeichnendsten Zug dessen finden, was er als Christentum schildert und bekämpft: des Ressentiments der Massen, des Aufstands der Schlechtweggekommenen, des im Judentum begonnenen, im Christentum vollendeten Sklavenaufstands in der Moral. Sein Kennzeichen ist es, daß alle Wertschätzungen durch Entweltlichung auf den Kopf gestellt werden."[135]

Dibelius stimmte dieser Deutung der Armenfrömmigkeit zu, aber bewertete sie anders als Nietzsche. Einerseits betonte er, dass sie nicht repräsentativ für das ganze Urchristentum sei, sondern nur für einen Teil in ihm. Andererseits lehnte er die elitäre Verachtung der kleinen Leute und ihrer Moral ab. Als Anhänger F.

---

[131] M. DIBELIUS, Geschichtliche und übergeschichtliche Religion, 57f. Dieser Gedanke begegnet immer wieder: „Angesichts der kosmischen Entscheidung fragt man nicht: was ist not für Welt, Volk und Gesellschaft, damit dieser oder jener Zweck erreicht werde? Es ist im wahrsten Sinne des Wortes nur ‚eines not': zu wissen, wie ich sein soll (nicht: was ich geleistet haben soll), wenn die Ewigkeit hereinbricht. Die Gebote für das menschliche Verhalten – in der alten Welt nicht mehr durchzuführen, in der neuen Welt unnötig – umschreiben nur eine menschliche Haltung; was aussah wie zweckbedingte Ethik, ist unbedingtes Ethos – ein neues Sein im Angesicht des Reiches, in der von allen Bedingtheiten freien Atmosphäre der Ewigkeit, in der Nähe des in die Welt hereintretenden Gottes" (ebd. 45).

[132] H. BRINGELAND, Religion und Welt 2, 117–119; 122–124. Dibelius hat in: Neue Jugend, die Brücke I, 1.11.1920, 13f., auf H. Hartmann als typischen Vertreter der Jugendbewegung hingewiesen. Vgl. H. BRINGELAND, Religion und Welt 2, 118 Anm. 546.

[133] Dibelius hatte enge Kontakte zum Kreis um Johannes Müller (1864–1949), der zunächst in Mainberg, später in Elmau einen freien Protestantismus kultivierte, von dem sich Martin Dibelius angezogen fühlte. J. Müller wurde nach 1933 ein glühender Anhänger Hitlers. Dibelius dagegen war ein Gegner des Nationalsozialismus. Zu J. Müller vgl. H. HAURY, Art. Müller, Johannes, 1571.

[134] J. MÜLLER, Die Bergpredigt verdeutscht und vergegenwärtigt, 1906 ([8]1929). Vgl. zu dessen Einfluss auf Dibelius BRINGELAND, Religion, 307–311. Dibelius bekennt sich ausdrücklich zum Einfluss von J. Müller in: M. DIBELIUS, Jesus in Contemporary German Theology, 1931, 203, und in: The Contribution of Germany to New Testament Science, 1931, 40. Dazu H. BRINGELAND, Religion und Welt 2, 307f. Anm. 1334.

[135] M. DIBELIUS, Brief des Jakobus, 1921 ([11]1964), 72.

Naumanns und überzeugter Demokrat setzte er sich für einen Ausgleich zwischen den Klassen ein und betonte die Notwendigkeit, Arbeitern das Bewusstsein ihres Selbstwertes geben.[136] Daher konnte er auch die Aufwertung der Armen zu Erwählten im Christentum positiv beurteilen. Er war überzeugt, dass das Christentum niemals zur Weltreligion aufgestiegen wäre, wenn es nicht das Ethos der kleinen Leute integriert hätte. Nach Dibelius hat das Christentum daher also genau das vereint, was für Nietzsche ein unüberwindbarer Gegensatz war: ein Ethos des Seins für wenige Führergestalten und eine Ethik der Gebote für kleine Leute, die der Führung bedürfen. Das Christentum war für ihn die Synthese einer Religion der Freiheit für eine Elite und einer Religion der Moral für die Masse:

> „Die Höhen des Paulus-Glaubens sind dem Jak fremd; er sieht nur die Gefahren, die toter Glaube dem Alltagsleben der Christen, seiner ‚Kleine Leute'-Christen, bringen kann. Gegen diese Gefahren wendet er sich. Und darin hat er recht [...]". Denn „zu einer Weltreligion gehört es auch, daß sie der Menschheit große Führer schenkt, die weitgesteckte Ziele in neuen und der Masse fremdartigen Worten zu künden wissen."[137]

Paulus und Johannes verkörpern also den freien Geist, der sie zu Führern und Leitern bestimmt.

> „Allein so wenig man Jak mit diesen Führern vergleichen darf, so gewiß gehören die Worte des einen wie der anderen unter die klassischen Dokumente des Christentums. Denn in diesem Nebeneinander ist Höhentendenz wie Breitenausdehnung des Christentums symbolisiert, und im Zusammensein beider Strebungen liegt die geheimnisvolle Kraft des Christentums als weltüberwindender Religion beschlossen."[138]

Die „Synthese", die Dibelius sucht, will die Polarität von Weltdistanz und Weltlichkeit in einer sozial integrativen Religionsgemeinschaft zusammenführen, die verschiedene Schichten umfasst.[139] Bei Nietzsche stellte dies einen unüberbrückbaren Gegensatz dar: auf der einen Seite das Ethos der freien und vornehmen Geister, auf der anderen Seite die aus Ressentiment geborene Kleine-Leute-Moral. Nach Dibelius waren beide sozialen und moralischen Lebensformen im Urchristentum in einer fruchtbaren Synthese verbunden.

Jedoch hat er diese Synthese mit widersprüchlichen Aussagen belastet. Die Moral der kleinen Leute, wie sie ihm im Jakobusbrief erscheint, charakterisiert er

---

[136] Als Beispiel sei zitiert M. DIBELIUS, Geschichtliche und übergeschichtliche Religion, 168: „Neben einer sozialen Gesetzgebung, die unter diesem Gesichtspunkt als Selbstverständlichkeit erscheint, ist es noch ein Mittel, das im Kampfe gegen die Entseelung starke Wirkungsmöglichkeit besitzt: die Ausbildung eines Wertbewusstseins beim Arbeiter. In diesem Sinne scheinen mir, im Gegensatz zu anderen, alle Selbständigkeitsbestrebungen der Arbeiterklasse einschließlich der Lohnkämpfe und organisierten Arbeitseinstellungen, wichtig".

[137] M. DIBELIUS, Brief des Jakobus, 73.

[138] M. DIBELIUS, Brief des Jakobus, 73.

[139] M. DIBELIUS, Geschichtliche und übergeschichtliche Religion, 110: Hier vertreten die kleinen Leute die Weltfremdheit, die Führer der Gemeinden wirken dagegen in die Welt hinein.

auf der einen Seite als Konventikel-Ethik[140], die im Neuen Testament eine Ausnahme sei, auf der anderen Seite aber sollte gerade diese Mentalität die Massen bestimmen.[141] Umgekehrt behält er die Freiheit wenigen „Führern" im Christentum vor, erkennt aber deren Mentalität in den meisten Schriften des Neuen Testaments. Seine Argumentation wurde dabei stark durch seinen lebensphilosophischen Zugang beeinflusst: Nietzsches antiegalitäre Philosophie schrieb nur einer Aristokratie freier Geister das wahre lebenssteigernde Ethos zu, verachtete aber das Ressentiment der unterprivilegierten unteren Gesellschaftsschichten. Dibelius teilt diesen dichotomischen Blick, jedoch stimmte er Nietzsches Verachtung der kleinen Leute nicht zu. Wenn er in widersprüchlicher Weise das moralische Christentum gleichzeitig kleinen Konventikeln und den Massen zuordnet, übernimmt er die Sicht einer protestantischen Oberschicht, für die die pietistischen Konventikel Ausdruck einer breiten Volksfrömmigkeit waren. Hinzu kommt, dass er bei seiner Bestimmung der Religion der Freien allzu schnell Nietzsches „Antimoralismus" übernommen hat, der in moralischen Geboten Gift für das Leben sah. Denn Dibelius betont in seinen programmatischen Schriften, dass Jesus und Paulus ein Ethos des Seins und keine Ethik der Gebote vertreten. Dagegen muss man festhalten: Die Bergpredigt und Paulus formulieren konkrete Gebote. Sie verkündigen nicht nur ein vormoralisches neues Sein.

Wenn man Dibelius an seinem eigenen Ziel misst, das Christentum als eine große Synthese darzustellen, muss man feststellen, dass er als systematischer Theologe an Unklarheiten und Widersprüchen seines Denkens gescheitert ist. Er war ein gespaltener Mensch. Die Spaltung der Gesellschaft in Oberschicht und Unterschicht spiegelt sich in der Weimarer Republik auch in seiner Theologie wider.

In der NS-Zeit war Dibelius wiederum in anderer Weise gespalten: Politisch war er als Mitglied der Deutschen Demokratischen Partei *persona non grata*, kirchenpolitisch stand er der Bekennenden Kirche nahe. Ihm war jedoch bewusst, dass deren Antimodernismus ohne Zukunft war. Er sympathisierte nach wie vor mit der Theologie liberaler Theologen, wie der seines früheren Heidelberger Kollegen, des Göttinger Systematikers Georg Wobbermin, obwohl der sich seit 1933 zum Nationalsozialismus bekannte. Dibelius war also weder in der Bekennenden Kirche ganz zu Hause noch bei liberalen Theologen außerhalb der Bekenntnisbewegung. Politisch war er ohnehin als Demokrat isoliert. Daher ist es bezeichnend, dass er in der Kriegszeit einen Aufsatz schrieb, den man auf seine politische Situation hin ausdeuten darf und der die Widersprüche der von ihm konzipierten Synthese sehr klar zum Ausdruck bringt.

---

[140] M. DIBELIUS, Brief des Jakobus, 71: „Diese konventikelhafte Selbstbeschränkung (sc. die alle Aktivität auf das eigene und des Bruders Dasein beschränkt) unterscheidet sich nicht zu ihrem Vorteil von der inneren Freiheit, mit der Jesus Buße wie Vergebung gepredigt hat, und von dem Missionseifer des Paulus oder den universalen Tendenzen des Frühkatholizismus".

[141] Mit Recht macht O. WISCHMEYER, Jakobusbrief, 451, auf diesen Widerspruch aufmerksam: „Den logischen Gegensatz zwischen Konventikelethik für die ‚Binnengruppe' und ‚Massen' bemerkt Dibelius eigenartigerweise nicht". Der Widerspruch ließe sich theoretisch so lösen, dass man den Entstehungskontext dieser Ethik in kleinen Konventikeln sucht, ihre Wirkungsgeschichte dagegen in ihrer Rezeption bei den „Massen". Aber es gibt auch eine andere Lösung (s.o.).

Dieser Aufsatz setzt sich direkt mit Nietzsches Jesusbild auseinander.[142] Ursprünglich war er als ein Beitrag zu einem Sammelband zum 60. Geburtstag von Karl Jaspers bestimmt, der aber nicht erscheinen konnte. Karl Jaspers war aus dem Universitätsdienst entlassen worden, weil er mit einer jüdischen Frau verheiratet war, und hat nur wie durch ein Wunder zusammen mit seiner Frau die NS-Zeit überlebt. Ihre Deportation war für den 14. April 1945 vorgesehen. Jaspers und seine Frau hatten für diesen Fall ihren gemeinsamen Suizid vorbereitet. Doch die Amerikaner befreiten Heidelberg am 31. März 1945 und bewahrten so das Ehepaar vor dem Tod. Da Nietzsche von den Nationalsozialisten immer wieder für ihre Ziele vereinnahmt wurde, konnte man aber über ihn in dieser Zeit offen schreiben – wie Jaspers, der damals sein großes Nietzsche-Buch schrieb.[143]

Dibelius arbeitet in diesem Aufsatz drei sich widersprechende Jesusbilder bei Nietzsche heraus: erstens das Bild des wirklichkeitsfremden „heiligen Idioten", den Nietzsche respektiert, zweitens das Bild des Moralkritikers, dem sich Nietzsche verbunden fühlt, und drittens das Bild des Führers in einem Sklavenaufstandes in der Moral, den Nietzsche verachtet.[144] Die Widersprüche in diesem Jesusbild Nietzsches entsprechen den Widersprüchen, die unerkannt das Bild kennzeichnen, das Dibelius vom Urchristentum zeichnete – nur dass Dibelius sie bei Jesus als Widersprüche erkennt und benennt. Außerdem konnte er im Spiegel dieses Jesusbildes seine persönliche Situation deuten: In Nietzsches Augen war Jesus vor allem ein weltfremder „Idiot", der sich nicht wehrte, sondern „staatsfremd, kulturfremd, gesellschaftsfremd" lebte.[145] Auch Dibelius konnte damals keinen Widerstand leisten, sondern musste staats- und gesellschaftsfremd leben und damit rechnen, dass ihn seine nationalsozialistische Umwelt als „weltfremden Idioten" verachtete. Darin wusste er sich diesem Jesus verbunden. Gerade deshalb war es ihm wichtig, dass Jesus auch bei Nietzsche nicht nur ein „weltfremder Idiot" war, sondern auch andere Seiten hatte: Jesus vertrat gleichzeitig eine *Kritik an der Moral* der Mehrheit wie eine *moralische Kritik an den Herrschenden*. Dieser Jesus verkörperte eben jene widersprüchliche Synthese, die Dibelius im ganzen Christentum suchte: Das Christentum basiert auf einem „weltfremden" Evangelium, das von außen in diese Welt hineinwirkt. Es entspricht

---

142 M. DIBELIUS, Der ‚psychologische Typus des Erlösers' bei Friedrich Nietzsche, 1944. Dazu BRINGELAND, Religion Bd. 3, 179–185. In diesem Zusammenhang ist auch der 1942 erschienenen Aufsatz interessant: M. DIBELIUS, Rom und die Christen im ersten Jahrhundert, 1942 = Botschaft und Geschichte, 1956, 177–228. In ihm relativiert Dibelius in der Staatsparänese des Römerbriefs die Aussage: „Alle staatliche Autorität stammt von Gott" (Röm 13,1) durch die unmittelbar folgende Feststellung: „Wenigstens die (jetzt noch) bestehenden Autoritäten sind von Gott angeordnet". Denn im folgenden Kapitel beschwöre Paulus die Naherwartung: Die Nacht ist vorgedrungen, der Tag ist nicht mehr fern. Bald werde das Erscheinen des Kyrios allen weltlichen Autoritäten ein Ende setzen. Man glaubt beim Lesen die Sehnsucht zu spüren, dass die damals bestehende Gewaltherrschaft bald ein Ende finden möge.

143 K. JASPERS, Nietzsche, 1936.

144 Zum Jesusbild Nietzsches im Antichristen, das sich im Laufe des Schreibens von einem Realitätsflüchtling aus Berührungsangst Welt zu einer Inkarnation von Lebensbejahung wandelt; vgl. H. DETERING, Der Antichrist und der Gekreuzigte, 2012, 41–61.

145 S. Geiser hat diesen Aufsatz von Dibelius als indirekte Aufforderung zum Widerstand in der NS-Zeit gedeutet und auf den Nenner gebracht: „Nur ‚Idioten' leisten keinen Widerstand". S. GEISER, Verantwortung und Schuld. Studien zu Martin Dibelius, Hamburg 2001, 218ff.

dem weltfremden „heiligen Idioten“ Jesus. Es bewirkt in dieser Welt die Entstehung von Gemeinden, in denen Paulus ein Ethos der Moralkritik für freie Geister vertrat, aber der Autor des Jakobusbriefs eine moralisierende Kleine-Leute-Moral. Jesus vereint beides. Er ist auf der einen Seite ein Kritiker der Moral, auf der anderen Seite ein Kritiker der Reichen. Eben diese Kombination hatte Dibelius als Grundlage für den geschichtlichen Erfolg des Christentums erkannt. In diesem Aufsatz sieht er ihn schon bei Jesus angelegt, indem er Nietzsches Sichtweise von der Person Jesus zugrunde legt. Zugleich konnte er sich persönlich mit solch einem widersprüchlichen Jesus identifizieren: Der „heilige Idiot“ Jesus war nicht nur weltfremd, sondern hatte noch andere Seiten, die zur Aktivität inspirierten: ein aristokratisches Ethos innerer Freiheit und eine Solidarisierung mit den kleinen Leuten. Nach dem Ende des Krieges engagierte sich Dibelius nach einer langen Zeit erzwungener „Weltfremdheit“ in der Tat beim Neuanfang der Universität Heidelberg.[146]

Von seiner Person her war Dibelius auf Ausgleich, Synthese und Vermittlung ausgerichtet, aber er brachte es weder in seiner Theologie zur überzeugenden Darstellung einer großen Synthese noch in seinem Leben zur Versöhnung der Spannungen.

Daher darf man an die ausgezeichnete Darstellung von Bringeland die Frage stellen, ob hier in einem erfolgreichen deutschen Professorenleben eine menschlich ergreifende Problematik übersehen wurde. Warum hatte ich nach der Lektüre des Buches den Eindruck, dass Dibelius' Leben und Werk ein „erfolgreiches Scheitern“ darstellt? Vielleicht weil dieses Buch Dibelius sehr viel mehr zu einem systematischen Theologen machte, als er selbst es war. Misst man ihn an den Zielen einer systematischen Theologie, bleibt Dibelius widersprüchlich. Aber Dibelius war kein systematischer Theologe.

[146] Die von Dibelius durch F. Nietzsche könnte auch durch ihren gemeinsamen Hintergrund im Luthertum begründet sein. Die scharfe Kritik der Gewissensreligion und der Lähmung durch Moral entspricht der lutherischen Kritik am Gesetz. Gesetz und Moral haben zwei Funktionen: Die erste Funktion ist der *usus legis politicus*. Es dient dazu, dass Menschen zusammenleben können und Übertretungen geahndet werden. Die zweite Funktion ist der *usus legis theologicus seu spiritualis*. Es dient dazu, dem Menschen seine Unvollkommenheit vor Augen zu führen. In dieser Funktion ist das Gesetz eine tötende Macht, von der allein der Glaube an die Gnade Gottes erlöst. Nietzsche kannte nur diese tötende Macht des Gesetzes. Da er den Glauben an die erlösende Gnade Gottes verneint, sieht er die destruktive Macht von Gesetz und Gewissen weit schärfer als die lutherische Tradition. An die Stelle der grundlosen Gnade Gottes, die im subjektiven Glauben des einzelnen Menschen ergriffen werden muss, tritt bei Nietzsche die ebenso grundlose subjektive Selbstermächtigung des Einzelnen zur Bejahung und Steigerung des Lebens. Diese Verwurzelung auch F. Nietzsches in lutherischen Traditionen würde eine eigene Arbeit erfordern. Er ist m.E. ein „entgleister Lutheraner“, der eine im Luthertum verborgene Radikalität zum Vorschein brachte.

4 Martin Dibelius – der erfolgreiche Neutestamentler

Misst man Dibelius an den Zielen eines Neutestamentlers, so war er mit seinem Programm überaus erfolgreich. Bringeland zeigt, dass dessen Programm „Evangelium und Welt" die neutestamentlichen Arbeiten von Dibelius bestimmt, die er in drei große Bereiche aufteilt: die Literatur-, Ethik- und Religionsgeschichte. Hier fügen sich seine Arbeiten zu einer bewundernswerten Einheit.

In der *Literaturgeschichte* entwirft Dibelius, inspiriert von Franz Overbeck (1837–1905), dem Basler Kirchengeschichtler und Freund Nietzsches, das Bild einer Urliteratur vor einer Berührung mit der Welt. Diese Literatur übernimmt jedoch schon sehr früh mit den Novellen, Legenden und dem Mythos literarische Strukturen der „Welt" (und nicht erst mit der patristischen Literatur, wie Overbeck meinte).

In der *Ethikgeschichte* zeigt die Erforschung der urchristlichen Paränese, wie diese dazu dient, dass sich das Christentum bei nachlassender Enderwartung in der Welt einrichtet, exemplarisch anhand einer christlichen Bürgerlichkeit in den Pastoralbriefen und einer konventikelhaften Mentalität kleiner Leute im Jakobusbrief. Während er in seiner Frühzeit die Bergpredigt und ihre konkreten Normen unter dem Einfluss von Johannes Müller als Ausdruck eines vitalistisch verstandenen neuen Seins deutete, entwickelt er bis zu seinem Jesusbuch (1939)[147] ein neues Verständnis der Bergpredigt, das die ethischen Normen auch als Verhaltensregeln ernstnimmt.

In der *Religionsgeschichte* deutet Dibelius die (synkretistische) Aufnahme von antiken religiösen Traditionen als Modell dafür, wie sich das Christentum in der Gegenwart mit den geistigen Strömungen der Gegenwart auseinandersetzen sollte. Sein Paulusbild wandelt sich dabei von einem „Christusmystikers" zu einem stärker prophetisch wirkenden Theologen, der die Distanz von Gott und Mensch betont. Höhepunkt in dieser Entwicklung ist der Aufsatz „Paulus und die Mystik" (1941)[148], der zweifellos auch eine Absage an die mystische Religiosität der Deutschen Christen darstellt.

Ein religionsgeschichtlicher Ansatz ist aber darüber hinaus grundsätzlich für die hermeneutischen Überlegungen von Dibelius wichtig. Schon der Titel seiner Programmschrift „Geschichtliche und übergeschichtliche Religion im Christentum" (1925) zeigt, dass er das Christentum anders als die dialektische Theologie als Religion deutet. Er profiliert in dieser programmatischen Schrift diese Religion durch den Vergleich mit anderen Religionen und Philosophien. In der Antike konkurrierte es mit dem rabbinischen Judentum, den hellenistischen Mysterien und der stoischen Philosophie. Diese Konkurrenten vertreten für Dibelius zeitlose Alternativen zur christlichen Religion. Charakteristisch für Dibelius ist, dass er diese Alternativen in das Christentum integrieren will:

Das *rabbinische Judentum* vertritt eine gesetzliche Frömmigkeit, die auch im Christentum notwendig ist. Aber sie muss durch Vorordnung des „Glaubens" vor

---

[147] M. Dibelius, Jesus, 1939 (^{2}1947).

[148] M. Dibelius, Paulus und die Mystik, 1941.

den Werken begrenzt werden. Daher bleibt im Christentum notwendig eine Spannung zwischen Moral und Religion.[149]

Die *hellenistischen Mysterien* vertreten eine sakramentale Frömmigkeit, die den Menschen verwandelt. Auch sie gehört zum Christentum, aber die darin angelegte Tendenz zur Entwicklung von Hierarchien muss immer wieder durch den Grundsatz ausgeglichen werden: Werdet alle wie die Kinder! Es bleibt im Christentum eine notwendige Spannung zwischen „aristokratischen" Weihen und der Gleichheit aller.[150]

Die *Stoa* sucht das geglückte Leben in der inneren Einstellung des Menschen zu dem, was ihm in einer monistisch gedeuteten Welt widerfährt. Die Förderung einer den Stoikern vergleichbaren kultivierten Bildung gehört für Dibelius zum Christentum. Aber er meinte, auch eine unvermeidliche Spannung zwischen Religion und Bildung feststellen zu müssen.[151]

Nachdem Dibelius seinen Vergleich des Christentums mit antiken Religionen und Philosophien durchgeführt hat, widmet er einen Abschnitt seines Aufsatzes einem kurzen Vergleich mit dem Buddhismus, über den er schreibt: „Es gibt, soweit unser Gesichtskreis reicht, nur noch eine große geistige Macht in der Religionsgeschichte, die zum Konkurrenten des Christentums berufen ist; das ist der Buddhismus".[152] Allenfalls in der Zukunft sieht er in ihm eine echte Konkurrenz zum Christentum. Für die Gegenwart betont er nur den Gegensatz beider Religionen: Für den Buddhismus ist alles Dasein Leiden, von dem der Gläubige Erlösung sucht. Das Christentum aber bejaht das Leiden als Kehrseite des Lebens. Hier müsse man zwischen zwei Grundhaltungen zum Leben entscheiden. Dass Dibelius andere lebende Religionen in seine historische Betrachtung mit einbezog, weist über seine Zeit hinaus. Die Einbettung des Urchristentums in dessen religionsgeschichtliche Umwelt war für ihn auch ein Modell für die Auseinandersetzung des Christentums der Gegenwart mit anderen Religionen.

H. Bringelands große Arbeit zeigt, dass es zu einfach ist, die damaligen Theologen in liberale, konservative und dialektische Theologen einzuteilen. Dibelius war tief in der liberalen Theologie verwurzelt, näherte sich aber im Laufe seines Lebens der dialektischen Theologie an. Das ist auch heute relevant. Viele Theologien denken auch heute noch immer in allzu einfachen Alternativen zwischen einer Theologie, die bei Gott „oben" ansetzt, und einer Theologie, die bei der religiösen Erfahrung „von unten" ausgeht. Der ausgleichende Dibelius ist in dieser Hinsicht aktuell. Seine lebensphilosophische Hermeneutik hat die Doppeltranszendenz der biblischen Texte klar herausgearbeitet: Das Neue Testament ist Niederschlag eines Dialogs mit anderen Religionen und dadurch ein Modell für den gegenwärtigen Religionsdialog. In ihnen kommt das ganze Leben mit seiner sozialen Spannung zwischen elitärer Moralkritik und Alltagsmoral zum Ausdruck und wird von einem Funken Ewigkeit durchglüht.

---

[149] M. DIBELIUS, Geschichtliche und übergeschichtliche Religion, 99–101.
[150] M. DIBELIUS, Geschichtliche und übergeschichtliche Religion, 101f.
[151] M. DIBELIUS, Geschichtliche und übergeschichtliche Religion, 102–104.
[152] M. DIBELIUS, Geschichtliche und übergeschichtliche Religion, 105.

4 Das existenztheologische Programm Rudolf Bultmann: Entmythologisierung und Zeitgeschichte[153]

Rudolf Bultmann veröffentlichte seine Gedanken zur Entmythologisierung 1941 auf dem Höhepunkt nationalsozialistischer Machtentfaltung. Adolf Hitler beherrschte halb Europa. Der Überfall auf die Sowjetunion am 22. Juni 1941, das Unternehmen „Barbarossa“, war noch nicht erfolgt, aber schon geplant. Viele Menschen erwarteten bald das Ende des Kriegs und eine dauerhafte nationalsozialistische Herrschaft. In dieser Zeit trug R. Bultmann bei einer Regionaltagung der „Gesellschaft für Evangelische Theologie“ in Frankfurt am 21. April 1941 sein Entmythologisierungsprogramm vor und wiederholte diesen Vortrag auf deren Gesamttagung in Alpirsbach am 4. Juni 1941.[154] Er hielt damals insgesamt drei Vorträge: „*Die Frage der natürlichen Offenbarung*“, den Entmythologisierungsvortrag „*Neues Testament und Mythologie*“, dazu „*Theologie als Wissenschaft*“. Im ersten Teil dieses Aufsatzes werden diese drei Vorträge vorgestellt, die zusammen einen konkreten zeitgeschichtlichen Kontext für den Entmythologisierungsaufsatz erkennen lassen. Ein zweiter Teil zeigt, dass der erste Aufsatz über natürliche Offenbarung eine Polemik gegen die Geschichtstheologie der Deutschen Christen ist. Der dritte Teil entfaltet die darauf aufbauend die Hypothese, dass R. Bultmanns Entmythologisierung ein Gegenprogramm zu einem hermeneutischen Erneuerungsprogramm der Deutschen Christen war. Ein vierter Teil stellt das Entmythologisierungsprogramm Bultmanns in Umrissen vor.

1 Drei Vorträge R. Bultmanns (1940/1941)

Den ersten der oben genannten drei Vorträge hatte R. Bultmann schon ein halbes Jahr vorher, im Oktober 1940, ebenfalls in Alpirsbach vorgetragen. Er nimmt unter dem Titel „*Die Frage der natürlichen Offenbarung*“[155] Stellung zur Geschichtstheologie der nationalsozialistischen Deutschen Christen. Diese schrieben der deutschen Geschichte Offenbarungscharakter zu. Hier finden wir in der Auseinandersetzung Rudolf Bultmanns mit der damaligen zeitgeschichtlichen Situation seine Stellungnahme zur Geschichtstheologie überhaupt. Er stellt in Frage, dass Gott in der (National)-Geschichte erkannt werden kann.

Der zweite Vortrag, „*Neues Testament und Mythologie. Das Problem der Entmythologisierung der neutestamentlichen Verkündigung*“ war in Alpirsbach im Sommer 1941 nachträglich ins Programm aufgenommen worden.[156] Er setzte jeder „natürlichen Offenbarung“ den Glauben an Christus entgegen: Jesus Christus ist in Übereinstimmung mit der Barmer Theologischen Erklärung das eine Wort

---

[153] Eine zeitgeschichtliche Einordnung des Entmythologisierungsprogramms habe ich zum ersten Mal in: G. THEISSEN, Neutestamentliche Wissenshaft vor und nach 1945, 2009, 195–221, vorgelegt.

[154] K. HAMMANN, Rudolf Bultmann, 2009, 307–319. W. SCHMITHALS, Zum Problem der Entmythologisierung bei Rudolf Bultmann, 1995. P. G. KLUMBIES, Mythos und Entmythologisierung, in: Chr. Landmesser (Hrsg.), Bultmann Handbuch, 2017, 383–389. Die Gesellschaft für Evangelische Theologie war in Gegenwehr zu den Deutschen Christen am 7./8. Februar 1940 gegründet worden.

[155] R. BULTMANN, Die Frage der natürlichen Offenbarung, 1941.

[156] Vielleicht geschah das aufgrund des großen Eindrucks, den der Vortrag bei der vorhergehenden Regionaltagung in Frankfurt gemacht hatte.

Gottes, das in der Verkündigung zur Geltung kommen soll. Die Pointe dabei ist: Dieses eine Wort Gottes begegnet in einer mythischen Form, die teils eliminiert, teils interpretiert werden muss, damit das Kerygma glaubhaft bleibt. Hatte sich R. Bultmann im ersten Vortrag mit dem ersten Artikel des Glaubensbekenntnisses beschäftigt, so behandelt er jetzt dessen zweiten Artikel, den Glauben an Jesus Christus, konzentriert auf Kreuz und Auferstehung.

Der dritte in Alpirsbach gehaltene Vortrag „*Theologie als Wissenschaft*“[157] entsprach dem Rahmenthema der Tagung: „Die Auseinandersetzung mit den Wandlungen im überlieferten Wissenschaftsbegriff“, wurde aber damals nicht veröffentlicht. Er wollte die Wissenschaftlichkeit der Theologie als Wissenschaft von Gott sichern und behandelte ein Problem des dritten Artikels des Credos: Wie können Menschen in Kirche und Theologie verantwortlich von Gott reden? Auch dieser Aufsatz steht in einem zeitgeschichtlichen Kontext:[158] Im März 1939 war die Rektorenkonferenz auf den „Abbau der theologischen Fakultäten vorbereitet“ worden, am 23. April 1940 wurde ihre Schließung bis zum Kriegsende zurückgestellt. Auch wenn R. Bultmann davon wahrscheinlich nichts Konkretes wusste, war die prekäre Stellung der theologischen Fakultäten allgemein bekannt. R. Bultmann wollte mit diesem Vortrag demonstrieren, dass Theologie ein wissenschaftliches Unternehmen ist, das an der Universität seine Berechtigung hat. Aber diese im Vortrag nur implizit enthaltene Intention war ihm weniger wichtig als die explizite Abgrenzung zu den Deutschen Christen im ersten seiner drei Vorträge, den er daher zusammen mit dem Entmythologisierungsaufsatz unter dem Obertitel „Offenbarung und Heilsgeschehen“ veröffentlichte. Der Vortrag zur natürlichen Offenbarung und Geschichtstheologie muss daher nach Bultmanns Willen zusammen mit dem Entmythologisierungsvortrag gelesen werden.[159] Dieser entfaltete seine große Wirkung aber erst nach dem Krieg, weithin unabhängig von diesem mit ihm veröffentlichten ersten Vortrag, so dass der zeitgeschichtliche Zusammenhang des Entmythologisierungsprogramms bis heute vielen Lesern verborgen blieb.[160]

2 Die Auseinandersetzung R. Bultmanns mit der Geschichtstheologie der Deutschen Christen

Die Geschichtstheologie der Deutschen Christen war Ausdruck eines deutschen Nationalprotestantismus, bei dem man drei Varianten unterscheiden kann: einen moderaten, einen völkischen und einen akademischen Nationalprotestantismus. Roland Kurz hat den *moderaten Nationalprotestantismus* so definiert:

> Er „zielt darauf ab, den eher individualistischen Protestantismus zu einer National- bzw. Volksreligion zu machen. Dabei verbinden die Ausprägungen des Nationalprotestantismus typisch protestantische Inhalte (Rechtfertigungslehre, die Stellung des Einzelnen vor

---

[157] Dieser Aufsatz wurde posthum veröffentlicht: R. BULTMANN, Theologie als Wissenschaft, 1984.

[158] Zum Folgenden K. MEIER, Die Theologischen Fakultäten im Dritten Reich, 1996, 436–465; E. WOLGAST, Nationalsozialistische Hochschulpolitik und die theologischen Fakultäten, 1993, 72f.

[159] R. BULTMANN, Offenbarung und Heilsgeschehen, 1941.

[160] Das betonen auch D. FERGUSON, Art. Entmythologisierung, 1999; K. HAMMANN, Rudolf Bultmann, 2009, 309 Anm. 241.

Gott, Gegensatz von Gesetz und Evangelium, die Verwirklichung des ‚Sonntags im Alltag', […]) mit Formen nationaler Gesinnung, um zu einer Synthese zu kommen."

Die Vertreter dieses Nationalprotestantismus beriefen sich dabei

„auf jene Form des Nationalismus, welche ‚Volk' als homogene Gemeinschaft, nicht als ausdifferenzierte Gesellschaft begreift. Dieser Typus des Nationalprotestantismus versteht geschichtliche Ereignisse als kollektive Erfahrung der deutschen Volksgemeinschaft und deutet sie religiös als die Erfahrung göttlichen Handelns am deutschen Volk."[161]

In geschichtlichen Erfahrungen sah man Gott am Werk: in den Befreiungskriegen 1813/15, in der Reichsgründung 1871, im Ersten Weltkrieg und auch beim sogenannten „Tag von Potsdam", dem 21. März 1933, als Hindenburg Hitler als neugewählten Kanzler vor der Garnisonskirche empfing und durch diese symbolische Geste das neue Regime nationalen und konservativen Kreisen empfahl. Charakteristische Vertreter dieses moderaten Nationalprotestantismus waren: Ernst Moritz Arndt, Paul de Lagarde, Otto Dibelius, Wilhelm Stapel und Paul Althaus. Die Vorstellung einer homogenen Volksgemeinschaft machte alle für den Antisemitismus anfällig: Juden schienen fremde Elemente zu sein, die in diese Volksgemeinschaft nicht passten. Antisemiten waren vor allem Ernst Moritz Arndt und Paul de Lagarde.

Im *völkischen Nationalprotestantismus*, der auch von den Deutschen Christen vertreten wurde, wurde dieser Antisemitismus zum dominierenden Element. Dies zeigt seine Vorgeschichte: Zum 400-jährigen Jubiläum der Reformation im Jahr 1917 gaben der Pastor Friedrich Andersen, der Schriftsteller Adolf Bartels und andere Autoren *95 Thesen* heraus, um ein „Deutschchristentum auf evangelischer Grundlage" zu begründen. Darin hieß es:

„Die neuere Rassenforschung endlich hat uns die Augen geöffnet für die verderblichen Wirkungen der Blutsmischung zwischen germanischen und nichtgermanischen Volksangehörigen und mahnt uns, mit allen Kräften dahin zu streben, unser Volkstum möglichst rein und in sich geschlossen zu halten. Religion ist die innerste Kraft und feinste Blüte im geistigen Leben eines Volkes, kann aber nur in völkischer Ausprägung kulturkräftig wirken […] Eine innigere Verbindung zwischen Deutschtum und Christentum ist nur zu erreichen, wenn dieses aus der unnatürlichen Verbindung gelöst wird, in der es nach bloßem Herkommen mit der jüdischen Religion steht."[162]

Hier wurde der „zornige Gewittergott" der Juden, Jehova, dem christlichen Gott, der vor allem „Vater" und „Geist" sei, entgegengesetzt. Nur dieser Gott entspreche der germanischen „Volksseele" im Kontrast zur jüdischen „knechtischen Furcht vor Gott". Die Kirche solle aufhören, eine „Anstalt zur Verbreitung des Judentums" zu sein. Darum sollte im Religions- und Konfirmandenunterricht nicht mehr das Alte Testament, nicht einmal die Zehn Gebote, gelehrt werden. Das Neue Testament sollte von jüdischen Einflüssen gereinigt werden, damit man Jesus als Vorbild für „Opfermut" und „männliches Heldentum" darstellen könne.

---

[161] R. KURZ, Nationalprotestantisches Denken in der Weimarer Republik, 2007, 18.
[162] Zit. n. Wikipedia, Art. Deutsche Christen, Zugriff 30.07.2018.

Das war eine „exorzistische“ Hermeneutik in Reinformat: Um das Christentum zu erneuern, müsse alles Jüdische aus dem Christentum „ausgetrieben“ werden.

Der *akademische Nationalprotestantismus* der Holl-Schule war subtiler. Der große Lutherforscher Karl Holl (1866–1926) war Initiator einer Luther-Renaissance, die als theologische Erneuerungsbewegung mit der Dialektischen Theologie konkurrierte. In der Luther-Renaissance war folgende Vorstellung verbreitet: Da die Reformation in Deutschland geschehen war, hätten die Deutschen die Sendung, das Christentum neu zu begründen. Die Christianisierung der Germanen habe Luther durch die Germanisierung des Christentums vollendet. Kirchen- und Reformationshistoriker waren für diesen „hermeneutischen Nationalismus“ anfällig. Viele Schüler Karl Holls waren Anhänger des Nationalsozialismus: Emanuel Hirsch, Heinrich Bornkamm, Hanns Rückert, Hermann Wolfgang Beyer, Friedrich K. Schumann, Helmuth Kittel, Erich Vogelsang u.a. Der Göttinger Kirchengeschichtler und Systematiker Emanuel Hirsch war das Zentrum dieses Kreises. Er wurde Berater des nationalsozialistischen Reichsbischofs Ludwig Müller. Der mit ihm eng verbundene Tübinger Kirchengeschichtler Hanns Rückert hielt am 3. Mai 1933 in Tübingen eine programmatische Vorlesung mit dem Titel: „Der völkische Beruf des Theologen“ mit der These: „In der Geschichte dieser Wochen und Monate offenbart sich Gott“. Zwischen lutherischer Reformation und nationalsozialistischer Revolution sah er eine direkte Verbindung, nämlich, wie der Titel seiner 1933 veröffentlichten Schrift lautet: „Das Wiedererwachen reformatorischer Frömmigkeit in der Gegenwart“, nämlich in der Glaubensbewegung Deutscher Christen. Rückerts Name steht auch unter einer am 11. Mai 1934 veröffentlichten Erklärung seiner Fakultät, den sogenannten „Zwölf Tübinger Sätzen“, in denen Hitler als „Ruf Gottes“ gedeutet wird. Wenige Tage später verurteilte die Barmer Theologische Erklärung am 31. Mai 1934 genau das als Irrlehre und erklärte: Neben Christus darf es keine anderen Mächte mit Offenbarungscharakter geben. „Jesus Christus … ist das eine Wort Gottes“ (Barmen I). Damit war klar: Weder war die deutsche Geschichte Offenbarung noch Hitler ein Ruf Gottes.

Die Auseinandersetzung mit solch einer nationalprotestantischen Geschichtsdeutung muss man vor Augen haben, wenn man R. Bultmanns Aufsatz: „Das Problem der natürlichen Offenbarung“ verstehen will. Er enthält einen vierfachen Widerspruch gegen die Thesen der Deutschen Christen:

R. Bultmann widerspricht erstens jedem *Nationalismus*. Ausgehend von Luthers Definition des Gottesglaubens: „Woran du dein Herz hängst, das ist dein Gott“, wird der Nationalismus zum Götzendienst erklärt: „Und so ist Deutschland Gott, wenn heute jemand bekennt: ich glaube an Deutschland“.[163] Hier sagt Bultmann mit klaren Worten: Nationalprotestantismus ist Götzendienst.

R. Bultmann widerspricht in diesem Aufsatz zweitens der These von einer *natürlichen Offenbarung*. Eine „Uroffenbarung“ unabhängig von Christus lehrte damals der Erlanger Theologe Paul Althaus. Er berief sich dafür auf die Lehre des Paulus von der *theologia* und *lex naturalis* in Röm 1 und 2. Gott spreche durch schöpfungsmäßige Gegebenheiten wie Volk, Rasse und Staat zu den Men-

[163] R. BULTMANN, Die Frage der natürlichen Offenbarung, 1941, 4 = GuV II, 80.

schen und verpflichte sie, sich diesen Ordnungen ein- und unterzuordnen. Bultmann widerspricht dieser Auslegung des Paulus. Paulus rede zwar von einer Offenbarung Gottes seit Bestehen der Schöpfung, dann aber fragt Bultmann:

„Aber warum redet er davon? Um nun „natürliche Theologie" zu treiben, d.h. um Gottes Offenbarung in der Welt aufzuweisen? Um den Menschen für Gottes Offenbarung außerhalb Christus die Augen zu öffnen? Vielmehr um ihnen die Augen zu öffnen allein für die Offenbarung in Christus! Und deshalb um Anklage zu erheben: „so dass sie keine Entschuldigung haben!"[164]

R. Bultmann widerspricht drittens jeder *Geschichtstheologie*, die wie die Deutschen Christen in den Ereignissen der Nationalgeschichte am Werk sieht. Er bringt zwei Argumente dagegen: Erstens seien geschichtliche Ereignisse mehrdeutig. Man solle sich nicht durch die gegenwärtigen Siege der Wehrmacht beeindrucken lassen. Wer weiß, wie man in späteren Zeiten darüber denken wird!

„Kurz, jedes Phänomen der Geschichte ist zweideutig, und keines offenbart als solches Gottes Willen. Und erst recht ist jedes geschichtliche Phänomen der Gegenwart zweideutig. Über das, was der Sieg 1870/71 für Deutschland bedeutete, war in der Zeit seiner Gegenwart kein sicheres Urteil möglich, und wir urteilen heute anders über die Frage nach dem Segen dieses Sieges."[165]

Sein zweites Argument ist Gottes Transzendenz. In der Konfrontation mit Gott erkenne sich der Mensch als Sünder. Auch die gegenwärtige Geschichte nationalsozialistischer Triumphe sei eine „Geschichte sündiger Menschen", die nicht Gott offenbart, sondern Gott verhüllt:

„So steht das Leben des einzelnen und des Volkes unter Gottes Forderung und unter dem Urteil seiner Heiligkeit. Sind Gottes Forderung und Gottes Heiligkeit in ihrer Radikalität erfasst, so schweigt die Rede von der Offenbarung Gottes in der Forderung des Guten und in der Geschichte; so muß das Urteil lauten, dass der Mensch vor Gott Sünder ist, und dass seine Geschichte eine Geschichte sündiger Menschen ist und deshalb Gott gerade verhüllt."[166]

Bultmann lässt nur eine „negative Geschichtstheologie" zu: Geschichte zeigt, dass der Mensch vor Gott scheitern muss. Kronzeuge für diese negative Geschichtstheologie ist für ihn auch das Alte Testament, das eine Geschichte des Scheiterns dokumentiert.

Bultmann widerspricht schließlich viertens der These, dass das Christentum ein *artfremder Import* sei, der dem deutschen Wesen widerspreche.

„Selbst wenn man sagen könnte, dass Aufklärung und Positivismus fremder Import sind, und dass es unsere Aufgabe ist, unsere Kultur von ihm frei zu machen, – gilt das Analoge auch von der christlichen Tradition? Woher ist der Maßstab des Deutschen gewonnen,

---

[164] R. BULTMANN, Die Frage der natürlichen Offenbarung, 1941, 23 = GuV II, 100.
[165] R. BULTMANN, Die Frage der natürlichen Offenbarung, 1941, 15 = GuV II, 92.
[166] R. BULTMANN, Die Frage der natürlichen Offenbarung, 1941, 16 = GuV II, 93.

wenn das behauptet wird? Mit welchem Recht kann man sagen, dass die deutsche Urgeschichte klarer offenbare, was deutsch ist, als die Geschichte des deutschen Mittelalters."[167]

3 Die Entmythologisierung als Gegenprogramm zu den Deutschen Christen

Die Geschichtstheologie des Nationalprotestantismus resultiert aus dem Wunsch, Theologie und Glaube nicht auf eine einmalige Offenbarung Gottes in Christus festzulegen. Der lebendige Gott sollte sich immer wieder neu in geschichtlichen Ereignissen offenbaren und so das Christentum immer wieder erneuern. Denn die Deutschen Christen waren überzeugt, dass das Christentum modernisiert werden muss. Diese Überzeugung teilten sie mit ihren Gegnern. Drei so verschiedene Theologen wie der nationalsozialistische Emanuel Hirsch, die Anhänger der Bekennenden Kirche, Dietrich Bonhoeffer und Rudolf Bultmann, waren sich in einem Anliegen einig. Alle drei betrieben eine Modernisierung der Theologie mithilfe einer „exorzistischen Hermeneutik". Emanuel Hirsch und die Deutschen Christen wollten das ‚Jüdische' aus dem Christentum verbannen, Dietrich Bonhoeffer die ‚Religion', Rudolf Bultmann den wörtlich verstandenen ‚Mythos'. D. Bonhoeffers Programm war damals noch unbekannt und blieb ein Fragment. Öffentlich bekannt waren nur die Programme von E. Hirsch und R. Bultmann. Meine These ist: R. Bultmanns Entmythologisierung war ein Konkurrenzprogramm zum hermeneutischen Erneuerungsprogramm der Deutschen Christen.

3.1 Deutsche Christen: Überwindung des Judentums als Modernisierung des Christentums

Das hermeneutische Erneuerungsprogramm der Deutschen Christen lag in zwei Varianten vor: Zum einen bestand es in einem *populistischen* Programm des „Eisenacher Instituts zur Erforschung und Beseitigung des jüdischen Einflusses auf das deutsche kirchliche Leben" mit dem Neutestamentler Walter Grundmann als akademischem Direktor an der Spitze. Zum anderen enthielt es parallel ein *akademisches* Programm zur Bewältigung der „Umformungskrise" des neuzeitlichen Christentums, die Emanuel Hirsch in der theologischen Entwicklung des Christentums seit der Aufklärung sah.

---

[167] R. BULTMANN, Die Frage der natürlichen Offenbarung, 1941, 15 = GuV II, 92. Bultmann wendet sich gegen jeden Essentialismus, der aus der Geschichte Kriterien dafür gewinnen will, was angeblich „deutsch" sei: „Das Wort der Geschichte ist dunkel. Und wenn wir darauf hören, ist es ein Wagnis. Das Wesen des deutschen Volkes liegt nicht als eindeutiges Kriterium vor, kraft dessen wir das Recht unseres Tuns klar beurteilen könnten. Es ist ja selbst eine geschichtliche Größe; und was als deutsche Art gelten soll, ist der Entscheidung jeder Generation und jedes Einzelnen in ihr stets neu anheimgegeben. Was soll von dem, was wir in unserer Geschichte wahrnehmen, als typisch, als verpflichtend deutsch gelten? Wie Nationaltugenden, so gibt es auch Nationallaster; was muß als solches gelten? Die Eigentlichkeit deutschen Wesens steht als erst zu ergreifende vor uns wie das eigentliche Selbst jedes Einzelnen vor ihm steht" (R. BULTMANN, Die Frage der natürlichen Offenbarung, 1941, 15f = GuV II, 92f).

a. Die populäre Variante des Modernisierungsprogramms der NS-Christen: Das Eisenacher Institut und Walter Grundmann (1906–1976):

1939 hatten elf von Deutschen Christen beherrschten Landeskirchen in Eisenach das „Institut zur Erforschung und Beseitigung des jüdischen Einflusses auf das deutsche kirchliche Leben" mit dem Auftrag einer Entjudaisierung des christlichen Glaubens gegründet. W. Grundmann wurde ihr erster Direktor.[168] Das Institut gab 1941 eine von jüdischen Elementen bereinigte Fassung des Neuen Testaments heraus: „Die Botschaft Gottes".[169] Dazu kamen ein von allem Jüdischen gereinigtes Gesangbuch: „Großer Gott, wir loben Dich" ohne Amen, Halleluja und Hosianna, und ein Katechismus: „Deutsche mit Gott. Ein deutsches Glaubensbuch". Das Institut veröffentlichte Schriften, in denen Jesus eine arische Abstammung zugeschrieben wurde. Man wollte zeigen, dass das Christentum trotz seiner Herkunft aus dem Judentum eine grundsätzliche Absage an das Judentum war und keineswegs ein jüdisches Erbe, welches man aus dem geistigen Leben des deutschen Volkes ausscheiden müsse. Der programmatische christliche Antisemitismus des Eisenacher Instituts sollte dem vorbeugen: Indem man alles Jüdische aus Kirche und Theologie entfernte, hoffte man, sich gleichzeitig von allen anderen dogmatischen und klerikalen Übeln zu befreien. Die Botschaft an die Öffentlichkeit war: Ihr braucht euch nicht vom Christentum zu trennen, wenn ihr euch vom Judentum trennen wollt. Das Christentum war schon immer die beste Überwindung des Judentums. Sofern in ihm noch jüdische Relikte erhalten sind, haben wir sie entfernt.[170]

b. Die akademische Variante des Modernisierungsprogramms der Deutschen Christen: Emanuel Hirsch (1888–1972)

Hirsch sah als eine der größten Errungenschaften der historisch-kritischen Erforschung des Neuen Testaments und der Jesusforschung die Erkenntnis, dass Jesus ein Überwinder des jüdischen Gesetzes war. Historisch-kritisches Pathos verbindet sich hier mit einem programmatischen Antisemitismus. Dass Jesus selbst kein Jude war, sondern Nachfahre eines Nichtjuden, galt ihm als eine wahrscheinliche Hypothese. Das Christentum sah er seit der Aufklärung in einer „Umformungskrise", in dem sich traditionelle Gewissheiten auflösten: der Glauben an den Sohn Gottes, an den Sühnetod, an die leibliche Auferstehung und Himmelfahrt.[171] Zum Osterglauben veröffentlichte Hirsch im Jahr 1940 ein allgemeinverständliches Buch: „Die Auferstehungsgeschichten und der christliche Glaube", in dem er einen für moderne Menschen akzeptable Deutung von Ostern geben wollte. In subjektiven Visionen seien die Jünger damals mit Gottes Ewigkeit konfrontiert worden und hätten neues Leben und Vergebung der Schuld erfahren. R. Bultmann hat 1940 dieses Buch rezensiert.[172] Dessen Lektüre könnte für ihn der Anstoß

---

[168] Dazu S. HESCHEL, Theologen für Hitler, 1994. Dies., Deutsche Theologen für Hitler, 2002.
[169] B. JERKE, Volkstestament, 1994.
[170] S. HESCHEL, Aryan Jesus, 2008.
[171] Vgl. die Textsammlung: E. HIRSCH, Die Umformung des christlichen Denkens, 1938 (=1985).
[172] E. HIRSCH, Osterglaube, 1988; R. BULTMANN, Rez. Emanuel Hirsch: Die Auferstehungsgeschichten, 1940. Vgl. R. BULTMANN, Theologie als Kritik, 2002, 389–394.

gewesen sein, seine Gedanken zu Mythos und Entmythologisierung zu veröffentlichen. Denn er las bei E. Hirsch Sätze, die ihn an sein eigenes Programm erinnern mussten. E. Hirsch nennt den Mythos ein Hindernis des Verstehens und für die Zustimmung zur Botschaft des Neuen Testaments, er konstatiert den „Zusammenbruch von Ostermythus und -legende“[173], um den „wahren Osterglauben“ durch einen „Verwandlungsprozeß“ neu zu formulieren. Dabei zeigte E. Hirsch ein beeindruckendes protestantisches Aufrichtigkeitspathos. Er vereinigte in seinem Denken eine antiautoritäre Theologie mit einer autoritären politischen Ethik. Beides zusammen machte ihn zum führenden nationalsozialistischen Theologen. Er schreibt:

„Vernunft und Gewissen von uns allen behaupten in allem, was das Weltbild anlangt, das Recht eignen Denkens auch gegen das Neue Testament und können durch nichts bewogen werden, die ihrer Wahrhaftigkeit selbstverständlich gewordnen Einsichten anderslautenden Aussagen des Neuen Testaments zu opfern. Und was die im Neuen Testament abgedrückten geschichtlichen Tatbestände anlangt, so behalten sich Vernunft und Gewissen freie Nachprüfung und Beurteilung des neutestamentlichen Zeugnisses vor und kommen, wie z.B. das Ostergeschehen zeigt, dabei nicht selten zu ganz andern Urteilen über den Hergang. Mit beidem zusammen ist eine unmittelbare Übernahme von Begriffen und Lehren des Neuen Testaments unmöglich geworden. Christliche Theologie steht vor der Aufgabe, dem Glauben an das Evangelium Ausdruck und Gestalt neu zu finden, und der Gebrauch des Neuen Testaments dabei geschieht in völliger Freiheit und Selbständigkeit.“[174]

„Das offne Eingeständnis, dass wir hinsichtlich der Auferstehung Jesu den alten kirchlichen Glauben als Mythus und Legende durchschauen, findet somit nichts, das noch wahrhaft stünde und erst einzureißen wäre. Wohl löst es den christlichen Glauben von der letzten Verquickung mit dem Weltbild des mythischen Zeitalters und bringt damit die Verborgenheit und Gestaltlosigkeit unserer Ewigkeitshoffnung zu allerschärfstem Bewußtsein. Es wird aber eben damit die Befreiung zu voller Aufrichtigkeit und Klarheit in unserem christlichen Denken. Die Ewigkeitshoffnung selbst wird dadurch nicht angetastet, denn sie hängt – und das wäre das *Weitere*, das hier zu bedenken ist – in dem, was sie lebendig macht, nicht von der zerstörten mythischen Bildhaftigkeit und scheinbaren Faßlichkeit ab. Ihren eigentlichen Gehalt empfängt sie ja für den Christen nicht aus irgendwelchen Bildern und Begriffen, sondern aus der Gewißheit der göttlichen Liebe, welche das Evangelium im Herzen zu erwecken vermag.“[175]

R. Bultmann stimmt in seiner Rezension des Osterbuchs E. Hirsch darin zu, dass die anschaulichen Bilder des Neuen Testaments von Jesu Auferstehung und seiner Erhöhung „Mythologie“ sind. Aber er insistiert darauf, dass in ihnen der Mensch nicht nur in der Verborgenheit seines Herzens die göttliche Ewigkeit erfährt. Er hält vielmehr daran fest, dass in den Osterzeugnissen ein eschatologisches Handeln Gottes verkündet wird:

---

[173] E. Hirsch, Osterglaube, 1988, 125.
[174] E. Hirsch, Osterglaube, 1988, 106f.
[175] E. Hirsch, Osterglaube, 1988, 102.

„Die kirchliche Predigt trägt uns keinen Mythos vor, aber wenn sie einen – für uns infolge der Überlieferung fast unerkennbar gewordenen – Vorgang als das entscheidende Handeln bezeichnet, so deckt sie damit zugleich unser eigenes Sein auf, und wir sind gefragt, ob wir glauben oder nicht. Die Aufgabe der Osterpredigt würde ich also darin sehen, das eschatologische Handeln Gottes so zu explizieren, dass der Hörer dadurch seinen Sinn wirklich aufgedeckt sieht und so zu einer echten Entscheidung kommen kann."[176]

Bei Hirsch ist der Sinn des Osterglaubens die Begegnung mit der Ewigkeit schon hier und jetzt im Inneren des Menschen. Er öffnet dem Menschen *in seinem Erleben* eine andere Wirklichkeit. Bei Bultmann bezeugt er *Gottes veränderndes Handeln*. Für E. Hirsch ist die Pointe ein verändertes Erleben der Wirklichkeit, bei R. Bultmann eine Veränderung der Wirklichkeit, die sich in einer ‚Entscheidung' des Menschen durchsetzt. Unverkennbar aber hat R. Bultmann Mühe, sich scharf von E. Hirsch abzugrenzen. Dass R. Bultmann sich bei seinem „Entmythologisierungsvortrag" noch immer mit dem Osterbuch E. Hirschs auseinandersetzt, ohne es zu nennen, geht m.E. auch daraus hervor, dass er zwar in dessen ersten Teil viele Vorstellungen nennt, die man entmythologisieren müsse, aber sich in seinem positiven Teil auf die Deutung von Kreuz und Auferstehung konzentriert. Dass er E. Hirsch und die Deutschen Christen nicht ausdrücklich nennt, ist verständlich: Anhänger der Bekennenden Kirche hätten ihn in deren Nähe gerückt und damit seine Gedanken um jede Wirkung gebracht.[177]

3.2 Dietrich Bonhoeffer (1906–1945): Überwindung des Religiösen als Modernisierung des Christentums

Dietrich Bonhoeffers Programm ist eine unreligiöse Interpretation des Christentums, die dem Glauben das Autoritäre nimmt und die Mündigkeit des Menschen ernstnimmt. Bei Bonhoeffer ist das, was im Christentum überwunden werden muss, nicht das Judentum oder der Mythos, sondern die „Religion". Damit setzt er die Kontrastierung von Offenbarung und Religion in der Dialektischen Theologie fort: Religion ist für K. Barth Menschenwerk, der Versuch, sich mit menschlichen Mitteln Gott zu nähern. Dagegen setzte Barth die These, dass Gott nur durch Gott selbst erkannt werden kann – nur durch ein unableitbares Entgegenkommen Gottes in seiner Offenbarung, d.h. durch seine Selbsterschließung in

---

[176] R. BULTMANN. Rez. Emanuel Hirsch: Die Auferstehungsgeschichten, 1940, 394.

[177] E. FUCHS, Das entmythologisierte Glaubensärgernis (1952), 1959, dort S. 212, bestätigt, dass das Programm der Entmythologisierung durch E. Hirsch's Deutung der Auferstehung provoziert worden war. Er schreibt unter Bezugnahme auf E. Hirsch: „Der Anstoß zur gegenwärtigen exegetischen Diskussion kam […] von außen." Das Entmythologisierungsprogramm wurde schon von Hans Asmussen in die Nähe der deutschen Christen gerückt. Die Reaktionen in der Bekennenden Kirche waren sehr verschieden. Im Nachlass von Ernst Wolf fand sich dazu folgende Notiz: „Während auf einem Berliner Generalkonvent sogar bedauert wurde, ‚daß das Papier der BK für derartige Veröffentlichungen zur Verfügung gestellt' worden sei, Hans Asmussen den Thesen Bultmanns ‚nicht anders […] als den Irrtümern der Deutschen Christen' zu begegnen forderte und Hans Joachim Iwand den Text sogar als ‚Erscheinung von Senilität' diagnostizieren zu müssen meinte, schrieb Dietrich Bonhoeffer: ‚Große Freude habe ich an dem neuen Bultmannheft. Mich beeindruckt die intellektuelle Redlichkeit seiner Arbeiten immer wieder'" Zitiert in: E. Jüngel in seiner Einleitung zu: R. BULTMANN, Neues Testament und Mythologie, 1988, 8.

seinem Wort. Bonhoeffer teilt diese Offenbarungstheologie, aber will ihr das Autoritäre nehmen. Sein Programm eines „religionslosen Christentums" oder der „nicht-religiösen Interpretation biblischer Begriffe" zielt darauf ab, den Glauben mitten im Leben und nicht erst an seinem Rand zu verorten, also dort, wo die Menschen schwach werden und mit den eigenen Kräften nicht mehr weiterkommen. Menschen sind mündig und stark, und gerade darin soll sich ihr Glaube in einem Leben „für andere" in bejahter „Weltlichkeit" zeigen. Gott ist in Christus schwach in dieser Welt. Menschen müssen diesem in Christus sich offenbarenden Gott in seiner Not beistehen, indem sie etwas für andere tun. Die Kirche soll „Kirche für andere" sein. In Christus kommen so Gottes- und Weltwirklichkeit zusammen. Diese Gedanken skizzierte Bonhoeffer in seinen Briefen aus der Haft, die von seinem Schwager E. Bethge im Jahr 1951 unter dem Titel „Widerstand und Ergebung" herausgegeben wurden.[178] Erst damit begann die Wirkungsgeschichte seines theologischen Konzepts.

Die Geschichtstheologie des Nationalprotestantismus scheiterte, weil sie ethnozentrisch Geschichtstheologie war, die behauptete, Gott offenbare sich in der deutschen Geschichte mit einem Höhepunkt in der Reformation. Auch wurde sie durch Antisemitismus kompromittiert, weil die Leitvorstellung eines homogenen Volkes Minderheiten ausschloss. Nach 1945 entstand eine neue Geschichtstheologie in Heidelberg im Umkreis von Gerhard v. Rad, der gegen die nationalsozialistischen Christen das Alte Testament als jüdisches Erbe verteidigt hatte. Das Alte Testament erzählt von den großen Taten Gottes, es spürt Gott in der Geschichte in ihren Katastrophen und Rettungen nach. Der führende Kopf in diesem Kreis war Wolfhart Pannenberg. Sein Konzept ist betont universal- und nicht nationalgeschichtlich. Christus ist für ihn der Schlüssel für das Verständnis der Universalgeschichte.[179] Wenn schon Geschichtstheologie, dann konnte nur die Universalgeschichte Offenbarung Gottes sein, also die Geschichte aller Völker, nicht die eines einzelnen Volks.

Halten wir fest: Alle drei Typen von Hermeneutik sind, sofern es sich um exorzistische Hermeneutiken handelt, gescheitert. Die Austreibung der Religion aus dem Christentum bei D. Bonhoeffer wirkt aus heutiger Sicht wie ein verzweifelter Versuch, das Christentum als etwas ganz Anderes als die anderen Religionen darzustellen. Im Zeitalter eines intensivierten interreligiösen Dialogs und einer interkulturellen Theologie ist solch ein Programm weltfremd.

Die Austreibung des Jüdischen aus dem Christentum ist frevelhaft. Sie nimmt dem Christentum ein Stück seiner Identität, denn es ist aus dem Judentum hervorgegangen. In den deutschen Kirchen hat dieses hermeneutische Programm dadurch, dass es seine Herkunft in einen Emanzipationsvorgang aus dem Judentum uminterpretierte, dazu beigetragen, das Gift des Antisemitismus zu verbreiten. Sie wurden so mitschuldig am Holocaust.

Auch eine Austreibung des Mythischen aus dem christlichen Glauben ist unmöglich, denn die Bilderwelt der Religion ist mythisch. R. Bultmann will aber den Mythos nicht eliminieren, sondern interpretieren. Er will ihn als Bilderwelt

---

[178] D. Bonhoeffer, Widerstand und Ergebung, 1951.

[179] W. Pannenberg u.a., Offenbarung als Geschichte, 1981; W. Pannenberg, Hermeneutik als Universalgeschichte, ^{3}1979.

deuten, in der eine große Weisheit verborgen ist: Wir werden durch sie mit einem Jenseits unserer Lebenswelt konfrontiert. Der Mythos verleiht der Bibel Texttranszendenz. R Bultmanns Entmythologisierungsprogramm ist insofern nach wie vor aktuell.

4 Das Entmythologisierungsprogramm R. Bultmanns

Wir haben bisher gesehen: R. Bultmanns hermeneutisches Programm war Teil einer Unruhe, die damals den ganzen Protestantismus erfasst hatte und auch in den „Deutschen Christen" lebendig war. Alle suchten nach einer Neuinterpretation der Bibel. Bultmann sah das Problem im Mythos mit seinem dreistöckigen Weltbild aus Himmel, Erde und Unterwelt. Ereignisse im Himmel und in der Unterwelt brechen dabei immer wieder in das irdische Geschehen ein, die sich als Wunder manifestieren. Gleichzeitig ist alles von der apokalyptischen Erwartung einer neuen Welt begrenzt. In diesem Rahmen spielt sich das Drama des Christusmythos ab, mit Beginn in Präexistenz und Inkarnation, mit Erniedrigung als Mensch und Erhöhung Christi zum Herrn über alle Mächte als zentralem Inhalt. Die Zuschauer in diesem Drama werden durch Glauben und Sakramente in dieses Drama einbezogen. Überholt seien in diesem Bühnenstück der Wunderglaube, der Geister- und Dämonenglaube, die Apokalyptik, der Sühnetod, der magische Sakramentsglaube, der Glaube an die leibliche Auferstehung und ein Menschenbild, in dem der Mensch keine Einheit, sondern Tummelplatz fremder Mächte ist. All dies ist für Bultmann „erledigt". Gleichzeitig aber wollte er diese Bilder nicht eliminieren, sondern auf eine verborgene Weisheit hin interpretieren. Wo aber fand Bultmann diese verborgene Weisheit? Was sollte moderne Menschen an dieser Wunder- und Geisterwelt überzeugen?

4.1 Der Transzendenzbezug der Schrift: Die kerygmatische Dimension

Was in diesem Mythos bleibende Geltung hat, ist das Kerygma. Das Kerygma ist das Wort Gottes, in dem Gott dem Menschen begegnet. Es ist ein schöpferisches Wort, das den Menschen mit Christus dem Nichts aussetzt und ihn mit Christus in ein neues Leben ruft. Es zerstört jedes Vertrauen auf Status und Werke, reißt den Menschen aus allen seinen Bezügen heraus. Dabei geschieht ein Umschwung. Jesus ist ins Kerygma oder in das Wort Gottes hinein auferstanden, durch das der Mensch erneuert wird. Er wird ein neues Geschöpf. Weil die Beziehung des Menschen zu Gott durch das Wort bestimmt ist, kann man von Gott nicht in der dritten Person (wie über eine Sache oder über einen Abwesenden) sprechen. Man kann nur zu ihm oder aus ihm heraus sprechen.[180] Die Verkündigung des historischen Jesus gehört nach Bultmann nicht zu diesem Wort Gottes. Entscheidend sei nicht, was der historische Jesus gesagt und getan hat, sondern was Gott durch ihn für alle Zeiten hat sagen wollen. Entscheidend sei allein sein Wort in Kreuz und Auferstehung: das Kerygma.[181]

---

[180] R. BULTMANN, Welchen Sinn hat es von Gott zu reden?, 1925 = GuV I, 26–37.

[181] Einer der Schüler R. Bultmanns, Herbert Braun (1903–1991), wollte auch diesen Transzendenzbezug entmythologisieren: Gott sei Mitmenschlichkeit. Hier gibt es nur eine einzige Transzendenz:

4.2 Der Geschichtsbezug der Schrift: Die historische Dimension

Dieses Wort Gottes ist *performativ* durch das, was es im Menschen bewirkt, ein Maximum, *informativ* dagegen ein Minimum in dem, was es mitteilt: Es berührt diese Welt nur punktuell im historischen Jesus. Mehrere Motive liegen bei Bultmann dieser Reduktion des Geschichtsbezugs zugrunde: Erstens gehört der historische Jesus für ihn nur *zur Vorgeschichte des Kerygmas.* Jesus habe das Gesetz gepredigt und sein Gesetzesverständnis entspräche dem der Propheten des Alten Testaments; erst mit dem Glauben an Kreuz und Auferstehung beginne die christliche Theologie.[182] Zweitens soll der Glaube unabhängig von allen *Hypothesen* über historische Sachverhalte in der Bibel sein. Er soll als unbedingte Zuversicht nicht davon abhängen, was Exegeten heute so und morgen anders sagen; alle Aussagen über den historischen Jesus aber seien hypothetisch. Drittens lehnt Bultmann jede *Geschichtstheologie* ab. Die Geschichte sei nicht Offenbarungsort Gottes, sondern wir erfahren in ihr durch unser Scheitern nur unsere Ferne von Gott.[183] In der Entstehungszeit des Entmythologisierungsprogramms könnte ein viertes Motiv gewesen sein, dass viele Deutsche Christen damals behaupteten, der historische Jesus sei arischer Herkunft gewesen und habe seine Anhänger aus dem Judentum hinausgeführt. Indem Bultmann die Frage nach dem historischen Jesus für theologisch irrelevant erklärte, erklärte er in der damaligen Zeit die Diskussion darüber, ob er jüdischer oder arischer Herkunft war im Grunde für unwichtig. Unabhängig davon aber war für Bultmann alles, was wir vom historischen Jesus wissen, im Rahmen des Judentums zu interpretieren. Jesus war für ihn ein Jude. Christlicher Glaube begann für ihn erst mit Kreuz und Auferstehung, mit der neutestamentlichen Verkündigung *von* Christus. Bultmann hat freilich in seiner 1948–1953 veröffentlichten Theologie des Neuen Testaments zugestanden: Schon die vorösterliche Verkündigung Jesu enthalte implizit eine Christologie. Da diese vorösterliche Verkündigung ganz und gar Judentum ist, ergab sich daraus für mich die Folgerung: Also impliziert das Judentum das Christentum. Warum hat niemand in der Bultmannschule diese Konsequenz gezogen?

4.3 Der Existenzbezug der Schrift: die existenzielle Dimension

Nach dem existenzialistischen Menschenbild hat der Mensch kein vorgegebenes Wesen, das er nur noch erkennen oder entfalten muss; er ist das, wozu er sich selbst bestimmt. Seine Existenz geht seiner Essenz voraus (J.P. Sartre); er ist das Seiende, dem es um sein eigenes Sein geht (M. Heidegger). Im Dasein ist daher ein Imperativ enthalten, den jeder nur für sich beantworten kann: Er soll nicht nur

---

die des anderen Menschen. H. BRAUN, Gesammelte Studien zum Neuen Testament und seiner Umwelt, 1962 ^{3}1971.

[182] Anderseits sagt R. BULTMANN, Jesus, 1926, dass es beim historischen Jesus zu einer echten Begegnung kommen kann, die den Menschen verwandelt.

[183] Auch hier wurde R. Bultmann von noch radikaleren Theologen überholt. FRITZ BURI (1907–1995), Entmythologisierung und Entkerygmatisierung der Theologie, 1952, löste den Glauben von der Geschichte. Das Kerygma der Gnade im Neuen Testament ist für ihn eine zeitlose Symbolik. Das christliche Selbstverständnis lässt sich von seinem historischen Ursprung lösen. Er steht mit dieser Sicht Karl Jaspers nahe, der in den Religionen eine zeitlose Chiffrenschrift sieht, in der sich das „Umgreifende“ zeigt und entzieht.

dahinleben, sondern „eigentlich" leben. Das entscheide sich darin, wie er sich selbst versteht. R. Bultmann griff die Fragestellungen der Existenzphilosophie auf und modifizierte sie in einem theologischen Sinn. In der Suche nach einem erfüllten Leben ist für ihn die Frage nach Gott verborgen. Die Antwort auf diese Frage gebe der Mensch in seinem „Selbstverständnis", d.h. durch die Art und Weise, wie er sein Leben versteht und führt. Ein wichtiger Unterschied zum existenzialistischem Selbstverständnis liegt darin: Der Mensch erlangt sein wahres Leben nicht durch seine Entscheidung, sondern als Geschenk. Bultmann kritisierte den Versuch, sich selbst wahres Leben zu verschaffen, als verfehlte „Eigenmächtigkeit". Wir seien im Zentrum unseres Daseins schlechthin abhängig. Dies sei in vormodernen Zeiten durch den Mythos zum Ausdruck gebracht worden, d.h. in Aussagen über jenseitige Mächte und Ereignisse, in denen man damals menschliche Existenzvollzüge in den Kosmos hineinprojiziert habe. In mythischen Aussagen werde ein Bewusstsein davon aufrechterhalten, dass der Mensch von Transzendenz bestimmt sei.[184] Auch die Apokalyptik interpretierte Bultmann so. Der Dualismus zwischen alter und neuer Welt war für ihn der mythische Ausdruck einer Entscheidungssituation zwischen zwei Existenzformen. Ansatzweise habe schon Paulus und Johannes die Enderwartung auf eine gegenwärtige Entscheidung gedeutet, sodass die Entmythologisierung schon im Neuen Testament beginne.[185]

4.4 Der Sozialbezug der Schrift: die kanonische Dimension

Die Bibel ist für R. Bultmann die Grundlage der kirchlichen Verkündigung, aber er hat wenig Interesse für die sichtbare Seite der Religion, für ihre Riten und Sakramente. Die Ethik wird der Vernunft des Einzelnen überlassen. Die Ökumene ist kein Thema für ihn. Als in der Theologie mit Beginn der 1960er Jahre neue Themen wie politische Theologie, Feminismus, Befreiungstheologie und jüdisch-christlicher Dialog aufkamen, waren die Schüler Bultmanns meist sprachlos, denn sie waren auf diese Themen nicht vorbereitet.

---

[184] Eine erste existenziale Interpretation von Mythen legte ein Schüler R. Bultmanns vor: H. JONAS, Gnosis und spätantiker Geist, 1932.

[185] Als ein Problem wird bei R. Bultmann oft die Abgrenzung zum Judentum empfunden. Judentum und Christentum werden im Sinne von *lex* und *evangelium* einander entgegengesetzt. Jüdisches Existenzverständnis wird dabei zum Paradigma des *homo religiosus*, der sich sein Leben selbst verschaffen will. Das ist weniger ein Antijudaismus als ein Allojudaismus, der sowohl in Bewunderung als auch in Ablehnung des Judentums umschlagen kann: Juden sind das Andere, an dem man die eigene Identität festmacht. Charakteristisch dafür ist Bultmanns Einstellung zum Alten Testament: Es wird von Bultmann als Dokument eines Scheiterns betrachtet (wobei „Scheitern" im Existenzialismus positive Konnotationen hat. Erst im Scheitern des Menschen enthüllt sich nach K. Jaspers die Transzendenz). Das Alte Testament scheitert, weil es das Heil in irdischen Gegebenheiten sucht. Andererseits kann Bultmann den alttestamentlichen Gottesglauben als Entdeckung von Transzendenz positiv würdigen und findet in ihm dasselbe Existenzverständnis wie im Neuen Testament. Vgl. M. OEMING, Bultmann und das Alte Testament, in: Chr. Landmesser (Hrsg.), Bultmann Handbuch, 2017, 301–307. Der Begriff des Allosemitismus stammt von Z. BAUMAN, Allosemitism, 1993.

4.5 Eine zusammenfassende Würdigung

Das beeindruckende Entmythologisierungsprogramm R. Bultmanns hat Lücken und Schwächen: In seinem Zentrum steht die Botschaft von Kreuz und Auferstehung. Aber die Auferstehung ist für ihn nur die Bedeutsamkeit des Kreuzes, denn sie enthält über das Kreuz hinaus im Grunde keine neue Botschaft. Aber selbst wenn man die Osterbotschaft symbolisch als Dichtung interpretiert, muss man sie als Protest gegen den Tod deuten, als eine Revision dessen, was im Kreuz geschah, und keineswegs als Entfaltung dessen, was das Kreuz schon in sich bedeutet. Freilich kann man Bultmanns Entmythologisierungsprogramm auch anders verstehen: Wenn Jesus ins Kerygma auferstanden ist und im Wort Gottes begegnet, dann ist das Kreuz überwunden. Es ist nicht das letzte Wort.

Viele Inhalte neben dem Kerygma von Kreuz und Auferstehung spielen in diesem Entmythologisierungsprogramm keine Rolle. Der Christusmythos mit Menschwerdung und Erhöhung über alle Mächte, die Sakramente mit Taufe und Abendmahl, die Taten Jesu mit Wunderheilungen und Symbolhandlungen, die ethische, eschatologische und poetische Verkündigung Jesu. Selbst wenn alle diese Überlieferungen vom historischen Jesus Dichtungen wären, verlangten sie nach einer Deutung, und zwar im Zusammenhang der gesamten Bilderwelt des Neuen Testaments. Denn unbestreitbar ist: Auch die synoptischen Evangelien mit ihren Überlieferungen vom irdischen Jesus sind ein Teil des Kerygmas.

Immer wieder hat beeindruckt, dass R. Bultmann daran festhält, dass Gott in Christus gehandelt hat. Er vertritt ein personales Gottesverständnis, hält an einem Gott fest, der in der Geschichte handelt. Wenn man konsequent ist, müsste man auch diese Erzählung von einem in der Geschichte handelnden Gottes für mythologisch halten, denn ein „Mythos“ ist eine Erzählung von Göttern. Auch der Monotheismus hat nicht den Mythos überwunden, sondern ihn auf einen einzigen Gott konzentriert. Er hat die narrative Dramatik des Mythos beibehalten, obwohl dieser Gott nicht andere Götter als Partner hat, sondern vor allem Menschen. Die Vorstellung von einem personalen, in der Geschichte handelnden Gott aber ist in der modernen Religionskritik umstritten: Eine Auseinandersetzung mit dieser Religionskritik fehlt bei Bultmann, auch wenn er sein Gottesverständnis so formuliert hat, dass es in einer personalen Beziehungsaufnahme wie zwischen Ich und Du besteht, nicht in einer unpersönlichen Theorie über Gott.

R. Bultmann wahrt das Anliegen der Dialektischen Theologie: Der Glaube ist autonom. Er wird in der Beziehung zu Gott letztlich durch Gott selbst begründet. Diese Autonomie gab ihm Widerstandskraft gegen eine Anpassung an die Gesellschaft, sowohl in der Zeit des Nationalsozialismus als auch später. Weder seine soziale Funktion in der Gesellschaft noch seine kognitive Bedeutung für unser Weltverständnis, weder seine emotionale noch seine motivationale Funktion für das Leben legitimieren ihn, sondern letztlich nur die Beziehungsaufnahme mit Gott. Daher kommt hier alles auf ein Vertrauen in die Selbstevidenz seines Wortes an: In diesem Wort begegnet Gott selbst. In ihm gewinnen wir Kontakt mit ihn. Anders als eine schroffe Offenbarungstheologie sah Bultmann den Menschen jedoch schon als Menschen von der Frage nach Gott bewegt, auch dort, wo er mit dieser Frage scheitert. Man kann sich dies durch ein Gleichnis vom verschollenen Vater veranschaulichen. Viele Menschen haben in Krieg- und Nachkriegszeiten ihre Väter gesucht. Alle Spuren, die er hinterlassen hatte, waren wertvoll, jede direkte und indirekte Nachricht von ihm. Oft scheiterte diese Suche jedoch, und blieb lange eine Ungewissheit, ob er noch lebte. Aber dann, als er selbst begegnete, verblassten alle Spuren, die auf ihn wiesen. Nichts kann die direkte Begegnung mit ihm ersetzen. Alle Indizien, die man einst für seine Existenz hatte, werden dann unwichtig. Aber sie sind es nicht. Ohne die Suche nach ihm, ohne das Scheitern dabei wäre die Begegnung mit ihm nicht so überwältigend. Genauso deutete R. Bultmann unsere Beziehung zu Gott: Die Suche nach der wahren Existenz des Menschen ist ein Indiz, das auf Gott weist, auch dann, wenn diese Suche strandet und scheitert. Erfüllung bietet allein die Begegnung mit ihm in seinem Wort. Das Anliegen Bultmanns war: Diese Begegnung sollte nicht daran scheitern, dass sie sich einst in mythischen Bildern vollzog.

Das Anliegen einer Autonomie des Glaubens ist unabhängig von dem zeitgeschichtlichen Kontext eine Zentralfrage für alle Zeiten. In der NS-Zeit hat die Erneuerung dieser Autonomie dem Glauben Widerstandskraft gegen den Nationalsozialismus gegeben. Damals war es die Dialektische Theologie, in der diese Autonomie wiederentdeckt wurde. Aber in anderer Weise hat auch D.F. Schleiermacher die Autonomie des Glaubens entdeckt: Zwischen Metaphysik und Moral ist Religion als Erleben des Universums in Anschauung und Gefühl eine autonome Region. Es spricht nichts dagegen, die Autonomie von Religion und Glauben sowohl offenbarungstheologisch „von oben" als auch erfahrungstheologisch „von unten" zu begründen; denn religiöse Erfahrung ist subjektiv erlebte Offenbarung, Offenbarung objektive religiöse Erfahrung. In der modernen Gesellschaft aber, in der alle Lebensbereiche eine Tendenz entwickeln, sich autonom zu organisieren, ist es für die Religion eine Existenzfrage, sich autonom zu begründen. Nur dadurch wird sie zu einer eigenständigen Stimme in der modernen Gesellschaft. Was sie aber autonom aus sich heraus entfaltet, muss sie für alle verständlich machen. Dies war das Anliegen R. Bultmanns.

Bleibendes Verdienst des Entmythologisierungsprogramms ist, dass es vielen Christen eine große Freiheit im Umgang mit der Bibel gegeben hat. Das Programm hat jedoch auch Mängel. Es hat zwar die Notwendigkeit einer radikal neuen Interpretation der religiösen Bilder und Symbole in der Bibel gesehen, diese Bilder aber nur teilweise interpretiert. Es stellte Kreuz und Auferstehung ins Zentrum, aber daneben verblasste die bunte Bilder- und Erzählwelt der Bibel, die noch sehr viel mehr umfasst, z.B. den Exodus Israels aus der ägyptischen Sklaverei und die Gesetzgebung am Sinai, den Einzug ins gelobte Land, auch Exil und Rückkehr dorthin, dazu die prophetische Sozialkritik und viele weisheitliche Maximen. R. Bultmann deutete ferner die biblische Bilderwelt nur auf die individuelle Existenz des Menschen. Er analysierte dessen Existenz einseitig: Aggression und Sexualität, religiöse und mystische Erfahrung spielen in seiner existenzialen Interpretation des Neuen Testaments keine Rolle. Unterbelichtet blieb auch die soziale Dimension aller religiösen Bilder und Riten. Die Bibel zeugt vom Hunger und Durst nach Gerechtigkeit in einer sich wandelnden Welt. Davon spürt man wenig bei R. Bultmann. Die kosmische Dimension des biblischen Glaubens blieb undeutlich: Alle Religionen wollen dem Menschen einen Platz in diesem Universum zuweisen. Das tut auch die biblische Erzählung von der

Schöpfung bis zum Weltende. Wir haben das Vertrauen in solche universalen Platzanweisungen zwar verloren. Aber diese kosmischen Bilder motivieren uns nach wie vor, nach solch einem Platz Ausschau zu halten.

Dennoch sei betont: Die Konzentration auf das eine Kerygma von Kreuz und Auferstehung trifft ins Zentrum des Neuen Testaments. Dessen Auslegung wird bei R. Bultmann von einer Glut von innen erleuchtet, durch die sie nach wie vor fasziniert. Denn er hat eines erkannt: Die Bibel kommt erst dort zu ihrem Ziel, wenn ihre Texte transparent für Gott werden und den Kontakt des Menschen mit Gott ermöglichen. Theologische Texttranszendenz ist das Entscheidende, verbunden mit einer existenzialen Tiefentransparenz, die das Leben durchleuchtet. Was Bultmann über dieses Leben im Rahmen einer existenzialen Interpretation sagt, lässt sich durch psychologische Exegese oft noch differenzierter und realitätsnäher analysieren. Dies schließt eine vertiefende philosophische Gesamtinterpretation nicht aus, die das menschliche Leben als eine Konfrontation mit der Wirklichkeit überhaupt deutet. Die soziale Dimension unserer Existenz hat die existenziale Hermeneutik zwar *explizit* zu wenig im Blick, weder unsere Existenz in der Gesellschaft noch in der Kirche. Doch sollte man nie vergessen: Der Entstehungskontext dieser Hermeneutik war Widerstand gegen Unrecht und Gewalt, Widerstand gegen die nationalen Verirrungen des Christentums. *Implizit* ist die soziale Dimension des christlichen Glaubens in überzeugender Weise präsent. Insgesamt kann man daher sagen: Die existenziale Hermeneutik will die doppelte Texttranszendenz biblischer Texte zum Leuchten bringen. Wo das Kerygma in den Texten vernommen wird, werden sie theologisch transparent. Wo es bis in die Tiefe hinein das menschliche Leben „existenziell" verwandelt, gewinnen sie eine humane Transparenz.

5 Das konflikthermeneutische Programm – P. Ricœur und seine theologische Rezeption[186]

Als Neutestamentler in den frühen 1970er Jahren begannen, mit psychologischen und soziologischen Fragestellungen die Bibel auszulegen, wurde ihnen von vielen Seiten signalisiert, diese Fragestellungen seien mit theologischem Verstehen unvereinbar. Richtig ist: Psychologie und Soziologie können den Sinngehalt der Texte durch Religionskritik destruieren. Ich stieß auf dieses Problem 1974, als ich urchristliche Wundergeschichten in der Nachfolge L. Feuerbachs als Ausdruck des menschlichen Wunsches nach Leben und den Wunderglauben mit S. Freud als Regression auf eine kindliche Wunschwelt deutete.[187] Damals fand ich in den Schriften P. Ricœurs einen Gedanken, der mich faszinierte: Der hermeneutische Konflikt zwischen destruktivem Erklären und bewahrendem Verstehen ist ein Zeichen unserer Zeit. Kein moderner Mensch kann ihm entrinnen. In ihm liegt sogar eine Chance. Ich zitierte P. Ricœur mit folgenden Worten:

> „P. Ricœur ist grundsätzlich zuzustimmen: ‚Die reduzierende Hermeneutik ist heute kein privates Ereignis mehr, sondern ein öffentlicher Vorgang, ein Kulturphänomen; ob wir sie nun Entmythologisierung nennen, wenn sie sich innerhalb einer gegebenen Religion entfaltet, oder Entmystifizierung, wenn sie von außen kommt – immer handelt es sich um dasselbe: um den Tod des metaphysischen und religiösen Objekts. Der Freudianismus ist einer Wege dieses Todes […] Wir können die Zeichen des Absolut-Anderen heute nicht mehr anders – und dies ist unsere Ohnmacht und vielleicht unsere Chance und unser Glück – denn durch die Unbarmherzigkeit der reduzierenden Hermeneutik lesen und verstehen‘."[188]

Ricœur brachte mit großer intellektueller Offenheit ein Grundproblem von Exegese und Theologie auf den Begriff des „hermeneutischen Konflikts". Er formulierte damit eine allgemeine Hermeneutik des religionskritischen Verdachts. Sie kritisiert nicht nur dies oder jenes in der Religion, sondern die Religion überhaupt. Umso erstaunlicher ist, dass in der Rezeption von Ricœur in Deutschland der hermeneutische Konflikt kaum eine Rolle spielte. Hatte ich ihn missverstanden? Drei Thesen seien dazu formuliert:

Erstens: Der hermeneutische Konflikt zwischen einer reduzierenden und bewahrenden Hermeneutik ist ein Grundthema von Ricœurs Denken. Mit ihm hat er das wichtigste Problem gegenwärtiger Religionshermeneutik getroffen.

Zweitens: Wo sich deutschsprachige theologische Hermeneutiken auf Ricœur beziehen, wird der hermeneutische Konflikt ausgeblendet, umgedeutet oder die Berechtigung humanwissenschaftlicher Religionskritik bestritten.

---

[186] Vortrag in Straßburg bei einem Symposium der Theologischen Fakultät Strasbourg und Heidelberg am 13./14. Mai 2011. Zuerst veröffentlicht als: Das Verschwinden des hermeneutischen Konflikts. Beobachtungen zur Rezeption von P. Ricoeur in der deutschsprachigen theologischen Hermeneutik, EvTh 73 (2013) 258–272. Der Aufsatz wurde stark überarbeitet.

[187] G. THEISSEN, Urchristliche Wundergeschichten, 1974, 283–287.

[188] P. RICŒUR, Interpretation, 1969, 542, in G. THEISSEN, Urchristliche Wundergeschichten, 284.

Drittens: Für die Ausblendung des hermeneutischen Konflikts in der deutschsprachigen theologischen Hermeneutik gibt es zwei entgegengesetzte Erklärungen: erstens der Einfluss einer *allgemeinen* Hermeneutik des Vertrauens von H.-G. Gadamer, zweitens die Entstehung *konkreter* Hermeneutiken des Verdachts. Beide Erklärungen lassen sich zwei Generationen der Nachkriegszeit verteilen.

1 Der hermeneutische Konflikt als Grundthema des Denkens von P. Ricœur[189]

Meine erste These ist: Das Grundproblem Ricœurs ist der hermeneutische Konflikt zwischen reduktionistischem Erklären und sinnerhaltendem Verstehen. W. Dilthey deutete den Unterschied zwischen Natur- und Geisteswissenschaften als Unterschied zwischen Erklären und Verstehen. Die Naturwissenschaften *erklären* durch allgemeine Gesetze „von außen" die Natur, die Geisteswissenschaften *verstehen* Ereignisse und Personen der Geschichte „von innen" als individuelle historische Erscheinungen. Versucht man, auch die Geschichte durch allgemeine Gesetze von außen zu deuten, kommt es zu einem Konflikt zwischen beiden Interpretationsweisen. Dieser Konflikt ist seit seinem Frühwerk „Le volontaire et l'involontaire" (1950)[190] ein Grundthema von Ricœur. Wir leben in einer Spannung zwischen den Kausalfaktoren, denen wir unterworfen sind, und dem, worin wir frei sind. Diese Spannung wiederholt sich bei der Interpretation von Texten. Es ist der Konflikt zwischen einer Sicht von außen, die den Sinngehalt von Texten durch Ableitung aus Kausalfaktoren destruiert, und einer Sicht von innen, die der Intention der Texte folgt, zwischen einer kritischen und bewahrenden Hermeneutik, einer Hermeneutik des Verdachts und der Wiederherstellung des Sinns.[191]

Ricœur hat diesen hermeneutischen Konflikt verschärft. Er verschärfte die Religionskritik Seite ebenso wie die bewahrende Religionshermeneutik. In der Religionskritik führte er verschiedene religionskritische Traditionen zusammen, neben der Religionskritik von K. Marx und F. Nietzsche auch diejenige von S. Freud und C. Levy-Strauss. Nietzsche deutete menschliche Gedanken als Ausdruck eines Willens zur Macht. Marx entlarvte sie ideologiekritisch als Ausdruck des Klassenkampfes. Freud entschlüsselte sie als Ausdruck unbewusster Wünsche und Ängste. Levy-Strauss deutete Mythen als Ausdruck unbewusster zeitloser Strukturen. Alle diese Deutungen sind erklärend: Sie erklären Texte aus einer „Ökonomie" der Macht, des Wunsches, der Angst oder universaler Strukturen. Auch der Strukturalismus gehört nach Ricœur zu den erklärenden Verfahren, da er Texte wie naturwissenschaftliche Objekte behandelt und deren Struktur wie in einer chemischen Formel zu erfassen versucht. Auch hier werden die Texte der Intention des Autors und Lesers entrissen. Die strukturalistische Parole vom „Tod des Autors" (R. Barthes) meint: Der Autor verschwindet hinter einer autonom

---

[189] Für mein Verständnis von P. Ricœurs Philosophie stützte ich mich auf die Einführung in sein Denken durch den dänischen Philosophen P. KEMP, Tid og fortaelling, 1995. Eine treffende Zusammenfassung seiner Gedanken ist J. ROHLS, Protestantische Theologie II, 1997, 519f. 696f.

[190] P. RICŒUR, Philosophie de la volonté, 1950. Hier liegt der Schlüssel zu seinem ganzen Werk, vgl. P. KEMP, Tid og fortaelling, 1995, 10–12.

[191] Vgl. J. WERBICK, Was zeigt der Verdacht? 2009.

gewordenen Textwelt. Marxismus, Psychoanalyse und Strukturalismus sagen somit übereinstimmend: Wo wir ein Subjekt annehmen, agieren in Wirklichkeit Triebdynamik, Klassenkonflikt oder Strukturen. Wo wir ein „Ich" voraussetzten, herrscht in Wirklichkeit ein „Es".

Ricœur hat aber nicht nur die Kritik im hermeneutischen Konflikt gesteigert, sondern auch die bewahrende Hermeneutik gestärkt, u.a. durch seine Kritik der existenzialen Interpretation, die zu den Hermeneutiken gehört, die den Sinn der Texte bewahren wollen. Seine Kritik an ihr lautet: Die Bibeltexte sind nicht nur ein existenzieller Aufruf zur Entscheidung, sondern öffnen eine objektive Textwelt, die der Mensch bewohnen und der er sich anvertrauen darf. Dieses Zutrauen zum Text ist ein Erbe der Phänomenologie.[192] Phänomenologie verlangt methodisch, zunächst nur zu beschreiben, was sich als Phänomen von selbst her zeigt, und erst danach zu fragen, unter welchen Bedingungen es entstanden ist und welche Auswirkungen es Kontext hat. Ricœur unterscheidet daher den Sinn der Texte (als *meaning*) und ihre Bedeutung für uns (als *significance*). Diese phänomenologische Grundhaltung bezieht sich bei Ricœur auf ein ganz besonderes Phänomen: auf die Welt der Texte und deren Sinn. Er will vom Sinn der biblischen Texte mehr bewahren als das, was ihre Entmythologisierung übriglässt.

Ricœur begründet seine bewahrende Texthermeneutik einerseits mit einer Theorie der Bildlichkeit, andererseits mit einer Theorie der Erzählung. Beide Theorien überschneiden sich. Denn die großen Bilder liegen uns als Erzählungen vor wie z.B. die „Symbole des Bösen" in der Geschichte vom Sündenfall. Beide Ansätze haben methodisch gemeinsam, dass sie biblische Texte mit literarischen Kategorien betrachten.

Die erste Säule der Hermeneutik Ricœurs ist seine Theorie des Symbols. Er entwickelt sie in Auseinandersetzung mit S. Freud durch Rückgriff auf das teleologische Denken des deutschen Idealismus. Seine wichtigste Erkenntnis ist dabei: Das Symbol verschleiert nicht den Wunsch und entzieht ihn so dem Denken, sondern „das Symbol gibt zu denken". In ihm steckt ein Gehalt, der zu Ende gedacht werden will. Ricœur ist dabei von Hegel inspiriert, der in klare philosophische Gedanken verwandeln wollte, was in Kunst und Religion nur unvollkommen in Form von Anschauung und Vorstellung begegnet – nur, dass Ricœur nicht glaubt, dass dieser Prozess je vollendet sein wird. Wir werden die Bilder der Religion niemals vollständig in Gedanken verwandeln können, aber sollen sie weiterdenken: Das Symbol gibt zu denken. Die Psychoanalyse hat ein vergleichbares Ziel, wenn sie sagt: ‚Wo Es war, soll Ich werden'. Sie will den Menschen nicht auf seine Triebdynamik reduzieren, die sein Handeln unbewusst lenkt, sondern möglich machen, dass er sich wieder als Subjekt und Autor seines Lebens verstehen kann. Dieser Weg zu einem bewussten Subjektwerden erinnert an die „Phänomenologie des Geistes" im Idealismus. Die Ausdrucksformen des Geistes (als Anschauung in der Kunst und Vorstellung in der Religion) weisen auf eine Wahrheit hin, die noch nicht zu sich selbst gekommen ist, aber in der Philosophie sich selbst erkennt – freilich mit einem entscheidenden Unterschied zu Hegel: Das Ziel kann bei Ricœur kein absolutes Wissen sein. Grund dafür ist die Existenz

[192] P. Ricœur hat E. Husserl übersetzt. Dadurch war er mit der Phänomenologie vertraut. Er lehrte 1970–1985 in Chicago neben Mircea Eliade, einem Vertreter der Religionsphänomenologie.

des Bösen. Das Böse trotzt jeder Theodizee und jeder Deutung in einem Gesamtsystem. Daher haben die Symbole des Bösen[193] bei Ricœur für die Erkenntnis einen privilegierten Rang: Sie lassen sich nicht in Gedanken auflösen, aber gerade sie geben viel zu denken.[194]

Die zweite Säule der Hermeneutik Ricœurs ist seine Theorie der Erzählung. Er entwickelt eine narrative Geschichtstheorie in Auseinandersetzung mit einem unhistorisch denkenden Strukturalismus und setzt sich dabei mit der strukturalistischen Religionskritik auseinander. Der Strukturalismus deutet religiöse Symbole als Niederschlag zeitloser Strukturen. Diese Strukturen übernehmen die Rolle des Subjekts. Deswegen konnte die Devise vom „Tod des Autors" ausgegeben werden. Diese strukturalistische Abwertung des Subjekts weist Ricœur durch seine Theorie der Erzählung zurück. Wir leben nicht in zeitlosen Strukturen, sondern in einer Geschichte, die wir uns durch „Erzählen" aneignen. Geschichtsbewusstsein in Form von Erzählungen macht uns zum Subjekt und „Autor" unseres Lebens. Der Strukturalismus basiere (bei C. Lévy-Strauss) dagegen auf der Untersuchung schriftloser Völker ohne Geschichtsbewusstsein. Für diese Völker könne man die These vom Primat der Synchronie über die Diachronie vertreten. Aber die schriftlichen Quellen der Geschichtswissenschaft seien ebenso wie die biblischen Texte geschichtlich. Sie zeugen von sinnstiftenden Ereignissen und interpretieren sie. Unverkennbar ist das beim Alten Testament. Sein Inhalt entspricht keinem zeitlosen strukturalen, sondern einem geschichtlichen narrativen Denken.

Dies gilt nicht nur für die Geschichte Israels, sondern für die Geschichte überhaupt. Das entwickelte der späte Ricœur in: „Le temps et récit" (1983–1985)[195] als eine umfassende narrative Geschichtstheorie: Die historische Zeit sei eine Vermittlung zwischen der physikalischen Zeit, die wir naturwissenschaftlich erklären, und der existenziellen Zeit, die wir subjektiv erleben. Gegenstand historischen Erklärens seien drei Sachverhalte: (1) die *Chronologie*, die auf physikalischen Sachverhalten basiert wie dem Umlauf der Erde um die Sonne und dem Kreisen des Sternenhimmels. (2) Die *Generationenfolge*, die auf einem biologischen Sachverhalt basiert, der Regenerativität und Sterblichkeit des Menschen. (3) Die *archäologischen Relikte* als Spuren der Vergangenheit, die als kulturelle Artefakte (auch in Form von Manuskripten) physisch erhalten sind. Alle diese objektiven Sachverhalte werden vom Menschen historisch gedeutet und dabei mit fiktionaler Phantasie belebt. Ein bestimmtes, physikalisch messbares Jahr wird durch menschliche Interpretation zum Ausgangspunkt der Zeitrechnung *ab urbe condita* oder *post Christum natum*. Erzählt wird von ihm mit legendarischen Motiven, z.B. einem Stern, der die Weisen nach Bethlehem führte. Die Folge der Generationen führt zu Epocheneinteilungen in der Geschichtswissenschaft, die ein fiktives Element enthalten, wo Epochen abgegrenzt werden. Niemand kann

---

193 P. RICŒUR, Symbolik des Bösen, 1960.

194 Die Symbole des Bösen weisen letztlich nach vorne auf Symbole des Heils: auf eine Eschatologie. Aber auf dem Weg dahin müssen sie durch Reflexion weiterentwickelt werden.

195 P. RICŒUR, Zeit und Erzählung, Bd. 1: Zeit und historische Erzählung (1983); Zeit und Erzählung, Bd. 2: Zeit und literarische Erzählung (1984), Zeit und Erzählung, Bd. 3: Die erzählte Zeit (1985). Zum Verständnis von „Le temps et récit" vgl. P. KEMP, Tid of fortaelling, 34–101.

genau sagen, an welchem Jahr die Neuzeit begann: Soll man sie mit der „Entdeckung“ Amerikas durch Kolumbus datieren oder mit der Überwindung des geozentrischen Weltbildes durch Kopernikus? Die physischen Spuren der Vergangenheit in Form kultureller Artefakte sind zwar real, aber auch sie müssen von unserer Imagination belebt werden wie z.B. eine Burgruine durch unser Wissen von der mittelalterlichen Ritterwelt. Die historische Zeit ist erzählte Zeit. Erst durch ein von fiktionalen Motiven belebtes historisches Erzählen wird die physikalische Zeit zu einer menschlichen Zeit, die wir als sinnvoll erleben und als unsere Geschichte fortschreiben. Die historische Zeit ist daher eine Vermittlung zwischen der objektiven physikalischen Zeit und der subjektiven existenziellen Zeit. Entscheidend ist: Erzählungen strukturieren die objektive Zeit und ermöglichen uns, dass wir uns als geschichtliche Subjekte in dieser Zeit erfahren. Auch gegenüber dem Strukturalismus betont Ricœur somit: Wo Es war, soll Ich werden. Wo einmal nur Strukturen wirkten, sollen sich Menschen als Subjekte erleben und verstehen.[196]

Ricœur verschärft bewusst den hermeneutischen Konflikt. Einerseits kombiniert er verschiedene religionskritische Ansätze und radikalisiert so die Religionskritik. Andererseits steigert er die Sinnerwartung an religiöse Texte, indem er ihren verborgenen Sinn auch in fiktionalen Motiven weiterdenkt. Das Verstehen der Bibel muss durch diesen verschärften Konflikt hindurch. Die in Konflikt stehenden Hermeneutiken verlagern beide den Sinn der Texte jenseits des Subjekts: die kritische Hermeneutik in die „Ökonomie“ von Macht, Angst, Wunsch und Struktur, die bewahrende Hermeneutik in eine Transzendenz jenseits unserer Lebenswelt, das als Kerygma in unsere Lebenswelt einbricht. Die kritische Hermeneutik betreibt eine *Archäologie des Sinns*, um dessen Ursprung in den unbewussten Tiefen des Lebens „auszugraben“, die bewahrende Hermeneutik sucht nach einer *Teleologie des Sinns*, die in die Zukunft weist. Sie folgt den Anregungen der Symbole, sie kritisch weiterzudenken und die in ihnen verborgene Weisheit zu entschlüsseln.

Für Ricœur ist die kritische Hermeneutik genauso notwendig wie die bewahrende Hermeneutik. Das „Ja“ zu den religiösen Texten der Vergangenheit muss durch ein „Nein“ hindurch. Die kritische Hermeneutik führt zu einer Distanzierung vom Text, der auch ein Gewinn ist. Der Leser erhält durch Distanz größere Freiheit. Das „Ja“ zum Sinngehalt des Textes ist nach einem vorherigen „Nein“ kein Verharren in der Tradition aufgrund von Gewohnheit, sondern ein freier Akt. Der Leser kommt durch Kritik der in religiösen Symbolen verborgenen Wahrheit näher. Fast könnte man den Eindruck haben, als habe der frühe Ricœur davon geträumt, wie Descartes durch ein Zu-Ende-Denken der Kritik zu einer letzten Gewissheit zu gelangen. So entdeckte Ricœur mitten in der Religionskritik die Spuren der religiösen Wahrheit – etwa in Freuds Vertrauen in die Kraft der mythischen Bilder von Ödipus oder von Mose. Gerade deshalb sei betont: Ricœur verzichtet bewusst auf solch eine letzte Gewissheit. Er will Glauben und Religion

---

[196] P. Ricœur wird als Vertreter des Strukturalismus kritisiert von PH.F. ESLER, New Testament Theology, 2005, 111–116. Das Gesamtwerk P. Ricœurs zielt aber eher auf eine Kritik des Strukturalismus und der Entmündigung des Menschen als Autor und Verstehender.

philosophisch nicht so begründen, dass sie jedem einleuchten. Nach seiner Vorstellung kann die Philosophie die vorgegebene Symbolwelt der Religion nur nachträglich deuten. Diese Symbolwelt wird nicht aus einem zeitlosen Subjekt abgeleitet, sondern umgekehrt, das Subjekt aus dieser symbolischen und narrativen Welt.

Fassen wir die wichtigsten Punkte des konflikthermeneutischen Programms zusammen: Der hermeneutische Konflikt wird bei Ricœur nicht dadurch gelöst, dass sich die eine Seite des Konflikts gegen die andere durchsetzt. Beide Seiten des Konflikts werden vielmehr innerhalb seiner *Theorie des Symbols* in einer Bewegung von einer regressiven Archäologie des Sinns hin zu einer progressiven Teleologie des Denkens zusammengeführt. Das Ziel ist: ‚Wo Es war, soll Ich werden'. Innerhalb seiner *Theorie der Erzählung* wird analog der Widerspruch zwischen der objektiv gemessenen Zeit und der existenzial erlebten Zeit durch die historische Erzählung überbrückt, die es Menschen ermöglicht, sich als Subjekte zu verstehen. Durch die Erzählung ihrer Geschichte wissen sie, wer sie sind und was sie zu tun haben. Auch hier gilt: ‚Wo Es war, soll Ich werden'. Verstehen vollzieht sich dabei immer auch durch Distanzierung von den Texten, die am Ende aber deren Verstehen vertieft. Die Distanzierung ist letztlich ein Gewinn. Dieser „hermeneutische Konflikt" prägt das Lebenswerk Ricœurs. Wenn man sich mit ihm beschäftigt, muss man auf dieses Thema stoßen.

2 Die Ausblendung des hermeneutischen Konflikts in der deutschsprachigen theologischen Rezeption

Meine zweite These ist: Ricœur wurde in der deutschsprachigen theologischen Hermeneutik nur mit seiner bewahrenden Hermeneutik rezipiert, nicht aber mit seiner kritischen Hermeneutik, selbst dort nicht, wo es von der Sache her notwendig war. Dies zeigen die neutestamentlichen Hermeneutiken von Peter Stuhlmacher, Hans Weder und Klaus Berger, ferner systematisch-theologische Beiträge von Ulrich H.J. Körtner und Ingo U. Dalferth.[197]

P. Stuhlmacher hat 1979 eine „Hermeneutik des Einverständnisses" vorgelegt, deren wichtigste Aussage ist, dass wir Bibeltexte am besten verstehen, wenn wir von ihrer Wahrheit überzeugt sind.[198] Seine Geschichte der Hermeneutik schließt mit Ricœur.[199] Das Stichwort „hermeneutischer Konflikt" fehlt. Es klingt nur vage in einer Formulierung nach:

> „Statt sich auf ein vorgängiges Einverständnis dessen, was Transzendenz und das Sein jenseits von Raum und Zeit sind, abstützen zu können, muß in der Gegenwart überhaupt erst wieder ausgemacht werden, was Transzendenz und ewiges Sein sind, und zwar durch eine genaue Analyse der Sinnabsichten der überlieferten Rede von Transzendenz und überweltlichem Sein."[200]

---

[197] Alle drei Hermeneutiker kommen vermittelt durch ihre Lehrer aus der Schule R. Bultmanns – P. Stuhlmacher durch Ernst Käsemann, H. Weder durch Ernst Fuchs, U. Körtner durch Dieter Lührmann, I. Dalferth durch Eberhard Jüngel.

[198] P. STUHLMACHER, Verstehen, 1979.

[199] P. STUHLMACHER, Verstehen, 1979, 201–204.

[200] P. STUHLMACHER, Verstehen, 1979, 202.

Der letzte Satz müsste im Sinne Ricœurs erweitert werden: Was Transzendenz ist, muss nicht nur durch Auslegung des Sinns religiöser Texte erfasst werden, sondern auch durch Religionskritik. Stuhlmacher bezieht sich nur auf die positive Seite des hermeneutischen Konflikts. Seine Hermeneutik zielt auf ein Einverständnis ohne den vorherigen Durchgang durch Kritik und Zweifel.

Das zweite Beispiel ist H. Weder, der in seiner „Neutestamentlichen Hermeneutik" von 1986 die Fremdheit des Bibeltextes durch seine Sprachkraft überwinden will. Er hat Sinn für die Unvermeidbarkeit eines „Neins" zu den Bibeltexten vor einem „Ja". Sein Literaturverzeichnis nennt fünf Veröffentlichungen von Ricœur,[201] darunter auch die Aufsatzbände zum „Konflikt der Interpretationen", aber auch bei ihm fehlt das Stichwort „hermeneutischer Konflikt". Zweimal läge es nahe, diesen Konflikt zu thematisieren. Das erste Mal erwartet man dies in einem Kapitel über die Spannung zwischen Erklären und Verstehen.[202] Weder bezieht sich hier ausdrücklich auf Ricœur, referiert aber nur dessen Kritik an Bultmann.[203] Die Stelle sei zitiert:

„Er [sc. P. Ricœur] kritisiert in diesem Zusammenhang die Gegenüberstellung von Erklären und Verstehen, sofern sich diese Gegenüberstellung verbindet mit der Gegenüberstellung von erklärender Objektivierung und existentiellem Verstehen. Wenn das existentielle Verstehen in diesem Maße gegen die objektivierende Erklärung ausgespielt wird, wie dies in den hermeneutischen Ansätzen von Bultmann und Gadamer der Fall ist, verschwindet – so Ricœur – die Objektivität des Textes aus dem Vorgang des Verstehens."[204]

Zwar unterscheidet Ricœur tatsächlich zwischen Erklären und Verstehen, aber er unterscheidet dabei nicht die Objektivität des Textes und seine subjektive Aneignung im Verstehen. Im Gegenteil, Ricœur spricht von zwei Stufen des Verstehens: einer ersten, welches die Objektivität des Textsinnes erfasst, einer zweiten, die seine subjektive Bedeutung herausstellt.[205] Das Referat von H. Weder müsste daher korrekt lauten: „Er [sc. P. Ricœur] kritisiert in diesem Zusammenhang die Gegenüberstellung von einem Verstehen des objektiven Textes und einem Verstehen als Aneignung seines Sinnes". Beiden Formen des Verstehens setzt Ricœur das Erklären entgegen, das auch Religionskritik umfasst. Von Religionskritik (bei Marx, Nietzsche und Freud) findet sich bei Weder kein Wort.

Die zweite Stelle, an der man eine Bezugnahme auf Ricœur erwarten könnte, ist das beeindruckende „Gleichnis vom fremden Gast",[206] mit dem Weder am

---

201 P. RICŒUR, Biblische Hermeneutik; ders., Hermeneutik und Strukturalismus, 1973; ders., Hermeneutik und Psychoanalyse, 1974; ders., La metaphore vive, 1975; ders., Stellung und Funktion der Metapher.

202 H. WEDER, Hermeneutik, 1986, 108–136.

203 Aus dessen Vorwort zu R. Bultmanns Buch: „Jesus Christus und die Mythologie", in: P. RICŒUR, Hermeneutik und Strukturalismus, 1973, 175–198.

204 H. WEDER, Hermeneutik, 1986, 118.

205 P. RICŒUR, Vorwort zu Rudolf Bultmanns *Jesus* (1926), 194: Danach „sind vielmehr zwei Stufen des Verstehens zu unterscheiden: die Stufe des ‚Sinns' [...] und die Stufe der ‚Bedeutung', die das Moment der Übernahme des Sinns durch den Leser, d.h. das Wirksamwerden des Sinns in der Existenz, darstellt. Der Vorgang des Verstehens in seiner vollen Ausdehnung geht aus vom idealen Sinn und führt zur existentiellen Bedeutung hin." S. 195 spricht Ricœur von der „Aufgabe einer Theorie der Interpretation, diese zwei Momente des Verstehens zu einem einzigen Prozeß zusammenzufassen".

206 H. WEDER, Hermeneutik, 428–435.

Ende seines Buches seine Hermeneutik anschaulich zusammenfasst: Die Bibel steht als ein fremder Gast vor der Tür und wird zunächst vom Leser abgewiesen. Dann wird er eingelassen, aber auf das moderne Wirklichkeitsverständnis reduziert, wonach die Welt ein in sich geschlossener Kausalzusammenhang ist, in dem der Mensch sich selbst verwirklichen muss. In dieser Situation ergreift die historisch-kritische Methode Partei für den fremden Gast. Sie hilft ihm, dass er seine eigene Geschichte erzählen kann. Sie zeigt: Das neutestamentliche Wirklichkeitsverständnis ist mythisch. Die Welt ist offen für Gottes Handeln, der sich an einer Stelle in ihr inkarniert hat. Der Mensch ist nicht autonom, sondern in seinem Heil von Gott abhängig. Die einheimischen Selbstverständlichkeiten werden durch diese fremde Botschaft erschüttert. Der Mensch steht vor der Wahl, sein Leben in Autonomie zu verwirklichen oder als Geschenk zu verstehen. Handelt es sich hier nicht um Ricœurs hermeneutischen Konflikt? Gewiss, nur sieht die Konfliktlösung anders aus. Zwischen modernem und neutestamentlichen Selbstverständnis sieht Hans Weder ein schroffes Entweder-Oder: Entweder führt man ein Leben in Autonomie oder in Rezeptivität! Dass wir mit Hilfe moderner (auf den ersten Blick destruktiver) Methoden der Sozialgeschichte oder der psychologischen Exegese Neues in den biblischen Texten entdecken, vielleicht auch einen Sinn, der existenziell wichtig ist, kommt nicht in den Blick, obwohl Weder im Prinzip für solche neuen Fragestellungen offen ist.

Nur bei einem deutschsprachigen Neutestamentler habe ich eine deutliche Bezugnahme auf den hermeneutischen Konflikt gefunden: K. Berger beruft sich auf ihn, um die Fremdheit der Texte als Notwendigkeit zur Distanzierung von ihnen zu verstehen. Den Gedanken von der Notwendigkeit des hermeneutischen Konflikts greift er jedoch nicht auf. Im Gegenteil, er lehnt psychologische und soziologische Ansätze, die diesen Konflikt hervorrufen, ab.[207] Diese Ausnahme bestätigt die Regel: Ricœur wird entweder einseitig nur mit seiner bewahrenden Hermeneutik rezipiert, oder der hermeneutische Konflikt wird zwar als wichtiges Thema erkannt, aber Psychologie und Soziologie umso heftiger abgelehnt.[208]

Bisher kamen bei der Rezeption von Ricœurs Hermeneutik nur Exegeten zu Wort, jedoch ist Ricœur von Haus aus Philosoph. Zu erwarten wäre daher, dass auch Philosophen und systematische Theologen in Deutschland seine zentrale

---

[207] K. BERGER, Hermeneutik, 1988, 138: Die Fremdheit des Textes führt zu einer notwendigen Distanzierung vom Text, die aber ein Gewinn ist, mit ausdrücklicher Anlehnung an P. RICŒUR, Hermeneutical Function of Distanciation, 1973. Er beruft sich ferner S. 272 auf P. Ricœur, um Ansprüche der Reflexionsphilosophie zurückzuweisen. Das Literaturverzeichnis weist eine reiche Kenntnis der Werke von P. Ricœur nach.

[208] Die evangelikale Presseagentur „idea" berichtet im Heft 7/2003 von einem Vortrag von Klaus Berger mit der Kernaussage, das Herz der Theologie sei krank, „weil man der Gottesfrage, die jeder Text stellt, ausgewichen ist und das Heil stets in der Deutung des Textes durch sachfremde Kriterien und Maßstäbe gesehen hat". Neben der Seelsorge gilt insbesondere die moderne Bibelauslegung als krank: „Die Humanwissenschaften wie die atheistische Anthropologie Heideggers, die Psychologie und die Soziologie, die Religionstheorie und allerlei Philosophien hat man jeweils als Block der Exegese vorgeschaltet, weil man meinte, so endlich wissenschaftlich und modern zu sein".

Thematik des hermeneutischen Konflikts aufgreifen. Jedoch gibt es auch hier fast nur Fehlanzeigen.[209]

Ulrich H.J. Körtner hat 1994 eine ansprechende Hermeneutik des „inspirierten Lesers" entworfen.[210] Ricœur ist für ihn ein wichtiger Gewährsmann für die Verlagerung des Sinns von den Intentionen des Autors *hinter* dem Text zum Leser *vor* dem Text. Auch bei ihm fehlt eine Thematisierung des „hermeneutischen Konflikts".[211] In seiner 2006 erschienenen „Einführung in die theologische Hermeneutik" begegnet zwar das Stichwort, trifft aber nicht das, was Ricœur damit meint:

> „Nach christlichem Verständnis sind Gott und Mensch gemeinsam dem ‚Konflikt der Interpretationen' (Ricœur) ausgesetzt. In diesem Sinne ist eine theologische Hermeneutik, welche die Theodizeefrage offenhält, statt sie durch ein Identitätsdenken stillzustellen, eine Konflikt- und Kontroverswissenschaft. Das hermeneutische Machtstreben wird in ihr durch die Ohnmacht des Gekreuzigten konterkariert."[212]

Die Theodizeefrage als Konflikt zwischen der Güte und Allmacht Gottes findet sich in vormodernen Zeiten schon bei Hiob im Alten Testament. Von ihm ist der moderne hermeneutische Konflikt zwischen Erklären und Verstehen zu unterscheiden. Dieser wurde erst möglich, als Texte religionskritisch interpretiert wurden. Es ist kein Zufall, dass Körtner den hermeneutischen Konflikt in diesem Sinne ausklammert. Er veröffentlichte 1990 eine Abhandlung „Theologie in dürftiger Zeit"[213], in der er die Dürftigkeit der Theologie u.a. am Beispiel meiner Arbeiten illustrierte. 1977 hatte ich soziologische, 1978 religionskritische, 1983 psychologische und 1984 evolutionäre Interpretationsansätze für die Exegese der Bibel vorgelegt und mich dabei auf den hermeneutischen Konflikt von Ricœur berufen.[214] Körtner sah in ihnen keine Antwortversuche auf den hermeneutischen Konflikt in unserer Zeit, sondern Symptome eines theologischen Defizits, weil sich die Theologie hier durch Anleihen aus anderen Wissenschaften erneuern wolle, statt ihrer eigenen Sache zu vertrauen. Sein Argument war: Wenn man

---

[209] M.J. RADEN, Hermeneutik, 1988, brachte z.B. den Unterschied beider Ansätze auf die Formel, Jüngel vertrete eine „Hermeneutik der Entsprechung", P. Ricœur eine „Hermeneutik der Nichtentsprechung". E. Jüngel entwickelte in der Tat eine Offenbarungstheologie, in der Gott in seiner Offenbarung in Christus sich selbst entspricht. Ricœur betont dagegen, dass es in der Bibel eine Sehnsucht nach Entsprechungen gibt, bei der die Erfahrung der Nicht-Entsprechung dominiert: Der Bund wird gebrochen, die Verheißungen gehen nicht in Erfüllung. – Es geht hier aber nicht um den hermeneutischen Konflikt zwischen einer religionskritischen und einer religionsbewahrenden Deutung Gottes. Der Deutung der Bibel als Offenbarung müsste dann deren Deutung als Ausdruck von Triebdynamik, Sozialdynamik, Machtwillen und unbewussten Strukturen entgegengesetzt werden. Doch davon ist bei M.J. Raden nicht die Rede.

[210] U.H.J. KÖRTNER, Der inspirierte Leser, 1994.

[211] Eine Ausnahme ist der bibliographische Hinweis auf: Hermeneutik und Strukturalismus. Der Konflikt der Interpretationen I, bei U.H.J. KÖRTNER, Der inspirierte Leser, 120 Anm. 23.

[212] U.H.J. KÖRTNER, Einführung in die theologische Hermeneutik, 2006, 44.

[213] Vgl. U.H.J. KÖRTNER, Theologie in dürftiger Zeit, 1990.

[214] Ich habe mich wiederholt auf den „hermeneutischen Konflikt" berufen: für soziologische Fragestellungen in G. THEISSEN, Studien zur Soziologie des Urchristentums, ^{2}1983, 51 Anm. 32; 290 Anm. 1; für psychologische Fragestellungen in G. THEISSEN, Psychologische Aspekte paulinischer Theologie, 1983, 63 Anm. 61; für einen evolutionären Ansatz: G. THEISSEN, Biblischer Glaube in evolutionärer Sicht, 1984, 112 Anm. 1.

kurz hintereinander mit so verschiedenen Ansätzen arbeitet, dementierten sie sich gegenseitig, weil ein Versuch den anderen ablöse, ehe er zu Ende gedacht wurde. Man tut Körtner kein Unrecht, wenn man feststellt: Er wollte den hermeneutische Konflikt nicht zu seinem Thema machen. Damit spiegelt er die Einstellung der „Alten Marburger", einem Kreis von Bultmann-Schülern, wider, zu denen er gehört. In der Überzeugung, dass sie die Vertreter moderner Theologie seien, wehrten sie sich oft umso mehr gegen noch modernere Ansätze in der Theologie.[215]

Der Systematische Theologe Ingolf U. Dalferth nennt in seiner 2003 erschienenen „hermeneutischen Religionsphilosophie"[216] Ricœur achtmal. In einem Abschnitt „Kritik und Gegenkritik" bespricht Dalferth die moderne Religionskritik einschließlich der psychoanalytischen Religionskritik.[217] Hier wäre eine Diskussion des „hermeneutischen Konflikts" zu erwarten, zumal eine Anmerkung auf P. Ricœurs „Konflikt der Interpretationen" verweist. Aber es bleibt bei diesem bibliographischen Hinweis – das Stichwort „hermeneutischer Konflikt" wird nicht aufgegriffen.[218]

Weitere Stichproben in deutschsprachigen Hermeneutiken bestätigen diesen Befund: Ricœur wird nur am Rande oder gar nicht erwähnt, – und dies gilt auch für sehr gute Arbeiten. Lediglich Wolfhart Pannenberg greift in seiner dreibändigen Systematischen Theologie (1988–1993) kurz beim Thema Sünde auf ihn zurück.[219] Ein der Hermeneutik gewidmetes „Jahrbuch für Biblische Theologie" aus dem Jahr 1997 schweigt von P. Ricœur und dem hermeneutischen Konflikt.[220] Wenn überhaupt, hat Ricœur durch seine Theorie der Metapher und des Symbols gewirkt, dazu durch Beiträge zur Ethik und Anthropologie. Aber es gibt eine bemerkenswerte Ausnahme: J. Rohls stellt in seiner Geschichte der Protestantischen Theologie die Hermeneutik des Konflikts von P. Ricœur zutreffend dar.[221] Umso mehr stellt sich die Frage: Wie ist es zu erklären, dass Ricœur in der deutschsprachigen theologischen Hermeneutik einseitig oder gar nicht rezipiert wurde?[222]

---

[215] Als Beispiel sei die Ablehnung einer grundsätzlichen Revision des traditionellen christlichen Antijudaismus genannt: G. KLEIN, „Christlicher Antijudaismus" 1982 = G. KLEIN (hrsg. v. Th. Hübner), Vernehmen statt Erklären. Trotz richtiger Bemerkungen dazu, dass Philosemitismus oft in Antisemitismus umschlagen kann, war die Abwertung dieser Revision als „Einschüchterungsversuch" verfehlt.

[216] I.U. DALFERTH, Wirklichkeit, 2003.

[217] I.U. DALFERTH, Wirklichkeit, 2003, 211–218.

[218] In I.U. DALFERTH, Wirklichkeit, 2003, 212 Anm. 18, findet sich nur ein bibliographischer Hinweis auf P. RICŒUR. Interpretation, [2]1976. Sonst interessiert sich U. Dalferth, Wirklichkeit, 196.366.375.505, vor allem für P. RICŒUR, Das Selbst als ein Anderes (franz. 1990), 1996.

[219] W. PANNENBERG, Systematische Theologie I–III, zur Sünde vgl. II, 275.

[220] Biblische Hermeneutik, 1997. Andere Hermeneutiken führen lediglich P. Ricœurs Arbeiten zu Metapher und Symbol an, so z.B. M. OEMING, Hermeneutik, 1998, 110, O. WISCHMEYER, Hermeneutik, 2004. In der erfahrungstheologischen Hermeneutik von J. LAUSTER, Religion als Lebensdeutung, 2005, und der konstruktivistischen Hermeneutik von P. LAMPE, Die Wirklichkeit als Bild, 2006, fehlt der Name Ricœur, obwohl beide Entwürfe Religionskritik im Blick haben.

[221] J. ROHLS, Protestantische Theologie II, 1997, 519f.696f.

[222] Ein anderes Bild zeigt die internationale Rezeption. Vgl. W. JEANROND, Art. Hermeneutik, 1657f; ders., Theological Hermeneutics, 1994. P. Ricœur ist ein wichtiger Gewährsmann bei P. POKORNÝ, Hermeneutics, 2011 (tschechisch 2005). Jedoch geht Pokorný eigene Wege. Der hermeneutische Konflikt spielt auch bei ihm keine Rolle.

3 Zwei Erklärungen für die Ausblendung des hermeneutischen Konflikts: Zu viel Hermeneutik des Vertrauens? Zu viel Hermeneutik des Verdachts?

Dies führt zu meiner dritten These: Das Verschwinden des hermeneutischen Konflikts in der deutschsprachigen Hermeneutik ist durch die Mentalität von zwei Generationen deutscher Intellektueller in der Nachkriegszeit bestimmt. Daher biete ich hier zwei auf den ersten Blick sich widersprechende Erklärungen an – als Ausdruck eines Konflikts, der sich auch als Generationenkonflikt deuten lässt.

Ein erster Erklärungsversuch führt die einseitige Rezeption von Ricœur auf den Einfluss der Hermeneutik von H.-G. Gadamer (1900–2002) zurück. Dessen Grundgedanke war: Durch ihre Wirkungsgeschichte schafft die Tradition selbst die Bedingungen für ihr Verstehens. Sie liefert selbst das Vorverständnis, das zu ihrem Verstehen führt. Daher konnte Gadamer das Vorurteil als Vorverständnis für gelingendes Verstehen rehabilitieren. Wir dürfen uns den Traditionen anvertrauen. Gadamers Entwurf ist eine „Hermeneutik des Vertrauens". Die konservative Atmosphäre im Bannkreis der wirkungsgeschichtlichen Hermeneutik Gadamers ließ den „hermeneutischen Konflikt" verblassen. In seinem Gefolge konnte P. Stuhlmacher (geb. 1932) seine Hermeneutik des Einverständnisses entwerfen. Er beruft sich für sie auf Gadamer, wenn er dessen Hermeneutik mit folgenden Worten zusammenfasst:

> „Will man es ganz knapp formulieren, so signalisiert Gadamer [...] für den Bereich der Hermeneutik und des Verstehens, dass sich eine vom Interpreten bejahte Überlieferung deutlicher, wegweisender und tiefer erschließt als Texte, die man verstehen will, ohne sie inhaltlich zu bejahen. [...] Gadamers wirkungsgeschichtlich reflektierte, auf dem Einverständnis mit der großen sprachlich fixierten Tradition der Menschheitsgeschichte basierende Hermeneutik ist deshalb von so großer Bedeutung für die Theologie, weil sie uns dazu anhält, versunkene Dimensionen kirchlichen Textverständnisses neu zu reflektieren und uns davor zurückhält, einem kritizistischen Wissenschaftsverständnis zu folgen, welches uns die Kommunikation mit der biblischen Sprachgeschichte verwehrt".[223]

Etwas einfacher gesagt, die Berufung auf Gadamer gab Stuhlmacher ein gutes Gewissen, der Tradition ohne Kritik zu vertrauen.

Als Stuhlmacher 1979 seine Hermeneutik veröffentlichte, war Gadamer freilich wegen dieser konservativen Haltung schon einige Zeit vorher durch J. Habermas (geb. 1929) in: „Erkenntnis und Interesse" (1968) kritisiert worden. Dessen Kritik lautete: Als Gegengewicht zum Vertrauen in die Überlieferungsgeschichte sei Ideologiekritik notwendig. Wir seien verpflichtet, überall dort aus der Tradition auszusteigen, wo sie Leid verursacht und Emanzipation verhindert hat. Stuhlmacher erwähnt diese Diskussion mit keinem Wort. Dies muss bewusst geschehen sein, denn kein Intellektueller kam zu jener Zeit an Habermas vorbei, wenn er sich mit Hermeneutik beschäftigte.

Im Übrigen kann man bezweifeln, ob Stuhlmacher Gadamer richtig verstanden hat. Gadamers Position schließt die Möglichkeit von Kritik an der Überlieferung ein. Religionskritik gehört seit der Antike, historische Bibelkritik spätestens

[223] P. Stuhlmacher, Hermeneutik, 1979, 197–201, Zitat dort 200.

seit der Aufklärung zur Wirkungsgeschichte der Religion. Bevor Menschen im 21. Jh. von Religion und Bibel sehr viel verstanden haben, haben sie schon immer so viel verstanden, dass sie nicht in allem mit der Bibel einverstanden sein können. Ricœur hat zwischen Gadamer und Habermas in diesem Sinne vermittelt: Habermas müsse einräumen (was er nie bestritten hat), dass die Kritik immer nur von einer bestimmten historischen Position aus möglich ist und selbst in Tradition eingebettet ist. Auch Kritik und Emanzipation seien daher Teil der Wirkungsgeschichte. Umgekehrt dürfe Gadamer Kritik nicht als Störung des Verstehens betrachten. Kritik distanziere zwar vom Text, aber gerade Distanzierung ermögliche ein neues Selbstverständnis aufgrund des frei angeeigneten Textes.[224] Gadamers Anliegen war in der Tat, Vertrauen in die Tradition wieder herzustellen, nachdem in nationalsozialistischer Zeit so viele Traditionen kompromittiert worden waren.

Ein zweiter Erklärungsversuch für das Verblassen des hermeneutischen Konflikts bei der Rezeption von Ricœur in Deutschland geht in genau entgegengesetzte Richtung. Nicht zu viel Vertrauen in die Tradition, sondern ein vielfältiges neues Misstrauen in die Tradition ließ den *einen* grundsätzlichen Verstehenskonflikt zurücktreten. In der deutschsprachigen Exegese gab es seit 1968 nicht nur einen, sondern viele hermeneutische Konflikte: Konflikte zwischen einer feministischen, befreiungstheologischen und jüdisch-christlichen Exegese auf der einen und der traditionellen Exegese auf der anderen Seite. Es waren keine Konflikte zwischen Erklären und Verstehen, sondern zwischen verschiedenen Formen eines engagierten Verstehens.[225] Die engagierten Lektüren entwickelten eine konkrete „Hermeneutik des Verdachts", beriefen sich dafür aber nicht (oder nur selten) auf die umfassende Hermeneutik des Verdachts von Ricœur. Der Grund dafür ist leicht zu finden. Diese konkreten Hermeneutiken des Verdachts setzten sich für konkrete Gruppen ein, für die Emanzipation von Frauen, die Befreiung Unterdrückter, das Verständnis von Juden und Judentum. Ricœur entwickelte dagegen eine universale Hermeneutik des Verdachts, die der allgemeinen Selbsterkenntnis jedes Menschen dienen soll:

> „Bei Nietzsche wie bei Freud besteht das Problem darin, der List des Willens zur Macht oder der Libido die List der Rätsel-Entzifferung und die differenzierte Kunst des Argwohns entgegenzustellen. Aus dem Selbstbewußtsein soll Selbsterkenntnis werden, d.h. indirekte, mittelbare und argwöhnische Erkenntnis meiner selbst."[226]

Die feministische Exegese wollte in ihrer „Hermeneutik des Verdachts" die patriarchalische Macht von Männern über Frauen entlarven. Die Befreiungstheologie las die Bibel aus der Perspektive von Armen und Unterdrückten gegen eine Auslegungsgeschichte, die sie zur Legitimation von Herrschaft missbraucht hatte. Die jüdisch-christliche Lektüre der Bibel war von dem Verdacht geleitet, dass sie allzu oft antijüdisch ausgelegt worden war. Die allgemeine Problematik, ob religiöse Aussagen Ausdruck eines Willens zur Macht oder von Wünschen ohne Anspruch auf Wahrheit sind, verschwand bei diesen engagierten Lektüren: Das Engagement für eine benachteiligte Gruppe war stärker als die Suche nach

---

[224] P. RICŒUR, Lectures on Ideology and Utopia, 1986. Nach P. KEMP, Tid og fortaelling, 1995, 20.
[225] Vgl. G. THEISSEN, Methodenkonkurrenz und hermeneutischer Konflikt, 1995.
[226] P. RICŒUR, Hermeneutik der Symbole, 1974, 213.

Wahrheit für alle Menschen, die Solidarisierung mit konkreten benachteiligten Gruppen wichtiger als Erkenntnisse, die für alle Menschen gültig sind.

Jedoch ist es zu einfach, die Ausblendung des grundsätzlichen „hermeneutischen Konflikts" bei der Rezeption von Ricœur nur ideengeschichtlich zu erklären. Die Verbreitung von Ideen ist immer auch Ausdruck von sozialen Mentalitäten und historischen Situationen. Man muss daher fragen: Warum konnte Gadamer in Deutschland solch eine große Wirkung erzielen? Eine Antwort ist: Gadamer hat in einem tief irritierten Land das Vertrauen in die Tradition erneuert. Das war eine Wohltat, nachdem so viele kulturelle und religiöse Traditionen durch ihre Verstrickung in den Nationalsozialismus kompromittiert worden waren. Gadamer legte Argumente dafür vor, dass man sich trotz ihres Missbrauchs den großen Traditionen anvertrauen konnte. Seine Hermeneutik war Therapie für eine verunsicherte Generation, die das NS-Reich erlebt hatte. Denn kein Mensch kann ohne Traditionen leben.

Die vielen Hermeneutiken des Verdachts wurden dagegen in Deutschland von einer jüngeren Generation vertreten, die das NS-Reich nicht erlebt hatten, denen aber nachträglich aufgegangen war, dass Traditionen aus dieser Zeit sie oft unbewusst erreicht haben, manchmal durch Lehrer, die ihre Verstrickung in der NS-Zeit verheimlicht hatten. Jedes Mal, wenn aufgedeckt wurde, dass ein Autor, dessen Gedanken man zugestimmt hatte, Nationalsozialist gewesen war, fühlte man sich betrogen. Die Hermeneutiken des Verdachts waren in Deutschland deshalb so aggressiv, weil sie den Abbruch mit den Traditionen aus genau dem Grund verlangten, aus dem die Rehabilitierung der Tradition durch Gadamer therapeutisch gewirkt hatte: Es war der Verdacht, dass in viele Traditionen „braunes Gift" gedrungen war. Wenn Studenten damals skandierten: „Unter den Talaren Muff von tausend Jahren", meinten sie das „Tausendjährige Reich", mit dessen Nachwirkungen sie in Gestalt ihrer Professoren konfrontiert wurden. Deutschland bedurfte einer kritischen Prüfung aller Traditionen. Habermas steht für diese jüngere Generation. Er war 29 Jahre jünger als Gadamer. Die konkreten Hermeneutiken des Verdachts sind durch eine bewusste Auseinandersetzung mit dem Nationalsozialismus geprägt: Bei der jüdisch-christlichen Exegese ist das evident. In ihr wirkt das Trauma der NS-Zeit nach. Beim Feminismus muss man sich dessen bewusst sein, dass der Nationalsozialismus maskulin-chauvinistisch war. Die Befreiungstheologie hat ohnehin ein antifaschistisches Pathos.

Warum aber haben sich die „engagierten Lektüren" nicht mit einer religionskritischen Hermeneutik verbunden, die *allgemein* die Frage stellt, ob Religion generell Ausdruck von Macht, Wunsch und Angst ist? Solch eine allgemeine Religionskritik war damals genauso verbreitet wie heute. Warum rezipierte man in der Auseinandersetzung mit ihr so wenig die allgemeine „Hermeneutik des Konflikts" von Ricœur?

Eine erste Antwort ist: Oft war das moralische Engagement so groß, dass solche allgemeinen kritischen Fragen als Ablenkung vom eigentlichen Ziel betrachtet wurden. Sie galten als Verunsicherung derer, die auf dem richtigen Weg waren. Die von der existenzialen Interpretation geprägte Theologie hatte hier vorgearbeitet. Sie hatte gelehrt: Theologische Wahrheit ist nicht objektive Wahrheit, die unabhängig vom Subjekt gilt, sondern existenzielle Wahrheit, die in persönlicher Entscheidung ergriffen wird. Von daher war in der Theologie eine fahrlässige Bereitschaft vorhanden, Argumente durch Appelle zu ersetzen. Als diese Appelle durch die Umwälzung von 1968 konkret und sozialkritisch wurden, gingen freilich viele Vertreter einer existenzialen Theologie in Opposition zu den neuen Bewegungen.

Eine zweite Antwort ist: Die Relativierung der allgemeinen Frage nach der Wahrheit entsprach der sich ab 1970 verbreitenden postmodernen Mentalität. In ihr gibt es viele Wahrheiten. Dieser Relativismus war nicht nur durch den Historismus bedingt, der rückblickend erkennt: Jede Wahrheit ist kontextbedingt. Er wurde auch durch den Blick nach vorne motiviert: Es schien wichtiger, sich in sozialen Bewegungen zu engagieren, als nach der allgemeinen Wahrheit zu fragen. Als „Wahrheit" galt, was den Zielen des Engagements diente. Der allgemeine Konflikt zwischen Religionshermeneutik und Religionskritik wurde so durch viele partikulare Konflikte ersetzt: Feminismus stand gegen Patriarchalismus, Menschenrechte gegen Rassismus, Philosemitismus gegen Antisemitismus, soziale Gerechtigkeit gegen Ausbeutung, Unabhängigkeit gegen Kolonialismus, Ökologie gegen Umweltzerstörung. Jeder Konflikt wirkte als Plausibilitätsgenerator. Wer sich für ein gerechtes Ziel engagiert, braucht Gewissheit, die sein Handeln trägt. Engagement für eine bessere Welt ist notwendig, aber darf die Frage nach der Wahrheit nicht diskreditieren: Denn die Suche nach ihr verbindet alle Menschen. Ein großes Problem für eine theologische Hermeneutik wurde in dieser postmodernen Zeit daher, wie man die eine Wahrheit in den vielen Wahrheiten findet und das eine Wort in den vielen Wörtern.

Der „hermeneutische Konflikt" zwischen einer kritischen und bewahrenden Hermeneutik bleibt ein Grundthema von Theologie und Religion in unserer Zeit. Die Symbole der Religion müssen im Lichte der Religionskritik weitergedacht werden. Ich wähle drei Beispiele, die man den drei Glaubensartikeln zuordnen kann, um dies zu veranschaulichen. Es handelt sich beim ersten Artikel um die Metapher von Gott dem Vater, beim zweiten Artikel um die Symbolik des Sühnopfers und beim dritten Artikel um die Frage nach universaler Anerkennung der Wahrheit. Die Beispiele veranschaulichen, inwiefern religiöse Symbole in einer „Ökonomie" des Wunsches, der Angst und der Macht verwurzelt sind, aber darüber hinaus Sinn enthalten.

Zur Ökonomie des *Wunsches*: Wenn die Bibel von „Gott dem Vater" spricht, werden in diesem Bild Erfahrungen unbedingter Geborgenheit kodiert. Von ihnen spricht Psalm 131,2: „Fürwahr, meine Seele ist still und ruhig geworden wie ein kleines Kind bei seiner Mutter; wie ein kleines Kind, so ist meine Seele in mir." Hier spricht ein frühkindlicher Wunsch nach Geborgenheit. Der Schmerz des Todes, der Trennung ist fern. Dieser Gott wird im Neuen Testament zum Vater Jesu Christi, der seinen Sohn sterben lässt und durch den Tod hindurch mit ihm verbunden bleibt. Symbole transformieren kindliche Geborgenheit in eine Erziehung zur Realität von Leid und Tod.

Zur Ökonomie der *Angst*: Das Sühnopfer Christi offenbart die barbarische Bereitschaft aller Menschen, andere Menschen für sich zu opfern um des eigenen Lebensgewinns wegen. Die Opfersymbolik deckt die tiefe Angst auf, selbst zum Opfer zu werden, und den Wunsch, anstatt dessen andere zum Opfer zu machen. Wir müssen diese Angst und diese Bereitschaft in uns mit Hilfe einer Archäologie dieser Symbolik aufdecken – ehe wir in einer teleologischen Deutung dieses Symbols ein Zentrum menschlicher Ethik erkennen: den Altruismus, der Nachteile für das eigene Leben in Kauf nimmt, um für andere etwas zu tun und im Extremfall auch den Tod für andere auf sich nimmt. Die Symbole des stellvertretenden Sterbens Christi transformieren die Angst, zum Opfer zu werden, in eine innere Freiheit, seine Kraft, seine Zeit, seine Kompetenzen und im Grenzfall auch sein Leben für andere zu opfern.

Zur Ökonomie der *Macht*: In den Symbolen vom allmächtigen Kyrios, der zum Namen über alle Namen wurde und dem alle Wesen im Himmel, auf Erden und unter der Erde huldigen, steckt ein ungeheurer Machtanspruch. Aber im Philipperhymnus (Phil 2,5–11) handelt es sich um die Erhöhung einer Gestalt aufgrund eines vorhergehenden Totalverzichts auf Macht. Der Präexistente verzichtete auf seinen Status, um die geringste Rolle auf Erden zu übernehmen. Die Hoffnung auf universale Anerkennung dessen, was wahr ist, ist in jedem Wahrheitsanspruch enthalten. Aber menschlich bleibt dieser Wahrheitsanspruch nur unter der Bedingung eines Verzichts auf jede Gewaltausübung zu seiner Durchsetzung. Symbole transformieren hier Absolutheitsansprüche in den Verzicht auf Macht.

Die Vatermetaphorik bringt den *Wunsch* nach Geborgenheit, die Sühnopfersymbol die *Angst* im Konkurrenzkampf des Lebens, die Symbolik der Erhöhung des Gekreuzigten die Sehnsucht nach universaler Anerkennung der Wahrheit ohne *Macht* zum Ausdruck. Die Interpretation dieser Symbole will archäologisch die Dynamik des Lebens aufdecken, aus der diese Symbole entstanden sind, sie will sie gleichzeitig teleologisch auf einen Sinn hin weiterdenken, den sie auch in Zukunft haben können. Diese drei Beispiele mögen genügen, um zu zeigen, dass die Exegese eine Archäologie und eine Teleologie der Symbole, eine kritische und eine bewahrende Hermeneutik verbinden kann. Der in der deutschsprachigen theologischen Hermeneutik kaum beachtete „hermeneutische Konflikt“ Paul Ricœurs könnte der Leitfaden einer zukünftigen Hermeneutik sein. Die durch ihn aufgeworfene Frage ist: Inwiefern gehört Religionskritik zur Religionshermeneutik? Deutschsprachige theologische Hermeneutiken sind in der Regel dieser Frage ausgewichen.

Eine Erkenntnis aber sollte sich durch die Konflikthermeneutik P. Ricœurs durchsetzen: Der hermeneutische Konflikt ist eine Form doppelter Texttranszendenz. Die Archäologie des Sinns führt in die sozialen und psychischen Dimensionen, in denen die religiösen Symbole geprägt wurden, ihre Teleologie aber weist auf ihre theologische Dimension. Der Konflikt zwischen ihnen prägt die Gegenwart: Die Religionskritik ist heute zur allgemeinen Form des Religionsdiskurses geworden. Die Auseinandersetzung mit ihr gehört nicht ins Nebenfach „Apologetik“, das man der praktischen Theologie zuordnet. Sie gehört in die Fundamentaltheologie. Auch Christen vergewissern sich ihres Glaubens heute durch Auseinandersetzung mit religionskritischen Argumenten. Ihnen auszuweichen, wäre Zeichen einer Vitalitätsschwäche der Theologie.

6 Das dialoghermeneutische Programm
U. Luz: Zwischen theologischer Identität und postmoderner Pluralität

Die Wissenschaft hat der Gesellschaft die Zuversicht gegeben, dass wir durch ihre methodische Strenge zu konsensfähigen Erkenntnissen gelangen können. Erfolgreich waren darin vor allem die Naturwissenschaften. Selbst postmoderne Skeptiker vertrauen ihrem Wissen, wenn sie ein Auto steuern oder ein Flugzeug besteigen. Die Geisteswissenschaften erreichen sichere Erkenntnisse nur bei trivialen Fragen. Was Papyrus und Pergament unterscheidet, lässt sich noch relativ exakt beschreiben, was die Sätze bedeuten, die darauf geschrieben sind, ist schwerer zu bestimmen. Je relevanter Texte für das Leben sind, umso mehrdeutiger werden sie. Religiöse Texte sind dunkler als Gebrauchsanweisungen. Die Postmoderne machte aus dieser Not eine Tugend: Sie deutete die Pluralität unvereinbarer Interpretationen als Reichtum, ihre fehlende Objektivität als Entfaltung von Subjektivität, die Skepsis gegenüber der Wahrheit als Verzicht auf Machtansprüche. Postmoderne Überzeugung ist: Eine absolute Wahrheit gibt es nicht. Solche postmoderne Toleranz schützt zwar die Theologie vor allzu rigiden Wahrheitsansprüchen: Wenn der Bereich dessen, was man als wahr aussagen kann, größer als bisher angenommen ist, haben auch die „vormodernen" Aussagen der Theologie eine Chance, und sei es nur als Erinnerung an „große Erzählungen", die heute nicht mehr überzeugen. Andererseits geriet die theologische Bibelhermeneutik durch die Postmoderne in Verlegenheit: Wer in Bibeltexten nach Spuren Gottes sucht, sucht nach Spuren einer absoluten Wahrheit – wie nach einem verborgenen „Schatz im Acker", dessentwegen man alles andere hinzugeben bereit ist.

1 Dialoghermeneutik und Dialektische Theologie

Die 2014 erschienene „Theologische Hermeneutik des Neuen Testaments" von Ulrich Luz stellt sich den Herausforderungen der postmodernen Pluralisierung von Wahrheiten und Methoden. Sie will der Vielfalt der Methoden und Zugänge gerecht werden, gleichzeitig aber den theologischen Anspruch biblischer Texte aufrechterhalten, um nach dem *einen* Wort in den vielen Wörtern zu suchen. Damit setzt sie das Anliegen der Dialektischen Theologie im 20. Jh. in veränderten kulturellen Umfeld im 21. Jh. fort. Während sich bei P. Ricœur mit diesem Anliegen auf den *einen* „hermeneutischen Konflikt" mit der Religionskritik konzentrierte, arbeitet sich U. Luz an *vielen* hermeneutischen Konflikten ab. Denn die neutestamentliche Exegese wurde inzwischen von einer ungewöhnlichen Pluralisierung von Methoden und Ansätzen erfasst. Sie ist nicht nur aufgrund ihrer Unüberschaubarkeit verwirrend, sondern auch, weil sie nicht mehr eindeutig auf ein Zentrum ausgerichtet ist: auf das *eine* Wort in den Wörtern. Wer nach diesem *einen* Wort sucht, lässt sich durch die Vielzahl der Wörter nicht in seiner Suche beirren. U. Luz formuliert in seiner Hermeneutik dazu drei Leitfragen, die diese postmoderne Situation in verschiedenen Bereichen, in *Kirche und Christentum*, im *Leben* und in der *Gottesfrage*, widerspiegeln:

Zur Problematik eines Konsenses in *Kirche und Christentum* stellt er die Frage: „Wie kann man eine Kirche auf eine Bibel bauen, die scheinbar beliebig interpretierbar ist?“[227] Diese Frage wird weniger aus der Perspektive der Kirchenleitung, sondern aus der des Kirchenmitglieds gestellt, das danach fragt: Wie kann die Bibel christliche Identität begründen, die für Menschen mit anderen Überzeugungen verständlich ist? Es geht dabei nicht nur um den innerkirchlichen Konsens, sondern auch um die Verständigung mit Menschen außerhalb der Kirche. Denn die Bibel ist ein Buch aller Menschen. Wenn die Bibel beliebig interpretierbar wäre, würde sie im Religionsdialog nicht mehr ernst genommen werden. Sie würde ihre deutliche Stimme in ihm verlieren. Daher widerspricht U. Luz in seiner Hermeneutik entschieden der postmodernen Auflösung des Autors, des Lesers und des Textes.[228] Er will die identitätsstiftende Stimme der Bibel erhalten, ohne die Spielräume zu leugnen, die Autorenintention, Textwelt und Leserdeutung zulassen. Die Interpretation der Bibel soll ein dialogisches Geschehen zwischen Autor und Leser sein, bei dem sich die Intention des Autors, wie sie im Text erkennbar ist, durchsetzen kann. Nachdem die Postmoderne oft genug den „Tod des Autors“ verkündet hat, wird in dieser Hermeneutik die „Rückkehr des Autors“ begrüßt.[229]

Was die *Lebens*bedeutsamkeit der Bibel angeht, so tritt U. Luz für eine ganzheitliche Bibelinterpretation ein. Damit ist eine Interpretation gemeint, die den ganzen Menschen anspricht und sein Leben prägt. In der griechisch-orthodoxen Hermeneutik spricht man von einer „transformativen“ Schriftlektüre, die das Leben verändert.[230] Daher ist die Hermeneutik von U. Luz in einer für die akademische Theologie ungewöhnlichen Weise offen für engagierte Lektüren der Bibel, bei denen Bibeltexte das Leben verändern wollen, wie z.B. in der Befreiungstheologie, in der feministischen Bibelauslegung oder in der tiefenpsychologischen Exegese. Zu einer ganzheitlichen Bibelinterpretation gehören aber auch Interpretationen in anderen Medien, z.B. in der Musik und der Bildenden Kunst. Die Deutung der Bibel in der Kunst spielt daher eine wichtige, ja exemplarische Rolle in der Bibelhermeneutik von U. Luz. Kunst spricht den ganzen Menschen an. Eine rein akademische Auslegung der Bibel gibt heute vielen Menschen kaum noch verändernde Impulse für ihr ganzes Leben.

Hinsichtlich der *Gottesfrage* ist für U. Luz in einem säkularen Kontext die wichtigste Frage: „Wie kann eine theologische Hermeneutik des Neuen Testaments dazu beitragen, ein neues Verständnis für den zu schaffen, der sein Zentrum ist, nämlich Gott? Wie kann das geschehen in einem kulturellen Kontext, in dem in wachsendem Maße der Glaube an Gott nicht mehr Teil des kulturellen Erbes ist, aus dem die Menschen leben?“[231] Früher konnte man sich auf Gott als einen gemeinsamen Zielpunkt für sein Leben, Erkennen und Handeln berufen.

---

[227] U. LUZ, Theologische Hermeneutik, 2014, 10. Im Original kursiv.

[228] Vgl. auch U. LUZ, Postmoderne Bibelinterpretation, 2018.

[229] F. JANNIDIS U.A. (Hrsg.), Rückkehr des Autors, 1999.

[230] LUZ, Theologische Hermeneutik, 2014, 77f, zur exegetischen, interpretativen und transformativen Ebene der Interpretation bei Theodore Stylianopoulos, bei der es darum geht, „dass der einzelne Mensch sein persönliches Leben im Lichte seiner Schriftlektüre verändert“ (S. 78).

[231] LUZ, Theologische Hermeneutik, 2014, 15. Im Original kursiv.

Heute begegnen wir anstelle des einen und einzigen Gottes einer Fülle „konstruktiver Gottesbilder". Auch das Denken über Gott ist postmodern und pluralistisch geworden. Postmoderne und Dialektische Theologie können sich dabei nach meinem Eindruck ergänzen: Wenn Gott *alleine* absolut ist, ist alles, was auf ihn weist, relativ. Zeichen, die auf das Absolute weisen, verfehlen ihr Ziel, wenn sie sich selbst absolut setzen.

Um diese drei Fragen zu beantworten, entwirft U. Luz eine „Hermeneutik des offenen Dialogs"[232] und verfolgt dabei eine für moderne Gesellschaften charakteristische „Strategie", mit Pluralität umzugehen. In modernen Gesellschaften müssen wir in vielen Bereichen mit Dissens leben. Daher tendieren wir dazu, nur ein Minimum an inhaltlichem Konsens festzuschreiben und uns darauf zu konzentrieren, Verfahrensregeln zu finden, wie man bei Dissens zusammenleben kann. In der Politik ist Demokratie ein erfolgreicher Versuch, Konflikte durch Verfahrensregeln friedlich auszutragen. Durch Wahlen legitimierte Parteien übernehmen als Mehrheit für eine bestimmte Zeit die Regierung. Verfassung und Gesetze schützen die Minderheit, die wieder zur Mehrheit werden kann. Rechtsstaat und Gewaltenteilung sorgen dafür, dass die Machtübertragung an wenige Parteien nicht missbraucht wird. Genauso wichtig wie ein Minimum an inhaltlicher Übereinstimmung ist dabei die formale Einhaltung dieser Regeln. Eine „Hermeneutik des offenen Dialogs" ist ein Versuch, diese typisch moderne Bewältigung von Pluralität im Bereich der Religion und der Bibelexegese zu verwirklichen. Genauso wichtig wie konsensfähige inhaltliche Aussagen sind Leitlinien für Dialoge, in denen man nach konsensfähigen Aussagen sucht.

Dialogfähigkeit hat zwei Voraussetzungen: Einerseits erfordert sie eine Profilierung der christlichen Identität. Wer inhaltlich nichts zu sagen hat, kann zum Dialog nichts beitragen. Eine „offene Kirche" ist daher allein noch kein überzeugendes Programm, wohl aber eine profilierte Kirche, die für alle offen ist. Andererseits setzt Dialogfähigkeit voraus, dass wir diese Identität gegenüber allen vertreten und verständlich machen. Um beiden Aufgaben gerecht zu werden, plädiert U. Luz einerseits für einen *subjektiven* Diskurs, um eine christliche Identität auf der Grundlage der Bibel zu definieren, andererseits für einen *objektiven* Diskurs, um alle Menschen und die ganze Gesellschaft in diesen Diskurs einzubeziehen. Nebeneinander finden wir daher immer wieder Gedanken, die *identitätsorientiert* das glaubende Subjekt zum Thema haben, und Gedanken, die sich *sachorientiert* auf die Texte und deren textinterne und historische Welt richten.

Die Dialektische Theologie, zu deren Grundanliegen sich U. Luz bekennt, hat den subjektiven Identitätsdiskurs mit großem theologischen Nachdruck vertreten, aber einen wichtigen Aspekt vernachlässigt: *Subjektive Identitätsdiskurse* müssen in einer pluralistischen Gesellschaft *intersubjektiv* vermittelt werden. Identität und Alterität bedingen einander. Unsere Identität gewinnt nur dadurch Konturen, dass wir anderen gegenüber darstellen, wer wir sind und worin wir uns von ihnen unterscheiden. Diese intersubjektive Vermittlung von Identität ist Aufgabe der Hermeneutik, die jedoch in der Nachfolge der Dialektischen Theologie programmatisch vernachlässigt wurde. U. Luz kritisiert dies in sehr zurückhaltender

---

[232] LUZ, Theologische Hermeneutik, 2014, 97. Zum dialogischen Charakter dieser Hermeneutik U. LUZ, Schriftprinzip und kirchliche Identität, 2018, bes. 216.

Form. Sein exegetisches Werk, insbesondere die exegetische und wirkungsgeschichtliche Auslegung des Matthäusevangeliums, sein *opus magnum*, bietet hier eine Lösung an: Mit der Dialektischen Theologie sucht er in den Texten das Wort Gottes, das dem Menschen Identität verleiht. In der Wirkungsgeschichte aber zeigt er, dass diese Texte immer wieder anders und neu rezipiert wurden, sodass man zu folgendem Schluss kommt: Der Bibeltext ist für viele Varianten christlicher (und nicht-christlicher) Identität offen. Die Wirkungsgeschichte der Texte schafft Raum für Toleranz. Dieses Bewusstsein führt zur Kritik an etablierten theologischen Traditionen, auch an denjenigen, in denen U. Luz seine Wurzeln hat. Im Folgenden zeichne ich diese Kritik deutlicher nach, als sie in seinem Buch erscheint.

2 Verkündigungs- und Verstehenshermeneutik

Die Dialektische Theologie trat in zwei Varianten auf: als Theologie der Verkündigung bei K. Barth und seinen Anhängern sowie als Theologie des Verstehens bei R. Bultmann. K. Barth vertraute auf die Selbstevidenz des Worts Gottes und weigerte sich, dessen Verstehen durch eine allgemeine Theorie des Verstehens zu erklären. Seine Hermeneutik war eine „Nicht-Hermeneutik".[233] Die durch ihn bewirkte theologische Erneuerung war politisch im „Dritten Reich" ein Segen, aber seine Weigerung, das Verstehen des Wortes Gottes allgemein „verständlich" zu machen, hat später die Kommunikation über Glaubensfragen oft belastet, manchmal sogar zerstört. Ausgeglichen wurden diese kommunikativen Defizite jedoch durch die gleichzeitig von R. Bultmann entwickelte „Theologie des Verstehens": Bultmann entwarf im Unterschied zu K. Barth eine *allgemeine* Hermeneutik für *alle* Texte. Für alle Texte gilt, dass wir sie erst aufgrund eines Lebensverhältnisses zur Sache des Textes verstehen. Man muss philosophieren, um Plato zu verstehen. Man muss von allem Lebendigen angesprochen sein, um Darwins Bedeutung würdigen zu können. Man muss von der Frage nach Gott bewegt sein, um biblische Texte zu verstehen. Möglicherweise war aber auch bei Bultmann die biblische Hermeneutik noch immer das heimliche Modell für jedes Textverstehen. Denn nirgendwo sonst ist das Lebensverhältnis zur Sache so intensiv wie in dieser Beziehung zu Gott. Biblische Hermeneutik ist dadurch etwas Einzigartiges. Sein Schüler G. Ebeling wollte dagegen bewusst eine *allgemeine* Sprachlehre entwerfen, aber vernachlässigte dabei so viele Aspekte der Sprache, die in Sprachphilosophie und Linguistik diskutiert werden, dass seine Sprachlehre im Grunde eine Neuformulierung von Luthers Wort-Gottes-Theologie als allgemeine Hermeneutik ist.

Lange dominierten in der Kirche diese beiden Varianten der Dialektischen Theologie, die Theologie der Verkündigung und des Verstehens. Durch den 1968 sichtbar werdenden Mentalitätswandel aber erlitten sie einen Bruch, der beide

---

[233] U. LUZ, Theologische Hermeneutik, 2014, 95: „Das überzeugendste Argument gegen die Nicht-Hermeneutik von Karl Barth sind m.E. die leeren Kirchen".

Flügel der Dialektischen Theologie in unterschiedlicher Weise traf: Das existenzialtheologisches Paradigma verlor seine Anziehungskraft.[234] Vietnamkrieg, Prager Frühling und die Demokratiedefizite der westlichen Staaten veränderten die Einstellung zu Grundfragen des Lebens. Gesellschaftskritik wurde zum dominierenden Anliegen, die Frage nach sozialer Gerechtigkeit wichtiger als die nach individueller Rechtfertigung, die Hoffnung auf eine bessere Welt motivierender als der existenzielle Appell zum eigentlichen Leben. Unbestreitbar ist: In der Zeit nach 1968 gab es die Hoffnung, dass sich die Welt positiv entwickeln könnte. Griechenland wurde 1981 Mitglied der Europäischen Union, Spanien und Portugal folgten 1986. Alle drei Staaten hatten eine Diktatur überwunden. Höhepunkt dieser positiven Entwicklung war die Beendigung des Kalten Kriegs 1989 und die Demokratisierung der Länder Osteuropas.

Der Bruch von 1968 traf sehr viel mehr die Theologie des Verstehens als die Theologie der Verkündigung. Wer auf die „Selbstevidenz des Wortes“ vertraute, hatte innerlich mehr Distanz zur Gesellschaft als Vertreter einer Hermeneutik, die sich bewusst der modernen Mentalität anpassen wollte, um die Verkündigung gegenwärtig evident zu machen. Die Anhänger Bultmanns reagierten oft allergisch auf die Gesellschaftskritik der jüngeren Generation. Die Anhänger Barths waren dagegen aufgrund ihrer Distanz zur Gesellschaft sozialkritischer eingestellt. Viele von ihnen unterstützten die Befreiungstheologie, die feministische Theologie oder die jüdisch-christliche Revision der Theologie.

Interessant ist: In der Zeit nach 1968 findet man auch bei den Vertretern einer Theologie des Verstehens eine wachsende Distanz zur Gesellschaft, aber weniger in Form eines gesellschaftskritischen Engagements als eines zunehmenden Kulturpessimismus, insbesondere was das Verstehen der Bibel angeht. In der 1986 erschienen Hermeneutik von Hans Weder[235] bleibt der Text ein „fremder Gast“, der wider Erwarten den Gastgeber so beeindruckt, dass er ihn für seine Sache gewinnt. Der Text bringt ein kleines Wunder zustande. Diese Hermeneutik erhebt nicht den Anspruch, eine allgemeine Hermeneutik zu sein, sondern will die implizit in den neutestamentlichen Texten enthaltene Hermeneutik entfalten, ist also im Grunde eine biblische Theologie mit vielen überzeugenden Gedanken. Einen Schritt weiter geht Ulrich H.J. Körtner. Er entwarf 1994[236] eine Hermeneutik des Unverständnisses. Verstehen ereigne sich dadurch, dass der „inspirierte Leser“ die Mauer des Unverständnisses überwindet. Der Bibeltext sei nicht nur fremd, er sei sogar unverständlich. Körtner integrierte damit einerseits einen Grundgedanken der postmodernen Hermeneutik: die Aufwertung der schöpferischen Aktivität des „inspirierten Lesers“, und wurde andererseits der wachsenden Entfremdung zwischen moderner Mentalität und Bibel gerecht. Eine zunehmende Sensibilität für die Distanz der Texte gegenüber unserer Lebenswelt zeichnet beide Hermeneutiken aus. Deren Überwindung ist ein Wunder. Aber darf eine Hermeneutik auf Wunder bauen? Hermeneutik ist nicht Pneumatologie – ist keine Lehre vom Wirken des Heiligen Geistes, der „weht, wo er will“. Hermeneutik will vielmehr Wege zum Verstehen bahnen, die sich methodisch kontrollieren lassen. H.

---

[234] U. Luz, Theologische Hermeneutik, 2014, 38.
[235] H. Weder, Neutestamentliche Hermeneutik, 1986.
[236] U.H.J. Körtner, Der inspirierte Leser, 1994.

Weder und U.H.J. Körtner spiegeln auf jeden Fall eine seit 1968 veränderte hermeneutische Situation: Es schien so, als sei der Bibeltext im Laufe der Säkularisierung zunehmend fremder geworden. Oder entstand dieses Gefühl der Entfremdung nicht auch dadurch, dass man sich programmatisch weigerte, die Texte im Lichte neuer Ansätze zu lesen, die der gewandelten gesellschaftlichen Situation mehr entsprachen?[237]

Im Umkreis einer stärker gesellschaftskritisch eingestellten Theologie entstanden nämlich nach 1968 verschiedene Varianten einer engagierten Hermeneutik der Bibel. Man kann sie auf die Polarität von drei Gruppen zurückführen, die nach Paulus im Christentum vereint sind: Juden und Griechen, Sklaven und Freie, Mann und Frau (Gal 3,28). Erstens entstand eine Exegese im Rahmen des jüdisch-christlichen Dialogs, zweitens eine Exegese als Ausdruck von Befreiungstheologie und drittens eine feministische Exegese. Hier seien jeweils nur wenige Vertreter exemplarisch genannt: Peter von der Osten-Sacken vertrat eine Revision all unserer Urteile über das Judentum im Rahmen der Bibelauslegung.[238] Richard Horsley interpretierte die Jesusbewegung als Freiheitsbewegung.[239] Elisabeth Schüssler-Fiorenza erschloss die Bibel für viele Frauen (und Männer) in neuer Weise.[240] Die von ihnen repräsentierten Bewegungen waren „Umkehrbewegungen" mit gesellschaftskritischer Intention. In diesen Bewegungen war die Bibel kein „fremder Gast", sie wurde als „Verbündeter" entdeckt und kritisch ausgelegt – kritisch gegen eine Auslegungstradition, in denen Antijudaismus, Kapitalismus und Antifeminismus tiefe Spuren hinterlassen hatten.

3 Kultur- und Bibelhermeneutik

Gleichzeitig aber gab es innerhalb der Theologie zu diesen Protestbewegungen eine Gegenbewegung, die gerade die Nähe zwischen Christentum und Kultur betonte und damit gegen die Dialektische Theologie rebellierte.[241] Sie bezog ihre Impulse nicht aus der Bibelhermeneutik, sondern aus einer Kulturhermeneutik, deren Grundthese es war, dass das Christentum die europäische Kultur irreversibel geprägt habe. Die Konstruktion eines Gegensatzes zwischen säkularisierter Kultur und Christentum sei ein falsches Bild, das als Leitbild die Theologie und die Kirche in die Irre führe, weil man die noch immer vorhandenen Nachwirkungen des Christentums in unserer Gesellschaft verkenne. Diese Erneuerung eines liberalen „Kulturprotestantismus" war zunächst ein rein akademisches Unternehmen, das vor allem die eigenen Wurzeln historisch erforschte. Der neue Kulturprotestantismus brachte aber schon früh wichtige Beiträge zur Ethik, musste sich

---

237 U.H.J. Körtner, Theologie in dürftiger Zeit, 1990, 49f, stellte meine sozialgeschichtlichen, psychologischen und evolutionstheoretischen Arbeiten als Symptom einer theologischen Krise dar. Skeptisch gegenüber neueren Ansätzen war auch H. Weder, Kritik am Verdacht, 1996.

238 P. v.d. Osten-Sacken, Evangelium und Tora, 1987.

239 R. Horsley, Jesus and the Powers, 2010.

240 E. Schüssler Fiorenza, In Memory of Her, 1983.

241 So F.-W. Graf, „Der Götze wackelt"? 1986.

doch vor allem in der Ethik zeigen, ob das Christentum allgemeine Spuren hinterlassen hat.[242] Darüber hinaus entstanden erhellende Beiträge zur Theologiegeschichte der Neuzeit, in denen unfaire Urteile über liberale Theologen endlich revidiert wurden.[243] Auch diese Kulturtheologie ist durch einen inneren Widerspruch gekennzeichnet: Sie machte die Nähe des Christentums zur Kultur zu ihrem Programm – in einer Zeit, in der sich die allgemeine Kultur spürbar vom Christentum entfernte. Diese Theologie ist nicht im Gleichklang mit unserer Zeit, sondern ein Gegenprogramm zu ihr, ohne dass sie das wahrhaben will. Sie brachte in den Arbeiten von Jörg Lauster 2005 ein überzeugendes Programm für eine religionshermeneutische Bibellektüre und 2014 eine zusammenfassende Kulturgeschichte des Christentums hervor.[244] Auch an solche Strömungen knüpft U. Luz in seiner Hermeneutik an.

U. Luz konnte aufgrund seines wirkungsgeschichtlichen Ansatzes das kulturhermeneutische Anliegen aufgreifen, aber positiv mit der Bibel verbinden.[245] Schon die Wirkungsgeschichte der Bibel zeigt ihren großen Einfluss in Kirche und Gesellschaft, bei Katholiken und Protestanten, Christen und Nicht-Christen. Sie relativiert das protestantische *sola-scriptura*-Prinzip, indem sie zeigt, dass die Bibel immer im Rahmen einer bestimmten Tradition gelesen und verstanden wurde. Daher lassen sich Schrift und Tradition nicht gegeneinander ausspielen. Die Erforschung der biblischen Wirkungsgeschichte ist im Ansatz ökumenisch: „Wirkungsgeschichtlich reflektierte Hermeneutik richtet sich also gegen alle mithilfe von Textinterpretationen legitimierten Absolutheitsansprüche".[246] Sie lehrt Toleranz – nicht nur zwischen verschiedenen wissenschaftlichen Auslegungen, von denen keine das letzte Wort hat, sondern auch Toleranz gegenüber der Bibelauslegung im gelebten Leben und der Rezeption biblischer Texte in Kunst, Musik und Dichtung. U. Luz hat solch eine wirkungsgeschichtliche Auslegung in seiner Auslegung des Matthäusevangeliums durchgeführt.[247] Sie will die Wirkung der Bibel bewusst machen. Daher plädiert sie anders als die wirkungsgeschichtliche Hermeneutik von H.G. Gadamer nicht für eine „Horizontverschmelzung", sondern für eine „Horizontbegegnung", in der sich die Welt des Textes und des Lesers nicht unbewusst vermischen oder verschmelzen.[248]

---

[242] T. RENDTORFF, Ethik, 1980/1981.

[243] Als Beispiele sei genannt F.W. GRAF, Die Wiederkehr der Götter, 2004.

[244] J. LAUSTER, Religion als Lebensdeutung, 2005; DERS., Die Verzauberung der Welt, 2014.

[245] U. LUZ, Theologische Hermeneutik, 2014, 397–409. Manche Kulturtheologen tendieren zu einer „reinen Religion", die sich von der Bibel freimacht. Die Bibel ist in ihren Augen eine Art „semantischer Naturschutzpark" für Christen, die nicht auf der Höhe der modernen Theologie sind. Bibel und Bibeldidaktik werden hier zu abwertenden Begriffen. W. GRÄB, Die Pluralisierung des Religiösen, 1999, meint S. 197: Bibeldidaktik assoziiere „eher krampfhafte Bemühungen, die Bibel ‚einzubringen', wo es unpassend ist". Später hat sich W. GRÄB, Predigtlehre, 2013, positiver über die Bibel geäußert.

[246] U. LUZ, Theologische Hermeneutik, 2014, 404. Ders., Wirkungsgeschichtliche Hermeneutik 2018.

[247] U. LUZ, Das Evangelium nach Matthäus, 1985–2002.

[248] U. LUZ, Theologische Hermeneutik, 2014, 370f zur „Horizontverschmelzung" bei H.-G. Gadamer; S. 386 zur „Horizontbegegnung": „Die Distanz zwischen der ‚Welt des Textes' und der ‚Welt des Interpreten' muss respektiert werden".

Die theologische Hermeneutik von U. Luz verbindet also zwei sonst auseinanderstrebende Tendenzen in der Hermeneutik: einerseits die Dialektische Theologie, andererseits „liberale" Strömungen wie die existenziale Hermeneutik, engagierte Bibellektüren und Kulturtheologie. Er kann diese Strömungen durch eine wirkungsgeschichtliche Hermeneutik mit der Bibelauslegung verbinden: Dialektische Theologie, existenziale, sozial-engagierte und psychologische Auslegungen gehören alle zur Wirkungsgeschichte der Bibel.

Eine wirkungsgeschichtlich fundierte integrative Hermeneutik ist also das Programm von U. Luz. Sie fehlte in der Theologie der letzten Jahre und ist gerade deshalb notwendig. Sie würde sich als Hermeneutik des offenen Dialogs selbst widersprechen, wenn sie nicht über tiefe Differenzen hinweg den Dialog suchte. U. Luz nimmt dabei für sich in Anspruch, dass er in der „Tradition der dialektischen Theologie" steht, aber ihm ist bewusst, dass er auch „gegen den eigenen hermeneutischen Strom schwimmen" muss.[249] Er schreibt:

> „Darum möchte ich den zweiten Grundaspekt, der zu einer theologischen Hermeneutik gehört, nämlich die Teilnahme an ‚objektbezogenen', philosophischen, literaturwissenschaftlichen und humanwissenschaftlichen Diskursen über Sprache, Texte, Methoden, Erkenntnistheorien und über den Menschen in den vielfältigen Kontexten seines Lebens besonders ernst nehmen."[250]

Das Besondere der theologischen Hermeneutik von U. Luz ist also die Öffnung einer theologischen Wort-Gottes-Theologie für eine Vielfalt neuer exegetischer Ansätze. Einerseits sollen sie objektorientiert den allgemeinen wissenschaftlichen Standards für den Umgang mit Texten entsprechen und so den Dialog über biblische Texte mit *allen* Menschen ermöglichen. Andererseits sollen sie subjektorientiert das Leben von Christen verwandeln und christliche Identität erkennen lassen. Ersteres entspricht dem kulturtheologischen Programm, letzteres den engagierten Lektüren des Neuen Testaments. Diese Ansätze stehen zwar untereinander in Spannung. Text- und Literaturwissenschaften haben meist nicht den Ehrgeiz, das Leben zu verändern. Es gibt zudem in der akademischen Welt grundsätzliche Vorbehalte gegenüber allzu engagierten Textlektüren. Doch ist die Postmoderne ist auch in diesem Punkt toleranter geworden. Engagierte Lektüreformen werden nicht von vornherein als unwissenschaftlich abgelehnt. Diese Toleranz ist zweifellos der wertvollste Beitrag der Postmoderne zur wissenschaftlichen Kultur, auch wenn dabei die Gefahr besteht, dass man in einer postmodernen „Freundlichkeitskultur" Gegensätze nicht mehr klar artikuliert und diskutiert.

4 Die Hermeneutik des offenen Dialogs

Die Hermeneutik eines offenen Dialogs von U. Luz hat unverkennbar einen „Sitz im Leben" in den geistigen Strömungen unserer Zeit, darüber hinaus aber auch in der politischen Zeitgeschichte. Am 11. September 2001 zerstörten religiös fanatisierte Terroristen mitten im Frieden mit entführten Passagierflugzeugen zwei Hochhäuser in New York, töteten dabei viele Menschen und verunsicherten alle

---

[249] LUZ, Theologische Hermeneutik, 2014, 96.
[250] LUZ, Theologische Hermeneutik, 2014, 96.

zivilisierten Gesellschaften. Es war ein Wendepunkt in der Geschichte. Seitdem wurde Religion in der öffentlichen Wahrnehmung vor allem als Brandbeschleuniger von Krieg, Terror und Gewalt wahrgenommen. Durch Krisen und Kriege im Nahen Osten kam es zu Migrationsströmen, die in den westlichen Ländern rechtspopulistische Bewegungen mit autokratischen Tendenzen förderten. Der seit 1989 dominierende Optimismus einer wachsenden globalen Verständigung wurde abgelöst durch Tendenzen zur Minimierung von Menschenrechten, zur Missachtung internationaler Verträge, zur Abschottung der Grenzen. Die liberalen Demokratien müssen sich gegen illiberale Strömungen im Volk verteidigen. Eine theologische Hermeneutik des offenen Dialogs ist daher einerseits Nachwirkung der jüngsten Vergangenheit, die durch eine Zunahme von Dialogbereitschaft gekennzeichnet war (das zeigt der Rückgriff auf die Philosophie von J. Habermas bei U. Luz), aber zugleich ein dezidiertes Gegenprogramm gegen zunehmende Dialogverweigerung in der Gegenwart.

Eine solche Hermeneutik des offenen Dialogs hat die Aufgabe, Regeln für den Dialog formulieren, also Kriterien der Wahrheit oder, wie U. Luz bescheidener sagt, Leitlinien für die Wanderung auf dem schmalen Grat zwischen universalem Wahrheitsanspruch und der Freiheit des Verstehens.[251] In Anlehnung an J. Habermas formuliert er vier Leitlinien: Der Dialog muss ausgezeichnet sein (1) durch *Verständlichkeit*, nur so ist ein Dialog möglich, ferner (2) durch *Wahrhaftigkeit*, die Vertrauen schafft. Alle müssen darauf vertrauen können, dass ein Sprecher das meint, was er sagt. Entscheidend sind die zwei letzten Leitlinien: (3) *Wahrheit* als Korrespondenz zwischen dem Gesagten und der Realität und (4) *Richtigkeit* der Aussagen durch Übereinstimmung mit akzeptierten Normen.[252] Die Wahrheit der Auslegung sieht U. Luz in ihrer Korrespondenz zu der in den Evangelien erzählten Jesus-Christus-Geschichte, ihre normative Richtigkeit in der Liebe. Beide Leitlinien überschneiden sich. Denn in der Geschichte von Jesus Christus steht das Liebesgebot in der Mitte. Die theologische Hermeneutik von U. Luz ist insofern eine christozentrische Hermeneutik.

U. Luz betont, dass er in der Jesus-Christus-Geschichte die Spuren Gottes in einer „kleinen Geschichte“ sucht, ohne daraus den Entwurf einer umfassenden Geschichte zu entwickeln. Die Erosion der „großen Meta-Erzählungen“ ist für ihn ein Merkmal der Postmodernen.[253] Die biblische Heilsgeschichte ist solch eine große Erzählung, aber ebenso der philosophische Entwurf eines Zu-Sich-Selbst-Kommen Gottes in einer idealistischen Geschichtsdeutung oder die marxistische Geschichtsphilosophie einer Entwicklung hin zur klassenlosen Gesellschaft. Alle diese Entwürfe sind gescheitert. Mit seiner Konzentration auf die Christologie setzt U. Luz die Dialektische Theologie fort. Er unterscheidet sich von ihr jedoch dadurch, dass er nicht die *Verkündigung* von Christus bei Paulus in den Mittelpunkt stellt, sondern die *Erzählung* von Jesus Christus in den vier Evangelien. Er macht diese „partikulare Erzählung“ von Christus auch nicht zur

[251] LUZ, Theologische Hermeneutik, 2014, 521f.
[252] So in Anlehnung an die Sprechakttheorie von J. Habermas LUZ, Theologische Hermeneutik, 2014, 522.
[253] Vgl. U. LUZ, Postmoderne Bibelinterpretation, 2018.

Grundlage einer „großen Erzählung“, die alles von der Schöpfung bis zum Jüngsten Gericht umfasst, wie es Karl Barth in seiner Kirchlichen Dogmatik in einer beeindruckenden Religionspoesie getan hat. U. Luz ist in dieser Hinsicht ein postmoderner Dialektischer Theologe. Er begnügt sich mit den Spuren Gottes in den partikularen, kleinen Geschichten der Bibel, besonders aber in der zentralen Jesus-Christus-Geschichte. Ich würde an dieser Stelle der postmodernen Aufwertung von Pluralität noch weiter vertiefen. Denn das Neue Testament kennt mindestens drei Formen der Beziehung zu Christus: Nachfolge, Glaube und Erkenntnis.

Die synoptischen Evangelien rufen in die NACHFOLGE. Jesus ist hier der vom Geist Gottes begabte Lehrer, der auffordert, seinem Weg nachzufolgen. Was Jesus dabei fordert, ist oft (entgegen einer historisch notwendigen Tendenz zur Betonung des Fremden und Unmodernen) eine durchaus „vernünftige“ Botschaft. Viel spricht dafür, dass Jesus selbst in die Forderung der Gottesliebe hinzugefügt hat, dass wir Gott auch mit dem „Verstand“ (*diánoia*) lieben sollen (Mk 12,30). Die enge Verbindung von Gottesliebe und Nächstenliebe ist m.E. das Zentrum dieser „vernünftigen“ Gottesverehrung. Eine christozentrische Theologie enthält durchaus einen „Imperativ“ zur Vernunft.

Paulus fordert GLAUBEN, der sich auf Kreuz und Auferstehung stützt, auf ein Vertrauen auf Gott, der aus dem Nichts ins Leben rufen kann. Hier wird der Mensch mit der elementarsten religiösen Erfahrung konfrontiert: der Erfahrung der Unbegründbarkeit aller Dinge. Existenz und Nicht-Existenz sind ein Geheimnis, das alles umfasst. Eine christozentrische Theologie darf das partikulare Zentrum ihres Denkens, die Botschaft von Kreuz und Auferstehung, transparent machen für etwas Universales: die Gegenwart Gottes in allem, was existiert, in der Erfahrung von Sein und Nichtsein.

Das Johannesevangelium setzt den Glauben mit der ERKENNTNIS gleich: „Das aber ist das ewige Leben, dass sie dich, der du allein wahrer Gott bis, und den du gesandt hast, Jesus Christus, *erkennen*“ (Joh 17,3). In Jesus soll der göttliche Logos erkannt werden, der allem zugrunde liegt. In ihm scheint das Licht, das alle Dinge erleuchtet. Eine christozentrische Theologie darf durchaus nach dem „Allgemeinen“ suchen, das in Christus durch den Menschen Jesus hindurch leuchtet.

Ferner würde ich auf keinen Fall auf den „historischen Jesus“, den die moderne Exegese hinter den Texten erschließt, verzichten wollen. Dieser historische Jesus verbindet uns mit Juden und Moslems; denn auch sie können einen Jesus, der den einen und einzigen Gott verkündigt, wertschätzen, ohne ihn deswegen verehren zu müssen. Die Botschaft des historischen Jesus ist ein radikalisierter Monotheismus: Der eine und einzige Gott wird bald die Welt verändern und sich dabei in dieser Welt durchsetzen. Auf keinen Fall aber würde ich um dieser Hochschätzung des historischen Jesus willen auf den „kerygmatischen Christus“ verzichten, wie ihn das nachösterliche Urchristentum verehrt hat, einen Christus, der den ganzen Kosmos durchdringt und in den Herzen der Menschen gegenwärtig ist. Nur durch ihn haben wir Zugang zu einer mystischen und kosmischen Frömmigkeit, wie wir sie in allen Religionen als Unterströmung, in manchen Religionen des Ostens sogar als Hauptströmung finden.[254]

Wir hatten gesehen: U. Luz schlägt einen für unsere Zeit charakteristischen Weg ein, Pluralität und Dissens zu bewältigen – nicht, um die absolute Wahrheit im Konsens zu finden, sondern um mit dem Dissens über die Wahrheit zusammen leben zu können. Er möchte einen „Dialog" nach Regeln ermöglichen, innerhalb dessen Konflikte bei Interpretationen, Glaubensüberzeugungen und ethischen Normen ausgetragen werden können. Solche dialogischen Ansätze sind oft mit der Forderung verbunden, auf übergreifende Theorien zu verzichten, die suggerieren, es stünde einer der Dialogteilnehmer jenseits des Dialogs und wolle aus einer angemaßten Überlegenheit den Dialog bestimmen. Schon dies sei ein Aussteigen aus der dialogischen Beziehung. Ehe ein Gesprächspartner etwas gesagt hat, werde ihm sein Platz zugewiesen. Daher wird oft jede Metatheorie zum Religionsdialog als illegitimer Machtanspruch abgelehnt. Dazu ist zu sagen: Zur menschlichen Kommunikation gehört Metakommunikation, zum Dialog gehört der Dialog über den Dialog. Auch die Hermeneutik eines offenen Dialogs ist solch eine Metakommunikation. Es ist nicht problematisch, dass Metakommunikation mit übergeordneten Theorien stattfindet, entscheidend ist, wie flexibel und offen die Theorien sind, die dabei zum Einsatz kommen. Metakommunikation muss mit der ständigen Bereitschaft verbunden sein, vom Gesprächspartner zu lernen und alle Versuche zu revidieren, ihn durch Einordnung in Typologien und Theorien zu verstehen.

Abschließend sei daher noch ein zweiter, für die Theologie naheliegender Weg skizziert, wie man mit der Unerreichbarkeit von Zielen des Erkennens und Handelns verantwortlich umgehen kann. Es sind Gedanken, die der Dialektischen Theologie nahestehen, aber den dialogischen Weg offenhalten und dabei auch Enttäuschungen im Blick haben, wenn der Weg des Dialogs nicht zum Ziel führt. Es kann kein Zweifel daran bestehen, dass Gott und die absolute Wahrheit unerreichbar sind. Unerreichbare kognitive und ethische Ziele beurteilt eine moderne Mentalität anders als die theologische Tradition. Eine an den Naturwissenschaften orientierte Erkenntnistheorie sagt: „Worüber man nicht sprechen kann, darüber muß man schweigen".[255] Unerreichbare Erkenntnisziele seien sinnlos. Analog lehrt der kritische Rationalismus in der Ethik, Sollen impliziere Können; unerfüllbare Handlungsziele seien sinnlos. Sowohl für den Bereich des Erkennens wie für den des Handelns aber sagt die Theologie: Unerreichbare Ziele können sinnvoll sein. Das theologische Erkenntnisziel ist Gott, der immer unerkennbar bleiben wird. Die Theologie weiß: Auch, wenn wir Gott nicht erkennen können, ist die Frage nach ihm dennoch zentral. Dass wir die Frage nach ihm nur unzulänglich beantworten können, lehrt uns, dass wir Menschen und nicht Gott sind – und vermittelt dadurch eine wertvolle Erkenntnis. Auch motiviert uns die Frage nach Gott, auch dann noch weiter zu suchen, wenn wir meinen, die Grenzen möglichen Wissens erreicht zu haben – kann doch niemand wissen, was wir darüber hinaus noch entdecken. Schon diese Offenheit vertieft das Leben und öffnet es

---

[254] G. THEISSEN, La foi en Jésus-Christ, 2016.
[255] L. WITTGENSTEIN, Tractatus logico-philosophicus Nr. 7, 1960, 83.

für einen unendlichen Raum. Es ist so, als trete man in einer sternklaren Nacht aus dem begrenzten Raum seines Zimmers ins Freie und öffnet sich in seinem Inneren für den unendlichen Raum der Nacht. Ohne die Frage nach dem Unendlichen würden wir nie die Grenzen unserer endlichen Erkenntnis erkennen. Analoges gilt von unerfüllbaren Geboten für das Handeln. Theologisches Handlungsziel ist ein Leben, das Gottes Willen entspricht. Kein Mensch kann seinen Willen voll und ganz erfüllen. Die Gebote Gottes lassen uns dadurch unsere Grenzen erkennen. Sie halten uns vor Augen, dass wir allein durch Gebotserfüllung, d.h. durch Moral, nie zu einem erfüllten Leben gelangen werden. Dies wussten bereits die Reformatoren, als sie den *usus elenchticus* des Gesetzes von dessen *usus politicus* unterschieden. Sie wussten: Das unerfüllbare Gesetz tötet, aber es treibt zur Gnade jenseits des Gesetzes. Darüber hinaus motiviert das Gesetz (vor allem in der reformierten Tradition) durch den *tertius usus legis*, unbeirrt weiter nach dem Unerreichbaren zu suchen. Wer weiß, was wir auf diesem Weg noch erreichen können?

Vielleicht besteht unsere Gottebenbildlichkeit gerade darin, dass wir in der Wirklichkeit etwas suchen, das alles transzendiert, was wir wissenschaftlich von ihr erkennen können. Denn wir sind mehr als alles, was wir von uns erkennen können. Bei Karl Jaspers ist dies ein Grundsatz seines „philosophischen Glaubens“: Das Umgreifende der Wirklichkeit entspricht dem Umgreifenden, das wir selbst sind. Das Bewusstsein dieser Entsprechung gibt dem Leben Erfüllung und Sinn.[256] Man mag diese Kultur des Umgangs mit unerreichbaren kognitiven und ethischen Zielen anders beschreiben, anders analysieren und anders begründen. Aber sie ist in unserer Tradition ganz eng mit dem Gottesgedanken verbunden. Gott ist transzendent gegenüber allem in der Welt – auch gegenüber unseren Gedanken und unserem Willen. Menschliche Dialoge gelingen besser, wenn diese Transzendenz Gottes allen bewusst ist – unseren agnostischen und atheistischen Zeitgenossen gelingt dies oft nur in Form einer *theologia negativa*, die besagt: Wir wissen nicht, wer Gott ist, können aber wenigstens einer Erkenntnis zustimmen, dass wir Menschen nicht Gott sind.

Das wirkungsgeschichtlich basierte dialoghermeneutische Programm von Ulrich Luz verbindet theologische Identität mit postmoderner Pluralität, Profilbildung mit Offenheit, Standpunktbestimmung mit Toleranz gegenüber Standpunkten. Sie führt verschiedene Strömungen in der Theologie zusammen, die sonst auseinanderdriften: auf der einen Seite die Tradition der Dialektischen Theologie mit ihrem Sinn für die Autonomie von Theologie und Kirche, auf der anderen Seite die Ansätze einer hermeneutischen Theologie mit ihrer Offenheit für die Gegenwart. Diese Hermeneutik wird in exemplarischer Weise der doppelten Texttranszendenz der Texte gerecht. Sie fragt an erster Stelle danach, wie wir mit Hilfe der Bibel von Gott reden können.[257] Aber zu dieser theologischen Texttranszendenz tritt gleichberechtigt eine soziale und menschliche Transzendenz: Sie fragt intensiv nach den Kontexten, in denen die Texte entstanden sind und in de-

---

256 K. JASPERS, Der philosophische Glaube angesichts der Offenbarung (1962), 2016.

257 U. LUZ, Theologische Hermeneutik des Neuen Testaments als als Hilfe zum Reden von Gott, 2018.

nen sie bis heute gewirkt haben. Sie wirken vor allem in gegenwärtigen Auslegungen weiter. Hier sind viele Varianten zu berücksichtigen: existenziale, kulturtheologische und engagierte Hermeneutiken. Eine „Hermeneutik des offenen Dialogs“ bringt sie alle miteinander in ein Gespräch. Grundlage dafür ist ein wirkungsgeschichtliches Bewusstsein mit Toleranz für viele Ansätze.[258] Ermöglicht wurde das in der Nachfolge einer transformierten Dialektischen Theologie, die sich ursprünglich der Hermeneutik verweigert hatte, die aber eben deswegen für eine tolerante und pluralistische Hermeneutik eine gute Basis ist. Denn der Ausgangspunkt der Dialektischen Theologie im Glauben an den einen und einzigen transzendenten Gott schafft Distanz gegenüber der Mannigfaltigkeit menschlicher Bemühungen um das eine Wort in den Wörtern. Solch eine Distanz kann sich natürlich auch über alle hermeneutischen Bemühungen erhaben fühlen und deshalb jede Hermeneutik ablehnen. Sie kann aber auch alle menschlichen Ansätze des Verstehens gelassen und fair beurteilen, um sie miteinander in ein Gespräch zu bringen. Die theologische Hermeneutik von U. Luz hat die zweite Möglichkeit gewählt. Ein Motiv dafür ist, dass für ihn eine der wichtigsten Normen für die Auslegung biblischer Texte die Liebe ist, und zwar nicht nur als zwischenmenschliche Liebe, sondern als Liebe Gottes. Diese Liebe hat eine vertikale und eine horizontale Dimension.[259] Eine Hermeneutik der doppelten Texttranszendenz, die vom Doppelgebot der Liebe inspiriert ist, kann sich auf diese Hermeneutik als Modell berufen.

---

[258] Dabei nimmt die „Hermeneutik des offenen Dialogs“ auch das Gespräch mit profanen textwissenschaftlichen und literaturwissenschaftlichen Zugängen auf. Gerade weil diese Zugänge theologisch neutral sind, können sie vermitteln und verbinden.

[259] U. LUZ, Erwägungen zur sachgemäßen Interpretation, 247–249: „Die Liebe als Wahrheitskriterium“. Dabei denkt U. Luz weniger an das Doppelgebot der Liebe. Denn hier ist der Mensch das Subjekt der Liebe. Er denkt an die Liebe Gottes zum Menschen, die auch dem Menschen gilt, der in der Liebe zum Nächsten versagt hat.

7 Das religionstheoretische Programm Polyphone Texttranszendenz[260]

Seit der Aufklärung ist das Verstehen der Bibel durch eine wachsende Distanz zwischen moderner Welt und biblischen Überzeugungen geprägt. Das Grundproblem einer allgemeinen Hermeneutik ist in diesem Fall: Wie kann ein Buch aus vormodernen Zeiten heute über diese Distanz hinweg in der modernen Welt Geltung beanspruchen? Diese Frage wird noch einmal verschärft durch das Grundproblem einer theologischen Hermeneutik: Wie kann man in einer säkularisierten Zeit von Gott sprechen? Denn von Gott zeugt die Bibel.

In dieser historischen Distanz liegt jedoch auch eine Chance, denn aus einem Abstand heraus kann man Neues entdecken. Dies gilt schon innerhalb der Bibel für den Umgang mit älteren Texten. Das Alte Testament war die Bibel der ersten Christen. Dennoch entwickelten sie ein kritisches Verhältnis dazu, zumindest die Heidenchristen unter ihnen: Ihnen war bewusst, dass sich alle Aussagen des Alten Testaments auf die Geschichte des Volkes Israel bezogen. Sie aber bezogen deren Inhalte oft auf alle Menschen, lehnten aber Beschneidung und Reinheitsgebote ab, rezipierten die Bibel also selektiv und kritisch. Sie unterschieden in ihrer Bibel aber nicht nur gültige und überholte Aussagen. Denn auch wo sie gültig war, war sie in ihren Augen ambivalent und konnte sich ebenso zum Guten wie zum Schlechten auswirken. Paulus formuliert diese Ambivalenz als Antithese: „Der Buchstabe tötet, der Geist macht lebendig“ (2Kor 3,6). Das Christentum hatte also von vornherein ein kritisches Verhältnis zu seiner heiligen Schrift. Auch die Geschichte des Christentums ist von einer Kette hermeneutischer Reformen geprägt, die den Bibeltext immer wieder neu zu verstehen suchten.

Die letzte große hermeneutische Reform war das Entmythologisierungsprogramm, das R. Bultmann (1884–1976) im Jahr 1941 vortrug, als Hitler auf dem Höhepunkt seiner Macht war. Es war ein Gegenprogramm zu einem Modernisierungsprogramm[261] der Deutschen Christen, die das Neue Testament von allem Jüdischen befreien wollten. Die meisten Landeskirchen unterstützten damals ein 1939 gegründetes Institut in Eisenach mit dieser Zielsetzung.[262]

Der These, das Jüdische müsse aus dem Christentum verschwinden, setzte R. Bultmann seine These entgegen:[263] Nicht das Jüdische, sondern das Mythische sei das Problem im christlichen Glauben. Es sei nicht zu eliminieren, sondern müsse existential interpretiert werden. Denn das Mythische stehe in Spannung zu unserer wissenschaftlichen Weltsicht. Der Mythos habe freilich darin recht, dass er den Menschen seine Abhängigkeit von Gott lehre: Er kann sich nicht „eigenmächtig“ das wahre Leben verschaffen.

---

260 Überarbeitete Fassung von G. THEISSEN, Bibelhermeneutik als Religionshermeneutik, 2012.

261 Vgl. G. THEISSEN, Neutestamentliche Wissenschaft vor und nach 1945, 2009.

262 Zur Arbeit dieses Instituts: S. HESCHEL, The Aryan Jesus, 2008.

263 R. BULTMANN, Neues Testament und Mythologie, 1941.

Für D. Bonhoeffer (1906–1945)[264] wiederum war in jener Zeit nicht das Mythische das Problem, sondern das Religiöse: „Religion" verstand er als den Versuch, die Schwäche des Menschen theologisch auszunutzen und das Diesseits abzuwerten. Sein Programm einer unreligiösen Interpretation biblischer Begriffe steht m.E. in Spannung zur existenzialen Interpretation. Für Bultmann war die „Eigenmächtigkeit" des Menschen vor Gott Sünde, für D. Bonhoeffer war es im Gegensatz dazu die durch Religion ausgenutzte „Unmündigkeit" des Menschen.

Wie hat sich diese Situation einer kritischen Hermeneutik der Bibel nach dem Krieg bis heute entwickelt? Die Deutschen Christen waren durch ihr Entjudungsprogramm mitschuldig geworden an den unvorstellbaren Verbrechen an Juden im nationalsozialistischen Deutschland und hatten sich dadurch kompromittiert. Die Diskussion um das jüdische Erbe in unserer Kultur lebte unerwartet an anderer Stelle wieder auf: Wenn heute der Monotheismus als Ursprung von Gewalt und Intoleranz angeprangert wird, so erinnert das an die Devise, unsere Kultur müsse jüdische Traditionen aus sich entfernen. Denn der Monotheismus ist das große Erbe des Judentums. Es ist ein ethischer Monotheismus, der jedem Menschen unabhängig von seiner Gruppenzugehörigkeit als Ebenbild Gottes einen unbedingten Wert zuschreibt. Ein erstes Kriterium für die Interpretation der Bibel sollte daher sein: Die Bibel soll so interpretiert werden, dass sie ihren jüdischen Charakter behält und Toleranz fördert.

Das Bultmann'sche Entmythologisierungsprogramm wurde erst in den 1950er Jahren diskutiert, verlor aber in den 1960er Jahren überraschend schnell an Plausibilität: Die Abwertung von „Eigenmächtigkeit" wurde in einer Gesellschaft unverständlich, die nach Autonomie und Emanzipation strebte. In den 1980er und 1990er Jahren erneuerte zudem die Postmoderne das Interesse am Mythos. Trotz dieser veränderten Einstellung zu Autonomie und Mythos ist bis heute als zweites Kriterium für die Interpretation der Bibel gültig: Unsere Bibelauslegung muss mit unserem Wissen vereinbar sein. Sie muss kritisch sein. In diesem Punkt ist das Entmythologisierungsprogramm so aktuell wie eh und je.

Das Programm einer unreligiösen Interpretation biblischer Begriffe blieb Fragment. D. Bonhoeffer wurde durch seine Hinrichtung kurz vor Kriegsende am 9. April 1945 daran gehindert, seine Gedanken zu entfalten. Was er in seinen Briefen dazu schrieb, hatte dennoch eine große Wirkung. Doch nahm das Interesse an der Bibel seit den 1970er Jahren ab, während das Interesse an Religion und Ethik zunahm. Die existenziale Interpretation Bultmanns hatte gerade in dieser Hinsicht ein Defizit, denn über den allgemeinen Imperativ zu „Eigentlichkeit" und Mitmenschlichkeit hinaus überließ sie die konkrete Ethik der Vernunft. Hier blieb Bonhoeffer mit seiner Forderung von Mündigkeit und Weltlichkeit und einer biblisch fundierten Ethik bis heute aktuell. Es bleibt als drittes Kriterium für eine Interpretation der Bibel: Sie muss der Mündigkeit des Menschen gerecht werden und darf die ethischen Impulse der Bibel nicht vernachlässigen.

Alle drei hermeneutischen Programme der 1940er Jahre waren *exorzistische Hermeneutiken*. Immer sollte etwas durch Interpretation aus der Bibel „ausgetrie-

---

[264] D. BONHOEFFER, Widerstand und Ergebung, 1951. Zum seinem hermeneutischen Programm vgl. W. HUBER, Dietrich Bonhoeffer, 2019.

ben" werden: das Judentum, der Mythos, die Religion. Dagegen ist der hier vorgelegte Versuch eine Hermeneutik, die das Judentum, den Mythos und die Religion lieben und bewahren will. Ferner dominierte in diesen drei Hermeneutiken immer nur ein einziges Thema. M.E. muss aber eine Bibelhermeneutik pluralistisch sein und mehrere Themen umfassen. Warum?

Religionen sind „Zeichensprachen" oder „Zeichensysteme" mit vier Dimensionen, die man niemals auf ein Thema reduzieren kann:[265] (1) Religionen kodieren erstens in ihren Texten *Erfahrungen* von Transzendenz. (2) Sie begründen sich zweitens durch einen *Mythos*. (3) Sie gestalten drittens durch ihr *Ethos* eine Lebensform. (4) Sie ermöglichen viertens durch *Riten* Gemeinschaft. Die Zeichensprache der Religion hat wie jede Sprache eine „Grammatik" mit Gebrauchsregeln für ihre Zeichen. Zu dieser Grammatik gehören *Axiome* wie der Glauben an Gott und an Christus, ferner viele *Grundmotive* wie Umkehr, Glauben, Liebe oder Stellvertretung usw.[266] Solche Grundüberzeugungen lassen sich als Konstruktionsprinzipien der Religion betrachten. Sie bestimmen, was in einer Religion zugelassen wird und was nicht – so, wie eine Grammatik darüber bestimmt, was korrekte Sprache ist und was nicht. Mit diesen Axiomen und Grundmotiven haben Menschen ihre Religion als semiotische Kathedrale erbaut. Die Bibel ist die Grundlage solch einer semiotischen Kathedrale, der christlichen Religion. Bevor man diese Religion kritisiert, muss man sie verstehen, denn sie stellt in sich eine eigene Welt dar. Aufgabe der Hermeneutik ist auch ein Werben, dass man sich dieser Welt anvertraut und sich in sie hineinbegibt, auch wenn sie für viele Menschen eine fremde Welt ist, denn zu dieser fremden Welt gehören auch die Aussicht auf ewige Verdammung, Erlösung durch stellvertretendes Leiden, die Bedrohung durch den Teufel und Exorzismen als Sieg über ihn. Hermeneutik muss daher auch immer eine Ermutigung sein, sich kritisch die Überlieferung anzueignen und ggf. manches in ihr abzulehnen.

Aber solch ein rezeptives und kritisches Verstehen kann nicht alles sein. Denn diese semiotische Kathedrale mit ihren Gängen, Winkeln, Nebenaltären und Krypten ist kein in sich geschlossenes System, sondern verweist auf Leben und Wirklichkeit jenseits von ihr in vier Dimensionen: Sie hat (1) einen *Transzendenzbezug*, weil sie religiöse Erfahrungen kodiert. Sie zeugt von dem einen und einzigen Gott, der im Alten Testament entdeckt und erkannt wurde. Das Verständnis dieses Transzendenzbezugs ist das zentrale Thema einer *theologischen* Hermeneutik. Sie hat (2) zweitens einen *Geschichtsbezug* in mythischer Form. Sie bezieht sich auf die Geschichte Israels und in deren Mitte auf Jesus von Nazareth als Teil dieser Geschichte. Sie hat (3) ferner einen *Lebensbezug* durch Gebote und Mahnungen. Sie will das ganze Leben durch ein biblisch bestimmtes Ethos durchdringen. Schließlich begründet sie (4) durch Riten eine *Gemeinschaft*, im Alten Testament das Volk Israel, im Neuen Testament die Kirche in allen Völkern. In der modernen Gesellschaft wendet sie sich an zwei Adressaten: im

---

[265] Vgl. G. THEISSEN, Die Religion der ersten Christen, 2000: Hier stelle ich die urchristliche Religion als eine Zeichenwelt aus Mythos, Ethos und Ritus dar, die Dimension der Erfahrung habe ich hinzugenommen in: G. THEISSEN, Erleben und Verhalten der ersten Christen, 2007.

[266] Eine ausführlichere Darstellung solcher Axiome und Grundmotive habe ich versucht in: G. THEISSEN, Zur Bibel motivieren, 2003, 131–173..

engeren Sinne an die christliche Gemeinde, im weiteren Sinne an die ganze Gesellschaft. Denn die ethischen und kulturellen Impulse der Bibel führen über die christlichen Kirchen hinaus. Sie ist ein Buch aller Menschen und gehört zur „Grundinformation" menschlicher Kultur.

Eine moderne Bibelhermeneutik muss in allen vier genannten Dimensionen kritisch sein. Lange übte man Kritik vor allem als historische Kritik – also als Kritik am Geschichtsbezug biblischer Texte. Heute verfällt auch der Transzendenzbezug der Kritik: Religionskritik fragt, ob nicht der Gott der Bibel eine Projektion des Menschen sei. Ideologiekritik trifft den Gemeinschaftsbezug der Bibel, wenn sie fragt, ob Religion nicht verschleierte Machtausübung sei, zu der die Bibel missbraucht wurde. Moralkritik bezweifelt, dass man aus der Bibel konsensfähige und sozial konstruktive Normen gewinnen kann. Zwischen dieser Religionskritik, die alle vier Dimensionen der biblischen Religion betrifft, und einer Religionshermeneutik besteht ein „Konflikt der Interpretationen" (P. Ricoeur). Die deutschsprachige Hermeneutik hat sich diesem Konflikt meist entzogen. Sie bewegte sich im Rahmen einer Hermeneutik, die darauf vertraut, dass wir die Tradition verstehen, weil wir schon immer etwas von ihr verstanden haben. Sie folgte darin der wirkungsgeschichtlichen Hermeneutik H.G. Gadamers,[267] die das Vertrauen stärkte, dass die Traditionen, in denen wir leben, uns befähigen, diese Traditionen zu verstehen. Sie selbst geben uns ein Vorverständnis mit, das uns die Traditionen erschließt. Vielleicht hat man diese wirkungsgeschichtliche Hermeneutik aber missverstanden, wenn man sich nur für eine konservative Bibelhermeneutik auf sie beruft. Zur Wirkungsgeschichte der Bibel gehört heute schon lange die Religionskritik. Ehe sich moderne Menschen auf die Religion einlassen, haben sie schon immer so viel von ihr verstanden oder missverstanden, dass sie mit der Religion nicht ganz einverstanden sein können. Religionskritik gehört heute zum allgemeinen kulturellen Vorverständnis beim Umgang mit der Bibel, Jeder weiß, dass nicht alles in der Bibel „stimmt", dass der sich in ihr offenbarende Gott auch als Wunschvorstellung des Menschen gedeutet werden kann, dass mit Hilfe biblischer Vorstellungen Herrschaft und Unterdrückung legitimiert wurden und die ethischen Imperative der Bibel kritisch geprüft werden müssen. Dieses weit verbreitete Vorverständnis steht mit dem traditionellen Verständnis der Bibel als Gottes Wort in schroffem Konflikt. Die französische „Hermeneutik des Konflikts" (P. Ricoeur) entspricht dieser Situation mehr als die liebevolle Tübinger „Hermeneutik des Einverständnisses", die besagt, dass wir im Grunde erst dann die Bibel richtig verstehen können, wenn wir ihr zustimmen.[268] Religionskritik muss heute in jede Religionshermeneutik integriert werden.

Wie aber soll eine kritische Bibelhermeneutik aussehen? Im Folgenden gebe ich zunächst einen Überblick über die Zeichenwelt der Bibel und ihre Grammatik, d.h. die Axiome und Grundmotive, welche die Architektur der biblischen Zeichenwelt bilden. Dann entfalte ich jeweils einen Gedanken zum Transzendenz-, zum Geschichts-, zum Lebens- und Gemeinschaftsbezug der Bibel, jeweils mit

---

[267] H.-G. GADAMER, Wahrheit und Methode, 1960.

[268] Vgl. P. RICOEUR, Hermeneutik und Psychoanalyse, 1974; P. STUHLMACHER, Vom Verstehen des Neuen Testaments, 1979 (1986[2]).

kritischen Implikationen. In allen vier Dimensionen gehe ich von religiösen Erfahrungen aus, um herauszuarbeiten, was auch heute in der Bibel gültig sein kann.

1 Die Zeichensprache der Bibel und ihre Grammatik

Die biblische Zeichensprache[269] basiert auf dem zweigeteilten Kanon von Altem und Neuem Testament. Beide haben ein eigenes Zentrum: dort die Offenbarung des einen und einzigen Gottes, hier der Glaube an Christus. Beide formulieren damit die beiden Grundaxiome der biblischen Religion. Beide stehen in Spannung zueinander, denn der strenge Monotheismus verträgt *per definitionem* keine zweite Gottheit neben sich. Diese Spannung kann dadurch gelöst werden, dass der Erlöserglaube als Überwindung einer Krise des monotheistischen Gottesglaubens interpretiert wird, wenn man also zeigen kann, dass der Erlöserglaube den Monotheismus erneuern und retten will.

Zu diesen beiden Axiomen des biblischen Glaubens kommen viele Grundmotive. Es sind Suchprogramme, mit denen Menschen, die in der biblischen Zeichenwelt wohnen und deren Regeln internalisiert haben, die Bibel, das Leben und die Welt „abtasten“. Dabei machen sie bestätigende und widersprechende Erfahrungen. Auch durch widersprechende Erfahrungen kommt eine Spannung in die biblische Religion, die gemildert wird, wenn solche widersprechenden Erfahrungen dazu motivieren, sich umso mehr an den bestätigenden Erfahrungen zu orientieren.

Wir stoßen (a) in unserer Lebenswelt an die vielfältigen Grenzen des Menschen: seine Endlichkeit, die Vergeblichkeit seines Handelns und seine Fehlbarkeit. Grenzen weisen auf ein *Jenseits dieser Grenzen*. Das sind indirekte *Transzendenzerfahrungen*: Im Scheitern an diesen Grenzen ahnen wir, dass es dahinter noch etwas gibt.

Wir stoßen (b) aber auch auf das Wunder, dass überhaupt etwas existiert und alles kontingent d.h. in dem Sinne zufällig ist, dass es auch nicht oder anders sein könnte. Hier berühren wir in *Kreaturerfahrungen* das Geheimnis Gottes als Schöpfer. Was sein Wille geschaffen hat, könnte auch nicht sein. Diese Kreaturerfahrung schließt uns mit allen geschaffenen Dingen zusammen – auch jenseits der Grenze unserer eigenen begrenzten Lebenswelt. Es ist die Erfahrung eines tiefen Friedens, wenn wir diese Verbundenheit positiv erleben.

Wir stoßen (c) schließlich auf eine tiefe Verwandtschaft mit der Schöpfung *innerhalb der Grenzen* unserer Lebenswelt. Sie wird in *Resonanzerfahrungen* zur Gewissheit, die in uns etwas Verwandtes zum Schwingen bringen und uns dazu motivieren, diese Resonanz nicht nur zu erleben, sondern zu erhalten und zu mehren. Man kann sie auch *Sinnerfahrungen* nennen, weil unsere „Sinne“ von etwas berührt werden, das ihnen entspricht. Liebe ist die intensivste Resonanz- und Sinnerfahrung.

Überall, wo wir auf etwas Sinnvolles stoßen, wird (d) daraus eine Verpflichtung, diesen Sinn zu erhalten und zu mehren. Sinnerfahrungen werden so zu *Gewissenserfahrungen.* Wir erleben in religiösen Sinn- und Resonanzerfahrungen

---

[269] Ausführlicher in G. THEISSEN, Die Religion der ersten Christen, 2000, 371–381, hier mit weniger Grundmotiven als in der folgenden Liste.

nicht nur einen Frieden mit allen Dingen, sondern ein starkes Motiv, die Konflikte, die das Leben durchziehen und zu zerreißen drohen, zu reduzieren und Frieden zu schaffen.

Religiöse Erfahrungen sind m.E. Grenz-, Kreatur-, Sinn- und Gewissenserfahrungen. Diese Erfahrungen werden in den biblischen Grundmotiven kodiert. Die im Folgenden kurz skizzierte Liste dieser Grundmotive ist offen. Ich habe sie im Laufe der Zeit immer wieder geändert. So habe ich in diesem Beitrag alle Grundmotive durch ein widersprechendes Kontrastmotiv ergänzt, also durch eine dunkle Seite, die auch in der Bibel immer im Hintergrund vorhanden ist. Im Folgenden werden die Grundmotive versuchsweise in Gruppen zusammengefasst.

Erfahrungen Gottes werden zum Ausdruck gebracht (1) im Schöpfungs- und Vernichtungsmotiv: Gott schafft aus dem Nichts und kann alles im Nichts versinken lassen; (2) im Geborgenheits- und Distanzmotiv: Der Mensch ist als Kreatur in Gott geborgen, lebt aber entfremdet von ihm; (3) im Verantwortungs- und Schuldmotiv: Der Mensch ist Gott verantwortlich, verfehlt aber seine Verantwortung.

Zur Erfahrungen der Welt gehören (4) das Weisheits- und Chaosmotiv. Die Natur ist durch Gottes Weisheit geordnet, wird aber von einem Zusammenbruch dieser Ordnung bedroht; (5) ein Geschichts- und ein Resignationsmotiv. Gott offenbart sich in der Geschichte, aber diese ist oft voller Ungerechtigkeit, Sinnlosigkeit und unverständlich; (6) ein Hoffnungs- und Katastrophenmotiv. Wachsende Hoffnungen bestimmen ebenso wie zunehmende Katastrophen die Geschichte; (7) ein Wunder- und Schicksalsmotiv: Alles ist offen für unvorhersehbare Wendungen, der Schicksalsglaube wird abgelehnt.

Erfahrungen mit Menschen schlagen sich nieder (8) im Umkehr- und Verstockungsmotiv: Der Mensch hat die Möglichkeit zur Umkehr, aber verweigert sie gegen alle Vernunft; (9) im Exodus- und Exilsmotiv: Gruppen brechen in die Freiheit auf und verlieren sie durch Verbannung und Exil; (10) im Gerechtigkeits- und Unrechtsmotiv: Ganz Israel ist der Gerechtigkeit verpflichtet, umso mehr wird das Unrecht aufgedeckt.

Unter Erfahrungen der Begegnung kann man nennen: (11) das Offenbarungs- und Geheimnismotiv. Gott tritt aus seinem Geheimnis hervor, bleibt aber ein *deus absconditus*; (12) das Inkarnations- und Idolatriemotiv. Gott nimmt im Endlichen Wohnung, aber Endliches wird immer wieder zum Götzen verabsolutiert; (13) das Glaubens- und Verführungsmotiv. Gott erschließt sich durch Vertrauen, das aber von Verführern missbraucht werden kann; (14) das Stellvertretungs- und Opfermotiv. Leben ist aktive Stellvertretung für andere, aber auch schuldlos-passives Opfersein; (15) das Rechtfertigung- und Verdammungsmotiv. Gott erkennt den Menschen unbedingt an. Aber im Hintergrund droht immer auch Verdammung.

Diese Motive finden sich in sehr unterschiedlichen Variationen in der Bibel. Sie sind keineswegs in allen biblischen Texten präsent, sondern verbinden wechselnde Gruppen von Texten durch „Familienähnlichkeiten" (L. Wittgenstein). Einzelne Motive liegen den vielen kleinen Geschichten der Bibel zugrunde. Sie geben ihnen einen Gehalt, der sich in verschiedenen Auslegungen, in neuen Geschichten und im Leben der Menschen immer wieder neu verwirklicht. Einzelne

Texte können so eine große Wirkung haben: Der Exodus ist noch immer das Modell des Auszugs aus überwindbarer Sklaverei, der neue Bund des Jeremia noch immer das Modell ethischer Autonomie, das Kreuz noch immer das Zeichen einer Umwertung aller Werte. Man muss nicht immer alle einzelnen Geschichten in eine große Geschichte integrieren. Entscheidend ist: Diese Grundmotive erhalten sich in der Geschichte, weil sie immer wieder durch Erfahrungen bestätigt werden und religiöse Erfahrungen möglich machen. Wenn man mit ihnen das Leben und die Welt abtastet, macht man Entdeckungen, die in sich evident sind. Sie öffnen die Augen für Erfahrungen von Transzendenz. Das Motiv des Schöpfungsglaubens macht dankbar für jeden Tag, an dem man an Welt und Leben teilnehmen darf.

Entscheidend ist, dass Religion Transzendenzerfahrungen ermöglicht. Sie will Kontakt mit Gott vermitteln. Menschen suchen diesen Kontakt in dreifacher Weise: Sie hoffen darauf, dass sich *Gott* selbst erschließt, dass sie durch Interpretation der *Welt* Spuren von ihm finden und in den Tiefen des *Ichs* Hinweise, die auf ihn weisen. Religiöse Zeichensprache öffnet diesen dreifachen Weg. Wenn die Bilder und Erzählungen der Religion den Menschen ergreifen, werden sie zu einem „Wort“, das ihn von außen anspricht. Er vernimmt in ihr das „Wort Gottes“, wenn er dadurch eine Beziehung zur Transzendenz aufnimmt, die der Beziehung zu einem DU vergleichbar ist. Aber dies allein genügt nicht: Die Zeichensprache der Religion lässt ihn auch mit Hilfe ihrer Axiome und Grundmotive die Wirklichkeit neu sehen. Sie wird in ihrem Lichte transparent für Gott, der Mensch ahnt Spuren Gottes in ihr. Damit verbunden ist schließlich, dass die religiöse Zeichensprache den Menschen verändert und in ihm einen *sensus divinitatis* weckt, der ihn für Gott öffnet. Diese Öffnung für Transzendenz geschieht entweder durch Offenbarung Gottes, durch Interpretation der Welt oder durch Transformation des Ich. Die Rede über diese drei Wege ist immer wieder auf Metaphern angewiesen: Die religiöse Interpretation der Welt deuten wir durch optische Metaphern an, wenn wir sagen, dass die Welt für Spuren Gottes transparent wird. Wir sehen das Licht in seinem Lichte (Ps 36,10). Religiöse Erfahrungen sind insofern Transparenzerfahrungen. Eine akustische Metapher erfasst dagegen vor allem die transformierende Wirkung religiöser Erfahrung im eigenen Leben. Eine von außen das Ich ergreifende Sinnfülle bewegt das Ich in Resonanzerfahrungen. Eine responsorische Schwingung öffnet ihn für etwas Fremdes, das er nicht überschaut, das ihn ergreift und das er so wenig durch Begriffe versteht wie Musik. Eine sprachliche Metapher aber erfasst am besten die Begegnung mit Transzendenz: Wir werden durch ein Du „angesprochen“, das sich uns wie eine andere Person offenbart und uns eben deshalb auch entzogen ist. Denn wir verfügen nie allein über die Mittel, um Kontakt zu einem Du aufzunehmen. Ein Du muss uns entgegenkommen und sich von sich her öffnen.

Die religiöse Erfahrung ist ästhetischer Erfahrung vergleichbar, wie sie in den drei Formen von Kunst gestaltet wird: Malerei öffnet uns die Augen für Tiefendimensionen der Welt. Wir sehen im sinnlich Wahrnehmbaren mehr als Farben und Formen. Es „offenbart“ sich in ihnen die ganze Wirklichkeit oder Teile von ihr. Musik setzt in uns tiefe Schwingungen in Bewegung, ohne dass wir deren Ursprung klar erkennen. Wir durchschauen nicht, was uns so tief mitschwingen lässt. Dichtung fasst unsere Erfahrungen in Sprache und lässt uns hinter allen

Worten ein menschliches Ich ahnen. Wenn die Welt zur Dichtung wird, als Lyrik und Dramatik, als Tragödie und Komödie, Satire oder Epigramm, dann ahnen wir den „Autor“ dieser Dichtung. Religiöse Erfahrung konnte sich daher auch immer der Kunst bedienen, um sich zum Ausdruck zu bringen: in Malerei und Architektur, Musik und Gesang, Erzählungen und Gedichten.

Halten wir fest: Die Motive und die Texte, in denen religiöse Erfahrungen zum Ausdruck kamen, ermöglichen neue Erfahrungen und sind gleichzeitig Konstruktionsprinzipien einer umfassenden „semiotischen Kathedrale“, die von Menschen gebaut wurde und etwas sehr Menschliches ist, die aber der Verehrung Gottes dienen soll. Hier soll ein Kontakt mit der Transzendenz entstehen, indem wir die Welt neu wahrnehmen, unser Ich verändern und responsorisch auf ein von außen kommendes Wort antworten. Diese semiotische Kathedrale verweist in vierfacher Hinsicht auf eine Wirklichkeit jenseits dieses Systems: an erster Stelle auf Transzendenz, aber ebenso auf Geschichte, Leben und eine Gemeinschaft.

Im Folgenden werden die vier Dimensionen des Schriftsinnes diskutiert. Die Annahme von vier Dimensionen des biblischen Textes erinnert an die mittelalterliche Lehre vom vierfachen Schriftsinn. In ihr gab es neben dem wörtlichen Sinn der Schrift einen geistlichen Sinn mit drei Dimensionen; einen allegorischen Sinn, einen tropologischen (oder moralischen) Sinn und einen anagogischen (oder eschatologischen) Sinn.[270] Im Unterschied zu diesem mittelalterlichen vierfachen Schriftsinn entfalten die vier Dimensionen eines Geschichts-, Transzendenz-, Sozial- und Lebensbezugs nur verschiedene Aspekte des *einen* wörtlichen Schriftsinns.

2 Die vier Dimensionen des Schriftsinnes

2.1 Der Transzendenzbezug der Bibel

Der Transzendenzbezug ist die wichtigste Dimension der Bibel, sie wird durch ihn zur Kodierung religiöser Erfahrung. Wer die Bibel liest, sucht entweder Kontakt mit Gott oder will verstehen, was solch ein Kontakt für andere bedeutet. Aufgabe einer modernen Bibelhermeneutik ist daher auch eine Auseinandersetzung mit der Religionskritik, die Gott für eine Projektion menschlicher Sehnsüchte, Frustrationen oder des Willens zur Macht hält. Daher gilt es, Erfahrungen zu benennen, die der Religionskritik standhalten?

Der Philosoph L. Wittgenstein hat in seinen „Vortrag über Ethik“ drei religiöse Grunderfahrungen genannt, die seiner Meinung nach der Religionskritik entzogen sind:[271] Erstens das Staunen über die Existenz der Welt, zweitens die Er-

---

[270] Der Unterschied zwischen den hier skizzierten vier Dimensionen der Schrift und dem vierfachen Schriftsinn der mittelalterlichen Hermeneutik kann hier nicht diskutiert werden. Vgl. dazu G. THEISSEN, Protestantische Exegese, 2007.

[271] L. WITTGENSTEIN, Vortrag über Ethik, 1989, 16: „Denn das erste dieser Erlebnisse (sc. das Staunen über die Existenz der Welt) ist, glaube ich, genau das, worauf sich die Menschen früher bezogen, wenn sie sagten, Gott habe die Welt erschaffen. Und das Erlebnis der absoluten Sicherheit ist mit den Worten beschrieben worden, dass wir uns in Gottes Hand geborgen fühlen. Ein drittes

fahrung einer absoluten Sicherheit (ich würde sagen: eines unbedingten Vertrauens), und drittens die Erfahrung von Schuld (oder elementarer gesagt: von Verantwortung)

Das Staunen über die Existenz der Welt ist keine „Meinung" über die Entstehung dieser Welt, also keine Theorie darüber, ob sie vor gut 6000 Jahren entstand[272] oder vor mehr als vier Milliarden Jahren. Über solche Meinungen und Theorien kann man streiten, nicht aber darüber, dass Menschen von dem Wunder ergriffen sind, dass überhaupt etwas existiert und nicht nichts. Denn das Geheimnis, dass überhaupt etwas existiert, besteht unabhängig von allen Theorien über die Welt. Es ist souverän gegenüber unseren Meinungen von der Entstehung der Welt.

Die zweite religiöse Grunderfahrung ist Geborgenheit oder ein unbedingtes Vertrauen. Auch diese Erfahrung setzt sich souverän gegen unsere Meinungen durch. Wir spüren etwas von diesem Vertrauen, wenn wir nachts ein Kind mit den Worten trösten: „Es ist alles gut!", obwohl wir wissen, dass nicht alles gut ist, aber wir nehmen einem Kind nicht dieses Grundvertrauen in das Leben. Wittgenstein hat diese zweite religiöse Grunderfahrung nicht in Zusammenhang mit der ersten gebracht. Aber es gibt eine Verbindung: Das Staunen, dass etwas existiert und nicht nichts, umfasst auch unsere eigene Existenz. Es schließt uns zusammen mit allen Dingen von den fernsten Galaxien bis zu den kleinsten Elementarteilchen. Diese positiv erlebte Verbundenheit mit allen Dingen kann umschlagen in ein Erschrecken über die Grundlosigkeit des Seins. In jedem Fall aber durchzieht das Geheimnis des Seins alles wie eine teils faszinierende, teils erschütternde Musik und umfasst auch uns selbst.

Die dritte religiöse Grunderfahrung ist die Erfahrung der Schuld oder von Verantwortung und Gewissen. Hier begegnet nicht das Geheimnis des Seins, sondern des Sollens. Auch hier stellt Wittgenstein keine Verbindung zu den anderen religiösen Grunderfahrungen her. Aber sie ist m.E. evident: Wir erleben im Staunen über die Existenz aller Dinge deren Kontingenz, d.h. sie könnten auch nicht sein und könnten auch anders sein. In der Erfahrung von Verantwortung erleben wir eben diese Kontingenz in unserem eigenen Handeln: Wir könnten anders handeln und könnten auch nicht handeln. Deshalb fühlen wir uns für unser Handeln verantwortlich, unabhängig davon, was wir für Meinungen über Freiheit und Determinismus haben. Während ein unbedingtes Geborgenheitsgefühl uns in den Zusammenhang aller Dinge einbettet, löst uns dieses Freiheitsbewusstsein oft schroff aus diesem Zusammenhang.

Aber bringen die Religionen solche Grunderfahrungen nicht in merkwürdigen Mythen von Weltentstehung und Weltvernichtung zum Ausdruck? In der Tat, Religionen brauchen mythische Bilder, Symbole und Gleichnisse, um solche Erfahrungen sozial mitzuteilen. So werden die drei religiösen Grunderfahrungen in

---

Erlebnis der gleichen Art ist das des Schuldgefühls, und dies wiederum hat man mit der Formulierung gekennzeichnet, Gott missbillige unser Benehmen. In der ethischen und religiösen Sprache verwenden wir also, wie es scheint, ständig Gleichnisse".

[272] Der anglikanische Bischof James Ussher (1581–1656) datierte 1650 aufgrund einer Auswertung von Bibelstellen die Schöpfung auf den 23. Oktober 4004 v.Chr.

der Bibel in drei Bildern von Gott kommuniziert:[273] Wenn die Bibel von „Gott dem Schöpfer" spricht, weist dieses Bild auf das Wunder hin, dass überhaupt etwas ist und nicht nichts. Wenn die Bibel von „Gott dem Vater (und seltener von Gott als Mutter)" spricht, werden in diesem Bild Erfahrungen unbedingter Geborgenheit kodiert. Wenn in der Bibel von „Gott als Herrscher, Gesetzgeber und Richter" die Rede ist, so weist dieses Bild auf Imperative wie die Gebote: „Du sollst nicht töten! Du sollst nicht ehebrechen! Du sollst nicht falsch Zeugnis reden gegen deinen Nächsten!" (Ex 20,13–16).

Erst durch eine sprachliche Formulierung werden religiöse Erfahrungen zu Erfahrungen „Gottes". Sprachliche Bilder öffnen die „Augen" für etwas, das wir nur mit Hilfe von Bildern sehen können. Deshalb kann man sagen: Erst die Sprache öffnet jene Tiefendimension religiöser Erfahrung, die wir „Gott" nennen. Oder anders gesagt: Gott erschließt sich in der Sprache. Daher spielt das Wort eine so große Rolle in den biblischen Religionen. Alle von der Bibel bestimmten Religionen sind überzeugt, dass Gott sich in seinem Wort erschließt. Im Zentrum der christlichen Religion steht dabei Jesus, der von Gott in Bildern und Gleichnissen redete und den seine Anhänger später als das „Wort Gottes" schlechthin verehrten. Neben dieser Sprachmetaphorik begegnet uns immer wieder eine optische und akustische Metaphorik: Gott wird dort erfahren, wo die Wirklichkeit für etwas „Ganz Anderes" transparent wird und wo das Ich bis in unbewusste Tiefen hinein von „Resonanz" ergriffen wird. Die Bibel erzählt davon in vielen Geschichten. In der Geschichte von Elias Begegnung mit Gott am Berg Horeb werden verschiedene Medien der Erfahrung Gottes anschaulich dargestellt. Elia erhält die Verheißung, dass Gott dort vorbeikommen wird. Zuerst kommt ein starker Wind, der Berge und Felsen zerreißt, aber Gott ist nicht in ihm. Dann erschüttert ein Erdbeben die Erde, aber Gott ist nicht im Erdbeben. Dann bricht ein Feuer aus, aber auch in ihm ist Gott nicht. Danach aber tritt ein stilles, sanftes Sausen ein. In ihm kündigt sich die Gegenwart Gottes an, der sich Elia in Worten offenbart (1Kön 19,11–18). Damit kommen wir zur zweiten Dimension der Schrift: zu ihrem Geschichtsbezug.

2.2 Der Geschichtsbezug der Schrift

Die Bibel hat eine singuläre Beziehung zur Geschichte Israels und in deren Mitte zu Jesu von Nazareth. Sie erzählt von ihm in einer einzigartigen Mischung von Geschichte und Mythos. Die mythischen Aussagen über ihn widersprechen unserer wissenschaftlichen Weltsicht. Der Mythos erzählt von der Präexistenz Jesu, die sich unmöglich verifizieren lässt. Es widerspricht auch unserer Weltsicht, dass ein Mensch nicht sexuell gezeugt wurde oder dass er über Wasser gehen kann. Der Mythos ist für uns eine menschlich, allzu menschliche Deutung der Geschichte und niemand darf verpflichtet werden, ihn für wahr zu halten. Warum

---

[273] Diese Mythen und Symbole sind von ihrer theologischen Auswertung durch Gedanken zu unterscheiden, also von dem, was L. Wittgenstein „Meinungen" nannte. Theologische Gedanken sind höher zu werten, als Wittgenstein meinte. Denn: „Das Symbol gibt zu denken" (P. Ricoeur). Es ist dem Denken voraus, aber es kann zum Denken motivieren. Vgl. P. RICOEUR, Symbolik des Bösen II, 1971, 395–406.

aber ist der Rückgriff auf diese mythisch gedeutete Geschichte für den christlichen Glauben nach wie vor notwendig?

Durch diese Geschichte werden m.E. die drei religiösen Grunderfahrungen erneuert, obwohl sie an drei Grenzen immer wieder scheitern:[274] (1) Das Wunder, dass überhaupt etwas ist und nicht nichts, führt uns an die Grenze des Begreifens: Das *Geheimnis des Seins* ist undurchdringlich. In Jesus Christus aber, so sagt das Neue Testament, erschließt sich das Geheimnis Gottes neu. Was seit jeher verborgen war, wurde in ihm offenbar. (2) Die Erfahrung von *Geborgenheit* führt uns an Grenzen: Wir sind dem Tod und dem Leid unterworfen, ohne jede Geborgenheit. Die Geschichte von Jesus überwindet auch diese Grenze: Das NT erzählt, wie er Endlichkeit, Schmerz, Unrecht und Tod teilt und überwindet. (3) Die Erfahrung von *Verantwortung* führt uns an die Grenzen unseres Handelns: Wir werden schuldig, gerade, weil wir frei sind. Die Geschichte von Jesus überwindet auch diese Grenze. Nach dem NT spricht Jesus Sündenvergebung zu und nimmt stellvertretend die Schuld der Menschen auf sich. Charakteristisch für das Neue Testament ist, dass in den Erzählungen von Jesus diese Grenzen artikuliert und in einer Weise überwunden werden, dass wir mit ihnen leben können.

Im Folgenden skizziere ich einen Versuch, solche Grenzüberschreitungen mit Hilfe der kognitiven Religionswissenschaft zu entziffern.[275] Dieser Ansatz erklärt, warum religiöse Gedanken universal verbreitet sind, dadurch, dass sie sich aufgrund einer optimalen Verbindung von „kontraintuitiven" und „intuitiven" Ideen eingeprägt haben. Kontraintuitiv ist dabei alles, was die Regeln unserer Alltagsontologie durchbricht. Schon kleine Kinder können zwischen BELEBTEM und UNBELEBTEM unterscheiden, ferner zwischen SACHEN und ARTEFAKTEN auf der einen Seite (das sind die unbelebten Dinge), PFLANZEN, TIEREN und PERSONEN auf der anderen Seite (das sind die belebten Dinge).[276] Wir aktivieren apriorische Erwartungen gegenüber diesen Seinsbereichen, wenn wir z.B. etwas als Person klassifizieren. Wie erwarten alle, dass Personen nicht durch feste Körper hindurchgehen können, dass sie Gefühle und Intentionen haben und sterblich sind. Religiöse Vorstellungen widersprechen solchen Erwartungen: Der auferstandene Christus geht durch geschlossene Türen und er ist unsterblich. Der kontraintuitive Charakter religiöser Vorstellungen erklärt nach dem kognitiven Ansatz die Aufmerksamkeit, die sie finden; ihre Einbettung in ein Netzwerk intuitiver Ideen macht verständlich, warum sie langfristig überzeugen.

Um die in der Bibel bezeugte Grenzüberschreitungen besser verstehen zu können, muss man m.E. jedoch die genannten Seinsbereiche vermehren. Die Religion

---

[274] Anders als D. Bonhoeffer dürfen wir solche Grenzerfahrungen als religiöse Erfahrungen nicht abwerten, auch wenn wir uns darin als schwach und ohnmächtig erleben. Das zeigt auch Bonhoeffers Schicksal: Er überzeugt gerade durch sein Verhalten in Grenzsituationen.

[275] Zur Einführung kann dienen I. CZACHESZ, Cognitive Science and The New Testament, 2017; I. CZACHESZ, Kontraintuitive Ideen im urchristlichen Denken, 2007. Ferner P. BOYER, Religion Explained, 2001; I. PYYSIÄINEN, How Religion Works, 2001. Vgl. auch das Themenheft der Evangelischen Theologie: Neutestamentliche Exegese und kognitive Religionswissenschaft, 2011.

[276] Die kognitive Religionswissenschaft unterscheidet meist Sachen, Artefakte, Pflanzen, Tiere und Personen. Aber schon Säuglinge gehen von der noch grundlegenderen Unterscheidung von belebten und unbelebten Dingen aus, kennen also schon eine Hierarchisierung von Kategorien.

transzendiert nicht nur die Grenzen zwischen Sachen, Artefakten, Pflanzen, Tieren und Personen, sondern kontrastiert alle als SEIN mit dem NICHTS, auch wenn das NICHTS in der Religionsgeschichte weithin ein formloses ETWAS ist. Mythen erzählen, wie die Götter am Anfang aus diesem NICHTS die Welt geschaffen haben. Erst durch diese Transzendierung aller Seinsbereiche können wir die religiöse Grunderfahrung adäquat beschreiben; das Staunen darüber, dass überhaupt etwas ist und nicht nichts. Die Erkenntnis der Ordnung der Natur ist deshalb an sich kein religiöses Erleben. Viele Naturwissenschaftler wissen sehr wohl darum, sie sind aber nicht religiös. Aber wenn sie diese Ordnung so erleben, dass sie auch nicht und anders sein könnte, dass sie also kontingent ist, dann wird sie zur religiösen Erfahrung. Die alles fundierende Grenzüberschreitung ist die vom Sein zum Nichts und vom Nichts zum Sein.

Diese Überlegungen sollen uns helfen, den historischen Jesus und seine Verwandlung zum kerygmatischen Sohn Gottes zu deuten. Dabei geht die Grenzüberschreitung in unterschiedliche Richtung, beim historischen Jesus von unten nach oben: die Welt wird für Transzendenz transparent, beim Christuskerygma von oben nach unten: Transzendenz bricht in diese Welt hinein.

Der historische Jesus machte vor allem mit seinen Gleichnissen und Symbolhandlungen die Welt für Gott transparent und vermittelte den Menschen dadurch eine *indirekte* Begegnung mit Gott. Der kerygmatische Christus aber konfrontiert *direkt* mit diesem Gott, der aus dem Nichts schafft. Er konfrontiert mit dem Auferstandenen und in ihm mit der schöpferischen Macht Gottes. Der historische Jesus und der kerygmatische Christus entsprechen damit den beiden Grundformen religiöser Erfahrung:[277] Entweder wird unsere Alltagswelt transparent für Gott oder diese Alltagswelt erhält Risse, durch die ein *totaliter aliter* einbricht: etwas, das „ganz anders" ist als die uns vertraute Alltagswelt. Anders ausgedrückt: Der historische Jesus verwandelt durch Bilder und Gleichnisse unsere Alltagswelt in einen Schleier, durch den Gott transparent wird, der kerygmatische Christus hingegen zerreißt diesen Schleier. Der historische Jesus steht daher auf Seiten des Menschen, der nach den Spuren Gottes in dieser Welt sucht; Jesus verstand sich in der Tat eindeutig als Mensch im Unterschied zu Gott, der kerygmatische Christus aber bricht in diese Welt als eine Spur Gottes hinein. Im Kerygma findet eine direkte Begegnung mit dem Sein, mit Gott selbst, statt. Wir werden mit der Macht konfrontiert, die das Wunder des Seins selbst ist. Die liberale Theologie des Protestantismus wollte nur den historischen Jesus zum Grund eines erneuerten christlichen Glaubens machen, die existenziale Kerygmatheologie nur das Kerygma. Beides gehört jedoch zusammen.

Der Geschichtsbezug des Neuen Testaments zu der einen Geschichte des Jesus von Nazareth ist notwendig, weil durch ihn die drei religiösen Grunderfahrungen trotz Endlichkeit, Leid und Schuld erneuert werden. Diese Geschichte wird durch mythische Überhöhungen zur Geschichte von Grenzüberwindungen. Eine präexistente Person kommt vom Himmel, wandelt über die Erde und übers

---

[277] Vgl. die Darstellung des religiösen Erlebens und Verhaltens der ersten Christen durch eine durchgehende Differenzierung zwischen extrem- und moderatreligiösem Erleben und Verhalten in: G. THEISSEN, Erleben und Verhalten der ersten Christen, 2007.

Wasser und kehrt in den Himmel zurück, aus dem sie gekommen ist. Dieser Mythos ist Poesie des Heiligen. Keiner muss diese Bilder wörtlich nehmen, auch wenn sie mit einer Geschichte verbunden sind, die tatsächlich geschehen ist.

Dennoch ist in dieser mythischen Geschichte eine berechtigte Intention enthalten: die Intention, sich zum Ganzen der Wirklichkeit zu verhalten. Religion hat dem Menschen immer einen Platz im Gesamt des Universums und der Geschichte zugewiesen. In der Gegenwart hat sie diese Kraft eingebüßt, weil die biblische Heilsgeschichte als alles umfassende „große Erzählung" ihre Plausibilität verloren hat. Wir ordnen sie heute in die Glaubensgeschichte der Menschheit als einen Versuch ein, das Ganze zu begreifen, können aber unser gesamtes Wissen nicht mehr in diesen Gesamtrahmen einzeichnen oder aus ihr gewinnen. Freilich ist nicht nur die biblische Heilsgeschichte erodiert, sondern alle „großen Erzählungen", auch die „Erzählungen" der Geschichte als Selbstentfaltung des Geistes oder als Verwirklichung der klassenlosen Gesellschaft oder als grenzenloser Fortschritt. Im Grunde hat nur eine wissenschaftliche „Erzählung" überlebt: die Evolutionstheorie, welche die Entwicklung vom Wasserstoff bis zum Großhirn nachvollzieht. Sie gibt der Geschichte aber keinen Sinn, sie erzählt allenfalls, wie Lebewesen entstanden, die nach Sinn suchen. Denn die Evolutionstheorie umfasst auch die Entstehung von Religion.

Die vielen kleinen Erzählungen der Bibel behalten unabhängig von solch einer großen Geschichte ihren Glanz und sprechen für sich, nicht nur als Impulse für die *individuelle* Lebensgestaltung wie in der existenzialen Interpretation. Vielmehr sind der Exodus als Befreiung aus Sklaverei, der Neue Bund als Entwurf einer autonomen Moral, der Friede durch Gewaltverzicht und das sich vermehrende Brot nach wie vor faszinierende *soziale* Utopien. Wir brauchen keine „große Erzählung", um von diesen Bildern ergriffen zu werden. Aber wir können aus theologischen Gründen nicht darauf verzichten, diese Geschichten versuchsweise in einen umfassenden Rahmen einzuordnen. Dies ist das berechtigte Moment der universalgeschichtlichen Hermeneutik (W. Pannenberg),[278] die freilich zu einer evolutionstheoretischen Deutung, die auch die Natur und die Entstehung der Religion umfasst, weiter entwickelt werden muss. Wir sind jedoch weit von einer konsensfähigen evolutionären Deutung der biblischen Religion entfernt.[279] Auch wenn der Lebensbezug der biblischen Texte nicht von solch einer umfassenden Deutung abhängig ist, erhielte er m.E. ein größeres Gewicht, wenn er zu unserem Wissen von der Welt und ihrer Evolution passt.

2.3 Der Lebensbezug der Schrift

Der Lebensbezug der Schrift besteht darin, dass die erneuerten religiösen Grunderfahrungen Grundlage einer Ethik sind, die das ganze Leben durchdringen will. Die religiöse Begründung von Ethik rührt zwar an ein Tabu der modernen Welt: Ethik muss autonom sein und darf nicht religiös begründet werden, schon damit religiöse und nicht-religiöse Menschen in unserer Zeit kooperieren können. Aber

---

[278] W. PANNENBERG, Hermeneutik und Universalgeschichte, ^{3}1979.

[279] Hinweisen darf ich auf meinen Versuch in: G. THEISSEN, Biblischer Glaube in evolutionärer Sicht, 1984, weitergeführt in: G. THEISSEN, Biblischer Glaube und Evolution, 2011.

eine moderne säkulare Ethik hat ein Begründungsdefizit: Es gibt keine Letztbegründung für unsere Ethik (und unser Wissen). Zwar kann die Religion keine Letztbegründung liefern, wohl aber lassen religiöse Erfahrungen den Mangel an Letztbegründung leichter ertragen. Man stößt in diesen Erfahrungen nämlich auf etwas, das in sich wertvoll ist. Gehen wir dazu noch einmal die drei Grunderfahrungen durch, das Wunder der *Existenz*, die Erfahrung der *Geborgenheit*, die uns mit allem verbindet, und das Bewusstsein der *Verantwortung*, die uns aus allem heraushebt, um in ihnen nach einer Begründung ethischer Imperative zu fragen.

Die Erfahrung des Geheimnisses der Existenz begründet einen grundlegenden Wert: Es ist gut, dass etwas existiert; Sein ist besser als Nichtsein. In dieser Erfahrung ist Dankbarkeit für das Leben begründet. Im empirischen Leben aber stoßen wir auf vieles, wofür wir nicht dankbar sein können. Alles ist dem Nichtsein und Tod ausgeliefert. Aus dieser Differenz zwischen religiöser Grunderfahrung und Lebenswelt entsteht ein Imperativ: Es soll etwas sein. Weil es sein soll, können wir es bejahen. Der grundlegende *ethische Imperativ* ist, Sein und Leben zu bejahen (H. Jonas).[280]

Die zweite religiöse Grunderfahrung ist die der Verwandtschaft mit allem Sein. Wenn wir uns in der Wirklichkeit geborgen fühlen, unterscheiden wir nicht nach Gut und Böse. Diese Erfahrung umfasst alles und macht keine Unterschiede. Die Verbundenheit mit *allem* ist eine wichtige Quelle der Ethik: Im empirischen Leben müssen wir ständig zwischen Dingen unterscheiden, die das Leben fördern oder bedrohen. Wir sind in lauter Konflikte verstrickt. Aus der Differenz zwischen der religiösen Verbundenheitserfahrung mit allen Dingen und diesen Konflikten entsteht der Imperativ: Nicht gegen andere, sondern für andere zu leben! Ich habe dies den „*antiselektiven Imperativ*" genannt, der verlangt, den Selektionsdruck, der auf allem Leben liegt und alle mit allen in Konkurrenz und Konflikt bringt, zu reduzieren. Dieser Imperativ bestimmt m.E. alle menschliche Kultur, wird aber in der Bibel besonders klar formuliert.

Die dritte religiöse Grunderfahrung ist die der Verantwortung. Sie begründet einen dritten Wert: Weil unser Handeln so kontingent ist wie das Sein selbst, erfahren wir uns als frei. Wir sind zwar nur ein Staubkorn im All, erleben uns daher wie ein „Nichts" in der Unendlichkeit von Raum und Zeit, aber wir können aus Nichts etwas entstehen lassen. In uns und in allen anderen Menschen müssen wir diese Fähigkeit respektieren, etwas zu beginnen, was es sonst nicht gibt. Dies stößt in der empirischen Lebenswelt auf faktische Einschränkungen von Freiheit. Daraus ergibt sich ein *freiheitlichen* Imperativ: Wir sind verpflichtet, Freiheit zu ermöglichen – im eigenen Leben und im Leben anderer.

Aus den drei religiösen Grunderfahrungen folgen also drei Werte: *Dankbarkeit* für das Leben, *Liebe* als Verbundenheit mit allem und der Wille zur *Freiheit*. Lebensbejahung, Mitmenschlichkeit und Autonomie sind diese drei grundlegenden Werte, die in den drei skizzierten religiösen Grunderfahrungen begründet sind oder durch sie bestätigt, gestützt und immer wieder erneuert werden.

---

280 Zu solch einem Imperativ vgl. H. JONAS, Das Prinzip Verantwortung, 1979; vgl. das Kapitel: „Sein und Sollen" (S. 153ff) mit Abschnitten wie: „Das Ja des Lebens emphatisch als Nein zum Nichtsein" (S.156f), oder „Sollenskraft des ontologischen Ja für den Menschen" (S. 157f).

Kann man diese Verpflichtungen auf einen Nenner bringen? Um die ethische Bedeutung der drei religiösen Grunderfahrungen zu erfassen, lassen sich diese (mit einer akustischen Metapher) als Resonanzerfahrungen deuten: Das Wunder, dass überhaupt etwas existiert, findet Resonanz darin, *dass wir sind*. Die Kontingenz aller Dinge findet Resonanz in der *Kontingenz unseres eigenen Seins*. Auch das Geborgenheitserleben ist ein Resonanzerleben: Wir sind Materie wie alle Materie, teilen denselben genetischen Code mit allen Lebewesen, wir denken in jenen Strukturen, die allem Sein entsprechen. Unsere Intelligenz ist nur ein schwaches Echo einer überwältigenden Intelligenz, die in diese Schöpfung investiert ist. Vor allem aber sind wir in dem, *was wir tun,* ein Echo auf das Wunder des Seins, weil unser Handeln genauso kontingent ist wie alles Sein überhaupt. Alle drei religiösen Grunderfahrungen sind daher auch Resonanzerfahrungen, die auf einer Verwandtschaft zwischen uns und der ganzen Wirklichkeit basieren. Diese Resonanzerfahrungen sind reicher als die bisher geschilderten religiösen Grunderfahrungen. Für uns ist entscheidend: In solchen Resonanzerfahrungen ist eine ethische Verpflichtung enthalten, nämlich Resonanz zu entdecken, zu erhalten und zu vermehren. Was uns in solchen Erfahrungen zum Schwingen bringt, bejahen wir spontan als wertvoll: Es geschieht nicht nur, es *soll* auch geschehen. Überall, wo sich solche Resonanzerfahrungen mit einer Kontingenzerfahrung verbinden, werden sie religiös. Dieser Gedanken zur religiösen Grundlegung einer Ethik sei in Form eines meditativen Textes zusammengefasst:

In der Religion geht es uns wie jenem Menschen,
Der im Winter in den Alpen zum Skifahren fährt.
Er nähert sich dem Ort und der Landschaft in der Hoffnung,
Dass er hier Luft und Bewegung findet.
Er braucht die Alpenlandschaft, um sich zu erholen.
Aber wenn er eines Morgens
Vor einer noch unberührten Schneelandschaft steht
Und die Sonne alles mit ihrem Licht verklärt,
Spürt er die Aufforderung,
In die Schneedecke eine besonders schöne Kurve zu ziehen,
Um ihrer Schönheit gerecht zu werden.
Alles andere erschiene ihm wie eine Verfehlung gegenüber der Landschaft.
Er hört in ihr einen Appell.
Er fragt nicht mehr, ob sie seinen Bedürfnissen entspricht.
Er wird von der Landschaft engagiert, sie zu vollenden.
So geht es uns in der Religion:
Wir finden uns in dieser Wirklichkeit vor,
Verfolgen in ihr unsere Ziele
und fragen, ob sie unseren Bedürfnissen entspricht,
Bis wir eine Umkehr erfahren,
einen mächtigen Appell,
Der uns dazu bewegt,
Unser Leben als Antwort zu verstehen
Und nicht mehr zu fragen,
Ob die Wirklichkeit unseren Bedürfnissen entspricht,

Sondern ob wir ihrer Herausforderung entsprechen.[281]

Alle ethischen Lebensentwürfe geraten angesichts der ethischen Irrationalität der Welt in eine Krise. Die Bibel zeigt, wie diese durch Krisen hindurch erneuert werden, wenn wir an die Grenzen von Endlichkeit, Leid und Schuld gestoßen sind. Hier spielt die Beziehung zu Christus eine zentrale Rolle: Glaube ist Mut zum Leben, der mit Christus gekreuzigt wird und als „neue Schöpfung" aufersteht. Dadurch kommt es zu einer Erneuerung des grundlegenden ethischen Imperativs: des Imperativs zum Sein, dazu des antiselektiven und des freiheitlichen Imperativs, die unserer Ethik zugrunde liegen. Ethik reguliert das Zusammenleben. Die Schrift hat daher eine Funktion als Grundlage einer Gemeinschaft.

2.4 Der Gemeinschaftsbezug der Schrift

Die Bibel hat kanonische Funktion: Sie ist die normative Grundlage für eine Religion, d.h. aus ihr wird das Zeichensystem einer Religion immer wieder neu rekonstruiert. Sofern sie Norm ist, grenzt sie sich auch gegen andere Menschen ab, die diese Normen nicht anerkennen. In der modernen Gesellschaft ist die Bibel freilich darüber hinaus für alle Menschen ein Grundtext unserer Kultur. Daher wird ihre Exegese immer eine Doppellektüre sein: Sie wendet sich einerseits an die Kirche, muss andererseits aber die Bibel für alle Menschen interpretieren, die nicht religiös sind oder eine andere Religion teilen. Nimmt sie diese umfassendere Aufgabe gegenüber allen Menschen nicht mehr wahr, erodiert in einer pluralistischen Gesellschaft ihr Existenzrecht an den Universitäten. Universitäten sind der universalen Wahrheit verpflichtet, die allen Menschen zugänglich sein muss. Wenn an Universitäten Religion und Bibel erforscht werden, werden sie für alle Menschen erforscht und nicht nur für Mitglieder bestimmter Religionsgemeinschaften.

Ich kann hier nur ein Problem herausgreifen, das sich erst in der pluralistischen Situation unserer modernen Gesellschaft stellt: Die Bibel verbindet zwar die drei monotheistischen Religionen, Judentum, Christentum und Islam, aber die christologische Botschaft des Neuen Testaments trennt sie. Können diese Religionen sich dennoch auf ein Gottesverständnis einigen? Und wie steht es mit dem Verhältnis der Bibel zu den kosmischen und mystischen Religionen des Ostens?

Beim Glauben an den einen und einzigen Gott hatten wir drei Grunderfahrungen unterschieden: Die Kontingenz aller Dinge, die Verbundenheit mit allem, die Verantwortung gegenüber allem. Wir können in den drei biblischen Religionen jeweils den Vorrang einer dieser Grunderfahrungen erkennen:

Dem *Judentum* verdanken wir ein hohes Verantwortungsbewusstsein. Dem Menschen ist die Thora gegeben, die ihn für sein Leben und für die Welt verantwortlich macht. Mose konfrontiert sein Volk mit unbedingten Forderungen. Die Thora wurde zum Symbol der Verantwortung des Menschen. Aber dieser Gott des Alten Testaments ist gleichzeitig Schöpfer und Beschützer der Menschen. Man denke nur an den Vertrauenspsalm Ps 23: „Der Herr ist mein Hirte".

---

[281] Aus G. THEISSEN, Vom wieder gefundenen Paradies, 2005, 36f; Ders., Glaubenssätze, ^{4}2018, 41.

Das *Christentum* hat Gott vor allem in einem starken Geborgenheitsgefühl erlebt. Charakteristisch dafür sind die Worte des Paulus: „Denn ich bin gewiss, dass weder Tod noch Leben, weder Engel noch Mächte noch Gewalten, weder gegenwärtiges noch Zukünftiges, weder Hohes noch Tiefes noch eine andere Kreatur uns scheiden kann von der Liebe Gottes, die in Christo Jesus ist, unserem Herrn" (Röm 8,38f).

Der *Islam* lebt von einem starken Abhängigkeitsbewusstsein: Gott erschafft alles, alles ist kontingent. Hier begegnet ein starkes Kreaturbewusstsein: „Er ist der Schöpfer der Himmel und der Erde. Wenn Er eine Sache beschlossen hat, sagt Er zu ihr nur: Sei! und sie ist" (Sure 2,117). Diese Schöpferkraft Gottes bestimmt alles immer wieder neu. Alles ist eine ständige *creatio ex nihilo*. Naturgesetze sind nur Gewohnheiten Gottes, die dieser jedoch jederzeit durchbrechen kann. Aber gleichzeitig ist Gott der Barmherzige, sein wichtigstes Prädikat.

Die Gottesbilder sind zweifellos verschieden, aber sie lassen sich in ihrer Verschiedenheit auf ein und dieselbe Realität beziehen. Der Monotheismus (und die drei religiösen Grunderfahrungen) können die biblischen Religionen m.E. verbinden. Damit plädiere ich nicht für jene Art einer pluralistischen Religionstheologie, für die alle Religionen im Grunde gleich sind. Die Religionen sind m.E. nicht nur in ihrer äußeren Erscheinung verschieden, sondern auch in ihrem Zentrum. Jede hat etwas zu sagen, was die anderen Religionen nicht sagen können. Jede Religion, die sich in der Geschichte bewährt hat, hat daher einen Wert. Wir müssen an ihrer Existenz interessiert sein, was jede Missionstätigkeit infrage stellt. Wir sollten in einer pluralistischen Welt den Missionsdruck reduzieren, dafür aber die Freiheit zur Konversion stärken, denn Konversionen sind Ausdruck menschlicher Freiheit. Wenn alle Religionen im Kern gleich wären, wäre jede Konversion ein Irrtum. Mission muss durch den Dialog der Religionen und Konversionsfreiheit ersetzt werden. Damit suspendiert man nicht die Frage nach der Wahrheit. Zum Religionsdialog gehört die Auseinandersetzung darüber, was in den Religionen Wahrheit ist.

Die drei monotheistischen Religionen betonen jeweils eine religiöse Grunderfahrung, die in den anderen Religionen vorhanden ist, aber nicht dominiert. Das erste Axiom der biblischen Religion, der Glaube an den einen und einzigen Gott kann daher verbinden. Trennend ist vor allem das zweite Axiom des christlichen Glaubens: der Glaube an Jesu von Nazareth. Er begründet die Identität des Christentums auch in Abgrenzung zu anderen Religionen. Aber auch hier gibt es Potenziale einer religionsverbindenden Toleranz: Der historische Jesus vertritt in seiner Verkündigung einen konsequenten Monotheismus. Er steht m.E. eindeutig auf Seiten der Menschen, versteht sich als Mensch mit einer Sendung, aber nicht als Gott.[282] Der historische Jesus gehört damit ins Judentum. Dieser Jesus wird mit Recht im Islam als Vertreter eines konsequenten Monotheismus geachtet. Der historische Jesus verbindet somit das Christentum mit den beiden anderen biblischen Religionen. Der kerygmatische Christus, wie er uns im JohEv und bei Paulus begegnet, tritt dagegen neben den einen und einzigen Gott. Er trennt das

---

[282] Vgl. G. THEISSEN, Le Jésus historique et le kérygme, 2010 = Considerations Concerning the Gulf between Faith and History, 2011.

Christentum von Judentum und Islam. Aber dieser kerygmatische Christus verbindet den christlichen Glauben sachlich mit den mystischen und kosmischen Religionen des Ostens. Denn alle Aussagen über einen „Christus in uns" oder einen „kosmischen Christus", der in allen Dingen anwesend ist, setzen den erhöhten Christus voraus. Nur mit dem erhöhten Christus ist Christusmystik möglich. Nur er kann überall gegenwärtig sein, wo zwei oder drei in seinem Namen versammelt sind (Mt 18,20). Nur er ist das Licht, das in der ganzen Schöpfung scheint (Joh 1,1–18). Dass in mystischen und kosmischen Religionen das Gottesverständnis manchmal ganz anders ist als in den biblischen Religionen oder der Glaube an Gott im Grenzfall sogar fehlt, verändert nichts an der Tatsache, dass partielle Übereinstimmungen im Religionsdialog wertvoll sind: Sie ermöglichen „begrenzte Sympathieerklärungen" über die Grenzen von Religionen hinweg.

Wie kann man nun glaubhaft eine von interreligiöser Toleranz geprägte Auslegung der Bibel vertreten – trotz der bekannten Absolutheitsaussagen in ihr? Dazu ein mythisches Bild: Wenn am Ende der Tage die himmlische Akademie der Wissenschaften alle Gelehrten beauftragt, alle Traditionen und Texte zu sichten auf das hin, was bleibend gültig ist, um daraus einen ewigen Kanon zu schaffen, dann werden wichtige Texte der Bibel dabei sein. Aber nicht nur diese, ich wage nicht definitiv zu sagen, um welche Texte es sich handeln wird. Aber vorläufig könnten die Religionen auf Erden ihre Offenheit füreinander dadurch glaubhaft machen, dass sie in ihren Heiligen Schriften in einem Anhang jeweils Texte aus anderen Religionen aufnehmen, denen sie in verschiedenem Grade zustimmen können oder aus denen sie wegen ihrer Fremdheit lernen können: Konsenstexte, Konvergenztexte, Komplementärtexte. Durch den ökumenischen Dialog hat das Christentum Erfahrung im Umgang mit religiöser Pluralität und mit derartigen Textsynopsen. Nur ein Kanon mit interreligiösen Apokryphen wird auf lange Sicht Überzeugungskraft haben. Denn das moderne Wahrheitsbewusstsein kann der Religion nur dann eine Wahrheit zuschreiben, wenn etwas von dieser Wahrheit in allen Religionen aufleuchtet, sodass man die verschiedenen Religionen in eine sinnvolle Beziehung zueinander setzen kann. Die Religionen werden ihren Geltungsanspruch nur vertreten können, wenn sie ihren Absolutheitsanspruch zurücknehmen – so wie die Wissenschaft Letztgültigkeitsansprüche aufgegeben hat, um die Geltung ihrer Aussagen angemessen vertreten zu können. Auch die Bibel wird ernster genommen werden, wenn man sie zusammen mit anderen Quellen auf ihre Wahrheit hin befragen kann.

Zu Beginn des Kapitels wurden einige Kriterien für ein Verstehen der Bibel formuliert: Toleranz, Plausibilität und Mündigkeit. Zur *Mündigkeit* gehört heute, dass wir anderen Menschen die Freiheit geben, ihre Nähe und Ferne zu den Bildern der Bibel selbst zu bestimmen. Die Theologie soll dazu Hilfestellungen geben, indem sie zeigt, dass beim Gottesverständnis und beim Verständnis Jesu verschiedene Annäherungsversuche möglich sind. Die Gottesbilder der Bibel sind unterschiedlich – man denke nur an den Gott der Weisheit, der Propheten, des Gesetzes und der Geschichtserzählungen. Unterschiedlich sind auch die Jesusbilder: der sich sukzessiv offenbarende von Gott adoptierte Sohn im MkEv, der Vertreter einer humanen Thoraethik im MtEv, der an einer Zeitenwende auftretende Verkünder einer Lebenswende im LkEv und der präexistente Logos, der in einem Menschen Fleisch wurde im JohEv – sie alle lassen sich nicht auf einen Nenner bringen. Wohl aber gibt die Mannigfaltigkeit dieser Christusbilder die innere Freiheit, sich Jesus verschieden anzunähern.

Am Ende greife ich noch einmal das Bild auf, das ich am Anfang benutzte: Religion und Religionen sind semiotische Kathedralen. Sie dienen der Verehrung Gottes, wurden aber durch Menschen gemacht. Die Bibel enthält Zeugnisse von Gotteserfahrungen, erzählt in mythischer Form die Geschichte Jesu, formuliert ethische Gebote und begründet religiöse Riten – diese sind menschliche Konstruktionen. Mit diesen Konstruktionen aber entdecken wir etwas, das wir nicht selbst gemacht haben. Ihre Axiome und Grundmotive sind Suchprogramme, mit denen wir die Wirklichkeit abtasten und in ihrer religiösen Tiefe erschließen: Wir entdecken in ihr Zeichen in der Welt, die auf Gott hinweisen. Sie wecken in uns einen Sinn, der uns auf Gott ausrichtet. In ihnen spricht uns etwas an, das uns ermöglicht, eine Beziehung zur Transzendenz aufzunehmen. Sie kann uns helfen, den Dialog mit Gott aufzunehmen. Die Bibel enthält viele Entdeckungsprogramme. Sie ist kein in sich geschlossenes, selbstreferentielles System, sondern verweist auf ein *totaliter aliter*. Heinrich Heine sagt mit Recht von ihr: „Wer seinen Gott verloren hat, der kann ihn in diesem Buche wiederfinden, und wer ihn nie gekannt, dem weht hier entgegen der Odem des göttlichen Wortes".[283]

---

[283] H. HEINE, Zur Geschichte der Philosophie und Religion in Deutschland. Vorrede zur zweiten Auflage 1852, 7.

II. Teil: Interdisziplinäre Dimensionen
Die Polyphonie der Disziplinen

8 Literaturgeschichte
Die vier Phasen der Entstehung des Neuen Testaments[284]

Das Neue Testament umfasst 27 Schriften einer kleinen religiösen Subkultur im Römischen Reich. Es ist ein Ausschnitt aus einem umfangreichen urchristlichen Schrifttum, von dem ca. 90 Schriften ganz oder in Fragmenten erhalten sind.[285] Vier Gattungen sind in ihm vertreten: Evangelien und Briefe als mehrfach belegte Grundformen, eine Geschichtserzählung wie die Apostelgeschichte und die Apokalypse mit nur je einem Exemplar, dazu der Hebräerbrief, der in Wirklichkeit eine Rede ist. Bei den Evangelien kann man die älteren Synoptiker vom jüngeren Johannesevangelium unterscheiden, bei den Briefen die echten Paulusbriefe von den späteren nachpaulinischen Briefen. Mit solchen Unterscheidungen zwischen einer älteren und jüngeren Schicht beginnt eine Literaturgeschichte des Neuen Testaments. Sie will das, was im Kanon in zeitloser Ordnung nebeneinandersteht, in eine geschichtliche Entwicklung verwandeln und die Formensprache dieser Schriften in die antike Literaturgeschichte einordnen. Bis heute gibt es nur wenig bewährtes Lehrbuchwissen dazu – trotz sehr guter Arbeiten zur Literaturgeschichte der urchristlichen Literatur in jüngerer Zeit.[286]

Dabei war es in der Forschungsgeschichte ein großer Fortschritt, als man die Bibel nicht nur als Offenbarungsurkunde, sondern auch als Literatur betrachtete, als eine der ältesten Dichtungen der Menschheit. Mit diesem Gedanken wollte schon J.G. Herder (1744–1803) in „Vom Geist der Ebräischen Poesie“ (1782/1783) die Bibel den Gebildeten seiner Zeit nahebringen. Damals erkannte man, dass sie ebenso wie die religiöse Überlieferung der Griechen mythische Erzählungen enthielt. Herder deutete solche Mythen als Dichtung einer kindlichen Menschheit.[287] Was aber ist Literatur? Was ist Dichtung?

Weil Literatur von *littera* (Buchstabe) kommt, könnte eine Nominaldefinition jeden geschriebenen und gedruckten Text als Literatur bestimmen. Aber Quittungen, Formulare und Listen sind trotz ihrer schriftlichen Form keine Literatur. Viele Epen jedoch und sogenannte „kleine Formen“ wie Märchen, Sagen, Witze und Anekdoten waren zweifellos schon in ihrer mündlichen Form Literatur. Auch die Bibel besteht in großen Teilen aus sekundär verschriftlichten mündlichen Überlieferungen. Sie wurde als Schrift im jüdischen bzw. christlichen Gottesdienst vorgelesen. Viele Texte wurden aber danach auch in sekundärer Münd-

---

[284] Vortrag vor der Heidelberger Akademie der Wissenschaften am 27.11.2004, der bisher nur in französischer Sprache veröffentlicht wurde: G. THEISSEN, Les quatre phases de la naissance du Nouveau Testament, 2007. Er liegt der ausführlichen Darstellung in G. THEISSEN, Entstehung des Neuen Testaments, 2007, zugrunde und wurde für diese Veröffentlichung überarbeitet.

[285] K. BERGER/CH. NORD, Das Neue Testament und frühchristliche Schriften, 1999, führen 92 Schriften und Fragmente auf.

[286] PH. VIELHAUER, Geschichte der urchristlichen Literatur, 1975; K. BERGER, Hellenistische Gattungen, 1984 (= 1973); Ders., Formgeschichte, 1984; D.E. AUNE, The New Testament in its Literary Environment, 1987; G. STRECKER, Art. Literaturgeschichte, 1991; Ders., Literaturgeschichte, 1992; D. DORMEYER, Das Neue Testament im Rahmen der antiken Literaturgeschichte, 1993; M. REISER, Sprache und literarische Formen, 2001. Zu älteren Arbeiten s.u.

[287] J. ROHLS, Protestantische Theologie I, 1997, 247–250. E. HERMS, Art. J.G. Herder, 1986.

lichkeit weiterverbreitet. Mündlichkeit und Schriftlichkeit sind daher zur trennscharfen Abgrenzung von vorliterarischen Überlieferungen und Literatur ungeeignet.

Eine für uns geeignetere Definition wäre: *Literatur besteht aus zusammenhängenden mündlichen und schriftlichen Texten, die ihrer Intention nach öffentlich sind.* Eindeutig öffentlich sind sie erst, wenn sie in schriftlicher Form vorliegen und einen allgemeinen Adressaten haben. Vorher sind sie Literatur im Entstehen. So wurden die Briefe des Paulus erst nachträglich zu Literatur, als sie mit dem Anspruch überliefert wurden, dass sie nicht nur an Adressaten in Korinth oder Rom, sondern an alle Christen adressiert waren. Ursprünglich waren sie Korrespondenz, d.h. Gebrauchstexte, auch wenn ihr Gehalt über ihre Entstehungssituation weit hinauswies. Vor allem der Römerbrief ist schon eine Art persönliches Testament, in dem Paulus die Gedanken seiner Verkündigung zusammenfasst – auch unter dem Aspekt, dass er damit rechnen muss, bald den Tod zu finden. Daher lautet eine vollständige Definition von Literatur, die Literarisches von Gebrauchstexten abgrenzt: *Literatur sind zusammenhängende mündliche und schriftliche Texte, die ihrer Intention nach öffentlich sind und nicht in ihrem unmittelbaren Gebrauchszweck aufgehen.* Verträge, Edikte und Gesetzessammlungen sind keine Literatur – es sei denn, sie haben über ihren Gebrauchswert einen überschießenden Sinn wie z.B. die Gesetzessammlungen im Alten Testament.

Wie müssen weiterhin fragen: Was ist das Besondere der religiösen Literatur? Sie ist nicht zweckfrei wie Dichtung,[288] denn die neutestamentlichen Texte wurden durch ihren sozialen Gebrauch geformt. Sie wollen Menschen beeinflussen, für den Glauben gewinnen und zum Handeln ermutigen. Aber sie haben darüber hinaus indirekt einen Selbstwert: Sie wollen als religiöse Literatur Kontakt mit der Transzendenz ermöglichen und weisen damit auf einen absoluten Selbstwert hin, der ihnen auch eine literarische Qualität gibt. Denn die Beziehung zu diesem Selbstwert sprengt den Gebrauchswert der Texte. In der klassischen Ästhetik gehören religiöse Texte daher nicht zum Schönen, sondern zum Erhabenen, bei dem der Inhalt die Form sprengt. Das griechische Alte Testament, die LXX, wurde zum ersten Mal im 1. Jh. n.Chr. in einer paganen Schrift „Vom Erhabenen" zitiert: „Auf diese Weise hat auch der Gesetzgeber der Juden, ein außergewöhnlicher Mensch, die Macht des Göttlichen würdig gefasst und dargestellt, als er gleich am Eingang der Gesetze schrieb: ‚Gott sprach:' – was? ‚Es werde Licht', und es ward. ‚Es werde Land', und es ward" (Vom Erhabenen 9,9).[289] Das Erhabene besteht in der Erfahrung dessen, was durch Übermacht, Kraft und Vollkommenheit unser Fassungsvermögen übersteigt. Es wirkt durch Abstoßung und Anziehung, als *mysterium tremendum et fascinosum* (R. Otto).[290] Religiöse Texte

---

[288] In Eduard Mörikes Gedicht auf eine Lampe heißt es am Ende: „Was aber schön ist, selig scheint es in ihm selbst". Das Schöne ist Selbstzweck und Schein. Es heißt nicht: „Selig *ist* es in ihm selbst", sondern „*scheint* es in ihm selbst" – womit die Aufgabe der Lampe angesprochen wird, die einen hellen Schein geben soll. Das ist ihr Nutzwert. Aber sie hat darüber hinaus auch einen Selbstwert: Schönheit ist Schein, der das Leben über alles Nützliche hinaus hell macht.

[289] R. BRANDT (Hrsg.), Pseudo-Longinus, Vom Erhabenen, 1966, 45.

[290] B. RECKI, Art. Erhabene, 1999.

haben somit gerade durch ihre Beziehung zur Transzendenz eine ästhetische Qualität. Sie teilen mit dichterischen Texten vier Merkmale: (a) Poetizität, (b) Bildlichkeit, (c) Fiktionalität und (d) Formgebung.

Poetizität besteht darin, dass sich Texte in ihrer sinnlichen Erscheinungsform (durch Reime, Assonanzen, Alliterationen und Parallelismen) auf sich selbst beziehen. Im Neuen Testament gibt es viele Texte mit einer selbstreferenziellen poetischen Qualität: Hymnen, Seligpreisungen, Doxologien, das Vaterunser. Zur Literaturgeschichte des Neuen Testaments gehört, dass man dessen Poesie herausarbeitet.

Wichtiger ist die *Bildlichkeit* neutestamentlicher Texte. In der Dichtung erscheint im konkreten Geschehen und Bild etwas, das weit über das unmittelbar Gemeinte hinausweist. Dies gilt auch für das Neue Testament. Alle Formen bildlicher Rede weisen in ihm in Metaphern, Allegorien, Gleichnissen, Parabeln, Beispielgeschichten, Bildworten, Symbolen und Mythen über den bildspendenden Bereich hinaus auf den Bereich Gottes. Die Bibel ist voll von religiöser Bildsprache.

Für die ersten Christen waren diese Bilder unanfechtbare Realitäten. Sie hielten es nicht für Dichtung, wenn sie von Himmel und Unterwelt, von Teufeln und Dämonen, vom Sohn Gottes und von Engeln sprachen. Erst ein modernes Bewusstsein muss mit sich aushandeln, was es als Dichtung und was als Realität betrachtet. Lediglich bei den dichterischen Texten des Neuen Testaments, bei Gleichnissen und Parabeln, gibt es zwischen den antiken Autoren und modernen Lesern von vornherein ein Einverständnis über die *Fiktionalität* dieser Texte. Entscheidend ist also, dass man verschiedene Formen unterscheidet.

Mit der Unterscheidung verschiedener *Formen* begann die Literaturgeschichte des Neuen Testaments nach den oben genannten Anfängen bei Johann Gottfried Herder mit Franz Overbeck (1837–1905) im 19. Jahrhundert – nicht zufällig durch einem Theologen, der den Glauben an die Theologie verloren hatte und die biblischen Texte nicht mehr als Glaubensgrundlage betrachten konnte, sondern als Literatur betrachtete.[291] Biblische Literaturgeschichte war für ihn die Geschichte ihrer literarischen Formen. Bei der Erforschung dieser Formen lassen sich drei Phasen unterscheiden.

Die erste Phase ist von F. Overbecks Konzept einer „*Urliteratur*“ bestimmt, die sich der Einordnung in die allgemeine Literaturgeschichte entziehe. Von den beiden Grundformen des Neuen Testaments sei das Evangelium eine unableitbare Schöpfung des Urchristentums, der Brief dagegen als Gebrauchstext keine eigentliche Literatur. Beide Formen waren für F. Overbeck „Urliteratur“ mit zwei Merkmalen: Sie bringe einerseits schöpferisch etwas ganz Neues hervor (wie die Evangelienform) und löse sich andererseits nicht vom Autor, mit dem die Adressaten in Interaktion treten können (so bei den Briefen). Darüber hinaus stehe sie in keinem Zusammenhang mit der damaligen großen literarischen Welt und finde auch keine Fortsetzung in der Kirchengeschichte.[292] Die eigentliche christliche

---

[291] F. OVERBECK, Anfänge der patristischen Literatur, 1882 (1954), 417.472.

[292] Die Urliteratur ist für F. Overbeck Teil der Urgeschichte, d.h. einer Entstehungsgeschichte des Christentums, die aufgrund einer intensiven eschatologischen Naherwartung gar nicht damit rechnete, zur Geschichte zu werden.

Literaturgeschichte beginne erst mit den Apologeten und Kirchenvätern, als das Christentum die Formen der großen profanen Literatur übernahm. Dies erklärt, warum noch heute in einem Überblick über die christliche Literatur die neutestamentlichen Schriften bisweilen fehlen.

Die zweite Phase wurde durch die Formgeschichte des 20. Jahrhunderts, durch Rudolf Bultmann, Martin Dibelius und Karl Ludwig Schmidt, bestimmt.[293] Sie erklärten die von Franz Overbeck postulierte Unableitbarkeit der Evangelienform *sozialgeschichtlich*. Ihre Erklärung war: Literaturfremde Kreise hätten hier zur Feder gegriffen. Vergleichbar mit den Evangelien seien Volksbücher, „*Kleinliteratur*" in Traktätchen und Schriftchen. Der Sitz im Leben der urchristlichen Literatur sei die Unterschicht; der Übergang von der mündlichen Tradition des Volkes zur schriftlichen Literatur erkläre, warum sich diese Texte nicht der hohen Literatursprache bedienten und stark durch Konventionen und wiederkehrende typische Motive geprägt sind.

In der Gegenwart neigt man zu einer *literaturgeschichtlichen* Erklärung der Besonderheit urchristlicher Schriften: Die urchristliche Literatur sei Teil einer literarischen Sonderkultur, der jüdisch-hellenistischen „*Koineliteratur*" (Marius Reiser).[294] Mit der Septuaginta (LXX), der griechischen Übersetzung des Alten Testaments, hatte sich das Judentum eine eigene Literatur in griechischer Sprache geschaffen, die sich nicht der Hochsprache, sondern der Umgangssprache, der sogenannten Koine, bediente. Im Wirkungsbereich dieser jüdischen Sonderliteratur bildete sich noch einmal eine Sonderliteratur, die urchristliche Literatur. Der Erzählstil der Evangelien – ein Episodenstil mit wenigen Erzählerkommentaren durch die Autoren, dafür aber mit vielen Kommentaren durch die erzählimmanenten Personen – findet z.B. in der LXX Vorbilder.

Wir finden in der bisherigen Forschungsgeschichte also zurzeit drei Erklärungen für den literarischen Sondercharakter des Neuen Testaments: Als *Urliteratur* sei sie eine originäre Schöpfung des Urchristentums, als *Kleinliteratur* das Produkt literaturferner Unterschichten und als *Koineliteratur* ein Geschöpf der LXX. Alle drei Ansätze enthalten etwas Richtiges. Aber alle Erklärungen des Sondercharakters der urchristlichen Literatur hinterlassen Probleme, so dass sich ein neuer Entwurf lohnt, dessen Grundzüge im Folgenden skizziert werden.

Einige neutestamentliche Schriften mögen *Urliteratur* im Sinne Franz Overbecks sein, aber nicht alle. Unter den 27 Schriften befinden sich mindestens zehn pseudepigraphe (d.h. gefälschte) Schriften, die echte Schriften nachahmen und daher auch später als diese zu datieren sind. Bei Fälschungen versteckt sich der wahre Autor hinter einem anderen Autor und entzieht sich dadurch der Interaktion mit seinen Lesern. Sein Handeln ist nicht schöpferisch, sondern nachschöpferisch. Nach Franz Overbeck wäre aber das entscheidende Kriterium einer „Urliteratur", dass sie singuläre Formen aufweist oder in Interaktion mit ihren Lesern steht. Daher muss man fragen: Fand die Urliteratur schon mit den neutestamentlichen Pseudepigraphen im 1. Jh. n.Chr. ein Ende – nicht erst mit dem Übergang zur patristischen Literatur im 2. Jahrhundert? Muss man daher nicht

---

293 M. DIBELIUS, Geschichte der urchristlichen Literatur, 1926 (1975); PH. VIELHAUER, Geschichte der urchristlichen Literatur, 1975.

294 M. REISER, Sprache und literarische Formen, 2001.

zumindest zwei Phasen innerhalb der urchristlichen Literaturgeschichte unterscheiden?[295]

Die urchristlichen Schriften waren gewiss *Kleinliteratur*, was die Formgeschichtlicher richtig erkannt haben. Dadurch unterscheidet sich diese Literatur von den biblischen Schriften der Juden, in deren Zentrum das Gesetz stand. Ein Gesetz ist etwas Öffentliches und gilt für ein ganzes Volk. Der Überlieferung nach waren an der Erstellung der jüdischen Bibel mehrere Könige beteiligt: ein jüdischer König beim Deuteronomium, ein persischer bei Esras Gesetz, ein Ptolemäer bei der Entstehung der LXX. Das Neue Testament war dagegen Kleingruppenliteratur. Kein König verlieh ihm Öffentlichkeitscharakter. Wir müssen also fragen: Wie kamen Menschen aus kleinen Gruppen dazu, Gedanken mit universalem Anspruch aufs Papier zu bringen? In welche Rolle schlüpften sie dabei? Ferner: Gehörten sie wirklich zur unliterarischen Unterschicht? Mussten sie nicht eine gewisse literarische Schreibkompetenz besitzen – in einer Bevölkerung, in der vielleicht nur 20%–40% der Bevölkerung überhaupt lesen und schreiben konnte? Und dennoch könnten die Formgeschichtler in einem Punkt Recht haben: Könnte das Besondere des Neuen Testaments nicht darin liegen, dass hier zwar eine kleine Gruppe literaturkompetenter Autoren aus relativ gebildeten Schichten schreibt, aber bewusst eine Literatur für nicht-literarische Unterschichten hervorbrachte? Überschreitet die urchristliche Literatur nicht zumindest bei den von ihr intendierten Adressaten Schichtgrenzen?

Die urchristlichen Schriften gehören drittens ganz gewiss zur jüdischen *Koine-Literatur* im Windschatten der LXX. Dennoch haben die beiden Grundformen des Neuen Testaments, Evangelium und Brief, nicht in der LXX, sondern in der griechischen und römischen Literatur Vorbilder. Es gab keine Schrift im damaligen Judentum, die biographisch so auf eine einzige Person konzentriert war wie die Evangelien,[296] aber es gab viele biographischen Texte in der nicht-jüdischen Antike. Es gab keine Briefsammlung im Judentum und in der LXX, die Paulus als Modell für seine Briefe hätte dienen können, dafür aber viele Briefsammlungen in der griechisch-römischen Welt. Das Neue Testament gehört zwar zur jüdisch-hellenistischen Koineliteratur, ihre beiden Grundformen aber stammen aus der nicht-jüdischen Welt. Daher stellt sich die Frage: Liegt das Besondere des Neuen Testaments darin, dass es in seiner Formensprache (genauso wie in seinem Inhalt) kulturelle Grenzen überschreitet?

Als Antwort auf diese drei Fragen, die wir an die die drei vorliegenden Deutungen der Eigenart urchristlicher Literatur gestellt haben, skizziere ich eine neutestamentliche Literaturgeschichte in vier Phasen. Die neutestamentliche Literaturgeschichte beginnt (1) mit einem zweifachen *charismatischen* Anfang mit Jesus und Paulus, also mit zwei „charismatischen" Personen. Sie gaben den Anstoß

---

[295] Da man eine Literaturgeschichte des Neuen Testaments bisher nur nach Gattungen und Entwicklungslinien gegliedert hat, wäre das ein Fortschritt. Nach Gattungen gliedern ihre Darstellungen: P. WENDLAND, Die urchristlichen Literaturformen, $^{2+3}$1912; M. DIBELIUS, Geschichte der urchristlichen Literatur, 1926; G. STRECKER, Literaturgeschichte des Neuen Testaments, 1992. D. DORMEYER, Das Neue Testament im Rahmen der antiken Literaturgeschichte, 1993. Ein Entwurf nach Entwicklungslinien ist H. KÖSTER, Einführung in das Neue Testament, 1980. In dem hier vorgelegten Aufsatz wird dagegen ein Versuch vorgelegt, vier Phasen zu erkennen!

[296] PH. S. ALEXANDER, Rabbinic Biography and the Biography of Jesus, 1984.

zu den beiden Grundformen des Neuen Testaments, Evangelium und Briefsammlung, die freilich erst in der zweiten Phase nach dem Tod des Paulus entstanden. In dieser zweiten Phase wurde die urchristliche Literatur durch eine fiktive Selbstauslegung des Paulus in den unechten Paulusbriefen und eine fiktive Selbstauslegung Jesu in den Evangelienredaktionen weitergeführt. Damit beginnt (2) also schon in einer sehr frühen Zeit seit Mitte des 1. Jahrhunderts eine *pseudepigraphe* Phase. Sie setzt voraus, dass sehr schnell den beiden zentralen Gestalten, Jesus und Paulus, eine hohe Autorität zugeschrieben wurde, nur deshalb konnte man sich hinter ihrem Namen pseudonym verstecken. (3) In einer dritten Phase gegen Ende des 1. Jahrhunderts entstanden Gattungen nach *funktionalen* Gesichtspunkten. Das heißt: Texte gewannen jetzt ihre Autorität nicht nur dadurch, dass sie auf bekannte Charismatiker zurückgeführt wurden oder aufgrund einer Fiktion auf sie zurückgehen sollten, sondern aufgrund sachlicher Anforderungen an bestimmte Gattungen. Von den Werken dieser neuen Formen wurden nur die Apostelgeschichte, die Apokalypse und der Hebräerbrief in den Kanon aufgenommen. Die letzte Phase ist die (4) *kanonische* Phase: die Kanonbildung durch Kombination von Evangelium und Brief. Sie bahnte sich an vielen Stellen an – nicht nur bei Markion (im 2. Jh. n.Chr.), der einen Kanon aus *einem* Evangelium und *einem* Apostel geschaffen hat. Zu diesem Grundmuster einer Kanonbildung gab es unabhängig von ihm Parallelen im Urchristentum. Es folgten also in der urchristlichen Literaturgeschichte eine charismatische, eine pseudepigraphe, eine funktionale und eine kanonische Phase sachlich aufeinander. Sie überschnitten sich chronologisch, zudem gab es viele Übergänge zwischen diesen vier Phasen, die im Folgenden ausführlicher dargestellt werden.

1 Die charismatische Phase: Der zweifache Anfang bei Jesus und Paulus

Wir haben gesehen: Von Literatur im strengen Sinne kann man erst sprechen, wenn ein Text (1) schriftlich vorliegt und (2) allgemeine Adressaten hat. Die beiden Grundformen des Neuen Testaments gelangten dazu auf verschiedenem Wege. Die Jesusüberlieferung existierte am Anfang nur *mündlich* und wurde zur Missionierung des Volkes Israel gebraucht. Zu Literatur wurde sie in den 60/70er Jahren des 1. Jh.s durch Verschriftlichung und Ausweitung der in ihr enthaltenen Botschaft für alle Völker. Die Briefe des Paulus existierten dagegen von Anfang an *schriftlich*. Sie dienten der Missionierung von Nicht-Juden und wandten sich zunächst nur an einzelne heidenchristliche Gemeinden. Erst die nachträgliche Sammlung seiner Briefe gab allen Briefen einen allgemeinen Adressaten, nämlich alle christlichen Gemeinden – so wie damals auch andere Privatbriefe als Briefsammlung zur öffentlichen Literatur werden konnten. Der Römerbrief nähert sich als einziger einem öffentlichen Schreiben. Auch dies geschah in den 60er/70er Jahren des 1. Jh.s. In diesen Jahren kam bei Überlieferungen von Jesus die Schriftlichkeit, bei Briefen des Paulus die Verallgemeinerung des Adressatenkreises nachträglich hinzu. Dadurch wurden ihre Texte zur Literatur. Unsere Frage ist nun: Waren bei beiden Wegen zur Literaturwerdung vergleichbare Faktoren am Werk?

1.1 Die Jesusüberlieferung – der erste Anfang der urchristlichen Literatur

Schauen wir uns zunächst die von Jesus ausgelöste Entwicklung an. Dass Jesus selbst geschrieben haben soll, ist nur einmal, in der Geschichte von der Ehebrecherin im JohEv, überliefert. Dabei handelte es sich um Zeichen im Sand, in dem die Spuren verwehen (Joh 8,8). Daher ist von Jesus selbst keine schriftliche Zeile erhalten. Dafür kennen wir die Formensprache seiner mündlichen Verkündigung, die einen öffentlichen Anspruch innerhalb Israels erhob. Exemplarisch sei eine der Formen der jüdischen Literatur herausgegriffen: die Sprüche. Diese sind Weisheitssprüche, die in der Jesusüberlieferung oft mit einer erzählerischer Rahmung erscheinen, die sie einer bestimmten Situation – und einem bestimmten Autor zuschreibt. Damit begegnen in der Jesusüberlieferung zum ersten Mal in der jüdischen Literaturgeschichte Apophthegmen, d.h. Aussprüche, die einer bestimmten Person (oft in einer bestimmten Situation) zugeschrieben werden. Modelle dafür gab es bisher nur in der paganen Literatur.[297] Diese Anlehnung einer aus dem Judentum stammenden Form an nicht-jüdische Kommunikationsformen setzte sich bei der Verschriftlichung der Jesusüberlieferung in den Evangelien fort.

Das Evangelium hat als Muster die antike Gattung des *bios*.[298] Auch sie stammte nicht aus der jüdischen Welt. Dort gab es nur wenige biographische Texte wie z.B. die *vita* des Moses, die Philo von Alexandrien verfasst hatte, um Moses bei Nichtjuden bekannt zu machen. Auch verfasste der römisch-jüdische Geschichtsschreiber Flavius Josephus eine Autobiographie, um sich gegen Vorwürfe zu verteidigen, er habe sich im Jüdischen Krieg gegen die Römer kompromittiert, indem er als ein Leiter des jüdischen Aufstands zu den Römern übergelaufen sei. Beide Viten wenden sich eindeutig nicht nur an Juden, sondern auch an Nicht-Juden.

Dasselbe gilt auch für die Evangelien. Obwohl sich der historische Jesus ursprünglich nur an Juden gewandt hatte, weiten alle Evangelien seine Verkündigung auch auf heidnische Adressaten aus. Nach dem MkEv beginnt diese Heidenmission bereits zu Lebzeiten Jesu.[299] Das MtEv endet mit einem universalen Missionsbefehl nach seinem Tod.[300] Das LkEv zeigt in seiner Fortsetzung, in der

---

[297] Später finden wir das Apophthegma auch in der rabbinischen Literatur: C. HEZSER, Die Verwendung der hellenistischen Gattung Chrie, 1996, 371–439. Auch die Gleichnisse lassen sich nicht als Fortsetzung jüdischer Literatur verstehen. Die wenigen alttestamentlichen Vorläufer enthalten anthropomorph geschilderte Pflanzen oder Tiere. Bei Jesus fehlt jede anthropomorphe Stilisierung. Er bearbeitet im Feigenbaumgleichnis einen traditionellen Fabelstoff, in dem der Feigenbaum spricht. Aber bei Jesus spricht der Feigenbaum nicht selbst, sondern er erhält einen menschlichen Fürsprecher (vgl. P. V. GEMÜNDEN, Vegetationsmetaphorik, 1993, 130–138). Das Gleichnis wird bei Jesus zum ersten Mal als Gattung im Judentum sichtbar. Sie existiert unabhängig von ihm. Denn von den Rabbinen werden viele Gleichnisse überliefert; vgl. D. FLUSSER, Die rabbinischen Gleichnisse, 1981.

[298] Vgl. A. DIHLE, Die Evangelien, 1981. H. CANCIK, Die Gattung Evangelium, 1984; Ders., Bios und Logos, 1984.

[299] Die Verkündigung des Geheilten in der Dekapolis ist in Mk 5,19f als Beginn einer christlichen Verkündigung in heidnischem Lande dargestellt.

[300] Was in seinem Evangelium an Geboten Jesu niedergeschrieben ist, soll allen Völkern gelehrt werden (Mt 28,18).

Apg, wie der universale Missionsbefehl durch die Tätigkeit des Paulus ausgeführt wird. Während sich die Briefe des Paulus von vornherein an heidnische Gemeinden wandten (aber eben nur an *einzelne* Gemeinden), wandte sich die Jesusverkündigung an *alle* Juden, wurde aber erst sekundär auch für alle Heiden (d.h. für alle Menschen) ausgeweitet. Erst in der Redaktionsschicht der Evangelien wurde diese Universalisierung der Botschaft Jesu voll durchgeführt.

Diese Universalisierung ist im ältesten Evangelium, im MkEv, mit dem Begriff *euaggélion* verbunden, der von Mk in die Jesusüberlieferung eingeführt wurde. Er betont an zwei der von ihm eingefügten Stellen dessen Universalität: Das *euaggélion* soll „allen Völkern" (Mk 13,10) und es soll „in der ganzen Welt" (Mk 14,9) verkündigt werden. Zur Zeit des MkEv verstand man unter dem Begriff eines *euaggélion* für die ganze Welt die Proklamation eines neuen römischen Kaisers.[301] Der Aufstieg Vespasians zum Kaiser, durch den das durch Kriege erschütterte Römische Reich wieder Stabilität erlangte, wurde nach Josephus in den Jahren 68/69 als *euaggélia* gefeiert[302] – also genau in jener Zeit, in der das MkEv (um 70 n.Chr.) entstand: Wahrscheinlich ist das MkEv ein Antievangelium zu diesem politischen Evangelium.[303] Seine Kernaussage ist: Nicht die Flavier haben die Welt gerettet, sondern der gekreuzigte König der Juden, den Gott von den Toten auferweckt hat.

Das MkEv greift also formal die Gattung des *bios* aus der paganen Welt auf und füllt sie inhaltlich mit der Proklamation eines Herrschers (*euaggélion*). Die anderen synoptischen Evangelien folgen ihm: Das MtEv zeigt am Anfang durch eine Genealogie, dass Jesus ein jüdischer Königssohn ist und proklamiert ihn am Ende als Weltherrscher, dem alle Gewalt im Himmel und auf Erden gegeben ist (Mt 1,1–18; 28,18). Das LkEv sieht in dem Davidssohn aus Bethlehem eine Gegengestalt zum Kaiser. Er wird bei ihm wie ein Kaiser nach dessen Tod durch Himmelfahrt in die göttliche Welt aufgenommen (Lk 2,1–21; 24,50–53).

In den Evangelien bedient sich also eine aus dem Judentum stammende Gruppe literarischer Formen, die von Nichtjuden stammen, um Nichtjuden anzusprechen. Es handelt sich daher bei ihnen um eine *interkulturelle Literatur*. Gehört sie damit noch zur jüdisch-hellenistischen Literatur, die auf dem Boden der LXX entstand? Darauf ist mit Ja und Nein zu antworten.

---

[301] Daneben spielt die alttestamentliche Wurzel im „Freudenboten" Deuterojesajas gewiss eine Rolle. Aber der Begriff *euaggélion* lässt sich nicht aus der LXX ableiten. Dort begegnet nur das Verb *euaggelízesthai*. Substantive dieses Stammes bedeuten „Botenlohn" u.ä. (LXX 2Reg 18,20.22.27; 4Reg 7,9).

[302] „Schneller als der Flug des Gedankens verkündigten Gerüchte die Botschaft vom neuen Herrscher über den Osten, und jede Stadt feierte die gute Nachricht (*euangélia*) und brachte zu seinen Gunsten Opfer dar" (Jos. Bell. 4,618). „Als Vespasian in Alexandrien angekommen war, trafen gerade die frohen Nachrichten (*euangelia*) von Rom ein" (Bell. 4,656f).

[303] Diese These habe ich vertreten in: G. THEISSEN, Lokalkolorit und Zeitgeschichte, ^{2}1992 (1989), 270–284.

Innerhalb der jüdisch-hellenistischen Literatur lassen sich zwei Gruppen unterscheiden.[304] Die eine hielt sich in Stil und Form eng an die LXX: Zu ihr gehören Novellen wie Tobit und Ester oder das 1. Makkabäerbuch.[305] Ein anderer Traditionsstrom suchte Anschluss an die Formen der paganen Hochliteratur. Dazu gehören der Tragiker Hezekiel, der Spruchdichter Ps-Phokylides, vor allem aber der Religionsphilosoph Philo von Alexandrien und der Historiker Flavius Josephus.[306]

Die urchristliche Literatur gehört aufgrund ihrer Anlehnung an pagane Formen zu diesem zweiten Strom. Auch bei Philo und Josephus fanden wir Ansätze einer biographischen Form – jedoch mit einem wichtigen Unterschied: Was bei diesen jüdischen Aristokraten Ausdrucksform einer literarischen Oberschicht war, begegnet im Urchristentum als Literatur für einfache Menschen. Sie eigneten sich in einem *bios* die Ausdruckform einer *literarischen* Oberschicht an. Sie griffen sogar zu einer Kommunikationsform der *imperialen* Oberschicht, wenn sie dessen Inhalt ein *euaggélion* nannten. Wenn sie sich betont damit an alle Völker (alle Heiden) wandten, so war ihre Literatur „interkulturell". Wenn sie statt eines Kaisers jedoch einen Gekreuzigten ins Zentrum stellten, so machten sie allen, die einen niedrigen sozialen Stand hatten, ein Identifikationsangebot. All das passt zu den allgemeinen Tendenzen im Urchristentum, allem voran zu einem Abwärtstransfer von Oberschichtwerten, die von einfachen Menschen aneignet wurden – etwa, wenn sich die ersten Christen das humane Herrscherideal des Friedenstiftens zu eigen machten (Mt 5,9). Und es passt zur Öffnung einer ursprünglich jüdischen Gruppe für Nicht-Juden, eine Öffnung, die vor allem mit Paulus verbunden ist, dem Urheber der zweiten Gattung der urchristlichen Literatur.

1.2 Die Paulusbriefe – der zweite Anfang der urchristlichen Literatur

Paulus hat den privaten Brief zum Gemeindebrief entwickelt.[307] Dies geschah in Kleinasien und Europa, wo Briefe und Briefsammlungen verbreitet waren. Hier schrieb er seine Briefe ohne Vorbilder in der jüdischen Literatur.[308] Diese Briefe sind Instrumente der Heidenmission – und nicht zuletzt Kampfmittel, um die Botschaft des Paulus gegen Anfeindungen zu verteidigen. Ohne die Herausforderung durch eine Gegenmission gegen ihn hätte Paulus wohl kaum den Gemeindebrief in nur 5–7 Jahren entwickelt.

Die Entwicklung der Paulusbriefe vom Privatbrief zum Gemeindebrief können wir verfolgen. Der älteste erhaltene Paulusbrief wurde im Jahr 51 an die

---

304 Mit M. REISER, Sprache und literarische Formen, 95f.

305 Die Zusätze zu Daniel, der griechische Henoch, die Weisheit Salomons, die Testamente der XII Patriarchen.

306 Vgl. ferner die jüdischen Sibyllinen, das 2.,3. und 4. Makkabäerbuch.

307 Vgl. H.J. KLAUCK, Die antike Briefliteratur und das Neue Testament, 1998.

308 Alle Briefe sind in der LXX in Erzählungen eingebettet. Der selbstständige Brief des Jeremias (in der LXX) bestätigt als Ausnahme die Regel. Denn er ist die freie Nachschöpfung des berühmten Jeremiasbriefs an die Exilierten. Zwar gab es offizielle Briefe aus Jerusalem an die Diaspora. Vgl. I. TAATZ, Frühjüdische Briefe, 1991. Diese Briefe wurden jedoch nicht als Briefsammlung herausgegeben.

christliche Gemeinde in Thessalonich geschrieben. Paulus hatte seinen Aufenthalt bei ihnen überstürzt beenden müssen, um sich Verfolgungen zu entziehen. Der Brief soll über die Trennung hinweg die dadurch gestörte Kommunikation zwischen ihm und der Gemeinde aufrechterhalten. Der Brief ist ganz und gar situationsbedingt. Der (möglicherweise) letzte Brief des Paulus, der Römerbrief aus dem Jahr 56/57, geschrieben bei seinem Aufenthalt bei der Gemeinde in Korinth, nähert sich dagegen einem Traktat. Dieser hat die römische Gemeinde als Adressaten und bereitet seinen Besuch in Rom vor, aber er hat gleichzeitig Nebenadressaten:[309] allen voran die Gemeinde in Korinth, die seine Briefe so hoch schätzte (2Kor 10,10), dass Paulus seinen Römerbrief gewiss dort vorgelesen hat, bevor er ihn nach Rom schickte. Ferner war ein Teil der römischen Gemeinde durch ein Edikt des Kaisers Claudius aus Rom vertrieben worden und hatte sich in Ephesus gesammelt. Auch ihnen schickte Paulus eine Abschrift des Römerbriefs mit zusätzlichen Grüßen. Beim Schreiben ist er schließlich in seinen Gedanken schon bei der Jerusalemer Gemeinde, die er noch vor Rom besuchen will. Dies wird in Röm 9–11 deutlich, wo Paulus intensiv über das Geschick Israels nachdenkt. Durch diese bevorstehende Jerusalemreise wird der Römerbrief zu seinem persönlichen Testament,[310] denn Paulus fürchtet, in Jerusalem ums Leben zu kommen. Vorher will er aber noch einmal seine Lehre zusammenfassen und sie gegen Vorwürfe verteidigen, um sein Werk über seinen Tod hinaus zu sichern. Der Römerbrief steht aufgrund seines weiten Adressatenkreises an der Schwelle zur urchristlichen Publizistik.

Im Römerbrief ist noch zu spüren, in welche Rolle Paulus schlüpft, um seinem Brief allgemein Gehör zu verschaffen. Nur in ihm stellt er sich mit vollem Titel vor: „Paulus, Knecht Christi Jesu, berufen zum Apostel, auserwählt das *Evangelium* Gottes zu verkündigen …“. Er definiert dort das Evangelium als Proklamation eines Menschen aus dem jüdischen Königshaus, der nach seinem Tod als Sohn Gottes zum Weltherrscher aufgestiegen ist und dem alle Völker „Gehorsam des Glaubens“ schulden. Hier, am Anfang des Römerbriefs, stilisiert sich Paulus als Gesandter dieses Weltenherrn und stellt sich wie ein römischer Beamter in offiziellen Briefen mit seinen Titeln vor. Wieder begegnet der Begriff *euaggélion* – auch hier als Proklamation eines Herrschers. Der Römerbrief lehnt sich formal an ein Gesandtenschreiben[311] an, also an eine politische Botschaft.

Nach dem Tod des Paulus haben seine Schüler den Römerbrief, sein Testament, um weitere Briefe ergänzt und als Briefsammlung herausgegeben.[312] Damit wurden die Paulusbriefe Literatur mit Öffentlichkeitsanspruch – etwa gleichzeitig mit dem MkEv, in dem die Jesusüberlieferung in einem *bios* mit literarischem Anspruch gestaltet wurde.

---

[309] CH. HARTWIG/G. THEISSEN, Die korinthische Gemeinde als Nebenadressat, 2004.

[310] G. BORNKAMM, Der Römerbrief als Testament des Paulus, 1971.

[311] R. JEWETT, Romans as an Ambassadorial Letter, 1982.

[312] D. TROBISCH, Die Entstehung der Paulusbriefsammlung, 1989; ders., Die Paulusbriefe und die Anfänge der christlichen Publizistik, Gütersloh 1994, hat Argumente für eine Autorenrezension durch Paulus selbst gesammelt. Das ist für eine alte Paulusbriefsammlung (Röm, 1/2Kor, Gal) nicht ausgeschlossen. Aber hätte dann Paulus nicht die Briefe durch redaktionelle Verbindungen sehr viel mehr „vernetzt“?

Paulus und der Markus-Evangelist sind somit die entscheidenden Gestalten der ersten Phase der urchristlichen Literatur. Beide schufen eine personbezogene Literatur, die in den Evangelien auf Jesus, in den Briefen auf Paulus konzentriert war. Diese Texte bezogen ihre Autorität in urchristlichen Gruppen ganz durch diese beiden Charismatiker. Die Konzentration auf je einen Charismatiker hatte kein Vorbild in der jüdisch-hellenistischen Literatur. Beide Autoren formten (unabhängig voneinander) ihre Schriften nach paganen Mustern von Brief und *bios*. Beide beanspruchten Öffentlichkeit für ihre Botschaft,[313] indem sie deren Inhalt *euaggélion* nannten.

Einer Erklärung bedarf es freilich, dass die Form des Briefs früher als die Evangelien entstand, der Römerbrief etwa 15 Jahre vor dem Markusevangelium. Die auf dem Land verwurzelte Jesusüberlieferung war unter kleinen Leuten mündlich überliefert worden. Die Paulusmission aber führte sehr früh in ein städtisches Milieu, das mit schriftlicher Kommunikation vertraut war. Dennoch darf man diesen Unterschied nicht überbewerten: Der Römerbrief (aus dem Jahre 56 n.Chr.) steht erst an der Schwelle zur Publizistik. Etwa gleichzeitig wurde die Jesusüberlieferung zum ersten Mal wahrscheinlich in der nicht erhaltenen Logienquelle Q schriftlich formuliert – in einer Schrift, die auf der Schwelle zur Evangelienbildung steht. Die Synchronie der Entwicklung von Brief- und Evangelienliteratur ist größer, als es auf den ersten Blick aussieht.

Ergebnis der ersten Phase der urchristlichen Literatur waren somit zwei Grundformen, in denen jüdische Traditionen nach paganen Formen gestaltet wurden und die ihren Öffentlichkeitsanspruch einem politischen Anspruch nachbildeten. Die Evangelientraditionen stammten dabei aus der Israelmission, die Paulusbriefe aus der Heidenmission. Zwei Charismatiker, zwei Zielrichtungen, zwei Grundformen standen am Anfang. Trotz getrennter Ursprünge und verschiedener kultureller Milieus sind gemeinsame Tendenzen erkennbar, die es erlauben von *einer* Entstehungsphase der urchristlichen Literatur zu sprechen.

---

[313] Dass sie de facto Kleingruppenliteratur schufen, widerspricht dem nicht. Ihrem Selbstverständnis nach waren die Christen keine „Kleingruppe“, sondern der Beginn einer neuen Menschheit. Ihre „Literatur“ hatte einen größeren Anspruch und wollte die ganze Menschheit erreichen.

2 Die pseudepigraphe Phase: Die fiktive Selbstauslegung des Paulus und Jesus

Am Ende der ersten christlichen Generation gab es also eine Literatur mit hohem autoritativem Anspruch. In derselben Zeit (d.h. in den 60er Jahren des 1. Jh.s) starben die drei wichtigsten Autoritäten des Urchristentums, die Apostel Paulus, Jakobus und Petrus, eines gewaltsamen Todes. Wer sollte nach ihnen in den Gemeinden Autorität ausüben? Die Ämterstrukturen des Urchristentums waren noch nicht voll entwickelt, daher musste man auf schon anerkannte Autoritäten zurückgreifen. Dafür gab es zwei Wege: Man konnte pseudepigraphe Briefe im Namen der Apostel und insbesondere des Paulus schreiben – oder auf die Autorität Jesu zurückgreifen und seine Überlieferungen in den Evangelien redaktionell so gestalten, dass sie der Gemeindeleitung dienten.[314]

Der Rückgriff auf die Autorität der Apostel geschah in der Briefliteratur. Sie hatte einen großen Vorteil: Apostel eigneten sich als Modelle kirchlicher Ämter. Sie hatten wie die kirchlichen Amtsinhaber eine von Christus abgeleitete Autorität. Kolosser- und Epheserbrief stützen die Autorität der Hausväter, die Pastoralbriefe die der Gemeindeleiter – immer unter Berufung auf Paulus, d.h. in Gestalt einer fiktiven Selbstauslegung des Paulus.

Der Rückgriff auf die Autorität Jesu in der Evangelienliteratur hatte dagegen den noch größeren Vorteil, dass man die überragende Autorität Jesu gegen die neu entstehenden Gemeindeämter ausspielen konnte. Hier griffen Menschen zur Feder, die unabhängig von „Bischöfen“ und Presbytern Einfluss in den Gemeinden ausüben wollten. In den Evangelien verbreiteten sie ihre Intentionen in Form einer fiktiven Selbstauslegung Jesu – am deutlichsten im JohEv und ThomEv, wo diese Selbstauslegung nicht nur eine redaktionelle Schicht, sondern den ganzen Text durchdringt.

Die zweite Phase der neutestamentlichen Literaturgeschichte steht also ganz im Zeichen einer fiktiven Selbstauslegung des Paulus in der Briefliteratur und Jesu in den Evangelien[315]. Wir setzen mit den Briefen ein.

2.1 Die fiktive Selbstauslegung des Paulus in den deuteropaulinischen Briefen

In seinen Briefen hatte Paulus konkrete Probleme gelöst. Die Verwandlung der charismatischen Bewegung der Anfänge in eine sich institutionalisierende Religion brachte neue Probleme mit sich, bei deren Bewältigung man manchmal in Widerspruch zu Paulus geraten musste. Hier gab es zwei Lösungen: Paulus musste entweder durch unechte Paulusbriefe korrigiert werden oder man musste andere Apostel wie Jakobus, Petrus, Johannes und Judas gegen ihn literarisch

---

[314] So meine These in: G. THEISSEN, Gospel Writing and Church Politics, 2001.

[315] A. MERZ, Die fiktive Selbstauslegung des Paulus, 2004, hat anhand der Pastoralbriefe das Konzept der „fiktiven Selbstauslegung“ entwickelt. Es wird in meiner Skizze einer urchristlichen Literaturgeschichte zum Merkmal einer ganzen Phase dieser Geschichte.

aktivieren. Wie unechte Briefe den historischen Paulus korrigieren, sei im Folgenden an einigen Beispielen gezeigt.[316]

Man konnte nicht leugnen, dass der historische Paulus im Philemonbrief verlangt hatte, Sklaven als Brüder zu behandeln. Umso mehr muss der fiktive Paulus im Kolosserbrief einschärfen, dass christliche Sklaven ihre Herren respektieren sollten (Kol 3,22–25). Die Pastoralbriefe begründen dies sehr pragmatisch damit, dass das Christentum sonst ins Gerede kommt (1Tim 6,1–2).[317]

Man konnte nicht leugnen, dass der historische Paulus die Ehelosigkeit der Ehe vorgezogen hatte. Verheiratete waren für ihn zwischen menschlicher und religiöser Bindung gespalten. Der fiktive Paulus aber kann in einer Haustafel (Eph 5,25–33) die Ehe als Abbild des Verhältnisses Christi zur Kirche preisen. Sie steht nicht in Spannung zum neuen Glauben. Die sexuelle *unio* ordnet sich einer kosmischen Tendenz zur Einheit ein.[318]

Man konnte nicht leugnen, dass beim historischen Paulus die Frauen selbständig auftraten. Der fiktive Paulus der Pastoralbriefe hingegen interveniert dagegen zweimal im Ich-Stil, um Frauen auf die traditionelle Frauenrolle zu beschränken: „*Ich* erlaube nicht, dass eine Frau lehrt, und auch nicht, dass sie über ihren Mann herrscht“. (1Tim 2,12). „*Ich* will, dass die jüngeren (Witwen) heiraten, Kinder zur Welt bringen usw“.[319]

Man konnte nicht leugnen, dass für den historischen Paulus alle Gemeindeglieder ein Charisma hatten und gleichwertige Glieder im Leib Christi waren. Aber der fiktive Paulus billigt in den Pastoralbriefen nur dem Gemeindeleiter ein Charisma zu (2Tim 1,6) und ersetzt das Leitbilds vom Leib Christi durch das Bild vom Haus Gottes, in dem nur ein Hausvater an der Spitze steht (1Tim 3,15)!

Die über Paulus hinausgehende konservative Tendenz der unechten Paulusbriefe blieb nicht ohne Widerspruch. Die pseudepigraphen Akten des Paulus und der Thekla vertraten die Gegenposition. Hier predigt Paulus Askese und Ehefreiheit. Thekla vertritt dieses Ideal, wird mit der Verkündigung des Wortes beauftragt und tauft sich selbst. Sie soll beweisen: Auch Wortverkündigung und Sakramente sind den Frauen anvertraut.[320] Schon in der Alten Kirche wurden die Theklaakten als Fälschung entlarvt,[321] die unechten Paulusbriefe aber haben jahrhundertlang als vermeintlich echte Briefe des Paulus das Bild von Paulus bestimmt.

Den echten Paulus durch den fiktiven Paulus zu korrigieren war nur *eine* der angewendeten Strategien. Auch die im Namen anderer Apostel geschriebenen

---

[316] Die späteren (pseudepigraphen) neutestamentlicher Schriften wollen nicht für sich gelesen werden, sondern als Ergänzung, Kommentar und Leseanleitung für die anderen Paulusbriefe und die synoptische Jesustradition. Das JohEv kennt entweder die anderen synoptischen Evangelien oder die synoptische Tradition hinter den Evangelien. Die unechten Paulusbriefe kennen die echten Briefe. Schon im Kolosserbrief sind Nachklänge aller echten Paulusbriefe festzustellen. Vgl. O. LEPPÄ, The Making of Colossians, 2003.

[317] A. MERZ, Die fiktive Selbstauslegung des Paulus, 2004, 247–267.

[318] A. MERZ, Why did the Pure Bride of Christ Become a Wedded Wife, 2000.

[319] A. MERZ, Die fiktive Selbstauslegung des Paulus, 2004, 268–372.

[320] Gewiss kann man die Motivation für die Entstehung pseudepigrapher Paulusbriefe nicht nur auf solche Korrekturen des Paulus reduzieren. Aber dass Briefe unter seinem Namen laufen, wurde bei solchen Korrekturen zur Notwendigkeit.

[321] Tertullian, de baptismo 17,4–5.

katholischen Briefe konnten Paulus korrigieren, z.B. seine Rechtfertigungslehre und Naherwartung.

Nach Paulus macht allein der Glaube gerecht, nicht aber die Werke des Gesetzes. Paulus hatte diese Antithese von Glauben und Werken von rituellen Handlungen (wie Bescheidung und Speisegeboten) auch auf ethische Handlungen ausgedehnt. Dagegen protestiert der Jakobusbrief: Ein Glaube ohne ethische Werke ist für ihn ein toter Glaube – und er zeigt das am Beispiel Abrahams, auf den sich auch Paulus für seine Antithese von Glauben und Werken berufen hatte.[322]

Der 2. Petrusbrief betont, dass Paulus in jedem Brief zur eschatologischen Geduld mahnt – also keine eschatologische Naherwartung vertritt. Damit stellt er die Dinge auf den Kopf. Paulus erwartete vom ersten bis zum letzten Brief das nahe Ende der Welt. Der fiktive Petrus des 2. Petrusbriefs behauptet dagegen: Jeder der die Briefe des Paulus als Ausdruck einer inzwischen überholten Naherwartung liest, verdrehe ihren Sinn.

Hätten die Paulusbriefe nicht schon bald eine große Autorität besessen, hätte man nicht pseudepigraphe Briefe schreiben müssen, um Paulus durch eine fiktive Selbstauslegung des Paulus und durch andere Apostel richtig zu stellen. In einem Punkt hängen sie jedoch alle von Paulus ab und das ist literaturgeschichtlich entscheidend: Ohne Paulus wäre die Form des Briefes im Urchristentum nicht literaturfähig geworden. Alle urchristlichen Briefe sind von ihm formgeschichtlich abhängig.

2.2 Die fiktive Selbstauslegung Jesu in den Evangelien

Die fiktive Selbstauslegung des Paulus in den unechten Paulusbriefen stärkte die sich herausbildenden Ämter. In der gleichzeitigen Evangelienliteratur finden wir dagegen Kritik an ihnen. Im MkEv sind schon die Jünger Jesu von unvorstellbarer Blindheit und Unverständnis geschlagen (Mk 8,14–21 u.ö.). Das relativiert die Autorität aller Autoritäten, sie sich auf sie berufen. Das MtEv lehrt, dass es in der Gemeinde außer Christus keinen Lehrer geben solle (Mt 23,8–10).[323] Das lk Doppelwerk schließt jede Alimentierung von Amtsträgern aus und hebt die Weisung Jesu auf, die Apostel sollten missionieren, ohne Geld mitzunehmen. Lk lehnt ab, dass sie auf Kosten der Gemeinden leben, sie sollen sich selbst ernähren (Apg 20, 32–35). Die Aufhebung einer echten Jesusüberlieferung erfolgt dabei am Ende des LkEv durch Jesus selbst (Lk 22,35f). Hier beteiligen sich schon die synoptischen Evangelien an einer fiktiven Selbstauslegung Jesu. Sie steckt aber bei ihnen noch in den Anfängen. Im Johannes- und Thomasevangelium dominiert sie.[324]

---

[322] M. KONRADT, Christliche Existenz, 1998, 241–246, hat eine Polemik gegen Paulus bestritten. Richtig ist, dass der Jakobusbrief eine Abraham*tradition* aufleben lässt, die unabhängig von Paulus ist. Ein Bezug zu Paulus liegt jedoch vor. Dazu G. THEISSEN, Die pseudepigraphe Intention des Jakobusbriefs, 2003, bes. 71–77.

[323] Sein Buch und die in ihm niedergeschriebene Lehre Jesu soll als Basis für die Gemeinde bis zum Ende der Welt ausreichen (Mt 28,18–20).

[324] Die synoptischen Evangelien mussten dazu keine pseudepigraphe Schriften formulieren. Diese Evangelienschriften waren wahrscheinlich anonym. Die Autorität des Herrn stand hinter ihnen. Die Evangelisten waren nur Traditionsübermittler. Erst in den jüngeren Evangelien schlüpfen sie in fiktive Jüngerrollen, im JohEv in die Rolle des Lieblingsjüngers, im Thomasevangelium in die

Der johanneische Christus ist sicher nicht der historische Jesus. Was der johanneische Christus über sich selbst lehrt, geht weit über das hinaus, was er in den synoptischen Evangelien von sich sagt. Dort brauchen die Jünger lange, bis ihnen aufgeht, dass Jesus der Sohn Gottes ist. Im JohEv bekennen sie sich von der ersten Begegnung mit ihm zu ihm als Sohn Gottes (Joh 1,49). Jesus verheißt ihnen daraufhin, dass sie noch Größeres sehen werden (Joh 1,51). Diese größere Offenbarung geschieht in bildhaften Worten: Ich bin das Brot des Lebens, das Licht der Welt, die Tür, der gute Hirte, die Auferstehung und das Leben. Ich bin der Weg, die Wahrheit und das Leben. Ich bin der gute Weinstock. Alle diese Bilder offenbaren das wahre Leben. Die Offenbarung des Lebens im ersten Teil des JohEv wird dann noch einmal durch die Offenbarung der Liebe in den Abschiedsreden zur Vollendung gebracht. Erst nachdem Jesus in ihnen das Liebesgebot übermittelt hat, sagt er: Ich habe euch *alles* zur Kenntnis gebracht, was ich beim Vater gehört habe (Joh 15,15). Jesus legt sich im JohEv selbst als Bote der Liebe aus.

Gleichzeitig werden in diesem Evangelium die kirchlichen Ämter kritisiert. Die Konkurrenz von Lieblingsjünger und Petrus stellt die Konkurrenz der Autoren des JohEv mit den Gemeindeleitern dar. Petrus erscheint als unterlegen, beschränkt und unverständig. So übernimmt Jesus in der Fußwaschung einen Sklavendienst. Petrus, der Vertreter des Amtes, protestiert dagegen (Joh 13,1–17), denn er denkt in hierarchischen Kategorien. Der Lieblingsjünger, der im JohEv als Verfasser dieses Evangeliums gilt, sagt dagegen in seiner Schrift, dass alle Christen ein so unmittelbares Verhältnis zu ihrem Herrn haben sollen wie er selbst: Alle Reben sind unmittelbar mit dem Rebstock verbunden (Joh 15,1–8). Die wahren Jünger sind Freunde Jesu und keine Sklaven (15,15). Zwischen Weinstock und Reben, zwischen Jesus und seinen Freunden haben kein Bischof und kein Amt Platz.

Vergleichbar dem JohEv ist die fiktive Selbstauslegung Jesu im 1946 gefundenen *Thomasevangelium*. Geht es im JohEv um ein fortgeschrittenes Christentum der Liebe, so geht es im ThomEv um ein Christentum der höheren Erkenntnis. Es ist eine Sammlung von Sprüchen Jesu, in der neben Worten Jesu, wie wir sie aus den Synoptikern kennen, tiefsinnige Offenbarungsworte eines jenseitigen Erlösers stehen. Die schlichten Worte Jesu sollen im Lichte dieser Offenbarungsworte gelesen werden. Der Anfang des Thomasevangeliums gibt dem Leser eine Anleitung, wie er diese Worte verstehen soll: „Dies sind die geheimen Worte, die Jesus der Lebendige sagte und die Didymus Judas Thomas aufgeschrieben hat. Und er sagte: Wer die Interpretation dieser Worte findet, wird den Tod nicht

---

Rolle des Zwillingsbruders Jesu. Sie werden für die neue (fiktive) Selbstauslegung Jesu verantwortlich gemacht, weil sie einen privilegierten Zugang zu ihm hatten: Dem Lieblingsjünger, der an der Brust des Herrn lag, wird das Evangelium zugeschrieben. Erst der Schlusssatz im JohEv schafft diese Fiktion und hebt sie zugleich auf, wenn es heißt: „Dies ist der Jünger, der dies alles bezeugt und aufgeschrieben hat. Und wir wissen, dass sein Zeugnis wahr ist" (Joh 21,24). Hier sprechen andere über den Lieblingsjünger. In diesem „Wir" melden sich die wahren Autoren des JohEv. Im Thomasevangelium ist aus dem Apostel Thomas ein Judas Thomas geworden, der Beinamen Didymus und die Identifikation mit dem Herrenbruder Judas führte zu der Fiktion, es handle sich um einen Zwillingsbruder Jesu – ein Modell für den wahren Gnostiker, der durch Erkenntnis seiner himmlischen Herkunft in der Tat die gleiche Abstammung wie Jesus hat und zu seinem Zwilling wird.

schmecken“ (EvThom 1). Dem Leser wird das ewige Leben verheißen, wenn er die folgenden Worte richtig versteht. Was er in diesen Worten findet, ist Selbsterkenntnis, die Erkenntnis, dass der Mensch in sich einen Funken des göttlichen Lichtes hat, der erst durch einen Ruf von außen geweckt wird.

Auch in der zweiten Phase der neutestamentlichen Literaturgeschichte gibt es Gemeinsamkeiten in der Entwicklung der Evangelien- und Briefliteratur. Gemeinsam ist ihnen zusammen mit der fiktiven Selbstauslegung großer Autoritäten ein hoher Offenbarungsanspruch. In den Briefen erscheint er als sogenanntes „Revelationsschema“, als eine typische Aussage über die Offenbarung nach dem Schema: Bisher sei die Wahrheit vor der Welt verborgen gewesen, jetzt aber sei sie in Christus zugänglich geworden.[325] Dem entspricht im JohEv der programmatisch formulierte Offenbarungsanspruch: „Niemand hat Gott je gesehen; der Eingeborene, der Gott ist und in des Vaters Schoß ist, der hat ihn uns verkündigt“ (Joh 1,18). Der Jesus des ThomEv klagt: „Ich stand inmitten der Welt und offenbarte mich ihnen im Fleisch. Ich fand sie alle trunken …“ (EvThom 28). Er allein bringt die wahre Erkenntnis. Wenn erst mit ihm das göttliche Geheimnis offenbar wird, scheint in diesen Schriften die vorhergehende alttestamentliche Offenbarungsgeschichte ausgelöscht zu sein. Eine neue Religion meldet hier ihren Anspruch an, letztgültige Offenbarung zu bringen. Mit anderen Worten: Sowohl die fiktive Selbstauslegung des Paulus in den nachpaulinischen Briefen als auch die fiktive Selbstauslegung Jesu in den Evangelien steigern den autoritativen Anspruch der neuen Botschaft. Sie ist nicht nur (als *euaggélion*) einem politischen Machtanspruch vergleichbar, sondern sie ist ein kosmisches Offenbarungsgeschehen.

Solch ein hoher Offenbarungsanspruch drängt eigentlich auf eine andere Form literarischer Vermittlung. Geheimnisse, die im Himmel verborgen sind und auf Erden offenbart werden sollen, wurden in der jüdisch-hellenistischen Literatur durch Visionäre vermittelt, die in den Himmel aufsteigen, um dort die göttlichen Geheimnisse zu erfahren. Nur wenige urchristliche Schriften wählen diese Form. Diese Schriften beziehen ihre Autorität direkt aus dem Himmel. Sie können daher den Namen ihrer Verfasser auf Erden nennen – z.B. als Schrift des nach Patmos verbannten Sehers Johannes oder des Freigelassenen Hermas in Rom. Während die jüdischen Apokalypsen unter falschem Namen von Autoritäten der Vergangenheit erschienen, durchbricht die urchristliche Literatur gelegentlich diese pseudepigraphe Tradition. Sie nennt zeitgenössische Autoren, Johannes und Hermas mit Namen und macht Ort und Zeit der Entstehung der Schriften transparent.[326]

---

325 Kol 1,24–26; Eph 3,3–19; Röm 16,25f (in der sekundären Doxologie), vgl. ferner 1Tim 3,16; 2Tim 1,9; Tit 1,2f; 1Petr 1,20. Dazu N.A. DAHL, Formgeschichtliche Beobachtungen, 1954. Im MkEv finden wir Ansätze zu solch einem Offenbarungsbewusstsein im Messiasgeheimnis: Jesus ist von Geheimnis umgeben, das allein Gott durch Offenbarung vom Himmel enthüllen kann – durch seine Stimme bei Taufe und Verklärung. Aber hier fehlt die Präexistenz des Erlösers.

326 Das kann man nicht verallgemeinern. Christliche Apokalypsen erscheinen auch unter einem alttestamentlichen Namen wie die Himmelfahrt Jesajas und unter einem neutestamentlichen Namen wie die Apokalypse des Petrus.

Aber insgesamt vermehrte das Urchristentum pseudepigraphen Schriften. Und dies hängt damit zusammen, dass für das Urchristentum die entscheidende Offenbarung nicht im Himmel, sondern auf Erden geschah: in der Geschichte Jesu von Nazareths. Eine Verbindung zu ihm war nur durch Augenzeugen möglich. Die Pseudepigraphie leugnet, dass in der zweiten Generation der Kontakt mit ihr nur vermittelt möglich war. Sie fingiert eine Nähe, die im Grunde unwiderruflich verloren war. Als Alternative gab es nur Himmelsreisen, mit denen man direkt beim gegenwärtigen Jesus im Himmel Offenbarungen holen konnte. Aber das war riskant. Wer konnte solche Ekstatiker und Himmelsreisende kontrollieren? Die Pseudepigraphie erwies sich paradoxerweise *auch* als Mittel der Traditionssicherung. Um als Apostelschriften anerkannt zu werden, mussten die pseudepigraphen Schriften allgemein akzeptierte Überzeugungen reproduzieren: Auch ein unechter Paulusbrief musste paulinisch wirken. Erst dann konnte er die Aussagen des echten durch die des fiktiven Paulus korrigieren. Ein Evangelium musste mit dem Bild von Jesus übereinstimmen. Erst dann konnte es dessen Botschaft in einiger Hinsicht neu interpretieren.

Die zweite Phase der neutestamentlichen Literaturgeschichte war eine Phase der Pseudepigraphie, der fiktiven Selbstauslegungen in Briefen und der Evangelienredaktionen. Das Motto der Autoren, die hier im Namen Jesu und des Paulus, sprechen, war: Paulus und Jesus recht verstanden, haben schon gesagt, was wir meinen! Deshalb schrieben sie in deren Namen die urchristliche Tradition weiter. Die Dinge liegen bei Evangelien und Briefen dabei etwas anders. Die unechten Briefe sind primäre Pseudepigraphie, ihre Autoren schrieben unter einem anderen Namen. Die Evangelien sind dagegen sekundäre Pseudepigraphie, sie waren ursprünglich m.E. anonym, wurden aber sekundär bestimmten Aposteln (oder deren Schülern) zugeschrieben. Bei den pseudepigraphen Briefen muss man daher mit einer gewissen Täuschungsabsicht der Autoren rechnen, bei den Evangelien waren sekundäre Falschzuschreibungen dagegen allenfalls ein Irrtum, der *bona fide* verbreitet wurde (und bei dem wir manchmal nicht sicher sind, ob er nicht doch das Richtige traf – wie z.B. im Markusevangelium, das tatsächlich von einem uns unbekannten Markus verfasst sein könnte).

Ausschließen können wir, dass es das stillschweigendes Einvernehmen zwischen Autoren und Lesern gab, religiöse Pseudepigraphie sei als *pia fraus* legitim. Fälschungen wurden in der Antike abgelehnt, man verlangte, dass der Inhalt eines Textes auf den Autor zurückging, dem der Text zugeschrieben wurde. Nur im Wortlaut durfte er abweichen.[327] Im Urchristentum standen Fälschungen zudem im Widerspruch zum Wahrhaftigkeitsethos derselben Schriften.[328] Wie konnte es zu so einer Pseudepigraphie des guten Gewissens kommen – in einer Gruppe, die sich der Wahrheit verpflichtet wusste? Eine Erklärung dafür liegt

---

[327] Vgl. A.D. BAUM, Pseudepigraphie, 2001.

[328] Setzte die Pseudepigraphie das Einvernehmen mit ihren Lesern voraus, weil diese durchschauen konnten, dass die Schriften von anderen Autoren verfasst waren als den in der Schrift selbst angegebenen Verfassern? Vielleicht ist beim 2. Petrusbrief eine „offene Pseudepigraphie" denkbar. Offen spricht der fiktive Petrus von den Vätern, die (schon lange) gestorben sind und zu denen er paradoxerweise selbst gehört (2Petr 3,4). Aber er spricht davon innerhalb einer Prophetie. Ein naiver Leser konnte daher kaum merken, dass nicht Petrus der Autor war, wohl aber ein mit literarischer Produktion vertrauter gebildeter Leser.

m.E. darin, dass im Urchristentum literaturferne Kreise und mündliche Traditionsmentalität ein literarisches Milieu mitbestimmten. Dabei muss man zwischen den Autoren der pseudepigraphen Schriften und deren Adressaten unterscheiden.

Die Autoren stehen in einer Tradition mündlicher Verkündigung. Mündliche Kommunikation ist durch eine Botenkultur bestimmt, der Bote repräsentiert nach antikem Verständnis seinen Auftraggeber. Die urchristlichen Schriftsteller übertrugen das Stellvertretungsbewusstsein mündlicher Boten in die von ihnen geschaffene Literatur. Jesus hatte seine Jünger ausgesandt, um mündlich seine Botschaft zu verbreiten. Er sagte ihnen: „Wer euch hört, hört mich!" (Lk 10,16). Nach seinem Tod verlagerte sich der Akzent im Botenbewusstsein der Jünger. Jetzt hieß es: „Wer uns hört, hört ihn!" Die Evangelisten fühlten sich frei, Traditionen umzuformulieren, wo sie meinten, diese im Sinne Jesu besser gestalten zu können.[329] Bei der Briefliteratur ist zu bedenken, dass die Mitarbeiter des Paulus schon oft dessen Boten gewesen und teilweise von ihm als Mitverfasser seiner Briefe genannt worden waren. Warum sollten sie nach seinem Tode aufhören, in seinem Namen zu sprechen und zu schreiben? Sie besaßen mündliche Paulustraditionen und konnten aus diesen Traditionen viele Schätze heben. Daher konnten sie mit erstaunlich gutem Gewissen Briefe verfassen, die sie Paulus zuschrieben. Eventuell haben sogar Titus und Timotheus die an sie gerichteten Paulusbriefe selbst geschrieben.[330]

Diese Autoren mussten die Kompetenz haben, andere Schriften stilistisch nachahmen zu können. Dies hatten sie wohl in der Schule gelernt denn dort übte man, andere Autoren nachzuahmen. Da in der Antike vielleicht nur 20% (höchstens 40%) der Bevölkerung schreiben konnte und von ihnen noch ein sehr viel geringerer Anteil literarische Kompetenz besaßen, gehörten die Literaturfähigen einer verschwindenden Minderheit an. Einige wenige von ihnen müssen zu den urchristlichen Gemeinden gehört haben (1 Kor 1,26). Muss man also die sozialromantische Vorstellung aufgeben, dass in der urchristlichen Literatur die Unterschichten ihre Stimme hinterlassen haben? Das wird heute oft so dargestellt, aber ich möchte dem widersprechen.

Zur Literatur gehören nicht nur Autoren, sondern auch Adressaten. Deren Erwartungen konstituieren Gattungen und Formen und spielen bei Produktion und Rezeption von Texten eine wichtige Rolle. Die neutestamentlichen Autoren mochten zu literaturfähigen gebildeten Kreisen gehören, die Adressaten der urchristlichen Schriften kamen dagegen größtenteils aus literaturferne Gesellschaftsschichten. Die Gattungserwartungen, die man in diesen Kreisen voraussetzen konnte, waren minimal. Anerkannt war unter diesen einfachen Menschen die personale Autorität von Jesus und seiner Apostel. Was von ihnen stammte, war *eo ipso* für die einfachen Glaubenden verbindlich. Deshalb wurden die Paulusbriefe nachgeahmt – um literarische Kommunikation in einem an sich unliterarischen Milieu zu ermöglichen! Daher wurden auch die Evangelien geschrieben.

---

[329] Das gute Gewissen erklärt sich auch daraus, dass zu ihrer Zeit mündliche Jesusüberlieferung noch in vielen Variationen kursierte. Eine weitere Abwandlung von Jesustraditionen lag da nahe.

[330] Vgl. M. Frenschkowski, Pseudepigraphie und Paulusschule, 2001.

In der ersten Phase urchristlicher Literatur konnten wir die Aneignung kommunikativer Oberschichtformen durch literaturferne Kreise beobachten. In deren zweiter Phase beobachten wir den umgekehrten Prozess: das Eindringen der mündlichen Kultur einfacher Menschen in die Literatur, einerseits im Botenbewusstsein der Autoren, andererseits in der begrenzten Gattungskompetenz der Adressaten.[331] Beides erklärt die Pseudepigraphie des guten Gewissens. Weil die einfachen Menschen in der Gemeinde ein Evangelium oder einen Paulusbrief akzeptierten, darüber hinaus aber kaum Gattungen kannten, wurden neue Evangelien und neue Paulusbriefe geschrieben. Motiv der Autoren war das Streben nach Autoritätsgewinn, indem man die Rolle eines anerkannten charismatischen Autors übernahm.[332] Sie identifizierten sich mit einer ihnen weit überlegenen Autoritätsposition.[333]

Dabei unterscheiden sich die Motive dieser beiden Grundformen: Die fingierte Briefliteratur stützte die neu entstehenden kirchlichen Autoritäten, die Evangelienliteratur hingegen kritisierte sie unter Bezugnahme auf die Autorität Jesu. In dem Medium der fiktiven Selbstauslegungen Jesu und des Apostels Paulus wurde so in der zweiten Generation auch ein Ringen um die Autoritätsstrukturen in den Gemeinden ausgetragen.

3 Die funktionale Phase: Die Ausdifferenzierung von Teilformen zu selbständigen Gattungen

Wir haben bisher die nur einmal im Kanon vertretenen Gattungen, die Apostelgeschichte, die Johannesoffenbarung und den Hebräerbrief noch nicht berücksichtigt. Sie stehen isoliert im Neuen Testament, aber sie entsprechen in formaler Hinsicht der umfassenderen Tendenz im späten urchristlichen Schrifttum. Die beiden Grundformen der urchristlichen Literatur waren im Grunde Sammelbehälter: In den Evangelien wurden kleine Formen wie z.B. die Wundergeschichten und Apophthegmen gesammelt, in den Briefen ältere Formeln aufgegriffen.

---

331 Bei der Pseudepigraphie spielte auch die Zugehörigkeit der urchristlichen Schriften zur jüdisch-hellenistischen Literatur eine Rolle. Dort waren pseudepigraphe Schriften die Regel, Schriften unter dem Namen des echten Autors die Ausnahme. So M. HENGEL, Anonymität, 1996. Aber das erklärt nicht die urchristliche Pseudepigraphie. Die jüdisch-hellenistische Literatur schrieb ihre Schriften meist geschichtlich fernen Gestalten zu; im Neuen Testament aber wurden Schriften im Namen von Personen geschrieben, die zur Gegenwart gehörten. Die meisten neutestamentlichen pseudepigraphen Schriften sind zudem Briefe; dafür fehlen Modelle in der jüdisch-hellenistischen Literatur.

332 Machen wir die Gegenprobe an den urchristlichen Schriften, die unter dem Namen ihrer Autoren erschienen sind. Alle diese Schriften haben eine eigene Quelle der Autorität. Die Johannesapokalypse und der Hirt des Hermas bezogen ihre Autorität direkt aus dem Himmel. Bei Briefen entfällt diese Form der Autoritätsbegründung. Ignatius von Antiochien, der Bischof von Antiochien, schrieb sie auf dem Weg zu seinem Martyrium. Er schöpft seine Autorität aus der „Himmelsreise", die er vor Augen hat. Der Polykarpbrief verdankt seine Autorität dem Martyrium des Polykarp. Hinter dem 1. Klemensbrief stand eine so mächtige Gemeinde wie die römische Gemeinde, die sich nicht hinter einem falschen Namen verbergen musste.

333 Schon in der Antike hat man Pseudepigraphie gelegentlich mit diesem sozialen Motiv erklärt. So schreibt der Neuplatoniker David im sechsten Jahrhundert: „Wenn jemand unangesehen und gering war, aber doch wollte, dass seine Schrift gelesen werde, schrieb er den Namen eines alten und angesehenen Mannes darauf, damit durch dessen Ansehen sein Werk gut aufgenommen werde" (In Proph. 1, zit. nach der Quellensammlung bei A.D. BAUM, Pseudepigraphie, 2001, 215).

Diese kleinen Formen und Formeln verselbständigten sich in der Spätzeit des Neuen Testaments zu selbständigen Texten. Nicht mehr die charismatische Macht von Personen, sondern sachliche und funktionale Anforderungen prägten zunehmend die Texte und verschafften ihnen Autorität. In diesen allgemeinen Wandel gehören die drei Einzelgattungen des Neuen Testaments hinein.

Paulus hat in seinen Briefen Fragmente von *Predigten* aufgenommen. Den 1. Korintherbrief beginnt er mit einer Predigt vom Kreuz. Der Hebräerbrief ist schon von Anfang bis Ende eine Predigt, um die ein unvollständiger Briefrahmen gelegt wurde. Am Anfang des Briefs fehlt das sonst übliche Präskript mit Absender und Adressat. Nur das Ende hat Briefcharakter. Was sich hier formgeschichtlich anbahnt, wird im sog. 2. Klemensbrief zu Ende geführt. Dieser ist eine reine Predigt, in der Präskript und Postskript als Briefrahmen fehlen. Die Grenze zur patristischen Literatur wurde in der Passahomilie des Melito von Sardes überschritten, in der die Formensprache der allgemeinen Rhetorik die christliche Predigt prägt.

Im MtEv regelt eine kleine *Gemeindeordnung* (Mt 18) Konflikte in der Gemeinde mit den „Kleinen" und den „Sündern". Sie ist nur eine Rede unter den fünf großen Reden, die Jesus im MtEv zugeschrieben werden. In den pseudepigraphen Pastoralbriefen umfassen die Gemeindeordnungen große Teile der Briefe, bleiben aber in einen brieflichen Rahmen eingebettet. Erst in der Didache, der „Lehre der Apostel" vom Beginn des 2. Jh.s, finden wir eine literarisch selbständige Gemeindeordnung mit Anweisungen für Unterricht, Taufe, Eucharistie und den Umgang mit verschiedenen „Ämtern". Die weiteren Kirchenordnungen der patristischen Literatur wurden vom gängigen Modell antiker Vereinsordnungen beeinflusst.

Alle Evangelien sind voll von *Sprüchen Jesu*. Viele Sprüche stammen aus der Logienquelle Q, einer Sammlung von Jesussprüchen, die ansatzweise in einen erzählerischen Rahmen eingebettet sind. Denn sie erzählt z.B. am Anfang von der Versuchung Jesu, später vom Hauptmann von Kapernaum. An deren Ende stehen Worte über das Weltende. Das Thomasevangelium ist dagegen eine reine Spruchsammlung. Hier entstand aus der Sammlung von Sprüchen eine eigene Gattung. Auch in dieser Form setzte eine Anpassung an allgemein verbreitete Spruchsammlungen ein. Wir können sie auch bei den Sprüchen des Sextus beobachten, dem Handbüchlein eines frühen christlichen Stoizismus. Sie kann man daher schon zur patristischen Literatur zählen.

Eine kleine Form in den Evangelien sind auch *geheime Lehren*. Im MkEv finden wir kurze Lehreinheiten Jesu an seine Jünger im Freien und in Gebäuden.[334] Das JohEv hat die langen Abschiedsreden Jesu als geheime Belehrung im Unterschied zur öffentlichen Lehre Jesu in Joh 2–12 stilisiert: Die Jünger werden in den geheimen Abschiedsreden über den Sinn des Weggehens Jesu aufgeklärt. Aber erst in den gnostischen Evangelien wurden diese geheimen Dialoge Jesu zu einer eigenständigen Gattung ausgebaut: zu den Gesprächen des Auferstandenen

[334] Im MkEv finden wir zwei geheime Belehrungen der Jünger im Freien: nach der Gleichnisrede (Mk 4,10–25) und in der synoptischen Apokalypse (13,3–37), dazu vier kurze Geheimlehren im Hause (Mk 7,17–23; 9,28f.33–37; 10,10–16).

mit seinen Jüngern. Was im JohEv vor der Passion stattfand,[335] verlegten diese in die Zeit nach der Passion. Aber auch nicht-gnostische Christen bedienen sich dieser Gattung in der *Epistula Apostolorum*.

Die Evangelien sind Ausdruck eines historiographischen Interesses. Dieses Interesse bleibt darin auf Jesus konzentriert. Aber hin und wieder enthalten die Evangelien und Briefe *Skizzen geschichtlicher Abläufe* auch über die Zeit nach Jesu Tod hinaus. Das MtEv ordnet drei Gleichnisse in Mt 21/22 zu einem Abriss der Heilsgeschichte: Das Gleichnis von den beiden Söhnen schildert das Auftreten Johannes des Täufers als Vorläufer Jesu, das Gleichnis von den bösen Winzern Jesu Wirken und Ende und das Gleichnis vom großen Hochzeitsmahl stellt die Heidenmission und die Zerstörung Jerusalems dar. Paulus bringt in Gal 1–2 Ansätze einer autobiographischen Erzählung. Das hier sich zeigende geschichtliche Interesse konnte sich verselbständigen: Die Apostelgeschichte und die verschollenen Hypomnemoneumata des Hegesipp sind die einzigen historiographischen Schriften im Urchristentum. Insofern ist die Apg im Neuen Testament isoliert. Jedoch entspricht die Verselbständigung eines bestimmten literarischen Interesses in einer Schrift einem allgemeinen Trend im urchristlichen Schrifttum. Die Anlehnung an die allgemeine Historiographie beginnt dabei schon im lk Doppelwerk. Erst sehr viel später wird sie bei Euseb von Caesarea bestimmend. Damit sind wir aber schon tief in der patristischen Literatur.

Zuletzt sei die *Apokalypse* erwähnt. In Evangelien und Briefen gab es bereits kleine apokalyptische Texte. Jesus hält vor seinem Tod eine apokalyptische Rede, in der er die Zukunft und das Ende der Welt weissagt. Apokalyptische Texte sind auch im 1 und 2 Thess enthalten. In der Johannesapokalypse hat sich diese Form verselbständigt. Dies war kein singulärer Vorgang, denn auch weitere Apokalypsen entstanden, z.B. der Hirt des Hermas und die Petrusapokalypse, die nicht in den Kanon aufgenommen worden sind.[336] Auch bei den Apokalypsen hat sich das Christentum später an pagane Formen angelehnt. Christen fügten in die Sibyllinen ihre Endzeiterwartungen ein. Dieses Werk signalisiert den Übergang zur patristischen Literatur.[337]

Dieser kurze Überblick zeigt: Die verselbständigten Teilformen, die zur dritten Phase der urchristlichen Literaturgeschichte gehörten, wurden meist nicht mehr in den Kanon aufgenommen. Der Formenwandel, der hier stattfand, macht sich vor allem in der nicht-kanonischen urchristlichen Literatur (und ihrer Fortsetzung in der Patristik) bemerkbar. Er geschah von innen heraus – zunächst nicht durch Anlehnung an Formen der literarischen Umwelt (wie Franz Overbeck

---

[335] Dass die Abschiedsreden im Grunde Gespräche mit dem Auferstandenen sind, wird eindeutig erkennbar, wenn der johanneische Jesus sagt: „Ich bin nicht mehr in der Welt; sie aber sind in der Welt; und ich komme zu dir" (Joh 17,11).

[336] Dem Inhalt nach sind sie sehr verschieden, der Form nach lehnen sie sich alle an Apokalypsen an. Die Anlehnung an die traditionellen Apokalypsen geht schon daraus hervor, dass eine weitere urchristliche Apokalypse als Himmelfahrt des Jesaja veröffentlicht wurde.

[337] Auch in dieser dritten Phase können wir zwischen der Entwicklung im Bereich der Evangelien und der Briefe Unterschiede feststellen. Die Entwicklung zu reinen Spruchsammlungen und Geheimlehren wird vor allem in der gnostischen Literatur vorangetrieben. In ihr fehlen Briefe nicht (vgl. den Eugnostosbrief, Rheginusbrief und den Brief des Ptolemaios an Flora). Die Briefform ist aber eher eine Form des „rechtgläubigen" Christentums, wie 1. Klemensbrief, Ignatiusbriefe, Polykarpbrief und Barnabasbrief zeigen.

meinte), sondern durch Ausdifferenzierung von Teiltexten zu selbständigen Texten aufgrund sachlicher Notwendigkeiten. Diese Spezifizierung von Gattungen und Formen musste aber wie von selbst zu einer neuen Anlehnung an die Formen der Umwelt führen – sodass man (mit Overbeck) hier den Übergang von der urchristlichen zur patristischen Literatur sehen könnte, jedoch mit sehr viel stärkerer Betonung eines fließenden Übergangs. Nur zwei (oder drei) Schriften[338] aus diesem Formenkreis schafften es, ins Neue Testament zu gelangen. Es sind gerade die Formen, die bereits Analogien in der LXX haben, auch wenn sie über diese hinausführen. Dabei kann man einen deutlichen formgeschichtlichen Unterschied erkennen: Die Apostelgeschichte führt über die alttestamentlichen Geschichtswerke durch Anlehnung an die Formensprache der profanen hellenistischen Geschichtsschreibung hinaus. Die Apokalypse führt über die Propheten durch Anlehnung an die Formensprache der jüdischen Apokalyptik hinaus, die im AT nur am Rande präsent ist. Dem entspricht eine entgegengesetzte inhaltliche Tendenz: Die Apostelgeschichte zeigt, wie das Christentum in das Römische Reich hineinwuchs. Sie zeigt trotz aller Kritik am römischen Reich: In ihm hat das Christentum eine Chance. Die Apokalypse ist dagegen eine prophetische Kampfansage an das *Imperium Romanum.* Christentum und Kaiserkult sind so unvereinbar wie Gott und Satan. Der Hebräerbrief vereint in sich zwei in Spannung stehende Einstellungen zur Welt: Einerseits ist sie eine feindselige Wüste, durch die man auf dem Weg zum himmlischen Vaterland ziehen muss, andererseits ein Tempel, in dem die Christen wie in einem kosmischen Gottesdienst ins Allerheiligste einziehen. Die Ambivalenz gegenüber der Welt zeigt sich in der neutestamentlichen Formensprache am deutlichsten in den drei Einzelexemplaren des Neuen Testaments, also in Apostelgeschichte, Apokalypse und im Hebräerbrief.

Ist es ein Zufall, dass gerade diese und keine anderen urchristlichen Schriften den Weg ins Neue Testament fanden? Die Aufnahme von Apg und Apk lässt sich den beiden Grundformen zuordnen. Die Apg ist eine Erweiterung des LkEv, die Apk ist ebenso wie der Hebräerbrief als Brief stilisiert. Die beiden Einzelgattungen kamen im Schlepptau der beiden Grundformen in den Kanon. Damit kommen wir zur letzten Phase einer Literaturgeschichte des Neuen Testaments, zur Kanonbildung.

4 Die kanonische Phase: Die Verbreitung kanonischer Merkmale

Die Kanonbildung war ein Prozess, bei dem sich verschiedene Merkmale durchsetzten. Da es im 2. Jh. keine zentrale Institution gab, die einen Kanon hätte definitiv durchsetzen können, kann man nur die Verbreitung dieser kanonischen Merkmale beschreiben. Man hat versucht, sie auf einen einmaligen Akt zurückzuführen. Wahrscheinlicher ist ein Prozess an mehreren Stellen, der konvergierte. Die drei kanonischen Merkmale, die sich bei der Kanonbildung durchsetzten, sind: Die Kombination von Evangelium und Brief, die Anlehnung an die LXX und die Verfasserangaben, die in der Überlieferung erstaunlich einheitlich sind.

---

[338] Die dritte Schrift ist der Hebräerbrief, der im Grunde eine Rede ist. Der briefliche Rahmen ist unvollständig, er findet sich nur am Ende, nicht am Anfang.

4.1 Die Kombination von Evangelien und Briefen

Der Kanon besteht aus einer Kombination von Evangelien und Briefen. Überall dort, wo wir im Urchristentum eine Kombination von „Evangelium + Brief (oder einer anderen Textsorte)" finden, wurde ein erster Schritt zur Kanonbildung getan. Dies geschah an mehreren Stellen – und nicht nur bei Markion.

Die *johanneische Literatur* ist ein Kanon in *statu nascendi*. Das Evangelium steht in seinem Zentrum. Im Schlepptau des JohEv entstand der 1 Joh, der kein Brief ist, sondern eine Predigt, die wesentliche Gedanken des JohEv gegen Dissidenten verteidigt. Die johanneische Literatur verbindet somit zum ersten Mal Evangelium und Brief in einer zusammengehörenden Schriftengruppe. Ihr wird dann noch die Johannesapokalypse zugeordnet. Das *corpus Johanneum* ist somit eine Vorform des Kanons, bestehend aus „Evangelium + Briefen [+ einer Apokalypse]".

Einen zweiten Ansatz zur Kanonbildung ist mit dem *Matthäusevangelium* verbunden. Es gehört mit dem Jakobusbrief und der Didache zu einem judenchristlichen Schrifttum, das nach 70 n.Chr. eine kleine Blütezeit erlebte. Die Didache ist im Schlepptau des MtEv entstanden – wie der 1 Joh im Schlepptau des JohEv. Das MtEv schließt mit der Aufforderung, alle Völker zu taufen und zu lehren, was Jesus gesagt hat. Die Didache bringt als Fortsetzung eben diese Tauflehre, die im MtEv noch fehlt.[339] Sie bezieht sich viermal auf ein Evangelium zurück, das nur das MtEv sein kann. MtEv und Didache bilden somit den Kern eines kleinen Kanons. Die Formel dieses Kanonansatzes ist: „Evangelium + Didache (d.h. Lehre der Apostel)". Die hinter dem MtEv und der Didache stehenden judenchristlichen Gruppen waren aber nicht stark genug, um ihren Kanon *in statu nascendi* durchzusetzen.

Das MtEv war zugleich (neben anderen Evangelien?) das Evangelium des Bischofs *Ignatius von Antiochien*, der Paulus als Märtyrer und Briefschreiber bewunderte. Seine Briefe ahmen dessen Briefsammlung nach. Sechs von ihnen sind an Gemeinden gerichtet und einer an einen Gemeindeleiter namens Polykarp. Modell für ihn war das Nebeneinander von paulinischen Gemeindebriefen und den Pastoralbriefen an einzelne Gemeindeleiter.[340] Möglicherweise hoffte Ignatius, dass seine eigenen Briefe im Schlepptau des Paulus kanonische Geltung erlangten.[341] Er bildet neben Jesus und Paulus einen dritten charismatischen Anfang im urchristlichen Schrifttum. Nur diese drei Gestalten treten uns im Urchristentum als profilierte Individuen erkennbar entgegen. Bei Ignatius von Antiochien bahnt sich ein Kanon in folgender Gestalt an: „MtEv + Paulusbriefsammlung + Ignatiusbriefe". Aber nicht seine Briefe, sondern die sog. katholischen Briefe, nahmen im Kanon den dritten Platz neben den Paulusbriefen ein.

Schließlich ist *Markion* zu nennen: Markion hatte in der ersten Hälfte des 2. Jh.s einen eigenen Kanon entworfen und das Alte Testament aus ihm ausgeschlossen. Es galt ihm als Offenbarung eines anderen Gottes, dem Gott der Gerechtigkeit, der sich vom wahren Gott der Liebe grundsätzlich unterschied. Der

---

[339] G. GARLEFF, Urchristliche Identität, 2004.

[340] A. MERZ, Die fiktive Selbstauslegung des Paulus, 2004, 172–187.

[341] So A. MERZ mündlich.

Gott der Liebe hatte sich seiner Auffassung nach nur im Neuen Testament offenbart. Markions Kanon bestand aus einem literarkritisch gereinigten LkEv und den Paulusbriefen (ohne Pastoralbriefe). Sein Schaffen war weniger revolutionär als es zunächst scheint: Viele Gemeinden besaßen nur ein Evangelium. Im Osten war es selbstverständlich, dass durch eine Evangelienharmonie aus vier kanonischen Evangelien im 2. Jh. ein einziges Evangelium geschaffen wurde, nämlich das Diatessaron des Tatian. Die in Syrien beheimatete Didache sprach von „*dem* Evangelium" (und meinte das MtEv). Markion folgte also einem verbreiteten Ein-Evangelienprinzip.[342] Ebenso wenig war es revolutionär, ein Evangelium mit Briefen zu verbinden. Dies geschah auch im johanneischen Kreis. Markion wirkte dennoch in einer Hinsicht als Katalysator der Kanonbildung. Durch die Ablehnung seiner Lehre wurde die Zustimmung zu *vier* Evangelien statt zu einem, die Anerkennung der Briefe *vieler* Apostel anstatt nur der Paulusbriefe und die Bejahung des Alten Testaments neben dem Neuen Testament zum Kriterium der Rechtgläubigkeit.

Wir können also an verschiedenen Stellen Ansätze zu einer Kanonbildung beobachten. Es gab einen konvergierenden kanonischen Prozess. Der Kanon, der sich durchgesetzt hat, ist aber mehr als eine organische Fortsetzung dieser Ansätze. Er trennte geschichtlich Zusammengehörendes: Das JohEv und die johanneischen Briefe wurden auseinandergerissen, das JohEv zu den Evangelien gestellt, die johanneischen Briefe unter die katholischen Briefe eingereiht. Ebenso wurden das LkEv und die Apg auseinandergerissen. Denn die Apg folgte nicht dem LkEv, sondern diente immer als Einleitung der katholischen Briefe. Die Kanonbildung folgte damit keiner der sich anbahnenden Sammlungen, auch nicht der des Markion. Sie hatte ein anderes Modell außerhalb der neutestamentlichen Schriften. Es war wahrscheinlich die LXX. Damit kommen wir zum zweiten kanonischen Merkmal:

4.2 Die Anlehnung an die LXX

Dafür, dass die LXX bei der neutestamentlichen Kanonbildung Pate gestanden hat, sprechen vier Gründe:

Der erste Grund ergibt sich aus der Aufnahme der Apostelgeschichte und Apokalypse in den Kanon. Diese beiden Schriften sind im Neuen Testament als Gattungen isoliert. Aber ausgerechnet diese beiden Formen (und nur sie) hatten Modelle im Alten Testament: Die Apostelgeschichte ist den geschichtlichen Büchern verwandt. Die Johannesapokalypse ist als prophetisch-apokalyptisches Buch dem Danielbuch verwandt. Dass diese beiden Gattungen in je einem Exemplar den Weg in den Kanon fanden, verdanken sie auch ihrer Absicherung durch den schon anerkannten ersten Kanonteil, durch das Alte Testament.

Der zweite Grund ist der Aufbau der LXX in drei Teilen. Am Anfang stehen in ihr geschichtliche Werke über die Vergangenheit. Dann folgen gegenwartsbezogene „Schriften" wie die Psalmen und Sprüche Salomos. Das Ende bilden die Propheten als Weissagung der Zukunft. Im Neuen Testament kann man Ansätze

[342] Wenn er seinen Kanon nicht als Fortsetzung des AT verstand, so war auch das plausibel. Denn Evangelium und Briefsammlung waren formgeschichtlich keine Fortsetzung alttestamentlicher Gattungen.

eines vergleichbaren Aufbaus entdecken: Am Anfang stehen die geschichtlichen Werke der Evangelien, die Briefe sprechen Mahnungen in die Gegenwart hinein, das Ende bildet die Apokalypse als prophetisches Buch.

Ein dritter Grund liegt in den Überschriften. Die Evangelien erhielten spätestens bei der Kanonbildung (oder bei einer ihr vorhergehenden Teilsammlung) Überschriften „Evangelium nach Matthäus, nach Markus, nach Lukas und Johannes". Für Bücher der Antike ist dies singulär. Wir kennen Überschriften nur von Übersetzungen. Den Christen aber waren sie vertraut. Denn die LXX hieß als Übersetzung des Alten Testaments: Die Schriften *nach* den 70 Übersetzern.

Schließlich sei die Schreibung der *nomina sacra* genannt. Wörter wie Gott, Kyrios und Pneuma wurden abgekürzt. Diese Abkürzungen wurden zu einem Poprium christlicher Schriften. Dadurch wurde signalisiert, von Gen 1,1 bis zur Apokalypse ist in diesen Schriften von demselben Gott die Rede mit derselben Aura von Heiligkeit wie im AT. Ferner sind christliche Handschriften keine Schriftrollen, sondern gebundene Codices. Diese neue Buchform verbreitete sich in signifikanter Weise erst mit dem Aufstieg des Christentums. Auch diese Merkmale sind in der ganzen handschriftlichen Überlieferung konstant. Könnten auch diese Innovationen mit einem einheitlichen Editionsprozess zusammenhängen? Auf eine gewisse Einheitlichkeit weist auch der erstaunliche Konsens in der Autorenzuschreibung – das dritte Merkmal der Kanonbildung.

4.3 Konsens hinsichtlich der Autorenzuschreibung

Die Verfasser- und Adressatenangaben in den Überschriften sind stabil. Wenn man annimmt, dass einige Bücher anonym waren und erst sekundär Verfassern zugeschrieben wurden, ohne dass sich diese Zuschreibungen aus den Texten heraus zwingend ergaben, müsste man hier eine sehr große Varianz erwarten. Das Matthäusevangelium wurde z.B. bis in die Mitte des 2. Jh. anonym als „das Evangelium" (z.B. in der Didache) zitiert. Sein Inhalt erlaubt keinen sicheren Rückschluss auf Matthäus als Verfasser. Aber es begegnet in allen Handschriften als Evangelium nach Matthäus. Entsprechendes gilt für alle 27 neutestamentlichen Schriften! Man kann erwägen, ob die Überschriften zu den einzelnen Büchern des Neuen Testaments auf eine einheitliche Edition zurückgehen.[343] Aber gesichert ist diese Annahme nicht.

Schließlich kann man erwägen, ob der 2. Petrusbrief das Editorial zu einer ersten Edition des Neuen Testaments gewesen ist.[344] Der Brief kennt drei Kanonteile. Er bezieht sich auf die Verklärungsgeschichte der synoptischen Evangelien[345] (1,16–28) und auf eine Weissagung des Petrusmartyriums im Johannes-

---

[343] Vgl. zum Folgenden D. TROBISCH, Endredaktion, 1996.

[344] D. TROBISCH, Endredaktion, 125–154, möchte ein auf das NT bezogene Editorial in Joh 21, in der Apg, im 2Tim und 2Petr sehen..Aber nNur 2Petr hat deutliche Beziehungen zu mehreren Kanonteilen und rechnet bei den Paulusbriefen mit einer vollständigen Sammlung, wenn er von allen Briefen des Paulus spricht (2Petr 3,16).

[345] Die Gottesstimme bei der Verklärung wird mit Abweichungen nach Mt 17,5 wiedergegeben: „Dies ist mein geliebter Sohn, *an dem ich Wohlgefallen habe*". Anklänge an das MtEv finden sich auch sonst: „Sodom und Gomorra" (2,6) erinnert an Mt 10,15, der „Weg der Gerechtigkeit" (2,21)

evangelium (1,14; Joh 21,18f). Er warnt vor einem falschen Verständnis der Paulusbriefe (3,15f) und kennt von den katholischen Briefen den 1. Petrus- und Judasbrief.[346] Der 2 Petr kennt also einen Kanon nach der Formel: „Evangelien + Paulusbriefsammlung + katholische Briefe". Er benutzt seinen „Kanon" im Kampf gegen Irrlehrer. Aber er bekämpft nicht Markion und seine Kirche. Warum man zögern muss, ihn direkt mit der Kanonbildung in Verbindung zu bringen, ist die Tatsache, dass er es schwer gehabt hat, kanonisiert zu werden. Sollte ausgerechnet ein Editorial zu einem Kanon kanonisch lange umstritten gewesen sein? Oder gehörten vielleicht gerade die umstrittenen Bücher (Jak, 2–3 Joh, Jud, 2 Petr, Hebr, Apk) zu den Büchern im Kanon, die über einen entstehenden Konsens hinaus erst mit der letzten Schicht in den Kanon aufgenommen wurden – und die gerade deshalb in vielen Gemeinden umstritten blieben?

Normalerweise wird unter der Kanonbildung ein Ausscheidungsprozess verstanden. Es gab viele Schriften mit Offenbarungsanspruch im Urchristentum, die nicht in den Kanon gelangten, z.B. die vielen gnostischen Schriften. Die Kanonbildung ist aber ebenso Anerkennung von Pluralität. Gegen Markion wurden die Pluralität der Evangelien, die Pluralität der Briefautoren und die Pluralität von zwei Testamenten durchgesetzt. Ohne das Modell der LXX mit ihrer großen inneren Pluralität ist das kaum vorstellbar. Denn eigentlich tendierte man in der Antike dazu, die Wahrheit in der Einheit zu sehen. Wie nahe hätte es gelegen, Eph 4,5f so zu variieren: „Ein Herr, ein Glaube, eine Taufe, *ein Evangelium,* ein Gott und Vater". Stattdessen bekannte man sich zu vier Evangelien und zu zwei Testamenten.

Im Rückblick nehme ich wir noch einmal zusammenfassend zu den eingangs genannten drei Ansätzen zu einer literaturgeschichtlichen Erklärung der Besonderheit des Neuen Testaments Stellung.

Das Neue Testament ist „*Urliteratur*", insofern sie auf das Wirken von Jesus und Paulus zurückgeht. Die von ihnen hervorgerufenen und geschaffenen Schriften sind in einer Weise personzentriert, die im Judentum nicht belegbar ist. Das ist etwas Neues. Gerade deshalb aber wurden *bios* und Brief Ausdrucksformen dieser charismatischen Bewegung. Das heißt: Die Grundformen dieser Literatur sind nicht unableitbar, sie lehnen sich an allgemeine pagane Formen an. Der charismatische Impuls der Anfänge ließ die urchristlichen Gruppen über die Grenzen ihrer Tradition hinaus nach Anregungen suchen.

Das Neue Testament ist *Kleinliteratur* literaturferner Kreise, aber lässt sich nicht allein als Ausdruck literaturferner Unterschichten erklären. Charakteristisch für sie ist ein Austausch zwischen literarischer Oberschicht und literaturferner Unterschicht. Hier fanden Menschen eine Stimme, die sonst stumm geblieben wären. Sie wurden gehört, wo sie sonst nicht gehört worden wären. Allgemeine literarische Formen wurden durch Menschen mit einer gewissen literarischen

---

346 Weitere Bezugnahmen auf die beiden Einzelgattungen im NT sind dagegen ungesichert: Die Johannesapokalypse könnte in der Hoffnung auf einen neuen Himmel und eine neue Erde (3,13), die Apostelgeschichte beim Verständnis der Apostel als Augenzeugen vorausgesetzt sein (1,16).

Kompetenz für unliterarische Adressaten neu belebt. Für Gebildete mit klassizistischer Ästhetik waren die neutestamentlichen Schriften eben deswegen Stil kleiner Leute, *sermo humilis*.[347] Die neutestamentlichen Schriften waren in ihren Augen oft unkultiviert, grob und plump. Löst man sich aber von klassizistischer Ästhetik, so können sie wuchtig, irritierend und gewaltig wirken.

Das Neue Testament ist schließlich *Koine-Literatur* im Fahrwasser der LXX. Am Anfang wirkte die LXX vor allem *indirekt* durch ihre Wirkungsgeschichte. Sie hatte die Koinesprache literaturfähig gemacht und im Rahmen einer hellenistisch-jüdischen Literatur das Neue Testament als Sonderliteratur in der Sonderliteratur ermöglicht. Am Ende wirkte die LXX *direkt* als Modell, als es darum ging, die neue Schriftensammlung dem AT gleichzustellen. Die urchristliche Literatur gehört aber nicht einfach zur jüdisch-hellenistischen Literatur: Sie ist interkulturelle Literatur, d.h. sie überschritt die Grenzen zwischen den Völkern.

Die ersten Christen haben aufgrund eines gewaltigen charismatischen Impulses eine eigene Literatur in zwei Grundformen hervorgebracht, diese als fiktive Selbstauslegung der gründenden Charismatiker weitergeschrieben, dann eine sich spezialisierende funktionale Formensprache entwickelt, schließlich den Kanon in Anlehnung an die LXX geschaffen. Die Entwicklung ihrer Formensprache in vier Phasen spiegelt den Weg von den charismatischen Anfängen der urchristlichen Bewegung zu institutionalisierten Gemeindeformen: Aus den personbezogenen Grundformen „Evangelium von Jesus“ und „Paulusbrief“ entwickelten sich funktionale Formen, die von ihrer sachlichen Aufgabe her geprägt sind und sich immer deutlicher an Formen der Umwelt anlehnten. Die Anlehnung an die LXX bei der Kanonbildung spiegelt den Trennungsprozess vom Judentum wider und zugleich die bleibende Verbundenheit mit ihm. Die Geschichte ihrer Formen entsprach der Geschichte dieser Gruppen.

In den drei Phasen vor der Kanonisierung dieser Schriften kann man folgende Akzentverschiebungen in der Autoritätsstruktur erkennen: Am Anfang steht die *charismatische* Autorität der beiden Gründungsgestalten des Urchristentums, in der zweiten Phase wird im Medium fiktiver Selbstauslegungen dieser Autoritäten um die institutionelle Autorität von Ämtern gerungen, indem man eine *traditionale* Autorität in Anspruch nimmt. In der dritten Phase beobachten wir eine Versachlichung der Autorität in *funktionalen* und spezialisierten Formen. Man kann diese Entwicklung mit den drei Legitimationsformen der Herrschaftssoziologie Max Webers in Verbindung bringen: charismatische, traditionale und legale Herrschaft. Aber damit erfasst man nur die interne Funktion dieser Literatur innerhalb der christlichen Gruppen, nicht ihre Dynamik in der Gesamtgesellschaft. Geschichte wie Literaturgeschichte dieser urchristlichen Gruppen kann man als eine Grenzexistenz beschreiben. Es war eine Literatur auf der Grenze zwischen Charisma und Institution, Unter- und Oberschicht, Juden und Heiden. Es war eine jüdische Koineliteratur mit interkultureller Absicht. Es war die Literatur einer

---

[347] M. REISER, Sprache und literarische Formen, 2001, 29–33, hat das Missverständnis aufgeklärt, dass die stilistische Einordnung der neutestamentlichen Schriften als *sermo humilis* keine Einordnung in die drei *genera* der Rede bedeutet. Sie charakterisiert die Schriften als Sprache und Stil einfacher unliterarischer Menschen.

kleinen Subkultur, die sich als Repräsentanten einer neuen Menschheit verstanden. Die Literaturgeschichte des Neuen Testaments ist dadurch charakterisiert, dass in ihr Grenzen überschritten werden. Damit aber gibt sie Zeugnis von einem Gott, der alle Grenzen überschreiten will: Er will der Gott aller Menschen sein.

9 Soziologie: Ein hermeneutischer Konflikt in der Theologie[348]

Systematische Theologen sind oft mit uns historisch-kritischen Exegeten unzufrieden. Einer von ihnen schrieb über den „neuen Atheismus“:

„Theologie und Verkündigung haben [...] bis dato nicht [...] ihre seit der Moderne anstehenden hermeneutischen Hausaufgaben gemacht. Die Praxis der historisch-kritischen Methode ist dafür nur ein elementarer Schritt, genügt aber nicht im Geringsten [...] Eine Exegese, die sich (wie heute nicht unüblich) stattdessen auf Sozialgeschichtliches beschränkt, hätte angesichts dieser Herausforderung schon im Ansatz verloren und arbeitete dem fundamentalistischen Atheismus geradewegs in die Hände.“[349]

Sozialgeschichte erscheint hier fast als atheistisches Unternehmen. Ein Exeget vertrat eine ähnliche These:

„Die Theologie hat ein krankes Herz“, weil „man der Gottesfrage, die jeder Text stellt, ausgewichen ist und das Heil stets in der Deutung des Textes durch sachfremde Kriterien und Maßstäbe gesehen hat. [...] Die Humanwissenschaften wie die atheistische Anthropologie Heideggers, die Psychologie und die Soziologie, die Religionstheorie und allerlei Philosophien hat man jeweils als Block der Exegese vorgeschaltet, weil man meinte, so endlich wissenschaftlich und modern zu sein“.[350]

Mit der von Heidegger inspirierten Auslegung sind Arbeiten R. Bultmanns gemeint, mit Soziologie, Psychologie und Religionstheorie meine Beiträge zur Exegese. Sie werden in einen Zusammenhang mit der existenzialen Interpretation gerückt. Klaus Müller und Klaus Berger, die hier zitierten Autoren, stellen beide die Sozialgeschichte in einen respektablen Kontext. Für K. Müller ist sie eine Fortsetzung historisch-kritischer Exegese, ihr fehle nur dir richtige Hermeneutik. Für K. Berger ist sie Fortsetzung eines hermeneutischen Programms, aber einer Hermeneutik auf Irrwegen. Beide assoziieren sie mit „Atheismus“. K. Berger betont mit dem Begriff *Soziologie* theoretische Aspekte, K. Müller mit *Sozialgeschichte* historische Aspekte. Dass beide Autoren katholisch sind, ist Zufall, vergleichbare Stimmen gibt es auch in anderen Konfessionen.[351]

Sind Soziologie und Theologie des Neuen Testaments ein Widerspruch, wie diese Stimmen meinen? Meine Frage ist nicht nur rhetorisch gemeint. Denn beide Kritiker haben im Prinzip Recht. Nur ist die Auseinandersetzung um Religion

---

[348] Dieser Aufsatz kombiniert zwei Aufsätze: G. THEISSEN, Exégesis socio-histórica, 2008, und: Soziologie und Theologie des Neuen Testaments, 2014.

[349] K. MÜLLER, Neuer Atheismus, 2007, 556.

[350] Vgl. den Artikel: Neutestamentler Prof. Berger: Die Theologie hat ein krankes Herz, 2003.

[351] Der Anglikaner J. MILBANK, Vertreter einer „Radical Orthodoxy“, konstatiert in: Theology and Social Theory, 1990, einen grundsätzlichen Widerspruch zwischen Sozialwissenschaft und Theologie. Für den Protestanten U.H.J. KÖRTNER, Theologie in dürftiger Zeit, 1990, 50, sind meine Arbeiten Beleg für die theologische Dürftigkeit unserer Zeit; er bewertet meine „methodische Experimentierfreudigkeit als Symptom der theologischen Krise“ und bringt angesichts soziologischer, psychologischer und evolutionärer Ansätze die Hoffnung auf „Wiederentdeckung der eigenen Sache und Sprache der Theologie“ zum Ausdruck.

und Bibel heute grundsätzlich durch einen „hermeneutischen Konflikt" gekennzeichnet, der nicht nur die Soziologie betrifft, sondern den Umgang mit der Bibel überhaupt. Nach Paul Ricœur ist die „reduzierende Hermeneutik ... heute kein privates Ereignis mehr, sondern ein öffentlicher Vorgang, ein Kulturphänomen; ob wir sie nun Entmythologisierung nennen, wenn sie sich innerhalb einer gegebenen Religion entfaltet, oder Entmystifizierung, wenn sie von außen kommt – immer handelt es sich um dasselbe: um den Tod des metaphysischen und religiösen Objekts".[352] Wo die theologischen Kritiker der Sozialgeschichte nur Destruktion sehen, sieht der protestantische Philosoph Paul Ricœur jedoch eine Chance. Ein positives Verhältnis zur Religion ist für ihn nur möglich, wenn Religionskritik ernstgenommen wird. Seine „Hermeneutik des Konflikts" kennt am Ende ein JA zur Religion, aber es ist durch ein NEIN hindurchgegangen, das Spuren hinterlassen hat. P. Ricœur hat Recht: Es gibt einen Widerspruch zwischen Soziologie und Theologie des Neuen Testaments, aber er ist Teil des hermeneutischen Konflikts, der die Moderne kennzeichnet. Er ist mit der historischen Betrachtungsweise gegeben, also mit der Erkenntnis, dass die Bibel von Menschen geschrieben wurde und alles in ihr historisch bedingt und historisch erforschbar ist. Was gegen die Sozialgeschichte eingewandt wird, kann man in der Regel generell gegen die historisch-kritischer Forschung einwenden.

Dennoch muss man die Frage stellen: Hat der allgemeine hermeneutische Konflikt um die Bibel durch Soziologie und Psychologie nicht eine neue Dimension gewonnen? Sind hermeneutisches Verstehen und sozialwissenschaftliches Erklären nicht prinzipielle Gegensätze? Verstehen richtet sich auf Individuelles, Erklären auf Allgemeines. Doch muss man diesen Gegensatz relativieren: Historisches Verstehen kann nicht auf die Erklärung menschlichen Verhaltens durch allgemeine kulturelle Regeln verzichten, soziologisches Erklären nicht auf das Verstehen menschlicher Intentionen, wie sie von Individuen entwickelt werden.[353]

Manchmal sagt man, die historische Exegese wolle die bewusste Intention der biblischen Autoren herausarbeiten, die Sozialgeschichte aber Zusammenhänge, die ihrem Bewusstsein entzogen waren. Auch das trifft nicht zu. Wenn ein Exeget feststellt, dass Jesus erst nach seinem Tod posthum der Gründer einer neuen Religion wurde, hat sich das dem Bewusstsein der Jünger entzogen. Historische Urteile decken sich selten mit dem Bewusstsein der historischen Personen, über die sie urteilen.

Es bleibt dabei: Sozialgeschichte ist eine Vertiefung historischer Forschung, nicht mehr und nicht weniger. Ihre Entstehung ist ein ganz normaler Prozess: die Ausdifferenzierung einer neuen historischen Methode. Dies zeigt der folgende Überblick zur sozialgeschichtlichen Erforschung des Urchristentums. Richtig ist, dass sich die Sozialgeschichte oft gegen theologische Interessen durchsetzen musste. Denn sie analysiert mit einem Blick „von unten" die Religion aus einer menschlichen Perspektive, Theologie aber mit einem Blick „von oben" aus der

---

[352] P. RICŒUR, Die Interpretation, 1969, 542 (frz. 1965).

[353] Wir sollten hier keine falschen Gegensätze aufbauen – etwa mit der Devise: „Vernehmen statt Erklären", wie G. KLEIN, Vernehmen statt Erklären, 2008, es tut. G. Klein war mein Lehrer in neutestamentlicher Exegese. Ich verdanke ihm viel.

Perspektive Gottes. Am Schluss kommen wir deshalb auf die Frage zurück: Wie überbrücken wir diese Spannung zwischen Soziologie und Theologie?

1 Sozialgeschichte als Teil der allgemeinen Geschichte der Exegese

Die Fähigkeit, fremde Traditionen zu verstehen und die eigenen zu kritisieren, gehört zur europäischen Kultur. Wir verdanken der paganen Antike die Anfänge der Textphilologie und eine Hermeneutik mythischer Aussagen. Schon damals begann in der griechischen Kultur ein kritisches Verhältnis zu normativen schriftlichen Traditionen. Auch das Urchristentum entwickelte parallel dazu ein kritisches Verhältnis zu seiner „Heiligen Schrift": Es erkannte die Bibel als Offenbarung Gottes an, betrachtete aber seine rituellen Gebote nicht mehr als verpflichtend. Die Patristik verband beide Traditionen: antike Philologie und biblische Hermeneutik. Der philologisch erfassbare „Buchstabe" und der eigentliche „Geist" wurden voneinander unterschieden. Der Sinn biblischer Texte wurde hinter dem wörtlichen Sinn gesucht. Das geschah nicht nur in der Welt der Gelehrten. Die mittelalterlichen Reformbewegungen hielten das Bewusstsein wach, dass der ursprüngliche Sinn des Bibeltextes oft verdunkelt war. Die Armutsbewegungen der Bettelmönche entdeckten z.B. die Radikalität des Urchristentums. Lange bevor die humanistischen Gelehrten zu den alten Texten zurückkehren wollten, wollten diese Erneuerungsbewegungen zu deren ursprünglichen Sinn zurückkehren, indem sie den von ihnen erkannten ursprünglichen Sinn in ihrem Leben realisieren wollten.

Erst Renaissance und Humanismus entwickelten die methodischen Mittel und Sprachkenntnisse, um den ursprünglichen Sinn biblischer Texte wissenschaftlich zu erschließen. Meilensteine waren die Editionen der Bibel durch Ximenes de Cisneros (1437–1517) in den Jahren 1514–1517 und des Neuen Testaments durch Erasmus von Rotterdam (1469–1536) im Jahr 1516. Als sich das Christentum in Reformation und Gegenreformation durch Rückgriff auf dessen Ursprünge erneuerte, kam es freilich nicht zu einem Konsens über den ursprünglichen Sinn der Texte. Im Gegenteil, verschiedene Auslegungen der Bibel beschleunigten die konfessionellen Spaltungen. Nicht nur Katholiken und Protestanten entzweiten sich. Im Jahr 1529 trennten sich wegen unvereinbarer Auslegungen der Abendmahlsworte auch die Wege von Lutheranern und Reformierten – ganz abgesehen von Sonderwegen der Baptisten, Mennoniten und Quäkern, die „ihre" Bibel jeweils neu und anders deuteten.

Dieser mit den konfessionellen Spaltungen wachsende Pluralismus der Auslegungen war ein Ansporn für die Entwicklung einer methodisch kontrollierten Exegese. Entscheidend war dabei auch die Konkurrenz jüdischer und christlicher Auslegung. Man sollte nie vergessen: Ein Jude, Baruch de Spinoza (1632–1677), schrieb die erste historisch-kritische Hermeneutik der Bibel.[354] Mit ihm beginnt eine Aufklärung, die historisch zufällige Überlieferungen zugunsten zeitloser Wahrheiten kritisierte. Die Aufklärer konnten sich zwar vorstellen, dass sich die

[354] Baruch de Spinozas „Tractatus Theologico-Politicus" wurde 1670 pseudonym veröffentlicht. Er fordert darin, die Entstehungsumstände der Bibel zu berücksichtigen. Vieles sei in ihr vergänglich, weil sich Gott an die begrenzte Auffassungskraft von Menschen akkommodiert habe.

ewige Wahrheit an die jeweiligen geschichtlichen Umstände „akkommodiert“ hat, nicht aber, dass sie selbst einem geschichtlichen Prozess unterworfen war.

Erst in der Zeit des Idealismus und der Romantik kam es zu einer „kopernikanischen Wende“ in der Hermeneutik: Biblische Texte wurden nicht mehr als Ausdruck ewiger Dogmen oder Vernunftwahrheiten, sondern als Ausdruck des geschichtlichen Lebens interpretiert. Diese Wende in der Hermeneutik der Bibel wurde von Johann Gottfried Herder (1744–1803)[355] und Friedrich D.E. Schleiermacher (1768–1834) vollzogen. Damals wurde zusammen mit der historischen Erforschung der Bibel der Keim zu einer sozialgeschichtlichen Auslegung der Bibel gelegt. Die sozialgeschichtliche Exegese ist nur der konsequente Ausdruck jenes kritischen Umgangs mit den eigenen normativen Grundlagen, der für Europa charakteristisch ist.

J.G. Herder erkannte als erster, dass das Neue Testament keine Literatur von Gelehrten, sondern Literatur einfacher Menschen ist. Die sozialgeschichtliche Exegese entstand freilich erst sehr viel später durch das Zusammentreffen von vier Faktoren: (1) durch das wachsende Interesse an sozialen Fragen, (2) durch Erschließung neuen Quellenmaterials, (3) durch die Entwicklung soziologischer Theorien und (4) durch die Formulierung einer Methodik. Im Folgenden soll gezeigt werden: Diese vier Voraussetzungen einer sozialgeschichtlichen Exegese entwickelten sich nach und nach im Laufe des 19. Jh., sodass sich schon zu Beginn des 20. Jh. eine sozialgeschichtliche Exegese hätte etablieren können. Unsere These ist, dass sie vor 1914 „in der Luft“ lag, dass aber die Krise Europas in zwei Weltkriegen und die theologische Antwort auf diese Krise in Gestalt der Dialektischen Theologie ihre Entstehung verzögert haben. Erst in den 1970er Jahren fanden die oben genannten vier Voraussetzungen zusammen. Die in den 70er Jahren neu begründete sozialgeschichtliche Exegese fächerte sich bald in vier Zweige auf: eine sozialgeschichtlich-deskriptive Strömung, eine sozial-kerygmatische Auslegung, eine sozialwissenschaftliche Analyse und kulturanthropologische Ansätze. Sie setzte in allen Varianten die Tradition historisch-kritischer Exegese fort. Das hier entworfene Bild von der Entstehung der sozialgeschichtlichen Exegese widerspricht einigen „Mythen“, die bei neu aufkommenden Methoden oft begegnen:

Es widerspricht dem Mythos einer radikalen *Vergangenheitsüberwindung*.[356] Er lautet: Lange habe sich die Theologie nur mit dem Kerygma und theologischen Ideen beschäftigt. Erst in den 1970er Jahren sei eine Wende zur historischen und sozialen Realität erfolgt. Wahr ist, dass sich die Vertreter der Kerygmatheologie

---

[355] Johann Gottfried Herder wird von M. DIBELIUS, Formgeschichte, [1]1919 [4]1961, 4, mit folgenden Worten charakterisiert: „Sein Verständnis für Volkstum erschloß ihm die Eigenart religiöser Volksliteratur, sein Verständnis für ‚Menschheit‘ das Typische solchen Schrifttums, sein Verständnis für die Poesien der Völker erlaubte ihm, das naiv-schöpferische Element in den biblischen Schriften zu erkennen“.

[356] Vgl. den Aufsatz des sonst so besonnenen, viel zu früh verstorbenen H. PAULSEN, Sozialgeschichtliche Auslegung. Befreit aus dem Kerker idealistischer Auslegungen, offenbaren neutestamentliche Texte durch die sozialgeschichtliche Exegese wieder ihre ursprüngliche Kraft und Bedeutung, 1993, 601f.604–606. Ob das Überwinderpathos des Untertitels auf die Redaktion zurückgeht? In jedem Fall kann es gut den oben skizzierten Mythos illustrieren.

gegen sozialgeschichtliche Fragen sträubten. Die Wende zur Geschichte und Realität war aber schon immer mit der historisch-kritischen Forschung gegeben und nahm in den 1970er Jahren nur eine neue Form an.

Das hier entworfene Bild von der Entstehung der Sozialgeschichte widerspricht dem Mythos einer vorübergehenden *Modeströmung*. Er besagt: Die Exegese werde hin und wieder durch Anpassung an den jeweiligen „Zeitgeist" vom rechten Wege abgebracht. Mit dem Niedergang der Soziologie als allgemeiner Leitwissenschaft könne man daher diese Phase der Exegese vergessen.[357] Dagegen spricht die Existenz von Wegbereitern der sozialgeschichtlichen Exegese wie J.G. Herder oder A. Harnack lange vor den 1970er Jahren, vor allem aber auch, dass die Sozialgeschichte in der allgemeinen Geschichtsschreibung anerkannt und praktiziert wird.

Ebenso widerspricht unser Bild von der Entstehung der Sozialgeschichte dem Mythos einer *Entwicklungskontinuität*. Dieser besagt: Sozialgeschichtliche Exegese habe es schon immer gegeben, sie sei aber erst in den 1970er Jahren aus den historischen Methoden ausgegliedert worden. Solch eine Anbindung an die Tradition verschafft einer neuen Strömung Legitimität. Daher habe auch ich manchmal diese Sichtweise vertreten.[358] Aber mit der Kombination bisher getrennter Ansätze entstand in den 1970er Jahren tatsächlich etwas Neues. So musste sich erst die moderne Soziologie entwickeln, ehe sie in der neutestamentlichen Exegese rezipiert werden konnte.

Darüber hinaus gibt es den „Mythos", die sozialgeschichtliche Exegese sei in den Vereinigten Staaten entstanden. Richtig ist: Sie knüpft in den USA an die „Chicagoer Schule" an. Aber ihre Wegbereiter sind auch anderswo zu finden. Ihre Renaissance begann in den 1960er Jahren mit der Schrift des australischen Althistorikers E.A. Judge: „The Social Pattern of the Christian Groups in the First Century" (1960)[359] sowie mit einer Veröffentlichung von M. Hengel über „Die Zeloten" (1961). Die sozialgeschichtlichen Veröffentlichungen der 1970er Jahre setzten mit meinem Aufsatz über den „Wandcrradikalismus" (1973)[360] ein, es folgten bald Veröffentlichungen in vielen Ländern. Die soziologische Fragestellung lag in der Luft. Generell gilt: Seit den 1960er Jahren entwickelten sich neue Ansätze in der Exegese international. Dies gilt für den Strukturalismus genauso

---

[357] K. BERGER, Der Zeltmacher Paulus und seine Gesellen. Mit ersten Zeichen von Ermüdung: Eine umfassende Sozialgeschichte des Urchristentums, FAZ 21.12.1995. Er bezeichnet in dieser Rezension von W.E. STEGEMANN/W. STEGEMANN, Urchristliche Sozialgeschichte, 1995, die Sozialgeschichte als „Produkt der Achtundsechziger-Bewegung" und als „verblassende(n) Mythos".

[358] G. THEISSEN, Zur forschungsgeschichtlichen Einordnung, [3]1989, 1: „Die soziologische Fragestellung gehört seit langem zur historischen Methode. Sie ist kein Neuansatz. Wer anders urteilt, verfällt einer optischen Täuschung." Heute unterscheide ich zwischen einer soziologischen Fragestellung, die schon sehr früh entstanden ist, und deren Ausarbeitung zu einer sozialgeschichtlichen Methodik, die viel später einsetzte.

[359] Dem kleinen Büchlein liegt die „Tyndale New Testament Lecture" aus dem Jahre 1957 zugrunde. Es wurde in einem theologisch konservativen Verlag in Deutschland veröffentlicht: E.A. JUDGE, Christliche Gruppen in nichtchristlicher Gesellschaft, 1964.

[360] G. THEISSEN, Wanderradikalismus, 1979. Der Aufsatz wurde viermal in englischer Sprache nachgedruckt: Itinerant Radicalism, 1975 = The Bible and Liberation, 1976 = The Wandering Radicals, 1992 = The Wandering Radicals, in: D.G. HORELL (Hrsg.): Social-Scientific Approaches to New Testament Interpretation, 1999, 93–122.

wie für die Sozialgeschichte. Darin zeichnet sich eine Internationalisierung der Wissenschaft, nicht aber ein Niedergang der deutschsprachigen Exegese ab.

1.1 Vorläufer sozialgeschichtlicher Exegese im Bürgertum und der Arbeiterbewegung des 19. Jh.

Das Interesse an sozialen Fragen wurde verstärkt durch soziale Umbrüche im 19. Jh. geweckt. Die Vorläufer einer sozialgeschichtlichen Exegese antworteten auf Gegenwartsfragen.[361] So war das 19. Jh. ein Jahrhundert der Vereinsgründungen, in denen sich die Bürger unabhängig von Staat und Kirche organisierten. Das Bürgertum erkannte damals in der Urgemeinde eine Art „Urverein" als Verwirklichung ihres eigenen Ideals (F. Lücke).[362] Die Arbeiterbewegung fand in der Urgemeinde dagegen ihr Ideal einer Gütergemeinschaft (W. Weitling).[363] Das Auseinanderdriften von Bürgertum und Arbeiterschaft führte zu sozialpolitischen Bemühungen, diese Spaltung zu überwinden, und wurde ein weiteres Motiv zur Erforschung der Sozialgeschichte des Christentums. Damals schrieb G. Uhlhorn seine große Geschichte der Diakonie: „Die christliche Liebesthätigkeit" (1880).[364] Diakonie sollte die Spaltung der Gesellschaft überwinden. Aber erst gegen Ende des 19. und am Anfang des 20. Jh. kam es zu einer Verwissenschaftlichung der sozialgeschichtlichen Fragestellungen. Zwar ist auch sie von Anliegen ihrer Gegenwart geprägt, aber sie wendet historische Methoden an und wertet mit ihr die immer reicher zur Verfügung stehenden Quellen kritisch aus. Dadurch vergrößert sich die Chance, Sachverhalte auch gegen die eigenen Interessen wahrzunehmen.

1.2 Die Wegbereiter sozialgeschichtlicher Exegese und ihre Quellen

Ende des 19. Jh. sammelten sich protestantische Intellektuelle im „Evangelisch-Sozialen Kongress", um auf soziale Gegenwartsfragen eine Antwort zu finden. Auf einem der Treffen dieser Vereinigung trug A. Deißmann 1908 seine Thesen über die Zugehörigkeit des Urchristentums zu den unteren Schichten vor.[365] Auch das Neue Testament deutete er als Produkt des einfachen Volkes: Sozialgeschichte besteht bei ihm in einer volkskundlichen Erforschung der Antike, die durch neu erschlossene nicht-literarische Papyri und Inschriften möglich wurde. Wenn das Urchristentum aus den unteren Schichten stammte, so stärkte dies die Hoffnung, dass das Christentum auch in der Gegenwart das einfache Volk erreichen könne.

---

361 Die folgende Darstellung basiert auf R. HOCHSCHILD, Sozialgeschichtliche Exegese, 1999. Diese Darstellung zeichnet sich dadurch aus, dass sie die sozialgeschichtliche Fragestellung auch auf die sozialgeschichtliche Erforschung des Neuen Testaments anwendet: Forschungsgeschichte wird durch Wissenssoziologie vertieft.

362 F. LÜCKE, Die freien Vereine, 1845. Diese Fragestellungen wurden später wissenschaftlich aufgrund neuen Quellenmaterials weitergeführt von C.F.G. HEINRICI, Die Christengemeinde Korinths, 1876. Vgl. R. HOCHSCHILD, Sozialgeschichtliche Exegese, 1999, 47–63.

363 R. HOCHSCHILD, Sozialgeschichtliche Exegese, 1999, 47–52.

364 R. HOCHSCHILD, Sozialgeschichtliche Exegese, 1999, 69–75.

365 A. DEISSMANN, Das Urchristentum und die unteren Schichten, 1908, 8–28 = Separatdruck Tübingen 1908. R. HOCHSCHILD, Sozialgeschichtliche Exegese, 1999, 103–115.

Dem „Evangelisch-sozialen Kongress“ gehörte auch A. v. Harnack an. In seinem großen Werk: „Die Mission und Ausbreitung des Christentums in den ersten drei Jahrhunderten“ (1902),[366] entwarf er ein Gesamtbild des frühen Christentums als einer religiös motivierten sozialen Bewegung. Im Blick auf die Gegenwart wollte er sagen: Wie das Christentum damals die Herzen des Volkes eroberte hätte, so müsse es auch in der Gegenwart möglich sein, mit ihm das Volk anzusprechen. Das Christentum sei schon immer eine volkstümliche Religion gewesen, habe kleine Leute zu einer konsequenten Lebensführung ermutigt und durch Organisation gegenseitiger Unterstützung viele Menschen angezogen.

Konnte das Christentum aber auch eine Antwort auf die großen sozialen Fragen der Gegenwart geben? Diese Frage ist das Leitmotiv von E. Troeltschs Werk „Die Soziallehren der christlichen Kirchen und Gruppen“ (1912), in dem er ganze die Kirchengeschichte auswertete.[367] Er sah, dass die Antworten des Christentums je nach dessen Sozialgestalt unterschiedlich ausfielen. Kirchen neigen zu einem Ausgleich mit der Welt, Sekten zu radikal kritischen Gesellschaftstheorien. Nur durch Aufnahme antiker philosophischer Traditionen habe das Christentum eine Sozialethik entwickeln können. Indirekt enthielt auch diese Erkenntnis eine Botschaft für die Gegenwart: Nur durch Weiterentwicklung einer Synthese von Glauben und Vernunft könne das Christentum die Herausforderungen der modernen Zeit bewältigen. Sozialgeschichte des Christentums ist hier die Grundlagenwissenschaft einer theologischen Sozialethik.

Wenn soziale Ideen mit der Struktur der Kirche in Zusammenhang stehen, so musste der Kirchenverfassung eine große Bedeutung zukommen. Das liberale Bürgertum wollte die Demokratisierung in der Kirche fördern, damit die Kirche zeitgemäße Antworten auf aktuelle Fragen im Gespräch mit allen Christen geben konnte. Die Wegbereiter der Sozialgeschichte haben oft über die Kirche gearbeitet. E. v. Dobschütz schrieb eine zusammenfassende Arbeit: „Die urchristlichen Gemeinden“ (1902), als Beitrag zur historischen Kirchenkunde.[368] Eine Diskussion über die ältesten Kirchenstrukturen wurde vor allem durch die 1883 zum ersten Mal edierte „Didache“, eine urchristliche Kirchenordnung von der Wende vom 1. zum 2. Jh. n.Chr., hervorgerufen. Diese urchristliche Kirchenverfassung wurde von A. v. Harnack ausgewertet. Er fand hier eine Kirche mit „demokratischen“ Ansätzen, welche im Monepiskopat bald zurückgedrängt wurden.[369]

Alle diese Arbeiten waren Wegbereiter der sozialgeschichtlichen Methode. Sie legten noch keine umfassende religionssoziologische Theorie zugrunde. Für den theologischen Liberalismus, dem die meisten der genannten Forscher zuzurechnen sind, war die Gesellschaft nicht das wichtigste Thema, sondern die individuelle Persönlichkeit, ihr Gewissen und ihre Beziehung zu Gott. Zum Gewissen gehörte die Verantwortung für die Gesellschaft. Eine soziologische Theoriebildung oder eine sozialgeschichtliche Methodik fehlt in diesen Arbeiten.

---

[366] R. HOCHSCHILD, Sozialgeschichtliche Exegese, 1999, 115–130.
[367] R. HOCHSCHILD, Sozialgeschichtliche Exegese, 1999, 130–137.
[368] R. HOCHSCHILD, Sozialgeschichtliche Exegese, 1999, 92–103.
[369] A. V. HARNACK, Entstehung und Entwicklung, 1910.

1.3 Die Klassiker der religionssoziologischen Theorie: Karl Marx, Émil Durkheim, Max Weber

Die Wissenschaft, von der man sich Aufklärung über die Gesellschaft erhoffte, die Soziologie, war damals erst im Entstehen. Alle drei Klassiker der Soziologie haben Theorien der Religion vorgelegt, die schon früh auf das Urchristentum angewandt wurden, weniger jedoch von den damaligen Theologen.

Karl Marx (1818–1883) sah die Religion als Teil des Klassenkampfs zwischen Besitzern von Produktionsmitteln und Ausgebeuteten. Er deutete sie als Opium des Volkes, aber auch als Seufzer der unerlösten Kreatur, in der die Sehnsucht nach Erlösung eine illusionäre Hoffnung auf eine von Gott herbeigeführte Wende hervorbrachte. Sein Weggefährte Friedrich Engels sah im Urchristentum einen Vorläufer der kommunistischen Bewegung.[370] In diesem Sinne legte der Sozialist Karl Kautsky (1854–1938) in seinem Buch „Der Ursprung des Christentums" (1908) eine umfangreiche Analyse des Urchristentums vor: Die Erlösungssehnsucht der Antike wird darin aus ökonomischen Spannungen erklärt. Das Urchristentum sei im jüdischen Kontext eine rebellische Bewegung gewesen. Die Apokalypse des Johannes gilt als Ausdruck dieses sozialen Protests und wird deshalb früh datiert. Das Heidenchristentum aber habe sich immer mehr an die politischen Strukturen der Zeit angepasst.

Émil Durkheim (1858–1917) sah in der Religion eine Symbolisierung der Gesellschaft. Die Transzendenz des Heiligen sei in Wirklichkeit die Übermacht der Gesellschaft gegenüber dem Einzelnen. Religion trage zum Funktionieren der Gesellschaft bei, indem sie deren Normen in den einzelnen Gliedern internalisiere. Auch wenn es zum Urchristentum keinen Beitrag aus Durkheims Schule gibt, sind eine erste Gesamtdarstellung des Urchristentums im Geiste eines undogmatischen Funktionalismus die Werke von Shirley Jackson Case (1872–1947) in der Chicagoer Schule: „The Evolution of Early Christianity" (1914) und „The Social Origins of Christianity" (1923).[371] Er wollte verständlich machen, warum sich das Christentum gerade in der nichtjüdischen Welt durchzusetzen konnte. Es unterwanderte dort ethnische und statusbedingte Schranken und entsprach den objektiven Strukturen einer mobilen und überregional agierenden Gesellschaft.

Max Weber (1864–1924), der dritte Klassiker der Soziologie, betonte in seiner verstehenden Soziologie den Sinn, den Menschen ihrem sozialen Handeln geben.[372] Ihm zufolge ist Religion nicht nur Ausdruck von Klassenkonflikten (K. Marx) oder Auseinandersetzung des Menschen mit der ganzen Gesellschaft (É. Durkheim), sondern ein Verlangen, in der Welt Sinn zu finden. Wirtschaft und Gesellschaft bestimmen nicht nur die Religion, sondern die Religion beeinflusst umgekehrt auch die Gesellschaft. Zum Verstehen des Urchristentums trug vor allem seine soziologische Analyse von Charisma als Form von Herrschaft bei. Die Person Jesus verkörpert für ihn das Modell charismatischen Einflusses auf andere ohne Zwang. Jesus gehört zu den Propheten, von denen ein weltverändernder Impuls ausging. Wird das Sinnverlangen des Menschen aber durch die

---

[370] F. ENGELS, Geschichte des Urchristentums, 1894/1895. Dazu R. HOCHSCHILD, Sozialgeschichtliche Exegese, 1999, 79–83.

[371] R. HOCHSCHILD, Sozialgeschichtliche Exegese, 1999, 197–206.

[372] R. HOCHSCHILD, Sozialgeschichtliche Exegese, 1999, 154–165.

„ethische Irrationalität" der Welt immer wieder frustriert, kommt es zum Rückzug von der Welt in die Innerlichkeit, vor allem in mystischen und gnostischen Strömungen. Die Wandlung des Urchristentums von einer charismatischen Bewegung zur Gnosis im 2. Jh. wird von ihm ansatzweise soziologisch gedeutet.

Um die Wende zum 20. Jh. finden wir also auf der einen Seite ein Interesse für soziale Fragen wie bei E. Troeltsch, auf der anderen Seite Entwürfe einer Religionssoziologie wie bei M. Weber. E. Troeltsch wohnte in Heidelberg im selben Haus wie M. Weber. Sie haben sich gegenseitig beeinflusst. M. Weber suchte nach dem Ursprung der okzidentalen Rationalität durch Kulturvergleich, E. Troeltsch nach der relativen Absolutheit des Christentums durch Religionsvergleich. Dennoch wurden damals soziologische Theorien noch nicht auf das Urchristentum angewandt. Dazu kam es erst in den 1970er Jahren. Denn noch fehlte der Sozialgeschichte eine methodische Verankerung in der Textauslegung.

1.4 Der Weg zu einer sozialgeschichtlichen Methodik in der Formgeschichte

Der entscheidende methodische Schritt in Richtung einer wissenschaftlichen sozialgeschichtlichen Exegese waren die formgeschichtlichen Arbeiten von Martin Dibelius 1919 und Rudolf Bultmann 1921,[373] auch wenn deren sozialgeschichtlichen Implikationen erst später zur Wirkung kamen. Bisher waren sozialgeschichtlichen Arbeiten Beiträge zu bestimmten Themen und Motiven, zu Kirchenstruktur, Mission, Ethos und Volksleben. Die Formgeschichte aber formulierte die methodische Einsicht, dass alle Texte, also auch Texte mit theologischen oder historischen Inhalten, eine soziale Dimension haben; alle haben einen „Sitz im Leben" urchristlicher Gemeinden, alle sind von sozialen Erwartungen und Bedürfnissen geprägt. Nicht allein der Inhalt von Texten wurde jetzt zum Beleg für deren soziale Verankerung, sondern auch ihre Form. Dies bereitete den Durchbruch zu einer grundsätzlichen Verankerung jeder Textauslegung in der Sozialgeschichte vor. Texte wurden nicht nur als „Fenster" zur sozialen Realität ausgewertet, sondern galten selbst als Zeugnis der sozialen Realität. Gerade dieser soziologische Aspekt hemmte freilich am Anfang, in den 1920er Jahren, die Aufnahme der formgeschichtlichen Methodik in der Theologie.[374] Erst in den 1950er Jahren setzte sich die Formgeschichte durch.

Halten wir fest: Kurz vor dem Ausbruch des 1. Weltkriegs waren die wichtigsten Elemente für die Entstehung einer wissenschaftlichen Sozialgeschichte des Urchristentums gegeben: Ein soziales Interesse, Materialsammlungen zu sozialen Themen, soziologische Religionstheorien und eine Methodik, die in allen Texten eine soziale Dimension sah. Doch es kam in den 1920/1930er Jahren noch nicht zur Verbindung dieser vier Elemente. Im Prinzip hätte man schon damals eine sozialgeschichtliche Exegese im Methodenkanon der Exegese verankern können. Aber triftige Gründe verhinderten die Entwicklung der sozialgeschichtlichen Exegese.

[373] Die Formgeschichte bahnte sich mit M. DIBELIUS, Die urchristliche Überlieferung, 1911, an, aber ihre grundlegenden Werke erschienen erst 1919 und 1921. Dazu R. HOCHSCHILD, Sozialgeschichtliche Exegese, 1999, 180–188.

[374] So O. CULLMANN, Geschichte der Evangelientradition (1925), 52.

1.5 Das Zurücktreten der sozialgeschichtlichen Fragestellung in der Krisentheologie des 20. Jh.

Die europäische Krisenzeit führte zu einem Versiegen der sozialgeschichtlichen Erforschung des Urchristentums. Die theologische Antwort auf die Krise war die Dialektische Theologie, eine Rückbesinnung auf den transzendenten Ursprung des christlichen Glaubens. Die Frage nach Gott wurde so zentral, dass die Frage nach der Gesellschaft verblasste. Man war sich darin einig, das Neue Testament wolle nicht das soziale Leben antiker Gruppen dokumentieren, sondern mit einem aus der Ewigkeit einbrechenden Kerygma konfrontieren. Dies führte zu einer Neutralisierung des in der Formgeschichte enthaltenen sozialgeschichtlichen Impulses. Aber die Formgeschichte ging damals in einem wichtigen Punkt ein Bündnis mit der „Kerygmatheologie" ein und konnte sich auch deswegen durchsetzen. Sie zeigte, dass die neutestamentlichen Texte als Predigt gedient hatten und auch in der Gegenwart als Predigttext gelesen werden sollten. Dennoch waren sowohl die Theologie der Verkündigung „von oben" (K. Barth) als auch die Theologie des Verstehens „von unten" (R. Bultmann) skeptisch gegenüber der Soziologie. Die Theologie „von oben" konnte zwar zu einer scharfen Gesellschaftskritik motivieren, weil Gott der Gesellschaft gegenüber transzendent war, aber ihr führender Vertreter Karl Barth hatte mit seiner Abwendung vom religiösen Sozialismus (vorübergehend) eine Abwendung von allzu konkreter Gesellschaftskritik eingeleitet. R. Bultmann deutete das Neue Testament zwar geschichtlich als menschlichen Text „von unten", aber tat es mithilfe einer individualistischen Existenzphilosophie, die wenig Verständnis für soziale Strukturen hatte. Die „progressive" Bultmannschule lehnte lange die sozialgeschichtliche Exegese als Verstoß gegen ein „Marburger kerygmatheologisches Reinheitsgebot" ab – als habe man Angst, dass das Wort Gottes durch allzu irdische soziale Konflikte kontaminiert werde.

Es entsprach der Krisenstimmung der Zeit, dass die wenigen damals verfassten sozialgeschichtlichen Beiträge den nichtweltlichen Charakter des Urchristentums herausarbeiteten: Der Heidelberger Neutestamentler M. Dibelius betonte in seinem Buch „Geschichtliche und übergeschichtliche Religion im Christentum" (1925) zwar zunächst, dass „ein Interesse an der Welt, das auf ihren Umbau gerichtet wäre, […] im Evangelium nicht existiert". Dennoch fand er im Neuen Testament ausreichend soziale Motive, die zur verantwortlichen Weltgestaltung motivieren, so dass er sie in seiner Abhandlung: „Das soziale Motiv im Neuen Testament" (1933) zusammenfassend behandeln konnte. [375] Sein Schüler E. Lohmeyer verfasste eine kleine Schrift über „Soziale Fragen im Urchristentum" (1921), in dem er zunächst die „Erdenferne" von Jesus als völlige „Gelöstheit seines äußeren Lebens von jeder erdenhaften Gebundenheit, bestehe sie nun in

[375] M. Dibelius hatte mehrere sozialgeschichtlich interessierte Schüler: H.D. Wendland (1900–1992) war gleichzeitig Privatdozent für Neues Testament und Sozialethik, H. Greeven verfasste: „Das Hauptproblem der Sozialethik in der neueren Stoa und im Urchristentum" (1935). Mein Lehrer Ph. Vielhauer war ein Schüler von M. Dibelius. Er reagierte auf meine sozialgeschichtlichen Arbeiten positiver als Vertreter der Bultmann-Schule, der er sich theologisch zugehörig fühlte.

Besitz oder Bildung, in Familie oder Ehe, in Stand oder Heimat", betont.[376] Erst danach gesteht E. Lohmeyer den irdischen Verhältnissen eine gewisse Bedeutung zu. Erst wenn man diese Beiträge mit dem etwa gleichzeitig entstandenen Werk von S.J. Case: „The Social Origins of Christianity" (1923), vergleicht, kann man diesen amerikanischen Beitrag gebührend würdigen: Das Buch von S.J. Case ist der erste in soziologischem Geist geschriebene Entwurf in der neutestamentlichen Wissenschaft, auch wenn er zu allgemein und zu wenig quellenorientiert ist. Dort, wo man dagegen intensiv die Quellen auswertete und Daten sammelte, beschränkte man sich damals auf die Umwelt des Neuen Testaments wie in J. Jeremias: „Jerusalem zur Zeit Jesu. Eine kulturgeschichtliche Untersuchung zur neutestamentlichen Zeitgeschichte" (1923–1929).

2 Die Entstehung der sozialgeschichtlichen Exegese in den 1970er Jahren

Es ist kein Zufall, dass eine Renaissance der sozialgeschichtlichen Fragestellung in den 1970er Jahren etwa gleichzeitig in mehreren Ländern Europas und in den USA einsetzte. Erst jetzt kamen alle vier Voraussetzungen einer sozialgeschichtlichen Exegese zusammen: (1) Ein (neues) Interesse an sozialen Fragen, (2) Soziologie als Bezugswissenschaft, (3) Neue sozialgeschichtlich auswertbare Quellen, (4) Die Konzeption einer sozialgeschichtlichen Methodik.

2.1 Das neue Interesse an sozialen Fragen

In den 1960er Jahren entwickelten Intellektuelle in der westlichen Welt ein lebhaftes Interesse an sozialen Fragen. Sie wollten den Wandel der Gesellschaft nicht nur passiv erleben, sondern gestalten. Ihr Anliegen war eine Demokratisierung der Gesellschaft. Mehrere Faktoren haben damals die sozialgeschichtliche Fragestellung gefördert: (1) Der Ost-West-Konflikt konfrontierte mit der Frage, warum demokratische Sozialformen überlegen waren und wie der Frieden trotz atomarer Bedrohung erhalten werden konnte. Diese Fragen konnten nicht von vornherein zugunsten des Westens beantwortet werden. Denn der Westen war in Widersprüche von (2) Kolonialismus und Entkolonialisierung verstrickt und hatte sich im Vietnamkrieg in eine Sackgasse hineinmanövriert. Der Protest gegen diesen Krieg vereinte junge Menschen von San Francisco bis Berlin. Hinzu kam (3) eine innere Demokratisierung der europäischen Staaten: Viele europäische Gesellschaften hatten in der ersten Hälfte des 20. Jh. eine Phase totalitärer Herrschaft durchlaufen, die in Portugal und Spanien noch lange über den Zweiten Weltkrieg hinaus andauerte. Im Osten Europas brachte erst das Jahr 1989 die Wende zur Demokratie. Überall musste Chancengleichheit für Arbeiter, Frauen und Minderheiten gegen Widerstand durchgesetzt werden – parallel zur Bürgerrechtsbewegung in den USA, die sich für gleiche Rechte für Farbige einsetzte. (4) Darüber hinaus zeichneten sich die ersten ökologischen Krisen ab, z.B. zeigte die Ölkrise 1973 die Grenzen des Wirtschaftswachstums. Diese und viele anderen

---

[376] E. LOHMEYER, Soziale Fragen, 1921, 67. Vgl. zu ihm R. HOCHSCHILD, Sozialgeschichtliche Exegese, 1999, 188–197, der seine Arbeit unter der Überschrift „Transzendentale Gemeinschaftstheologie und sozialgeschichtliche Exegese" bespricht.

Faktoren führten zu einem Interesse an sozialen Fragen in allen sich demokratisierenden westlichen Ländern. Es ist kein Zufall, dass die neue Fragestellung der sozialgeschichtlichen Exegese in vielen Ländern zur gleichen Zeit entstand.

2.2 Soziologie als Bezugswissenschaft

Antworten auf die genannten sozialen Fragen erhoffte man vor allem von der Soziologie. Sie wurde zur Leitwissenschaft des kulturellen Diskurses und in Deutschland in zwei Varianten neu entdeckt: einerseits als empirische Sozialwissenschaft, die in den 1960er Jahren ihren Siegeszug in allen Universitäten antrat, andererseits als marxistisch inspirierte „kritische Theorie", welche eben diese empirische Sozialwissenschaft kritisierte. Die Grundgedanken von Karl Marx, Émil Durkheim und Max Weber wurden Allgemeingut. Für die Durchschlagskraft der neu zu konzipierenden sozialgeschichtlichen Exegese war m.E. eine Offenheit für alle drei Ansätze entscheidend. Alles andere wäre eine exegetische „Sektengründung" gewesen. Aus diesem Grund habe ich in den 1970er Jahren bewusst Impulse aller religionssoziologischen Klassiker aufgenommen, ohne die theoretischen Unterschiede zwischen ihnen überbrücken zu wollen, wohl aber in der Zuversicht, dass sie sich in der konkreten historischen Arbeit verbinden ließen.[377] Aus der *marxistischen Tradition* übernahm ich konflikttheoretische Ansätze vor allem für die Makroebene der Gesellschaft, in der Religion in einen Verteilungskampf um Lebenschancen zwischen sozialen Klassen und Gruppierungen eingeflochten ist. Die Jesusbewegung interpretierte ich als Ausdruck einer sozialen Krise.[378] Aus der *funktionalistischen Tradition* übernahm ich integrationstheoretische Ansätze vor allem für eine Meso- und Mikroebene: Auch in krisenhaften Gesellschaften kann die Religion kleine Gemeinschaften von hoher Integrationskraft hervorbringen, wie die urchristlichen Gemeinden zeigen. Hauptsächlich folgte ich der *verstehenden Soziologie*, weil sie den Sinn ernstnimmt, den Menschen ihrem sozialen Handeln geben. Sie ist am leichtesten mit theologischen Positionen vereinbar. Die ersten Christen waren ihrem Selbstverständnis nach Nachfolger Jesu, nicht nur im Sinne einer ideellen Nachfolge, sondern sehr konkret: Sie zogen als Wandercharismatiker durch die Lande und verarbeiteten in dieser Existenzform ihre soziale Entwurzelung. Die Arbeit mit soziologischen Theorieansätzen wurde dadurch begünstigt, dass seit den 1960er Jahren die Probleme der Welt und des Lebens immer weniger mit existenzialistischen Kategorien diskutiert wurden. An ihre Stelle traten bis in die Alltagsgespräche der Gebildeten sozialwissenschaftliche Begriffe. Es entstand eine neue soziologisch-psychologische *Koinē*. Wer die Probleme der eigenen Welt soziologisch betrachtet, entdeckt spontan in den Texten der Antike analoge Probleme und erlebt soziologische Untersuchungen mit innerer Evidenz als notwendig. Die existenziale Auslegung der Bibel verlor an Plausibilität.

---

[377] G. THEISSEN, Theoretische Probleme, 1974 = Studien zur Soziologie des Urchristentums, 1979.

[378] G. THEISSEN, Wanderradikalismus 1973 = Studien zur Soziologie des Urchristentums, 1979; ders., Soziologie der Jesusbewegung 1977 ^{7}1997.

2.3 Neue Quellen und alte Quellen neu im Licht der Sozialgeschichte gelesen

Die Renaissance sozialgeschichtlicher Exegese wurde dadurch erleichtert, dass den Neutestamentlern inzwischen ein erweitertes Quellenmaterial zur Sozialgeschichte der Antike (in Form von Inschriften, Papyri und archäologischen Funden) zur Verfügung stand. Für das Urchristentum wurden besonders zwei Funde wichtig, die Einblick in Sondergruppen im Judentum und im Christentum gaben. Durch die Textfunde von Qumran (seit 1947) bekamen die bei dem jüdischen Historiker Flavius Josephus nur allgemein beschriebenen Essener eine eigene Stimme. Auch das Werk des Josephus konnte man nun auf seine Aussagen zu jüdischen Gruppenbildungen hin besser auswerten. Ermöglicht wurde dadurch insbesondere eine neue Einschätzung der „Zeloten" und „Pharisäer". Für das frühe Christentum erweiterte sich die Quellenbasis durch die Funde von Nag-Hammadi (1945): Sie öffneten einen Blick in die innere Welt gnostischer Gruppen, über die die Wissenschaft bisher nur durch polemische Referate der Kirchenväter informiert war. Darüber hinaus weitete sich der Blick über die antike Welt hinaus. Der Vergleich der Jesusbewegung mit millenaristischen Bewegungen, wie sie Ethnologie und Kulturanthropologie beschrieben und analysiert hatten, leitete zusammen mit anderen Impulsen die Renaissance der sozialgeschichtlichen Exegese ein.[379]

2.4 Die Formulierung einer sozialgeschichtlichen Methodik

Den Durchbruch der sozialgeschichtlichen Exegese seit den 1970er Jahren hat vor allem eine praktikable Methodik ermöglicht, welche an die (damals) unbestrittene und anerkannte Methodik der Formgeschichte anknüpfte. Drei aus der Formgeschichte übernommene Fragestellungen wurden zur sozialgeschichtlichen Methodik weiterentwickelt:[380] (1) die *analytische* Auswertung der Texte nach verschiedenen Textsorten und Formen, (2) ihre *konstruktive* Einordnung in ein Gesamtbild des Urchristentums, und (3) die *komparative* Untersuchung von Analogien in und außerhalb der Antike. Der „Sitz im Leben" der Texte wurde dabei ausgeweitet: Zu ihm gehört jeder Kontakt von Texten mit der gesellschaftlichen Realität, nicht nur ihr Sitz im Leben urchristlicher Kleingruppen, sondern in der antiken Gesellschaft überhaupt. Eine disziplinierte Methodik war wichtig, um sich von allzu großen Erwartungen an eine sozialgeschichtliche Exegese zu emanzipieren. Viele Menschen erwarteten von ihr eine Unterstützung ihres sozialen Engagements. Aber gerade sozialem Engagement ist mit sachlicher Arbeit mehr gedient als mit „exegetischen Feldgottesdiensten", für welche „Partei" sie auch immer veranstaltet werden.

---

[379] S.R. ISENBERG, Millenarism 1974. J.G. GAGER, Kingdom and Community 1975 = deutsch: Das Ende der Zeit, 1979; Vgl. G. THEISSEN, Jesus – Prophet einer millenaristischen Bewegung, 1999.

[380] G. THEISSEN, Die soziologische Auswertung 1975 = Studien zur Soziologie des Urchristentums, 1979.

3 Die Verzweigung der sozialgeschichtlichen Exegese in verschiedene Richtungen

Seit den 1970er Jahren wurde eine Fülle sozialgeschichtlicher Thesen und Hypothesen in der Exegese diskutiert. Wir beschränken uns darauf, die verschiedenen Richtungen vorzustellen, in die sich die sozialgeschichtliche Exegese verzweigte. Diese Richtungen entsprechen drei methodischen Schritten der Wissenschaft: (1) Wissenschaft muss Daten sammeln und *beschreiben.* (2) Sie folgt dabei *Wertungen,* oft auch „rein" wissenschaftlichen Erkenntnisinteressen. (3) Entscheidend ist aber, dass sie die Daten durch Modelle und Theorien deutet und *erklärt.*[381] *Beschreiben, Werten* und *Erklären* herrschen in verschiedenen Richtungen der sozialgeschichtlichen Exegese vor, nämlich in sozialdeskriptiven, sozialkerygmatischen und sozialwissenschaftlichen Ansätzen. Es überwiegt in ihnen entweder das Interesse an einer sozialgeschichtlichen Beschreibung oder an einer sozialen Botschaft oder an der Erfassung des Gegenstandes mit sozialwissenschaftlichen Theorien und Modellen.

3.1 Sozialdeskriptive Geschichtsschreibung[382]

Grundlegende Werke für die neu entstehende sozialgeschichtliche Exegese waren deskriptiv verfahrende Arbeiten. Zu ihnen gehören die Werke von M. Hengel: „Die Zeloten" (1961 ^{2}1976) und: „Judentum und Hellenismus" (1968 ^{3}1988), in denen die Begegnung zweier Kulturen in Palästina einschließlich des Widerstands dargestellt wird, der sich dem Einfluss der römisch-hellenistischen Kultur im Judentum entgegenstellte. Ferner ist H. Gülzow: „Soziale Gegebenheiten der altkirchlichen Mission" (1974) zu nennen, eine erste Darstellung des Urchristentums unter sozialgeschichtlicher Perspektive, die ihre Ergebnisse in eine narrative Ordnung bringt. Bezeichnend für diese Richtung ist ferner das Gemeinschaftswerk von J. Becker (u.a.), „Die Anfänge des Christentums" (1987) mit einem beeindruckenden Beitrag von Ch. Burchard: „Jesus von Nazareth".

3.2 Sozialkerygmatische Exegese[383]

Das Interesse an sozialgeschichtlichen Fragen war oft von aktuellen Anliegen bestimmt, die sich den drei sozialen Polaritäten von Gal 3,28 zuordnen lassen: Juden und Griechen, Freien und Sklaven, Mann und Frau. Die neutestamentliche Exegese nahm an der Revision unseres Bildes vom Judentum teil. Sie partizipierte am Kampf um soziale Gerechtigkeit zwischen Ober- und Unterschichten. Sie wurde Teil der Gender-Politik. Solche engagierten Lektüreformen des Neuen

---

381 Keiner ist heute wohl so naiv, anzunehmen, diese drei Schritte seien unabhängig voneinander. Wer Daten sammelt, wird von bestimmten Fragen gelenkt. Wer bestimmte Theorien bevorzugt, folgt Wertungen. So verbinden sich Konflikttheorien oft mit progressiven Optionen, Integrationstheorien mit konservativen Positionen. Wertungen wiederum bestimmen stark, wofür wir uns interessieren.

382 R. HOCHSCHILD, Sozialgeschichtliche Exegese, 1999, 212–214.

383 R. HOCHSCHILD, Sozialgeschichtliche Exegese, 1999, 214–216.

Testaments waren fruchtbar. Denn sie führten zu den ersten zusammenfassenden Darstellungen der Sozialgeschichte.

Der *jüdisch-christliche Dialog* steht hinter der ersten zusammenfassenden Darstellung einer Sozialgeschichte des Urchristentums von E.W. Stegemann/W. Stegemann, „Urchristliche Sozialgeschichte. Die Anfänge im Judentum und die Christusgemeinden in der mediterranen Welt" (1995). Juden und Christen waren Minoritäten in der antiken Welt. Sie wichen mit ihren Überzeugungen von ihrer Umwelt ab. Die Soziologie devianter Verhaltensweisen wird hier zum Leitfaden einer Synthese der bisherigen sozialgeschichtlichen Arbeit.

Hinzu kam ein *befreiungstheologischer Impuls*: Das Aufbegehren gegen die Ungleichheit der Lebenschancen in der Gegenwart macht sensibel für alle Ansätze eines solchen Aufbegehrens in der Vergangenheit. Zwar wurde aus dieser Richtung bisher keine Gesamtdarstellung vorgelegt, aber R.A. Horsley hat gewichtige Beiträge im Geist der Befreiungstheologie geschrieben, von denen nur einer genannt sei: „Jesus and the Spiral of Violence. Popular Resistance in Roman Palestine" (1987).

Die *feministische Theologie* war ein entscheidender Impuls für eine neue soziale Lektüre neutestamentlicher Texte. Eine erste Gesamtdarstellung des Urchristentums, die am Leitthema der Frauenrolle im Urchristentum die Sozialgeschichte des Urchristentums umfassend in den Blick nimmt, war E. Schüssler-Fiorenza, „In Memory of Her. A Feminist Theological Reconstruction of Christian Origins" (1983).

Die Lebendigkeit mancher sozialkerygmatischer Beiträge hatte bisweilen eine Kehrseite: eine moralisierende Aufwertung wissenschaftlicher Diskussionen, in denen das Kriterium der *political correctness* wichtiger wurde als ihr sachlicher Beitrag zur Erhellung der Geschichte. Aber sachlich weit unangemessener erschien mir die Ablehnung dieser neuen Ansätze. Sie traf freilich nicht nur die genannten engagierten Lektüren des Neuen Testaments, sondern alle sozialwissenschaftlichen Ansätze, auch die betont sozialwissenschaftliche Exegese.

3.3 Sozialwissenschaftliche Exegese

Die sozialwissenschaftliche Richtung umfasst alle Arbeiten, die Modelle der allgemeinen Sozialwissenschaften verwenden, sei es der Soziologie, der Sozialanthropologie oder der Sozialpsychologie. Neben meinen Beiträgen sind an erster Stelle die Arbeiten von W.A. Meeks zu nennen. Sein Buch: „The First Urban Christians. The Social World of the Apostle Paul" (1983) ist eine reife Synthese der sozialgeschichtlichen Erforschung der paulinischen Gemeinden. Wir können hier nicht die vielen Beiträge zur sozialwissenschaftlichen Exegese im Einzelnen referieren. Um einen Eindruck von der Vielfalt der Ideen und Untersuchungen zu geben, beschränken wir uns darauf, einige sozialwissenschaftliche Theorien aufzulisten, die sich in der sozialgeschichtlichen Exegese als fruchtbar erwiesen haben:

Der Begriff *Charisma* stammt aus der Herrschaftssoziologie. Charismatische Autorität ist ein wichtiges Thema der Soziologie des Urchristentums: Jesus ist ein

Primärcharismatiker, die Apostel Sekundär-, alle anderen Christen Tertiärcharismatiker. Charisma steht nicht unbedingt in Gegensatz zu Institutionalisierung. Es wird durch Versachlichung manchmal sogar erhalten, ohne alltäglich zu werden: Amtscharisma kann in seiner Außeralltäglichkeit auch durch Institutionalisierung geschützt werden (W. Schluchter).[384]

Die Analyse von *Rolle und Status* hat sich durch die Theorie der *Statusdissonanz* von allzu schematischen Zuordnungen zu Schichten und Klassen freigemacht. Die ersten Christen waren, gleichgültig, wie hoch oder tief sie im Sozialgefüge standen, gerade diejenigen, die nach verschiedenen Kriterien verschieden hoch eingeordnet wurden. Wir begegnen hier z.B. ökonomisch Wohlhabenden, die politisch marginalisiert waren (W.A. Meeks).[385] Gerade solche Gruppen mit Statusdissonanz wurden vom Christentum angezogen.

Die Entstehung von *Anomie* erklärt besser das Aufkommen neuer Bewegungen als die Annahme von Verelendung. Anomie entsteht nach E. Durkheim durch soziale Mobilität sowohl nach oben und nach unten, also durch Aufstieg und Abstieg. Sie wird durch lokale Mobilität beschleunigt. *Soziale Entwurzelung* kann Folge von Anomie sein. Auch das urchristliche Wandercharismatikertum ist eine Variante sozialer Entwurzelung (G. Theißen).[386]

Das Urchristentum entstand aus einer der vielen innerjüdischen Erneuerungsbewegungen, zu denen es im Zusammenhang mit der Kolonialisierung und Entkolonialisierung viele Analogien in der Welt gibt: *millenaristische Bewegungen*, die eine Umkehr aller Dinge erwarten und einheimische Kulturen in Abwehr politisch überlegener Fremdkulturen revitalisieren (J.F. Gager).[387]

Judentum und Urchristentum waren in der Antike Außenseitergruppen. Wie *Devianz* gestaltet wird, ist daher ein wichtiges Thema der schon genannten Arbeit von E.W./W. Stegemann. Eine Strategie zur Bewältigung sozialer Abweichung ist *Selbststigmatisierung*, mit der man sich demonstrativ zu seiner Außenseiterrolle bekennt, obwohl man keine Chance hat, in ihr anerkannt zu werden. Auch die Christen verfolgten diese Strategie (M.N. Ebertz/H. Mödritzer).[388]

Kirche und Sekte bilden eine klassische Unterscheidung von Religionsgemeinschaften. Gruppen mit starker Spannung zur Welt und großer innerer Homogenität sind Sekten, Gemeinschaften mit einem gelösten Verhältnis zur Welt und innerer Pluralität sind Kirchen. Manche wollen das Urchristentum als Sekte des Judentums oder der antiken Welt überhaupt begreifen. Aber schon früh wurde im Christentum eine innere Pluralität zugelassen und auf die Vermittelbarkeit des Christentums nach außen hin Wert gelegt (R. Scroggs).[389]

---

384 W. Schluchter, Einleitung, 1985.
385 W.A. Meeks, First Urban Christians, 1983.
386 G. Theissen, Jesusbewegung, 2004.
387 J.G. Gager, Kingdom and Community, 1975. W.E. Mühlmann, Chiliasmus und Nativismus, 1961; V. Lanternari, Religiöse Freiheits- und Heilsbewegungen (ital. 1960).
388 M.N. Ebertz, Charisma des Gekreuzigten, 1987; H. Mödritzer, Stigma und Charisma, 1994.
389 R. Scroggs, Earliest Christian Communities, 1975. Vgl. G. Theissen, Kirche oder Sekte, 2005.

Antike Gesellschaften arbeiten in lockeren *Netzwerken* von Beziehungen. Gerade sie haben bei der Entstehung und Verbreitung des Urchristentums eine wichtige Rolle gespielt. Die Mission wie der Erhalt der urchristlichen Gemeinden setzt überregionale Netzwerkbildungen voraus (D. Duling).[390]

Die Sozialbeziehungen waren weit mehr durch *Patron-Client-Verhältnisse* bestimmt, durch die eine Abhängigkeitsbeziehung auf Gegenseitigkeit entstand. Status wird immer von Überlegenen verliehen. Eine interessante Hypothese besagt, dass Jesus diese Patron-Client-Verhältnisse durch seine Verkündigung eines Gottesreiches für jedermann unterlaufen hat (D. Crossan).[391]

Das Sozialverhalten folgt in der Antike weit mehr als in der modernen Zeit einem Kodex von *shame and honour*. Antiken Menschen lebten weitgehend in einer Scham-, nicht in einer Schuldkultur, d.h. ihr Verhalten war von außen gesteuert. Ansehen und Gewicht in der Öffentlichkeit war mehr wert als die Übereinstimmung mit sich selbst. Deswegen hat man einen besonderen *dyadischen Persönlichkeitstypus* für die Antike postuliert (B.J. Malina).[392]

Einige dieser allgemeinen Modelle stammen aus der allgemeinen Soziologie, andere aus der Ethnologie oder Kulturanthropologie. Manche Theologen wollen deshalb mit dem Einzug der Kulturanthropologie in die sozialgeschichtliche Exegese ein neues forschungsgeschichtliches Kapitel beginnen. Aber Kulturanthropologie gehörte von Anfang an zum Programm der Sozialgeschichte. Wir bestimmen in einem letzten Abschnitt ihr Verhältnis zur Sozialgeschichte.

3.4 Sozialgeschichte und Kulturanthropologie

Kulturanthropologie ist Ethnologie, die sich nicht nur auf die Erforschung fremder Kulturen beschränkt, sondern alle Kulturen einschließt. Innerhalb der eigenen Kultur richtet sie sich besonders auf Subkulturen der Unterschicht, in denen man Analogien zu Magie, Heilkunst, Geisterglauben usw. findet. Ihr Beitrag für eine Erforschung des Urchristentums liegt darin, dass sie mit Analogien in heute noch existierenden Kulturen die Vergangenheit erhellt. Anders als die Exegese gewinnt sie ihre Erkenntnisse nicht nur durch Textinterpretation, sondern durch Feldforschung – durch „teilnehmende Beobachtung“ und direkte Alltagsgespräche mit Menschen. Sie bringt als ihr Erbe eine methodische Disziplin des Verstehens von Fremdem ein, ohne das Fremde an die eigene Welt zu assimilieren, auch wenn sich Eurozentrismus und Anachronismus nie ganz überwinden lassen. Denn die in Europa und den USA entstandenen modernen Sozialwissenschaften werden ihren Entstehungskontext nie leugnen können. Schon ihre Anwendung auf außereuropäische Kulturen ist ein „reflektierter Eurozentrismus“, bei dem eine aus einer anderen Kultur stammende Methodik auf Fremdes angewendet wird. Ebenso besteht zwischen der historischen Methodik und der mit ihrer Hilfe er-

---

[390] D.C. Duling, Jesusbewegung, 2002.
[391] J.D. Crossan, The Historical Jesus, 1991.
[392] B.J. Malina, Christian Origins, 1986.

forschten Vergangenheit ein Abstand, da die Geschichtswissenschaft die Vergangenheit immer auch mit Kategorien erforscht, die der Vergangenheit fremd sind. Sie ist ein „kontrollierter Anachronismus".

Die Kulturanthropologie hat in der sozialgeschichtlichen Exegese eine zweifache Funktion. Einerseits hat sie ihren Ort im komparativen Verfahren als *innerkultureller* Vergleich zwischen urchristlichen Phänomenen und Analogien in der antiken Welt und *interkulturellem* Vergleich mit Phänomenen außerhalb der antiken Welt. Exorzismen im Urchristentum werden dabei mit Exorzismen in Afrika und Asien verglichen, die Taufe mit Initiationsriten anderer Völker. Andererseits hat die Kulturanthropologie ihren Ort bei umfassenden Deutungen, insofern sie Theorien über die antike Gesellschaft oder die mediterrane Welt entwickelt und z.B. grundsätzliche Unterschiede zwischen einer auf *shame and honour* basierenden mediterranen und der modernen Gesellschaft konstatiert. Dabei werden allgemeine Theorien auf einer hohen Abstraktionsebene auf das Urchristentum angewandt. Viele Bedenken richten sich nur gegen die allgemeine Anwendung der Kulturanthropologie, nicht gegen den Vergleich konkreter Phänomene. Einige Beispiele einer konkreten Verwendung der Kulturanthropologie seien in der folgenden Tabelle zusammengestellt.

Sozialgeschichte durch analytische und konstruktive Auswertung urchristlicher Quellen	*Sozialgeschichte durch innerkulturellen Vergleich im Rahmen der Antike*	*Kulturanthropologie durch interkulturellen Vergleich mit Ergebnissen der Feldforschung*
Die Jesusbewegung wird als innerjüdische Erneuerungsbewegung analysiert, die einen grundlegenden Wandel aller Dinge mit der Gottesherrschaft erwartet.	Analogien sind andere jüdische Erneuerungsbewegungen: die älteren Religionsparteien der Essener, Sadduzäer und Pharisäer sowie die neuen Bewegungen der „Zeloten", Täufer und Zeichenpropheten.	Analogien sind alle chiliastischen, millenaristischen bzw. nativistischen Bewegungen im Zuge der Dekolonialisierung, die sich um Propheten scharen und eine Wende aller Dinge erwarten (W.E. Mühlmann, V. Lanternari).
Bei der sozialen Funktion von Ritualen entwickelt sich die Taufe von einem Bekehrungsritual in ein Initiationsritual. Das Abendmahl wird zum wichtigsten sozialen Integrationsritual.	Analogien zur Taufe ist die Mysterienweihe, zum Abendmahl die kultische Mahlgemeinschaft antiker Vereine – darüber hinaus alle sakralen Mahlzeiten.	Analogien zur Taufe sind alle *rites de passage* und Rituale mit Liminalitätsphasen, die bis in die Gesellschaft hinein Auswirkungen haben (Chr. Strecker/V. Turner).[393] Einmalige Riten wie die Taufe und wiederholte Riten wie das Abendmahl begründen verschiedene Religionstypen (H. Whitehouse).[394]

[393] CH. STRECKER, Die liminale Theologie des Paulus, 1999; V. TURNER, Das Ritual, 1989.
[394] H. WHITEHOUSE, Arguments and Icons, 2000.

Soziale Normen und Werte werden in der Jesusbewegung als einer charismatischen Wertrevolution neu bestimmt: Es kommt zu einem Abwärtstransfer von Oberschichtwerten und einem Aufstieg von Unterschichtwerten.	Analogien sind die Philosophenschulen: Sie lehren Freiheit für alle (Stoa), Bildung auch für Frauen (Musonius) – und vollziehen damit ebenfalls einen Abwärtstransfer von Oberschichtwerten. Kyniker üben Selbststigmatisierung als plebejische Schamlosigkeit.	Der *Honour-and-Shame*-Kodex vormoderner Gesellschaften und in der Antike lässt Verstöße gegen diesen Kodex im Urchristentum umso mehr als Selbststigmatisierung hervortreten. (H. Mödritzer).[395]
Im Urchristentum blüht der Enthusiasmus, der auf einem *Altered-State-of-Consciousness* basiert: Zungenrede und Visionen setzen ihn voraus. Der Streit um die Glossolalie signalisiert einen innergemeindlichen Statuskonflikt: Wer ist ein wahrer Christ?	Die Töchter Hiobs kennen (im TestHiob) Zungenrede als Sprache der Engel. Sie werden dadurch gegen Krankheit geschützt. Die pagane Antike kennt die Zungenrede der Kassandra.	Zum *Altered-State-of-Consciousness* lassen sich viele interkulturelle Analogien finden: Im Schamanimus treten sie ins Zentrum einer Religion, aber auch in der modernen Pfingstbewegung blüht die Zungenrede als erlebnisintensive Form von Religiosität. Wir stoßen hier auf ein biopsychisches religiöses Erbe (S. Vollenweider).[396]
Wunderheilungen: Über die unmittelbare heilende Wirkung hinaus haben Wunder im Urchristentum einen symbolischen Charakter – zumindest legitimieren sie die neue Bewegung.	Analogien lassen sich bei einigen Wundertätern der Antike finden: Chanina ben Dosa im Judentum, Apollonius von Tyana und Vespasian bei Griechen und Römern.	Symbolische Heilungen beziehen sich auf *illness* als umfassende Krankheitskategorie, bei der die organische Krankheit (*disease*) und ihre kulturelle Bewertung und Behandlung zusammen eine Einheit ausmachen. Symbolisches Heilen bezieht sich zunächst auf *illness* und nicht auf *disease* (J. Pilch).[397]
Exorzismen und Geisterglaube: Soziale und politische Konflikte werden in Exorzismen als symbolischen Handlungen ausagiert: Der Dämon Legion symbolisiert auch die Römer (Mk 5,1–20).	Analogien sind z.B. ein syrischer Exorzist bei Lukian und ein jüdischer Exorzist Eleazar bei Josephus: Letzterer ist stolz auf die Herrschaft Salomos über die Unterwelt angesichts der Herrschaft der Römer in der „Oberwelt".	Sibirische Stämme erklären oft Besessenheit durch die Dämonen des Nachbarstammes. Interethnische Konflikte können sich in einer dämonologischen Symptomatik niederschlagen.

Die Tabelle zeigt: Es werden bewusst inner- und interkulturelle Vergleiche verbunden; Vergleiche sind vor allem dann fruchtbar, wenn sie beides verbinden. Bei innerkulturellen Vergleichen ist die Situation (also der gesellschaftliche Kon-

395 H. MÖDRITZER, Stigma und Charisma, 1994.
396 S. VOLLENWEIDER, Außergewöhnliche Bewusstseinszustände, 2005.
397 J. PILCH, Healing in the New Testament, 1989.

text) mehr oder weniger konstant, hier interessieren die Unterschiede; beim interkulturellen Vergleich ist der gesellschaftliche Kontext verschieden; hier interessieren die Konstanten.

Die mediterrane Kultur dient oft als Globalkonzept, in dem die Antike und die gegenwärtige mediterrane Dorfkultur als Einheit angesehen werden. Solche Globalkonzepte sind schwer zu verifizieren und wirken oft ein wenig unhistorisch. Dennoch sind sie wertvoll. Kategorien wie *Patron-Client*-Verhältnis und *Shame-and-Honour*-Code geben nützliche Beschreibungsmittel an die Hand, auch wenn man nicht davon überzeugt ist, dass man mit ihrer Hilfe die Antike und die moderne Welt generell kontrastieren kann, als gäbe es nicht in einer der modernsten Institutionen, der Universität, Netze von Patron-Client-Verhältnissen und eine ausgeprägte Schamkultur. Man könnte die Kulturanthropologie der Antike als eine mittlere Theorie zwischen einer evolutionären Religionstheorie (auf der Grundlage von Evolutionspsychologie und Evolutionssoziologie der Religion) und der konkreten Sozialgeschichte religiöser Gemeinschaften einordnen: Sie ist konkreter als eine universale Theorie der Religionsentwicklung, aber allgemeiner als eine Soziologie des Urchristentums. Durch Berücksichtigung des geschichtlichen und kulturellen Wandels in der Antike kann sie historisch fruchtbar sein.[398]

Wir stehen am Ende unserer Skizze der sozialgeschichtlichen Exegese. Inzwischen ist sie überall in der historisch-kritischen Forschung anerkannt. Sie wird gerade bei kirchlich engagierten Theologen wertgeschätzt. Denn sie gehört zur notwendigen Aufklärung der Kirche über sich selbst. Theologie und Glaube werden in ihr in Zusammenhang mit Kirche und Gesellschaft gesehen. Als ich in den 1960/1970er Jahren meine ersten Lehrveranstaltungen zur Sozialgeschichte an der Universität abhielt, fragte ein Kollege: „Geht ihnen da nicht nach drei Wochen der Stoff aus?" Bei einem Vortrag über die sozialen Probleme in der korinthischen Gemeinde vertrat ein anderer Kollege die Meinung, wir könnten über die sozialen Verhältnisse in der korinthischen Gemeinde nichts, aber auch gar nichts wissen. Viele sahen das Ende einer auf Transzendenz bezogenen Theologie, wenn religiöse Gedanken in ihrem sozialen Kontext gedeutet werden. Aber bis heute ist der Sozialgeschichte der Stoff nicht ausgegangen. Was wir an gesicherten Erkenntnissen haben, ist zwar wenig – aber das ist mehr als nichts. Und auch die Angst vor einer kompletten Säkularisierung der Exegese durch sozialwissenschaftliche Ansätze dürfte allmählich abnehmen.

---

[398] Die Aufnahme kulturanthropologischer Ansätze in Europa zeichnet sich durch eine stärkere Geschichtsorientierung aus. Vorbildlich sind z.B. folgende Arbeiten: CH. STRECKER, Die liminale Theologie des Paulus 1999; PH. ESLER, Conflict and Identity in Romans, 2003.

4 Sozialgeschichte und Theologie

Man kann daher sagen: Inzwischen ist die Sozialgeschichte als Weiterführung der historisch-kritischen Forschung anerkannt. Doch die Spannung zur Theologie war immer da. Ich darf das Problem an meiner Biographie illustrieren. Nachdem mich 1975 eine Theologische Fakultät in Deutschland einstimmig auf den ersten Platz einer Liste gesetzt hatte, verhinderte eine Kirche meine Berufung. 1978 erhielt ich trotzdem einen Ruf nach Kopenhagen, 1980 nach Heidelberg. Die Badische Landeskirche hatte eine Kommission eingesetzt, die meine Arbeiten kritisch prüfen sollte. Sie kam zu dem Ergebnis: Der Verfasser ist ein Theologe. Zumindest signalisierte sie damit: Er bemüht sich, den hermeneutischen Konflikt zwischen Soziologie und Theologie zu bewältigen. Wie aber ist das sachlich möglich? Ich darf meine Gedanken dazu kurz skizzieren.

„Religionen" sind m.E. Zeichensprachen des Menschen, um Kontakt mit einer letztgültigen Wirklichkeit aufzunehmen. Sie sind Kathedralen, nicht aus Steinen, sondern aus Mythen, Riten und Ethos. Diese semiotischen Kathedralen sind ebenso von Menschen gemacht wie alle anderen Kathedralen. Der Kölner Dom wurde im 19. Jh. vollendet, um die preußische Herrschaft über das katholische Rheinland zu legitimieren. Dennoch versteht man den Dom nicht, wenn man nicht seinen primären Zweck sieht: Er will ein Ort sein, an dem Menschen Kontakt zu Gott aufnehmen.

Nun ist der Transzendenzbezug offensichtlich, wenn wir den Sinn der Zeichen in einem in Stein gebauten Dom deuten: Sie weisen auf Gott. Gegenstand der Sozialgeschichte aber sind die Menschen, die semiotische Kathedralen aus Zeichen errichtet und bewohnt haben. Die Sozialgeschichte hat dazu beigetragen, die Menschen hinter den Texten der Bibel sichtbarer zu machen. Die entscheidende Frage ist: Können wir in ihren Gemeinschaften und in den semiotischen Kathedralen, die sie erbaut haben, Spuren der Transzendenz erkennen?

Bei kirchlichen Gemeinschaften mag das leicht sein, auch wenn Protestanten ungern ihre Kirche mit göttlichem Glanz umgeben. Dennoch finden auch sie Spuren Gottes in ihr – in Wort und Sakrament. Sie lernen zögernd von Katholiken, dass die wahrnehmbare Seite der Religion Spuren Gottes enthalten kann – in den Sakramenten, in allen Riten, besonders in Kunst und Musik. Die Sozialgeschichte hat dazu beigetragen, die gemeinschaftsbildende Kraft der Sakramente (und überhaupt der rituellen und sichtbaren Seite der Religion) besser zu verstehen.[399] Denn Riten und Sakramente sind als *visible religion* zentrale Kommunikationsmedien. Zwischenmenschliches Verhalten wird über wahrnehmbare Zeichen vermittelt.

---

[399] Vgl. G. THEISSEN, Ritualdynamik urchristlicher Sakramente, 2013. Ders., Veränderungspräsenz und Tabubruch, 2017.

Sofern man aber Spuren Gottes darüber hinaus in der Gesamtgesellschaft sucht, verdächtigen wir religiöse Deutungen schnell als Ideologie, etwa, wenn das „Volk“ als Ort natürlicher Offenbarung im Nationalprotestantismus des 19. und 20, Jahrhunderts gedeutet wurde. Andererseits gibt es immer wieder Ansätze einer *civil religion* (R. Bellah), also einer öffentlichen Religion, die unabhängig von konkreten Konfessionen formuliert, was in einer Gesellschaft unbedingt verpflichtend ist und von politischen Entscheidungen nicht verändert werden darf. Gibt es vielleicht doch Brücken zwischen Theologie und Soziologie?

Ich skizziere vier mögliche Brücken. Sie basieren alle auf dem Gedanken, dass religiöse Zeichensysteme religiöse Erfahrungen ermöglichen, d.h. einen Kontakt mit einer transzendenten Realität, die wir nicht nur konstruieren, sondern in unseren Konstruktionen entdecken.

Die erste Brücke ist die *negative Theologie*: Was wir als Projektion, als Ausdruck eines Verteilungskampfes oder als Sozialkitt durchschauen, kann nicht Gott sein. Religionskritik ist insofern ein Beitrag zur *negativen Theologie*. Sie sagt, was Gott nicht ist. Religionskritik führt hier in eine GRENZERFAHRUNG des Scheiterns unserer Frage nach Gott. Auch dies ist eine religiöse Erfahrung. Sofern die sozialgeschichtliche Erforschung der Religion religionskritisch destruktiv ist – und so wirkt sie ja auf manche Theologen unserer Zeit –, so haben sie dennoch einen Wert als Motiv für eine *theologia negativa.*

Die zweite Brücke ist die *oppositionelle Autonomie* der Religion. Die biblische Religion will das ganze Leben von Gott her gestalten und das Leben mit ihrer Eigendynamik bestimmen. Die Sozialgeschichte von Judentum und Urchristentum zeichnet diesen Weg zu einer autonom sich selbst bestimmenden Religion nach. Sie war in Israel mit Staat und Gesellschaft verflochten, wurde aber immer mehr zu einem eigenen Bereich und mutete dabei immer mehr auch einzelnen Menschen Freiheit und Autonomie zu. Diese Freiheit ist in religiösen KREATURERFAHRUNGEN begründet: Alles Sein ist kontingent. Alles könnte nicht und könnte auch anders sein. Dem entspricht, dass unser Handeln kontingent ist: Es könnte nicht und es könnte auch anders sein. Es ist frei. Das biblische Symbol für die Entsprechung zwischen der Kontingenz der ganzen Wirklichkeit und dem Menschen ist die Ebenbildlichkeit des Menschen.

Die dritte Brücke: Religiöse Vorstellungen sind menschliche Projektionen mit bio-, techno- und soziomorphen Modellen. Die Welt wird als ein Organismus, ein Haus oder ein Königreich vorgestellt. Dennoch sind wahrheitsfähige Aussagen in solchen Projektionen enthalten, sofern sie eine Übereinstimmung zwischen Mensch und Realität zum Ausdruck bringen, die in der Religion als „*Resonanz*“ erlebt wird. Religion ist RESONANZERFAHRUNG.[400] In ihr wird das Leben Antwort auf eine objektive Herausforderung: Wir müssen Resonanz auf etwas geben, das uns fordert und beglückt. In der Bibel wird zunehmend zwischenmenschliche Resonanz ins Zentrum gestellt und ausgeweitet. Die Sozialgeschichte der biblischen Ethik zeigt, wie sich die Forderung der Nächstenliebe ausweitet und am Ende auch den Fremden, den Feind und den Sünder umfasst.

---

400 G. THEISSEN, Argumente für einen kritischen Glauben, 1978; H. ROSA, Resonanz, 2016.

Die vierte Brücke ist der Anpassungscharakter der Religion: Im Rahmen einer evolutionären Sicht sind Religionen Anpassungsversuche an eine objektive Realität. Man mag darüber streiten, ob diese Entsprechung zur Realität eine „Adaption" ist oder eine „Exadaption", die erst sekundär ihre Funktion erhielt, ob sie ein sinnloses „Epiphänomen" ist oder eine überflüssige „Spandrille", die allenfalls ornamentalen Sinn hat. Wahrscheinlich ist die Religion ein *corpus mixtum* aus allem: In ihr findet sich neben Adaptivem auch Dysfunktionales, Leerlauf und Unsinn. Eine Sozialgeschichte der biblischen Religion kann auf jeden Fall dazu beitragen, die Religion in einen größeren evolutionären Rahmen einzuordnen: Die Frage ist hier, ob in ihr ein neuer Anpassungsversuch an die objektive Realität vorliegt, in dem eine evolutionäre Schwelle bewusst wurde. Ich vertrete die These, die hier nicht entfaltet werden kann, dass sich solch eine Schwelle im „Antiselektionismus" der biblischen Ethik bemerkbar macht.[401]

Wenn man Religionen als von Menschen geschaffene Zeichenwelten betrachtet, so werden wir in den religiösen Zeichenwelten der Vergangenheit leichter die Spuren von Transzendenz erkennen, wenn wir auch in der gegenwärtigen Gesellschaft solche Spuren entdecken. Es gibt m.E. solche Spuren Gottes. Das ist die Sehnsucht nach Frieden, Freiheit, Gerechtigkeit und Bewahrung der Schöpfung, die in den Menschen und in unserer Gesellschaft lebendig ist. In dieser Sehnsucht meldet sich etwas Unbedingtes, das der Ideologiekritik standhält. Friede, Gerechtigkeit und Bewahrung der Schöpfung sind die drei Grundwerte der ökumenischen Sozialethik, die sich seit 1945 herausgebildet hat.

Ich habe sie immer um den Begriff der Freiheit erweitert: Freiheit ist ein Wert, dem eine Gesellschaft genauso unbedingt verpflichtet ist wie dem Frieden, der Gerechtigkeit und der Bewahrung der Schöpfung.[402] Hier finden wir auch in unserer Gegenwart eine doppelte Transzendenz für das Leben und für Gott. Wer sie in der Gegenwart entdeckt, entdeckt sie leichter auch in der Vergangenheit. Und umgekehrt: Wer sich durch die religiösen Traditionen der Vergangenheit inspirieren lässt, entdeckt sie auch in der Gegenwart. Eine „schriftinspirierte Theologie" kann die Augen für das öffnen, was auch heute für Transzendenz offen ist.

Innere Freiheit brauchen wir aber auch im hermeneutischen Konflikt zwischen einer theologischen und sozialgeschichtlichen Lektüre des Neuen Testaments, von dem wir anfangs ausgegangen sind. Wir hatten gesehen: Manche Theologen haben die Öffnung der Exegese für sozialgeschichtliche Methoden als Säkularisierung der Theologie erlebt. Dieser Beitrag soll zeigen: Die sozialgeschichtliche Fragestellung hat in der Theologie eine lange Vorgeschichte und konnte sich in Religions- und Formgeschichte mit theologischen Programmen verbinden. Aber Sozialgeschichte ist nicht harmlos. Zu ihr gehören auch marxistische Theorien mit ihrer scharfen Religionskritik. Die Theologie muss sich auf diese Religionskritik einlassen. Die Einsicht von Paul Ricoeur ist richtig: Jede Hermeneutik des

---

[401] G. THEISSEN, Biblischer Glaube in evolutionärer Sicht, 1984. Ders., Biblischer Glaube und Evolution, 2011.

[402] Freiheit ist der Gerechtigkeit sogar minimal übergeordnet. Denn ohne Freiheit könnten wir nicht einmal gegen Ungerechtigkeit protestieren. Freiheit ohne Gerechtigkeit wäre freilich eine Privilegierung der Mächtigen. Es reicht auch nicht aus, Freiheit durch Verantwortung zu ergänzen – es sei denn, man meint Verantwortung für Gerechtigkeit, Frieden und die Bewahrung der Schöpfung.

Einverständnisses muss heute durch eine Hermeneutik des Konflikts hindurch, jedes JA durch ein NEIN. Darin hatte er Recht. Er war ein großer Protestant.

10 Psychologie: Vorurteil und Fortschritt auf dem Weg zur psychologischen Exegese

Psychologie erforscht das Verhalten, Erleben und Bewusstsein des Menschen einschließlich seiner inneren und äußeren Bedingungen.[403] Früher wurde oft nur das „Verhalten und Erleben" als Gegenstand der Psychologie definiert. Die explizite Ausweitung auf das Bewusstsein entspricht einer „kognitiven Wende" in den letzten Jahrzehnten, mit der sowohl die Psychoanalyse als auch die Verhaltenspsychologie korrigiert wurden, die das Bewusstsein des Menschen aus verschiedener Sicht relativiert hatten. Diese kognitive Wende hat die Selbstinterpretation der Menschen aufgewertet, was die psychologische Erforschung der Religion erleichtert. Denn in ihr interpretieren Menschen ihr Leben zwischen Geburt und Grab in Beziehung zu einer letzten, allumfassenden Wirklichkeit. Eigentlich sollte heute daher kein Zweifel daran bestehen, dass auch die Religion ein Gegenstand der Psychologie ist. Zweifeln kann man, ob sie bei diesem speziellen Gegenstand alle ihre Ziele erreichen kann. Was aber sind diese Ziele?

Psychologie will menschliches Verhalten, Erleben und Denken beschreiben und erklären.[404] Dass sie Religion beschreiben kann, ist unstrittig; umstritten ist jedoch, ob sie die Religion auch psychologisch erklären kann, sofern man an Erklärungen im naturwissenschaftlichen Sinn denkt, also an die Anwendung allgemeiner Gesetze auf einen Gegenstandsbereich. Dies geschieht aus einer Außenperspektive. Wenn wir den Fall eines Steins physikalisch erforschen, unterstellen wir nicht, dass der Stein fallen will. In den Geisteswissenschaften interpretieren wir dagegen menschliche Ausdrucksformen aus einer Innenperspektive und schreiben Menschen Intentionen zu. Dieses Verstehen umschließt auch unbewusste Faktoren, sofern sie in unser Bewusstsein gedrungen sind und wir uns mit ihnen auseinandersetzen. Der Unterschied zu einem naturwissenschaftlichen „Erklären" bleibt auch hier bestehen. Wenn wir Unbewusstes zu verstehen suchen, haben wir die Intention, es in unser bewusstes Leben zu integrieren.

Dieser Unterschied zwischen „Erklären" durch Gesetze und „Verstehen" wird noch deutlicher, wenn wir nicht nur die empirische Psychologie, die das gegenwärtige Leben erforscht, vor Augen haben, sondern die historische Psychologie, deren Gegenstand in der Vergangenheit liegt. Historische Psychologie kann ihre Hypothesen nicht durch Tests und Befragungen überprüfen. Sie stößt meist nur auf Normen und Regelmäßigkeiten, die begrenzt für bestimmte Kulturen und Zeiten gelten. Sie registriert, dass sich diese Normen und Regeln nicht automatisch durchsetzen. Menschen können individuell von ihnen abweichen. Ist deshalb eine historische Psychologie eine „eingeschränkte Psychologie"? Oder muss man umgekehrt fragen: Könnten nicht auch die vermeintlich zeitlosen „Gesetze" der empirischen Psychologie geschichtlich sein? Unterschiedliche Ergebnisse psychologischer Untersuchungen an verschiedenen Zeiten und Orten gingen dann weniger auf unvollkommene empirische Methoden zurück als darauf, dass sich die

---

403 Unsere Definition vereinfacht ein wenig. Vgl. PH.G. ZIMBARDO, Psychologie, ^{6}1995, 4.

404 Hinzu kommt noch das Ziel der Psychologie, menschliches Verhalten vorauszusagen. Als angewandte Wissenschaft hat sie ferner das Ziel der Verhaltenskontrolle und der Verbesserung von Lebensqualität durch Psychotherapie und psychologische Beratung.

psychologischen Prozesse nach Ort und Zeit unterscheiden und dadurch individuell und unverwechselbar sind. Das würde den Unterschied zwischen einem zeitlosen Erklären durch allgemeine „Gesetze" und historischem Verstehen von Individualität relativieren.

Im Bewusstsein all dieser Schwierigkeiten stellen wir dennoch die Frage: Wie können wir biblische Texte psychologisch auslegen? In einem ersten Abschnitt fragen wir: Was ist psychologische Exegese? Und wie kam es dazu, dass sie in der wissenschaftlichen Exegese so umstritten wurde? In einem zweiten Teil stellen wir die wichtigsten Hindernisse auf dem Weg zu einer psychologischen Exegese dar, im dritten Teil einige Probleme bei ihrer Durchführung und im letzten Teil einen von unserer Alltagspsychologie ausgehenden Zugang zur psychologischen Exegese.

1 Psychologische Exegese – vom hermeneutischen Schlüssel zum pejorativen Begriff

Die großen Weltreligionen besitzen Schriften, mit denen sie ihre Überzeugungen und Riten begründen. Psychologische *Exegese* kann menschliches Erleben, Verhalten und Bewusstsein nur untersuchen, soweit es in diesen Schriften zum Ausdruck kommt und von ihnen geformt wird. Die Erweiterung des Gegenstands der Psychologie um Bewusstsein und Denken ist wichtig, weil sie festhält, dass wir es immer mit gedeutetem Erleben und Verhalten zu tun haben. Deutungen sind Teil des Lebens. Sie beeinflussen, wie wir uns verhalten und die Welt erleben. Innerhalb eines kognitiven Ansatzes, der diesen Deutungen einen hohen Wert zuschreibt, kann man daher eine historische Psychologie des Menschen betreiben. Denn wir finden die Deutungsmuster, die das Erleben und Verhalten bestimmen, in den uns überlieferten Texten. Diese Texte sind darüber hinaus in sich ein psychisches Geschehen: Sie wirken auf andere Menschen ein, appellieren an sie und beeinflussen sie. Texte bringen dabei (1) Erlebens- und Deutungsmuster der Menschen *hinter* den Texten zum Ausdruck. Sie beeinflussen (2) das Erleben und Verhalten der Leser *vor* den Texten. Sie sind (3) *als Texte* Teil einer Interaktion zwischen Menschen. Sie beeinflussen ihre Leser. Die Antike entwickelte für diese Einflussnahme durch Worte die Rhetorik. Antike Handbücher zur Rhetorik sind voll Psychologie. Gleichzeitig entwickelte die antike Philosophie eine Psychologie, teils indirekt in ethischen Reflexionen über die Lebensführung, teils direkt in psychologischen Traktaten *de anima.*[405] Trotz dieser ehrwürdigen Herkunft in der Antike war „Psychologie" lange ein *bad word* in Exegese und Theologie. Vor 35 Jahren konnte ich einen Beitrag zur psychologischen Analyse paulinischer Theologie so einleiten:

> „Jeder Exeget hat gelernt: eine psychologische Exegese ist eine schlechte Exegese. Sie interpoliert zwischen den Zeilen, was niemand wissen kann. Sie trägt moderne Kategorien in antike Texte ein. Sie läßt den Text nicht zu Wort kommen, weil sie an persönlichen Problemen hinter dem Text interessiert ist. Vor allem aber relativiert sie seinen theologi-

---

[405] M. FREDE, Art. Seelenlehre, 2001. Als Beispiel für Traktate sei Aristoteles, *de anima*, genannt.

schen Anspruch durch Menschlich-Allzumenschliches. Das Sündenregister psychologischer Exegese ist beeindruckend lang, ja die Ablehnung jeder Verbindung von Psychologie und Exegese wird oft in so entwaffnender Unangefochtenheit vorgetragen, daß es fast ein Verstoß gegen die guten Sitten historisch-kritischer Tradition ist, wenn hier dennoch ein Versuch psychologischer Exegese vorgelegt wird".[406]

Dies war nicht immer so. Für den Vater der modernen Hermeneutik, F.D.E. Schleiermacher (1768–1834), hatte die Exegese prinzipiell zwei Seiten: eine grammatische und eine psychologische. Die psychologische Auslegung hatte die Aufgabe, die Texte im Zusammenhang des Lebens von Autor und Leser zu interpretieren. Er räumte ihr eine Schlüsselstellung ein. Aber auch ein konservativer Exeget wie F. Delitzsch (1813–1890) konnte unangefochten eine biblische Psychologie schreiben, um darzustellen, wie der Mensch durch Sünde und Erlösung verändert wird.[407] Noch Anfang des 20. Jh.s war es möglich, unbefangen in der Exegese „Psychologie" zu treiben. 1909 wollte sich M. Dibelius (1883–1947) mit einer Arbeit über den Täufer in Berlin habilitieren.[408] Da sie schon im Vorfeld des Verfahrens abgelehnt wurde, schrieb er schnell eine neue Habilitationsschrift: „Die Entwicklung des Apostels Paulus. Eine religionsgeschichtliche und psychologische Skizze" Wäre Psychologie damals etwas Unmögliches gewesen, hätte M. Dibelius nach einem gescheiterten ersten Anlauf zur Habilitation gewiss keine psychologische Studie vorgelegt.[409]

Den Umschwung in der Bewertung der Psychologie in der biblischen Exegese bewirkte die Dialektische Theologie. Karl Barth polemisierte in seiner Römerbriefauslegung von 1919 gegen Historismus und Psychologismus in der Exegese. Der „Historismus" wurde durch R. Bultmann rehabilitiert, die Psychologie dagegen weiterhin abgelehnt.[410] K. Barth sah in ihr Götzendienst: „Mit dem Moment, wo Religion bewußt Religion, wo sie eine psychologisch-historisch faßbare Größe in der Welt wird, ist sie von ihrer tiefsten Tendenz, von ihrer Wahrheit abgefallen zu den Götzen".[411] Ein „konfessorischer Antipsychologismus" wurde Teil der Identität vieler Theologen.

Die tief verwurzelte Ablehnung psychologischer Fragestellungen in der Exegese ist m.E. ein Zeichen innerer Unfreiheit. Die Psychologie ist eine etablierte Wissenschaft mit vielen Strömungen. Sie hat unser Wissen vom Menschen enorm erweitert. Dass sie auch für die Geschichts- und Textwissenschaften fruchtbar sein kann, ist naheliegend. Richtig aber ist: Wir sind unsicher, wie wir dieses Wissen in den Geschichts- und Geisteswissenschaften methodisch kontrolliert

---

406 Vgl. G. THEISSEN, Psychologische Aspekte paulinischer Theologie, 1983 ^{2}1993, 11.

407 F. DELITZSCH, System der biblischen Psychologie, 1855 = Edinburgh 1867.

408 Dazu H. BRINGELAND, Religion und Welt. Bd. 1, 2013, 58–66.

409 Vgl. in diesem Buch Kap. 2: „Das lebensphilosophische Programm. Martin Dibelius und die Suche nach dem Übergeschichtlichen".

410 Zeichen einer grundsätzlichen Wende auch im Ausstrahlungsbereich der Dialektischen Theologie ist: U. LUZ, Theologische Hermeneutik, 2014.

411 K. Barth, zit. nach J. MOLTMANN (Hrsg.), Anfänge der dialektischen Theologie, 1, ^{4}1964, 60.

anwenden können. Gerade dies ist eine Herausforderung für die Exegese.[412] Psychologische Fragestellungen sind bis heute nicht in ihr integriert. Daran hat weder ein 2004 erschienenes Sammelwerk zu „Psychology and the Bible"[413] noch meine 2007 erschienene Gesamtdarstellung: „Erleben und Verhalten der ersten Christen. Eine Psychologie des Urchristentums" etwas geändert.[414] Beide Werke sind aber ein Zeichen dafür, dass sich etwas ändern könnte. Allerdings muss man dazu einige Hindernisse aus dem Wege räumen.

2 Fünf Hindernisse auf dem Weg zu einer psychologischen Exegese – Ausschnitte aus der Forschungsgeschichte

Paradoxerweise sind Hindernisse auf dem Weg zu einer psychologischen Exegese oft mit Motiven verbunden, die gleichzeitig die psychologische Exegese inspiriert und gefördert haben. Was ihr in manchen Kreisen zu Anerkennung verholfen hat, diskreditierte sie anderswo.

2.1 Das erste Motiv: Die Interpretationsdominanz der Psychoanalyse

Ein wichtiger Grund für den Widerstand gegen eine psychologische Exegese lag darin, dass sie oft einseitig an der Psychoanalyse orientiert war. Die Faszination der Psychoanalyse für Theologen ist dreifach begründet: im hermeneutischen Zugang, in der Erschließung von Texttranszendenz und in der Verheißung eines gelingenden Lebens.

Der hermeneutische Zugang: Die Psychoanalyse entstand durch Ausweitung naturwissenschaftlichen Denkens auf das psychische Leben des Menschen, aber entwickelte sich zu einem hermeneutischen Unternehmen mit enger Beziehung zur Geisteswissenschaft.[415] Sie interpretiert Träume und Mythen, Zwangsrituale und Fehlleistungen wie Texte, die einen verborgenen Sinn haben, der durch Bewusstmachung verständlich wird. Überall sieht sie hinter dem manifesten Sinn eine unbewusste Intention, die den wahrnehmbaren Sinngehalt oft kompromittiert – so auch, wenn sie religiöse Überzeugungen als Illusion oder religiöse Riten als Zwangshandlungen deutet. Insgesamt brachte sie eine gewaltige Ausweitung des Verstehens auf bisher Unverstandenes. Weil Theologie sich an den Grenzen des Verstehbaren abarbeitet, muss solch eine Methode Theologen trotz psychoanalytischer Religionskritik faszinieren.

Die Erschließung von Texttranszendenz: Träume waren ein bevorzugter Gegenstand der Psychoanalyse. In ihnen offenbart sich das Unbewusste. Sie galten früher und auch in der Bibel oft als Offenbarungen Gottes. Tiefenpsychologie

---

[412] Die folgenden Ausführungen orientieren sich an M. LEINER, Psychologie und Exegese, 1995, und U. LUZ, Theologische Hermeneutik des Neuen Testaments, 2014, 205–261, der einen instruktiven Überblick über psychologische Ansätze gibt.

[413] J.H. ELLENS/W.G. ROLLINS (Hrsg.), Psychology and the Bible, 2004. W.G. ROLLINS/D.A. KILLE (Hrsg.), Psychological Insight into the Bible, 2007.

[414] G. THEISSEN, Erleben und Verhalten, 2007. Im Zusammenhang mit der Entstehung dieses Buches haben wir an psychologischer Exegese interessierte Neutestamentler zu einer Zwischenbilanz eingeladen: G. THEISSEN/P. V. GEMÜNDEN (Hrsg.), Erkennen und Erleben, 2007. Darin bes. M. LEINER, Dem Evangelium die Seele wiedergeben, 2007.

[415] Vgl. S. HEINE, Grundlagen der Religionspsychologie, 2005, zu S. Freud S. 145–183.

sucht ihren Sinn jenseits unseres Bewusstseins. Die Suche nach solch einer „Lebenstranszendenz“ ist formal mit der Suche nach einer theologischen Texttranszendenz verwandt. Was im Menschen aus den Tiefen des Unbewussten „unter ihm“ aufsteigt, könnte auch Hinweis auf eine Offenbarung „von oben“ sein. Dies gilt insbesondere dann, wenn man nicht wie S. Freud den Raum des Unbewussten nur als individuelle Rumpelkammer des Verdrängten deutet, sondern wie C.G. Jung als universale Vorratskammer von Bildern.[416] Gerade diese letzte Richtung der Psychoanalyse sprach Theologen an: Was sie analysiert und beschreibt, steht religiöser Transzendenzerfahrung nahe.

Die therapeutische Lebensverheißung: Die Psychoanalyse verspricht Veränderung hin zu einem erfüllten Leben. Wo ‚Es‘ war, soll ‚Ich‘ werden – das ist ihre Verheißung. Sie ist besonders bei S. Freud Ausdruck einer aufklärerischen Intention, die zwar zur Ablehnung der Religion führen kann, Theologen aber dazu motiviert, Verantwortung für die Religion zu übernehmen. Anders lautet die Verheißung der analytischen Psychologie C.G. Jungs: Wo Leben desintegriert ist, soll es zur Ganzheit werden. Das muss Theologen faszinieren, die durch Seelsorge Menschen zu einem besser gelingenden Leben verhelfen wollen. In der Praktischen Theologie wurde die Seelsorgepraxis daher nicht nur durch die Psychoanalyse, sondern vor allem auch durch die analytische Psychologie bereichert.[417]

Hier sei nur als Beispiel ein Beitrag der Psychoanalyse zu einer biblischen Exegese genannt. Der Schweizer Pfarrer O. Pfister konnte schon sehr früh (1920) eine beachtenswerte Studie zu Paulus vorlegen.[418] In ihr führt er den Verfolgungseifer des vorchristlichen Paulus auf eine uneingestandene Anziehungskraft der Christen auf ihn zurück: Die Christen stellten seine Überidentifikation mit dem Gesetz in Frage, mit der er innere Spannungen zu überwinden suchte; er musste ihre Anziehungskraft verdrängen, indem er sie verfolgte. O. Pfisters Beiträge hatten trotz hohen Argumentationsniveaus wenig Erfolg. Das hing auch damit zusammen, dass zu seiner Zeit die Psychoanalyse in Wissenschaft und Gesellschaft allgemein umstritten war. Man kann daher sagen: Die Psychoanalyse war eine ungeheuer wichtige Anregung für die psychologische Exegese,[419] aber zugleich ein Hindernis für ihre Anerkennung.

---

[416] Vgl. S. HEINE, Grundlagen der Religionspsychologie, 2005, 267–297.

[417] Eine Verbindung von Psychoanalyse und Praktischer Theologie findet sich bei J. SCHARFENBERG, Einführung in die Pastoralpsychologie, 1985, eine Verbindung mit der analytischen Psychologie C.G. Jungs bei O. HAENDLER, Die Predigt, 1941; DERS., Tiefenpsychologie, 1971.

[418] O. PFISTER, Die Entwicklung des Apostels Paulus, 1920. Oskar Pfister (1873–1956) war ein Schweizer Pfarrer, der mit S. Freud in Kontakt stand und in der Schweiz 1919 mit anderen die „Schweizerische Gesellschaft für Psychoanalyse“ begründete. Er stand ebenfalls mit E. Bleuler und C.G. Jung in enger Verbindung.

[419] Einen informativen Überblick gibt U. LUZ, Theologische Hermeneutik des Neuen Testaments, 2014, 205–261.

2.2 Das zweite Motiv: Die Konkurrenz der existenzialen Hermeneutik

Ein zweites Hindernis für die exegetische Akzeptanz der Psychologie war ihre Konkurrenz mit der existenzialen Hermeneutik.[420] Beide setzen die anthropologische Wende der Theologie voraus: Theologie kann von Gott nicht so reden wie andere Wissenshaften von ihren Gegenständen, aber sie kann wissenschaftsanalog erforschen, wie Menschen Gott erfahren, über ihn sprechen, ihn verehren und sich an seinen Geboten ausrichten. Gerade wegen dieses gemeinsamen anthropologischen Ansatzes konkurrierten existenziale Hermeneutik und psychologische Exegese in Methodik und Inhalt.

Methodisch basiert die Existenzanalyse auf der Phänomenologie, die sich von der Psychologie im „Psychologismusstreit" scharf abgrenzte.[421] Phänomenologie untersucht die Logik des Denkens, empirische Psychologie die Realität des Denkens. Wie Menschen faktisch denken, sagt nichts darüber, wie sie denken sollen. Eine Psychologie realer Denkprozesse will nicht die Logik relativieren, wie man im Psychologismusstreit unterstellt hat. Doch noch immer kursiert der Psychologismusvorwurf, der sagt, Psychologie relativiere jeden sachlichen Anspruch von Aussagen, verhindere ein geschichtliches Verstehen des Menschen, versperre den Weg nach draußen, weil sie sich auf einen subjektiven Innenraum des Menschen beschränke. Diese Polemik gegen den Psychologismus ist unter Theologen auch deshalb so verbreitet, weil man sich mit ihr gegen psychologische Religionskritik immunisieren kann.

Inhaltlich gibt es eine große Nähe zwischen Existenzanalyse und Psychologie: Beide erforschen dasselbe Leben, die Existenzanalyse mit dem Anspruch, als Fundamentalontologie einen Zugang zum Sein zu finden, die Psychologie mit dem Ziel zu erforschen, was sich empirisch über menschliches Erleben und Verhalten *feststellen* lässt. Existenzanalyse hält den Menschen für nicht-objektivierbar, da seine Existenz in dem besteht, wozu er sich jeweils als Möglichkeit *entscheidet*. Aber beide Wege zur Erforschung des Menschen überschneiden sich. Während z.B. die Existenzanalyse meint, in einer gegenstandslosen Angst erschließe sich das „eigentliche Sein" des Menschen, würde die Psychologie solch ein Phänomen eher als generalisierte Angstreaktion deuten. Manche Gegensätze sind künstlich: So will die Existenzialanalyse die „fundamentalontologische" *Offenheit* des Menschen für das Sein erkennen, während sie der Psychologie vorwirft, sich auf ein *geschlossenes Innenleben* zu beschränken. Doch auch die Psychologie betrachtet den Menschen als Beziehungswesen, das für seine Umwelt offen ist. Als Religionspsychologie untersucht sie, wie Menschen eine Beziehung zum Ganzen der Wirklichkeit aufnehmen. Unverkennbar ist ferner: Die Psychologie hat ein viel breiteres Spektrum menschlichen Erlebens und Verhaltens im Blick als die Existenzanalyse von R. Bultmann und M. Heidegger. Von Aggression und Sexualität, Ritual und Spiel, Status und Macht hört man bei ihnen sehr

[420] Hier folgen wir M. LEINER, Psychologie und Exegese, 2007, 52–59: Exkurs: „Bultmanns Stellung zur Psychologie".

[421] Antagonisten im Psychologismusstreit waren der Psychologe Wilhelm Wundt (1832–1920) und der Philosoph Edmund Husserl (1859–1938). Husserl kritisierte die Psychologisierung der Logik. Denkpsychologie erforscht, wie der Verstand denkt, nicht, wie er denken soll. Wundt wollte sowohl den universalen Gesetzen der Logik als auch den faktischen Abläufen im Denken gerecht werden.

wenig. Dies ließe sich korrigieren, denn die Existenzanalyse kann sich ebenso inhaltlich erweitern wie sich die Psychologie philosophisch vertiefen kann. Sicher ist: Beide Disziplinen überschneiden sich, sodass man mit einem gewissen Vorbehalt „die existenziale Interpretation als eine Form der psychologischen Exegese" auffassen darf.[422]

Dieses Problem sei am Beispiel der „transsubjektiven Auslegung" des in Röm 7 geschilderten Konflikts illustriert.[423] Pointe der existenzialen Auslegung ist hier, dass es sich in Röm 7 nicht um einen bewusst wahrgenommenen Konflikt handelt, in dem der Mensch eine Norm übertritt, sondern dass er auch bei der absichtlichen Verwirklichung einer Norm entgegen seiner Absicht das verfehlt, was er eigentlich sucht: das Leben. Wer meint, die Psychologie sei für die Analyse solch eines Konflikts unzuständig, hat ein verengtes Verständnis von Psychologie und behauptet, sie sei auf bewusstes Erleben in einem abgeschlossenen Innenraum beschränkt und daher für „Transsubjektives" unzuständig.[424] Denn psychische Akte haben grundsätzlich eine intentionale Struktur und weisen über die Grenzen menschlicher Subjektivität hinaus. Sie sind in unbewusste Vorgänge eingebettet – nicht nur in das Unbewusste der Psychoanalyse als Ort des Verdrängten, sondern auch in unbewusste Routinehandlungen und Denkmuster. Will man den oben angesprochenen „transsubjektiven Konflikt" der Existenzanalyse vorbehalten, sollte man von „Existenzialpsychologie" sprechen, zumal innerhalb der Psychotherapie die Logotherapie der Existenzphilosophie nahesteht. Man darf sich auf keinen Fall von der Konkurrenz zwischen Existenzanalyse und Psychologie allzu sehr beeindrucken lassen. Karl Jaspers, ein bedeutender Existenzphilosoph, war frei davon. Er veröffentlichte als sein erstes philosophisches Buch 1919 eine „*Psychologie der Weltanschauungen*".

2.3 Das dritte Motiv: Der Erfolg der archetypischen Homiletik

Aber auch dort, wo psychologische und existenziale Auslegung nicht konkurrierten, sondern bewusst verbunden wurden, überzeugte diese Kombination nicht immer. Das zeigt der Erfolg der psychologischen Auslegung des Neuen Testaments

---

[422] So M. LEINER, Psychologie und Exegese, 1995, 59.

[423] R. BULTMANN, Römer 7 (1932), 1967.

[424] Vgl. die Polemik bei E. KÄSEMANN, An die Römer, 1973, 185, gegen eine psychologische Auslegung von Röm 7: „Aus all dem ergibt sich mindestens, daß jede psychologische Interpretation unangebracht ist […]" (S. 185). E. Käsemann gibt selbst psychologischen Aussagen einen antipsychologischen Akzent: „Begehren" (*epithymeîn*) „ist für Pls primär nicht ein psychologisches Phänomen und nicht einmal zunächst die Intention frevlerischer Übertretung, sondern die Sünde der Selbstbehauptung gegenüber Gott und dem Nächsten […]. Als solche kann sie sich religiös im Leistungsstreben äußern […])" (S. 116). „Begehren", „Selbstbehauptung" und „Leistungsstreben" sind selbstverständlich Gegenstand der Psychologie. E. Käsemanns Polemik gegen die Psychologie wäre nur gerechtfertigt, wenn sich jede menschliche Intention auf etwas Außersubjektives der Psychologie grundsätzlich entzöge.

durch Eugen Drewermann.[425] In *Tiefenpsychologie und Exegese* (1984–85) [426] verband er die Tiefenpsychologie C.G. Jungs mit einer existenzialen Hermeneutik, die auf S. Kierkegaard zurückgriff und wie bei diesem mit vehementer Kirchenkritik verbunden war. Drewermanns Ansatz lässt sich durch vier Stichworte charakterisieren: Archetypische Auslegung, Universalität, Formgeschichte, Erlösungssehnsucht.

Die archetypische Auslegung E. Drewermanns deutet religiöse Texte als Ausdruck zeitloser Strukturen des Unbewussten. Damit überwindet sie den zunehmenden Zeitabstand zwischen der Bibel und der Gegenwart. Die Ursprungsgeschichte der Texte in neutestamentlicher Zeit ist wie eine „Oase" in der Wüste. Wenn man sich von ihr entfernt, kann man verdursten. Aber wenn man weit entfernt von der Oase Bohrungen in der Wüste macht, gelangt man in der Tiefe zu demselben See, aus dem sich die Oase speist.

Die Universalität des Unbewussten überbrückt nicht nur den Zeitabstand zwischen Vergangenheit und Gegenwart, sondern auch den Abstand zwischen den Religionen. Alle Religionen basieren auf einem universalen kollektiven Unbewussten. Verständigung zwischen den Religionen ist durch die „Tiefenbohrungen" archetypischer Deutungen leichter, als wenn man nur die Differenzen an der Oberfläche der Religionen sieht.

Die Formgeschichte macht eine literaturgeschichtliche Erkenntnis für diese Auslegung fruchtbar. Drewermann betont, dass jede Gattung in verschiedenem Ausmaß tiefenpsychologische Deutungen zulässt: Mythen, Legenden, Gleichnisse, Geschichtserzählungen. Er hat richtig erkannt, dass eine psychologische Exegese nach Gattungen differenzieren muss.

Inhaltlich wird Drewermann der *Erlösungssehnsucht* in religiösen Texten gerecht: Sie schildern den Weg des Selbst zur Ganzheit und zu Gott. E. Drewermann sensibilisiert für die in den Texten erscheinende Texttranszendenz, sowohl für die Transzendenz Gottes als auch für die Selbsttranszendenz des Menschen, der sich nach ganzheitlicher Erfüllung seines Lebens sehnt. Zu wenig wird anerkannt, dass seine Auslegungen vielen Menschen das Neue Testament neu erschlossen haben, auch manchen Theologen, denen durch eine immer scholastischer werdende historisch-kritische Exegese die Texte entfremdet worden waren.

Dennoch muss man sagen: Drewermanns Auslegungen sind eher Meditationen und Predigten als methodisch kontrollierte Exegesen. Dazu diene als Beispiel die Geschichte von der blutflüssigen Frau, die durch eine heimliche Berührung

---

[425] E. Drewermann, geb. 1940, studierte Philosophie und Theologie und wurde 1966 zum Priester geweiht. Er arbeitete als Pfarrer und habilitierte sich 1978 für das Fach Dogmatik in Paderborn. Sein Buch E. DREWERMANN. Kleriker, 1990, kritisiert das zölibatäre Kleriker-Ideal. Am 07.10.1991 wurde ihm daraufhin die Lehrbefugnis entzogen. Als er in einem Weihnachts-Interview 1991 die Jungfrauengeburt als biologische Tatsache bestritt, entzog ihm Erzbischof J.J. Degenhardt, selbst ein neutestamentlicher Exeget, am 09.01.1992 auch die Predigtbefugnis. Noch im selben Jahr wurde er vom Priesteramt suspendiert. E. Drewermann wirkte danach als charismatisch wirkender Redner und Buchautor, der eine große Anhängerschaft um sich versammelte. In politischen Debatten vertrat er „linke" und ökologische Positionen. An seinem 65. Geburtstag trat E. Drewermann aus der katholischen Kirche aus.

[426] E. DREWERMANN, Tiefenpsychologie und Exegese I/II, 1984/1985.

Jesu geheilt wird (Mk 5,25–34).[427] Nach E. Drewermann litt die Frau unter einem Zwiespalt zwischen Kontaktfreude und Berührungsangst. Sie haderte damit, dass sie eine Frau ist. Ursache dafür sei eine ambivalente Vaterbeziehung seit ihrer Kindheit. Dies ist reine Spekulation. Was E. Drewermann durch seine Auslegung der Heilung vermittelt, ist dennoch ansprechend. Es wäre m.E. legitim, die Geschichte von der blutflüssigen Frau in einer Predigt oder Meditation so auszulegen. Aber diese Auslegung ist weder durch den *Text* gedeckt noch durch die damaligen Reinheits- und Taburegeln abgesichert. Thea Vogt hat gezeigt, dass sich die Geschichte von der blutflüssigen Frau sowohl textpsychologisch als auch sozialgeschichtlich sehr viel überzeugender deuten lässt:[428] Es ist die Geschichte einer durch Krankheit und Not sozial stigmatisierten Frau, deren Angst in ihrer beschädigten psycho-sozialen Identität begründet ist. Ihre Heilung geschieht durch Glauben. Dieser Glaube befähigt sie zu einer Beziehungsausnahme und ermöglicht Distanz gegenüber ihrer bisherigen Rolle als stigmatisierter Frau. Diese Frau ist ein Vorbild dafür, wie man mit sozial Ausgegrenzten umgehen soll, und zugleich ein Modell dafür, wie Stigmatisierte durch Eigeninitiative zu einer neuen Identität gelangen können. Dabei müssen sie Ambiguitätstoleranz erlernen, d.h. eine Spannung zwischen der Sehnsucht nach Nähe und der Angst vor Zurückweisung aushalten. Das für uns fremde Reinheits- und Unreinheitssystem der damaligen Zeit erschwerte ihre Lage. Die Formen sozialer Ausgrenzung haben sich geändert, sie existieren aber nach wie vor, nur in anderer Form. Die soeben skizzierte Auslegung von Thea Vogt treibt bewusst psychologische Exegese im Kontext der damaligen Zeit, nicht psychologische Exegese im Kontext unserer Zeit.

Dennoch sei betont: Auch psychologische Exegesen im Kontext unserer Zeit vertreten ein berechtigtes Anliegen. Auf eine Flut von Historismus, der die Texte von der Gegenwart entfernt, folgten fast immer Versuche, sich ihnen durch Psychologie bzw. existenziale Auslegung wieder zu nähern. Mit einer „psychologischen Exegese" sind daher oft große Erwartungen an die Aktualisierung von Texten verbunden! Aber auch das ist eine Hypothek. Wer hofft, in der Psychologie den hermeneutischen Zauberschlüssel zur Bibel zu finden, wird in der Regel enttäuscht. Denn die historische Psychologie will bewusst auch das Fremde herausarbeiten, das Unerquickliche, ja das Unappetitliche. Ihre Verheißungen an Erbaulichkeit sind gering. Die Arbeiten von E. Drewermann haben in der akademischen Welt das Vorurteil gefestigt, die psychologische Exegese bestünde in erbaulicher Rede.[429] Die aktualisierende Tendenz solcher psychologischer Exegesen war daher einerseits ein Ansporn für die Entwicklung einer psychologischen Exegese, andererseits ein Hindernis für ihre akademische Anerkennung. Sie war freilich

---

[427] E. DREWERMANN, Tiefenpsychologie und Exegese II, 1985, 281–309; ders., Markusevangelium, ^{4}1989, 366–370.

[428] TH. VOGT, Angst und Identität, 1993, 101–141, zur Kritik an Drewermann vgl. dort 125–127.

[429] Unter den Kritikern seien hier genannt: G. LÜDEMANN, Texte und Träume, 1992; J. FREY, Drewermann, 1995. Neben E. Drewermann gab es weitere von der Tiefenpsychologie inspirierte Auslegungen, die ausgewogener sind: M. KASSEL, Biblische Urbilder, ^{2}1980; A. GRÜN, Tiefenpsychologische Schriftauslegung, 1992.

nicht der einzige Neuansatz, der es schwer hatte, anerkannt zu werden. Auch andere humanwissenschaftlichen Neuansätze wurden in der akademischen Exegese zunächst einmal abgelehnt.

2.4 Das vierte Motiv: Die Konkurrenz zu anderen sozialwissenschaftlichen Methoden

Die psychologische Exegese gehört zu den humanwissenschaftlichen Methoden, die im letzten Jahrhundert in die geisteswissenschaftlichen Fächer „einwanderten" und auf heftigen Widerstand stießen. Aber auch unter diesen „Migranten" gab es Konflikte, u.a. zwischen soziologischen und psychologischen Ansätzen. Mein Versuch psychologischer Exegese in „Psychologische Aspekte paulinischer Theologie" kam 1983 zu einem ungünstigen Zeitpunkt. Denn in dieser Zeit wandte sich die Exegese von einer Deutung der paulinischen Rechtfertigungslehre als individueller Sündenvergebung ab. Diese hätte man leicht psychologisch deuten können. K. Stendahl aber lehnte diese individualistische Auffassung von Rechtfertigung als eine Projektion des „introspective conscience of the West" ab (1963).[430] Die von ihm eingeleitete, seit den 1970er Jahren dominierende „New Perspective on Paul" verwarf in der Regel eine psychologische Deutung seiner Theologie und deutete Paulus in einem sozialen Zusammenhang. Drei Merkmale dieser „neuen Paulusdeutung" seien genannt, um verständlich zu machen, warum sie in Konkurrenz zu einem psychologischen Zugang zu Paulus treten konnte.

Die Rechtfertigungslehre wurde als soziale Öffnung gedeutet: Für Luther hatte die Rechtfertigungsbotschaft einen individuellen Sinn. Sie hatte ihm das „Tor zum Paradies" geöffnet, weil er mit ihr seine Gewissensängste überwinden konnte. Für Paulus war sie dagegen das Tor zu anderen Völkern. Nicht ein psychischer Konflikt des Menschen mit sich selbst sei sein Thema gewesen, sondern der soziale Konflikt zwischen den Völkern. Paulus verstand es als seine Sendung, das Gottesvolk für alle Völker zu öffnen. Die an Gewissenskonflikten orientierte individualistische Deutung der Rechtfertigungslehre galt in der *New Perspective on Paul* daher als lutherisch und widerlegt. Luther hätte (wie andere protestantische Exegeten) bei seiner Deutung des Gesetzeskonflikts im Römerbrief seine persönlichen Konflikte in Paulus hineingelesen. E.P. Sanders hat diesen neuen sozialen Ansatz zu einer umfassenden Paulusauslegung mit zwei Merkmalen ausgearbeitet: Sie habe das Judentum retrospektiv umgedeutet, die Welt aber als eine in Transformation befindliche Welt gedeutet.[431]

Die retrospektive Umdeutung des Judentums besagt, Paulus habe vor seiner Bekehrung und Berufung kein Problem mit einem angeblich unerfüllbaren Gesetz gehabt. Erst nachdem sich Paulus durch die Christusoffenbarung ein neuer Weg des Heils erschlossen hatte, musste er die Offenbarung Gottes im Gesetz negativ darstellen und behaupten, vor Christus habe das Gesetz vor allem eine *negative* Funktion gehabt. Seine Berufung und Bekehrung, die hin und wieder psychologisch als Überwindung eines tiefen persönlichen Konfliktes mit dem

---

[430] Begründer dieser neuen Paulusperspektive war der schwedische Neutestamentler K. Stendahl (1921–2008), der 1984–1988 selbst lutherischer Bischof von Stockholm war. Vgl. K. STENDAHL, Apostle Paul, 1963/1977/1996.

[431] E.P. SANDERS, Paul and Palestinian Judaism, 1977.

Gesetz gedeutet wurde,[432] sei erst nachträglich zu solch einer inneren Verwandlung umgedeutet worden.

Das Neue bei Paulus sei eine *Partizipationseschatologie*: Der Erlöste partizipiert an der Verwandlung der Welt. Nicht mit seiner Gnadenlehre, sondern mit dieser Partizipationseschatologie sei Paulus über das bisherige Judentum hinausgegangen. Denn das Judentum, in dem Paulus aufgewachsen war, sei schon immer eine Gnadenreligion, ein „Bundesnomismus", gewesen, in dem die grundlose Erwählung durch Gott die Basis der Religion war und die Forderung des Gesetzes darauf aufbaute. Wer gegen das Gesetz verstieße, dem wurde durch Umkehr und Sühnopfer Gnade angeboten. E.P. Sanders meint, neu sei bei Paulus vor allem, dass er diese Struktur des Bundesnomismus durch den Glauben an eine grundsätzliche Verwandlung des Menschen verlassen habe. Seine Christusmystik sei Partizipation an der Verwandlung der ganzen Welt. Die Christusmystik des Paulus, die manche Theologen zu psychologischen Überlegungen „verleitet" hat, basiere also weniger auf Erlebnissen und Erfahrungen, sondern auf einer Deutung der ganzen Welt im Rahmen einer Partizipationseschatologie.

Diese neue soziale Paulusauslegung ist in vielen Punkten überzeugend, lässt sich aber nicht gegen eine psychologische Exegese ausspielen. Das zeigt die Deutung von Röm 7 durch E.P. Sanders: Er muss darauf bestehen, dass Paulus hier weder eine typische Konflikterfahrung aller Menschen beschreibt noch seine eigenen inneren Konflikte: „Röm. 7 ist weder eine angemessene Analyse der Conditio humana noch eine Beschreibung der normalen menschlichen Psyche. – Mit anderen Worten, Röm. 7 beschreibt in Wahrheit überhaupt niemanden – ausgenommen vielleicht den Neurotiker".[433] Was Paulus in Röm 7 sagt, so Sanders, sei eine gedankliche Konstruktion, um die vorangehenden negativen Aussagen über das verdammende Gesetz zurückzunehmen und danach zu erneuern.[434] Alles spricht m.E. jedoch dafür, dass Paulus in Röm 7 ein realistisches Bild vom Menschen entwerfen will, in das er sich selbst einschließt und das auf seinen persönlichen Erfahrungen basiert. Hier sei nur ein Argument dafür genannt: Wenn ein Briefschreiber betont im „Ich-Stil" schreibt und kein eindeutiges Signal vorwegschickt, dass ein „Rollen-Ich" spricht, mit dem er sich nicht identifizieren will, dann schließen seine Ich-Aussagen den Schreiber mit ein.[435] Auch wenn er eine Aussage über den Menschen allgemein machen will, macht er damit indirekt auch eine Aussage über sich selbst. Sofern die lutherische Auslegung Röm 7 als individuellen Gewissenskonflikt deutete, war sie m.E. prinzipiell berechtigt. Man kann daher nicht mit der lutherischen Paulusdeutung die psychologische Deutung

---

[432] O. PFISTER, Die Entwicklung des Apostels Paulus, 1920.

[433] E.P. SANDERS, Paulus (engl. 1991), 1995, 128. Auch die Feststellung, das Menschenbild in Röm 7 sei das eines „Neurotikers", ist im Übrigen eine eindeutig psychologische Feststellung. Berechtigte Kritik an der Auslegung von E.P. Sanders übt W. HÄRLE, Paulus und Luther, 2006 = 2008, 208–217.

[434] Wenn man den Gewissenskonflikt des Paulus und seine Bekehrung allein als eine retrospektive „kognitive" Deutung der sich verwandelnden Welt, als Niederschlag eines verzerrt dargestellten Judentums und seines vergangenen Lebens im Judentum versteht, argumentiert man genauso psychologisch wie bei der Annahme eines realitätsnah dargestellten, individuell erlebten inneren Konflikts. Auch kognitive Interpretationen sind psychische Faktoren. Sie bestimmen unser Erleben und Verhalten.

[435] Ausführlich dazu: G. THEISSEN/P. V. GEMÜNDEN, Der Römerbrief, 2016, 259–266; 415–420.

ablehnen,[436] ebenso wenig aber mit Berufung auf die lutherische Deutung die soziale Deutung der Rechtfertigung durch die „New Perspective on Paul". Denn soziale Konflikte vollziehen sich in individuellen psychischen Konflikten und Krisen. Eine soziale Deutung der paulinischen Theologie muss keineswegs die Bedeutung persönlicher Konflikte leugnen. Wenn sich Paulus aufgrund seiner Bekehrung sozial für alle Völker öffnen will, schließt das nicht aus, dass er in sich einen individuellen Widerstand dagegen überwinden muss.[437] Wir dürfen nicht vergessen: Psychologischer und sozialgeschichtlicher Exegese geht es übereinstimmend darum, die Texte im Rahmen des realen Lebens zu verstehen. Die Sozialgeschichte war daher für mich ein wichtiger Impuls, auch nach der psychischen Dimension der Texte zu fragen. Ihre zeitweilige Dominanz innerhalb neuer Ansätze war jedoch vorübergehend ein Hindernis auf dem Weg zur Anerkennung psychologischer Ansätze.

2.5 Das fünfte Motiv: Die Anonymität von Psychologie innerhalb vieler Methoden

Ein fünftes Hindernis lag paradoxerweise darin, dass oft psychologische Auslegung unter einer anderen Überschrift betrieben wurde – entweder als Historische Anthropologie, Kulturanthropologie, Ethnologie oder Mentalitätsgeschichte.[438] „Historische Psychologie" will den zeitlichen Abstand zwischen Gegenwart und Vergangenheit wahren, lehnt aber hin und wieder die Anwendung gegenwärtiger psychologischer Theorien ab (Berger 1991).[439] „Kulturanthropologische Exegese" will fremde Sinnwelten von ihren eigenen Prämissen her verstehen (Neumann 1999).[440] „Historische Verhaltensforschung" arbeitet allgemeine menschliche Möglichkeiten des Handelns heraus (Nitschke 1981)[441], „Historische Anthropologie" erforscht die subjektive Sinngebung objektiver Strukturen (van Dülmen 2001).[442] „Mentalitätsgeschichte" untersucht den Wandel von Mustern des Denkens, Fühlens und Wollens in der *longue durée*. Alle diese Ansätze tragen zu einer historischen Psychologie bei, die mit der Geschichtlichkeit des

---

[436] M. WOLTER, Paulus, 2011, 24 Anm. 34, spricht sich in seiner ausgezeichneten Paulusdarstellung mit der Mehrheit der Exegeten gegen eine autobiographische (und d.h. auch psychologische) Deutung des Ich in Röm 7 aus. Meine Deutung des Gesetzesstolzes des Pharisäers Paulus in Phil 3 als Reaktionsbildung auf einen unbewussten Gesetzeskonflikt, den Paulus in Röm 7 ins Bewusstsein hebt, hält er „schon darum für falsch, weil dieses Urteil auf einem anachronistischen und im Grunde genommen lutherischen Gesetzesbegriff basiert und nicht die Verklammerung der Tora mit der Erwählung und der Heiligkeit Israels beachtet". Konsequenterweise behandelt er die Rechtfertigungslehre als Teil der Ekklesiologie, weil er sie ganz aus ihrem sozialen Kontext heraus deutet (vgl. S. 341).

[437] G. THEISSEN, The New Perspective on Paul and its Limits, 2007.

[438] Ethnologie und Historische Anthropologie sind komplementäre Wissenschaften: Ethnologie untersucht Fremdes in empirischer Feldforschung, historische Anthropologie durch Auslegung von Dokumenten der Vergangenheit. Historische Anthropologie ist Kulturanthropologie im Bereich der Vergangenheit, die nicht über das methodische Instrumentarium der Feldforschung verfügt, sondern auf der Auslegung von Texten und anderen Relikten der Vergangenheit basiert.

[439] K. BERGER, Historische Psychologie, 1991.

[440] K. NEUMANN, Das Fremde verstehen, 1999. P. v. GEMÜNDEN, Fremdheit, 2012.

[441] H. NITSCHKE, Historische Verhaltensforschung, 1981.

[442] R. VAN DÜLMEN, Historische Anthropologie, ^{2}2001.

Menschen rechnet, d.h. einerseits mit so tiefgreifenden Veränderungen des Menschen, dass methodisch die Fremdheit des Gegenstandes im Blick ist, andererseits mit Konstanten menschlichen Erlebens und Verhaltens, die ein Verstehen über den Abstand von Zeiten und Kulturen ermöglichen. Die historische Psychologie blieb freilich immer nur eine Minderheitsströmung in der Psychologie (Jüttemann 1988).[443] Sie hat insgesamt in den Literatur- und Geschichtswissenschaften keinen anerkannten Ort. Aber es gibt Anzeichen dafür, dass sich dies ändert.

Die Ursache dafür ist das Aufkommen der Emotionsforschung. Auch die Emotionsforschung wird häufig nicht unter der Bezeichnung „psychologisch" betrieben, aber es gibt einen vorwissenschaftlichen Konsens, dass die Psychologie für Emotionen zuständig ist. Die Emotionsforschung begann in der Neutestamentlichen Wissenschaft mit einem programmatischen Aufsatz von Petra von Gemünden über Affektkultivierung in neutestamentlicher Zeit (1995),[444] den sie später durch weitere Beiträge zur genderspezifischen Zuordnung von Affekten in der Antike (1997)[445], zu einer historisch fundierten Methodik psychologischer Exegese (2005)[446] und einer nach Gattungen differenzierten Emotionsforschung (2013 und 2016)[447] ergänzt hat. Dabei wählte sie bewusst den antiken Begriff „Affekt", um den *historischen* Charakter ihrer Fragestellung deutlich zu machen: Da schon die Antike in Philosophie und Rhetorik[448] intensiv über die Steuerung von „Affekten" reflektiert hat, signalisiert die Übernahme der antiken Terminologie die Absicht, keine moderne Fragestellungen anachronistisch in antike Texte hineinzulesen. Gleichzeitig mit diesen Anfängen von Emotionsforschung im Neuen Testament schuf Martin Leiner 1995 eine allgemeine Grundlage für eine *textpsychologische* Auslegung, die sicherstellen soll, dass die psychologische Exegese auf einer Auswertung der uns vorliegenden Texte basiert und nicht auf dem, was hinter oder vor den Texten postuliert wird.[449] Nur eine sowohl historisch arbeitende als auch textorientierte psychologische Exegese führt zu kontrollierbaren Ergebnissen und vermeidet überzogene Ansprüche. Inzwischen wurden mehrere konkrete Emotionen untersucht: Eine Monographie über Angst und Identität von Thea Vogt im Jahr 1993 war durch die Auseinandersetzung mit E. Drewermanns psychologischer Auslegung hervorgerufen und ging als erste konkrete Emotionsstudie dem programmatischen Artikel von P.v. Gemünden[450] voraus. Es folgten weitere Studien von P. v. Gemünden zum Zorn (2003)[451], zur

[443] G. JÜTTEMANN (Hrsg.), Wegbereiter, 1988.

[444] P.V. GEMÜNDEN, La culture des passions,1995 = Affektkultivierung, 2009.

[445] P. V. GEMÜNDEN, La femme passionelle, 1997 = Die emotionale Frau, 2009.

[446] P.V. GEMÜNDEN, Methodische Überlegungen, 2005/2009. A. INSELMANN, Emotions and Passions, 2016.

[447] P. V. GEMÜNDEN, Affekte in den synoptischen Evangelien, 2013. P. V. GEMÜNDEN, Emotions and Literary Genres 2016.

[448] Zur Bedeutung der Rhetorik für eine historische Psychologie der Affekte vgl. vor allem P. LAMPE, Psychologische Einsichten, 2006/2007; ders., Affects and Emotions 2010.

[449] Vgl. M. LEINER, Psychologie und Exegese, 1995. Das Interesse an einem psychologischen Zugang zeigt sich zur gleichen Zeit auch bei P. LAMPE, Identification with Christ, 1995.

[450] Die erste konkrete Arbeit zu einer Emotionsforschung war: TH. VOGT, Angst und Identität, 1993 (= Diss. theol. Heidelberg 1992). Vgl. G. THEISSEN, Identité et expérience de l'angoisse, 1993.

[451] P. V. GEMÜNDEN, La gestion de la colère, 2003; dies., Wertung des Zorns, 2003.

Trauer (2005)[452], zum inneren Frieden (2009)[453] und zur Freude (2015), zu der A. Inselmann zuvor eine Monographie verfasst hat.[454] Ein Sammelband von P. v. Gemünden: „Affekt und Glaube" (2009) vereint ihre wichtigsten Studien zur Emotionsforschung.

Innerhalb der Philosophie hat vor allem die Philosophin Martha Nussbaum Emotionen zum Thema gemacht, beginnend mit ihrem Buch: The Therapy of Desire (1994).[455] Zeichen der Anerkennung der Emotionsforschung ist, dass ihr renommierte „Lectures" gewidmet wurden. Der englische Philosoph Richard Sorabji hielt 1996/1997 die Gifford Lectures über Emotionen in Stoa und Christentum.[456]

Seitdem kam es zu einer interdisziplinären Ausbreitung der Emotionsforschung. Als Zeichen dafür sei hier die Gründung eines „Centre for the History of the Emotions" im Jahr 2008 an der Queen Mary University in London genannt. Nicht nur in den klassischen Altertumswissenschaften wurden Emotionen untersucht,[457] sondern auch in der neuzeitlichen Literaturwissenschaft.[458] Interdisziplinäre Arbeitskreise zur Emotionsforschung sind weitere Indizien für die Etablierung dieser neuen Forschungsrichtung.[459]

Im Bereich der biblischen Exegese kann man für das Alte Testament auf die Veröffentlichungen von Andreas Wagner 2006 und 2014[460] hinweisen, für die jüdische zwischentestamentarische Literatur auf die Monographie von Françoise Mirguet über die Geschichte des Mitleids (2017),[461] für das Neue Testament auf ein Buch von M.A. Elliott über Emotionen im Neuen Testament (2006).[462] 2016 veröffentlichte die „Theologische Rundschau" einen Literaturbericht über „Affekte in den synoptischen Evangelien".[463] „Biblical Interpretation" widmete dem Thema 2014 und 2016 zwei Hefte.[464]

---

452 P. v. GEMÜNDEN, Methodische Überlegungen, 2005/2009.

453 P. v. GEMÜNDEN, Äußerer und innerer Friede, 2009, 69–93.

454 A. INSELMANN, Freude im Lukasevangelium, 2012. A. Inselmann war Assistentin bei P. v. Gemünden. Beide haben über die Freude gearbeitet. Vgl. P. v. GEMÜNDEN, „Affekt" der Freude, 2015; A. INSELMANN, Affekt der Freude, 2015. P. v. GEMÜNDEN, Freundschaft und Freude, 2016.

455 M. C. NUSSBAUM, The Therapy of Desire, 2013; dies., Political Emotions 2013 = Politische Emotionen 2016; dies., Anger and Forgiveness, 2016 = Zorn und Vergebung, 2017.

456 R. SORABJI, Emotion and Peace of Mind, 2000.

457 Vgl. D. KONSTAN, Emotions of the Ancient Greeks, 2006, machte die Emotionen in der Antike zum Thema. 2008 folgte ein Sammelband über Affekte und Moral: J.T. FITZGERALD, Passions and Moral Progress, 2008. 2017 erschien D. CAIRNS/D. NELIS (Hrsg.), Emotions in the Classical World, Stuttgart 2017.

458 K. FÜRHOLZER/Y. MEVISSEN (Hrsg.), Briefkultur und Affektästhetik, 2017.

459 2015–2017 leitete Douglas Cairns (Edinburgh) einen Arbeitskreis: „*Emotions through Time: From Antiquity to Byzantium*", dem auch P. v. Gemünden angehört. Eine Publikation ist in Vorbereitung. Bei der EABS (= European Association of Biblical Studies) existiert ein Arbeitskreis: „Emotions and the Biblical World".

460 A. WAGNER, Emotionen, Gefühle und Sprache, 2006; ders., Göttliche Körper – göttliche Gefühle, 2014.

461 F. MIRGUET, An early history of compassion, 2017. Vgl. auch R. EGGER-WENZEL (Hrsg.), Emotions from Ben Sira to Paul, 2012.

462 M.A. ELLIOTT, Faithful feelings, 2006.

463 N. NEUMANN, Affekte in den synoptischen Evangelien, 2016.

464 J.L. KOOSED/ST.D. MOORE, From Affect to Exegesis, 2014. F. MIRGUET, What is an „Emotion", 2016.

Das Aufkommen der Emotionsforschung hat die Akzeptanz der psychologischen Exegese gefördert. Für die Exegese sei noch einmal auf das 2004 erschienene Sammelwerk „Psychology and the Bible"[465] und meine „Psychologie des Urchristentums" von 2007 hingewiesen.[466] Im Zusammenhang mit der Entstehung dieser Darstellung haben P. v. Gemünden und ich zusammen mit Kollegen und Kolleginnen als eine Zwischenbilanz „Beiträge zur psychologischen Erforschung des frühen Christentums" (2007) herausgegeben,[467] zunächst freilich mit geringem Erfolg. So widmete die Zeitschrift „Verkündigung und Forschung" den „Innovative(n) Bewegungen in der neutestamentlichen Exegese" im Jahr 2010 ein Heft, ohne die psychologische Exegese zu berücksichtigen. Doch schon 2014 diskutierte Ulrich Luz in seiner „Theologischen Hermeneutik" unter der Überschrift: „Der Text im Kontext seelischer Wirklichkeit" verschiedene psychologische Deutungsansätze und unterschied in ihnen drei Strömungen: „Tiefenpsychologische Exegese hat eine besondere Affinität zur sinnlichen Unmittelbarkeit religiöser Erfahrung, historische und historisch-psychologische Exegese zur Alterität und Fremdheit biblischer Texte, ‚psychoanalytische' Interpretationen zu ihrer kritischen Reflexion".[468]

Mit Recht konnte S. Vollenweider daher auf einer Herausgebertagung der „Zeitschrift für Theologie und Kirche" im Jahr 2017 urteilen, dass „sogar ein methodisch so schwierig zu handhabendes Instrument wie die *psychologische Analyse* [...] zunehmend Resonanz in der Exegese" finde. Dabei sei es vor allem „der Rückgriff auf antike Theoreme und Kategorien, also das Format einer historischen Psychologie, der die Plausibilität des Verfahrens steigert".[469] Es könnte sein, dass sich die Exegese allmählich von tief verwurzelten Vorurteilen löst, auch wenn sie noch immer zwischen Psychophobie und Psycholatrie schwankt.[470] Doch werden die Ausschläge in beide Extreme geringer.

---

[465] J.H. ELLENS/W.G. ROLLINS (Hrsg.), Psychology and the Bible, 2004; W.G. ROLLINS/D.A. KILLE (Hrsg.), Psychological Insight, 2007.
[466] G. THEISSEN, Erleben und Verhalten, 2007.
[467] G. THEISSEN/P. V. GEMÜNDEN (Hg.), Erkennen und Erleben, 2007. Darin bes. M. LEINER, Dem Evangelium die Seele wiedergeben, 2007.
[468] U. LUZ, Theologische Hermeneutik, 2014, 261.
[469] S. VOLLENWEIDER, Die historisch-kritische Methode, 2017, 252. Ein Indiz dafür ist, dass inzwischen auch anerkannte Vertreter der älteren exegetischen Generation zu diesem Thema publizieren: D.E. AUNE, Passions in the Pauline Epistles, 2008; J. ZUMSTEIN, La grammaire de la haine, 2016.
[470] M. LEINER, Neutestamentliche Exegese, 2005.

3 Vier Herausforderungen bei der Durchführung einer psychologischen Exegese

Damit, dass die psychologische Fragestellung heute eher anerkannt wird als früher, verschwinden nicht die Probleme bei ihrer Durchführung: Reicht das Quellenmaterial? Sind traditionsgeprägte Texte psychologisch auswertbar? Sind psychologische Deutungen ein Anachronismus? Entzaubern sie die Religion durch Reduktion auf Nicht-Religiöses? Gelingen sie nur bei wenigen Texten? All diese Fragen sind Herausforderungen für das Konzept einer psychologischen Exegese.

3.1 Die erste Herausforderung: Der Mangel an Quellen

Eine psychologische Exegese ist undurchführbar, wenn es zu wenige Quellen gibt.[471] Dies gilt für jede historische Frage. Entscheidend ist, dass die Psychologie nicht dazu missbraucht wird, Lücken in der Überlieferung auszufüllen.[472] Lücken tun sich im Urchristentum vor allem dann auf, wenn wir nach der Psychologie einzelner Personen fragen. In der uns erhaltenen Überlieferung treten nur drei Personen individuell hervor: Jesus, Paulus und Ignatius von Antiochien. Wir können nur mit großer Vorsicht etwas über den historischen Jesus sagen. Über Paulus wissen wir aufgrund seiner sieben authentischen Briefe weit mehr.[473] Ignatius von Antiochien kennen wir nur in einer einzigen Situation: als Gefangenen auf der Reise nach Rom in Erwartung seines Martyriums. Wir erleben mit, wie er seine Todesangst bewältigt und sein bevorstehendes Martyrium zur Quelle seines Charismas macht.[474] Für *individuelle* Menschen sind die Quellen leider, abgesehen von Paulus, sehr karg. Dies gilt jedoch nicht für das *typische* Verhalten und Erleben der ersten Christen. Hier können wir 27 Schriften des neutestamentlichen Kanons und dazu die weit umfangreicheren außerkanonischen Schriften des Urchristentums auswerten. Aufgrund der Quellenlage gibt es sinnvolle Forschungsfelder einer Psychologie des Urchristentums: Allgemeine Psychologie, Persönlichkeitspsychologie, Sozialpsychologie und Religionspsychologie:

---

[471] Die Skepsis gegenüber psychologischer Exegese von G. STRECKER/U. SCHNELLE, Einführung, [2]1985, 151, bezieht sich nur auf psychoanalytische Deutungen, die sich noch immer in einem „Experimentierstadium" befänden. „Es bleibt abzuwarten, ob angesichts der Quellenlage hierüber jemals hinauszukommen sein wird". Diese skeptische Aussage fehlt in der 7. Auflage 2008.

[472] G. BORNKAMM, Jesus, [12]1980, 20f. G. Bornkamm kritisiert mit Recht die frühere Jesusforschung: „Sollen wir rückfällig werden und doch wieder den Ablauf seines Lebens im einzelnen biographisch und psychologisch zu beschreiben versuchen? Gewiß nicht. Alle solche Versuche, sooft sie unternommen werden, sind zum Scheitern verurteilt und nur mit dem Kapital einer alles historisierenden Kritiklosigkeit zu bestreiten und mit dem Aufwand einer nicht minder kritiklosen Phantasie, die willkürlich Lücken stopft und Verbindungen herstellt, wo die Evangelien gerade sich versagen. Sie täuschen nur darüber hinweg, wie brüchig und lückenhaft unser Wissen im einzelnen ist und vernebeln die Grenze zwischen historisch Gesichertem und Ungesichertem". Dennoch gibt es noch immer Versuche einer Biographie Jesu, vgl. D. CAPPS, Psychobiography of Jesus, 2004, und J.H. CHARLESWORTH, Psychobiography, 2004.

[473] T. CALLAN, Competition and Boasting, 1986; ders., Psychological Perspectives, 1990. Vgl. auch die Arbeit einer Psychologin und eines Psychiaters: M. GÖTTEL-LEYPOLD/J.H. DEMLING, Persönlichkeitsstruktur des Paulus, 2006.

[474] H. MÖDRITZER, Stigma und Charisma, 1994.

Wir finden in unseren Quellen Aussagen zum Wahrnehmen, Fühlen, Denken und Handeln der ersten Christen. Mit Hilfe der *Allgemeinen Psychologie* können wir kulturpsychologisch die geschichtlichen, gesellschaftlich bedingten Muster, die ihr Leben bestimmten, beschreiben und verstehen.

Wir können im Rahmen einer allgemeinen *Persönlichkeitspsychologie* fragen: Was sagen Menschen über sich selbst aus, wenn sie ihren Körper „Leib" oder „Fleisch" nennen?[475] Warum toleriert das „Gewissen" bei Paulus abweichende Meinungen anderer Menschen?[476] Wie wird christliche Identität konzipiert?[477] Wie werden Dissonanzen im Innern des Menschen z.B. zwischen Norm und Verhalten gedeutet und bewältigt?[478]

Wir verfügen über genügend Aussagen für eine *Sozialpsychologie* urchristlicher Gruppen.[479] Aus ihnen geht z.B. hervor, wie Charismatiker ihre Gruppen steuerten und mit welchen Vorurteilen sich diese Gruppen beurteilten und gegenseitig verurteilten.

Die urchristlichen Quellen bezeugen durchgehend die Suche nach einem gelingenden Leben. Durch eine Beziehung zu einer Erlösergestalt soll das Leben der Menschen erneuert werden. Diese soteriologische Dynamik kann durch *Religionspsychologie* auch im Lichte der Klinischen Psychologie und der Psychotherapieforschung besser verstanden werden.

Die uns zur Verfügung stehende Quellenbasis kann ferner hin und wieder durch Analogien aus dem Bereich der Kulturanthropologie erweitert werden. Eschatologische Texte werden im Rahmen millenaristischer Bewegungen besser verständlich, Wundergeschichten durch Erzählungen vergleichbarer Heiler und Exorzisten, Glossolalie im Zusammenhang mit ekstatischen Phänomenen. Die Antwort auf das Argument des Quellendefizits ist daher: Aufschlussreiche Fragen bringen auch karge Quellen zum Sprechen, Analogien erweitern hin und wieder die schmale Quellenbasis. Dabei gehen wir freilich von der Voraussetzung aus, dass Texte den Blick auf menschliches Erleben und Verhalten freigeben und nicht eine Eigenwelt darstellen, die keinen Bezug zum Leben hat. Das wird oft anders gesehen. Für viele, die in Texten vor allem Verweise auf andere Texte sehen, tut sich oft eine große Distanz zwischen Text und Leben auf.

3.2 Die zweite Herausforderung: Die Distanz zwischen Text und Leben

Literaturwissenschaftler erklären Texte anhand anderer Texte. Die Deutung von Texten als direktem Ausdruck menschlichen Erlebens und Verhaltens halten sie für naiv. In Texten schlagen sich vorgegebene literarische Motive und Strukturen nieder, besonders in Traditionsliteratur, wie wir sie in der Bibel finden, also in Texten, die von vielen Menschen überliefert und geformt wurden. Aber diese

---

475 G. THEISSEN, Sarx, 2014.

476 Vgl. K. WAGNER, Das interaktive Gewissen bei Paulus, 2007.

477 Vgl. die Genfer Dissertation von P.Y. BRANDT, L'identité de Jésus, 2002; ders. Bildung einer neuen Identität, 2002.

478 Vgl. A. NÜRNBERGER, Zweifelskonzepte im Frühchristentum, 2019.

479 Sozialpsychologische Untersuchungen sind: A. SCHREIBER, Gemeinde in Korinth, 1977; W. REBELL, Gehorsam und Unabhängigkeit, 1986. D. MITTERNACHT, Forum für Sprachlose, 1999; ders., Paul's Letter to the Galatians, 2004.

Trennung von Text und Leben kann überwunden werden, wenn man in den Texten das findet, was im Leben wirksam ist: die Deutung des Lebens.

So ist eine Bekehrung eine psychische Realität, die Bekehrungserzählung aber Bestandteil der Bekehrung. Bekehrte erinnern in ihren Bekehrungsberichten nicht nur an die große Wende ihres Lebens, sondern führen sie weiter.[480] Ebenso gehört zu einer Vision der Visionsbericht, zum Wunder der Wunderbericht, zum Traum der Traumbericht. Diese Zusammengehörigkeit von Erleben und Erzählung leuchtet vor allem ein, wenn die erlebenden und erzählenden Menschen identisch sind, wenn also z.B. Paulus selbst über seine Bekehrung berichtet (Gal 1,13–17; Phil 3,4–11) oder von seiner Entrückung in den dritten Himmel erzählt (2Kor 12,1–9).

In der Traditionsliteratur wurden Berichte oft über viele Generationen hinweg immer wieder neu erzählt. Wird dabei das ursprüngliche Erleben nicht undeutlich und nur verzerrt widergegeben? Entwickelt die Überlieferung nicht eine Eigendynamik? Umso mehr stellt sich dann die Frage: Warum haben sich manche Traditionen in dieser Eigendynamik des Tradierens durchgesetzt und andere nicht? Hier setzt die kognitive Religionspsychologie an: Was sich in der Religion durchsetzt, muss kognitiven Strukturen im Menschen entsprechen, um sich dem Gedächtnis einzuprägen. Die Memorabilität von Vorstellungen und Praktiken basiert auf einer Verbindung von Auffälligem und Selbstverständlichem: Extrem auffällig sind kontraintuitive Verstöße gegen unsere Alltagsontologie. Wir unterscheiden in ihr Lebewesen und Sachen, differenzieren zwischen Pflanzen, Tieren und Personen. Religiöse Vorstellungen verletzen diese Alltagsontologie und ziehen deswegen Aufmerksamkeit auf sich. Nehmen wir als Beispiel die Jungferngeburt. Sie steht im Widerspruch zu unserem Wissen um die Biologie von Personen. Deswegen lässt sie aufhorchen. Von dieser Jungferngeburt wurde in vielen Generationen aber immer wieder erzählt, weil sie auch in ein Netzwerk evidenter Vorstellungen und Wertungen eingebettet ist.[481] Die Erzählungen von Jesu Geburt aus Maria verbinden die Anziehungskraft der sexuellen Unberührtheit eines Mädchens mit der allen Menschen vertrauten Sehnsucht nach Geborgenheit bei einer Mutter. Diese Beobachtung lässt sich verallgemeinern. Generell sind in religiösen Überlieferungen folgende Motive einleuchtend.

Evident ist (1), was allgemeinen anthropologischen Strukturen entspricht, die eine evolutionäre Psychologie für alle Menschen nachgewiesen hat, etwa die Vorstellung von Handlungsträgern mit übernatürlicher Macht.

Evident sind (2) Muster des Denkens und Verhaltens, wie sie die Kulturanthropologie für bestimmte Kulturen nachgewiesen hat, z.B. die Steuerung des Verhaltens durch *shame and honour* oder das Leben in *patron-client*-Beziehungen in der Antike.

Noch spezifischer sind (3) die von der *Sozialgeschichte* herausgearbeiteten geschichtlichen Muster des Denkens und Verhaltens in bestimmten Gruppen und

---

480 P. STROMBERG, Language and Self-Transformation, 1993, 14–16, betrachtet die „conversion narrative as performance".

481 Zur kognitiven Religionswissenschaft vgl. P. BOYER, Religion Explained, 2001; I. PYYSIÄINEN, How Religion Works, 2001. Grundlegend für die Anwendung des kognitiven Ansatzes in der Exegese ist: I. CZACHESZ, Cognitive Science, 2017. Vgl. ferner: I. CZACHESZ/G. THEISSEN, Kognitive Ansätze in der Exegese, 2017.

Subkulturen, z.B. die Bedeutung von Liebe und Demut in jüdischen und christlichen Gruppen.

Alles, was sich in den urchristlichen Texten erhalten hat, ist durch viele Filter hindurchgegangen. Diese Filter, d.h. die eben erwähnten anthropologischen, kulturspezifischen und gruppenspezifischen Muster, können durch eine historische Religionspsychologie erhellt werden. Hin und wieder aber kann gerade ein kognitiver Ansatz die Erlebnisechtheit von Texten wahrscheinlich machen. So ist der Verdacht unbegründet, Texte, die von mystischen Erfahrungen berichten, seien Schreibtischmystik, niedergeschrieben nach literarischen Mustern ohne Erlebnisechtheit. Die Neurowissenschaften haben gezeigt, dass den mystischen Erzählungen reale Erlebnisse zugrunde liegen. Dies gilt nicht nur für mystische Zuständen, sondern auch für andere Formen eines veränderten Bewusstseinszustandes (eines *altered state of consciousness = ASC*). Selbst wenn einzelne Erzählungen von solchen abweichenden Bewusstseinszuständen eindeutig literarisch komponiert sind, greifen sie auf reale Erlebnisse zurück. Dies führte dazu, dass visionäre Erlebnisse, die von der Taufe Jesu, von seiner Verklärung oder seinen Ostererscheinungen berichten, neu bewertet wurden.[482] Wenn man die Visionsberichte im Neuen Testament mit Visionsberichten der Gegenwart vergleicht, kommt man in der Tat zum Ergebnis: Diese Visionsberichte sind erlebnisecht.[483] Gerade das wirft ein neues Problem auf: Wird hier nicht vorschnell von der Gegenwart auf die Vergangenheit zurückgeschlossen und die Distanz zwischen Vergangenheit und Gegenwart übersprungen?

3.3 Die dritte Herausforderung: Die Distanz zwischen Vergangenheit und Gegenwart

Der Anachronismusverdacht richtet sich zwar im Prinzip gegen alle exegetischen Fragestellungen, stellt sich aber besonders bei der psychologischen Exegese, weil wir beim Verstehen fremden Erleben und Verhaltens unwillkürlich vom eigenen Erleben und Verhalten ausgehen – auch da, wo wir die Fremdheit einer anderen psychischen Welt bewusst erkennen und anerkennen wollen. Dabei kann man verschiedene Formen von Anachronismus unterscheiden: den naiven, den kontrastiven, den generalisierenden und den kontrollierten Anachronismus:[484]

Der *naive* Anachronismus projiziert die eigene Welt in die vergangene Welt und formt sie nach dem eigenen Bild um. So hat man lange Zeit Jesus im Lichte des Geniegedankens wahrgenommen. Das Genie entzieht sich traditionellen Regeln, aber hat die Kraft, neue Regeln im Gegensatz zu seiner Umwelt durchzusetzen.[485] Der große Neutestamentler W. Bousset deutete in diesem Sinne Jesus als Genie und gab seiner Darstellung den Titel: „Jesu Predigt in ihrem Gegensatz

---

[482] J. PILCH, Ereignisse, 2003. S. VOLLENWEIDER, Außergewöhnliche Bewusstseinszustände, 2007; P. CRAFFERT, Neutestamentliche Forschung, 2007.
[483] Vgl. PH.H. WIEBE, Visions of Jesus, 1997.
[484] Das Folgende nach G. THEISSEN, Antike Psychologie und Anachronismusverdacht, 2011, 159–168; P. V. GEMÜNDEN, Ansätze zur psychologischen Auslegung, 2010, 161–176.
[485] Vgl. J. SCHMIDT, Geschichte des Genie-Gedankens I/II, (1985) ^{3}2004.

zum Judentum".[486] Zwar wurde durch diesen Anachronismus das Bild Jesu lebendig, aber es geriet in einen historisch falschen Gegensatz zum Judentum. Auch wenn der Geniegedanke nicht mehr Hochkonjunktur hat, stellt sich das Problem auch heute. Manches, was früher einer „genialen Persönlichkeit" zugeschrieben wurde, gilt heute als Ausstrahlung von „Charismatikern", die andere Menschen ohne formale Machtmittel überzeugen. Zwei weitere Formen von Anachronismen, der kontrastive und der generalisierende Anachronismus, entstehen paradoxerweise gerade dadurch, dass man den naiven Anachronismus vermeiden will.

Der *kontrastive* Anachronismus macht die Vergangenheit zu einem Kontrastbild der Gegenwart, begibt sich aber eben damit in „Gegenabhängigkeit" von der modernen Zeit. Dazu neigt die „Historische Psychologie des Neuen Testaments" von K. Berger, die eine Übernahme moderner psychologischer Theorien ablehnt.[487] Programmatisch heißt es im Vorwort: „Ziel dieses Buches ist es auch, allen Psychologen oder denen, die sich dafür halten, einen direkten und ungenierten Zugriff auf das Neue Testament unmöglich zu machen. Oder positiver formuliert: Es geht darum, die psychologischen Eigenaussagen der Bibel als ebenso interessant und wichtig wie mit neuzeitlichen Ansichten unverrechenbar darzustellen".[488] Freilich passt diese historische Psychologie allzu gut in eine postmoderne Mentalität, sodass sie keineswegs frei von kontrastiven Anachronismen ist; die Antike erscheint in dieser Perspektive oft gerade das zu sein, was eine postmoderne Mentalität der Modernen entgegensetzt.

Auch der *generalisierende* Anachronismus geht von einem sehr allgemeinen Bild von der Antike aus, das in Kontrast zur modernen Welt entworfen wird. Er übersieht, dass es in jeder Zeit Menschen und Erscheinungen gibt, die in ihrer Zeit „unzeitgemäß" sind. Die Gefahr von „flächendeckenden" Verallgemeinerungen ist vor allem in der kulturanthropologischen Exegese spürbar: So wird in ihr die Antike im Gegensatz zur Gegenwart als eine *shame-and-honour*-Kultur dargestellt, in der das soziale Leben durch *patrons and clients* reguliert wurde. Die moderne Kultur sei dagegen eine individualistische Schuldkultur, die sich von der Außensteuerung durch *shame and honour* und von Patronatsbeziehungen freigemacht habe. Dabei werden Erscheinungen in der Antike übersehen, die sich der Regulierung durch äußeres Ansehen entziehen wie z.B. die Kyniker; umgekehrt werden in der Moderne Erscheinungen unterschätzt, die nach dem Beziehungsmuster von *patron and client* (z.B. in den Netzwerken der akademischen Welt) funktionieren. Dennoch hat die kulturanthropologische Exegese mit ihren schematischen Entgegensetzungen zweifellos für Verhaltensmuster sensibilisiert, die oft zu schnell übersehen wurden.

Der *kontrollierte* Anachronismus nutzt gerade die Verschiedenheit von damals und heute als Erkenntnischance. Denn die (*etischen*) Kategorien, mit denen wir Fremdes analysieren, werden sich immer von den (*emischen*) Kategorien unterscheiden, mit denen fremde Kulturen sich selbst auslegen. In allen methodisch

---

486 W. Bousset, Jesu Predigt, 1892. W. Bousset folgte Thomas Carlyle in seiner Verehrung großer Heroen und Genien. Zur Bedeutung des Helden- und Genieideals in der Jesusforschung vgl. G. Theissen/D. Winter, Kriterienfrage in der Jesusforschung, 1997, 45–58.

487 K. Berger, Historische Psychologie, 1991.

488 K. Berger, Historische Psychologie, 1991, 9.

reflektierten und disziplinierten Verfahren ist daher ein „kontrollierter" Anachronismus enthalten.[489] Darüber hinaus gilt: Jedes Vorverständnis enthält „Vorurteile". Aber sie können auch erschließende Kraft haben, wie H.-G. Gadamer gezeigt hat.[490] Ohne sie wird kein historischer Gegenstand verständlich. Jede Belebung der Vergangenheit enthält ein Element unseres eigenen Lebens.

Die Berufung auf diesen großen Philosophen der Hermeneutik und die Unterscheidung zwischen verschiedenen Arten von Anachronismus bewahren uns freilich nicht vor anachronistischen Fehlleistungen. Jede Zeit neigt dazu, die Vergangenheit so zu interpretieren, dass sie entweder im Grunde das sagt, was sie selbst schon immer sagen wollte – oder lässt sie genau das sagen, was man meint, überwunden zu haben. Immer presst man die Vergangenheit als Abbild oder Gegenbild in Formen der Gegenwart. So gibt es auch den Verdacht, dass schon ein psychologischer Deutungsrahmen eine anachronistische Vergewaltigung der biblischen Religion ist. Das führt zu unserem nächsten Punkt.

3.4 Die vierte Herausforderung: Die Distanz zwischen Gegenstand und Deutungsrahmen

Der harte Kern des „theologischen Antipsychologismus" ist die These, dass Gegenstand und Untersuchungsmethode einander widersprechen: Wer die Religion als psychisches Phänomen untersuche, zerstöre ihren Geltungsanspruch. Die psychologische Religionskritik scheint diesen Vorwurf zu bestätigen. Manche erhoffen von ihr die ultimative Entlarvung der Religion. Verliert eine Religion mit ihrem Mysterium nicht auch ihre Macht? M. Leiner hat in seiner Grundlegung einer textpsychologischen Exegese die wichtigsten grundsätzlichen Einwände gegen eine psychologische Exegese zusammengestellt, die ich hier manchmal in etwas anderer Formulierung wiedergebe:[491]

- Psychologische Bibelauslegung steht im Gegensatz zum Selbstverständnis der auszulegenden Texte. Sie ist eine Sicht von außen, nicht von innen.
- Psychologische Bibelauslegung ist als Erklären Gegensatz zum Verstehen: Psychologie reduziert Individuelles und Geschichtliches auf Allgemeines.
- Psychologische Bibelauslegung erfasst nicht das Geheimnis des persönlichen Lebens, das sich nur erschließt, wenn man sich ihm öffnet: Liebe versteht nur, wer selbst liebt.
- Psychologische Auslegung verkennt die ‚Nicht-Weltlichkeit des menschlichen Seins'. Menschliche Existenz ist kein objektivierbarer Gegenstand, sondern der subjektive Grund jeder Objektivierung.
- Psychologische Interpretation steht in Gegensatz zu einem hörenden Verstehen. Sie immunisiert gegenüber dem, was der Text von sich hersagt.
- Psychologische Exegese missversteht den Glauben als Zustand des Bewusstseins. Ein psychologisch gedeuteter Glaube bleibt in einer Bewusstseinsimmanenz gefangen.

---

[489] Auf den Begriff „kontrollierter Anachronismus" hat mich P. v. Gemünden aufmerksam gemacht. Vgl. N. LORAUX, Éloge de l'anachronisme, 1993/2012.

[490] H.-G. GADAMER, Wahrheit und Methode, 1960, 261–275: „Vorurteile als Bedingungen des Verstehens".

[491] Wörtlich zitiert nach M. LEINER, Psychologie und Exegese, 1995, 53–55.

Zu diesen Argumenten ist zu sagen: Jede wissenschaftliche Auslegung widerspricht dem Selbstverständnis antiker Texte, auch die existenziale Auslegung. Die biblischen Autoren wollten nicht ihr Selbstverständnis formulieren, sondern eine empfangene Botschaft weitergeben. Richtig ist ferner: Die Psychologie steht methodisch zwischen Erklären und Verstehen. Aber eben deswegen gibt es auch Strömungen in der Psychologie, die ein biographisches Verstehen der individuellen Person intendieren und allgemeine Kategorien dabei als Hilfe zur Beschreibung von Individualität verstehen.[492] Die Sorge, dass eine wissenschaftliche Analyse das Lebensverhältnis zur Sache zerstört, ist so wenig überzeugend wie die Befürchtung, man könne durch Sexualwissenschaft die Lebensmacht der Sexualität beseitigen. Wir haben uns zwar in der modernen Welt an die Vorstellung gewöhnt, dass wir das, was wir wissenschaftlich durchschauen, auch beherrschen können. Aber diese szientistische Erwartung gilt nicht einmal für die Naturwissenschaften! Wir werden das Weltall auch dann nicht beherrschen, wenn wir es physikalisch auf seine Grundformeln zurückgeführt haben! Noch weniger gilt dies für die Geisteswissenschaften. Richtig ist, dass Liebe besser versteht, wer selbst liebt. Aber das Wunder des Verstehens besteht gerade darin, dass wir verstehen können, was uns fern ist. Ein Kriminalbeamter muss nicht kriminell sein, um Kriminelle zu verstehen. Richtig ist ferner, dass menschliches Leben nicht restlos „objektivierbar" ist. Die Formel von der „Nicht-Objektivierbarkeit" meint freilich Verschiedenes.

- *Die Nicht-Objektivierbarkeit des Zeitmoments*: Leben verändert sich so schnell, dass wir es nie auf einen Zustand fixieren können. Objektivierende Erkenntnis schreibt das Leben in einem vorübergehenden Zustand fest.
- *Die Nicht-Objektivierbarkeit des Existenzentwurfs*: Leben besteht in offenen Entscheidungen und Möglichkeiten. Objektivierende Erkenntnis erfasst nur das, was faktisch ist, nicht aber den Hohlraum möglicher Existenz.
- *Die Nicht-Objektivierbarkeit der Erkenntnisrelation*: Der Mensch, der das Leben erforscht, ist selbst Teil dieses Lebens. Die Anteilhabe des Ichs an dem, vorauf es sich bezieht, überwindet die „Subjekt-Objekt-Spaltung".

Vielleicht ist das gewichtigste theologische Argument gegen eine psychologische Exegese die Tendenz der Psychologie, alle menschlichen Akte als subjektimmanente Vorgänge zu deuten. Aber das lässt sich durch einige grundlegende psychologische Erkenntnisse korrigieren: Menschliches Bewusstsein ist durch *Intentionalität* gekennzeichnet. Unser Sehen, Denken, Wollen ist auf etwas gerichtet, das nicht mit dieser Intention identisch ist. Wir wissen nicht, ob der intendierte „Weg nach draußen" zum Ziel führt; sicher aber ist, dass wir diesen Weg nach draußen intendieren. Und umgekehrt ist alles, was uns im Innern bewegt, von außen mitbestimmt. So ist z.B. unser Gewissen Niederschlag der Stimme unserer Eltern, unserer Erzieher und unseres Milieus. Wie sind auch in dieser Hinsicht *Beziehungswesen*.

---

[492] So der biographische Ansatz von H. THOMAE, Individuum und seine Welt, 1968.

Ein weiterer Grund für die Skepsis gegenüber der textpsychologischen Exegese könnte darin liegen, dass man bisher nur einzelne Texte psychologisch ausgelegt hat: z.B. ein Gleichnis wie das vom „Verlorenen Sohn“[493], den in Röm 7 geschilderten inneren Konflikt[494] oder Aussagen über die Glossolalie.[495] Aber es fehlen Interpretationen ganzer Schriften. Deswegen haben Petra von Gemünden und ich den Römerbrief als Ganzschrift psychologisch ausgelegt.[496] Wenn sich der Römerbrief einem psychologischen Zugang erschließt, hofften wir, die exegetische Fachwelt davon zu überzeugen, dass diese Fragestellung nicht nur bei ausgewählten Texten zufällig fruchtbar ist. Diese Römerbriefauslegung legt sich nicht von vornherein auf eine bestimmte psychologische Theorie fest. Denn sie will ein Beitrag zu einer wissenschaftlich fundierten *Psychologie* urchristlicher Texte sein. Die Psychologie besteht wie jede Wissenschaft aus konkurrierenden Ansätzen. Unsere Römerbriefauslegung wird nicht nur an ausgewählten Textstellen durchgeführt, sondern legt diese theologische und abstrakteste Schrift des Neuen Testaments als Ganze aus. Sie ist eine *text*-psychologische Exegese. Sie interpretiert den Römerbrief im Rahmen seiner geschichtlichen Situation und unterscheidet dabei deutlich zwischen Auslegung und Applikation. Sie ist eine *historische* Psychologie. Der Römerbrief ist bestens geeignet, der Psychologie in der Exegese ein Heimatrecht zu geben. Denn diese Schrift war theologiegeschichtlich immer bei Umbrüchen und Neuanfängen relevant. Ändert sich etwas in der Auslegung des Römerbriefs, so ändert sich (zumindest im Protestantismus) etwas in Theologie und Kirche überhaupt. Ein gelösteres Verhältnis der Theologie zur Psychologie wäre ein Gewinn. Um dieses Verhältnis zu entspannen, gehe ich in einem letzten Teil nicht von psychologischen Theorien aus, sondern von der Psychologie in unseren Alltagsgesprächen aus und erläutere das jeweils mit einem Beispiel aus der Exegese des Römerbriefs.

---

493 E. SCHWEIZER, Evangelium nach Lukas, [18]1982, 166, deutet das Gleichnis als Ausdruck eines Vaterkonflikts im Lichte des psychoanalytischen Ödipus-Komplexes. Beide Söhne durchlaufen diesen Konflikt, aber der Vater des Gleichnisses überwindet ihn im Verhältnis zu beiden Söhnen. M.A. TOLBERT, The Prodigal Son, 1977. Zu beiden Auslegungen M. LEINER, Psychologie und Exegese, 1995, 273f und 274–281. Eine m.E. gelungene, streng textpsychologische Deutung bringt: A. INSELMANN, Affektdarstellung, 2007.

494 G. THEISSEN, Psychologische Aspekte, 1983, 181–268.

495 G. THEISSEN, Psychologische Aspekte, 1983, 269–340.

496 G. THEISSEN/P. V. GEMÜNDEN, Römerbrief, 2016.

4 Drei Dimensionen einer psychologischen Exegese. Entwurf eines alltagspsychologisch fundierten Konzepts

Wenn die Emotionsforschung die Exegese für psychologische Ansätze geöffnet hat, weil Emotionen nach unserem vorwissenschaftlichen Vorverständnis zur Psychologie gehören, so kann man daraus lernen: Was in unserem Alltagswissen als Psychologie Eingang gefunden hat, wird auch für ein psychologisches Verstehen von Texten akzeptiert. Wofür wir in unserem Alltag Augen haben, das sehen wir auch in der Vergangenheit. Daher versuchen wir im Folgenden die Fragestellung einer psychologischen Exegese aus der Situation alltäglichen Verstehens zu entwickeln und gehen dabei von einer Hochschullehrern vertrauten Situation aus: In unsere Sprechstunde kommt ein uns unbekannter Student zur Vorbereitung einer Prüfung in meinem Fach. In mehrfacher Hinsicht fordert er von uns psychologisches Verstehen.

4.1 Die kommunikative Dimension der Sprache: Welches Erleben und Verhalten will ein Text bei seinen Adressaten bewirken?

Wir fragen uns: Welche Absicht verfolgt der Student? Will er Hinweise zur Examensvorbereitung? Will er uns vielleicht das Thema entlocken, das in der Examensklausur bearbeitet wird? Oder will er sich nur davon überzeugen, dass der Prüfer harmlos ist? Die wahre Absicht einer Mitteilung kann von den manifesten Absichten abweichen. Sie zielt immer darauf, dass der Angeredete etwas tun soll – als Minimalziel, dass er eine Mitteilung zur Kenntnis nimmt, als Normalziel, dass er in einer bestimmten Weise reagiert. Im Extremfall ist es ein Hilferuf oder ein Dank. Wir können daher sagen: *Jede sprachliche Äußerung hat eine appellative oder kommunikative Dimension. Sie will einen Adressaten zu etwas bewegen. Psychologisches Verstehen besteht darin, diese kommunikative Absicht eines Textes zu erfassen, auch dann, wenn sie mit der manifesten Intention nicht identisch ist.*

Die erste Aufgabe psychologischen Verstehens wäre bei der Auslegung des Römerbriefs danach: Was will Paulus bei seinen Adressaten erreichen? Will er nur seine Theologie vorstellen oder will er die römische Gemeinde für sein Missionswerk gewinnen? Will er in einem gemeindeinternen Streit zwischen Starken und Schwachen vermitteln (Röm 14,1–15,7)? Ist der Brief auch an Nebenadressaten gerichtet? Denkbar wäre die korinthische Gemeinde, bei der er zu Besuch ist, als er den Römerbrief verfasste.[497] Denkbar wäre auch die Gemeinde in Ephesus, die er auf seiner bevorstehenden Reise nach Jerusalem (noch vor Rom) besuchen wird. Denkt Paulus also noch an weitere Gemeinden als Adressaten? Denn der Römerbrief steht an der Schwelle zur urchristlichen Publizistik, die sich an eine begrenzte Öffentlichkeit wendet. Diese „Einleitungsfragen" enthalten viele psychologische Aspekte. Um sie zu erfassen, müssen wir nicht elaborierte psychologische Theorien heranziehen. Hin und wieder aber kann auch das sinnvoll sein, wenn wir auf etwas Ungewöhnliches stoßen: Paulus definiert im Römerbrief die Identität der neu entstehenden christlichen Gemeinden dadurch, dass

[497] CH. HARTWIG/G. THEISSEN, Die korinthische Gemeinde als Nebenadressat, 2004, 229–252.

sie traditionelle ethnische Grenzen durchbrechen will. Eine transethnische Identität ist etwas Neues. Daher können uns Theorien über soziale Identität beim Verstehen des Römerbriefs helfen.[498]

Appellative Funktion haben erst recht die präskriptiven Aussagen in den Paränesen (Röm 12,1–15,7). Ihre Aufforderungen spiegeln natürlich nicht das reale, sondern das geforderte Verhalten der Gemeinde wider, sind aber in sich ein psychologisches Faktum. Paulus muss zur Erfüllung dieser Normen motivieren. In Paränesen hat eine psychologische Exegese daher vor allem die Aufgabe, die vorwissenschaftliche Motivationspsychologie der damaligen Lebenswelt zu erfassen: Mit welchen Assoziationen, Konsequenzen und Modellen motiviert Paulus seine Leser? Das kann man mithilfe der Motivationspsychologie analysieren, besonders dort, wo wir auf etwas Ungewöhnliches stoßen: Paulus verkündigt den Freispruch des Sünders. Wie aber kann er dann noch dazu motivieren, die Sünde hinter sich zu lassen? Er selbst formuliert das als Problem (vgl. Röm 6,1.15; 7,7). Wäre es nicht sinnvoll, hier die Theorie der paradoxen Intervention heranzuziehen? Wenn wir unerwünschtes Verhalten gegen alle Erwartung positiv verstärken, können wir es manchmal effektiv bekämpfen. M.E. lässt sich die ethische Bedeutung der Rechtfertigungsbotschaft mit dieser Theorie deuten.[499] Mit der Lehre von der Rechtfertigung befassen wir uns freilich schon mit der sachlichen Dimension des Textes.

4.2 Die sachliche Dimension der Sprache: Was sagt ein Text über menschliches Erleben und Verhalten?

Wir gehen wieder von unserem Beispiel aus. Der Student kommt zu uns und trägt sein Sachanliegen vor: Er möchte über ein psychologisches Thema eine Arbeit schreiben und sich mit der emotionalen Wirkung von Bibeltexten auf den heutigen Leser beschäftigen. Im Gespräch machen wir klar, dass Psychologie nicht nur Emotionen untersucht, sondern auch Denken, Wahrnehmen und Handeln und dass sich die historische Psychologie weniger mit dem gegenwärtigen Leser befasst als mit dem Sinn der Texte in der Antike. Der Student fordert explizit unser Wissen von Psychologie heraus. Allgemein gilt hier ein sehr trivialer Sachverhalt: *Jede sprachliche Äußerung hat einen Inhalt. Wenn dieser Inhalt aus psychologischen Sachverhalten besteht, ist die zweite Aufgabe psychologischen Verstehens, direkt thematisierte psychologische Sachverhalte zu interpretieren. Explizit psychologische Aussagen erfordern im Alltag psychologisches Verstehen.*

Für den Römerbrief heißt das: An einigen Stellen macht der Römerbrief explizit psychologische Aussagen über den Menschen. Er schildert dreimal den Sündenfall des Menschen, im ersten Kapitel als allgemeine Abkehr *aller Menschen* von Gott (Röm 1,18–32). Durch Abkehr von Gott hat sich das Herz aller Menschen verfinstert und wurden ihre Gedanken nichtig. Paulus beschreibt dies mit ihm vertrauten psychologischen Begriffen so, dass sich Juden wie Heiden darin wiedererkennen können. In Röm 5,12–29 greift er dagegen auf die biblische Sündenfallgeschichte zurück. Er stellt *Adam* als Gegenbild zu Christus dar,

---

498 PH. ESLER, Conflict and Identity in Romans, 2003.

499 Vgl. G. THEISSEN, Paradoxe Grenzüberschreitungen, 2017, 235f.

schweigt aber von Eva, die bei Christus als neuem Adam keine Entsprechung hat. Dabei bringt er einen psychologisch interessanten Gedanken: Das Kommen des Gesetzes habe die Sünde gesteigert (Röm 5,20). In Röm 7,7–25 tritt schließlich an die Stelle aller Menschen und Adams ein *typisches Ich,* das von seinem Scheitern am Gesetz Gottes erzählt. Dieser Text steht in der Tradition antiker psychologischer Selbsterhellung. Er beschreibt die innere Spaltung des ‚Ichs', die Kluft zwischen Wollen und Vollbringen und die Zerrissenheit des Menschen. Röm 7 ist ein Paradefall für psychologische Exegese. Es ist schon immer aufgefallen, dass die Drei-Instanzen-Lehre der Psychoanalyse von Es, Ich und Über-Ich sachlich vergleichbar ist. Dem ES entspricht das Fleisch", dem ICH das „Ego", dem ÜBER-ICH das „Gesetz". Wie das Über-Ich in der Psychoanalyse ambivalent ist – es vertritt hilfreiche soziale Normen und zugleich deren unterdrückende Macht, so auch das Gesetz bei Paulus: Es spaltet sich auf in ein Gesetz, dem die Vernunft zustimmt, und ein Gesetz in den Gliedern, das diesem Gesetz widerspricht. Insgesamt gilt: Der Römerbrief ist voll von psychologischen Reflexionen, die man nur verstehen kann, wenn man sie auf dem Hintergrund der antiken Psychologie versteht! Paulus aber will in ihm keine psychologische Abhandlung schreiben, sondern er stellt sich selbst einer ihm unbekannten Gemeinde vor. Er sagt dabei direkt und indirekt sehr viel über sich selbst. Auch das ist Gegenstand psychologischer Exegese, was zum nächsten Punkt führt.

4.3 Die expressive (oder biographische) Dimension der Sprache: Was verrät ein Text über das Erleben und Verhalten seines Autors?

Noch einmal greifen wir auf unsere Gesprächssituation zurück. Der Student in unsere Sprechstunde sagt, er möchte eine Seminararbeit schreiben, um sie zu einer Doktorarbeit auszubauen. Vielleicht fügt er hinzu: „Kollege XY hat mir eine Doktorarbeit angeboten, aber ich möchte sie bei Ihnen schreiben. Ich finde Ihre Bücher ausgezeichnet". Damit sagt er viel über sich selbst. Die manifeste Botschaft lautet: „Ihre Bücher sind gut", die latente Botschaft aber ist: Sie müssen mich gut finden, weil ich Ihre Bücher gut finde! Wir werden also nicht nur auf das hören, *was* er sagt, sondern auch auf das, was er indirekt über sich aussagt. Viele meinen sogar, solch ein Verstehen von Äußerungen auf persönliche Nebentöne hin sei Inbegriff psychologischen Verstehens: Psychologie setze immer dort ein, wo Menschen von der Sachaussage umschalten auf das, was Menschen mit ihr indirekt über ihre Person aussagen. Wenn wir das verallgemeinern, kann man sagen: *In jeder sprachlichen Äußerung bringt der Sprecher etwas über sich selbst zum Ausdruck. Psychologisches Verstehen hört diese oft unwillentlich mitgeteilten „Ich-Botschaften" heraus und erhellt damit die expressive Dimension der Sprache.*

Auf den Römerbrief bezogen heißt das: Paulus beginnt und endet den Römerbrief mit individuellen Ich-Aussagen. Am Anfang des Briefs stellt er sich als Beauftragter des Weltenherrn mit einer universalen Botschaft vor. Am Ende erfahren wir in Röm 15,30–32, dass er Todesangst hat: Paulus fürchtet um sein Leben, wenn er nach Jerusalem reist, um dort die Kollekte zu überbringen. Dies wirft ein neues Licht auf alle seine bisherigen Aussagen, in denen er vom Tod spricht, etwa, wenn er mit Ps 43,23^{LXX} in Röm 8,36 klagt: „Um deinetwillen werden wir den ganzen Tag getötet. Wir sind geachtet wie Schlachtschafe".[500]

Individuelle Ich-Aussagen leiten ferner jedes der drei Kapitel in Röm 9–11 ein und signalisieren eine hohe Ich-Beteiligung (ein *Ego-Involvement*) in diesen Kapiteln. Könnten diese einleitenden Ich-Aussagen, in denen er sich betont als Israelit stilisiert (Röm 11,1) ein Hinweis dafür sein, dass wir die Aussagen über Israel in Röm 9–11 immer auch als Aussagen über den Israeliten Paulus verstehen dürfen?[501] Paulus psychologisch zu verstehen, heißt auch, ihn durch das verstehen, was er von sich selbst sagt. Dabei können wir teils direkte Ich-Aussagen wie im Briefrahmen und in kurzen Passagen im Israelteil Röm 9–11 auswerten, teils indirekte Aussagen in Form eines typischen „Ichs", das in Röm 7 über menschliches Schicksal im Allgemeinen nachdenkt, teils auch durch das, was er über Israel und damit implizit über sich als Israeliten sagt.[502]

Der Römerbrief gilt oft als eine theologische Abhandlung voll abstrakter Gedanken. Aber man kann ihn auch als ein sehr persönliches Bekenntnis des Paulus lesen, in dem er sein Leben reflektiert. Denn die Reihenfolge der Themen im Römerbrief spiegelt seine Entwicklung von seiner vorchristlichen Zeit bis in die Gegenwart wider. Paulus entfaltet retrospektiv vier Heilslehren genau in der Reihenfolge, in der sie in seinem Leben wichtig geworden waren:

- Dass Heil aufgrund von Werken möglich ist (Röm 1,18–3,20), glaubte er in seiner „vorchristlichen" Zeit.
- Dass Heil allein aufgrund von Glauben bewirkt wird (Röm 3,21–5,21) – diese Erkenntnis verdankt er seiner Bekehrung.
- Dass Heil in einer Verwandlung besteht (Röm 6,1–8,28), ist eine Vertiefung seiner Heilslehre aufgrund von Erfahrungen in seiner Mission: Heiden mussten sich verwandeln, wenn sie Christusanhänger wurden.
- Dass alles Heil letztlich in der Erwählung durch Gott begründet ist und auch seine Gegner in Israel umfasst (Röm 9–11), entwickelt er als letzte Heilslehre angesichts seiner bevorstehenden Jerusalemreise, auf der er direkt mit Israel konfrontiert wird.

Am Ende ist Paulus in seiner Gegenwart angelangt. Paränese und Briefschluss (Röm 12,1–15,33) behandeln Aufgaben, die in der Zukunft vor ihm in Jerusalem und Rom liegen. Insgesamt aber ist der Römerbrief eine Retrospektive der theologischen Entwicklung des Paulus.

Unser Fazit ist: Wir können viele psychologischen Aspekte der neutestamentlichen Texte mit unserer „Alltagspsychologie" verstehen. Dabei verwenden wir die psychologischen Begriffe, die inzwischen aus der Wissenschaft in unsere Alltagssprache eingewandert sind. Es wäre allzu trivial, das jedes Mal durch differenzierte psychologische Theorien zu erklären.[503] Aber wir wollten uns bewusst sein: Auch dann interpretieren wir psychologisch im Rahmen einer vorwissen-

---

[500] P. v. GEMÜNDEN, Todesangst des Paulus, 2013.
[501] G. THEISSEN, Röm 9–11 als Auseinandersetzung des Paulus mit Israel und mit sich selbst, 2002.
[502] G. THEISSEN, Gesetz und Ich, 2006.
[503] Es könnte dennoch sinnvoll sein, einmal ganz elementare Auslegungen psychologisch durchsichtig zu machen, um die Präsenz von Psychologie in allen Akten der Auslegung nachzuweisen – auch dort, wo wir auf keine entwickelten psychologischen Theorien zurückgreifen müssen.

schaftlichen Psychologie. Außerdem stoßen wir oft auf außergewöhnliche Phänomene. Dann ist es unvermeidlich, sie mit wissenschaftlichen psychologischen Theorien zu deuten.

Dass wir mit solch einer Anwendung unseres psychologischen Wissens auf neutestamentliche Texte eine theologische Deutung der Texte verlassen, ist ein Vorurteil. Die Ergebnisse der psychologischen Exegese sind in verschiedene Richtungen offen – sowohl für eine religionskritische Auswertung als auch für eine theologische Lektüre. Sicher aber ist: Eine theologische Exegese des Neuen Testaments kann auf eine psychologische Dimension nicht verzichten. Wenn Gott und Mensch in Kontakt treten, wird davon der *ganze* Mensch erfasst, sein Bewusstsein und das Unbewusste in ihm. Auch wird der Mensch in eine Beziehung zu *allen* Menschen gesetzt: Alle Menschen sind seine Mitkreaturen. Beides entspricht dem Doppelgebot der Liebe. Das erste Gebot bezieht sich ausdrücklich auf das ganze Leben des Menschen. Er soll Gott mit ganzem Herzen, ganzer Seele (*psyché*) und allen seinen Kräften lieben. Hier enthält der Bibeltext indirekt die Aufforderung, auch beim Verstehen der Bibel die *psyché* miteinzubeziehen. Es handelt sich dabei nicht um eine in sich eingeschlossene „Seele“, sie lebt in Beziehungen zu externen Größen: in Beziehung zu Gott und zum Mitmenschen. Dem entspricht die Suche nach einer doppelten Texttranszendenz. Eben diese doppelte Transzendenzbeziehung ist das Thema des Römerbriefs: Wie kann der Mensch dem einen und einzigen Gott gerecht werden und sich mit seinem ganzen Dasein so verwandeln, dass er auch seinen Mitmenschen gerecht wird, ohne sich gegen sie abzugrenzen? Wer meint, diese theologischen Dimensionen in seiner Auslegung ohne Psychologie erfassen zu können, der irrt. Wer psychologische Exegesen mit theologischem Pathos abwertet, hat die Bibel nicht auf seiner Seite, sondern kultiviert ein Vorurteil, das sich zwar auf große Namen berufen kann, aber dennoch ein Vorurteil ist. Zu einer schriftinspirierten Theologie gehört Psychologie.

11 Religionswissenschaft: Außen- und Innenperspektive als komplementäre Sichtweisen[504]

Theologen und Religionswissenschaftler haben heute eins gemeinsam: Beiden scheint ihr Forschungsgegenstand abhanden zu kommen. Theologen entwickeln eine Theologie ohne Gott, Religionswissenschaftler eine Religionswissenschaft ohne Religion.[505] Es macht den Anschein, als befänden sich beide auf der Flucht vor ihrem Gegenstand. Ist er ihnen unheimlich geworden? Oder zu schwer vermittelbar? Übereinstimmend suchen auf jeden Fall einige Religionswissenschaftler ihr Heil darin, ihr Fach als Kulturwissenschaft neu zu definieren.

1 Theologie und Religionswissenschaft als Kulturwissenschaft?

Einige Theologen haben einen vergleichbaren Traum, Theologie könne als Kulturwissenschaft eine neue Funktion in der Gesamtgesellschaft erhalten. Sie soll die religiöse Kultur der Gegenwart untersuchen, in jeder Unterbrechung alltäglicher Erfahrung Spuren der Transzendenz aufleuchten lassen und das Christentum als Teil einer pluralistischen Gesellschaft verständlich machen. Dadurch wollen sie plausibel machen, warum sie an Universitäten gelehrt werden solle. Steuerzahler sind eher bereit, ihr Geld für die Erforschung der Kultur auszugeben als für die Kultivierung der Religion. Grundsatzdebatten über Theologie und Religionswissenschaft sind insofern auch Teil eines Verteilungskampfes um Geld und Stellen.

Aber auch die Religionswissenschaft wird heute als Kulturwissenschaft konzipiert.[506] Der Begriff „Religion“ erscheint zu eng, wenn man darunter die Verehrung von Gottheiten versteht. Damit erfasst man weder Religionsformen wie Animismus und Dynamismus, noch den Urbuddhismus, den man auch als atheistische Religion interpretieren könnte, erst recht nicht religionsäquivalente Bewegungen wie den Nationalsozialismus und Kommunismus, die mit schroffer Religionskritik aufgetreten sind. Auch Bewegungen wie die Scientology lassen sich schwer klassifizieren. Wieder tun sich zwei Alternativen auf: Entweder betrachtet man Religion als eine Dimension in der *gesamten* Kultur, die sich nur in Europa in Unterscheidung von der allgemeinen Kultur entwickelt hat (D. Sabbatucci)[507], oder man definiert sie als ein *Teilsystem* der Kultur (G. Ahn).[508]

Dass man die Legitimität von Theologie und Religionswissenschaft dadurch sichern will, dass man sie als Kulturwissenschaft konzipiert, könnte sich freilich

---

[504] Überarbeitete Form von: G. THEISSEN, Theologie und Religionswissenschaft. Gegenseitige Inspiration und Irritation zweier komplementärer Wissenschaften, 2005.

[505] Vgl. G. AHN, Art. Religion I, 1997, 519: „Als wissenschaftliche Klassifikationskategorie ist der Eurozentrismus ‚Religion(en)‘ inzwischen obsolet geworden, da eine konsensfähige Definition des Religionsbegriffs nicht erreichbar ist und der traditionelle europäische Religionsbegriff nicht ausreicht, um grenzwertige Phänomene der europäischen und außereuropäischen Religionsgeschichte kategorial zu erfassen und angemessen zu beschreiben“.

[506] Programmatisch in H.G. KIPPENBERG/K. V. STUCKRAD, Einführung in die Religionswissenschaft, 2003.

[507] D. SABBATUCCI, Kultur und Religion, 1988.

[508] G. AHN, Art. Religion I, 1997.

als Bumerang erweisen. Wenn beide Wissenschaften nur verschiedene Aspekte der Kultur erforschen, könnte man sie auf auf Religionssoziologie und Religionspsychologie sowie auf Regionalwissenschaften wie Amerikanistik, Indologie und Sinologie aufteilen![509] Wenn „Gott" kein lohnenswerter Gegenstand des Nachdenkens mehr ist und „Religion" kein eigenständiger Gegenstand, braucht man auf Dauer weder Theologie noch Religionswissenschaft als selbständige Wissenschaften.

2 Die komplementäre Frage nach Wahrheit und Universalität

Theologie und Religionswissenschaft sitzen daher trotz ihrer Verschiedenheit heute im selben Boot. Und das bei rauhem Seegang! Im Boot aber herrscht keine Harmonie. Die beiden Mannschaften rudern nicht im Takt. Beide richten ihren Unwillen auf Verräter in den eigenen Reihen, die sich mehr nach dem Rudertakt der jeweils anderen Mannschaft richten. Religionswissenschaftler verdächtigen ihre Kollegen als verkappte Theologen, Theologen ihre Mit-Theologen als verkappte Religionswissenschaftler.

Religionswissenschaftler wollen keine Theologen sein. Das ist verständlich, denn die Religionswissenschaft hat sich aus der Theologie heraus differenziert. Ihre Vertreter waren oft Theologen, denen die Theologie zu eng geworden war. Religionswissenschaftliche Identität wird auch durch Abgrenzung zur Theologie begründet. Wer unter Religionswissenschaftlern als Theologe verdächtigt wird, missachtet diese Differenz! Der Verdacht richtet sich vor allem gegen die Religionsphänomenologen, die davon überzeugt waren, dass das Wesen der Religion im Erleben des Heiligen besteht und eine autonome Provinz der Kultur ist.[510] Einige von ihnen stilisierten sich als Religionsstifter und Mystagogen.[511] Aber das

---

[509] H.G. KIPPENBERG/K. V. STUCKRAD, Einführung in die Religionswissenschaft, 2003, 13, wollen mit ihrem Konzept einer Religionswissenschaft als Kulturwissenschaft eine „Umleitung der kulturwissenschaftlichen Ströme in das Bett der Religionswissenschaft" bewirken. Wer aber garantiert, dass nicht umgekehrt die Ströme der Religionswissenschaft in die verschiedenen Kulturwissenschaften umgeleitet werden? Hätte nicht das Meiste, was in diesem wertvollen Buch behandelt wird, auch als „Religionssoziologie" betrieben werden können?

[510] Zur Kritik an der klassischen Religionsphänomenologie vgl. J. WAARDENBURG, Religionsphänomenologie 2000, 2000, und: A. MICHAELS, Die Religionsphänomenologie ist tot, 2001: Kritisiert werden:
(1) Eine deskriptive Sammelwut, die mit Dilettantismus im Konkreten und Theoriedefiziten im Großen verbunden sein konnte, auch wenn man anerkennt, dass die Religionswissenschaft bis heute von dieser „Sammelwut" profitiert.
(2) Die Isolierung der religiösen Phänomene von ihrem historischen, politischen und sozialen Kontext, da sie als subjektive Erlebnisse, nicht als Teil einer öffentlichen Kommunikation untersucht wurden. Die Binnenperspektive der Gläubigen wurde nicht durch die Außenperspektive des Analytikers korrigiert.
(3) Die Annahme zeitloser religiöser Erscheinungen (von Phänomenen und Wesenheiten), die als Manifestation des Heiligen kryptotheologisch verstanden wurden.
(4) Schließlich wurde die Religion von allen moralisch bedenklichen Verstrickungen gelöst dargestellt, ihre Gewalt- und Unterdrückungsgeschichte in die Fußnoten verbannt, was H.G. KIPPENBERG/K. V. STUCKRAD, Einführung, 13, mit Recht beanstanden.

[511] Vgl. die Kritik von B. GLADIGOW, Imaginierte Objektsprachlichkeit, 2000.

gilt gewiss nicht für die Vertreter der „neuen Religionsphänomenologie"[512], die darauf verzichtet, nach zeitlosen religiösen Phänomenen zu suchen, diese unhistorisch zu klassifizieren und aus ihrem sozialen und historischen Kontext zu lösen. Anstoß könnten dennoch einige an der Überzeugung der neuen Religionsphänomenologie nehmen, dass sich Religion auf eine Dimension der Wirklichkeit bezieht, die sich von sich selbst herzeigt und nicht *nur* ein Konstrukt des Menschen ist. Könnte doch ein Theologe mit ähnlichen Worten von Offenbarung als Selbsterschließung Gottes sprechen! Trotzdem handelt es sich weder bei der alten noch bei der neuen Religionsphänomenologie um Theologie. Denn beide behandeln (1) *alle* Religionen gleichberechtigt. Beide üben (2) im Vollzug ihrer Arbeit Urteilsenthaltung (Epoché) hinsichtlich der Realität und Wahrheit der von ihnen untersuchten Phänomene. Sie tun dies aus guten Gründen: Gerade, weil die Religionen exklusive Wahrheitsansprüche stellen, ist die Religionswissenschaft verpflichtet, sich ihnen zu entziehen. Nur so kann sie fair gegenüber *allen* Religionen sein. Eine Suspendierung der Wahrheitsfrage ist in der gegenwärtigen Situation für eine *universale* Religionswissenschaft unverzichtbar. Theologie ist bisher dagegen nur die Selbstdarstellung *einer* Religion gewesen. Sie fragt nach deren Wahrheit und lebt in der Erwartung, Wahrheit in ihr zu finden, mag sie auch den Vorbehalt machen, dass sich die Religion erneuern muss, um ihrer Wahrheit zu entsprechen. Theologie war bisher nicht wirklich universal. Daher ist das Eingeständnis fehlender Universalität in der gegenwärtigen Situation unvermeidlich.

Auch in der Mannschaft der Theologen gibt es viel Misstrauen. Es wendet sich gegen die Theologen, die im Verdacht stehen, im Grunde nur Religionswissenschaftler zu sein. Verdächtigt werden z.B. Exegeten, die sich als Fachwissenschaftler damit begnügen, die Religion historisch-kritisch zu untersuchen, besonders dann, wenn sie die traditionelle Methodik durch Religionssoziologie oder Religionspsychologie vertiefen wollen.[513] Manchmal wird ihnen auch der (oft unberechtigte) Vorwurf gemacht, sie wollten Transzendenz in Immanenz auflösen. Dies liegt den meisten Theologen, die historisch-kritische und humanwissenschaftliche Methoden aufgreifen, fern. Berechtigter ist der Vorwurf, dass sie durch Benutzung *allgemeiner* rationaler Methoden die Loyalität gegenüber einer *bestimmten* Religion lockern, auch wenn sie das nicht beabsichtigen. Sie ordnen ihre Loyalität gegenüber dem Christentum in eine universale Loyalität gegenüber allen Menschen ein. Denn rationale Methoden sind *allen* Menschen verpflichtet. Und doch können Vertreter einer solchen universalen Rationalität überzeugte

---

512 Eine neue Religionsphänomenologie begegnet in zwei Varianten: J. WAARDENBURG, Religionsphänomenologie 2000, 2000, 454, tritt für eine verstehende Religionsphänomenologie, die subjektive Sinndeutungen so objektiv wie möglich erforscht; W. GANTKE, Begriff des Heiligen, 1998, plädiert für eine problemorientierte Phänomenologie, die geschichtlich sich ändernde Formen des Heiligen als Antwort auf wiederkehrende Probleme deutet.

513 Warum sozialgeschichtliche Fragestellungen profanierender und destruierender sein sollen als traditionelle historische Fragestellungen, ist nicht einzusehen. Es waren neue Methoden, die nicht mit der Aura traditioneller Legitimität auftreten konnten. Daher wurde an ihnen stellvertretend die uralte Angst ausagiert, eine Analyse der Religion mit rationalen Methoden könne die Theologie auflösen.

Theologen sein. Denn sie sind als Christen in einer Religion zu Hause, die eine *universale* Bedeutung beansprucht.

Das Problem des Verhältnisses von Religionswissenschaft und Theologie lässt sich für die gegenwärtige Situation demnach so umschreiben: Die Religionswissenschaft hat ihre Stärke in der Universalität ihres Ansatzes. Sie untersucht so unvoreingenommen wie möglich *alle* Religionen und reduziert so weit wie möglich partikulare Ansätze mit ihren „Eurozentrismen“, die wir nach und nach bei der religionswissenschaftlichen Erforschung anderer Religionen aufgedeckt haben. Sie muss die Frage nach einer absoluten Wahrheit methodisch suspendieren. Die Theologie wiederum hat ihre Stärke in dieser Frage nach der Wahrheit. Sie lebt von der Hoffnung, in einer konkreten Religion die lebensbestimmende Wahrheit zu finden, bleibt jedoch partikular an diese Religion gebunden, die Gegenstand ihrer Forschungen ist. Bisher gab es Theologie in einer akademisch entwickelten und differenzierten Form fast nur im Christentum, auch wenn es verheißungsvolle Ansätze von jüdischen, islamischen, hinduistischen und buddhistischen Theologien (oder Philosophien) gibt.

Wir haben also zurzeit noch keine umfassende Wissenschaft von der Religion, die deren Universalität und die Frage nach absoluter Wahrheit verbindet. Eine solche umfassende Wissenschaft, in der sich Theologie und Religionswissenschaft komplementär ergänzen und die Universalität und die Wahrheit ihres Gegenstandes vertreten, ist eine faszinierende Utopie.

Dass wir von dieser Utopie weit entfernt sind, ergibt sich schon daraus, dass Religionswissenschaftler die unter ihnen versteckten Theologen „entlarven“ und Theologen die unter ihnen versteckten Religionswissenschaftler. Ihr Verhältnis befindet sich im Stadium einer Ehekrise. Eine Paartherapie müsste jeden Partner dazu bewegen, bei sich selbst zu akzeptieren, was er beim anderen ablehnt. Ausgangspunkt einer solchen Therapie könnte die Erkenntnis sein, dass sich beide Wissenschaften mit demselben Gegenstand beschäftigen, aber in verschiedener Weise und dass es sich dabei um komplementäre Zugangsweisen handelt, durch die sich beide ergänzen. Um diese gegenseitige Abhängigkeit zu klären, müssen wir definieren, was wir unter „Religion“, „Theologie“ und „Religionswissenschaft“ verstehen, auch wenn dies ein beinahe unmögliches Unternehmen ist.

3 Begriffsklärung: Was ist Religion? Was ist Theologie? Was ist Religionswissenschaft?

Was ist *Religion*? Es gibt keine konsensfähige Definition von Religion.[514] Die wissenschaftliche Kommunikation lebt faktisch noch immer von Vorgaben, die im 19. Jh. erarbeitet wurden.[515] Daher beansprucht die folgende Definition nur,

---

[514] In der akademischen Welt kann niemand Begriffe einfach diktieren. Wir leben als Wissenschaftler von eingespielten Verständigungen über unsere Grundbegriffe. Präzisiert man sie durch Definitionen, so kann man im Spektrum möglicher Definitionen bestenfalls Vorschläge machen, die nicht allzu extrem sind. Nur mit diesen Einschränkungen mache ich hier einen Vorschlag, Religion zu definieren.

[515] Zu den Schwierigkeiten der Definition vgl. D. POLLACK, Was ist Religion, 1995, und M. BERGUNDER, „Was ist Religion, 2011. Zur Geschichte des Religionsbegriffs vgl. E. FEIL, Religio, 1986.

dass sie im Rahmen möglicher Definitionen nicht allzu extrem, sondern ausgewogen ist: Religion besteht in kulturellen Zeichensprachen, die Lebensgewinn durch Übereinstimmung mit einer letzten Wirklichkeit verheißen.[516] Menschen nehmen mit diesen Zeichensprachen also nicht nur untereinander Kontakt auf, sondern auch mit einer umfassenderen Wirklichkeit. Die Zeichensprachen, die sie dazu benutzen, sind von ihnen selbst geschaffen. Sie gehören zur ihrer Kultur und folgen Regeln, die festsetzen, was in ihnen zulässig ist und was nicht. Sie haben eine „Grammatik" und ein „Lexikon" mit verschiedenen Zeichen- und Ausdrucksformen, von denen *Mythos*, *Ritus* und *Ethos* die wichtigsten sind. Wie in allen Zeichensprachen lassen sich dabei drei Dimensionen unterscheiden: Sie bringen *expressiv* menschliches Erleben zum Ausdruck, beziehen sich *semantisch* auf eine intendierte Wirklichkeit und wirken *pragmatisch* ins Leben hinein. Diese drei Dimensionen seien näher betrachtet.

Was bringen religiöse Zeichensprachen *expressiv* zum Ausdruck? Hier darf man mit der alten und neuen Religionsphänomenologie das Erleben des Heiligen nennen. Der Begriff des „Heiligen" ist umfassender als der Begriff von „Gott". Er umfasst auch den Animismus und Urbuddhismus, passt jedoch weniger auf moderne Ideologien, auch wenn in ihnen die Sehnsucht nach Unbedingtem weiterlebt – man denke etwa an manchen Personenkult oder manche säkularisierte Zeremonie. Bestimmte emotionale Erlebnisqualitäten kehren beim Erleben des Heiligen immer wieder: ein Ergriffensein mit ambivalentem Charakter, bei dem sich Anziehung und Abstoßung als *mysterium fascinosum et tremendum* verschränken. Die Erfahrung des Heiligen ist dabei nicht zeitlos, sondern geschichtlich und pluralistisch; sie kann sich im Laufe der Zeit tiefgreifend ändern.[517]

Worauf zielt die *Semantik* religiöser Zeichen? Sie bezieht sich auf eine Tiefendimension der Wirklichkeit, die für unser Denken und Handeln unverfügbar ist, von der wir aber abhängig sind. Religionen interpretieren diese Tiefendimension mit Bildern und Erzählungen und haben deswegen auch eine Weltbildfunktion:[518] Sie weisen dem Menschen einen Platz im Universum zu und erzählen zu diesem Zweck *Mythen*. In der säkularen Welt hat oft die Evolutionstheorie die Funktion eines Mythos übernommen.[519] Sie ist in dieser Rolle aber weit mehr als eine wissenschaftliche Theorie, sondern wird zum Gründungsmythos einer modernen wissenschaftlichen Welt.

---

[516] G. THEISSEN, Die Religion der ersten Christen, 2000 ^{4}2008, 19. Zeichen und ihr Gebrauch sind intersubjektiv wahrnehmbar, daher können sie zum Gegenstand einer Wissenschaft gemacht werden. Sie haben eine „Außenseite" und „Innenseite", einen semantischen Sinn und eine pragmatische Bedeutung für Menschen. Beides ist nur hermeneutisch deutbar d.h. nie unabhängig vom deutenden Beobachter. Die Ausblendung der subjektiven Intentionen der Zeichenbenutzer lässt sich m.E. nicht rechtfertigen.

[517] Darin unterscheidet sich die „neue Religionsphänomenologie" von der alten. Vgl. W. GANTKE, Begriff des Heiligen, 1998, bes. 414–430.

[518] Das gilt besonders für die westlichen Religionen, während die relative Unabhängigkeit östlicher Religionen von Weltbildannahmen heute besonders attraktiv ist, weil die Religion in der westlichen Welt unter dem Einfluss der Naturwissenschaften ihre Weltbildkompetenz verloren hat.

[519] Ihre narrative Struktur und Richtungstendenz kommen dem entgegen. Aber gerade das zeigt: Religionen verlieren in der säkularen Welt ihre Weltbildkompetenz.

Welche pragmatischen Wirkungen haben religiöse Zeichensprachen? Sie begründen zunächst einmal *Riten*: Das rituelle Bedürfnis des Menschen hat die traditionellen Religionen überlebt und stabilisiert gleichzeitig diese Religionen bis heute. Hinzu kommen *ethische Folgen*: Religionen koordinieren die Handlungen von Menschen zum Guten wie zum Bösen durch Orientierung an letzten Werten. Auch ist ihre ethische Orientierungskraft oft beharrlicher als ihre Weltbildkompetenz: Christliche Werte wirken auch dort noch nach, wo der christliche Glaube verblasst ist.

Ich halte daher am Religionsbegriff[520] fest, auch wenn jede Religion nur einige der aufgezählten Merkmale enthält. Religionen bilden eine Familie mit „Familienähnlichkeiten" (L. Wittgenstein) – aber unter ihnen gibt es eine Kernfamilie. Nationalismus und Kommunismus gehören nicht zu dieser Kernfamilie, weil die Beziehung zu einer Transzendenz für sie nicht konstitutiv ist. Mit all diesen Religionen beschäftigen sich heute zwei Wissenschaften: Theologie und Religionswissenschaft.

Was ist *Theologie*? Theologie ist die Selbstauslegung *eines* religiösen Zeichensystems zu dem Zweck, Menschen zum Handeln in ihm zu qualifizieren.[521] Sie ist an ein Bekenntnis gebunden. Von Theologen wird daher eine bestimmte religiöse Identität erwartet. Die Theologie fragt nach der Wahrheit der Religion in der Erwartung, sie in der konkreten Religion zu finden, die sie untersucht und auslegt. Dies schließt die Verpflichtung zur kritischen Überprüfung dieser Religion ein: Eine der Wahrheit verpflichtete Theologie wird auch Religionskritik sein, die Unwahrheit aufdeckt.

Worin unterscheidet sich *Religionswissenschaft* davon? Religionswissenschaft ist die wissenschaftliche Erforschung *aller* religiösen Zeichensysteme zu dem Zweck, *allen* Menschen in der Gesellschaft Wissen für den Umgang mit Religionen zu verschaffen. Sie ist an kein Bekenntnis gebunden, auch nicht an ein antireligiöses Bekenntnis, aber sie ist so wenig wertfrei wie andere Geisteswissenschaften. Denn wenn sie für alle Wertorientierungen offen ist, die aufgrund

---

520 Der Religionsbegriff stammt zweifellos aus der europäischen Tradition. Durch Ausdifferenzierung von Religion und Gesellschaft wurde die Religion in ihrer Eigenständigkeit besonders sichtbar. Dabei kamen zwei biblische Maximen zur Geltung: Im Alten Testament verpflichtet das erste Gebot, in der Religion alles auf den einen Gott zu beziehen. Religion soll autonom durch ihren Bezugspol bestimmt sein, durch Gott. Im Neuen Testament aber trennt das Gebot, dem Kaiser zu geben, was des Kaisers ist, und Gott das, was Gottes ist, die Religion vom Staat. Damit wird eine relative Unabhängigkeit von Politik und Religion gefordert. Religion wurde als etwas Eigenständiges sichtbar. Ist die Übertragung dieses Religionsbegriffs auf andere Religionen deshalb verwerflicher Kulturimperialismus? Im Gegenteil: Die Anerkennung nichtchristlicher Kulte als „Religion" hat einst ihre Abwertung als Häresie, Idolatrie oder Heidentum abgelöst und war ein Schritt, um sich vom Eurozentrismus zu lösen. Wenn man andere Kulte mit demselben Begriff bezeichnet wie den eigenen Glauben, kann man ihre Gleichwertigkeit nicht von vornherein ausschließen. Sofern man sie im Lichte der eigenen Geschichte als einen eigenständigen Kommunikationsbereich überschätzt, hat man dadurch in ihnen vielleicht ein Potential aufgedeckt, das sich spätestens dann zeigt, wenn sie sich über ihren Ursprungsbereich hinaus zu missionierenden Religionen umformen, die auch im Westen Einfluss gewinnen. Dadurch zeigen sie, dass sie auch außerhalb ihres kulturellen Kontextes eine eigene Sinnwelt aufbauen können.

521 Nach P. ALTHAUS, Die christliche Wahrheit, ^{6}1962, 5, ist Theologie die „wissenschaftliche Selbstbesinnung des christlichen Glaubens".

der positiven und negativen Religionsfreiheit in einer demokratischen Gesellschaft möglich sind, setzt sie eine Bejahung solcher offenen Gesellschaften voraus, nicht aber unbedingt eine religiöse Identität der Religionswissenschaftler, da auch für sie die negative Religionsfreiheit gilt.

4 Sechs Alternativen und Pseudoalternativen zwischen Religionswissenschaft und Theologie

Theologie und Religionswissenschaft werden heute oft als Alternativen konstruiert. Jedes Mal steckt in diesen Alternativen ein wahrer Kern. Aber wenn man näher hinschaut, entdeckt man dabei auch Pseudoalternativen. Sechs von ihnen seien im Folgenden genannt und korrigiert.

Die erste Alternative ist: *Theologie ist Selbstauslegung einer Religion, Religionswissenschaft Auslegung fremder Religionen.* Das gilt nur im Prinzip. Denn die Religionswissenschaft beschäftigt sich nicht nur mit fremden Religionen. Auch das Christentum ist ein legitimer Gegenstand der Religionswissenschaft, nicht nur, weil die europäische Religionsgeschichte weit mehr als eine reine Christentumsgeschichte ist. Vielmehr hat die Gesellschaft Anrecht auf Informationen über das Christentum, die nicht nur von dessen Vertretern stammen, sondern auch von einer „neutralen" Religionswissenschaft. Die Theologie wiederum beschäftigt sich heute nicht nur mit der eigenen Religion, sondern auch mit anderen Religionen, wenn sie eine „Theologie der Religionen" entwickelt. Die Pluralität der Religionen ist schon lange ein innertheologisches Problem im Christentum selbst geworden.[522] Machen wir uns aber nichts vor: Eine „Theologie der Religionen" existiert bisher nur in den Entwürfen weniger christlicher Theologen. Sie ist zurzeit der Traum einer partikularen christlichen Theologie von der Überwindung ihrer Partikularität. Wirklich universal ist zurzeit nur die Religionswissenschaft. Richtig muss daher die oben formulierte Alternative lauten: Theologie ist die Selbstauslegung einer Religion – heute im Dialog mit anderen Religionen. Die Religionswissenschaft betreibt dagegen eine Analyse aller Religionen einschließlich der Religion, in der der jeweilige Religionswissenschaftler zuhause ist – unabhängig von deren Selbstauslegung.

Die zweite Alternative ist: *Theologie denkt eurozentrisch, Religionswissenschaft universal.* Richtig ist: Theologie hat sich als wissenschaftsanaloge Disziplin vor allem im Christentum entwickelt und wurde durch dessen Begegnung mit der antiken Philosophie möglich.[523] Insofern ist sie eurozentrisch. Aber auch andere Religionen konnten Theologien aufgrund der Konfrontation mit ihnen fremden Gedankensystemen entwickeln. Dies beweisen für das antike Judentum Philo

---

[522] Vgl. die erste christliche Dogmatik im interreligiösen Dialog: H.M. BARTH, Dogmatik, 2001. Zu betonen ist: Religionstheologie wird von christlichen Theologen nicht nur entwickelt, um mit anderen Religionen einen Dialog aufnehmen zu können, sondern auch zur eigenen Selbstverständigung. Man kann sich seines Christentums in einer pluralistischen Welt nicht mehr vergewissern, wenn man es nicht in Beziehung setzt zu den anderen Religionen.

[523] Schon bei paganen Schriftstellern begegnet der Begriff „Theologie". Die Stoa unterschied zwischen natürlicher, politischer und mythischer Theologie; vgl. M. POHLENZ, Stoa, 1959, 198.

von Alexandrien, für den mittelalterlichen Islam Al-Ghazali, für den neuzeitlichen Hinduismus Sri Aurobindo.[524] Immer entstanden Theologien dabei durch eine Herausforderung von außen, sei es durch die Begegnung mit der Philosophie im Judentum und Islam, sei es durch den Einfluss des Christentums im Neohinduismus. Der Religionsdialog nötigt heute alle Religionen dazu, sich in argumentativer Form auszulegen, so wie das Christentum einmal durch den Dialog mit der griechischen Philosophie dazu genötigt wurde, eine durchreflektierte Theologie zu entwickeln. Auch hier sollten wir uns keine Illusionen machen: Das Christentum hat seit Jahrhunderten eine differenzierte Theologie entwickelt, andere Religionen sind erst auf dem Weg dazu, können aber auf oftmals verdrängte Traditionen zurückgreifen: Der chinesische Philosoph Konfuzius oder der jüdische Religionsphilosoph Philo sind älter als das Christentum, die islamische Philosophie hat auf die Scholastik im Christentum eingewirkt. Auch in anderen Religionen finden wir also Begegnungen zwischen Philosophie und Religion. Was durch solche Begegnungen an „Theologie" entsteht, wird noch lange kontextgebunden und perspektivisch sein. Es fällt der christlichen Theologie schon schwer genug, ökumenisch zu denken, sie muss schon im innerchristlichen Dialog Eurozentrismen überwinden. Aber auch die Religionswissenschaft ist eurozentrisch.[525] Der vermeintlich „neutrale" Blick des Religionswissenschaftlers wird von den Vertretern anderer Religionen noch mehr als der Religionsdialog mit den Christen als eurozentrische Fremdperspektive erfahren. Denn bei einem Christen entdecken sie zumindest die vertraute Grundannahme, dass die Religion eine Lebensmacht ist, die das Leben durchdringen will. Der Religionswissenschaftler jedoch bleibt ihnen mit seiner Außenperspektive auf die Religionen ein Fremder. Aus diesem Grund muss sich die Religionswissenschaft als Hilfe für ein faires gegenseitiges Verstehen der Religionen immer wieder neu beweisen und legitimieren.[526] Unser Fazit ist: Theologie und Religionswissenschaft sind beide in ver-

---

[524] Vgl. zu Philo (ca. 20/10 v.Chr.– ca. 45 n.Chr.; G. Veltri, Art. Philo von Alexandrien, 2003; zu Al-Ghazali (1058–1111 n.Chr.) U. Rudolph, Art. Gazzali, 2000; zu Sri Aurobindo (1872–1950) J. Lütt, Art. Aurobindo Ghose, 1998.

[525] Nur Europa hat eine systematische wissenschaftliche Erforschung der Religionen hervorgebracht. Und in ihr wird heute mit Recht intensiv daran gearbeitet, dass man bei ihrer Durchführung nicht Eurozentrismen verfällt. Eher besteht heute die Gefahr, dass man durch eine grundsätzliche Kontrastierung des Fremden mit europäischen und christlichen Kategorien gerade das bewirkt, was man vermeiden will: Man wird eurozentrisch. Wenn man prinzipiell das Nicht-Vertraute als Gegensatz zum Vertrauten sucht, bleibt man durch Negation an den eigenen Kulturkreis gebunden. Man ist nicht frei für die unbefangene Entdeckung von Analogien außerhalb dieses Kulturkreises.

[526] Für den Dialog der Religionen ist die Religionswissenschaft vorerst noch keine große Hilfe. Vertreter anderer Religionen akzeptieren als gleichwertigen Partner eher einen Christen, für den sein Glaube eine Lebensmacht darstellt, der er sich verpflichtet weiß, und nicht einen Religionswissenschaftler, der Äquidistanz zu allen Religionen sucht. Das könnte einmal anders werden. Das Bemühen der Religionswissenschaft um Überwindung aller Euro- und Christozentrismen könnte sich bezahlt machen. Aber auch dann kann die Religionswissenschaft nur Hilfestellungen für den Religionsdialog geben, ohne diesen Dialog selbst führen zu können. Im Religionsdialog werden Theologen von Vertretern anderer Religionen ernster genommen als Religionswissenschaftler. Denn nur dort, wo Religion als eine Lebensmacht gilt, entsteht ein Dialog *in* der Religion (und nicht nur ein Dialog *über* sie).

schiedener Weise eurozentrisch und beide stehen vor der Aufgabe, über ihre eurozentrische Perspektiven hinauszuwachsen, sodass sie andere Religionen auch aus deren eigenen Perspektive betrachten können.

Die dritte Alternative ist: *Theologie betrachtet Religion aus einer Binnenperspektive, Religionswissenschaft aus einer Außenperspektive.* Richtig ist: Die Theologie fragt nicht nur historisch, was Menschen in der Vergangenheit getan und gedacht haben, sondern sucht normativ das zu bestimmen, was sie heute vertreten sollen. Die Religionswissenschaft analysiert dagegen Religionen von außen, d.h. auch für Menschen, die religiös „unmusikalisch" sind. Freilich muss auch die Theologie eine Außenperspektive einnehmen können. Ein Glaube, der sich (als *fides quaerens intellectum*) kritisch prüft, muss seine Aussagen für jeden nachvollziehbar machen – sei es mit dem minimalen Ziel, dass alle sie verstehen, sei es mit dem optimalen Ziel, dass die meisten sie respektieren, oder gar mit dem maximalen Ziel, dass ihnen einige zustimmen. Was für den Theologen im Verhältnis zu seiner Gemeinde gilt, gilt für alle Gemeinschaften: Keiner kann eine Gruppe führen, wenn er sie nicht auch so wahrnehmen kann, wie sie von außen gesehen wird. Wenn Theologie für Führungspositionen in der Kirche (für das Pfarramt) qualifizieren soll, sollte dafür eine religionswissenschaftliche Außensicht des Glaubens Pflicht sein. Umgekehrt gilt: Die Religionswissenschaft muss auch die Binnenperspektive der Religionen berücksichtigen. Ihre Aufgabe ist es, so objektiv wie möglich die subjektiven Intentionen religiöser Menschen zu erfassen.[527] Ohne Empathie wird sie ihnen nicht gerecht. Die Vertreter einer Religion brauchen zwar der Fremdbeschreibung ihrer Religion durch einen Religionswissenschaftler nicht zuzustimmen, damit dessen Aussagen Bestand haben (diese Forderung ist m.E. zu weitgehend[528]), aber sie müssen sich in ihr wiedererkennen. Unser Fazit ist: Theologie vermittelt die Binnenperspektive mit der Außenperspektive einer Religion, Religionswissenschaft ihre Außenperspektive mit einer Binnenperspektive.

Die vierte Alternative ist: *Theologie ist subjektiv engagiert und wertgebunden, Religionswissenschaft objektiv und neutral.* Richtig ist: Theologie ist positionell und konfessorisch. Sie muss sich als normative Theorie auf *eine* Religion beschränken. Religiöse Identität kann man nur in einer Religion entwickeln! So wie man am Anfang des Lebens eine Muttersprache erlernen muss, um die Grundlage dafür zu schaffen, andere Sprachen zu lernen, lernen wir zunächst eine Religion. Dass es Menschen gibt, die mehrsprachig aufwachsen, zeigt jedoch, dass wir nicht an eine Sprache gebunden sind. Von unseren vertrauten „Sprachen" und „Überzeugungen" ausgehend, können wir andere Religionen leichter verstehen. Weil die Theologie eindeutig positionell ist, ist die Religionswissenschaft deswegen nicht wertneutral. Sie argumentiert jedoch identitätsoffen und kann daher für sich in Anspruch nehmen, in einer multireligiösen Gesellschaft besonders deutlich jene Werte zu vertreten, die ein friedliches Zusammenleben der Religionen möglich machen. Unabhängig davon gilt: Jeder Religionswissenschaftler ist von

---

[527] So die Forderung von J. WAARDENBURG, Religionsphänomenologie 2000, 2000, 454: Religionswissenschaftler sollen sich „darum bemühen, *solche subjektiven Sinndeutungen so objektiv wie möglich zu erforschen*" (Hervorhebung von J.W.).

[528] Diese Forderung wurde von W.C. SMITH, Meaning and End of Religion, 1964, erhoben (zitiert nach H.J. KLIMKEIT, Art. Religionswissenschaft, 1998, 66).

seinen Werten bestimmt. Sie steuern seine Aufmerksamkeit und die Auswahl seiner Theorien. Richtig ist also: Weder Theologie noch Religionswissenschaft sind wertneutral. Theologie dient einer bestimmten religiösen Identität, Religionswissenschaft verschiedenen religiösen Identitäten.

Die fünfte Alternative: *Theologie betreibt Religionshermeneutik, Religionswissenschaft Religionskritik.* Auch das ist einseitig. Die Theologie legt nicht nur eine bestimmte Religion aus, sie treibt auch Religionskritik, und das nicht erst in Auseinandersetzung mit unserem modernen Bewusstsein. Vielmehr entstanden alle großen Schriftreligionen aus der Kritik vorhergehender Religionen. Die Dialektische Theologie steht daher mit ihrer Religionskritik in einer uralten Tradition und reiht sich gegen ihr Selbstverständnis in diese Tradition ein.[529] Die innerreligiöse Religionskritik ist ein gewaltiger Motor der Religionsentwicklung. Aus ihr gehen die Reformen von Religionen hervor. Umgekehrt ist die Religionshermeneutik, die den Sinn von Religion erfassen will, auch eine Aufgabe der Religionswissenschaft. Neben religionskritischen Positionen gibt es in der Religionswissenschaft legitimerweise auch transzendenzoffene Richtungen. Diese fragen nach dem Heiligen in der Erwartung, auf eine objektive Realität zu stoßen. Religionswissenschaftler, die diese Frage nach dem Heiligen stellen, können diese deswegen noch nicht beantworten, aber können sie offenhalten. Eine Vertreibung transzendenzoffener Ansätze aus der Religionswissenschaft wäre auf jeden Fall ein Verhängnis und wissenschaftlich nicht legitimierbar. Aber ebenso wäre es fatal, wenn es keine Agnostiker und Atheisten unter den Religionswissenschaftlern gäbe. Denn in einer modernen offenen Gesellschaft müssen auch säkularisierte Gruppen in den Dialog über die Religion einbezogen werden. Die Aufgabe, einander zu verstehen, gilt für alle: Theologen müssen sich bemühen, Atheisten zu verstehen, wie sich Atheisten darum bemühen müssen, Theologen zu verstehen. Religionskritik wurde in der Moderne zum allgemeinen Religionsdiskurs. Richtig ist also: Beide, Theologie und Religionswissenschaft, verbinden in sich Religionshermeneutik und Religionskritik. Theologische Religionskritik will die Religion reformieren, religionswissenschaftliche Kritik will sie verstehen (und ggf. entlarven).

Die sechste einseitige Alternative ist: *Theologie übernimmt praktische Verantwortung, Religionswissenschaft bleibt Beobachter.* Natürlich will die Theologie zum Mitwirken in der Kirche motivieren, auch wenn sie mehr als das Wissen ist, das zur Kirchenleitung notwendig ist, wie D.F.E. Schleiermacher meinte.[530] Denn Theologie wird nicht nur für Theologen, sondern auch für Laien getrieben, nicht nur für die Kirche, sondern für das Christentum insgesamt, nicht nur für kirchlich Engagierte, sondern auch für Kirchendistanzierte. Richtig ist: Sie wirkt vor allem durch die Ausbildung von Pfarrern und Lehrern in die Religionspraxis hinein. Aber auch die Religionswissenschaft hat praktische Auswirkungen. Sie hat die Einstellung vieler Menschen zur Religion und zur Kirche geprägt.[531] Dabei wirkt sie nach der Medienlogik moderner Gesellschaften durch plakative Religionskritik oft stärker als durch differenzierte Analysen. Sofern Wissenschaft

---

529 A. Feldtkeller, Theologie und Religion, 2002.
530 Vgl. D.F. Schleiermacher, Kurze Darstellung des theologischen Studiums (1811/1830), 2002.
531 F.H. Tenbruck, Die Religion im Maelstrom, 1993.

Auswirkungen auf das Leben hat, hat die Religionswissenschaft zweifellos auch eine praktische Verantwortung für ihre Wirkungen auf das Leben der Menschen. Man kann daher sagen: Theologie wirkt über kirchliche Ämter auf die religiöse Praxis ein, Religionswissenschaft beeinflusst im allgemeinen Bewusstsein die Einstellung *zur* Religion.

Alle sechs Alternativen enthalten also etwas Wahres, aber jede von ihnen bedarf einer Korrektur. Der Grund dafür liegt darin, dass sich das Verhältnis von Theologie und Religionswissenschaft ändert und in Zukunft weiter verändern wird. Was aber bleibt für die Gegenwart als entscheidender Unterschied zwischen Theologie und Religionswissenschaft, wenn man alle obengenannten Alternativen relativiert? M.E. ist Theologie auf weite Strecken auch Religionswissenschaft. Seit der Aufklärung hat sie religionswissenschaftliche Methoden auf ihre eigenen Traditionen, Glaubensinhalte und Praktiken angewandt, um diese besser zu verstehen. Aber sie geht dreifach über eine neutrale Religionswissenschaft hinaus: Sie ist der *Wahrheitsfrage* verpflichtet, indem sie nach der Wahrheit der Religion fragt. Sie stellt diese Frage in der Erwartung, dass es eine positive *Antwort* gibt. Sie findet diese Antwort in einer *bestimmten* Religion. Auf eine Formel gebracht könnte man sagen: Theologie ist engagierte Religionswissenschaft, die sich für die Wahrheit einer bestimmten Religion einsetzt und religiöse Identität vermitteln will.

Als ich Theologie zu studieren begann, wollte ich Wege und Methoden finden, um die für Menschen und für mich zugängliche Wahrheit über Gott zu entdecken, nicht nur, um nachzusprechen, was andere über ihn gesagt hatten. Ohne diese Frage nach der Wahrheit religiöser Überzeugungen und Texte verlöre die Theologie ihre Motivationskraft. Die Suche nach der Wahrheit bindet sie an eine Religion. Theologie hat es bis in die Gegenwart hinein nur als partikulare Selbstauslegung einer bestimmten Religion gegeben. Das könnte sich ändern. Schon jetzt gibt es eine „Theologie der Religionen". Manche träumen von einer Welttheologie.[532] Aber auch solch eine Welttheologie wäre kontextuell immer in einer bestimmten Religion oder Philosophie verankert. Doch könnte sie Vorreiter einer allgemeinen Theologie werden, die nach der Wahrheit in allen Religionen fragt und eine Antwort darauf in allen Religionen findet. Unser Fazit ist daher: Zurzeit lässt sich in der Theologie die Frage nach der Wahrheit nur auf Kosten der Universalität der Theologie stellen. Aber das muss nicht immer so bleiben.

In der Religionswissenschaft ist es genau umgekehrt. Sie erforscht alle Religionen. Einerseits besitzt sie jene Universalität, welche den Theologien (einschließlich der Theologie der Religionen) noch fehlt. Sie ist identitätsoffen. Andererseits muss sie die Frage nach der Wahrheit methodisch einklammern.[533] Wenn sie diese Frage dennoch stellt, muss sie ergebnisoffen in *allen* Religionen nach einer Antwort suchen. Es ist jedoch nicht ausgeschlossen, dass sie die Wahrheit auch quer zu allen Religionen finden wird. Aber das ist Zukunftsmusik. Ihr

---

[532] W.C. SMITH, Towards a World Theology, 1981, enthält im Titel ein Programm, das in die Zukunft weist, aber noch nicht realisiert ist.

[533] Es ist in einer freien Wissenschaft und Gesellschaft nicht verboten, dass sich Religionswissenschaftler auch für diese weitergehenden Fragen interessieren. Sie werden dann zu Theologen, wenn sie nach einer positiven Antwort suchen. Ein Religionswissenschaftler darf Theologe sein, darf aber auch Atheist sein.

ist bewusst, dass sie sich auf keinen Fall für eine Religion gegen die anderen engagieren darf. Nur der Verzicht auf eine Stellungnahme im Konflikt der Religionen ermöglicht ihre derzeitige Universalität.[534] Unser Fazit ist daher: Zurzeit lässt sich eine universale Religionswissenschaft nur unter Zurückstellung der Frage nach der Wahrheit der Religion durchführen. Aber das muss nicht immer so bleiben.

Daran sollte nämlich kein Zweifel bestehen: Jede Wissenschaft strebt intrinsisch nach der Verbindung von Universalität und Wahrheit. Dabei muss sie sich allen auftretenden Fragen und Themen stellen und vor allen Menschen Rechenschaft ablegen können. Daraus folgt, dass Theologie und Religionswissenschaft aufeinander angewiesen sind, denn sowohl die Universalität als auch die Wahrheit sind notwendige Elemente der Wissenschaft.

5 Die Unersetzlichkeit der Religionswissenschaft für die Theologie

Im Folgenden sei skizziert, warum die Religionswissenschaft für die Theologie bei ihrer Frage nach der Wahrheit der Religion, unersetzlich ist. Das Erste, was man von ihr lernen kann, ist, dass diese Frage nach der Wahrheit von Religion weniger selbstverständlich ist, als man zunächst glaubt.

5.1 Das Aufkommen der Wahrheitsfrage in den Schriftreligionen

Die Wahrheitsfrage begegnet erst in den Schriftreligionen. Diese entstanden durch innerreligiöse Religionskritik an ihnen vorhergehenden primären Religionen (oder den sogenannten Stammesreligionen), in denen man tolerant gegenüber religiösen Vorstellungen, intolerant aber beim Ethos und Ritus war (Th. Sundermeier).[535] Erst die Schriftreligionen normieren auch die religiöse Lehre, d.h. die Vorstellungswelt einer Religion. Erst sie vertreten diese zur Norm erhobene Lehre nach außen hin in exklusiver Weise. Erst sie neigen zur Intoleranz. Das ist anders bei den primären Religionen.

Charakteristisch für die primären Religionen, von denen sie sich abheben, ist, dass diese die sichtbare Welt und die gegenwärtige menschliche Existenz heiligen.[536]

1. Geheiligt wird die *Abstammungsgemeinschaft* als der tragende Grund des Lebens. Sippe und Stamm sind sakrosankte Größen.
2. Geheiligt wird die *Zeit*, die sich im Tages-, Mond-, Jahreszyklus und im Ablauf des menschlichen Lebens strukturiert.

---

[534] Um kein Missverständnisse aufkommen zu lassen, sei betont: In einem allgemeinen Sinne ist die Religionswissenschaft natürlich der Wahrheit verpflichtet. Sie ist für die Wahrheit der wissenschaftlichen Metasprache über die religiösen Primärsprachen verantwortlich. Sie testet und revidiert religionswissenschaftliche Erkenntnisse an ihren Gegenständen. Aber sie ist nicht auf die Wahrheit der religiösen Primärsprachen verpflichtet. Sie kann auch ihnen gegenüber skeptisch sein.

[535] TH. SUNDERMEIER, Was ist Religion, 1999, 34–42, über „primäre und sekundäre Religionserfahrung“; S. 180–194 über „Toleranz und Intoleranz“. Th. Sundermeier spricht von Ethos und Etikette, weil diese weit mehr umfasst als religiöse Riten im engeren Sinn. Aber alle äußerliche Etikette hat etwas Rituelles.

[536] Die folgende Skizze folgt weitgehend A. FELDTKELLER, Theologie und Religion, 2002, 46–62.

3. Geheiligt werden *Raum* und Erde und deren Ermöglichung des Lebens. Heilige Zeiten und heilige Räume ermöglichen Feste.
4. Geheiligt werden die Lebensordnungen der *Gemeinschaften*. Sie sind natürliche Ordnungen, die nicht anders gedacht werden können.
5. Die *Gottheiten* stehen in konkreten Beziehungen zur erfahrenen Welt: zu Quellen und Bergen, Gewitter und Regen, Fruchtbarkeit und Krieg. Ihre Transzendenz ist begrenzt.

In den Schriftreligionen leben diese primärreligiösen Religionsformen weiter. Deshalb kann die Religionsphänomenologie überall in ihnen einen gemeinsamen Schatz an Formen feststellen,[537] der in den Schriftreligionen eine Grundschicht des Erlebens bildet.

Alle Schriftreligionen entstanden durch Kritik an diesem primärreligiösen Erbe. Die Religionskritik ihrer Stifter und Propheten ist in ihre heiligen Texte eingegangen, während sich im alltäglichen Leben primärreligiöse Traditionen fortsetzten.

Kritisiert wurde die *Gottesvorstellung*: Der Polytheismus der Heiden wurde in den monotheistischen Religionen abgelehnt, Islam und Judentum kritisieren den christlichen Trinitätsglauben. Das Gottesbild wurde transzendenter. Erst in den Schriftreligionen wurde Religion zum Erleben des „Ganz-Anderen“, das über die ganze Welt hinausweist. Abgelehnt wurden daher allzu irdische Repräsentationen der Gottheit in Bildern – besonders im Judentum und im Islam, teilweise aber auch im Christentum, wenn auch nur in einigen bilderfeindlichen Strömungen.

Kritisiert wird zweitens die *Kultpraxis*, bei den alttestamentlichen Propheten besonders das Vertrauen auf Tieropfer bei gleichzeitiger Verletzung des Rechts (vgl. Am 4,4f; 5,21–24). In vielen Religionen wird die Unwirksamkeit der Opfer zur Erlösung bewusstgemacht – so in den indischen Religionen, in den Upanishaden, im Buddhismus und Jainismus. Das Christentum hielt an einem einzigen Opfer fest: der Hingabe des Gottessohnes am Kreuz, aber erklärte alle anderen Opfer für überholt.

Drittens wird der bestehenden *Welt* in Untergangserwartungen der religiöse Schleier entzogen, der sie legitimiert: Jesus und Mohammad verkünden beide das nahende Ende der Welt. Weil die Welt nicht so ist, wie sie nach göttlichem Willen sein soll – Menschen verletzen den Willen Gottes – wird ein Gericht über sie kommen. Aber auch indische Religionen ohne apokalyptische Erwartungen sehen die Welt negativ und kritisch mit einem Höhepunkt im Buddhismus, der die Welt als Gefängnis durchschaut und für den die Erlösung eine Auflösung dieser Welt ist.

Kritisiert werden viertens die traditionellen *Lebensordnungen,* z.B. die Thora im Christentum, die arabische Lebensordnung im Islam. Vor allem aber entstehen quer zu allen Schriftreligionen Bewegungen von Aussteigern, von heimatlosen

---

[537] Vgl. TH. SUNDERMEIER, Was ist Religion, 1999, 239: „Das Gemeinsame in allen Religionen ist nicht durch eine phänomenologische Beschreibung bestimmter gleicher Erscheinungsformen in den Religionen zu gewinnen, auch nicht aufgrund eines aus der Abstraktion gewonnenen Begriffes von Religion oder einer wie auch immer zu definierenden Bezogenheit auf Transzendenz, sondern aufgrund des jeweiligen gemeinsamen, geschichtlich greifbaren religiösen Erbes, das in den Stammesreligionen noch heute am klarsten erkennbar und in den verschiedenen Religionen nicht als ‚Überrest‘, sondern als Basiserfahrung und -gestaltung weiterhin präsent ist“.

Wandermönchen und Asketen. Die Geborgenheit der Menschen in Abstammungsgemeinschaften wird infrage gestellt. Johannes der Täufer ist nur eine Stimme dieser Kritiker, wenn er Juden davor warnt, sich sicher zu glauben, weil sie Abrahams Kinder sind. Wir finden zum ersten Mal eine Kritik des Ethnozentrismus, der das eigene Volk verklärt.

Die Kritik der großen Religionsstifter und Propheten wendet sich gegen die primärreligiöse Heiligung der Welt. Alle Schriftreligionen sind daher religionskritische Religionen, an deren Ursprung die Frage nach der Wahrheit stand. Dabei gibt es deutliche Unterschiede zwischen der polyreligiösen Kultur des Ostens und den monoreligiösen Gesellschaften des Westens. Die Schriftreligionen des Ostens erheben zwar einen exklusiven Wahrheitsanspruch und kritisieren die ihnen vorhergehenden Religionen, aber sie sind insofern tolerant, als sie diese als Vorstufe akzeptieren. Durch Reinkarnation können deren Mitglieder später noch immer zu einer höheren Stufe der Erkenntnis gelangen. Trotz exklusivem Wahrheitsanspruch war das Leben in den polyreligiösen Kulturen des Ostens daher in religiöser Hinsicht pluralistischer und toleranter. Im Westen wurde dagegen die Frage nach der Wahrheit unseres Denkens seit dem 6. Jh. v.Chr. durch die griechischen Philosophen in unsere Kultur eingeführt, die Frage nach der Wahrheit des Glaubens durch den jüdischen Monotheismus seit Deuterojesaja aufgeworfen. Deuterojesaja unterschied Gottes- und Götzendienst und trieb dezidierte Religionskritik. Das Christentum kritisierte das Judentum, der Islam seine Vorgänger, alle großen monotheistischen Schriftreligionen des Westens, Judentum, Christentum und Islam, entwickelten intolerante Tendenzen.[538]

Aber in ihnen lebt die Spannung zwischen einer primärreligiösen Grundschicht und sekundärreligiösem „Überbau" weiter. Diese Spannung inspiriert Theologen bis heute, die eigene Religion immer wieder neu zu kritisieren. Dies geschah im letzten Jahrhundert in Gestalt der Dialektischen Theologie. Als sie Religion und Offenbarung auseinanderriss, war ihr nicht bewusst, dass alle Schriftreligionen ihrem Selbstverständnis nach auf der Seite der Offenbarung stehen und alle aus demselben religionskritischen Impetus hervorgegangen sind, der auch in der Dialektischen Theologie wirksam war. Die Dialektische Theologie hegte daher eine Illusion, als sie annahm, das Christentum gehöre wegen ihrer religionskritischen Züge nicht zu den Religionen. Nur die Religionswissenschaft kann die Theologie darüber aufklären, dass das Christentum auch als religionskritische Religion eine (Schrift-)Religion unter anderen Schriftreligionen ist.

5.2 Revisionen der Religion als Suche nach der Wahrheit

Die Dialektische Theologie ist nur ein Beispiel für Revisionen in der Religion. Religionskritische Erneuerungsimpulse werden immer wieder in allen Religionen lebendig.[539] Solche Erneuerungsimpulse gingen von Primärcharismatikern, von Jesus, Mohammed oder Siddhartha Gautama, dem Buddha, aus. Diese Stifter ver-

---

[538] In allen diesen Religionen waren es immer nur kleine Strömungen, die eine gemeinsame Wahrheit hinter divergierenden religiösen Vorstellungen suchten und dabei einen synthetischen Monotheismus formulierten (wie z.B. die Baha'i im Islam.

[539] Vgl. W. Weisse/F. Enns (Hrsg.), Reformation, 2017.

banden ihre Offenbarungen aber noch nicht mit einer systematischen Religionshermeneutik und Religionskritik. Die Erneuerungsbewegungen in den von ihnen begründeten Religionen wurden dagegen von Sekundärcharismatikern (oder Reformatoren) geprägt, bei denen der Anteil programmatischer Religionshermeneutik und Religionskritik immer größer wurde: Luther und Calvin waren religiöse Intellektuelle, die durch ihr hermeneutisches Programm in Verbindung mit ihrem persönlichen Charisma gewirkt haben.

In der Neuzeit fand eine Erneuerung der Religion nur noch durch Religionshermeneutik und Religionskritik statt. Die Zeit der Offenbarungsträger schien vorbei zu sein. Es gab keine charismatischen Reformatoren mehr, die weltweit Einfluss haben. „Kleine" Reformatoren und Kritiker wie die sich selbst verklärende Gurus sind oft nur abwegige Gestalten und Sektenstifter. Im Christentum führte die Frage nach der Wahrheit der Religion zu einer Reihe hermeneutischer Programme. Im 18. Jh. deutete eine aufgeklärte Vernunfthermeneutik die Religion im Rahmen der reinen Vernunft (I. Kant), im 19. Jh. entdeckte die romantische Gefühlshermeneutik F.D.E. Schleiermachers die Religion als autonomem Lebensbereich. Im 20. Jh. interpretierte das Entmythologisierungsprogramm R. Bultmanns die Religion als provokativen Entscheidungsruf und Alternative zu einem säkularen Bewusstsein. Diese Programme hatten drei Funktionen:

Durch ihre religionskritische Funktion ermöglichen sie (1) eine *Emanzipation* von der naturwüchsigen Geltung von Traditionen. Die Gegenwart wurde dazu befreit, diese zu bewahren oder als überholt zu verwerfen. Das große Thema der liberalen Theologie und ihrer Exegese war die freie Aneignung der Tradition, die auch Kritik an dieser Tradition umfasst.

Die religionshermeneutische Funktion dieser hermeneutischen Programme besteht (2) in einer *Identitätssicherung* des Glaubens durch Erfassen des „Wesentlichen" in der eigenen Religion, das sich im Wechsel der Zeiten bewährt hat. Diese Sichtweise trat in der Dialektischen Theologie ins Zentrum. Man wollte das Wort in den Wörtern suchen und das „Wesentliche" im Kerygma!

Die religionspraktische Funktion besteht (3) in der *Relevanzsicherung* des Glaubens für die Gegenwart. Auch diese Aufgabe wird zwar oft zur Hermeneutik, also zur Interpretation der Tradition gerechnet. Aber Verstehen lässt sich von der praktischen Anwendung des Verstandenen unterscheiden. Das Wunder des Verstehens besteht gerade darin, dass wir auch das verstehen können, was wir ablehnen und auf keinen Fall praktisch verwerten wollen. Die existenziale Interpretation ging darüber freilich hinaus: Sie eignet sich eine Tradition aufgrund ihres Wertes für die Gegenwart an!

Was die weitere Entwicklung der hermeneutischen Bemühungen um die Religion angeht, kann man nur Vermutungen aussprechen. Im 21. Jh. könnte eine religionstheoretische Hermeneutik entstehen könnte. Sie wird die Wahrheit im Dialog der Religionen und Konfessionen suchen und dabei die ökumenische Hermeneutik der letzten Jahrzehnte fortsetzen. Als theologisches Programm der Wahrheitssuche ist sie auf eine von ihr unabhängige Religionswissenschaft angewiesen. Diese Frage nach der Wahrheit ist für die Zukunft der Religion das Entscheidende.

Was aber ist Wahrheit? Die Philosophie kombiniert heute meist verschiedene Wahrheitstheorien: Wahrheit ist danach (1) Korrespondenz zwischen Aussagen und Wirklichkeit, (2) Kohärenz von Aussagen durch ihre Widerspruchslosigkeit, (3) Konsens durch Zustimmung der Teilnehmer an einem Dialog und (4) pragmatische Bewährung im Leben. So auch in der Religion. Religiöse Wahrheit ist in erster Linie Korrespondenz zwischen der religiösen Zeichenwelt und der Wirklichkeit, in zweiter Linie die innere Kohärenz dieser Zeichenwelt, in dritter Linie Konsens durch Zustimmung zu dieser Zeichenwelt durch andere Menschen. Schließlich bedeutet Wahrheit die pragmatische Bewährung dieser Zeichenwelt im Leben und Zusammenleben: Was in der Religion Leiden und Fanatismus bewirkt, muss ausgeschieden werden. Nun können wir niemals die Zeichenwelt der Religion mit der geheimnisvollen Realität vergleichen, auf die sie verweist. Wir haben keinen direkten Zugang zu dieser (oder zu irgendeiner anderen) Realität. Wir können immer nur menschliche Aussagen und Vorstellungen mit anderen Aussagen und Vorstellungen vergleichen. Daraus folgt: Je mannigfaltiger und unabhängiger der Zugang zur gemeinten Realität ist, umso eher können wir uns dessen vergewissern, dass wir nicht ganz in die Irre gegangen sind. Um der Wahrheitsfrage willen ist daher die Theologie an einer von ihr unabhängigen Religionswissenschaft interessiert, die von theologischen Prämissen frei ist und einen von ihr unabhängigen Zugang zu ihren Themen und Realitäten hat. Nur wenn Ergebnisse in der Erforschung der Religionen aus der Binnen- wie der Außenperspektive konvergieren, können wir begründet vermuten, dass wir nicht völlig irren.

Dasselbe gilt *mutatis mutandis* für das Verhältnis zwischen verschiedenen Religionen. Falls es uns gelingt, zwischen ihnen Konvergenzen zu entdecken, wäre das ein starkes Indiz dafür, dass sie auf eine Realität bezogen sind, die nicht nur Konstrukt von Menschen ist. Gerade um der Frage nach der Wahrheit der Religion willen ist die Theologie daher verpflichtet, die nüchterne Außenperspektive der Religion und ihren Pluralismus in Gestalt vieler Religionen ernst zu nehmen. In unserer Erkenntnissituation kann ein Ja zur Wahrheit einer Religion nur durch den Zweifel an ihr hindurchgehen.

Dass man die Frage nach der Wahrheit der Religion universal (unter Einbeziehung aller Religionen) stellt, ist noch immer eine Utopie. Noch muss die Frage partikular aus der Perspektive jeweils einzelner Religionen behandelt werden. Noch ist Theologie immer nur die Selbstauslegung einer Religion – und nach und nach erst kommen die Selbstauslegungen anderer Religionen hinzu. Aber das muss nicht so bleiben. Wir können Phantasien über die Gespräche in einer himmlischen Akademie der Wissenschaften entwickeln, die einmal am Ende der Zeiten den Auftrag erhält, alle religiösen Traditionen der Menschheit zu sammeln und auf ihre Wahrheit hin zu untersuchen. Sie sammeln alle Heiligen Texte. Ich bin intuitiv überzeugt davon, dass große Teile der Bibel in den ewigen Kanon aufgenommen werden. Aber dazu kommen andere Texte. Zum Glück kennt keiner unter uns die genaue Auswahl. Vielleicht kommen die Gelehrten in der himmlischen Akademie aber zu folgendem Ergebnis:

Menschliche Kultur ermöglicht das Leben durch Technik, Wissen und Solidarität auch dort, wo es unter natürlichen Umständen nicht möglich wäre. Das heimliche Programm der Kultur ist die Reduzierung des natürlichen Selektionsdrucks. Die Religionen kodieren in ihren Zeichensprachen dieses Programm und motivieren dazu, ihm in Krisen treu zu bleiben. Westliche und Östliche Religionen tun dies auf verschiedene Weise. Buddhismus und Christentum stimmen beide trotz großer Unterschiede in einem dezidierten Antiselektionismus überein, der Buddhismus, indem er den Lebensdurst überwinden will, das Christentum, indem es diesen Lebensdurst in Liebe zum Schwachen verwandeln will. Sofern sie zu ethischem Handeln motivieren, sind Religionen zur Kooperation verpflichtet und müssen das Gemeinsame suchen und stärken, das gerade in diesem antiselektionistischen Zug liegen könnte. Sofern die Religionen die Welt und das Leben in religiösen Bildern deuten, motiviert jede von ihnen in einer einzigartigen Weise zu diesem Programm. Jede Religion war und ist daher verpflichtet, diese einzigartige Weise zu erhalten und weiterzuentwickeln. Denn mit dem Verschwinden jeder einzelnen Religion verschwände eine einzigartige Information für den Umgang mit dem Geheimnis der Welt. Aber jede Religion ist auch verpflichtet, die eigenen Überzeugungen, Werte und Riten so zu interpretieren, dass alle Menschen sie verstehen und respektieren können, auch dann, wenn sie zu einer anderen Religion gehören oder religionsfrei leben.

12 Religionsphilosophie
Religionskritik als Hermeneutik und Erneuerung der Religion?

Dieser Beitrag entfaltet die These, dass Religionskritik der Religionserneuerung dienen kann. Diese Behauptung kann sich auf eine lange Vorgeschichte berufen. Religionskritik begann bei den Propheten in Israel und den Philosophen in Griechenland – in einer Zeit, die man „Achsenzeit“ genannt hat, weil in ihr unabhängig voneinander in verschiedenen Kulturen traditionelle Religionen und Überzeugungen revidiert wurden.[540] Damals traten unabhängig voneinander Religionskritiker in Israel und Griechenland auf. Sie wollten die Religion läutern und reformieren. Das ist auch heute die Aufgabe der Religionskritik: Nur indem wir uns sachlich mit ihren Argumenten auseinandersetzen, werden wir herausfinden, was wir in der tradierten Religion überwinden müssen, was wir erhalten sollten und was wir weiter entwickeln können. Moderne Religionskritik ist freilich radikaler als ihre antiken Vorgänger. Sie will nicht nur die Schattenseiten der Religion überwinden, sondern die Religion selbst. Aber immer wieder begegnen in ihr Gedanken, die nicht auf ein Ende der Religion, sondern auf eine radikale Transformation der bisherigen Religion in etwas Neues hinweisen.

Theologische Religionskritik folgt biblischen Traditionen. Der Prophet Amos formulierte im 8. Jh. v.Chr. beißende Kritik am Kult seiner Zeitgenossen (Am 5,21–24; 3,1f). Er machte die Verehrung Gottes im Kult von ethischen Kriterien abhängig und bekämpfte damit eine herrschende Schicht, die Gott zwar verehrte, aber ihre Mitmenschen ausbeutete. Seine Kritik zielte darauf, den *Lebenswert* der Religion zu sichern. Der Glaube an Gott sollte nicht zur Unterdrückung des Volkes missbraucht werden. Zwei Jahrhunderte später brachte Deuterojesaja in der Zeit des Exils (6. Jh. v.Chr.) einen konsequenten Monotheismus zum Durchbruch und kritisierte Kultbilder, in denen Menschen verehrten, was sie selbst geschaffen hatten (Jes 44,6–8.9–20; 46,5–7). Er maß die Religion an ihrem *Wahrheitswert*; sie verfehle die Wahrheit, wenn sie nicht erkennt, dass der eine und einzige Gott mit nichts in der Welt identisch ist und daher in keinem Bild verehrt werden kann. Noch später, in nachexilischer Zeit im 5./4. Jh. v.Chr., kritisierte das Buch Hiob die religiöse Überzeugung, dass Gott im Leben das Gute belohne und das Böse bestrafe. Hiob insistiert trotz aller Leiden und Plagen, mit denen er geprüft wurde, darauf, dass er sich nichts zuschulden hat kommen lassen. Das Buch Hiob erkennt: Religiöser Glaube enthält unlösbare Widersprüche, vor allem den Widerspruch zwischen persönlichem Leid und einer gerechten Weltordnung. In beeindruckenden Dialogen entfaltet es die Aporien des Theodizeeproblems. Das Buch Hiob zweifelte am *Kohärenzwert* der Religion: der Glaube an einen gerechten Gott und das Leiden in der Welt sind ein unlösbarer Widerspruch.

Zur gleichen Zeit wie Deuterojesaja formulierte Xenophanes in Griechenland den Projektionsverdacht, eine Grundthese jeder Religionskritik, indem auch er die Kultbilder kritisierte:

---

[540] K. JASPERS, Vom Ursprung und Ziel der Geschichte (1949), 2017, 17–33.57–63. Die Achsenzeit wurde zu einem Gründungsmythos der modernen Welt – und selbst wenn man dieses Konzept ablehnt, muss man anerkennen, dass es die eurozentrische Sicht der Entwicklung zur modernen Welt überwindet. Vgl. J. ASSMANN, Achsenzeit, 2018.

„Wenn die Rinder und Pferde und Löwen Hände hätten und mit diesen Händen malen könnten und Bildwerke schaffen wie Menschen, so würden die Pferde die Götter in der Gestalt von Pferden abbilden und malen, die Rinder in der von Rindern, und sie würden Statuen meißeln, die ihrer eigenen Körpergestalt entsprechen" (Fr. 29).[541]

Xenophanes vertrat gegen den Volksglauben einen inklusiven philosophischen Monotheismus, d.h. einen Glauben, der in den vielen Gottheiten eine verborgene Einheit ahnt. Deuterojesaja setzte zur selben Zeit in Israel einen exklusiven Monotheismus durch, der jeden Glauben an andere Götter ausschloss. Beide, Xenophanes und Deuterojesaja, kritisierten damit den *Wahrheitswert* religiöser Überzeugungen.

In Griechenland wurde auch der *Lebenswert* der Religion diskutiert. Ein Fragment, das wahrscheinlich auf Euripides zurückgeht, stellt die These auf, Religion sei eine Erfindung zur Sozialkontrolle des Menschen. Am Anfang sei das Leben ohne Gesetze gewesen. Die Einführung von Gesetzen habe Gesetzesbrüche nicht verhindern können, denn die Gesetze hätten nur dazu geführt, dass die Menschen sie im Verborgenen übertraten: „Zu diesem Zeitpunkt scheint mir zuerst ein verständiger und weiser Mann die Furcht der Menschen vor den Göttern erfunden zu haben, damit die Schlechten Furcht hätten, auch wenn sie etwas heimlich täten oder sprächen oder dächten".[542] Religiöse Fiktionen wurden danach als soziale Kontrollinstrumente eingeführt. Die Überlieferung schreibt dieses Fragment Kritias (gest. 404 v.Chr.) zu, dem Leiter der 30 Tyrannen, die in Athen ein diktatorisches Regime errichtet hatten. Diese wohl sekundäre Zuschreibung des Fragments an einen Tyrannen bringt auch Kritik an dieser Form von Sozialkontrolle durch Religion zum Ausdruck.

Auch der *Kohärenzwert* der Religion wurde in der paganen Antike in Frage gestellt. Der Kirchenvater Lactantius (ca. 250–325 n.Chr.) überliefert eine klassische Formulierung des Theodizeeproblems. Er zitiert einen unbekannten Skeptiker, den man oft mit Epikur hat identifizieren wollen: „Gott will entweder die Übel aufheben und kann nicht; oder Gott kann und will nicht; oder Gott will nicht und kann nicht; oder Gott will und kann." [543]

Prophetische und philosophische Religionskritik konvergieren darin, dass sie den Wahrheits-, Lebens- und Kohärenzwert der Religion bestreiten. Der sich bei den Propheten durchsetzende Monotheismus der Religion Israels steht nur in einem Punkt in direktem Widerspruch zu einer Grundüberzeugung der paganen Antike. Diese war überzeugt, dass ein *consensus gentium* für die Religion spreche: Da alle Völker Götter verehrten, müsse man mit ihrer Existenz rechnen, denn ein Konsens aller Menschen könne nicht in die Irre führen. Als Beispiel sei Seneca zitiert:

„[...] bei uns ist es ein Beweis für die Wahrheit, dass etwas allen richtig erscheint: so schließen wir auf die Existenz von Göttern unter anderem deshalb, weil allen Menschen

---

541 J. MANSFELD (Hrsg.), Die Vorsokratiker, 1983, Nr. 29, S. 222 und 223. Überliefert bei Clemens von Alexandrien, Strom. V 109,3.

542 S. Emp. adv. math. 9,54, in: TH. SCHIRREN/TH. ZINSMAIER (Hrsg.), Die Sophisten, 2003, 278–281.

543 Das Zitat findet sich bei Lact. ira 13,20–21, in: LAKTANZ, Schriften, 1919, 102. Die Zuschreibung an Epikur stellt R.F. GLEI, Et individus et inbecillus, 1988, infrage.

eine Meinung über Götter eingeboren ist und es nirgends ein Volk gibt, so außerhalb von Gesetz und Sitte lebend, dass es nicht an irgendwelche Götter glaubte."[544]

Dieses Arguments wurde durch den biblischen Monotheismus *de facto* bestritten. Alle Völker mögen zwar Götter verehren, dennoch behauptete Deuterojesaja, dass diese Götter Trugbilder seien. Mit der Offenbarung des einen und einzigen Gottes wurde der religiöse Konsens der Völker aufgekündigt. Der *Konsenswert* der Religion ist angesichts der Pluralität von Religionen bis heute ein offenes Problem, besonders dort, wo Absolutheitsansprüche aufeinanderstoßen wie in den drei monotheistischen Religionen, in Judentum, Christentum und Islam.

Trotzdem konnten sich die prophetische und philosophische Religionskritik immer wieder verbinden. Das zeigt schon die Überlieferungsgeschichte dieser Kritiken. Die Religionskritik des Xenophanes wäre nicht überliefert worden, hätte sie nicht ein christlicher Intellektueller der Alten Kirche, Clemens von Alexandrien (ca. 150–225 n.Chr.) zitiert! Er kritisierte den Glauben an die heidnischen Götter mit Hilfe des Projektionsverdachts. Als Kritik an anderen Religionen konnte die christliche Theologie schon damals radikale Religionskritik in ihre eigenen Überzeugungen einbauen. Ebenso hätte sich die oben zitierte pointierte Zusammenfassung des Theodizeeproblems nicht erhalten, hätte sie nicht der Kirchenvater Lactantius (ca. 250–ca. 325 n.Chr.) überliefert.

Diese Verbindung von Religionskritik und Theologie war auch deswegen möglich, weil die antike Religionskritik nie grundsätzlich atheistisch war. Selbst die schärfsten Religionskritiker, die Epikureer, glaubten an die Existenz von Göttern. Die Götter lebten ihrer Meinung nach getrennt von der Welt in selbstgenügender Seligkeit. Anstatt den Epikureern verkappten Atheismus vorzuwerfen, sollte man anerkennen, dass sie damit ein Merkmal des Göttlichen zutreffend erkannt haben: Das Göttliche ist ein Selbstwert, seine Existenz ist in sich ein Wert. Und umgekehrt gilt auch: Was als ein Wert in sich erlebt wird, ist ein Zeichen des Göttlichen.

Auch in der Neuzeit hatte die mit der Aufklärung wiederauflebende Religionskritik zu Beginn keineswegs die Absicht, die Religion zu überwinden, sondern wollte von Spinoza bis Kant (im 17./18. Jh.) die Religion erneuern. Das änderte sich bei einigen radikalen französischen Aufklärern im 18. Jh. und dann bei den großen Religionskritikern des 19. Jahrhunderts. Seitdem erhebt eine grundsätzliche Religionskritik den Anspruch, Religion endgültig zu überwinden. Diese moderne Religionskritik wurde in einem historischen Kontext plausibel, in dem politische Revolutionen, soziale Umbrüche und technische Innovationen die Gesellschaft und das Leben tiefgreifend veränderten. Warum sollte in dieser sich wandelnden Welt nicht auch die Religion so spurlos verschwinden wie Wind- und Wassermühlen oder das Zunftwesen? Nach wie vor wirken manche Aussagen dieser radikalen Religionskritik freilich so, als würde sie nicht die Abschaffung der Religion anstreben, sondern deren radikale Transformation. Auguste Comte (1798–1857) wollt sogar eine religionskritische Kirche gründen. War das ein

---

[544] Sen. epist. 117,6 (L.A. SENECA, Epistulae Morales, ^{2}1987, 745). Ähnlich Cic. Tusc. 1,30 (M.T. CICERO, Gespräche in Tusculum, ^{5}1985, 34f.

Nachklang der Verbindung von Religionskritik und Religionserneuerung? Oder war es nur der Ausdruck einer Strategie, Religion mit der Unbedingtheit der Religion zu bekämpfen? Oder ist es vielleicht sogar ein Indiz dafür, dass die Religion nie verschwinden wird?

Selbst in der Theologie kam es im 20. Jh. noch einmal zu einer explosiven Verbindung von Religionskritik und Religionserneuerung. Die Dialektische Theologie integrierte einerseits die Religionskritik, indem sie die These vertrat, dass auch im Christentum die Religion ein Produkt menschlicher Projektionen und Illusionen sei. Sie überwand andererseits die Religionskritik durch die Überzeugung, dass nur Gott selbst den Menschen für sich gewinnen könne: die Wahrheit des christlichen Glaubens sei in der Selbsterschließung Gottes begründet, die evident und stark genug sei, um alle Religionskritik zu überwinden. Neu war, dass die Dialektische Theologie die Religionskritik nicht nur auf andere Religionen anwandte, sondern auch auf die eigene Religion. Was sie im Christentum als „Religion", d.h. als menschliches Produkt erkannte, war für sie überholt, für gültig erklärte sie nur, was auf „Offenbarung" beruht.[545] D. Bonhoeffer konnte deshalb die Vision eines religionslosen Christentums entwerfen.[546] K. Barth erkannte die Legitimität von Religion auch im Christentum an, wenn es sich um eine durch Offenbarung „gerechtfertigte Religion" handelt. Sie sei zwar Sünde wie alles menschliche Tun, aber könne trotzdem vor Gott Gnade finden. In der Dialektischen Theologie finden wir also eine erste Variante des modernen theologischen Programms einer *Religionskritik als Religionserneuerung* – im Sinne einer Reinigung des Christentums von allem, was nicht auf Offenbarung beruht.

Ein Jahrhundert später wirken diese Gedanken nicht mehr überzeugend. Die Theologie macht es sich zu einfach, wenn sie sich nicht mehr als Theologie einer Religion definiert, sondern alternativ als Entfaltung einer Offenbarung versteht. Dieses Vorgehen wirkt wie eine Immunisierungsstrategie: Man gibt der Religionskritik recht, insofern sie die Religion als menschliches Produkt deutet, und integriert sie so in die eigenen Überzeugungen. Es galt sogar als Zeichen theologischer Schwäche, wenn man sich in Form von Apologetik allzu intensiv mit der Religionskritik auseinandersetzte. Man berief sich gegen die Religionskritik auf eine Offenbarung, die nur für den Glauben zugänglich war. Dennoch muss man anerkennen, dass diese Verbindung von Theologie und Religionskritik den Christen das Leben in einer sie ablehnenden Umwelt erleichtert hat. Man traf z.B. in der DDR auf Pfarrer, die als Dialektische Theologen überzeugt waren: Gott wendet sich Menschen auch dann zu, wenn sie sich von Gott abwenden. Diese Pfarrer konnten sich unbeirrt den Menschen zuwenden, die sich in einer Gesellschaft mit staatlich verordnetem Atheismus demonstrativ von der Kirche abwendeten. In

---

545 K. BARTH, Kirchliche Dogmatik I 2, 1938, S. 327: „Religion ist *Unglaube;* Religion ist eine Angelegenheit, man muß geradezu sagen: *die* Angelegenheit des *gottlosen* Menschen […]". Dieser Satz „soll nicht nur irgendwelche andere mit ihrer Religion, sondern er soll auch und vor allem uns selbst als Angehörige der christlichen Religion treffen. Er formuliert das Urteil der göttlichen Offenbarung über alle Religion". Zur dialektisch-theologischen Religionskritik vgl. G. WENZ, Art. Religionskritik, 1997, 294f.

546 Vgl. P.H.A. NEUMANN (Hrsg.), Religionsloses Christentum, 1990. W. HUBER, Dietrich Bonhoeffer, 2019, 233–256.

ihren Augen traf die marxistische Religionskritik das Christentum nur als „Religion", nicht aber als „Offenbarung".

Anfang des 21. Jahrhunderts stehen wir vor einer anderen Situation: Heute vollzieht sich in unserer von Toleranz geprägten Gesellschaft der allgemeine Religionsdiskurs als Religionskritik, die inzwischen jedes Gespräch über Religion durchzieht oder in dessen Hintergrund steht. In den Medien sind auch wohlwollende Berichte über Religion voll Religionskritik. Für die Theologie bedeutet das: Religionskritik darf nicht in das theologische Nebenfach „Apologetik" abgeschoben werden, sondern gehört ins Hauptfach „Fundamentaltheologie". Das Ziel des Diskurses bleibt dabei dasselbe wie schon bei den Vertretern der Dialektischen Theologie: Die Religionskritik soll dazu beitragen herauszufinden, was in der Religion Anspruch auf Geltung hat. Religionskritik kann aber heute nicht mehr als Ausdruck von Gottlosigkeit abgewertet werden, deren Widerlegung die Theologie Gott im Vertrauen auf die Selbstevidenz seines Wortes überlässt. Die Auseinandersetzung mit der Religionskritik ist vielmehr eine Aufgabe, die wir mit unserem menschlichen Verstand bewältigen müssen. Dies setzt die Bereitschaft voraus, Religion so vorurteilslos wie möglich mit allen zur Verfügung stehenden Wissenschaften zu erforschen.

Die drei Teile dieses Beitrags sollen einen Eindruck davon vermitteln, wie ein Religionsdiskurs als Religionskritik aussehen könnte (1) Der erste Teil stellt die Religionskritik des 19. Jahrhunderts bis zu S. Freud dar, der den Anfang des 20. Jh.s prägte.[547] Damals wollte Religionskritik die Religion als deren ANTITHESE *überwinden*. (2) Der zweite Teil arbeitet eine DIALEKTIK heraus: Zu jeder religionskritischen These gibt es sachlich eine religionskritische Gegenthese. Das zeigt: Religion ist ein komplexes Phänomen. Religionskritik dient hier dazu, Religion in ihrer Komplexität besser zu *verstehen*. (3) Der dritte Teil entwirft eine SYNTHESE von Religionskritik und Religionsverstehen. Er fasst das zusammen, was nach meiner Einsicht der Religionskritik standhalten kann. Im Zentrum steht ein Gedanke, den ich vor 40 Jahren 1978 veröffentlicht habe: Religion ist Resonanzerfahrung, die sich mit den Absurditäten in der Welt und in uns auseinandersetzt.[548]

1 Religionskritik als Religionsüberwindung

Beginnen wir mit einigen Programmen des langen 19. Jahrhunderts, in denen eine radikalisierte Religionskritik nicht mehr der Religionserneuerung dienen, sondern die Religion grundsätzlich überwinden wollte. Gerade deshalb werden wir auf Indizien achten, die darauf hinweisen, dass selbst die großen Religionskritiker damals oft so auftraten, als wollten sie eine Gegenreligion stiften, also die Religion radikal erneuern – freilich nicht durch Reform des Bestehenden, sondern durch etwas Neues.

---

[547] Eine Übersicht bieten: H. FASTENRATH, Religionskritik, 1993; G. WENZ, Art. Religionskritik, 1997; M. WEINRICH, Religion und Religionskritik, 2011 ^{2}2012. Eine kommentierte Anthologie bietet M. WEINRICH, Religionskritik in der Neuzeit, 1965.

[548] G. THEISSEN, Argumente für einen kritischen Glauben, 1978 ^{2}1983 ^{3}1988. Die kleine Schrift wurde zwar ins Englische und Japanische übersetzt, fand aber in der Theologie keine Resonanz, wohl aber bei vielen Lesern, die mir versichert haben, dass ihnen diese Schrift sehr geholfen hat.

1.1 Ludwig Feuerbach (1804–1872)

Ludwig Feuerbach ist bis heute der große Klassiker der Religionskritik des 19. Jahrhunderts.[549] Er kam aus einer protestantischen Familie. Sein Hauptwerk: „Das Wesen des Christentums" (1841) wollte er zuerst unter dem Titel „Kritik der reinen Unvernunft" veröffentlichen. Feuerbach sah den Sinn der Menschwerdung Gottes darin, dass der Mensch Gott wird. Methodisch folgte er seinem Lehrer G.W.F. Hegel, der Religion als *Selbsterkenntnis Gottes* im Menschen deutete. Feuerbach deutete sie dagegen als indirekte *Selbsterkenntnis des Menschen*. Dabei formulierte er die klassische Projektionsthese, ohne den Begriff „Projektion" zu benutzen. Nach Hegel hat sich Gott in die Welt hinein entfremdet und eignet sich im schrittweise das Entfremdete wieder an. Die ganze Geschichte sei ein Erwachen des göttlichen Geistes zu sich selbst. Bei Feuerbach ist es umgekehrt: Der Mensch hat sich in der Religion von sich selbst entfremdet und muss sich sein entfremdetes Wesen nun wieder aneignen. Er habe das Wunschbild von sich selbst in den Himmel versetzt. Seine Aufgabe sei daher in der Gegenwart, diese Wünsche auf die Erde zurückzuholen und die Eigenschaften Gottes, seine Liebe, Vernunft und Macht, im eigenen Leben zu verwirklichen. Denn Gottes Liebe sei im Grunde seine Liebe, Gottes Güte seine Güte, Gottes Leiden sein Leiden für andere.

Feuerbach war sich darüber im Klaren, dass im Selbstverständnis der Religion „Gott" dem einzelnen Menschen gegenüber transzendent bleibt. Denn das „Wesen" des Menschen, das er in den Himmel projiziert hat, war (in seiner frühen Religionskritik) die *Gattung* Mensch, die das Individuum transzendiert. Schon bald aber traten an die Stelle der Gattung Mensch die Menschen als konkrete *Individuen*, die untereinander in Beziehung stehen. Die vom Himmel herabgeholten Wunschvorstellungen sollten auf Erden in zwischenmenschlichen Beziehungen Erfüllung finden – vor allem in einer sexuell erfüllten Ehe. Feuerbach wollte so in sehr irdischer Weise die zentrale Aussage des Neuen Testaments verwirklichen: „Gott ist die Liebe" (1Joh 4,16).

Feuerbach entwickelte seine Religionskritik noch in den 40er Jahren weiter. In seinem Buch „Das Wesen der Religion" (1846) ergänzte er die Projektions- durch eine Reaktionsthese. Religion offenbare weniger das Wesen des *Menschen*, sondern seine Abhängigkeit von der *Natur*. Die Überschrift des ersten Kapitels formuliert die neue These: „Natur ist der Urgrund der Religion". Religion sei Abhängigkeitsgefühl. In ihr werde dem Menschen bewusst, dass er seine Existenz nicht sich selbst verdankt. Durch Religion verwandle der Mensch die Natur in eine ihm vertraute Welt, indem er durch Anthropomorphismen die Natur spiegelbildlich nach dem deutet, was er *ist*, und gleichzeitig in sie hinein legt, was er nicht ist, sondern zu sein *wünscht*.

Woher aber nimmt der Mensch die Kraft, um seine Selbstentfremdung in der Religion aufzuheben? Feuerbach schrieb diese Kraft seiner Philosophie zu. Trotz seines Naturalismus blieb er darin ein „Idealist". Seine Philosophie „tritt an die

---

549 FEUERBACH, Das Wesen des Christentums (1841); WEINRICH, Religion und Religionskritik, 114-120; SALAMUN, Wie soll der Mensch sein? 2012, 6-25.

Stelle der Religion, sie hat das Wesen der Religion in sich, sie ist in Wahrheit selbst Religion".[550] Er hielt sie für einen Wendepunkt der Weltgeschichte.

1.2 Auguste Comte (1798–1857)

Ein mit Feuerbach vergleichbares weltgeschichtliches Bewusstsein findet sich etwa gleichzeitig bei Auguste Comte in Frankreich. Nach A. COMTE[551] wird die Religion weniger durch philosophische Kritik als durch die empirische Wissenschaften überwunden. Er unterschied drei Epochen in der geistigen Entwicklung der Menschheit und verglich sie mit Lebensaltern: Religion, Metaphysik und Wissenschaft seien wie Kindheit, Jugend und Erwachsenenzeit des Menschen. Im Laufe dieser Entwicklung habe sich der Mensch immer mehr von seiner Abhängigkeit von der Natur befreit, deren Übermacht er am Anfang hilflos ausgesetzt war. In seiner Kindheitsphase habe er die Wirklichkeit mit religiösen Vorstellungen von *Göttern* gedeutet, in seiner Jugendphase mit abstrakten metaphysischen *Begriffen*, als Erwachsener durch wissenschaftliche Erkenntnis der *Gesetze* dieser Welt. Nur die positivistische, an Tatsachen orientierte Wissenschaft könne die Welt so verändern, dass die Abhängigkeit des Menschen von der Übermacht der Natur überwunden wird. Dazu brauche es noch eine neue Wissenschaft. Zur *anorganischen* und *organischen* Physik, also zu Physik und Biologie, müsse eine neue *soziale* Physik treten, um die wissenschaftlich erkannten Gesetze des Lebens im Leben umzusetzen. A. Comte wurde so zum Begründer der „Soziologie". Doch auch diese neue, auf praktische Veränderungen ausgerichtete Wissenschaft war ihm nicht genug, um seine Ziele zu verwirklichen. Um wissenschaftlich das ganze Leben zu durchdringen, wollte Comte eine „positivistische Kirche" mit Priestern, Heiligen und Festkalender gründen. Sie sollte die Menschheit (als *grand être*) verehren und den Liberalismus und Egoismus des metaphysischen Zeitalters durch den Altruismus des wissenschaftlichen Zeitalters ersetzen. Bei seinen Entwürfen einer solchen „heilsvermittelnden" Kirche merkt man, dass A. Comte von seiner katholischen Tradition geprägt war. Seine humanistische Religion war im Grunde christliche Liebe ohne Gottesglauben. Er wollte die Wissenschaft als neue Religion mit der rituellen Weisheit des Katholizismus inszenieren, um die alte Religion abzulösen. Dabei war sein Gesellschaftsideal konservativ, ja reaktionär. Er registrierte, dass der Katholizismus seine sozial disziplinierende Macht verloren hatte. Eine sich autoritär durchsetzende Wissenschaft sollte an seine Stelle treten. Den Individualismus des Protestantismus lehnte er ab.

L. Feuerbach und A. Comte haben eins gemeinsam: Sie vertrauten auf die verändernde Kraft des menschlichen Geistes, auf Philosophie und Wissenschaft. Die Überwindung der Religion verstanden sie eher als Evolution denn als Revolution. Die nächste Generation in der Religionskritik war radikaler: Sie wollte die Religion durch eine Revolution der Gesellschaft und der Kultur überwinden.

---

550 FEUERBACH, Grundsätze der Philosophie der Zukunft § 64 (1843), Ges. Werke 11, 319f.

551 G. ZENKERT, Art. Comte, 1999. Vgl. M. WEINRICH, Religion und Religionskritik, 2011 ^{2}2012, 111–114.

1.3 Karl Marx (1818–1883)

Für K. MARX[552] waren die Philosophie und Wissenschaft allein viel zu schwach, um die Religion zu überwinden. Er vertrat die Ansicht, die Entfremdung des Menschen durch Projektionen in einen illusionären Himmel könne erst überwunden werden, wenn die gesellschaftliche Entfremdung des Menschen auf Erden überwunden sei. Der Mensch könne den Überbau der Projektionen nur abbauen, indem er den Unterbau der sozialen Realität radikal verändere. Wie aber soll das vor sich gehen? Menschen verwirklichen sich nach Marx durch ihre Arbeit. Sie erkennen sich in dem, was sie produzieren. Doch wird ihnen der Ertrag ihrer Arbeit vorenthalten, denn das Kapital, das die Produktionsmittel besitzt, eignet sich den Mehrwert ihrer Produkte als Profit an. Das Kapital muss nach seiner eigenen Logik notwendigerweise immer mehr Profit machen, während die Löhne der Arbeiter im Interesse dieser Profitmaximierung notwendigerweise immer geringer werden. Alle Menschen leben dadurch in Abhängigkeit von Verhältnissen, die sie selbst produziert haben. Die Religion habe ihren Ursprung weniger in der Abhängigkeit von der Natur als in einer undurchschauten Abhängigkeit von den eigenen Produkten.[553] Religion spiegle diese Abhängigkeit. Sie sei ein „*Fetischismus*", in dem der Mensch das verehrt, was er selbst geschaffen hat.[554] Marx' Kritik an diesem Fetischismus ist der Kritik der Propheten des Alten Testaments vergleichbar: Menschen verehren ihr eigenes Produkt.[555] Neben der Fetischismusthese steht bei K. Marx jedoch noch eine zweite These: die Kompensationsthese. Religion sei eine illusorische *Kompensation* für das Volk, das im Kapitalismus einer massenhaften „Verelendung" ausgesetzt sei. Die Religion spiegle also nicht nur die bestehende Welt mit ihren Anhängigkeiten, sondern bringe die Sehnsucht nach einer besseren Welt zum Ausdruck. Marx konnte daher in der Religion neben der Widerspiegelung einer verkehrten Welt auch den verborgenen „Protest" gegen das Elend dieser Welt entdecken, den er mit einer neutestamentlichen Metapher beschrieb, Religion sei der „Seufzer der Kreatur" in einer unmenschlichen Welt (Röm 8,22f).[556] Beide, die Fetischismus- wie die Kompensationsthese, deuten die Religion als Ausdruck kranker Verhältnisse in der Gesellschaft. Damit geht K. Marx über Feuerbach hinaus. Marx ist überzeugt, die Religion könne erst überwunden werden, wenn sich die Gesellschaft verändere. Es

---

[552] Vgl. M. WEINRICH, Religion und Religionskritik, 2011 ²2012, 146–149; K. SALAMUN, Wie soll der Mensch sein, 2012, 26–51.

[553] K. Marx überträgt die These von der Entstehung der Religion aus Abhängigkeit von undurchschauten Naturmächten, wie sie im 18. Jh. vertreten wurde, auf Abhängigkeit in der Gesellschaft.

[554] Fetisch kommt von *factitiosus*.

[555] K. MARX, Das Kapital I, 1951, 78: So wie in der materiellen Produktion die Produkte ein von menschlicher Tätigkeit unabhängiges Eigenleben zu führen scheinen (das ist der „Fetischismus der Ware"), so scheinen in der „Nebelregion der religiösen Welt" „die Produkte des menschlichen Kopfes mit eigenem Leben begabte, untereinander und mit den Menschen in Verhältnis stehende selbständige Gestalten".

[556] K. MARX, Zur Kritik der Hegelschen Rechtsphilosophie (1843/44), 1964, 208: „Das *religiöse* Elend ist in einem der *Ausdruck* des wirklichen Elendes und in einem die *Protestation* gegen das wirkliche Elend. Die Religion ist der Seufzer der bedrängten Kreatur, das Gemüt der herzlosen Welt, wie sie der Geist geistloser Zustände ist. Sie ist das Opium des Volks".

reiche daher nicht, die Welt philosophisch neu zu interpretieren oder wissenschaftlich besser zu erforschen, sie müsse revolutionär verändert werden.[557] Auch wenn K. Marx ein strenger Wissenschaftler sein wollte, ist sein Denken von einer egalitären humanen Ethik bestimmt. Seine Verheißung einer klassenlosen Gesellschaft reiht ihn in die Tradition biblischer Propheten ein.

Feuerbach, Comte und Marx waren sich darin einig, dass die „Werte", die der Mensch illusionär in den Himmel projiziert, im Prinzip gut seien. Bei Feuerbach war es die Liebe, bei Comte der Humanismus, bei Marx die Solidarität. Das Problem bestand für sie nur darin, dass der Mensch diese Wertvorstellungen in eine imaginäre Hinterwelt verlegt. Alle diese Religionskritiker wollten diese positiven Werte der Religion realisieren, aber auf Erden, nicht im Himmel. Sie realisierten auf diese Weise in religionskritischer Weise die Bitte des Vaterunsers: Dein Wille geschehe wie im Himmel so auf Erden – nur dass sie dabei den Himmel gleich mit abschaffen wollten, indem sie ihn auf Erden realisierten.

1.4 Friedrich Nietzsche (1844–1900)

Hier ging FRIEDRICH NIETZSCHE (1844–1900)[558] einen entscheidenden Schritt weiter. Während K. Marx eine revolutionäre Veränderung der Verhältnisse auf Erden forderte, forderte Nietzsche eine kulturrevolutionäre Umwertung aller Werte auch im „Überbau", also auch im imaginären Himmel der Werte. Was die Religion in den Himmel hineinprojiziere, sei keineswegs positiv zu bewerten, im Gegenteil: Der biblische Gott sei Ursprung einer lebensfeindlichen Vergiftung des Lebens durch Moral. Seine moralischen Forderungen setzten die Unterschichten dazu ein, die herrschenden Schichten abzuwerten. Da sie selbst nicht herrschen könnten, werteten sie alles ab, womit die Oberschicht ihre Herrschaft begründete. Die Abwertung dessen, was man im Grunde selbst haben möchte, ist ein „Ressentiment". Es ist die Haltung des Fuchses, der die Trauben, die für ihn zu hoch hängen, abwertet, indem er behauptet, sie seien sauer. Auch die biblische Moral sei ein aus solch einem Ressentiment geborener „Sklavenaufstand in der Moral".[559] Während Marx von egalitären Werten bestimmt war, vertrat Nietzsche einen antiegalitären, antidemokratischen und antihumanistischen Aristokratismus. In seiner letzten Schrift, dem „Antichristen", machte er das Christentum für alle von ihm verachteten humanistischen und demokratischen Werte verantwortlich. Dennoch leben selbst in seiner Religionskritik christliche Motive weiter: Schon die Vertreter der Reformation vertraten eine radikale Moralkritik, indem sie die Gesetzeskritik des Paulus aufgriffen. Ihre zentralen Aussagen dazu waren: Moral und Gesetz sind für das Zusammenleben der Menschen notwendig. Das ist ihr *usus politicus*. Sie führen gleichzeitig im *usus elenchticus* dem Menschen seine Schuld vor Augen. Dabei ist das Gesetz eine tötende Macht. Die Erlösung des Menschen beginnt jenseits des tötenden Gesetzes durch reine Gnade, denn

---

[557] So K. MARX, Die deutsche Ideologie (1845/46), 1964, 341: 11. These über Feuerbach: „Die Philosophen haben die Welt verschieden *interpretiert*, es kömmt darauf an, sie zu *verändern*."
[558] Vgl. E. BISER, Gottsucher oder Antichrist, 1982; K. SALAMUN, Wie soll der Mensch sein, 2012, 53–80.
[559] F. NIETZSCHE, Zur Genealogie der Moral (1887), 1999, 268.

das wahre Leben lässt sich durch Moralerfüllung nicht erreichen. In dieser lutherischen Tradition stand Nietzsche als Sohn eines lutherischen Pfarrers, der ein Semester Theologie studiert hatte. Er kannte aber nur noch das tötende Gesetz, nicht die erlösende Gnade, er sah nur den *usus elenchticus legis*. Gegen dieses tötende Gesetz rebellierte er. Er befreite sich von ihm nicht durch den Glauben an die bedingungslose Rechtfertigung durch Gott, sondern durch Selbstermächtigung zu einer unbedingten Lebensbejahung und Lebenssteigerung, die er den „Willen zur Macht" nannte. In meinen Augen war F. Nietzsche ein „entgleister" Lutheraner, der die Moralkritik der Reformatoren radikalisierte und säkularisierte. Mochte er auch jede Offenbarung dezidiert ablehnen, so verbreitete er seine Thesen dennoch in Form von Offenbarungsreden, die er dem Religionsstifter Zarathustra in den Mund legte.

Beide, Marx und Nietzsche, sahen Chancen für eine Überwindung der Religion nur durch einen revolutionären Wandel. Der Unterschied zwischen ihnen bestand darin, dass Marx einen revolutionären Wandel im Unterbau der Gesellschaft forderte, also in den realen Produktionsverhältnissen, während Nietzsche einen revolutionären Wandel in der Kultur propagierte, einen „Umsturz aller Werte". Während Feuerbach und Comte Religionskritik als evolutionäre Vollendung einer in der Religion verborgenen positiven Tendenz ansehen kann, vertreten Marx und Nietzsche eine revolutionäre Religionskritik – beide mit der optimistischen Vision, dass dabei sich so wahres Menschsein in einer „klassenlosen Gesellschaft" oder als „Übermensch" verwirklichen werde.

1.5 Sigmund Freud (1856–1939)

Während sich die bisher genannten Religionskritiker als Propheten einer neuen besseren Zeit verstanden, die durch Entwicklung oder Revolution herbeigeführt werden sollte, war der aus einem jüdischen Elternhaus stammende Arzt SIGMUND FREUD (1856–1939)[560] in diesem Punkt skeptisch. Bei ihm zielt die Religionskritik nicht auf eine Veränderung der Welt, sondern auf eine Emanzipation des Einzelnen: Der Mensch solle endlich erwachsen werden. Er müsse lernen, in einer trostlosen Welt ohne religiösen Trost zu leben. Damit ergänzte er in der Religionskritik etwas, das bisher fehlte. Visionen von einer durch wissenschaftliche, soziale oder kulturelle Umbrüche veränderten Welt helfen dem Einzelnen wenig, wenn er sein persönliches Schicksal mit seinen Krisen und Krankheiten bewältigen muss. Individuelle „Kontingenzbewältigung" erwies sich als bleibende Funktion der Religion, die aller Religionskritik in der Neuzeit standgehalten hat (H. Lübbe).[561] Die Religionskritik ließ hier eine Lücke. In diese Lücke trat Freud, gab aber eine ernüchternde Antwort: Er deutete einerseits religiöse Vorstellungen als Illusion, in der sich Wunschvorstellungen frei vom Widerstand der Realität als unbewusste Nachwirkung kindlicher Geborgenheit entfalten können – Gott war für ihn eine Art kosmisches Kuscheltier. Er deutete andererseits religiöse Riten als Zwangsrituale, d.h. als Nachwirkung von Schuldgefühlen, die durch Kon-

---

[560] S. HEINE, Grundlagen der Religionspsychologie, 2005, 145–183; M. WEINRICH, Religion und Religionskritik, 2011 ^{2}2012, 154–160.

[561] H. LÜBBE, Religion nach der Aufklärung, 1986.

flikte mit den Eltern entstanden waren und in religiösen Zwangshandlungen immer wieder neu ausagiert werden. In diesen Konflikten waren dem Kind schmerzliche Grenzen gesetzt worden. Neben grenzenlosen Wünschen schlägt sich in der Religion daher eine einschneidende Begrenzung durch Verbote nieder, neben dem Wunsch, der sich illusionär über den Widerstand der Realität hinwegsetzt, ist in der Religion ein Zwang lebendig, der sich am Widerstand der Realität abarbeitet, ohne diesen Widerstand je bewältigen zu können. Die Kraft zur Befreiung von beidem, sowohl von grenzenlosen Wünschen wie eingrenzenden Zwängen, fand S. Freud in der Bewusstmachung verdrängter kindlicher Wünsche und Konflikte. S. Freud hat nur indirekt gesellschaftliche Änderungen angestoßen, vor allem eine Veränderung der Lebensformen durch eine sexuelle Revolution, die erst mit der Möglichkeit einer effektiven Schwangerschaftsverhütung in den 1960er Jahren zum Durchbruch kam.

Wir haben gesehen: Fast alle Religionskritiker strebten programmatisch danach, die Religion zu überwinden. Trotzdem klingen einige ihrer Aussagen so, als zielten sie auf eine Transformation der Religion: L. Feuerbach hielt seine Religionskritik für den Beginn einer neuen Religion. A. Comte wollte Hohepriester einer positivistischen Kirche sein. F. Nietzsche verbreitete seine Religionskritik in Form der Offenbarungsreden Zarathustras. Satirisch könnte man seine Botschaft in drei Glaubensartikeln zusammenfassen:

1. Artikel: Es gibt keinen Gott – und Du sollst keine anderen Götter als Ersatz an seine Stelle setzen, auch nicht Moral, Sinn, Vernunft und Naturgesetze.
2. Artikel: Es gibt keinen Sohn Gottes – denn Du selbst sollst dessen Stelle als Übermensch einnehmen.
3. Artikel: Es gibt keinen heiligen Geist, sondern nur den unheiligen Geist des Ressentiments der Schwachen, um die Starken zu lähmen. Der wahre Freigeist verachtet die Schwachen und hilft ihnen beim Aussterben.[562]

Trotz dieser „Offenbarungsform“ ist für die Religionskritik F. Nietzsches charakteristisch, dass sie keine neue Religion an die Stelle der alten setzen will. Die Leerstelle, die Gott hinterlässt, soll nicht mit neuen „Göttern“, Idealen oder Werten gefüllt werden; der Himmel soll als Himmel endgültig verschwinden, sodass er nicht mehr dazu verführt, ihn mit Ersatzgrößen anstelle von Gott zu füllen. Trotzdem kann man Nietzsches letzte Schriften so verstehen, als feierten sie die Ankunft eines unbekannten Gottes.[563]

Auch S. Freud teilt das Ziel einer radikalen Überwindung der Religion. Aber selbst er stilisierte sich als ein neuer Mose, der ein murrendes Volk durch die Wüste der Aufklärung führen musste. Er erkannte sogar ein „ozeanisches“ Gefühl an, eine tiefe Verbundenheit mit allen Dingen – zweifellos eine mystisch-kosmische Religiosität.

---

[562] Nietzsche konnte im „Antichrist“ schreiben: „Die Schwachen und Missrathnen sollen zu Grunde gehen: erster Satz u n s r e r Menschenliebe. Und man soll ihnen noch dazu helfen. Was ist schädlicher als irgend ein Laster – Das Mitleiden der That mit allen Missrathnen und Schwachen – das Christentum […]“ (F. NIETZSCHE, Der Antichrist (1886/9), 1999, 170).

[563] H. DETERING, Der Antichrist und der Gekreuzigte, 2012.

Daher darf man fragen: Bezeugen nicht die genannten Religionskritiker auch gegen ihre Absicht eine paradoxe „Wiederkehr der Religion"?[564] Finden wir hier komplementär und parallel zur Dialektischen Theologie ein zweites Programm: *Religionskritik als Religionserneuerung* – jetzt freilich nicht im Sinne einer Reform des Christentums, sondern einer Transformation der Religion in etwas ganz Neues? Wenn bei ihnen Visionen einer Religion mit vagen Umrissen nach der Religionskritik aufblitzen, so sollte sie alle bestehenden Religionen und Konfessionen ablösen. Oder betrieben sie Religionskritik in Gegenabhängigkeit von der bekämpften Religion, als könnten sie nur mit religiöser Unbedingtheit die Unbedingtheit der Religion überwinden? Dennoch sei festgehalten: Es gibt immer wieder Indizien einer „Auferstehung" der Religion, nachdem sie durch Religionskritik schon endgültig begraben worden war. Sie sollten uns dazu motivieren, besser zu verstehen, was Religion ist und was sie sein könnte. Dann hätten wir auch Kriterien dafür, was nach allen in der Religionskritik angedachten Transformationen überhaupt noch „Religion" genannt werden kann.

Es spricht in der Tat wenig dafür, dass die Religion verschwinden wird. Unsere Gesellschaft stellt sich vielmehr darauf ein, dass religiöse Gruppen in größerer Vielfalt als bisher mit religionslosen und religionskritischen Gruppen zusammenleben müssen. Das setzt voraus, dass diese Gruppen einander verstehen und einander respektieren. Der Dialog zwischen ihnen wird zu einer wichtigen Aufgabe. Deshalb wird hier die These vertreten: Religionskritik ist in der Gegenwart zum bevorzugten Modus des Religionsdiskurses geworden, oder genauer: sie sollte es werden, um zwischen allen gesellschaftlichen Gruppen eine Verständigung über die Religion zu ermöglichen – auch mit religionslosen und religionsfeindlichen Gruppen. Die Religionskritik dient in diesem modernen Kontext der Religionshermeneutik. Diese Gedanken führen zum zweiten Teil dieses Beitrags.

2 Religionskritik als Religionshermeneutik

Wie aber kann man durch Religionskritik das Verstehen der Religion fördern? Die hier vertretene These ist: Zu allen religionskritischen Thesen gibt es auch religionskritische Thesen, die ihnen widersprechen. Dabei lassen sich vier Gruppen religionskritischer Argumente unterscheiden, je nachdem, ob sie den Wahrheits-, Lebens-, Kohärenz- und Konsenswert der Religion bestreiten. Unter „Wahrheitswert" wird dabei nach dem Korrespondenzkriterium der Wahrheit eine Entsprechung zur Wirklichkeit verstanden. „Lebenswert" ist dagegen ein pragmatisches Kriterium, das die Religion daran misst, ob sie Leben und Zusammenleben fördert oder zerstört. Mit „Kohärenzwert" ist die innere Widerspruchsfreiheit der religiösen Überzeugungswelt gemeint, mit „Konsenswert" das Potenzial der Religion, Zustimmung zu finden.

[564] Freilich wird das heute gegen die Religion eingewandt: Stalinismus und Faschismus gelten dann als transformierte Religion, in deren Verbrechen der religiöse Fanatismus sein wahres Gesicht enthüllt

2.1 Zur Kritik am Wahrheitswert der Religion

Die Kritik am WAHRHEITSWERT DER RELIGION begegnet in drei religionskritischen Antithesen, die mit Schlagwörtern vorweg genannt seien, ehe sie ausgeführt werden: Es sind die Alternativen von Fiktions- und Immunisierungsverdacht, von Projektions- und Reaktionsthese, von Memorabilitätsthese und ASC-These, also der Ansicht, dass die Religion in Erfahrungen eines *altered state of consciousness* einen Ursprung hat. Immer handelt es sich dabei um direkte Widersprüche, d.h. um Thesen, die nicht beide zugleich wahr sein können, wenn man sie auf dieselbe Sache bezieht. Ihr Widerspruch lässt sich dadurch auflösen, dass man sie auf verschiedene Aspekte der Religion bezieht.

Die populärste These der Religionskritik sagt, dass religiöse Vorstellungen durch die empirischen Wissenschaften widerlegt seien. Unbestreitbar ist, dass die Entstehung der Welt und die Entwicklung des Lebens anders verlaufen ist, als es in Gen 1 und 2 geschildert wird, ebenso, dass die biblischen Geschichten keine historischen Darstellungen sind. Es handelt sich dabei um poetische Texte, deren Wahrheitsgehalt nicht in ihrem informativen Wert über Welt und Geschichte liegt. Religiöse Dichtung öffnet uns die Augen für Aspekte der Wirklichkeit, die wir sonst übersehen, sie lehrt uns, auf sie emotional zu reagieren und sie praktisch zu bewältigen. Die biblische „Poesie des Heiligen" ist wirklichkeitsbezogene Dichtung. Zur Fiktionsthese gibt es aber eine ebenso religionskritische Gegenthese: Religiöse Aussagen seien nicht deshalb sinnlos, weil sie empirisch widerlegt wurden, sondern im Gegenteil, weil sie sich nicht widerlegen lassen.[565] Man könne sie prinzipiell nicht mit der Realität konfrontieren. Richtig ist: Dass es Unbedingtes, Ewiges und Freiheit gibt, lässt sich weder widerlegen noch empirisch begründen. Basieren religiöse Aussagen deshalb auf Immunisierungsstrategien, mit denen wir uns vor einer harten Konfrontation mit der Realität schützen? Aber hier kann man wie folgt argumentieren: Widerlegbare Feststellungen und in ihnen enthaltene unwiderlegbare Prämissen gehören generell in unserem Erkennen zusammen. Sofern unser Erkennen auf empirischen Daten basiert, ist es durch Daten widerlegbar. Sofern es apriorische Grundkategorien folgt, ist es empirisch nicht widerlegbar. Wir setzen z.B. in unseren Erkenntnissen die „Erkennbarkeit" der Welt voraus, eine Entsprechung ihrer Strukturen mit unseren Erkenntnismöglichkeiten. Aber wir können diese Voraussetzung nicht empirisch beweisen, auch wenn sich der Glaube an sie immer wieder im Erkennen bewährt. Unser Erkennen ist nur möglich im Rahmen eines epistemischen Glaubens.

Eine weitere These der Religionskritik sagt, religiöse Vorstellungen seien Reaktionen auf die Übermacht der Welt.[566] Ihr widerspricht als Antithese, dass sie Projektionen in die Welt hinein seien.[567] *Projektions- und Reaktionsthese* haben

---

[565] Die These der Widerlegung der Religion durch die Wissenschaft begegnet inzwischen als Allgemeingut. Die Gegenthese vertritt z.B. R. CARNAP, Überwindung der Metaphysik (1932), 2004, der die Religion als Ausdruck eines Lebensgefühls auch positiv würdigen kann.

[566] Nach D. HUME, Naturgeschichte der Religion (1757), 1984: Religion entstand in der Frühgeschichte der Menschheit aus der Furcht vor unerkannten und unbezwingbaren Mächten. Die Religion deutet sie und versucht sie zu beeinflussen.

[567] Vgl. Neben L. Feuerbach vor allem E. TOPITSCH, Vom Ursprung und Ende der Metaphysik, 1958, der die Projektionen klassifiziert nach technomorphen, soziomorphen und biomorphen Modellen, ergänzt um psychomorphe Auslegungen der Realität.

eine entgegensetzte Struktur. Die Projektionsthese sagt: Wir erschaffen die Religion, indem wir unser Verlangen nach Macht, Geborgenheit oder nach Schönheit in die Welt hineinprojizieren. Die Reaktionsthese sagt: Wir reagieren in der Religion auf die Übermacht der Welt, auf Blitz und Donner oder auch auf ihre überwältigende Schönheit. Zwischen beiden Thesen scheint es nur ein Entweder-Oder zu geben: Entweder projizieren wir in der Religion unsere Sehnsucht nach Sinn in eine sinnleere Welt oder wir reagieren in der Religion auf eine vorhandene Sinnfülle der Welt. Entweder verwandeln wir die Wirklichkeit in unseren religiösen Phantasien oder die Wirklichkeit verwandelt unsere Phantasien durch ihre Macht. Entweder sind wir in der Religion konstruktiv oder rezeptiv. Beide religionskritischen Thesen relativieren einander. Aber man kann beide verbinden, denn auch in der Wissenschaft sind rezeptive und konstruktive Elemente verbunden: Wir empfangen rezeptiv Informationen aus der uns umgebenden Wirklichkeit, geben ihnen aber konstruktiv durch unser Erkennen eine Ordnung. Oder umgekehrt: Wir konstruieren die Wirklichkeit, indem wir unsere Gedanken in sie hineinprojizieren, und entdecken dabei eine Wirklichkeit, auf die wir mit unseren Konstruktionen reagieren. Auch die Wissenschaft verbindet also projektive und rezeptive Elemente. Wenn beides aber im wissenschaftlichen Erkennen zusammengehört, warum sollte es nicht in der Religion vereinbar sein? Wenn wir mit diesem „Widerspruch" in der Wissenschaft sehr gut leben, warum nicht auch in der Religion? In ihr sind apriorische Erwartungen an die Wirklichkeit wirksam, in ihrem Lichte wird die Welt gedeutet. Dazu gehören die Kategorien des Ewigen, Unbedingten und der Freiheit, die wir in jedem empirischen Urteil voraussetzen, für das wir Geltung beanspruchen. Wenn eine Feststellung: „Es regnet jetzt" gilt, dann gilt sie auch für alle Zeiten und alle Räume. Wenn wir uns darin geirrt haben, haben wir ebenfalls für immer und überall geirrt. Wir haben in uns einen ganz formalen Sinn für Ewiges. Dass wir das zutreffende Urteil dem Irrtum vorziehen müssen, ist ein unbedingter Imperativ. Wenn wir sagen, irrtümliche Urteile seien als lebensfördernde Illusionen gerechtfertigt, so beanspruchen wir für diese Feststellung Wahrheit und ziehen sie als erkannte Wahrheit allen anderen vor. Wir haben in uns daher auch einen formalen Sinn für Unbedingtes, von dem wir uns nicht freimachen können. Ferner beanspruchen wir unwillkürlich Freiheit für unsere Urteile: Wer die Geltung einer Aussage behauptet, leugnet damit, dass sie Ausdruck determinierender Faktoren ist. Denn dann könnte er niemals sagen: „Diese Aussage ist wahr", sondern immer nur: „Alle Faktoren, die mich bestimmen, haben mich dazu determiniert, jetzt diese und keine andere Aussage zu machen".

In letzter Zeit begegnet eine neue religionskritische These der kognitiven Religionswissenschaft, die sagt, Religion verbreite sich ohne Erfahrungsbasis aufgrund der kognitiven Einprägsamkeit ihrer Vorstellungen und Praktiken. Optimale Einprägsamkeit und Memorabilität basiere auf einer Mischung von minimaler Kontraintuitivität und maximal intuitiven Ideen.[568] Dies ist uns als Medienlogik vertraut. Um in den Medien Verbreitung zu finden, muss eine Information einerseits aus allem Gewohnten herausfallen, um Aufmerksamkeit auf sich zu ziehen, muss sie andererseits in vertraute Überzeugungen eingebettet sein, um

[568] P. BOYER, Religion Explained, 2001 = Und Mensch schuf Gott, 2004, ^{3}2011.

nicht abgelehnt zu werden. Danach wäre in der Religion entscheidend, dass in ihr Geschichten mit einprägsamen Elementen erzählt werden, sodass sie eine Chance haben, weiter erzählt zu werden. Der „Satan“ verdankt danach seine Existenz faszinierenden Geschichten über ihn, nicht realen Erfahrungen mit dem Bösen. Aber gerade der kognitive Ansatz ermöglicht es auch, eine Gegenthese zu formulieren: Er deutet viele religiöse Vorstellungen als Ausdruck von Erfahrungen in einem „veränderten Bewusstseinszustand“ (einem *altered state of consciousness*).[569] Bei kontemplativen und mystischen Bewusstseinszuständen konnte man sogar empirisch diese abweichenden Bewusstseinszustände durch neurowissenschaftliche Messungen nachweisen.[570] Wir wissen seitdem, dass außergewöhnliche ekstatische Phänomene, Visionen und Entrückungen erlebnisecht sein können. Das sagt noch nicht, dass sie „wahr“ sind. Wenn man religiöse Vorstellungen auf abweichende Bewusstseinszustände zurückführt, kann das auch der Religionskritik dienen, einer naturalistischen Reduktion von Religion auf Gehirnzustände. Aber man kann ebenso die Religion auf diesem Wege religionshermeneutisch rehabilitieren. Wieder kommen wir zu dem Ergebnis, dass Religionskritik – konsequent durchgeführt – dazu beiträgt, Religion als ein komplexes Phänomen zu entdecken. Denn wahrscheinlich spielt in der Religion beides eine Rolle: sowohl prägende religiöse Erfahrungen als auch die Memorabilität einprägsamer Erzählungen von solchen Erfahrungen. Widersprüchliche Thesen der Religionskritik weisen in der Regel auf komplementäre Aspekte der Religion.

2.2 Zur Kritik am Lebenswert der Religion

Auch die die Kritik am LEBENSWERT DER RELIGION lässt sich in drei Antithesen formulieren. Die Herausforderung liegt hier weniger darin, diese Widersprüche theoretisch zu lösen, sondern sie in der gelebten Praxis auszugleichen. Denn es sind Spannungen zwischen Wunsch und Furcht, zwischen Herrschaft und Rebellion, zwischen sozialer Offenheit und Abgrenzung. Zwischen diesen Tendenzen müssen wir überall im Leben ausgleichen. Der Widerspruch von Repressions- und Ressentimentthese ist vielleicht das beste Beispiel dafür. Daher beginnen wir mit ihm.

Der These, Religion sei Repression der Herrschenden zur Domestizierung der Unterschicht (K. Marx), widerspricht die Gegenthese, Religion sei Ressentiment der Unterschicht zur Domestizierung der Oberschicht (F. Nietzsche). Eine Machtausübung geschieht nach beiden religionskritischen Thesen, einmal als Macht von oben, einmal von unten. Von oben gesehen, legitimiere Religion die Herrschaft der Oberschichten durch Sozialdisziplinierung des einfachen Volkes. Von unten gesehen sei sie ein „Sklavenaufstand in der Moral“, durch den die Unterschichten die Oberschichten zu disziplinieren versuchten: Sie werten durch ihre Religion als verwerflich ab, was den herrschenden Schichten ein gutes Gewissen zur Machtausübung gibt. Beide Kritiken relativieren sich gegenseitig und beleuchten zwei Aspekte einer Aufgabe, die jede Gesellschaft lösen muss: Sie

---

569 Vgl. die Darstellung bei S. VOLLENWEIDER, Außergewöhnliche Bewusstseinszustände, 2007.
570 A. NEWBERG/E. D'AQUILI/V. RAUSE, Why God Won't Go Away, 2002 = Der gedachte Gott, 2004.

muss einerseits regelkonformes Verhalten im Zweifelsfall auch durch Zwang sicherstellen, andererseits muss sie die zur Durchsetzung dieses Zwangs mächtigen „Herrscher“ kontrollieren. Jede Gesellschaft muss dabei zwischen den Gefahren der Anarchie und der Tyrannei einen Weg finden, wenn das Leben in ihr lebenswert sein soll. Könnte die Religion vielleicht gerade deshalb, weil sie diese Funktionen in sich vereint, beide Formen von Machtausübung zum Ausgleich bringen? Besteht ihre Chance darin, Menschen, die sich in hierarchischen Verhältnissen gegenseitig von oben und von unten drangsalieren, so zu versöhnen, dass „Frieden und Gerechtigkeit einander küssen“ (Ps 85,11)? Was den Lebenswert der Religion angeht, legen gerade die beiden religionskritischen Argumente des Repressions- und Ressentimentverdachts den Gedanken nahe, dass Religion durch ein Gleichgewicht von herrschaftsstabilisierenden und herrschaftskritischen Motiven ein Zusammenleben stützen könnte, in dem Menschen nicht nur einander „beherrschen“, sondern sich als gleichwertige Subjekte begegnen – in biblischer Sprache, in dem sie sich grundsätzlich als „Ebenbild Gottes“ respektieren? Es ist ja kein Zufall, dass die Metapher vom Ebenbild Gottes auf der Generalisierung einer Vorstellung basiert, die im Alten Ägypten für Könige galt: Könige galten als Gottes Ebenbild und Stellvertreter. In Israel aber wurde jedem Menschen diese Würde zugesprochen, nicht nur den Mitgliedern des eigenen Volkes, sondern universal allen Menschen. Hier zeigt sich, dass sich die Religion an einem allgemein menschlichen Problem abarbeitet. Denn das Gleichgewicht von herrschaftsstabilisierenden und herrschaftskritischen Motiven ist ein Grundproblem jeder Politik. In der Demokratie werden Herrschaftssicherung und Herrschaftskritik durch Verfassungen mit Wahlen und Parteien, Gewaltenteilung und Rechtsstaatlichkeit in einen Ausgleich gebracht. Wenn man davon ausgeht, dass Demokratie von Voraussetzungen lebt, die sie nicht selbst schaffen kann – gerade bei der Begründung der Menschenwürde und des unbedingten Wertes jedes Menschen –, dann kann man der Religion gerade im Rahmen einer Demokratie einen Lebenswert zuschreiben.

Während die Antithese von Repressions- und Rebellionsverdacht den Gegensatz zwischen „oben“ und „unten“ in der Gesellschaft zum Thema hat, beziehen sich zwei weitere religionskritische Thesen zum Lebenswert der Religion auf das Gegenüber von „In-Group“ und „Out-Group“. Besonders verbreitet ist in unserer Zeit die religionskritische These, Religion sei ein Brandbeschleuniger von Hass und Fanatismus zwischen In-Group und Out-Group. Dabei hat man den Terror fanatischer Gruppen im Islam, aber auch im nordirischen Konflikt zwischen Katholiken und Protestanten oder den Konflikt zwischen Buddhisten und den Rohingya in Myanmar im Blick. Es ist unbestreitbar, dass Religion zum Fanatismus verführen kann. Dem widerspricht freilich die Gegenthese, die der Religion vorwirft, sie sei Hypermoral,[571] die alle Grenzen zu Außengruppen unrealistisch überwinden und öffnen wolle – indem sie Feindesliebe proklamiere und Flüchtlinge mit offenen Armen aufnähme. Wir finden in der Tat beides in derselben Religion nebeneinander: einerseits ein Sendungsbewusstsein, das alle anderen ausgrenzt, andererseits eine Moral, die sich für Fremde und Feinde öffnet. Aber auch hier gilt: Das Leben selbst stellt uns überall vor eben diese Aufgabe, diese

---

[571] A. GEHLEN, Moral und Hypermoral, 1969.

beiden Tendenzen zu einem Ausgleich zu bringen: Öffnung für alle Menschen und Abgrenzung anderen Gruppen gegenüber.

Die bisher besprochenen religionskritischen Thesen zum Lebenswert der Religion beziehen sich auf ihre soziale Funktion in der Gesellschaft. Ihre individuelle Funktion im Leben des Einzelnen ist ebenso umstritten. Auch hier stehen zwei Thesen in Spannung zueinander, einerseits die These, Religion sei Illusion und Ausdruck grenzenloser infantiler Wunschphantasien, andererseits die Gegenthese, Religion sei mit ihren rituellen Zwangshandlungen Nachwirkung kleinkindlicher Konflikte, in denen die Wünsche des Kindes drastisch begrenzt wurden.[572] Dass S. Freud beide Thesen vertreten konnte, spricht für seine Sensibilität für verschiedene Seiten desselben Phänomens. Wiederum kann man sagen; Das Leben selbst stellt uns vor die Aufgabe, beides zu verbinden: Wir müssen uns einerseits gegen die Nachwirkungen von einschränkenden traumatischem Schrecken schützen und andererseits unsere grenzenlosen Wunschträume durch die Realität begrenzen. Wenn man die Religion in der phänomenologischen Religionswissenschaft als Erleben und Gestalten eines *mysterium tremendum et fascinsosum* definiert, schreibt man ihr die Aufgabe und Fähigkeit zu, zwischen den Schrecken der Realität und der Faszination ein Gleichgewicht zu finden.

2.3 Zur Kritik am Kohärenzwert der Religion

Der Religion wird oft ein Kohärenzwert bestritten, weil sie sich in unlösbare Widersprüche verstrickt. Die symbolische Welt der Religion ist kein widerspruchsfreies System. Sie ist voll von Aporien, die sich nicht auflösen lassen. Hier geht es nicht wie beim Wahrheitswert der Religion darum, widersprüchliche Aussagen auf verschiedene Aspekte derselben Sache zu beziehen, sodass dass sich wichtige Aussagen überhaupt nicht widerspruchsfrei behaupten lassen. Es geht auch nicht wie beim Lebenswert der Religion darum, verschiedene Funktionen der Religion durch praktisches Handeln auszugleichen. Bei Aporien geht es darum, mit ihnen als unlösbaren Fragen zu leben.

Dies sei anhand der Begründungsaporie gezeigt: Zur These: „Jede Begründung verlangt eine weitere Begründung bis ins Unendliche", gibt es die Gegenthese: „Jede Begründungskette findet entweder unbegründbar ein Ende oder verläuft zirkulär im Kreis". Diese Aporie begegnet unabhängig von der Religion auch in Wissenschaft und Philosophie.[573] Unsere Vernunft ist darauf program-

---

[572] Sowohl These wie Antithese werden hier vertreten von S. FREUD, Die Zukunft einer Illusion (1927), 1974; ders., Zwangshandlungen und Religionsübungen (1907), 1941. Man muss bei der Begrenzung von Wünschen im Kleinkindalter nicht unbedingt an den Ödipuskonflikt denken. Das Kind wird nicht nur dadurch begrenzt, dass ihm verboten wird, den jeweils gegengeschlechtlichen Elternteil sexuell zu begehren.

[573] H. ALBERT, Traktat über kritische Vernunft, 1968, nennt es das Münchhausen Trilemma. Letztbegründungen sind danach unmöglich, weil sie entweder zu einem infiniten Regress, einem Abbruch des Verfahrens oder zirkulären Begründungen führen. Dieses Trilemma findet sich schon bei dem Religionsphilosophen Jakob Friedrich Fries (1773–1843), der daraus nicht religionskritische Konsequenzen wie später Hans Albert zieht. Fries unterschied drei Formen, in denen die Wirklichkeit zugänglich wird: Das Wissen bezieht sich auf sinnliche Erscheinung, Ahnung auf Übersinnliches im Sinnlichen, das Ding an sich aber ist nur im Glauben als Gefühl gegeben.

miert, nach Ursachen und Gründen zu fragen. Nachdem wir eine Ursache gefunden haben, fragen wir nach der nächsten Ursache. Ebenso fragen wir nach Gründen hinter den Gründen. Die Vernunft umfasst die Fähigkeit, einen Akt auf sich selbst zu beziehen und ihn dadurch unbegrenzt zu wiederholen. Dabei stranden wir unvermeidlich in drei verschiedenen Möglichkeiten: (1) Entweder brechen wir willkürlich ab, (2) verlaufen uns im Unendlichen oder (3) drehen uns im Kreis – womit wir ebenfalls in einer unendlichen Sequenz gefangen bleiben, doch mit einer „ewigen Wiederkehr" derselben Elemente. Wir scheitern bei der Suche nach Letztbegründungen. Doch lässt dieses Scheitern Gott ahnen.

Würden wir auf einen letzten Grund stoßen, der Grund dafür ist, dass es überhaupt Gründe gibt, wäre der Abbruch des Fragens keine Willkür. Wir wären bei einer Stelle angelangt, bei der wir nicht mehr weiter zurückfragen müssten. Wir wären am Ziel. Man kann auch sagen: Wir wären auf Gott gestoßen, auf jeden Fall aber auf eine Letztbegründung.

Nehmen wir den nächsten Fall: Durchlaufen wir eine unendliche Kette von Gründen, weil sich hinter jedem Grund ein neuer dahinterliegender Grund auftut, dann ahnen wir: Für denjenigen, der Grund aller Gründe ist, wäre es gleichgültig, ob unsere Gedankenkette endlich oder unendlich ist. Er könnte in einem Augenblick erfassen, was wir nur nacheinander denken können, ohne je an ein Ende zu gelangen.

Es gilt auch für den dritten Fall, dass wir uns dabei in einem Zirkel von Gründen bewegen. Auch das wäre ein *regressus ad infinitum*, weil er nie ein Ende findet. Wir blieben aber in einem endlichen Zusammenhang. Solch ein Zirkel wäre vollkommen, wenn die Kausal- und Begründungskette jedes Teil der Wirklichkeit umfassen würde. Dann würden wir das Ganze umfassen. Auch so wären wir angelangt bei Gott.

Diese Überlegungen sind bewusst im Konjunktiv formuliert. Was wir als Möglichkeit denken können, ist deswegen nicht auch Realität. Der Realität entspricht, dass wir uns in einem unlösbaren Trilemma verlaufen. Unsere Gedanken scheitern beim Versuch, auf Gott zu stoßen, aber sagen uns gleichzeitig, was gegeben sein müsste, um in den drei Möglichkeiten von Kausal- und Begründungsketten auf ihn zu stoßen. Vernunft kann den Glauben auf diese Weise nicht begründen, wohl aber zeigen: Gott ist denkbar im Scheitern des Denkens. Genauso wichtig ist: Die hier angesprochene Begründungsaporie findet sich auch in wissenschaftlichen Begründungen – entweder kann man bis ins Unendliche zurückfragen oder man hört willkürlich an einem Punkt auf oder lässt die Begründung im Kreise verlaufen. Vielleicht soll uns dieses Scheitern lehren, dass wir nicht Gott sind. Wir sind nicht Grund unserer selbst. Wir finden in uns auch keine Letztbegründung für unsere Existenz, nichts, was Grund dafür ist, dass es überhaupt Gründe gibt.

Das alle Religionen in verschiedener Weise bedrängende Problem ist das Theodizeeproblem, also die These, dass die Allmacht Gottes die Wirklichkeit durchdringt. Ihr widerspricht die Gegenthese, dass Gottes Güte Gottes die Wirklichkeit bestimmt. Beide Thesen sind unvereinbar, was an jedem Menschen, der leidet, sichtbar wird. Das Problem begegnet freilich in etwas anderer Form als Aporie jeder säkularen Lebensbejahung, die einerseits *alles* umfassen will, aber dann auch das Leiden einschließen muss. Wenn sie aber das Leiden ablehnt, kann sie nicht alles umfassen.

Eine dritte Aporie ist der Widerspruch zwischen Freiheit und Determinismus. Zur These: „Die Allmacht Gottes bestimmt alles Geschehen", gibt es die Gegenthese: „Der Mensch bestimmt verantwortlich sein Leben". Auch diese Freiheitsaporie begegnet unabhängig von der Religion im Konflikt von Determinismus und Freiheitsbewusstsein des Menschen.

2.4 Zur Kritik am Konsenswert der Religion

Eine besondere Rolle spielt im gegenwärtigen Religionsdiskurs die Kritik am KONSENSWERT der Religion. Nachdem man in Europa nach schweren Konflikten und Konfessionskriegen eine rechtlich abgesicherte Toleranz durchgesetzt hat, die es ermöglicht, multikonfessionell zu leben, stellt sich heute die große Aufgabe, diese Toleranz auf ein multireligiöses Zusammenleben verschiedener Religionen zu erweitern. Viele Menschen zweifeln jedoch daran, dass die verschiedenen Religionen wirklich dialog- und konsensfähig sind. Die Kritik am Konsenswert der Religion kann man in drei Argumenten zusammenfassen – je nach sozialer Reichweite des angestrebten Konsenses, ob er (1) Konfessionen, (2) Religionen oder (3) alle Menschen umfassen soll.

Man kann erstens der Meinung sein, ein Konsens zwischen verschiedenen Konfessionen ein und derselben Religion sei unmöglich, weil konfessionelle Identität darauf insistieren muss, sich voneinander abzugrenzen. Dagegen spricht der ökumenische Dialog, der auf der Basis von Schrift, Tradition, Erfahrung und Vernunft partiell immer wieder Konsens- oder Konvergenzformulierungen gefunden hat.

Man kann ferner der Meinung sein, Konsens zwischen verschiedenen Religionen sei unmöglich, weil dafür eine verbindliche, allen Religionen übergeordnete normative Basis fehlt. Dagegen spricht der interreligiöse Dialog, der sich u.a. auf Traditionen stützt, die wie die Goldene Regel (Mt 7,12; Lk 6,31) querkulturell verbreitet sind. Basis des Dialogs sind hier also Tradition, Erfahrung und Vernunft. Die Tradition gibt uns in allen Religionen die Goldene Regel, die Vernunft bejaht sie, da sie auf der Grundlage der Gleichwertigkeit aller Menschen für sich nur beanspruchen kann, was sie auch anderen zubilligt.

Man kann drittens der Meinung sein, Konsens zwischen religiösen Menschen und religionskritischen Menschen sei unmöglich. Gewiss ist dieser Dialog sehr schwierig, wenn die Dialogpartner die intellektuelle und moralische Integrität des anderen nicht anerkennen. Die Frage ist aber, ob das notwendig so bleiben muss. Wenn es gelänge, Religionskritik als Religionsdiskurs zu üben, könnte ein Dialog auch über diese Grenzen hinweg möglich sein. Basis dieses Dialogs wären allein Erfahrung und Vernunft.

Fassen wir unser Ergebnis vorläufig zusammen: Gegen den *Wahrheitswert* der Religion wird argumentiert, religiöse Vorstellungen verstießen gegen das Korrespondenzkriterium der Wahrheit. Sie seien empirisch oder historisch widerlegbar. Aber ebenso wird ihre Unwiderlegbarkeit gegen sie eingewandt. Was ihren *Lebenswert* angeht, wird auf ihre schädlichen Folgen im Leben hingewiesen: Religion verstoße gegen das pragmatische Kriterium der Lebensdienlichkeit. Aber die destruktiven Folgen der Religion heben sich oft gegenseitig auf: Man kann der Religion nicht gleichzeitig Unterdrückung und Rebellion, Fanatismus und humane Hypermoral vorwerfen. Ihr *Kohärenzwert* wird bestritten, weil sie in sich unlösbare innere Widersprüche birgt und nicht das Kohärenzkriterium der Wahrheit erfüllt. Aber auch die Religionskritik ist in sich widersprüchlich, was drauf weist, dass viele dieser Widersprüche zur *conditio humana* gehören. Hinzu kommt als viertes Argument, dass Religion keinen *Konsenswert* hat: Religion gebe es in so mannigfaltigen Variationen unter den Menschen, sodass ein Konsens unmöglich sei. Freilich zeigt der interkonfessionelle und interreligiöse Dialog, dass Verständigung mit dem Ziel möglich ist, trotz aller Verschiedenheit Zusammenleben zu ermöglichen.

Wichtig ist: Alle hier aufgeführten Widersprüche *innerhalb* der Religionskritik sind in meinen Augen keine Widerlegung dieser Kritik. Vielmehr zeigen sie: Religion ist ein komplexes Phänomen, das man nicht auf einfache Formeln bringen kann. Religionskritik kann gerade deshalb in unserer modernen Gesellschaft einer besseren Verständigung über die Religion dienen. Aufschlussreich ist, dass diese Widersprüche nie ausschließlich die Religion charakterisieren, denn sie prägen unser ganzes Leben und Denken. Die Annahme liegt nahe, dass wir uns in der Religion wie in anderen Lebensbereichen an Grundproblemen unserer Existenz abarbeiten. Ebenso liegt der Verdacht nahe, dass Religionskritik manchmal die Religion zum „Sündenbock" für Probleme macht, die wir im ganzen Leben bewältigen müssen, ohne sie befriedigend bewältigen zu können. Angesichts dieser Wiederkehr von Problemen in der Religion und im Leben überhaupt stellt sich erst recht die Frage: Was ist das Besondere oder das Proprium der Religion? Inwiefern hält dieses Proprium der Religionskritik stand? Im letzten Teil dieses Beitrags skizziere ich daher eine „Resonanztheologie", die m.E. etwas von dem aufdecken kann, was der Religionskritik standhält.

3 Religionskritik als Religionserneuerung

Eine Synthese von Religionskritik und Religionshermeneutik?

Nachdem wir im ersten Teil einen historischen Überblick über Religionskritiker mit dem Programm einer Überwindung der Religion gegeben haben und im zweiten Teil eine systematische Darstellung religionskritischer Thesen, folgen wir in diesem Teil dem Programm, Religionskritik als Religionshermeneutik zu betreiben und damit der *Religionserneuerung* zu dienen.

Beginnen wir mit einem biblischen Bild. Religionserneuerung ist wie der Fund eines verborgenen Schatzes im verwunschenen Acker der Religion. Der verborgene Schatz ist der Realitätswert der Religion mit ihren vier Dimensionen: ihrem Wahrheits- und Lebenswert, Kohärenz- und Konsenswert. Wenn wir fragen, ob wir der Religion einen Wahrheitswert zuschreiben können, legen wir eine traditionelle Wahrheitsdefinition zugrunde: Wahrheit ist *Entsprechung* (also nicht Übereinstimmung) zwischen subjektiven Sätzen, Vorstellungen, Konstruktionen mit einer außersubjektiven Realität. Hinzu kommt die Frage nach ihrem Lebenswert: Fördert die Religion ein gelingendes Leben oder ist sie destruktiv? Minimale Kriterien für ein *gutes Leben* sind: Gesundheit, Arbeits- und Kommunikationsfähigkeit und Sinnerleben durch Bejahung des Daseins. *Widerspruchsfreiheit* wäre ein Kohärenzwert, aber hier müssen wir die Einschränkung machen, dass es möglicherweise dialektische Widersprüche gibt, die der Realität und dem Leben mehr entsprechen als widerspruchsfreie Systeme. *Zustimmungsfähigkeit* wäre der anzustrebende Konsenswert, wobei man unterschiedliche Grade von Zustimmung unterscheiden kann: Achtung vor der Integrität des Gesprächspartners, Verstehen seiner Meinung, Zustimmung zu Teilen seiner Überzeugung – bis hin zur vollen Übereinstimmung mit ihm. Entscheidend ist aber ist m.E. der Wahrheitswert der Religion im Sinne einer Entsprechung zur Wirklichkeit.

3.1 Resonanz als Wahrheitswert der Religion

Religiöse Projektionen wären dann berechtigt, wenn es zwischen der Wirklichkeit und dem Menschen eine Entsprechung gäbe. Etwas in der Wirklichkeit muss dem entsprechen, was wir in unseren religiösen Bildern zum Ausdruck bringen. So gibt es ganz gewiss eine Entsprechung zwischen der Mathematik, die wir konstruieren, und der äußeren Realität. Denn wir können reale Prozesse mathematisch berechnen. Aber die Annahme solch einer Entsprechung ist als solche noch keine religiöse Erfahrung. In der Religion muss noch etwas hinzukommen: das intensives Erleben dieser Entsprechung. Eine intensiv erlebte Entsprechung zwischen Menschen und Wirklichkeit habe ich mit der Metapher „Resonanz" bezeichnet. Die Entsprechung zwischen Realität und Mensch wird m.E. in der Religion als Resonanz erfahren – als ein intensives Mitschwingen, das oft nicht einmal durchschaut, wodurch es angeregt wurde, aber das die Gewissheit hat: Diese Anregung kommt von außen. Resonanz ist Reaktion auf etwas Vorgegebenes. Auch wenn im Folgenden diese „akustische" Metapher der Resonanz dominiert, ist sie nicht die einzige Metapher, die zur Beschreibung religiöser Erfahrung geeignet ist. Eine andere Metapher für religiöse Erfahrung stammt aus der optischen

Wahrnehmung: Religion ist Transparenzerfahrung.[574] Die Wirklichkeit erhält in ihr eine Tiefe, in der durch die wahrnehmbare Oberfläche etwas Tieferes und Umfassenderes hindurchscheint. Solche akustischen und optischen Metaphern begegnen immer wieder in der Geschichte der Religion. Wir sprechen von „Erleuchtung" und benutzen dabei ein optisches Bild. Wir sprechen von „Berufung" und bedienen uns dabei einer akustischen Metapher des Rufes. In der Bibel werden solche akustischen und optischen Bilder noch einmal überboten durch das verbale Bild des „Wortes": Gott nimmt durch sein Wort Kontakt mit dem Menschen auf. Der Mensch hört sein Wort. Das entspricht der Resonanzmetapher. Aber er kann dem, was er hört, einen sprachlich artikulierbaren Sinn geben. Das entspricht der Wortmetapher. Auch wenn wir im Folgenden gelegentlich optische Bilder von Licht und Transparenz benutzen und alle Aussagen offen für die biblische Metaphorik des Wortes sind, konzentrieren wir uns in diesem Beitrag auf das akustische Bild der Resonanz, weil es in anschaulicher Weise den Wahrheitswert der Religion erschließt.

Der Begriff „Resonanz" stammt aus der Physik. Der holländische Mathematiker und Physiker Christiaan Huygens stellte 1665 zwei Pendeluhren im Abstand von ca. einem halben Meter auf und bemerkte, dass beide Pendel nach einer Zeit im Einklang schwangen und dass sie diesen Einklang selbst dann wiederfanden, wenn er ihn unterbrochen hatte. „Resonanz" bezeichnet also das Mitschwingen eines Systems, wenn die Frequenz eines schwingenden Elements nahe bei dessen Eigenfrequenz liegt. Stimmt die Anregungsfrequenz mit seiner Eigenfrequenz überein, reagiert das System mit Ausschlägen, manchmal sogar mit allzu großen Ausschlägen. So kann z.B. eine Brücke zusammenbrechen, wenn der Gleichschritt einer Truppe beim Marsch über diese Brücke deren Eigenfrequenz allzu sehr verstärkt. Wir sprechen dann von einer „Resonanzkatastrophe".

Im Jahr 1978 machte ich den Vorschlag, diesen physikalischen Sachverhalt als Metapher für das Verständnis der Religion fruchtbar zu machen. „Resonanz" vollzieht sich im Erleben der Wirklichkeit, wenn wir in ihr eine tiefe Verwandtschaft spüren, die in uns etwas zum Schwingen bringt. Die Wirklichkeit ist voll von Anregungsfrequenzen. Es gibt m.E. drei Formen solcher Erfahrungen, die in der neueren Religions- und Theologiegeschichte nacheinander in den Vordergrund traten: An erster Stelle ist das Staunen über die Ordnung in der Natur zu nennen. Es stand im theologischen *Deismus* des 18. Jh. im Mittelpunkt der aufgeklärten Religion. An zweiter Stelle steht das Erleben des uns verwandten Lebens in allen Lebewesen. Das war der Kern des theologischen *Vitalismus* von Albert Schweitzer im frühen 20. Jh. Ehrfurcht vor dem Leben ist ein Resonanzerleben. Im späten 20. Jh. trat die Mitmenschlichkeit im theologischen *Humanismus* ins Zentrum – etwa bei Dorothee Sölle.[575] Diese drei Bereiche werden umfasst von der Erfahrung des Staunens darüber, dass überhaupt etwas existiert und dass wir selbst inmitten aller Dinge existieren.

In allen drei Bereichen, im Staunen, im Erleben und in der Mitmenschlichkeit, haben wir intensive Entsprechungserfahrungen – so intensiv, dass man fragen

---

[574] Vgl. G. THEISSEN, Transparente Erfahrung, 2014, bes. 14–23: „Transparente Erfahrung. Ein theologischer Essay".

[575] SÖLLE, Atheistisch an Gott glauben, Olten 1968.

könnte, ob hier vielleicht nur subjektive Emotionen ohne objektiven Anhalt aufgewirbelt werden. Meine Überlegung dazu ist: Wenn religiöse Bilder und Erzählungen es uns ermöglichen, die Wirklichkeit als Resonanz zu erfahren, können sie nicht ausschließlich subjektive Projektionen in die Wirklichkeit hinein sein, sondern sie antworten auf etwas in dieser Wirklichkeit. Wir können uns nämlich mit Hilfe der modernen Naturwissenschaft dessen vergewissern, dass die als Resonanz erfahrenen Entsprechungen keine Illusion sind. Nüchterne wissenschaftliche Erkenntnisse zeigen, dass es tatsächlich solche Entsprechungen zwischen uns und der Realität gibt. Dass wir auf diese Entsprechungen deshalb schon so intensiv reagieren, dass dieses Erleben religiösen Charakter gewinnt, ist damit nicht gesagt. Doch wenn wir in einer emotional intensiven und motivational bewegenden Weise auf die kognitiv klar erkannten Entsprechungen reagieren, so ist das auf keinen Fall eine Illusion.

Physik und Chemie haben uns die Gesetzmäßigkeit der anorganischen Natur in den letzten fünfhundert Jahren in einer Weise erschlossen, die vorher nicht für möglich gehalten wurde. Die Natur folgt mathematischen Regeln, die wir z.T. unabhängig von ihr konstruiert haben. Wer darüber staunt, macht eine religiöse Erfahrung, auch wenn er sie nicht so benennt.

Im Bereich des Lebens haben wir die Sprache molekularbiologischer DNA-Strukturen entdeckt. Seit der Entzifferung des Genoms um die Jahrtausendwende können wir die tiefe Verwandtschaft aller Lebewesen aufgrund eines gemeinsamen Codes entziffern. Wer eine tiefe Verbundenheit mit allem Leben erfährt, macht eine religiöse Erfahrung, auch wenn er zögern mag, sie „religiös" zu nennen.

Dass wir Menschen verwandt sind, erleben wir jeden Tag im Alltag, erst recht aber dort, wo wir von der Übereinstimmung mit ihnen tief bewegt werden. Achtung, Liebe, Wertschätzung und Sympathie ist Resonanzerleben, Die Neurowissenschaften untermauert dieses Erleben von Übereinstimmung mit vielen Informationen über unser Gehirn. Sie zeigt, dass es ein Beziehungsorgan ist.

Eine wertfreie wissenschaftliche Forschung zeigt also, dass das subjektive Resonanzerleben einen objektiven Grund hat. Wir mögen daher in einer „religiösen" Begeisterung noch so viel in die Wirklichkeit hineinprojizieren; die Anregung dazu ging von wirklich vorhandenen Entsprechungen aus. In der Religion kommt dabei immer ein jedes *Faktum* überbietender *Wert* hinzu: Wir reagieren mit Staunen, Dankbarkeit oder auch mit Schrecken auf die Realität. Dankbarkeit und Schrecken sind wertende Reaktionen. Wenn sie eine Entsprechung in der Wirklichkeit haben, muss die Wirklichkeit so strukturiert sein, dass sie eine wertende Antwort provoziert und zulässt. Dazu kommt eine Vertiefung und Universalisierung von Resonanzerfahrung. Alle bisher genannten Resonanzbereiche lösen durch ihr Sosein Schwingungen in uns aus. Weil sie *so und nicht anders* strukturiert sind, erleben wir eine tiefe Verwandtschaft mit ihnen. Die umfassendste dieser Entsprechungen führt freilich über alles hinaus, was wissenschaftliche Sprache je erfassen könnte: Es ist die Tatsache, *dass* die ganze Wirklichkeit existiert und auch nicht sein könnte und dass wir selbst genauso kontingent existieren. Die umfassendste Resonanzerfahrung überhaupt ist dieses Wunder unserer individuellen Existenz in Entsprechung zum Wunder, dass überhaupt etwas existiert. Hier geht es nicht mehr um das *Sosein* der Dinge, sondern um ihr *Dasein*. Religiöse

Sprache deutet diese Resonanzerfahrung mit dem poetischen Bild einer Schöpfung aus dem Nichts. Denn wir stoßen erst dort auf das Dasein der Dinge, wenn wir es mit der Möglichkeit ihres Nichtseins kontrastieren. Resonanz ist also das, was wir der Religion als Wahrheitswert argumentativ zuschreiben können. Sie umfasst als extensivste Resonanzerfahrung das Dasein aller Dinge, und als sich intensivierende Resonanzerfahrung ihr Sosein – im Erleben rationaler, vitaler und humaner Entsprechungen.

3.2 Resonanz als Lebenswert der Religion

Meine weitere These ist, dass auch der Lebenswert der Religion in dieser Resonanzerfahrung begründet ist. Die Metapher von einer „Resonanz" kann als Leitbild dienen, um Religion lebenswert zu gestalten und zu erneuern. Das sei daran gezeigt, dass wir diesen Resonanzgedanken mit dem *Repressions- und Ressentimentverdacht* konfrontieren. Beide religionskritischen Thesen haben eins gemeinsam: Sie gehen davon aus, dass den Menschen durch Moral und Religion eine ihnen fremde Steuerung aufgenötigt wird. Nach der Repressionsthese werden die Unterschichten einer Disziplinierung von oben unterworfen, die ihren eigenen Interessen widerspricht, Religion aber legitimiere diese Unterdrückung. Nach der Ressentimentthese wird die Herrscherschicht aufgrund eines „Sklavenaufstands in der Moral" durch die unteren Schichten eingeschränkt: Durch die Religion versuchten sie, in den herrschenden Schichten ein schlechtes Gewissen zu schaffen, das ihren Machtwillen lähmt. Die Herrschenden würden durch eine religiöse fundierte Gewissensmoral daran gehindert, dem zu folgen, was ihren eigenen Interessen entspricht: einem Leben mit Lebenssteigerung, Genuss und Machtentfaltung. Beide Schichten werden so durch Repression oder Ressentiment zu einer Lebensführung genötigt, die ihren eigenen Lebensprogrammen nicht entspricht. Resonanz aber bedeutet, dass Menschen in ihrer „Eigenfrequenz" angeregt werden, also in ihrem eigenen Lebensprogramm. Resonanz wird dabei von außen angeregt, aber bringt zum Schwingen, was jeweils unserer Eigenfrequenz entspricht. Auch wenn die in religiöser Erfahrung erlebte Anregung außerhalb von uns ihren Ursprung hat, wäre sie daher nicht Heteronomie, Unterdrückung oder Einschränkung. Vielmehr bringt sie das eigene Leben in Übereinstimmung mit sich selbst in Bewegung. Resonanzerleben regt unsere Eigenfrequenz an. Die Metapher „Resonanz" bringt in diesem Zusammenhang ein Ziel zum Ausdruck, dass wir in Übereinstimmung mit uns leben können, und dazu die Hoffnung, dass dieses Ziel erreichbar ist.

3.3 Resonanz als Konsenswert der Religion

Angesichts der Notwendigkeit des ökumenischen, interreligiösen und säkularen Dialogs ist man versucht, sich auch hier auf zwischenmenschliche Resonanz als Überwindung der Grenzen zwischen den Menschen zu berufen. Zwischenmenschliche Resonanz in Gruppen ist in der Tat etwas Wunderbares, aber sie kann auch zu sozialen Resonanzkatastrophen führen: Mitglieder einer Gruppe verstärken sich durch Abgrenzung gegenüber Außenstehenden durch Steigerung ihrer gruppeninternen Resonanz: Die anderen bleiben umso mehr ausgeschlossen, je mehr man untereinander zusammenrückt. Deswegen gilt der etwas paradoxe Satz: Eine Resonanzerfahrung zwischen verschiedenen Gruppen kann umso universaler sein, je mehr sie es lehrt, sich zu begrenzen, sodass möglichst wenig Menschen ausgeschlossen werden. Umgekehrt gilt auch: Je radikaler die Forderungen an Übereinstimmungen sind, um zwischenmenschliche Resonanz herzustellen, umso kleiner wird die Menge derer, die ihnen zustimmen können. Je allgemeiner dagegen die Forderung an gegenseitige Übereinstimmungen ist, umso mehr Menschen kann man in einer Gruppe integrieren. Grundlage aller Dialoge über die gemeinsame Grundlage des Zusammenlebens muss dabei die Goldene Regel sein: Was eine Konfession, Religion oder Philosophie für sich in Anspruch nimmt, muss sie auch allen anderen zugestehen. Drei Modelle des Religionsdialogs seien unter diesem Aspekt beleuchtet. Kriterium zu ihrer Beurteilung ist, wie weit diese Modelle der Goldenen Regel entsprechen

Der *Exklusivismus* der Dialektischen Theologie beansprucht für das Christentum allein Offenbarungswahrheit, unterscheidet aber auch innerhalb des Christentums zwischen Wahrheit und Irrtum. Diese Unterscheidung muss nach der Goldenen Regel konsequenterweise allen Religionen zugestanden werden: Alle Religionen sind ein *corpus mixtum* von Wahrheit und Irrtum (oder in der Sprache der Dialektischen Theologie: eine Verbindung von Offenbarung und Religion). Nur ein „mutueller Exklusivismus" auf Gegenseitigkeit wäre nach der Goldenen Regel moralisch vertretbar. Damit wird freilich der Exklusivismus aufgehoben.

Der *Inklusivismus* der katholischen Theologie betrachtet alle anderen Religionen als Vorstufe zu der Wahrheit, die allein in der katholischen Kirche zu ihrer vollen Entfaltung kommt. Nach der Goldenen Regel wäre sie verpflichtet, auch allen anderen Religionen und Konfessionen diesen Standpunkt zuzugestehen. Alle Religionen dürfen die jeweils anderen Religionen als Vorstufen zu ihrer Wahrheit betrachten. Nur solch ein „mutueller Inklusivismus" wäre nach der Goldenen Regel moralisch vertretbar. Auch das ist im Grunde die Aufhebung jedes Inklusivismus, der für sich selbst eine Überlegenheit beansprucht.

Der *Pluralismus*, der in allen Konfessionen und Religionen Vertreter hat, geht davon aus, dass keine Religion die ganze Wahrheit besitzt, alle aber etwas von ihr widerspiegeln. Pluralistische Religionstheologen versuchen in der Regel mit sehr formalen Begriffen das Gemeinsame in allen Religionen zu entdecken: Sie alle befreien den Menschen von Egozentrizität und richten ihn auf ein Realitätszentrum aus. Solche Versuche sind legitim, wenn man entsprechend der Goldenen Regel allen anderen zugesteht, dass sie ebenfalls aus ihrer Sicht solche Gemeinsamkeiten definieren können – möglicherweise mit anderen Ergebnissen.

Was hier entwickelt wurde, ist gewiss eine Utopie: Wer sich Resonanzerfahrungen aussetzt und in ihnen Lebensglück und Lebenssinn sucht, der wird die Übereinstimmung mit sich selbst (oder die Übereinstimmung mit seiner Eigenfrequenz) und mit der ganzen Wirklichkeit (und ihren mannigfachen Fremdfrequenzen) nie ganz erreichen. Er wird nur partielle Übereinstimmung mit anderen Menschen anderer Konfessionen und Religionen finden und wird dabei an Grenzen stoßen. Ja, er wird eine tiefe Entfremdung von sich selbst erfahren und sich nach Erneuerung seines Lebens verlangen. Gerade dies führt uns zu der Frage, wodurch Resonanzerfahrungen unverwechselbar zu religiösen Erfahrungen werden? Ist nicht schon jedes ästhetische Erleben der Welt voll von „Resonanz“?

3.4 Resonanz als religiöse Erfahrung

Die Frage, was Resonanzerfahrung zur religiösen Erfahrung macht, stellt sich auch deswegen, weil der Soziologie Hartmut Rosa im Jahr 2006 nicht nur die Religion, sondern das gesamte Weltverhältnis des Menschen als „Resonanz“ interpretiert hat.[576] Er fand Resonanz in jedem Weltbezug, der vom Eigenwert der Dinge bestimmt ist. Auch deshalb ist es wichtig, herauszufinden, was religiöse Resonanz von anderen Formen des Resonanzerlebens unterscheidet. Drei Aspekte seien hervorgehoben:

Erstens ist die *Erfahrung einer Umkehr im Leben* Kennzeichen der Religion. In Resonanzerfahrungen scheint es uns so, als „verlange“ die Wirklichkeit etwas von uns. Wir fühlen uns angesprochen. Dies wird als Aufforderung zu einer *Umkehr* erfahren: Resonanz kann prinzipiell von zwei Polen oder Quellen ausgehen, entweder von unserer Eigenschwingung, die die umgebende Wirklichkeit anregt, oder von einer Fremdschwingung, die uns erfasst. Wenn Resonanz von uns ausgeht, sehnen wir uns danach, dass die Umwelt unseren Erwartungen entspricht. Die religiöse Umkehr aber besteht darin, dass nicht mehr entscheidend ist, ob die Wirklichkeit mit unseren Erwartungen übereinstimmt, sondern ob wir ihrem Ruf und ihren Anforderungen entsprechen. Mit anderen Worten: Entscheidend ist, dass wir von einer Resonanz erfasst werden, die außerhalb unserer selbst ihren Ursprung hat, sodass wir unser Leben nach ihr neu ausrichten. Solche Umkehrerfahrungen befreien den Menschen von seiner Egozentrizität. Er wird offen für die Welt, seine Mitmenschen und das Geheimnis Gottes.

Zweitens gehört die *Erfahrung des Absurden* zur Religion: Wo wir die Welt nicht mehr als resonant erleben, wird sie zur Anfechtung. Jede Resonanzerfahrung ist begrenzt. Nicht alles in der Welt spricht uns an und löst positive Schwingungen in uns aus. Oft bleibt die Welt stumm, abweisend und indifferent. Albert Camus (1913–1960) nannte dieses Ausbleiben einer Antwort die Erfahrung des Absurden angesichts der Irrationalität der Welt. Er schrieb: „Das Absurde entsteht aus dieser Gegenüberstellung des Menschen, der fragt, und der Welt die vernunftwidrig schweigt“.[577] Absurdität ist enttäuschte Resonanzerwartung. Sie überwältigt als Unrecht, Beziehungsabbruch, Krankheit und Tod. Die Bibel ist eine ständige Auseinandersetzung mit mannigfachen Formen der Absurditätserfahrung. Sie ist voll von Klagen, in denen Menschen mit Katastrophen, Ungerechtigkeit und Leid kämpfen.

Drittens gewinnt „Resonanz“ einen religiösen Charakter durch die *Erfahrung des eigenen Versagens und Scheiterns.* Hier geht es nicht um das Schweigen einer sich verfinsternden Welt um uns herum, sondern um ein Verstummen in uns. Wir versagen darin, dem Ruf zu entsprechen, der uns bewegt: Wir geben nicht die Antwort, die uns die Sinnfülle der Wirklichkeit abverlangt. Die Unfähigkeit, Resonanz zu geben, ist innere Absurdität oder in biblischer Terminologie: Sünde.

---

[576] H. ROSA, Resonanz, 2016.
[577] A. CAMUS, Der Mythos von Sisyphos, 1959, 29.

Sie ist nicht nur falsches Handeln, sondern Entfremdung von dem, was Sinn und Leben gibt: von dem Ursprung jener Resonanz, die uns erfasst und in uns eine „Eigenfrequenz" zum Schwingen gebracht hat.

Wie könnten eine erneuerte christliche Religion und eine wiederbelebte Kirche aussehen, die Resonanzerfahrungen in dieser Welt bezeugt und fördert? Hier greife ich gerne auf eine zweite, optische Metaphorik zurück: Mein Traum zielt auf eine „transparente Kirche". Ich vergleiche sie mit einem durch Kunst gestalteten Kirchenfenster. Das Fenster ist von Menschen geschaffen, aber das Licht, das von außen durchscheint, ist nicht unsere Schöpfung, wir können es lediglich empfangen. Jedoch kann es durch Kunst sichtbar gemacht werden. Was in einer erneuerten Religion durch alles hindurchleuchten soll, als sei es Licht vom unerschaffenen Licht, das ist Resonanz. Ihre mannigfaltige Erfahrung kann in drei Artikeln zusammengefasst werden, die den drei Artikeln des Credos entsprechen:

Der erste Artikel besagt: Dieses Licht erleuchtet Menschen in einer Weise, dass sie die ganze Wirklichkeit als Resonanzfülle erleben – durch das *extensivste Resonanzerleben* überhaupt, nämlich das Staunen über das Wunder der Existenz. Die Existenz alle Dinge ist so unerklärlich wie die eigene Existenz. Das Bild dafür ist die Vorstellung von Gott als Schöpfer, der alles einschließlich unserer eigenen Person geschaffen hat. In dieser Schöpfung ist eine Sinnfülle angelegt, die sich nicht nur in ihrem Dasein, sondern ihrem Sosein zeigt: in den unwahrscheinlichen Strukturen und Gesetzen der Natur, in der Vitalität des Lebens, in der Gemeinschaft aller Menschen. Aber diese Erfahrung von Resonanz steht im Konflikt mit den Erfahrungen von Absurdität. Glaube und Religion ringen darum, dass wir uns am Licht orientieren und der Finsternis der Welt widerstehen. In der Bibel wird diese Resonanzerfahrung von einer geschichtlichen Dynamik erfasst: Sie wird zur ständigen Auseinandersetzung mit Katastrophen und Leid. Das Alte Testament ist eine ergreifende Schilderung von Katastrophen und Brüchen, aber auch von einer Verheißung, die trotz allem über der Absurdität dieser Geschichte von Katastrophen und Brüchen schwebt. Die Welt enthält die Hoffnung eines Exodus aus Sklaverei.

Der zweite Artikel sagt: Dieses Licht bricht an einer Stelle in der Geschichte klar und deutlich wie durch dunkle Wolken hindurch, nämlich in der Person Jesus mitten in der Geschichte Israels. Hier kann uns aufgehen: In der Begegnung mit einem Menschen ist die *intensivste Resonanzerfahrung* zu suchen und zu finden. In poetischer Sprache ausgedrückt: Gott inkarniert sich im Menschen. In ihm will sich die Resonanzfülle der Wirklichkeit entfalten. Jesus stellte das Liebesgebot ins Zentrum. In der Liebe finden wir die Kraft, auch die extreme Absurditätserfahrung zu ertragen, die in der Bibel durch das Kreuz dargestellt wird. Der Glaube ist Mut zum Leben, der mit Christus gekreuzigt wird und aufersteht, obwohl die Erfahrung von Absurdität alles zu verschlingen droht. Das Neue Testament bringt den Kern dieses Glaubens auf den Punkt, wenn Gott darin als Liebe definiert wird: „Gott ist die Liebe. Und wer in der Liebe bleibt, der bleibt in Gott, und Gott bleibt in ihm" (1Joh 4,16). Man könnte das auch in einer anderen metaphorischen Sprache sagen: Gott ist Resonanz, und wer von Resonanz ergriffen wird, der bleibt in Gott und Gott bleibt in ihm. Er widersteht der Absurdität des Lebens.

Der dritte Artikel dieses Glaubens sagt. Das Licht, das in Christus leuchtet, kann Menschen so verwandeln, dass sie zu einem Licht für andere Menschen werden. Christus ist das Licht der Welt. Aber allen Menschen gilt dieselbe Verheißung: „Ihr seid das Licht der Welt!“. Das ist *aktivierende Resonanzerfahrung.* Zwar kommt das Licht von außen, es aktiviert aber in uns eine Eigenaktivität, sodass alles, was die Religion von außen motiviert, zugleich eine Selbstaktivierung dessen ist, was in uns verschüttet und verbogen war. Aktiviert werden dabei in uns Erkennen und Handeln. Anders gesagt: Der Heilige Geist erleuchtet und motiviert. Er öffnet die Augen für neue Erkenntnisse und befähigt zu einem neuen Handeln. Dadurch überwinden wir auch das, was wir in uns als die eigene Absurdität in unserem Inneren erleben – als Widerstand gegen unsere Selbstbestimmung und die Resonanzfülle der Wirklichkeit, auf die wir nicht adäquat antworten. Die Aktivierung durch Resonanz setzt eine Umkehr voraus, durch die der Mensch von seiner Egozentrizität befreit wird.

Christlicher Glaube ist somit eine „trinitarische Resonanzerfahrung“: Er ist erstens *extensive Resonanz* im Glauben an Gott den Schöpfer des Universums, zweitens *intensive Resonanz* in der Begegnung mit Jesus als Offenbarung der Liebe, drittens *aktivierende Resonanz* in der Verwandlung durch den Heiligen Geist. Überall ist dieser Glaube Widerstand gegen die Absurdität, gegen die Absurdität des Leidens in der Welt, gegen die Absurdität der Entfremdung von uns selbst, gegen das Schweigen Gottes in den Anfechtungen des Lebens.

An dieser Stelle können wir endlich eine Antwort auf die bedrängende Theodizee-Aporie formulieren. Diese Aporie durchzieht die ganze Bibel – sie wird in den Dialogen Hiobs zum Thema, vollzieht sich in den Klagepsalmen als Anklage gegen Gott und konzentriert sich im Neuen Testament im Leiden des Gottessohnes am Kreuz. Es gibt keine theoretische Antwort, die dieses Leiden erklären könnte. Es geht um eine praktische Antwort, wie wir mit dieser unlösbaren Frage leben können: Ein resonanzorientiertes Leben besteht darin, der Absurdität der Welt zu widerstehen. Absurdität ist Hintergrund jeder Resonanzerfahrung. Wer von einem Geist der Resonanz aktiviert ist, fragt sich in jeder Situation: Was muss ich an Absurdität in dieser Welt ertragen, weil ich es nicht ändern kann? Aber zugleich fragt er weiter: Welche Resonanzerfahrungen kann ich dagegen aktivieren? Wofür darf ich trotz allem dankbar sein? Was kann ich ändern, sodass Resonanz verstärkt wird – nicht nur in mir, sondern auch in anderen Menschen? Der Glaube an den persönlichen Gott, der durch alle Situationen hindurchführt, ist Glaube daran, dass es in jeder Situation sinnvoll ist, so zu fragen – im Bewusstsein dessen, dass nur wir und keine andere Person an unserer Stelle die Antwort geben kann. Dieses Erleben, dass wir und kein anderer Mensch hier und jetzt gefragt sind, ist der „Ruf Gottes“ an uns in jeder Situation.

Entscheidend ist in alledem der Glaube, dass die Resonanzfülle und Resonanztiefe der Wirklichkeit in uns ein Echo findet, das eine in uns verborgene und verschüttete Resonanzsensibilität aktiviert – oft entgegen den Verhärtungen und Abschottungen in uns selbst. Dieser Glaube ist Erfüllung der Verheißung des Neuen Bundes beim Propheten Jeremia 31,31–34 und zeigt das Charakteristische des biblischen Glaubens: die geschichtliche Dynamisierung des Erscheinens von Resonanz und der Suche nach ihr.

„Siehe, es kommt die Zeit, spricht der Herr, da will ich mit dem Hause Israel und mit dem Hause Juda einen neuen Bund schließen, … Ich will mein Gesetz in ihr Herz geben und in ihren Sinn schreiben, und sie sollen mein Volk sein, und ich will ihr Gott sein. Und es wird keiner den andern noch ein Bruder den andern lehren und sagen: ‚Erkenne den Herrn', denn sie sollen mich alle erkennen, beide, Klein und Groß, spricht der Herr; denn ich will ihnen ihre Missetat vergeben und ihrer Sünde nimmermehr gedenken."

Wichtig ist: Der Bund mit Gott wurde in der Vergangenheit oft gebrochen, so z.B.in den Hexen- und Ketzerverfolgungen, im Antisemitismus und im deutschen Nationalprotestantismus. Religion hat die unheimliche Fähigkeit, Menschen zu fanatischem Handeln zu motivieren, in dem sich einige religiöse Gruppierungen gegenseitig bestätigen und dabei von anderen Gruppierungen abgrenzen. Es gibt immer wieder soziale „Resonanzkatastrophen" – eine intensive Gruppenbildung, in der alle im Gleichmarsch ins Unheil marschieren. Aber es gibt auch einen anderen Weg. Der Neue Bund bedeutet die Ermöglichung eines Neuanfangs durch Vergebung. Religionserneuerung geschieht dort, wo Gott in der Resonanzfülle der Wirklichkeit erlebt, wo er als Ruf zur Umkehr das Leben verändert, wo er uns in unserer Eigenaktivität aktiviert – und Mut gibt für den ständigen Kampf mit der Absurdität der Welt, in uns selbst und in der Religion, sofern sie die Absurdität der Welt vergrößert.

Blicken wir zurück auf die drei Teile dieser Auseinandersetzung mit der Religionskritik. Wir hatten gesehen: Nachdem die Religionskritik zunächst der Erneuerung der Religion dienen sollte, wollte sie im 19. Jh. die Religion beenden. Selbst ihre schärfsten Kritiker deuteten aber immer wieder eine Vision von einer ganz anderen Religion an, die sie aus Elementen der traditionellen Religionen konstruierten. Nach solch einer Vision einer religionskritisch erneuerten Religion haben auch wir gesucht. Haben wir etwas gefunden? Ergebnis des zweiten Teils war: Religionskritik ist in sich so widersprüchlich wie die Religion und das Leben selbst. Zu jeder religionskritischen These gibt es eine religionskritische Gegenthese. Die Religionskritik relativiert sich daher, widerlegt sich aber dadurch nicht. Vielmehr dient sie einem differenzierten Verständnis der Religion und fördert so das Bewusstsein, dass alles in der Religion zwei Seiten hat. Es ist unsere Aufgabe, Religion so zu gestalten, dass beide Seiten zur Geltung kommen, dass sich dabei ihre lebensdienlichen Seiten durchsetzen und wir mit ihren Widersprüchen und Aporien aufrichtig leben. Das was in der Religion wahr ist, ist Resonanzerfahrung, die sich immer wieder neu gegen Absurditätserfahrungen durchsetzen muss. Vielleicht haben wir damit etwas von dem gefunden, wonach Religionskritik offen oder verborgen gesucht hat.

Teil: Theologisches Schriftverständnis
Die Polyphonie der Bibel

13 Die Kanonizität der Schrift

Wie wurden urchristliche Texte zu Heiligen Schriften? Ein literaturgeschichtliches Problem[578]

Kanonische Sammlungen religiöser Schriften entstanden zweimal in der Weltgeschichte, im Nahen Osten war es der hebräische, im fernen Osten der buddhistische Kanon. Vom hebräischen Kanon sind weitere Kanonbildungen der biblischen Religionen abhängig: das christliche Neue Testament, die jüdische Mischna und der islamische Koran. Das Neue Testament versteht sich als Erfüllung des Alten Testaments, die Mischna als Anwendung des offenbarten Gesetzes und der Koran als Wiederherstellung des wahren monotheistischen Glaubens.[579]

Erst als Teil des Kanons wurden neutestamentliche Schriften in ihrer Umwelt registriert und in der Folge zu Weltliteratur. Kelsus hält Ende des 2. Jh. n.Chr. als erster paganer Schriftsteller eine Sammlung von Evangelien und Briefen für wichtig genug, um sich mit ihr kritisch auseinanderzusetzen.[580] Klassiker im Sinne der antiken Literatur sind sie nie geworden. Antike Klassiker waren jahrhundertelang Modell für neue Schriften.[581] Die kanonischen Schriften der Bibel wurden dagegen nur in der kurzen Zeit nachgeahmt, als sie noch nicht kanonisch waren, das Mk-Evangelium durch andere Evangelien, die Paulusbriefe durch weitere Briefe. Kanonische Texte werden nicht nachgeahmt, sondern ausgelegt. Sie sind „Klassiker“ mit minimaler Nachahmungs- und maximaler Auslegungsgeschichte.[582] Was aber ist ein Kanon? Eine allgemeine Definition könnte lauten: Ein Kanon ist eine Schriftensammlung, die einer religiösen Gemeinschaft als normative Basis ihres Mythos, ihres Kults und ihres Ethos dient.[583] Dazu müssen vier Kriterien erfüllt sein.

Erstens erheben kanonische Schriften einen normativen Anspruch aufgrund eines *Transzendenzbezugs*. Dieser Transzendenzbezug kann durch Berufung auf ein objektives Kerygma, d.h. eine von außen kommende Botschaft als „Wort Gottes“ oder „Evangelium“, oder durch Berufung auf menschliche Spiritualität, durch eine Erfahrung des „Geistes“, begründet werden. Es gibt in jeder Religion

---

[578] Vortrag auf einem Symposium an der Universität Erlangen am 31.07.2009 zum 65. Geburtstag von Oda Wischmeyer. Die Erstveröffentlichung: G. THEISSEN, Wie wurden neutestamentliche Texte zu heiligen Schriften, 2012, wurde stark überarbeitet.

[579] Hinzu kommen tertiärkanonische Sammlungen wie der Talmud mit Kommentaren zur Mischna und die protestantischen Bekenntnisschriften. Die Dogmatik unterscheidet zwischen kanonischen Schriften als *norma normans* und Bekenntnisschriften als *norma normata*.

[580] Vgl. TH. HECKEL, Vom Evangelium, 1999, 337–339. G. THEISSEN, Entstehung des Neuen Testaments, 2007, 279f.

[581] Das änderte sich erst in der Neuzeit, als Originalität zu einem dominierenden Kriterium wurde. Unsere Klassiker von Dante bis Kafka werden nicht nachgeahmt, sondern ausgelegt.

[582] Die Nachahmungsgeschichte fand in der apokryphen Literatur eine deuterokanonische Nachgeschichte, die Auslegungsgeschichte in der historisch-kritischen Forschung eine profane Fortsetzung.

[583] G. THEISSEN, Die Religion der ersten Christen, ^{3}2008, 341f: „Ein Kanon besteht aus den normativen Texten, die geeignet sind, das Zeichensystem einer Religion immer wieder neu zu rekonstruieren und durch Auslegung für eine Gemeinschaft bewohnbar zu machen“.

freilich weit mehr Texte mit Transzendenzbezug als die wenigen kanonischen Texte. Ein zweites Kriterium bringt eine notwendige Eingrenzung.

Kanonische Texte werden kultisch gebraucht. Der Kanon ist die Liste der im Gottesdienst gelesenen Schriften.[584] *Verwendung im Kult* macht sie zu sozial anerkannten Medien des Transzendenzbezugs. Solche Schriften müssen Offenbarung bezeugen, aber in ihrem Wortlaut nicht selbst als Offenbarung gelten. Wir müssen daher weiter fragen: Wann geht die Autorität des bezeugten Inhalts auf den bezeugenden Text über? Das führt zum dritten Kanonkriterium.

Kanonische Texte gelten in ihrem *Textbestand* als endgültig. Ihr ritueller Gebrauch sorgt für eine Stabilisierung: Riten bestehen aus sich wiederholenden Worten und Handlungen. Abweichungen werden durch die Anwesenheit vieler mit dem Ritual vertrauter Menschen korrigiert. Die Endgültigkeit des Textes bezieht sich dabei nicht nur auf den Textbestand, sondern auch auf die Textauswahl. Das führt zum letzten Kanonkriterium.

Kanonische Texte gehören zu einer *Schriftensammlung*, die der Idee nach abgeschlossen ist: Schon im 2. Petrusbrief wird eine Sammlung von Paulusbriefen vorausgesetzt (2Petr 3,16), Ende des 2. Jahrhunderts gilt der Vier-Evangelien-Kanon als endgültig (Irenäus haer. III 11,8). Die *Idee* einer endgültigen Auswahl kanonischer Schriften steht nicht im Widerspruch dazu, dass die faktische Auswahl umstritten blieb. Im Gegenteil: Bedingung der Möglichkeit eines solchen Streites ist die Idee eines Kanons.

Von den vier Kanonkriterien sind die beiden ersten konstitutiv, die beiden letzten defensiv. Transzendenzbezug und Sozialgebrauch machen eine Schrift konstitutiv zur Grundlage einer religiösen Gemeinschaft. Kanonische Texte wollen einerseits Kontakt mit einer letzten Wirklichkeit ermöglichen, andererseits Menschen zusammenführen und in ihrer Lebensführung bestimmen. Ihre doppelte Texttranszendenz hat eine theologische und eine menschliche Dimension. In beiden Dimensionen begegnet Vielstimmigkeit: eine Pluralität von Gottesbildern und Lebensentwürfen. Die beiden defensiven Kriterien sichern für die Zukunft, dass diese Vielstimmigkeit nicht verloren geht, und halten an den Texten in ihrer Endgestalt sowie an einer bestimmten Auswahl von Schriften fest. Sie schützen die in kanonischen Texten enthaltenen Inhalte vor dem Vergessen. Ohne diesen kanonisierenden Schutz wären manche radikalen Entwürfe verlorengegangen, aber auch problematische Texte wären vielleicht aus dem Kanon entfernt worden und hätten keinen weiteren Schaden anrichten können.

Die Entkanonisierung der neutestamentlichen Schriften durch die historisch-kritische Forschung war ein befreiender Vorgang.[585] Grundlegend war dafür die Erkenntnis: Keine neutestamentliche Schrift war von Anfang an Teil des Neuen Testaments. Die beiden letzten Kanonkriterien sind erst lange nach Entstehung der neutestamentlichen Schriften zum Zuge gekommen: die Endgültigkeit der

---

[584] Vgl. die Bestimmung des Konzils von Laodizea (um 360 n.Chr.), „dass man in der Kirche nicht die ‚gewöhnlichen Psalmen' und nichtkanonischen (*akanōnistá*) Bücher vorlesen darf, sondern allein die kanonischen (*tà kanōniká*) des neuen und alten Bundes". Nicht verboten wurde damit die Privatlektüre weiterer Schriften. Was nicht in den Kanon aufgenommen wird, wurde keineswegs unterdrückt.

[585] J.J. SEMLER, Abhandlung von freier Untersuchung des Canons, 1771–1775. G. KRÜGER, Das Dogma vom Neuen Testament, 1896.

Auswahl von Büchern durch die Kirche erfolgte erst im 4. Jh., die Endgültigkeit des Textes war allenfalls vorübergehend im *textus receptus* des 16./17. Jh., dem sogenannten „anerkannten Text“, gegeben, der freilich schon bald durch die moderne Textkritik infrage gestellt wurde. Selbst die Auswahl der Schriften war nie endgültig. Die Reformation kehrte im Alten Testament zum hebräischen Kanon zurück und akzeptierte die über ihn hinausgehenden Schriften der Septuaginta nur als nachgeordnete „Apokryphen“. Im Neuen Testament degradierte Luther darüber hinaus vier von ihm theologisch kritisierte Schriften zu sekundären Bestandteilen des Kanons, indem er gegen jede kirchliche Tradition den Hebräer-, Jakobus- und Judasbrief vor die Apokalypse ans Ende des Neuen Testaments setzte. Aber erst die moderne historisch-kritische Forschung hat die Idee einer ursprünglichen Kanonizität grundsätzlich erschüttert: Am Anfang seien die Paulusbriefe Gebrauchsliteratur gewesen; erst sekundär habe ihnen kirchliche Macht kanonische Qualität verliehen. Am Anfang seien auch die Evangelien Kleinliteratur gewesen; erst sekundär seien sie zu heiligen Schriften der Kirche geworden. Durch ihre Kanonisierung seien sie aus ihrem historischen Kontext gerissen und missverstanden worden. Franz Overbeck erkannte: „Es liegt im Wesen aller Kanonisation ihre Objecte unkenntlich zu machen, und so kann man denn auch von allen Schriften unseres neuen Testamentes sagen, dass sie im Augenblick ihrer Kanonisierung aufgehört haben verstanden zu werden“.[586] Diese These ist nicht ganz absichtslos formuliert, sie diente der Kritik und Emanzipation von kirchlicher Autorität.

Die De-Kanonisierung des Neuen Testaments basiert vor allem auf text- und literaturgeschichtlichen Beobachtungen zu den beiden letzten Kanonkriterien, also darauf, dass Text und Auswahl der kanonischen Schriften nicht endgültig waren. Theologisch engagierte Exegeten haben dagegen mit Hilfe der beiden ersten Kanonkriterien, also des Transzendenzbezugs der Schriften und ihres Gebrauchs im Gottesdienst, für eine „Re-Kanonisierung“ plädiert. Auch sie stützen sich auf historisch-kritische Erkenntnisse:[587]

Das Ansehen der Schriften basierte von Anfang an auf der Autorität des Kyrios und der Apostel. Die Evangelien wurden durch Jesus legitimiert, die Briefe durch die Apostel. Kanonisierung bedeutet also nur, dass die Autorität der *Worte* des Kyrios und der Apostel auf die *Schriften*, die von ihnen zeugten oder von ihnen stammten, übertragen wurde.

Schon in den neutestamentlichen Schriften selbst wurde für das in ihnen bezeugte „Wort Gottes“ und das „Evangelium“ ein kanonischer Anspruch erhoben, wenn Paulus den Thessalonichern dafür dankt, dass sie seine Predigt nicht als Menschenwort aufgenommen haben, sondern als Gottes Wort (1Thess 2,13).

Für den Übergang der Autorität dieses in den Texten vorausgesetzten mündlichen „Wort Gottes“ auf schriftliche Texte gab es im Alten Testament ein Modell. In ihm wird vom „Wort Gottes“ berichtet, das an die Propheten erging und durch die Propheten gesprochen wurde.[588] Die Autorität der Prophetensprüche

---

[586] F. OVERBECK, Zur Geschichte des Kanons, 1880, 1 = 1994, 391.

[587] Als Beispiel sei genannt W.G. KÜMMEL, Einleitung in das Neue Testament, Heidelberg [20]1980, 420–451.

[588] Jes 2,1; 5,24; 9,8; 16,13 u.ö.; Jer 1,12; 5,14; 15,16 u.ö.; Ez 2,7; Hos 6,5; Am 7,10.

ging danach sekundär auf die Prophetenbücher und andere Bücher über. Nachträglich wurde so das ganze Alte Testament zum Wort Gottes.

Schon die älteste Schrift des Neuen Testaments, der 1 Thessalonicherbrief, sollte auf Anweisung des Paulus im Gottesdienst verlesen werden (1Thess 5,27). Alle Paulusbriefe sind so gestaltet, dass sie für die Verlesung im Gottesdienst geeignet sind.

Die Gegenthese zur modernen Entkanonisierung des Kanons lautet daher: Neutestamentliche Schriften waren von vornherein kanonisch. Sie beanspruchten Autorität aufgrund eines Transzendenzbezugs und wurden im Gottesdienst vorgelesen, erfüllten also das erste und zweite Kanonkriterium. Auch der Umfang des Neuen Testaments war früh vorgezeichnet. Denn die Doppelstruktur des kanonischen Neuen Testaments mit Evangelien und Briefen war von Anfang an in der Doppelautorität von *Kyrios und Apostel* angelegt. Wo wir eine Schriftensammlung finden, in denen Evangelien und Briefe als Geschichte des *Kyrios* und Zeugnis der *Apostel* vereint waren, sind wir auf dem Weg zur Kanonbildung. Auch diese Re-Kanonisierung des Neuen Testaments ist kein „rein wissenschaftlicher Vorgang", sondern Teil eines Legitimationskonflikts. Mit ihr verteidigte die Theologie die Grundlage des christlichen Glaubens. Die Gegenthese zu F. Overbeck könnte dann so formuliert werden: Nicht die Kanonisierung hat neutestamentliche Texte unverständlich gemacht, sondern ihre De-Kanonisierung zu Gebrauchsschriften und Kleinliteratur. Denn sie hat ihre zentrale Absicht verdunkelt, von Offenbarung zu zeugen.

Literaturgeschichte ist keine Dogmatik, aber sie kann in diesem Konflikt vermitteln. Literaturgeschichtlich lässt sich das Neue Testament nämlich widersprüchlich charakterisieren: einerseits durch (1) die Unabhängigkeit ihrer Formensprache vom Alten Testament, andererseits durch (2) die Abhängigkeit ihrer Kanonizität vom Alten Testament. Literaturgeschichtliche Beobachtungen können deshalb für und gegen die De-Kanonisierung des Neuen Testaments angeführt werden.

(1) Die Formensprache des Neuen Testaments ist unabhängig vom Alten Testament. Das Neue Testament umfasst zwei Grundformen in mehreren Exemplaren: Evangelien und Briefen. Dazu kommen zwei jeweils nur einmal belegte Einzelgattungen: Apostelgeschichte und Apokalypse.[589] Die beiden Grundformen haben keine Modelle im Alten Testament, lehnen sich also formgeschichtlich nicht an den alttestamentlichen Kanon an. Literaturgeschichtlich ist das Neue Testament in seinen Formen und seiner Struktur unabhängig vom Alten Testament.

(2) Die Kanonizität des Neuen Testaments ist dennoch vom Alten Testament abhängig. Denn die kanonische Qualität einer neutestamentlichen Schrift ist literaturgeschichtlich erst dort nachweisbar, wo Schriften denselben Rang beanspruchen wie das Alte Testament. Entweder signalisieren prätextbezogene Kanonsignale wie die Reflexionszitate in Mt 1,22f; 2,5f.15.17f.23, dass das Alte Testament erfüllt und überboten wird, oder eigentextbezogene Kanonsignale versichern,

[589] Dazu kommt eine als Brief stilisierte Rede im Hebräerbrief. Im Folgenden greife ich zurück auf: G. THEISSEN, Entstehung des Neuen Testaments, 2007, 35f u.ö.

dass die neutestamentlichen Texte das gleiche Gewicht haben wie das Alte Testament, etwa, wenn Paulus versichert, auch durch ihn spreche der Heilige Geist (1Kor 7,40).

Wir besprechen nun nacheinander die beiden in Spannung stehenden Beobachtungen: die Unabhängigkeit der neutestamentlichen Formensprache vom Alten Testament, dann die Abhängigkeit der Kanonizität neutestamentlicher Texte vom Alten Testament. Beide Beobachtungen bilden eine Antithese. Am Ende steht eine Synthese.

1 Die Unabhängigkeit neutestamentlicher Formensprache vom AT und die These der sekundären Kanonisierung des NTs

Noch einmal sei betont: Die Literaturgeschichte des Urchristentums spricht zunächst gegen Versuche, neutestamentlichen Texten von Anfang an Kanonizität zuzusprechen. Die Formen des Neuen Testaments haben kein Modell im Alten Testament. In ihm gibt es keine Schrift, die sich auf das Leben einer einzelnen Person so konzentriert wie die Evangelien. Dasselbe gilt für die außerbiblische jüdische Literatur. Wenn Philo eine *vita* des Moses schreibt, ist sie Teil einer umfassenderen Darstellung, die nicht auf Mose konzentriert ist. Zudem beschreibt er dessen Leben auch für Nicht-Juden (Mos. 1,1f), unter denen das *bios* eine verbreitete Literaturform war. Daher ist das literarische Modell für die Evangelienform im *bios* der paganen Literatur zu suchen. Das spricht dagegen, dass die Evangelisten in der Absicht schrieben, eine heilige Schrift als Fortsetzung des Alten Testaments für ihre Gemeinden zu schaffen.

Dasselbe gilt für die Gattung der Briefe. Es gibt keine Briefsammlung im Alten Testament, die für die neutestamentlichen Briefe Pate gestanden haben könnte, dagegen sind Briefe und Briefsammlungen in der paganen Literaturgeschichte weit verbreitet. Paulus hat den antiken Freundschaftsbrief zum Gemeindebrief entwickelt. Er verschleiert nicht die zufälligen Entstehungssituationen seiner Briefe, die Konflikte und Probleme, auf die sie sich beziehen. Seine Briefe sind echte Korrespondenz. Auch dies spricht gegen die Annahme, er habe sie geschrieben, um heilige Schriften für seine Gemeinden zu schaffen.

Wenn die neutestamentlichen Schriften deuterokanonisch das Alte Testament hätten fortsetzen wollen, hätten sie wahrscheinlich dessen Literaturformen übernommen. Aber das Neue Testament tritt mit eigenen Formen in die Literaturgeschichte ein, orientiert sich nicht an den sakralen Traditionen der Juden, sondern an den profanen Literaturformen der Heiden. Darin liegt das literaturgeschichtliche Rätsel der Kanonbildung.

Das Rätsel lässt sich nicht dadurch lösen, dass man schon im Judentum auf Tendenzen zu einer Erweiterung des Kanons durch neue Literaturformen in der Septuaginta und in Qumran weist.[590] Josephus bezeugt für die 90er Jahre des 1. Jh. n.Chr. einen jüdischen Kanon von 22 Schriften (C. Ap. I,8). Dabei dürfte es sich um den hebräischen Kanon ohne Hohelied und Prediger Salomo handeln, die lange umstritten waren. Josephus kennt aber weit mehr Schriften. Denn er benutzt

---

[590] O. WISCHMEYER, Literaturgeschichte, 2010, 128f, weist mit Recht darauf hin, dass die Tendenz zur Erweiterung des Kanons auch durch neue Gattungen in der Septuaginta und in Qumran dokumentiert ist.

in den *Antiquitates* auch 1Esra und die Makkabäerbücher, die in der Septuaginta zum Alten Testament gehören. Für ihn waren diese Schriften zuverlässige historische Quellen, aber keine heiligen Schriften. Wahrscheinlich wurden sie dazu erst in den christlichen Septuaginta-Handschriften. Ebenfalls aus der Zeit gegen Ende des 1. Jh. n.Chr. stammt der 4Esra. Darin diktiert Esra die bei der Zerstörung Jerusalems verloren gegangenen Schriften aufgrund von Inspiration neu und rettet sie so. 4Esra unterscheidet dabei einen Kanon von 24 Schriften für das Volk und 70 apokryphe Bücher für die Weisen (4Esr 14,44–46). Die Zahl 24 erklärt sich wahrscheinlich daraus, dass das Hohelied und der Prediger Salomo anders als bei Josephus zum Kanon gerechnet werden. Auch IV Esr setzt also viele weitere Schriften voraus, deren Entstehung und Erneuerung zwar auf Inspiration zurückgeht, deren Geltung aber nicht an die der 24 allgemein anerkannten Bücher heranreicht. Selbst wenn in Sondergruppen wie den Essenern die Tempelrolle als „sechstes" Buch des Moses tradiert wurde, so galt insgesamt im Judentum ein Kanon mit 22–24 Büchern. Alle anderen Schriften waren apokryph. Für uns ist wichtig: Auch dort, wo wir Tendenzen zur Erweiterung des Kanons finden, gibt es keine Schriften, die sich wie unsere Evangelien auf die Geschichte einer Person konzentrieren. Ebenso wenig gab es in diesen Erweiterungen eine Sammlung von Briefen wie bei Paulus.

Das formgeschichtliche Rätsel des neutestamentlichen Kanons wird noch größer, wenn wir berücksichtigen, dass es im Urchristentum durchaus einen Ansatz zur Fortsetzung literarischer Formen des Alten Testaments gegeben hat, dass aber gerade er erfolglos blieb, nämlich die Logienquelle Q. Q war im Grunde ein Prophetenbuch,[591] denn Jesus tritt hier als Prophet in seiner Individualität hervor. Q war kein Weisheitsbuch, denn in Weisheitsbüchern verbirgt sich der Autor hinter jüdischen Weisen wie Salomo oder griechischen Autoren wie Phokylides[592] oder bleibt als Person so blass wie Jesus Sirach.

Das individuelle Profil des Propheten zeigt sich in Q in *Erzählungen*, in der Versuchungsgeschichte und der Geschichte vom Hauptmann von Kapernaum. Wir finden solche Erzähleinlagen in keinem Weisheitsbuch,[593] wohl aber in Prophetenbüchern. Man denke an die Berufungserzählung von Jesaja (Jes 6) oder an die Erzählung vom Konflikt des Amos in Bethel (Am 7,10–17). Wie in Q fehlt in diesen Prophetenbüchern ein Bericht vom Tod der Propheten.

Der prophetische Charakter von Q zeigt sich ferner darin, dass die *Worte* Jesu geschichtlich kontextualisiert werden: Sie wenden sich an die letzte Generation vor dem Ende der Welt, nennen Orte wie Chorazim und Betsaida, Kapernaum und Jerusalem und konkretisieren die Gegner Jesu als Pharisäer und Gesetzeslehrer. Der Kontrast zum Täufer verleiht Jesus ein unverwechselbares Profil: Er gilt im Unterschied zu ihm als Fresser und Weinsäufer (QLk 7,34). Weisheitliche

---

[591] J.M. ROBINSON, LOGOI SOPHON, 1971, sieht in Q dagegen ein Weisheitsbuch. M. SATO, Q und Prophetie, 1988, hat sie dagegen mit Recht als Prophetenbuch analysiert. Vgl. G. THEISSEN, Entstehung des Neuen Testaments, 2007, 57–71.

[592] Vgl. N. WALTER, Pseudo-Phokylides, 1983.

[593] Die Geschichtsüberblicke im „Lob der Väter" (Sir 44–50) und im Hymnus auf die Weisheit (Sap 10) sind Summarien. Hier finden sich Orte und Personen oft ohne Namen. Der mit der Bibel Vertraute weiß jedoch, dass Jakob und Esau gemeint sind, wenn von dem „Gerechten, der vor dem Zorn des Bruders auf der Flucht war," die Rede ist (Sap 10,10).

Überlieferung hat dagegen eine Tendenz zur Dekontextualisierung! In ihr werden nur wenige konkrete Namen und Personen genannt.

Die Logienquelle ist also eindeutig eine Prophetenschrift. Man hätte sie als letztes Buch in die Reihe der alttestamentlichen Propheten aufnehmen können, als Erweiterung des alttestamentlichen Kanons, der auch für die Christen noch nicht abgeschlossen war. Das zeigt sich in der Erweiterung der LXX durch Aufnahme apokrypher Schriften über den hebräischen Kanon hinaus. Aber die Logienquelle ist nicht als eigenständige Schrift erhalten. Sie erhielt sich nur verborgen in den beiden Evangelien des Matthäus und Lukas, aus denen wir sie hypothetisch rekonstruieren.

Ähnliches kann man von den beiden nur einmal vorhandenen Gattungen im Neuen Testament sagen: Die Apostelgeschichte und Apokalypse entsprechen formgeschichtlich alttestamentlichen Schriften, die Apostelgeschichte den geschichtlichen Büchern, die Johannesapokalypse dem Buch Daniel. Jedoch setzte sich die Apostelgeschichte im Kanon nur als Fortsetzung des Lukas-Evangeliums durch und die als Brief stilisierte Johannesapokalypse profitierte vom Ansehen der Briefe des Neuen Testaments. Nicht durch Anlehnung an die alttestamentliche Formensprache kamen diese Schriften in den Kanon, sondern im „Schlepptau" anderer neutestamentlicher Formen.

Hat also doch die moderne Entkanonisierungsthese recht, die besagt: Die neutestamentlichen Schriften entstanden ohne die Absicht, Schriften zu schaffen, die für Mythos, Ritus und Ethos einer Gemeinde eine normative Grundlage bieten sollten? Sicher ist: Diese Schriften lehnen sich literaturgeschichtlich nicht an Formen des Alten Testaments an und entstanden nicht, um eine erweiterte Ausgabe des Alten Testaments zu schaffen.

2 Die Abhängigkeit des Neuen Testaments vom Alten Testament und die These seiner ursprünglichen Kanonizität

Während die Formensprache des Neuen Testaments unabhängig vom Alten Testament ist, ist seine Kanonizität von ihm abhängig. Das Neue Testament ist insofern deuterokanonisch. Dies geht aus den Textsignalen hervor, aufgrund derer wir einen neutestamentlichen Text als kanonisch erkennen können. Diese Textsignale beziehen sich auf das Alte Testament, das in ihnen als kanonisch vorausgesetzt wird. Die Kanonsignale sind entweder eigentext- oder prätextbezogen, d.h., sie sprechen entweder dem eigenen Text einen kanonischen Anspruch zu, der so umfassend ist wie der einer alttestamentlichen Schrift, oder sie leihen sich diese Autorität durch direkte Bezugnahme auf das Alte Testament, indem sie dessen Erfüllung oder Überbietung behaupten. Solche Kanonsignale beziehen sich auf alle vier Kanonkriterien. Wir erhalten daher acht Gruppen von Kanonsignalen:

Kanonkriterien	Prätextbezogene Kanonsignale, durch die sich das NT intentional auf das AT bezieht	Eigentextbezogene Kanonsignale, die dem Anspruch des AT entsprechen oder ihn überbieten
a. Autorität durch Transzendenzbezug	Der Dienst des Paulus überbietet den des Mose (2Kor 3,4–18).	Der apostolische Anspruch des Paulus (Gal 1,1)
b. Kultischer Gebrauch	Auslegungen des AT in Paulusbriefen deuten auf gottesdienstliche Lesung.	Liturgische Formeln in Briefen deuten auf Verlesung im Gottesdienst.
c. Endgültigkeit des Textbestandes	Jesusworte stehen als „Schrift" neben dem AT: 1Tim 5,18; Barn 4,14; 2Klem 2,4.	Die Kanonformel (Apk 22,18–19), Eigenhändigkeitsnotizen des Paulus: Gal 6,11; 1Kor 16,21
d. Zugehörigkeit zu einer Sammlung	Indizien für eine Autorenrezension einer Ursammlung: Röm, 1/2Kor, Gal?	Indizien für eine Paulusbriefsammlung (2Petr 3,16)

Im Folgenden beschäftigen wir uns vorerst nur mit den Paulusbriefen. Denn hier leuchtet die These einer sekundären Verwandlung von Gebrauchstexten in kanonischen Texte am ehesten ein. Danach führen wir unsere Überlegungen für die Evangelien durch.

2.1 Das erste Kanonkriterium: Autorität durch Transzendenzbezug

Die Paulusbriefe enthalten viele Signale, die von Transzendenz zeugen und dadurch Autorität beanspruchen. Paulus nennt sich am Anfang seines ersten erhaltenen Briefs (1Thess) nur „Paulus", aber beansprucht bereits im Präskript des Galaterbriefs eine unüberbietbare Autorität. „Paulus, ein Apostel nicht von Menschen, auch nicht durch Menschen, sondern durch Jesus Christus und Gott, den Vater, der ihn auferweckt hat von den Toten …" (Gal 1,1). Ebenso stellt er sich in allen anderen Briefen mit Hoheitsprädikaten vor. Da deren Verwendung durch die Konfliktsituation in der galatischen Gemeinde historisch am besten motiviert ist – in Galatien war die Autorität des Paulus infrage gestellt worden, ist anzunehmen, dass der Galaterbrief den Briefen mit explizitem Hoheitsanspruch im Präskript zeitlich vorherging. Im Galaterbrief betont Paulus wie sonst nirgends seine Autorität: Sie übertreffe selbst die Autorität eines imaginierten „Engels vom Himmel" mit einer anderen Botschaft (1,8) und entspreche der eines alttestamentlichen Propheten: Wie Jeremia war er von Mutterleib an für seine besondere Aufgabe ausgesondert (1,15), ehe es Gott gefiel, ihm seinen Sohn vor Damaskus in einer *apokálypsis* zu offenbaren (1,12.16). Er beruft sich auf Christus nicht nur als Auferstandenen (1,1), sondern als den, „der sich selbst für unsere Sünden dahingegeben hat" und dadurch mitten in der alten Welt für Christen eine neue Welt eröffnet hat (1,4). Wichtig ist, dass neben diese Begründung seiner Autorität durch einen theologischen Transzendenzbezug eine zweite Begründung durch menschlichen Konsens tritt. Für seinen Anspruch fand Paulus Zustimmung unter den Menschen: Seine Autorität wurde von den anderen Aposteln anerkannt (2,1–10), setzte sich gegen Petrus durch (2,11–14), fand die Zustimmung der Gemeinden in Galatien. Paulus führt das auf das Wirken des Geistes zurück: Wenn er die Galater dazu aufruft, seinem Evangelium treu zu bleiben, beruft er sich nicht nur auf seine Predigt (3,2), sondern auf den „Geist": „Im Geist habt ihr angefangen, wollt ihr's denn nun im Fleisch vollenden?" (Gal 3,3). Zum *verbum externum* seiner Botschaft tritt das *verbum internum* des Geistes. Die Autorität des Paulus lässt von vornherein also eine doppelte Texttranszendenz erkennen. Das Kerygma hat seinen Ursprung bei Gott, es findet Anerkennung unter Menschen durch den Geist. Dieser Doppelcharakter der Autorität des Wortes ist so grundlegend für seine Theologie, dass wir ihn im Folgenden etwas ausführlicher belegen.

Viele Stellen bezeugen diese Verbindung von kerygmatischer und spiritueller Autorität. Im 1. Korintherbrief tritt Paulus als Prediger des paradoxen „Wortes vom Kreuz" auf, das in der Welt bei Juden und Heiden Anstoß erregt. Dass er mit diesem Kerygma trotzdem in der korinthischen Gemeinde aufgenommen wurde, ist für ihn ein „Beweis des Geistes und der Kraft" (1Kor 2,4). Das für die Weisen anstößige Wort vom Kreuz vertieft Paulus danach durch Verkündigung einer höheren Weisheit, die nicht sinnlich vermittelt wird. Kein Auge hat sie gesehen und kein Ohr gehört. Sie ist unmittelbares Zeugnis des Geistes: „Uns aber hat es Gott offenbart durch seinen Geist; denn der Geist erforscht alle Dinge, auch die Tiefen der Gottheit" (2 Kor 2,10). Kerygma und Spiritualität wirken zusammen und geben seiner Botschaft Evidenz.

Vergleichbar ist die Begründung der Autorität des Paulus im 2. Korintherbrief. Seine Autorität übertrifft die des Moses (2Kor 3,4–18). Der von ihm verkündigte Neue Bund lässt die Herrlichkeit des Alten Bundes verblassen. Der Mehrwert des Neuen Bundes besteht in der Erfahrung des Geistes: „Der Herr ist der Geist; wo aber der Geist des Herrn ist, da ist Freiheit" (2Kor 3,17). Dieser Geist ist eine verwandelnde Kraft. Er gibt der Lektüre des „Alten Bundes" (3,14) innere Evidenz. Paulus hat hier als Gegenmodell zum „Alten Bund" den von Jeremia verheißenen „Neuen Bund" vor Augen, in dem niemand den anderen belehren wird. Denn in diesem Neuen Bund legt Gott sein Gesetz unmittelbar in das Herz der Menschen (Jer 31,31–34). Wieder wirken objektives Kerygma und subjektive Spiritualität zusammen, um Menschen zu erleuchten und zu verwandeln. Und auch hier ist diese Geisterfahrung nicht nur eine individuelle Erleuchtung. Vielmehr ist die ganze Gemeinde ein durch den Geist des lebendigen Gottes geschriebener „Brief" im Gegensatz zu dem in Stein gemeißeltem Gesetz (2Kor 3,1–3).

Auch im Römerbrief finden wir diese doppelte Begründung: Das Kerygma stammt von Gott, der Geist aber bewirkt die Zustimmung zu ihm. Paulus stilisiert sich am Anfang des Briefs als Legat des Weltenherrschers, dem alle Völker Gehorsam schulden (Röm 1,1–7). Aber er fordert keinen sklavischen Gehorsam, denn in Röm 7,6 betont er, dass die Christen „im neuen Wesen des Geistes und nicht mehr im alten Wesen des Buchstabens" dienen. Dieser neue Geist ist dem „Geist der Sklaverei" entgegengesetzt (8,15). Gottes Geist gibt ihrem Geist Zeugnis (8,16). Auch hier beruft sich Paulus nicht nur auf die Autorität seines objektiven Kerygmas, sondern auf den subjektiv wirkenden Geist, der in den Menschen Evidenz schafft. Vor allem aber entfaltet er mit vielen Argumenten im Römerbrief sein Evangelium als sachlich überzeugende Botschaft von der Rechtfertigung des Menschen. Diese Rechtfertigungsbotschaft hat ein soziales Ziel: Sie soll einen gemeinsamen Gottesdienst von Juden und Heiden in der Gemeinde ermöglichen.

Zusammenfassend kann man feststellen: Texttranszendenz wird in den Paulusbriefen durch Zusammenspiel von einem objektiven Kerygma und subjektiver Geisterfahrung geschaffen. Drei „Akteure" sind dabei beteiligt: CHRISTUS ist der kerygmatische Inhalt des Evangeliums, der APOSTEL Vermittler des Kerygmas, die GEMEINDE sein Adressat. Bei allen drei Akteuren verleiht die spirituelle Erfahrung dem Evangelium subjektive Evidenz, die sich im Leben der Christen auswirkt.

CHRISTUS ist durch Kreuz und Auferstehung Inhalt des Evangeliums. Diesen Glauben formuliert Paulus immer wieder in traditionellen Formeln, in denen schon vor ihm das Evangelium zusammengefasst wurde (z.B. 1Kor 15,3–5; Röm 1,3f; 3,24f; 4,25; 6,3–5). Er sichert seine Botschaft immer wieder dadurch ab, dass er sie durch alttestamentliche Zitate belegt.[594] Er stützt sich auf die Schrift des Alten Testaments und die Traditionen der ersten Christen.

PAULUS wird vor allem durch eine außergewöhnliche spirituelle Erfahrung zum Vermittler des Evangeliums. Seine Autorität basiert auf seiner *Berufung*, der Inhalt seiner Botschaft auf der damit verbundenen *Bekehrung*: Paulus kehrte sich von seinem Verfolgungseifer ab und wurde dadurch von der Universalität des Evangeliums überzeugt. Er begründete durch seine Rechtfertigungslehre die Öffnung der Gemeinde für alle, auch für Nichtjuden. Er hoffte auf eine universale Zustimmung für seine Botschaft. Darin liegt auch der Grund für die Übernahme allgemeiner Literaturformen wie der des Briefes, mit der er auch Heiden erreichen konnte.

DIE GEMEINDE aus Juden und Heiden war Adressat des Evangeliums. Plausibel wurde dieses universalistische Evangelium auch durch die Zustimmung von Menschen: durch Zustimmung der Jerusalemer Gemeinde und der heidenchristlichen Gemeinden. Diese Zustimmung ist für Paulus ein Werk des *Geistes*. Spirituelle Erfahrungen geben dem Kerygma Gewissheit. Sie begründen die Einheit der Gemeinde. In der Gemeinde Zustimmung für das zu finden, was der Geist eingibt, ist selbst eine spirituelle Erfahrung (1Kor 12,4–31; 14,1–40).

Einen höheren Anspruch kann man mit Briefen nicht verbinden, ein tieferes Verstehen nicht verheißen. Diese Briefe zeugen für ein Kerygma, das sich in traditionellen Formeln zusammenfassen lässt, aber verbinden dieses Kerygma immer wieder mit dem spirituellen Wirken des Geistes als einer „subjektiven" Macht, die dem Kerygma Evidenz und Zustimmungsfähigkeit verleiht. Paulus vereint in seiner Person beides: Als Apostel ist er der exemplarische Vermittler des Kerygmas, als Zeuge einer außergewöhnlichen Begegnung mit Christus ist er

---

[594] Nur im 1. Thessalonicherbrief und Philipperbrief zitiert Paulus nicht das Alte Testament, auch wenn alttestamentliche Sprache in beiden Briefen aufgegriffen wird.

zugleich das exemplarische Modell für spirituelle Erfahrungen, die dem Gemeindeleben zugrunde liegen. Seine Briefe sind keine profanen Gelegenheitsschriften, für die erst nachträglich eine transzendenzbezogene Autorität beansprucht wurde. Paulus beansprucht von vornherein solch eine Vollmacht aufgrund seiner objektiven Botschaft und seiner subjektiven Erfahrung.

Das Problem, warum bestimmten Schriften als Kanon verbindlich wurden, ist damit noch nicht gelöst. Schriften mit Offenbarungsanspruch gab es viele. Nur wenige gelangten durch kultischen Gebrauch ins Zentrum einer religiösen Gemeinschaft.

2.2 Das zweite Kanonkriterium: Kultischer Gebrauch der Schriften

Die neutestamentlichen Schriften hatten von Anfang an ihren „Sitz im Leben" im Gottesdienst und wurden dort vorgelesen. Dies lässt sich mit den drei klassischen Verfahren der Formgeschichte, dem konstruktiven, dem analytischen und dem komparativen Rückschluss, erschließen.

Der *konstruktive* Rückschluss wertet direkte Aussagen über den Gebrauch von Paulusbriefen aus. Paulus beschwört die Thessalonicher, seinen Brief allen Gemeindegliedern vorzulesen (1Thess 5,27). Sie sollen ihn nicht als Privatbrief betrachten. Unmittelbar vorher fordert er sie auf, sich mit dem heiligen Kuss zu begrüßen (5,26). Das Lesen des Briefes steht hier auf einer Ebene mit dem rituellen Akt des heiligen Kusses. Wir können daraus schließen: Auch das Verlesen dieses Briefes war ein gottesdienstlicher Akt. Schon der älteste erhaltene Paulusbrief erfüllt also das zweite Kanonkriterium, den kultischen Gebrauch einer Schrift. Indirekt finden wir auch im 1. Korintherbrief einen Hinweis auf die Verlesung dieses Briefes in der Gemeinde. Nach 1Kor 1,5f will der Brief „Lehre (*lógos*) und Erkenntnis (*gnōsis*)" vermitteln, damit die Gemeinde keinen Mangel an „Charismen" hat. Später werden unter den mannigfachen Charismen der Gemeinde die Mitteilung von Weisheit, Erkenntnis (*gnōsis*), Glauben und Prophetie (12,8.10), bzw. von Offenbarung, Erkenntnis (*gnōsis*), Prophetie und Lehre (*didachē*) genannt (14,6). Sehr wahrscheinlich zählt Paulus auch das Verlesen seines Briefes unter diese Kommunikationsformen – als eine Mitteilung von Weisheit, Erkenntnis und Glauben. Interessant aber ist: Der Brief wäre hier nur eine Form unter vielen spirituellen Kommunikationsformen der Gemeinde.

Ferner können wir Hinweise auf einen kultischen Gebrauch der paulinischen Briefe *analytisch* erschließen. Paulus benutzt in seinen Briefen oft liturgische Formeln und Traditionen, die von den Exegeten nach und nach erkannt wurden. Er stilisiert seine Briefe dadurch so, dass ihre Verlesung durch den Gebrauch liturgischer Formeln eine gottesdienstliche Atmosphäre entstehen lässt: Segensformeln stehen am Anfang und am Ende der Briefe. Im Philipperbrief stimmt er mitten im Brief einen Hymnus auf Christus an (Phil 2,5–11). Dies alles deutet darauf hin, dass die Briefe des Paulus von Anfang an weit mehr als Privatschreiben waren. Liturgische Formeln und rhetorische Stilisierung machen sie zu öffentlichen Proklamationen innerhalb der Gemeinde.[595]

---

[595] Das hat E. LOHMEYER, Probleme paulinischer Theologie, 1927, mit Recht herausgearbeitet, auch wenn das Briefformular nicht einfach das Gottesdienstformular war.

Schließlich weist Paulus auf Analogien, die wir *komparativ* auswerten können. Er vergleicht seine Briefe mit den Empfehlungsschreiben konkurrierender Missionare in 2Kor 3,1–3. Er betont, er selbst benötige keine Empfehlungsschreiben, denn seine Botschaft sei ein Brief, der nicht auf Stein, sondern in die Herzen der Menschen geschrieben werde. Die Gemeinde selbst sei dieser Brief, der ihn allen Menschen empfehle. Wenn Paulus ihn dann mit auf Steinen gemeißelten Briefen vergleicht, denkt er einerseits an imperiale Edikte, andererseits an die Zehn Gebote. Die Edikte der römischen Machthaber wurden nach ihrer Verlesung in Stein verewigt, damit jeder sie immer wieder lesen konnte. So wie in der Volksversammlung (*ekklesia*) der Polis die Edikte des Kaisers gelesen wurden, so wurden auch in der christlichen *ekklesia* die Briefe des Paulus vorgelesen. Gleichzeitig spielt Paulus auf das Alte Testament an: Die auf Stein geschriebenen Buchstaben sollen an das Sinaigesetz erinnern. Hier hat er die Verlesung des Gesetzes im Synagogengottesdienst im Blick. Paulus will diesen Gottesdienst durch eine Botschaft überbieten, die nicht tötender Buchstabe, sondern lebenschaffender Geist ist (2Kor 3,6). Seine Botschaft ist nicht mit Tinte, sondern mit dem „Geist des lebendigen Gottes" geschrieben (2Kor 3,3). Sie führt zur Begegnung mit Gott, die den Menschen verwandelt. Der kultische Sitz seiner Botschaft ist hier unverkennbar.

Wichtig ist: Dieses zweite Kanonkriterium ist eng mit dem ersten verbunden. Das erste besagt, dass das Kerygma als *verbum externum* eine Offenbarung bezeugt, die durch das Wirken des Geistes Zustimmung findet. Das Verlesen eines Paulusbriefes ist dabei nur eine der vielen durch den Geist gewirkten Kommunikationsformen in Gemeindeversammlungen. Da sich Paulus in 1Kor 12–14 mit der unverständlichen Glossolalie auseinandersetzen muss, die einige für einen Beweis des Geistes halten, dringt er in seinen Ausführungen auf die Verständlichkeit der Rede als Voraussetzung für Zustimmung: „Wenn du Gott lobst im Geist (sc. in unverständlicher Glossolalie), wie soll der, der als Unkundiger dabei steht, das Amen sagen?" (14,16). Der Unkundige kann nur zustimmen, wenn er auch verstehen kann. Das *verbum externum* der Botschaft kommt bei Paulus also erst durch das Wirken des Geistes zu seinem Ziel, aber dieses Wirken des Geistes ist nicht nur ein inneres Geschehen, sondern eine öffentliche Kommunikation, die Zustimmung zur Botschaft ermöglichen soll – sogar bei Außenstehenden, die es in die Gemeindeversammlung verschlagen hat (1Kor 14,24f). Daher legt Paulus so viel Wert auf die Verständlichkeit der Kommunikation. Voraussetzung dafür aber ist, dass man nicht nur im „Geist" betet, sondern auch mit der „Vernunft" (1Kor 14,15). Hier begegnet im Zusammenspiel von Kerygma und Spiritualität die Vernunft als Instanz, die Zustimmung zur Botschaft ermöglicht. Wie hoch Paulus die Vernunft schätzt, zeigt Röm 12,1f: Vernünftiger Gottesdienst besteht darin, dass die erneuerte „Vernunft" alles prüft, ob es Gottes Wille ist (vgl. auch 1Thess 5,21: „Prüft alles, das Gute behaltet!")

Kultisch gebrauchte Schriften, die von einer Offenbarung zeugen, sind auf dem Weg, kanonische Schriften zu werden. Was kultisch ins Zentrum gestellt wird, ist konsensfähig und will Konsens schaffen. Natürlich gab es damals noch keine Perikopenordnung als Auswahl von Textabschnitten, die zur Lesung im Gottesdienst bestimmt waren. Aber mit der Verlesung der Briefe im Gottesdienst war ein Anfang gemacht. Da der Transzendenzbezug der Texte keine autoritäre

Behauptung war, sondern durch spirituelle Erfahrungen individuell und sozial zugänglich wurde, ergibt sich das zweite Kanonkriterium aus dem ersten Kriterium. Die neutestamentlichen Texte besaßen also von vornherein eine doppelte Texttranszendenz und damit die entscheidenden Voraussetzungen für ihre Kanonisierung. Nach unseren Kriterien muss freilich noch ein Bewusstsein für die Endgültigkeit des Textbestandes hinzukommen, damit der Offenbarungsanspruch vom Inhalt und Autor auf den Text selbst übertragen wird. Hin und wieder stößt man in der Tat auf Ansätze, die bestrebt waren, den Wortlaut der Texte zu sichern.

2.3 Das dritte Kanonkriterium: Die Endgültigkeit des Wortlauts

In der Apokalypse steht am Ende folgende Kanonformel: „Wenn jemand etwas hinzufügt, so wird Gott ihm die Plagen zufügen, die in diesem Buch geschrieben stehen. Und wenn jemand etwas wegnimmt von den Worten des Buchs dieser Weissagung, so wird Gott ihm seinen Anteil wegnehmen am Baum des Lebens und an der heiligen Stadt, von denen in diesem Buch geschrieben steht" (Apk 22,18f). Eine solche Formulierung ist im Neuen Testament singulär. Sie hat Vorläufer in den Kanonformeln des Alten Testaments,[596] aber auch in der sogenannten Eigenhändigkeitsformel bei Paulus: „Seht, mit wie großen Buchstaben ich euch schreibe mit eigener Hand!" (Gal 6,11; vgl. 1Kor 16,21; Phm 19; nachgeahmt in pseudepigraphen Briefen in Kol 4,18 und 2Thess 3,17).

Die Eigenhändigkeitsformulierung begegnet zum ersten Mal im Galaterbrief. In Galatien hatten Gegenmissionare Paulus falsche Ansichten unterstellt, die seine Botschaft verzerrten. Paulus will sicherstellen, dass die Galater seine authentische Meinung kennenlernen. Daher unterschreibt er den Brief wie ein juristisches Dokument mit eigener Hand (Gal 6,11), um so dem Wortlaut des Briefs einschließlich seiner Buchstaben Autorität zu verleihen. Wer eine andere Botschaft verkündigt, wird verflucht (Gal 1,8–9). Dieser Fluch bezieht sich zwar nicht auf die Abwandlung des Wortlauts, wohl aber auf die Verdrehung des Sinns seines Evangeliums. Durch diese rigorose Warnung stellt Paulus die Weichen dafür, dass sein Brief unverändert überliefert wird.

Die Eigenhändigkeitsformel begegnet noch zwei weitere Male in den authentischen Paulusbriefen: In 1Kor 16,21 bezieht sie sich auf den abschließenden Gruß. Darauf folgt ein allgemeines Anathema: „Verflucht ist der, der den Herrn nicht liebt". Beide Formelemente, Eigenhändigkeitsformel und Anathema, sind ein Nachklang des Galaterbriefs, wo sie zum ersten Mal auftauchen und durch die Gemeindesituation motiviert sind. In Phm 19 hat die Eigenhändigkeitsformulierung dann wie im Galaterbrief eher den Charakter einer rechtlichen Verpflichtung durch Unterschrift. Paulus verpflichtet sich, anstelle des Sklaven Onesimus

---

[596] Vgl. die Kanonformel: „Ihr sollt nichts hinzufügen und nichts wegnehmen" (Dtn 13,1 vgl. 4,2). Sie hat ihren Ursprung in Rechtstexten und soll in Dtn 5,22 wahrscheinlich sicherstellen, dass keine weiteren Ergänzungen zum Dekalog vorgenommen werden sollen – möglicherweise nach einer letzten redaktionellen Erweiterung, durch Hinzufügung des Sabbatgebots oder der „zweiten Tafel" (B. LANG, Art. Kanon, 1995, 442) bzw. des Namensverbots, Sabbat- und Elterngebots (F.-L. HOSSFELD, Dekalog, 1982, 283).

gegebenenfalls Schadenersatz für Verluste zu leisten, die sein Herr Philemon durch Onesimus erlitten hat.

Der Übergang von der Autorität des Apostels auf seine Briefe wird ferner durch die *Parousia*-Formel vorbereitet. Paulus ist im Geiste anwesend, aber körperlich abwesend. Sein Brief ist Stellvertreter seiner Präsenz (1Kor 5,3; vgl. nachpaulinisch auch Kol 2,5). Es kann m.E. kein Zweifel geben: Die Briefe werden immer mehr von Zeugen der Offenbarung zu deren Medium. Das dritte Kanonkriterium – die Endgültigkeit des Textbestandes – wird zwar nicht von Anfang an erfüllt, wohl aber vorbereitet. Es ergibt sich mit innerer Logik aus dem zweiten Kanonkriterium: Die rituelle Verlesung von Texten sichert ihre Konstanz. Viele Gläubige hören zu. Sie registrieren bei wiederholten Lesungen eventuell auftretende Abweichungen, unabhängig davon, ob es Abweichungen durch Fahrlässigkeit oder Absicht sind. Je zentraler die Texte im Ritus sind, umso mehr garantiert die Präventivzensur der Gemeinschaft ihre wortwörtliche Wiederholung. Aber auch dann fehlt noch das letzte Kanonkriterium: die Zugehörigkeit zu einer Sammlung, die als abgeschlossen gilt.

2.4 Das vierte Kanonkriterium: Zugehörigkeit zu einer abgeschlossenen Sammlung

Von vornherein ist klar: Dieses Kanonkriterium kann zur Entstehungszeit der einzelnen Schriften unmöglich erfüllt sein. Ein Brief kann nicht einer Sammlung von Schriften angehören, die noch nicht geschrieben sind – es sei denn, es existiert ein Plan, solch eine Schriftensammlung in Zukunft zu schaffen. Dafür gibt es keinen Beleg. Allerdings finden wir schon im Neuen Testament implizit und explizit das Bewusstsein einer abgeschlossenen Sammlung der Paulusbriefe.

Nach D. Trobisch hat Paulus am Ende seines Wirkens im Osten des Römischen Reiches durch Autorenredaktion selbst eine Ursammlung seiner Briefe geschaffen, die aus Röm, 1/2 Kor und Gal bestand.[597] Trobisch begründet seine Theorie mit bedenkenswerten Beobachtungen und Argumenten: Die Paulusbriefe werden in den Handschriften in der Regel der Länge nach geordnet. Dieses Ordnungsprinzip setzt mit dem Epheserbrief neu ein, sodass man die dem Epheserbrief folgenden Briefe als Anhang zu einer älteren Paulusbriefsammlung betrachten kann. Hinzu kommt: Alle Briefe der vermuteten ursprünglichen Sammlung von vier Briefen waren in Korinth vorhanden: Der Römerbrief war in Korinth geschrieben, die Korintherkorrespondenz an die korinthische Gemeinde adressiert. Nur der Galaterbrief ist nicht direkt für Korinth bezeugt. Wenn Paulus den Galaterbrief aber wie ein juristisches Dokument eigenhändig unterschrieben hat, wird er, wie das bei juristischen Dokumenten üblich war, eine Abschrift aufbewahrt haben. Das würde erklären, warum der in Korinth verfasste Römerbrief in Struktur und Motiven so sehr dem Galaterbrief gleicht. Paulus hatte diesen Brief als Abschrift bei sich. Entweder Paulus selbst oder einer seiner Anhänger in Korinth könnten dann aus diesen vier in Korinth vorhandenen Briefen die erste Paulusbriefsammlung geschaffen haben. Träfe diese Annahme zu, wäre das vierte Kriterium der Kanonizität schon zu Lebzeiten des Paulus für vier seiner Briefe

---

[597] D. TROBISCH, Paulusbriefsammlung, 1989.

erfüllt worden. Aber das ist nur eine Möglichkeit, die sich nicht streng beweisen lässt.

Auf gesichertem Boden stehen wir dagegen bei den Deuteropaulinen. Sie setzen den Tod des Paulus voraus, besonders im 2. Timotheusbrief, der als Testament des Paulus stilisiert worden ist. Nach dem Tod des Paulus war die Zahl der von ihm geschriebenen Briefe abgeschlossen. Es ist denkbar, dass seine Anhänger schon bald überlegten, seine Briefe als Sammlung zu bewahren und zu tradieren. Offen war dann nur noch, welche Briefe Paulus hinterlassen hatte und zur Paulusbriefsammlung gehören sollten. Solange das nicht geklärt war, war die Versuchung groß, diese theoretisch existierende Sammlung von Paulusbriefen durch pseudopaulinische Briefe zu ergänzen, denn es war ein unschätzbarer Autoritätsgewinn, wenn man seine Meinungen im Rahmen von Paulusbriefen verbreiten konnte.

Eine Kombination von Evangelium und Briefen wird sonst nur noch im 2. Petrusbrief bezeugt. Hier wird explizit eine Paulusbriefsammlung vorausgesetzt und vor Menschen, die den Sinn der Paulusbriefe verdrehen, gewarnt. Möglicherweise wird damit die Nacheschatologie in den Briefen des Paulus kritisiert. Denn der Verfasser des 2. Petrusbriefes versichert, dass Paulus „*in allen seinen Briefen*" zur eschatologischen Geduld gemahnt habe (2Petr 3,16). Wenn er von „allen Briefen" spricht, setzt er eine als abgeschlossen geltende Paulusbriefsammlung voraus. Der Kanon Muratori wird Ende des 2. Jh. n.Chr. diese Abgeschlossenheit sogar ausdrücklich begründen: Paulus habe an sieben Gemeinden geschrieben – so, wie auch der Seher der Johannesapokalypse an sieben Gemeinden geschrieben hat.

Unser Fazit ist: Die moderne Entkanonisierungsthese, die eine sekundäre Verwandlung ursprünglich profaner Gebrauchsliteratur in heilige Schriften annimmt, lässt sich nicht halten. Die beiden ersten Kanonkriterien sind von Anfang an gegeben: Die Paulusbriefe treten mit transzendenzbezogener Autorität auf und werden als Lektüre im Gottesdienst verwendet. Die beiden weiteren Kanonkriterien, die Sicherung des Textbestandes und die Zugehörigkeit zu einer begrenzten Zahl von Paulusbriefen, sind in Ansätzen erkennbar. Wenn die Paulusbriefe auch nicht von Anfang an kanonisch waren, waren sie doch von Anfang an kanonfähig. Es war keine Willkür, dass sie zu einem zentralen Bestandteil des Kanons wurden. Damit sind wir zu zwei sich widersprechenden Ergebnissen gekommen: Die literaturgeschichtliche Eigenständigkeit der Formensprache des Neuen Testaments spricht für die kritische These einer sekundären Kanonisierung, aber eine Untersuchung dieser Schriften mithilfe der Kanonkriterien spricht für die konservative These einer ursprünglichen Kanonizität. Dieser Widerspruch lässt sich auflösen.

3 Auf dem Weg zu einer Synthese

Eine Synthese bahnt sich schon in der Evangelienliteratur an, wenn wir die Entwicklung von den synoptischen Evangelien zum Corpus Johanneum betrachten. (1) Die Evangelien enthalten *Kanonsignale*. Sie werten die von ihnen bezeugte Geschichte auf. (2) Das *corpus Johanneum* vereint Evangelium und Briefe und ist ein *Kanonmodell*. (3) Der 2. Petrusbrief lässt eine *Kanonstruktur* erkennen mit mehreren Evangelien und zwei Briefsammlungen.

3.1 Kanonsignale in den Evangelien

Wir finden in allen Evangelien prätext- und eigentextbezogene Kanonsignale. Die folgende Tabelle gibt einen summarischen Überblick:

	Kanonsignale	
Kanonkriterien	Prätextbezogene Signale, durch die sich das NT intentional auf das AT bezieht	Eigentextbezogene Signale, die dem Anspruch des AT entsprechen oder ihn überbieten
a. Autorität durch Transzendenzbezug	Mk 1,2 lässt das Evangelium durch ein Wort Gottes im AT beginnen.	Jesus wird durch Taufe und Verklärung als Stimme Gottes legitimiert: „Auf ihn hört!“ (Mk 9,7). Joh Ev legitimiert sich durch den Lieblingsjünger als Autor.
b. Kultischer Gebrauch	Jesu Predigt in Synagogen zeigt indirekt, dass seine Worte in Gottesdiensten gebraucht wurden.	Spuren kultischen Gebrauchs sind bei den Abendmahlsworten zu erkennen.
c. Textbestand	Jesusworte begegnen neben dem AT als „Schrift“ in 1Tim 5,18; Barn 4,14; 2Klem 2,4.	Die weltweite Verkündigung des „Evangeliums“ gibt dem MkEv weltweite Autorität: Mk 13,10; 14,9. Nach Mt 28,18–20 sind die im MtEv gelehrten Worte Jesu so endgültig wie die Thora (Mt 5,18). Der Paraklet erinnert an alle Worte Jesu (Joh 14,26).
d. Zugehörigkeit zu einer Sammlung	Die sekundären Überschriften der Evangelien. *katà Markon* usw., bezeugen eine Sammlung.	Eine offene Zahl von Evangelien wird in Joh 21,25 vorausgesetzt.

a. Das erste Kanonkriterium: Autorität durch Transzendenzbezug: Am Anfang der synoptischen Evangelien öffnet sich in der Tauferzählung der Himmel. Jesus erhält eine transzendenzbezogene Autorität für seinen Status, sein Wort und sein Wirken. In der Verklärungsgeschichte verblasst neben Jesus die Autorität des alttestamentlichen Propheten Elia und des Mose. „Auf ihn hört!“, sagt die Stimme Gottes vom Himmel, nachdem Mose und Elia verschwunden sind (Mk 9,7; Mt 17,5; Lk 9,35). Hier werden die Worte Jesu mit höchster Autorität versehen. Eine noch höhere Autorität erhält Jesus im Johannesevangelium: Niemand hat je Gott gesehen, nur Jesus ist sein wahrer Ausleger (Joh 1,18). Auch hier tritt Mose zurück: „Denn das Gesetz ist durch Mose gegeben, die Gnade und Wahrheit ist durch Jesus Christus geworden“ (Joh 1,17). Im JohEv beanspruchen nicht nur die

Worte Jesu unbedingte Autorität: Jesus selbst ist die Inkarnation des ewigen Wortes, dem alle Dinge ihre Existenz verdanken.

b. Das zweite Kanonkriterium: Kultischer Gebrauch der Schriften: Zum zweiten Kanonkriterium: In den Evangelien gibt es nur indirekte Hinweise auf einen liturgischen Gebrauch der Evangelienschriften. Da Jesus in den Synagogengottesdiensten predigte (Mk 1,21f; Mt 4,13; Lk 4,31–37), liegt es nahe, dass die Christen seine Worte in ihren Gottesdiensten verwendeten. Das älteste Evangelium legt sich zudem wie eine Ellipse um die Taufe Jesu am Anfang und das Abendmahl am Ende, also um die zwei wichtigsten Rituale des urchristlichen Gottesdienstes. Wahrscheinlich zitieren die Evangelien – trotz mancher Zweifel[598] – die Abendmahlsworte in der Form, in der sie liturgisch gebraucht wurden,[599] auch wenn ihr gottesdienstlicher Gebrauch erst bei Justin (Apol 66) in der Mitte des 2. Jh. n.Chr. bezeugt ist.

c. Das dritte Kanonkriterium: Die Endgültigkeit des Wortlauts: Zum dritten Kanonkriterium einer Sicherung des Wortlauts kann man feststellen: Wenn im Markus-Evangelium das Evangelium weltweit gepredigt werden soll (Mk 13,10; 14,9), wird damit indirekt dem Markus-Evangelium eine kanonische Geltung zugesprochen. Jesu Worte treten an die Stelle der Worte des Moses, was deren kanonischen Rang zeigt (Mk 9,7parr). Das Matthäus-Evangelium wird noch deutlicher: Es vergleicht die Worten Jesu mit den Worten der Thora: An der Thora soll kein Jota verändert werden, damit sie bis zum Ende der Welt Geltung hat (Mt 5,18). Die Worte Jesu aber sollen darüber hinaus noch gelten, wenn Himmel und Erde vergangen sind (Mt 24,35). Der Missionsbefehl am Ende des Evangeliums schärft noch einmal die universale Gültigkeit der Worte Jesu ein (Mt 28,19–20). Dieser Missionsbefehl ist eine „Selbstkanonisierung" des Matthäusevangeliums mit seinen Reden.[600]

d. Das vierte Kanonkriterium: Teil einer abgeschlossenen Sammlung: Das vierte Kanonkriterium erfüllen die Evangelien nicht: Jedes Evangelium beansprucht, die einzige oder die maßgebende Darstellung der Geschichte und der Botschaft Jesu zu sein. Andere Evangelien werden sogar abgewertet: Der Autor des Lukas-Evangeliums schreibt, viele andere hätten vor ihm versucht, eine Geschichte Jesu zu schreiben; er will diese Versuche überbieten (Lk 1,1–4). Das Johannes-Evangelium ist überzeugt, dass nur das Zeugnis des Lieblingsjüngers eine authentische Interpretation Jesu bietet: So wie Jesus aus dem Schoß des Vaters kam, so lag der Lieblingsjünger am Schoß Jesu (Joh 1,18; 13,23; vgl. 21,20). Andere Evangelien sind potentiell unbegrenzt in ihrer Zahl. Die Welt könne die Bücher nicht fassen, die man über Jesus schreiben könnte. Dies widerspricht der Idee einer geschlossenen Sammlung von Schriften über Jesus. Erst die (sekundären) Evangelienüberschriften setzen andere gleichwertige Evangelien voraus. Man nennt ein Evangelium erst dann „nach Markus", wenn es andere Evangelien

---

[598] Vgl. J. SCHRÖTER, Das Abendmahl, 2006, 37f. 170f.

[599] Die Modifikation der Abendmahlsworte im Matthäusevangelium (Mt 26,26–29) erklärt sich am einfachsten, wenn man sie als Teil einer liturgischen Handlung deutet. Vgl. U. LUZ, Evangelium nach Matthäus I/4, 2002, 95.

[600] So U. LUZ, Evangelium nach Matthäus I/4, 2002, 455. Er folgt damit einer Anregung von Moisés Mayordomo-Marin.

„nach Matthäus", „nach Lukas" und „nach Johannes" gibt.[601] Jedoch lässt sich daraus die Idee einer abgeschlossenen Sammlung von Evangelien nicht notwendig erschließen.

Von den synoptischen Evangelien bis zum Johannesevangelium beobachten wir nun eine wichtige Entwicklung: die Erweiterung der Evangelien um Briefe. Denn erst Evangelien und Briefe zusammengenommen bilden die Grundstruktur des *Kanons.* Zum ersten Mal ist ihre Kombination im *Corpus Johanneum* bezeugt: Johannes-Evangelium und Johannes-Briefe stammen zwar nicht vom selben Verfasser, wohl aber aus demselben Kreis, denn sie vertreten eine verwandte Theologie, sprechen dieselbe Sprache und werden durch die literarische Fiktion eines einheitlichen Autors verbunden.

3.2 Ein Kanonmodell: Die johanneischen Schriften

Im Johannesevangelium gilt der Lieblingsjünger als dessen Autor (Joh 21). Seine Autorität ist unüberbietbar: Wie Jesus aus dem Schoß (*kólpos*) des Vaters stammt und deshalb allein die wahre Offenbarung von Gott bringt, so liegt er beim Abschiedsmahl an der Brust Jesu (an seinem *kólpos*) und ist sein wahrer Zeuge (Joh 1,18; 13,23). Durch ihn wird die Botschaft Jesu authentisch bezeugt im Unterschied zu den anderen damals kursierenden Evangelien, denen der Verfasser nicht abspricht, dass auch sie zutreffende Jesusüberlieferungen enthalten. Für ihn ist aber die Zahl der Evangelien noch offen. Entscheidend ist, dass das Zeugnis der Wahrheit schon in seinem eigenen Evangelium, dem Evangelium des Lieblingsjüngers, vorliegt.

Wichtig für die Kanonentstehung ist: Für den johanneischen Kreis ist der Lieblingsjünger auch der Verfasser der Johannesbriefe. Sein Zeugnis liegt nicht nur in Form von Evangelien, sondern auch in Form von Briefen vor. Einen Ansatz dafür gibt es im Johannes-Evangelium in den Abschiedsreden Jesu. In ihnen verheißt Jesus seinen Jüngern vollkommene Freude (Joh 16,24; vgl. 15,11; 17,13). Eben dazu ist der 1. Johannesbrief geschrieben, dass „unsere Freude vollkommen sei" (1Joh 1,4). Auch nach dem Abschied Jesu wirkt der Lieblingsjünger durch sein Evangelium in der Gemeinde weiter, durch ihn ist Jesus in Form seines Evangeliums für immer bei den Seinen. Und auch hier finden wir in den Briefen Spuren einer Entgrenzung der Botschaft: Im JohEv wird Jesus in einem Konflikt mit den Juden und der Welt dargestellt, in den johanneischen Briefen nur noch im Konflikt mit der Welt.

Die Verbindung von Evangelien und Briefen geschah zum ersten Mal modellhaft im *Corpus Johanneum* aufgrund der Überzeugung, dass beide Werke vom selben Autor verfasst worden sind. Literaturgeschichtlich könnte die Verbindung von Brief und Evangelium dadurch entstanden sein, dass Christen, die dem johanneischen Kreis angehörten, ihr Evangelium in Gegenden trugen, in welcher der Brief die dominierende Literaturform in den Gemeinden war. Daher brachten sie die christliche Botschaft nicht nur in Form des von ihnen mitgebrachten Evangeliums, sondern zusätzlich auch in Form von Briefen zum Ausdruck. Dies fiel

---

601 Die Bezeichnung „nach Markus" könnte sich aber auch darauf beziehen, dass das MkEv als Übersetzung der Reden des Petrus galt (Eus. h.e. III 39,14f). Eine Übersetzung kann so eingeführt werden, wie die Bezeichnung der Septuaginta (Übersetzung durch die Siebzig) zeigt.

ihnen umso leichter, als das Christusbild des Johannes-Evangeliums eine Synthese aus Überlieferungen vom irdischen Jesus war, wie sie in den Evangelien niedergeschrieben sind, und dem urchristlichen Kerygma vom präexistenten Gottessohn, wie wir es in den Briefen finden. Der johanneische Christus verkündigt im JohEv selbst das Kerygma vom präexistenten, in die Welt gesandten Gottessohn, welches sonst nur in den Briefen von ihm bezeugt wird: Im Rahmen eines *bios* verkündigt der johanneische Christus also die Botschaft der Briefe. Die inhaltliche Verschmelzung des Jesusbildes der Evangelien und des Christuskerygmas der Briefe entspricht im johanneischen Kreis der literarischen Verbindung der beiden Grundformen des Neuen Testaments. Das *Corpus Johanneum* ist literaturgeschichtlich das entscheidende KANONMODELL.

Das JohEv enthält in narrativer Form sogar Ansätze einer Kanontheorie. Jesus hat drei Stellvertreter: Der Lieblingsjünger ist Autor der Schriften, der Paraklet steht für die spirituelle Erfahrung, Petrus für den Gemeindeleiter. Deutlich ist, dass der Lieblingsjünger und seine Schrift dem Gemeindeamt übergeordnet werden. Der Lieblingsjünger steht in einer Konkurrenz zu Petrus, dem im JohEv oft ein begrenztes Verständnis Jesu zugeschrieben wird. Der Lieblingsjünger erkennt Jesus als erster in der Fischfangszene (Joh 21,7). Er ist der Jünger, den Jesus liebt. Petrus muss sich dagegen dreimal fragen lassen, ob er den Herrn wirklich liebt (Joh 21,15–19). Aber dennoch ist die Niederschrift der christlichen Botschaft durch den Lieblingsjünger (Joh 21,24) nicht endgültig, denn der Paraklet ist die lebendige Offenbarung Gottes und wird die Gläubigen auch in Zukunft in alle Wahrheit führen – über das hinaus, was im Johannes-Evangelium verkündet wird (Joh 16,12–15). Hier wird ein offener Kanon angedacht. Aber er ist trotz dieser Offenheit eine Einheit: Alle drei Stellvertreter Jesu beziehen ihre Autorität von Jesus selbst.

Die johanneischen Schriften haben als Kanonmodell eine Grenze: Sie verbinden nur *ein* Evangelium mit Briefen vom *selben* Verfasser. Ein weiterer Schritt hin zur Kanonbildung wären die ersten Hinweise auf die Existenz mehrerer Evangelien in Verbindung mit Briefsammlungen verschiedener Verfasser. Dies ist in einer neutestamentlichen Schrift der Fall: im 2. Petrusbrief.

3.3 Die Kanonstruktur im 2. Petrusbrief

Der 2. Petrusbrief hat kanongeschichtlich eine Doppelrolle, die Martin Ruf herausgearbeitet hat:[602] Einerseits steht er *neben* den anderen neutestamentlichen Briefen und schöpft aus denselben Traditionen wie sie, andererseits bezieht er sich intentional *auf* andere neutestamentliche Briefe und (zumindest) auf ein Evangelium. Er ist also zugleich ein neutestamentlicher Text und ein Metatext zum Neuen Testament. Seine kanongeschichtliche Sonderstellung wird nicht nur durch diese Doppelfunktion charakterisiert, sondern auch dadurch, dass er eine Kombination der beiden kanonischen Grundformen des Neuen Testaments voraussetzt.

Der 2. Petrusbrief kennt eine Paulusbriefsammlung. In 2Petr 3,15f beruft er sich darauf, dass Paulus in „allen Briefen“ zur eschatologischen Geduld gemahnt

[602] M.G. RUF, Propheten, 2010.

habe.[603] Wenn er zusätzlich noch „übrige Schriften" nennt (2Petr 3,16), so setzt er eine Gesamtmenge voraus – unabhängig davon, ob er nur an die paulinischen Briefe oder darüber hinaus noch an andere neutestamentliche Schriften denkt.

Sicher ist in der Verklärungsgeschichte (2Petr 1,17f) die Kenntnis des Matthäus-Evangeliums vorausgesetzt. Darauf weisen die Wortübereinstimmungen der Himmelsstimme. Denn nur im Matthäus-Evangelium sagt die Himmelsstimme in der Verklärung: „Dieser ist mein geliebter Sohn, an dem ich Wohlgefallen habe" (Mt 17,50 = 2 Petr 1,17). Man kann hier noch weitergehen. Die Himmelsstimme in der Verklärungsgeschichte in 2Petr 2,17f ist m.E. eine Verschmelzung der Tauf- und Verklärungsstimmen: Dass Jesus Ehre und Herrlichkeit von Gott empfängt und *dabei* die Stimme Gottes hört, passt auf die Himmelsstimme bei der Taufe – strenggenommen aber nur auf deren Darstellung im Markus-Evangelium, da sich nur dort durch die Taufe Jesu dessen Status verändert (Mk 1,9–11). In den anderen Synoptikern offenbart die Stimme dagegen einen schon durch die Geistzeugung durch Geburt begründeten göttlichen Status Jesu (Mt 1,20; Lk 1,35). In der synoptischen Verklärungsgeschichte fallen dagegen der Empfang von göttlicher Würde und die Himmelsstimme anders als in 2Petr 2,17f nicht zusammen. Vielmehr offenbart Jesus hier seine schon vorher existierende göttliche Hoheit, die nachträglich durch die Gottesstimme bestätigt wird. Jesus „empfängt" daher anders als in 2Petr 1,17 keine Ehre und Herrlichkeit von Gott, sondern seine schon vorher verliehene Hoheit wird an dieser Stelle epiphan. Auch der Relativsatz „an dem ich Wohlgefallen habe" (2Petr 1,17) ist für die Taufstimme typisch und wird nur bei Mt in die Verklärungsstimme übertragen. Ferner stammt das merkwürdige *eis hón* (= „in ihn"; 2Petr 1,17) eher aus der Tauferzählung. Dort kommt nämlich der Geist „in ihn" (*eis autón*) herab. Wenn in 2Petr 2,16–18 also Taufe und Verklärung verschmolzen sind, die in den Evangelien nicht unmittelbar hintereinander folgen, dann ist das ein Indiz dafür, dass der Verfasser des 2. Petrusbriefs nicht nur eine einzelne Perikope, sondern ein ganzes Evangelium vor Augen hatte. Weiterhin ist naheliegend, dass ihm neben dem Matthäus-Evangelium auch das Markus-Evangelium bekannt war, da nur hier die Taufe eine Statusveränderung Jesu bezeugt. Daneben kennt er wohl auch das Lukas-Evangelium, denn nur dort wird die Verklärung als Offenbarung seiner „Herrlichkeit" (*dóxa*) und seiner Hoheit (*megaleiótēs*) bezeichnet (vgl. Lk 9,31f mit 2Petr 2,17; Lk 9,43 mit 2Petr 2,16). Dass es sich um mehrere ihm bekannte Evangelien handelt, wird durch 2Petr 3,2 bestätigt. Dort wird von dem „von den Aposteln (überlieferten) Gebot des Herrn und Retters" gesprochen. Hier wird vorausgesetzt, dass die eine Botschaft Jesu (*entolē* im Singular) durch mehrere Apostel (im Plural) übermittelt wird. Theoretisch könnte hier zwar auch ein einziges Evangelium (das des Apostels Matthäus) zusammen mit den Briefen der

---

603 M.G. Ruf, Propheten, 2010, 104: Dies würde auch dann gelten, wenn man die Stelle so versteht, dass Paulus zur eschatologischen Geduld nur „in all den Briefen" gemahnt habe, „sofern er in ihnen auf (das Ende) zu sprechen kommt". Dann wäre mit „allen Briefen" zwar keine abgeschlossene Sammlung von Paulusbriefen gemeint, wohl aber alle seine Briefe mit einer eschatologischen Thematik. Aber auch diese Teilmenge würde eine Gesamtmenge von Paulusbriefen voraussetzen, aus der sie ausgewählt wurde. Die unmittelbar folgende kritisierte Unverständlichkeit der Paulusbriefe dürfte sich in jedem Fall auf alle Paulusbriefe beziehen.

Apostel Paulus und Petrus gemeint sein. Aber in Kombination mit unseren bisherigen Beobachtungen spricht alles dafür, dass der 2. Petrusbrief hier an mehrere Evangelien denkt.

Die Erinnerungen, für die Ps-Petrus sorgen will (das „Testament des Petrus" nach 2Petr 1,15), will Martin Ruf auf den 2. Petrusbrief selbst beziehen.[604] Der Leser wird das Futur auf den gerade im Entstehen begriffenen Brief beziehen, und zwar auf etwas, was der Verfasser noch schreiben wird, u.a. auf den unmittelbar folgenden Text mit der Verklärungsgeschichte. Hier greift Ps.-Petrus eindeutig die Evangelienüberlieferung auf und setzt, wie wir gesehen haben, neben dem Lukasevangelium auch das Markusevangelium voraus. Die Erinnerungen, für die dieser Ps-Petrus sorgen will, haben wahrscheinlich die Form eines Evangeliums. Dass die schriftliche Form dieser Erinnerung nicht erwähnt wird, ist kein Gegenargument. Aufgrund von 1Petr 5,12 weiß nämlich der Leser, dass Ps.-Petrus durch andere Personen schreiben ließ. Genannt wird in 1Petr 5,12 Silvanus als Schreiber des 1. Petrusbriefs. Neben Sylvanus wird unmittelbar danach nur noch „Markus" als der „Sohn" des Petrus, genannt (1Petr 5,13). Daraus muss der Leser schließen, dass Markus als „Sohn" der berufene Testamentsvollstrecker des Petrus sein soll. Denn über Petrus liegt schon im 1. Petrusbrief der Schatten des Todes (1Petr 5,1). Man kann diese Beobachtungen so deuten, dass schon der 2. Petrusbrief ein Evangelium kennt, in dem Markus die Erinnerungen des Petrus niedergeschrieben haben soll – dies entspricht genau jener Überlieferung über das MkEv, das uns in der Papiasüberlieferung erhalten ist (Eus. h.e. III 39,15). Schwieriger ist es, nachzuweisen, dass der Autor des 2. Petrusbriefs auch das Johannesevangelium kannte. Nach M. Ruf bezieht sich die Todesankündigung Jesu an Petrus (2Petr 1,14f) nicht auf die Todesweissagung an Petrus in Joh 21,18f.[605] Denn in Joh 21 habe diese Todesweissagung eine räumliche und zeitliche Dimension: Der Märtyrertod werde an einem anderen Ort stattfinden als in Galiläa, wo das Gespräch zwischen dem Auferstandenen und Petrus stattfindet. Der Tod sei nach Joh 21,18f auch nicht „bald" zu erwarten.[606] Zu bedenken ist freilich, dass der 2. Petrusbrief das Johannes-Evangelium noch nicht voraussetzen darf, weil dieses Evangelium nach Joh 21 ja erst nach dem Tod des Petrus entstanden sein will – nämlich als Zeugnis des Lieblingsjüngers, der Petrus lange überlebt haben soll. Daher darf der 2. Petrusbrief das JohEv nur in undeutlicher Form voraussetzen. Natürlich könnte man sich vorstellen, dass eine einzelne Petrustradition über die Weissagung seines Todes im Urchristentum schon lange vor der Niederschrift des Johannes-Evangeliums kursierte. Aber viel näher liegt es, an die Todesweissagung im Johannes-Evangelium zu denken. Man kann nämlich auch sonst das Pet-

---

[604] M.G. Ruf, Propheten, 2010, 160. Ruf sieht freilich, dass das Futur „ich werde mich bemühen" (*spoudásō*) in 2Petr 1,15 dazu nicht passt, eigentlich wäre hier der Aorist des Briefstils zu erwarten. Daher erklärt er das Futur als Übernahme der Sprache fiktiver Abschiedsreden in einem Brief.

[605] M.G. Ruf, Propheten, 2010, 149–158.

[606] Hier ist die Wahrscheinlichkeit einer Bezugnahme auf das Johannes-Evangelium m.E. gerade wegen dieser beiden Unterschiede sehr groß. Man muss nur den 2. Petrusbrief im Zusammenhang mit dem 1. Petrusbrief lesen, auf den er sich ja ausdrücklich bezieht (2Petr 3,1).

(1) Zum *Ort des Martyriums* kann man sagen: Im 1. Petrusbrief hält sich Petrus in „Babylon", d.h. in Rom auf (1Petr 5,13). Für den 2. Petrusbrief hat er die „Reise" von Palästina an einen fernen Ort schon hinter sich.

(2) Was die *Zeit des Martyriums* angeht, so liegt der Schatten des Martyriums in 1Petr 5,1 über Petrus. Sein Tod muss dann aber im später geschriebenen 2. Petrusbrief erst recht als ganz „nahe" vorgestellt sein. Die Unterschiede zwischen der Todesankündigung in 2Petr 1,14f und Joh 21,18f lassen sich also sehr gut erklären, wenn man den 2. Petrusbrief im Licht des 1. Petrusbriefs liest.

rusbild des 2. Petrusbriefs als bewusste Korrektur des Petrusbildes im Johannes-Evangelium verstehen: Petrus versteht im Johannes-Evangelium Jesus meist falsch, während der Lieblingsjünger ihn richtig versteht. Der 2. Petrusbrief betont dagegen schon im Präskript, Petrus vertrete den wahren und wertvollen Glauben und wünsche allen, in der „Erkenntnis" (*epignōsis*) Gottes und Jesu zu wachsen. Der Schlusswunsch spricht von einem Wachsen in der „Erkenntnis" (*gnōsis*). Petrus verkörpert also das wahre Verstehen und kann selbst Paulus in 2Petr 3,15f zurechtrücken.

Worin besteht nun der Beitrag des 2. Petrusbriefs zur Kanonbildung? Sein entscheidender Beitrag ist m.E. die Verbindung der beiden Grundformen „Paulusbriefe" und „Evangelien" durch die katholischen Briefe im 2. Petrusbrief:[607] Petrus als höchste Autorität verbindet diese beiden Grundformen, weil er einerseits selbst Briefe schreibt und andererseits für die Authentizität der Jesusüberlieferung in den Evangelien als „Augenzeuge" bürgt. Er ist die Klammer, die beide Grundformen verbindet. Daher haben wir im 2. Petrusbrief eine der ganz wenigen Fälle, wo in einem urchristlichen Brief nicht nur ein Jesuswort aufgegriffen wird, sondern eine Jesuserzählung, in der Petrus Jesus persönlich begegnet: die Verklärungsgeschichte. Der Umriss des Kanons und seiner inneren Struktur wird im 2. Petrusbrief m.E. deutlich sichtbar. Wir finden hier zwar noch nicht den ausgeformten Kanon, wohl aber eine KANONSTRUKTUR, in der der Kanon aus drei Teilen besteht: Evangelien, Paulusbriefsammlung, dazu der 1. und 2. Petrusbrief als Beginn einer Sammlung katholischer Briefe.

---

[607] Von den anderen „katholischen" Briefen hat neben dem Judasbrief und dem 2. Petrusbrief nur der 1. Johannesbrief einen „katholischen" (d.h. allgemeinen) Adressatenkreis. Da nur der 2. Petrusbrief explizit einen ersten Petrusbrief voraussetzt, ist die Entstehung einer Sammlung katholischer Briefe eng mit ihm verbunden. Er gibt durch seine allgemeine Adressatenschaft auch dem 1. Petrusbrief nachträglich eine katholische Ausrichtung.

4 Doppelte Texttranszendenz des Kanons: Eine Synthese profaner Formen und religiöser Offenbarung

Wir waren von einer Antithese in der Erforschung der Kanonentstehung ausgegangen: Entweder wurden die neutestamentlichen Schriften sekundär aus Gebrauchsschriften und Kleinliteratur zu kanonischen Schriften oder sie besaßen von Anfang an Kanonizität. Beide Thesen sind richtig und lassen sich in einer Synthese verbinden.

Die normative Grundlage des Urchristentums ist eine Verbindung von transzendentem Kerygma und menschlicher Spiritualität. Die kanonischen Texte haben eine doppelte Texttranszendenz: Sie bezeugen die Botschaft Gottes und zeigen, wie sie durch den Geist wirksam wird.

Das transzendente Kerygma wird durch drei objektive Medien vermittelt: durch die GESCHICHTE, die SCHRIFT und das lebendige WORT. Durch diese kerygmatische Polyphonie konnte das Neue Testament seine Botschaft auch in profanen literarischen Formen zum Ausdruck bringen. Das Alte Testament geht nämlich nicht in den neutestamentlichen *Schriften* in Erfüllung, sondern in der neutestamentlichen *Geschichte*. Eine Fortsetzung der Formensprache des Alten Testaments durch ein neues Prophetenbuch – etwa in Gestalt der Logienquelle – hätte zum Ausdruck gebracht, dass sich die neutestamentliche Gemeinde in die Schar der Propheten einreihte, die noch auf eine Vollendung der Geschichte warteten. Die neutestamentliche Gemeinde aber lebte im Bewusstsein, dass diese Vollendung in der Geschichte des Jesus von Nazareth schon geschehen ist. Der Formwandel der Schriften signalisiert daher den Übergang von der Erwartung zur Erfüllung. Mit der Erfüllung aller prophetischen Erwartungen in Jesus wurde das letzte Kapitel in der Geschichte aufgeschlagen.

Die Darstellung der Geschichte Jesu konnte in literarischen Formen geschehen, die nicht per se heilig waren. Es gab für das *bios* eines einzelnen Menschen kein Modell in den Heiligen Schriften des Alten Testaments. Hier griff das Urchristentum auf die Form des profanen *bios* zurück. *bioi* wurden vor allem über Herrscher, Philosophen und Weise verfasst. Eine Variante des antiken *bios* wurde so zur grundlegenden Gattung der Evangelien im Neuen Testament, eine Variante des antiken Briefs zur zweiten Grundgattung. Nicht die Texte und ihre literarischen Formen waren heilig, sondern das durch sie bezeugte Geschehen.[608] Kanonisierung geschah dadurch, dass die kerygmatische Qualität dieses Geschehens immer mehr auch auf die Schriften übertragen wurden.

---

[608] Deswegen sind diese Texte nicht profane Literatur. Die ersten Christen lasen das Alte Testament als Weissagung auf Jesus hin. Sie waren durch die Lektüre des Alten Testaments gewohnt, heilige Texte auf eine externe Sinnmitte hin zu lesen. Die neutestamentlichen Texte wurden in einer vergleichbaren Einstellung gelesen – nicht als Texte, die in sich heilig waren, sondern als Texte, die ihre Heiligkeit durch ihre Beziehung zu einer Heilsgeschichte erhielten. Das Alte Testament lebte auf diese Geschichte hin, das Neue Testament aber blickte auf den Anfang dieser (noch unabgeschlossenen) Geschichte zurück.

Wenn diese Schriften profane Literaturformen aufgriffen, so hängt das auch damit zusammen, dass die Erfüllung des Alten Testaments eine universale Dimension hat. Der Gott Israels sollte der Gott aller Menschen werden. Die Autorität der neutestamentlichen Schriften basierte auf der Erwartung einer universalen Zustimmung aller Völker zu diesem Glauben an den einen Gott. Diese Zustimmung galt als Wirken des Heiligen Geistes, der fähig war, die Grenzen von Völkern und Kulturen zu überwinden. Dazu passt, dass man auf literarische Formen zurückgriff, die auch außerhalb des Judentums verbreitet waren.

Beide Ausgangsthesen sind also richtig. Die neutestamentlichen Schriften wurden erst sekundär zu kanonischen Schriften *und* besaßen doch von Anfang an Kanonizität. Weil sich das Wort Gottes nach urchristlicher Überzeugung in der realen Geschichte *inkarniert* hatte, konnte es in Büchern mit ursprünglich profanen Formen sekundär *verschriftlicht* und als Verkündigung *verbalisiert* werden. So, wie die profane Geschichte Ort der Offenbarung geworden war, so werden im Neuen Testament profane Literaturformen zu Zeugen der Transzendenz, da nicht-jüdische Literaturformen die universale Geltung der Botschaft für alle Völker am besten verbreiten konnten.

Das KERYGMA hat somit im Urchristentum eine dreifache Gestalt als Geschichte Jesu, als geschriebenes Buch und als lebendiges Wort. Es begegnet als *verbum externum* in einer Polyphonie von drei Medien. Das Wort wirkt aber nicht als Buchstabe, sondern als lebendigmachender Geist. Menschliche SPIRITUALITÄT verstärkt die Botschaft durch Evidenzerfahrungen in dreifacher Gestalt: als Evidenz des *verbum internum* im persönlichen Leben, als soziale Zustimmung in der Gemeinde und als argumentatives Urteil der Vernunft. Erst durch diese subjektiv erfahrene Spiritualität entsteht jene doppelte Texttranszendenz, die im Text das Gottes Ruf und Stimme hört und seine Auswirkungen im Leben als Wirkung seines Geistes deuten kann. Die polyphonen Grundlagen kanonischer Autorität veranschaulicht folgende Übersicht:

KERYGMA
Verkörperung der Botschaft
als *verbum externum* in verschiedenen Medien:

1. Vermittlung durch die Geschichte
2. Vermittlung durch die Schrift
3. Vermittlung durch die Verkündigung

SPIRITUALITÄT
Evidenz der Botschaft
als *verbum internum* in verschiedenen Erfahrungen

1. Verstärkung durch persönliche Erfahrung
2. Verstärkung durch soziale Zustimmung
3. Verstärkung durch rationale Argumentation

Eine weitere Frage ist: Warum hat sich im Neuen Testament eine zweigliedrige Struktur durchgesetzt, ein Kanon aus Evangelien und Apostelbriefen? Auch dies hat einen sachlichen Grund, der durch das Beispiel des alttestamentlichen Kanons veranschaulicht wird.

Das Alte Testament wurde oft mit der Formel „Gesetz und Propheten" zusammengefasst. Die Doppelformel weist auf zwei Funktionen der normativen Grundlage einer Gemeinschaft: Um gut zu funktionieren, muss sie ein stabiles und ein flexibles Element haben. Die Gesetze stellen das stabile Element dar, die Propheten das variable Element. Sie bezeugen, dass Gott seinen Willen immer wieder neu und situationsbezogen verkündigt. Natürlich wurden auch die Aussagen der Propheten „kanonisiert" und verloren damit die Flexibilität der lebendigen Prophetie. Aber in diesen Schriften wurde die Notwendigkeit einer flexiblen Weiterschreibung der Tradition dokumentiert, denn die Propheten galten als Ausleger des Gesetzes.

Analoges gilt für das Neue Testament. Die Bezugnahme auf Jesus war hier das feststehende, „stabile" Element; seine Botschaft war vorgegeben. Die Briefe aber zeigten die flexible Anwendung dieser Botschaft in immer neuen Situationen. Auch wenn diese Briefe bald kanonisiert wurden, blieben sie als Erinnerung an die Notwendigkeit, das Kerygma auf neue Situationen zu beziehen, gültig. Deutlich wurde: Das Neue war die Universalität des Kerygmas. Neben den Evangelien, nach denen in Jesus die alttestamentlichen Verheißungen in Erfüllung gegangen waren, standen die Briefe des Apostels, der die Botschaft in der ganzen Welt verbreiten sollte. Durch die universalen Missionsbefehle in Mt 28,16–20 und Lk 24,46f legitimierte der Auferstandene diese Universalität. Das Kerygma zielt auf universale Zustimmung, was schon das älteste Evangelium erzählerisch darstellt: Am Ende steht das Bekenntnis des heidnischen Hauptmanns angesichts des Gekreuzigten: „Wahrhaftig, dieser Mensch war Gottes Sohn" (Mk 15,38). Schon hier deutet sich eine Zuversicht an, dass sich das römische Reich zu Jesus bekehren werde.

Wichtig ist: Die Grundlagen für die kanonische Geltung der Schrift kann man nicht einseitig dadurch bestimmen, dass man entweder nur objektive Größen des Kerygmas wie Schrift, Geschichte oder Verkündigung zur ausschlaggebenden Norm erklärt. Hinzukommen muss menschliche Spiritualität in verschiedener Gestalt. Wo die Polyphonie des Kerygmas und des menschlichen Lebens auf ein einziges Thema reduziert wird, stirbt der lebendige Geist. Deshalb darf keine der polyphonen Stimmen verabsolutiert werden, weder die Schrift noch die Geschichte noch die Predigt. Immer wieder gibt es aber vor allem im Protestantismus die Gefahr eines *Schriftkults* in Gestalt eines fundamentalistischen Literalismus, die Gefahr eines *Geschichtskults* in Gestalt eines heilsgeschichtlichen Biblizismus, die Gefahr eines *Predigtkults* in Gestalt protestantischer Pastorenkirchen. Aber auch auf Seiten menschlicher Spiritualität gibt es die Gefahr einseitiger Verabsolutierungen. Wir finden manchmal einen *Erfahrungskult*, der allein subjektive Evidenzerfahrungen des „inneren Wortes" gelten lässt, oder die Gefahr eines *Gemeindekults*, der den Schutzraum religiöser Kleingruppen verklärt und nicht sehen will, dass ihre Kontrollmacht zum Albtraum werden kann. Seltener findet sich ein *Vernunftkult,* der Religion durch philosophische Spekulation ersetzen will, anstatt sich damit zu bescheiden, durch Gedanken den Sinngehalt religiöser Bilder auszuschöpfen, weiter zu entwickeln und ihren Sinn argumentativ zu überprüfen.

Die protestantische Theologie schwankt immer wieder zwischen der Orientierung an den verschiedenen objektiven Medien des Kerygmas, an Geschichte, Schrift und Predigt auf der einen, den verschiedenen Formen von Spiritualität auf der anderen Seite. Ihre normativen Grundlagen relativieren sich gegenseitig: die historisch oft nur unsicher erkennbare *Geschichte*, die kontrovers ausgelegte *Schrift*, das vielfältige lebendige *Wort,* dazu eine mannigfaltige Spiritualität aus persönlicher *Erfahrung*, sozialer *Zustimmung* und kritischen Argumenten der *Vernunft*. Ein modernes Christentum sollte diese Pluralität bejahen: Der Glaube bleibt tot, wenn Geschichte, Schrift und Predigt das Leben nicht in subjektiven Evidenzerlebnissen erhellen und verändern. Er stirbt aus, wenn er nicht in Gemeinschaften gelebt und mit vernünftigen Argumenten vertreten wird.[609] Die damit gegebene Freiheit, Offenheit und Lebendigkeit ist ein Gewinn. Wir sind verpflichtet, im Dialog mit Geschichte, Schrift und Verkündigung die Verantwortung für unseren Glauben selbst zu übernehmen. Die allgemeinen Kriterien für diese Verantwortung sind leicht zu finden: Der Umgang mit der doppelten Texttranszendenz biblischer Schriften muss sich am doppelten Liebesgebot orientieren. Aber die Konkretisierung dieser Kriterien ist mühsam. Sie kann nur im Dialog gefunden werden.

---

[609] Vgl. K. Barths Lehre von der dreifachen Gestalt des Wortes Gottes (KD I,1 S.89ff). Ich habe sie hier um die Dimension des „Geistes“ oder der Spiritualität erweitert, die sich ebenfalls in verschiedenen Formen zeigt: als innere Evidenzerfahrung, soziale Kommunikation, vernünftige Argumentation und die sich auf alle drei Gestalten des Wortes Gottes bezieht.

14 Die Exklusivität der Schrift
Sola Scriptura – Grundlage für Konsens und Individualisierung?[610]

Martin Luther bestritt auf der Leipziger Disputation (1519) die Irrtumslosigkeit von Konzilen und die Autorität des Papstes und berief sich gegen diese auf die Schrift. Er war nicht der erste, der sich in Konfliktfällen mit der Kirche auf die Schrift stützte.[611] Doch er war der erste, der diese Berufung auf die Schrift zum Grundsatz erhob und so das Schriftprinzips schuf, mit dem die Reformation ihre Botschaft von der exklusiven Heilsbedeutung des Glaubens, der Gnade und des Christusgeschehens (das *sola fide*, *sola gratia* und *solus Christus*) rechtfertigte.[612] Dass allein die Schrift, *sola scriptura*, die letzte Instanz für Theologie und Kirche sei, legitimierte den Dissens der Protestanten gegenüber der katholischen Kirche und begründete den konfessionellen Pluralismus der Neuzeit, der mit der Trennung von Katholizismus und Protestantismus begann. Das Schriftprinzip hatte dadurch eine emanzipatorische und kritische Funktion. Das *sola scriptura* wurde – verbunden mit den anderen *formulae exclusivae*, dem *sola fide*, *sola gratia* und *solus Christus* – zur Konsensbasis der neuen protestantischen Kirchen. Es musste aber gleichzeitig dazu dienen, die sich entwickelnde Pluralisierung des Glaubens in ihnen zu begrenzen. Denn neben den von Luther beeinflussten Landeskirchen waren nicht nur unabhängig von ihm reformierte Kirchen entstanden, sondern darüber hinaus auch Baptisten und Mennoniten, Spiritualisten und Mystiker. Bis heute dient das Schriftprinzip daher nicht nur der Legitimierung des Protestantismus, sondern auch der „Varianzbändigung"[613] im Protestantismus. Auch der Protestantismus musste lernen: Jede religiöse Gemeinschaft muss definieren, wer zu ihr gehört und wer nicht. In diesem Zusammenhang hat das *sola scriptura* auch eine restriktive und kontrollierende Funktion.[614]

Die emanzipatorische und die begrenzende Funktion des Schriftprinzips wirken im Protestantismus bis heute oft friedlich zusammen, streiten aber oft in Gestalt fundamentalistischer Schriftdogmatik und liberaler Schrifthermeneutik. Der

---

610 Überarbeitete Fassung von: G. THEISSEN, Sola Scriptura, 2017. Zum Thema vgl. F. NÜSSEL (Hrsg.) Schriftauslegung, 2014, hier insbesondere: J. LAUSTER, Schriftauslegung als Erfahrungserhellung.

611 V. LEPPIN, Differenz oder Harmonie, 2018: Schon Dante Alighieri, Wilhelm v. Ockham und John Wycliff beriefen sich kirchenrechtlich auf die Schrift gegen die Tradition. Das Schriftprinzip wurde also durch das kanonische Recht gefördert, das der Protestantismus später mit Hilfe des Schriftprinzips kritisiert hat.

612 V. LEPPIN, Reformation, 2013, 20f. Formuliert wurde das Schriftprinzip im selben Jahr durch Ph. Melanchthon: „Für einen Katholiken ist es nicht notwendig, über die Dinge hinaus, die ihm durch die Schrift bezeugt werden, noch weitere zu glauben" (R. STUPPERICH [Hrsg.], Melanchthons Werke Bd. 1, 1951, 24).

613 Kanonisierung dient der „Bändigung der Varianz", so J. ASSMANN, Das kulturelle Gedächtnis, ^{2}1997, 123.

614 Das *Sola-scriptura*-Prinzip basiert als Widerspruch zur Tradition auf einer Selbsttäuschung. Es setzt Prämissen voraus, die sich nicht in der Schrift finden. Es hatte bereits vor der Reformation im spätmittelalterlichen kanonischen Recht Vorläufer und wurde durch die Reformation Teil der protestantischen Tradition. Anregung zu diesem Gedanken erhielt ich durch eine Seminararbeit von: E. MAIKRANZ, Reformatorische Tradition, 2015, die zu einer systematisch-theologischen Dissertation ausgebaut wird.

Fundamentalismus insistiert auf dem Buchstaben, d.h. auf einer wörtlich verstandenen und in seinen Augen irrtumsfreien Schrift, begegnet aber heute meist als „evangelikale Schrifttreue", die nur so viel wie möglich, nicht aber alles wörtlich verstehen will. Liberale Schrifthermeneutik wiederum relativiert die Schrift oft so stark, dass sie die biblischen Texte hermeneutisch „wiederbeleben" muss, nachdem sie historisch-kritisch begraben wurden. Oft fangen Protestanten die historische Relativierung durch eine kerygmatische Schriftdeutung auf, mit der sie die Intention der Schrift (oder das „Kerygma" in ihr) umso nachdrücklicher vertreten, je mehr sie ihre Aussagen historisch infrage gestellt haben.[615]

Manchmal verbünden sich evangelikale Schrifttreue und kerygmatische Schriftdeutung in einer Opposition gegen Ungerechtigkeit in unserer Gesellschaft. Oft aber bekämpfen sich beide, wenn sich fundamentalistische Schriftdogmatik mit politischem Konservativismus, liberale Schrifthermeneutik aber mit sozialkritischem Engagement verbinden. Ethik und Politik trennen heute mehr als unterschiedliche Schriftauffassungen.

In der Gegenwart stellt sich das Problem des Verhältnisses von Varianzbändigung und Varianztolerierung vor allem deswegen neu, weil sich aus der konfessionellen Pluralisierung der Gesellschaft inzwischen eine religiöse Individualisierung entwickelt hat. Individualisierung bedeutet

> „ein verändertes Verhältnis der Menschen zu bisher weitgehend vorgegebenen Lebensformen, Lebensdeutungen und Institutionen […] Aus selbstverständlich erachteten Vorgaben des Familienlebens, der Geschlechterrollen, der lebenslangen Erwerbsarbeit, der regionalen und religiösen Bindungen sehen sich immer mehr Menschen herausgelöst. Wie die Statistik belegt, verschwinden die herkömmlichen Lebensformen zwar damit nicht schlagartig – faktisch bewegt sich die Mehrheit der Bevölkerung nach wie vor in ihren Bahnen; sie haben aber ihren Charakter des Vorgegebenen und Selbstverständlichen eingebüßt. Angesichts verfügbarer Alternativen werden sie zu Objekten komplizierter Wahlvorgänge und Entscheidungen".[616]

Auch Religion und Konfession wurden zu einer Option, die heutzutage jeder für sich individuell wahrnimmt. Damit wird jedoch die Notwendigkeit vorgegebener Traditionen nicht aufgelöst, im Gegenteil: Individualisierung und Entscheidungszuwachs sind auf Vorgaben an Alternativen angewiesen, die es ermöglichen, sinnvoll zwischen ihnen zu entscheiden. Die Frage ist: Bietet die Schrift genug sinnvolle Alternativen für den Einzelnen? Ist ihr Konsenspotenzial gleichzeitig groß genug, um Menschen mit Individualisierungsprogrammen zusammenzuführen? Im Folgenden wird die These vertreten, dass die Schrift einen dreifachen Pluralismus begründet und damit individuelle Entscheidungsspielräume öffnet:

---

[615] R. Bultmanns existenziale Interpretation ist das Paradigma solch einer Verbindung von historisch-relativierender Kritik und kerygmatischer Auslegung: R. BULTMANN, Neues Testament und Mythologie, 1941 = neu hrsg. von E. Jüngel, 1988.

[616] K. GABRIEL, Religiöse Individualisierung und Authentizität, 2016.

Die Schrift ermöglicht einen *Pluralismus des Dialogs zwischen Konfessionen und Religionen*: Sie ist nicht nur Grundlage verschiedener christlicher Konfessionen,[617] sondern auch von Judentum und Christentum; darüber hinaus ist sie Niederschlag eines Dialogs mit altorientalischen und antiken Religionen. Dies hat die „Religionsgeschichtliche Schule" bereits Ende des 19. Jahrhunderts gesehen. Auch wenn die von ihr erzielten Ergebnisse im Laufe der Zeit korrigiert wurden, ist ihre Fragestellung in einer multireligiösen Gesellschaft nach wie vor aktuell.

Die Schrift ermöglicht ferner einen *Pluralismus der Prinzipien*: In der Schrift selbst sind Tradition, Erfahrung und Vernunft als Instanzen theologischen Denkens begründet. Schrift und Tradition standen schon immer fest, Erfahrung und Vernunft verdanken wir dem Pietismus und der Aufklärung des 18. Jahrhunderts. Schrift und Tradition waren die normativen Grundlagen des Altprotestantismus. Die Erweiterung um Erfahrung und Vernunft unterscheidet den Neuprotestantismus von ihm. Erfahrung und Vernunft begünstigen eine individualisierende Frömmigkeit: Erst in persönlicher Erfahrung kommt das Verstehen zum Ziel. Aufklärung bedeutet, sich seines eigenen Verstandes zu bedienen.

Die Schrift ermöglicht drittens einen *Pluralismus der Interpretationen*: An die Stelle einer *una sancta interpretatio* trat eine polyphone Hermeneutik. Zwar dominierten im Protestantismus diejenigen Hermeneutiken, die jeweils ein einziges Auslegungsverfahren ins Zentrum stellten – beginnend mit der Reformation, die mit Berufung auf den wörtlichen Sinn der Schrift, den Literalsinn, die Lehre vom vierfachen Schriftsinn des Mittelalters überwand, innerhalb dessen der Literalsinn nur das Tor zu einem dreifachen geistlichen Sinn war. Durch eine Folge einseitiger hermeneutischer Ansätze entstand aber auch im Protestantismus ein neuer polyphoner Schriftsinn:[618] Die Schrift wird seit der Aufklärung *historisch-kritisch*, seit der Klassik und Romantik *poetisch*, seit der Dialektischen Theologie *kerygmatisch* und seit dem Existenzialismus *existenzial* ausgelegt. In der Gegenwart fördert sie mit all diesen Auslegungsweisen *dialogisch* das ökumenische Gespräch.

Die Schrift ist Buchstabe und Geist (2Kor 3,6). Sofern sie „Buchstabe" ist, wird sie mit den allgemeinen wissenschaftlichen Methoden auslegt und lässt schon hier viele Deutungen zu. Sofern sie „Geist" ist, entzieht sie sich eindeutigen Deutungen erst recht. Gerade deshalb müssen wir fragen, wodurch die Schrift auch durch ihren „Geist" in unserer Zeit eine pluralitätsbegrenzende Kraft haben kann. Unsere These ist: Die Erosion des konsensbildenden Schriftprinzips ging nicht davon aus, dass man neben Schrift und Tradition im Laufe der Zeit auch Erfahrung und Vernunft als Grundlagen des Glaubens anerkannte, sondern dass man einseitig auf die Erforschung des Buchstabens, einseitig auf bewährte Traditionen, einseitig auf die Evidenz subjektiver Erfahrung oder einseitig auf die Argumente der Vernunft vertraute. Wir behaupten dagegen; Wenn alle vier Grundlagen des Glaubens zusammenwirken, kann der „Buchstabe" zum lebendigen „Geist" werden, der Konsens ermöglicht.

---

[617] E. KÄSEMANN, Begründet der Neutestamentliche Kanon die Einheit der Kirche, 1970, 221: „Der nt.liche Kanon begründet als solcher nicht die Einheit der Kirche. Er begründet als solcher, d.h. in seiner dem Historiker zugänglichen Vorfindlichkeit dagegen die Vielzahl der Konfessionen".

[618] So meine These in: G. THEISSEN, Polyphone Hermeneutik, 2015.

1 Die Schrift als Begründung des Pluralismus im Konfessions- und Religionsdialog

Obwohl die Schrift der „Varianzbändigung" dient, um die Einheit der christlichen Kirchen zu erhalten, hat sie faktisch eine große „Varianztoleranz" legitimiert. Nur deshalb konnte sie zur Grundlage der Kirche werden: Eine religiöse Gemeinschaft ohne innere Toleranz ist keine Kirche, sondern eine Sekte. Die Schrift begründet eine dreifache Variationstoleranz (1) zwischen Juden und Christen, (2) zwischen christlichen Konfessionen und (3) zwischen verschiedenen Religionen.

1.1 Varianztoleranz als jüdisch-christlicher Dialog

Die Schrift besteht aus Altem und Neuem Testament und enthält damit in sich die Chance für einen Religionsdialog zwischen Juden und Christen. Historisch-kritische Erforschung hat gezeigt: Das Alte Testament ist keine christliche Schriftsammlung. Es gibt zwar in ihm eine Verheißungslinie, die auf das Neue Testament zielt. Aber daneben führt eine wirkungsgeschichtliche Linie gleichberechtigt zum Judentum. Die alttestamentlichen Schriften sind jüdische Schriften, die jedoch auch von Christen als ihre Bibel gelesen wurden. Das aber heißt: Das *Solus Christus* der Reformation lässt sich im Alten Testament nicht finden. Seine Verheißungen wurden erst durch die christliche Lektüre in Verheißungen jenes Messias verwandelt, von dem das Neue Testament zeugt. Diese retrospektive Verwandlung von Erinnerung in spätere Erfüllungen ist ein kreativer Akt, den man nicht verwerfen darf. Daraus darf man aber keinesfalls den Schluss ziehen, man müsse das Alte Testament als Grundlagenschrift des Christentums verwerfen.[619] Nach meiner Überzeugung gibt es ohne Altes Testament kein lebensfähiges Christentum. Ein Christentum ohne Altes Testament wäre ohne Texte, die den Glauben an den einen und einzigen Gott begründen und von seinen Spuren in Welt und Geschichte zeugen. Es wäre ohne Erzählungen von Gesetz und Verantwortung des Menschen, ohne eine gesellschaftliche Ethik für ein ganzes Volk. Es wäre ein Christentum ohne die Lebensverzweiflung Hiobs und die Liebeskultur des Hohelieds.[620] Darüber hinaus aber gilt heute: Es ist eine große Chance, dass in den Grundlagen der christlichen Religion der Dialog mit einer anderen Religion „vorgegeben" ist. Die Beziehung zum Judentum ist nicht sekundär zum Christentum hinzugekommen. Viele Schriften des Christentums waren vielmehr von Anfang an auch die Schriften einer anderen Religion. Das Judentum ist die Wurzel, aus der das Christentum gewachsen ist. Judentum und Christentum haben sich inzwischen zu verschiedenen Religionen entwickelt. Man sollte deshalb nicht das Christentum zu einer Variante des „Judentums" umdeuten und nachträglich in die Geschichte des Judentums einschreiben – obwohl man bezweifeln

[619] N. Slenczka hat in der Tradition von F. Schleiermacher und A. v. Harnack die kanonische Gleichrangigkeit des Alten mit dem Neuen Testament infrage gestellt. Sein Aufsatz: N. SLENCZKA, Die Kirche und das Alte Testament, 2013, rief 2015 eine intensive Debatte hervor. Sein Hauptargument ist zutreffend: Historisch-kritische Forschung macht eine christologische Auslegung des Alten Testaments unmöglich, die für Luther Voraussetzung der kanonischen Geltung des Alten Testaments war. Das *sola scriptura* und das *solus Christus* gehören für Luther zusammen.

[620] G. THEISSEN, Der Eigenwert des Alten Testaments, 2009.

darf, ob Juden diese Umdeutung des Christentums zu einer jüdischen Religion angesichts der Geschichte christlicher Schuld ihnen gegenüber akzeptieren könnten. Man sollte vielmehr die Existenz von zwei Religionen anerkennen. Es soll auch keine Mission stattfinden, wohl aber darf es Konversionen in beide Richtungen geben. Mission ist ein Ausdruck von Bevormundung, Konversionen sind ein Ausdruck von Freiheit.

1.2 Varianztoleranz als Konfessionsdialog

Das Neue Testament begründet nicht nur die Einheit der Kirche, sondern die Vielfalt der Konfessionen – und darüber hinaus die Variationsbreite des individuellen christlichen Glaubens. Im Neuen Testament lässt sich eine judenchristliche Theologie von einer für Nichtjuden konzipierte Theologie unterscheiden: Paulus begründet im Dialog mit Nichtjuden das *sola fide* und *sola gratia*, das später die Reformation zu ihrer Grundlage machte. Zwei neutestamentliche Schriften vertreten jedoch genau das, was die Reformation als „Werkgerechtigkeit“ verurteilt hat: das Matthäusevangelium[621] und der Jakobusbrief. In diesen Schriften gilt das *sola fide* und *sola gratia* nicht. Im MtEv werden alle Menschen am Ende vom Weltenrichter nur nach dem einen ethischen Kriterium beurteilt: Was habt ihr meinen geringsten Brüdern getan (Mt 25,40)? Umstritten kann bleiben, ob das MtEv mit seiner Betonung der gerechten Werke gegen Paulus polemisiert. Die fünf Reden Jesu im MtEv enthalten m.E. versteckt Angriffe gegen ihn. Es sind Angriffe gegen einen Lehrer, der kleinste Gebote auflöst (Mt 5,19), Angriffe gegen einen Missionar, der seine Reisen durch Gelderwerb finanziert (Mt 10, 9). Dazu kommen Polemik gegen einen Gemeindegründer, der Unkraut unter die Saat sät (Mt 13,24–30), Polemik gegen einen Menschen, der zum Ärgernis wurde (Mt 18,6f), schließlich Kritik an einem Pharisäer, der übers Meer reist, um Proselyten zu machen, unter denen sich radikale Gedanken verbreiten (Mt 23,15). Das alles passt sehr gut auf Paulus.[622] Auch im Jakobusbrief findet sich m.E. Polemik gegen Paulus und seine These, dass Glauben ohne Werke rettet. Auch misst der Jakobusbrief die wahre göttliche Weisheit „von oben“ daran, dass sie keinen Streit erzeugt. Damit könnte auch Paulus gemeint sein, der immer wieder in Konflikte verwickelt war.[623] Unabhängig davon ist die im MtEv vertretene „Werkgerechtigkeit“ ein wertvolles Erbe, das sich erst in der Aufklärung durchgesetzt hat. Denn sie impliziert: Alles in der Religion muss daran gemessen werden, dass es ethischen Kriterien entspricht: „An ihren Früchten sollt ihr sie erkennen!“ (Mt 7,16). Angesichts von religiösem Fanatismus und Terrorismus ist diese Erkenntnis heute wichtiger denn je. Das einst von der Reformation abgelehnte Prinzip der Werkgerechtigkeit muss daher rehabilitiert werden. Dies würde auch der ökumenischen Verständigung dienen, denn die Polemik der Reformatoren gegen jüdische Werkgerechtigkeit war indirekt Polemik gegen den Katholizismus. Protestanten wollten damit das *sola gratia* der Reformation verteidigen.

---

[621] Nach U. LUZ, Jesusgeschichte, 1993, vertritt das Matthäusevangelium Werkgerechtigkeit.
[622] G. THEISSEN, Kritik an Paulus im Matthäusevangelium, 2011.
[623] G. THEISSEN, Die pseudepigraphe Intention des Jakobusbriefes, 2003.

Dasselbe gilt für das *sola fide*: „Glaube" ist nicht die einzige Form im Neuen Testament, um mit Jesus in eine existenzielle Beziehung zu treten. In den synoptischen Evangelien begegnet als eine erste Form die *Nachfolge*. Sie bezieht sich auf Jesu Person und Lehre. Wenn Sokrates uns gelehrt hat, dass unser Wissen vor allem darin besteht, uns unser Unwissen einzugestehen, so lehrt uns Jesus: Moralisch ist nur, wer sich seine Unmoral eingesteht. Bei Paulus begegnet eine andere Form der Beziehung zu Jesus, der *Glaube*, der sich auf Kreuz und Auferstehung richtet und hier einer Macht begegnet, die aus Nichts schafft. Das Johannesevangelium stellt gleichwertig neben den Glauben das *Erkennen*, wenn Jesus sagt: „Das ist das ewige Leben, dich, den einzigen wahren Gott zu erkennen und Jesus Christus, den du gesandt hast" (17,3). Diese unterschiedlichen Weisen, sich auf Jesus zu beziehen – Nachfolge, Glaube und Erkennen – widersprechen einander nicht, aber sie schaffen Freiheit, sich auch heute in verschiedener Weise zu Jesus zu verhalten.

1.3 Varianztoleranz im Religionsdialog

Die ganze Bibel, Altes und Neues Testament, ist der Niederschlag eines Dialogs mit anderen Religionen, welcher oft polemisch geführt wird. Doch darf die Polemik im AT gegen die „Götzen" der Völker nicht darüber hinwegtäuschen, dass die Bibel in vielen Punkten Gedanken der Umwelt aufgegriffen hat. Wir können die Schöpfungsgeschichte nur im Licht altorientalischer Schöpfungsgeschichten verstehen.[624] Wir können die Gesetzestexte des Alten Testaments nicht ohne altorientalische Rechtsbücher wie den Codex Hammurapi verstehen,[625] die alttestamentliche Prophetie nicht ohne die Prophetie des Alten Orients.[626] Erst recht ist die Weisheitsliteratur eine internationale Überlieferung. In Spr 22,17–24,22 wurde eine Spruchsammlung aufgenommen, die ihre nächste Parallele in der ägyptischen Lehre des Amenemope hat.[627] Hiob wird im Alten Testament nicht als Israelit dargestellt, sein Leiden und seine Einsichten sind universal. Für das Neue Testament gilt ebenso: Wir verstehen es nur, wenn wir in ihm den Dialog mit seiner religionsgeschichtlichen Umwelt sichtbar machen. Dazu genügt eine einfache formgeschichtliche Überlegung: Das Neue Testament entstand in Kreisen, für die das „Alte Testament" die Bibel schlechthin war, aber es setzt mit seinen beiden Grundformen, Evangelien und Briefen, keine alttestamentliche Gattung fort, sondern orientiert sich an der nicht-jüdischen Umwelt, in der Biographien und Briefsammlungen anerkannte Formen waren.[628] Ein Austausch mit der Umwelt geschah aber nicht nur bei literarischen Formen, sondern ebenso bei theologischen Inhalten. Die Christologie des Neuen Testaments greift aus der jüdischen und paganen Umwelt verschiedene Modelle auf. Die Vorstellung einer präexistenten Weisheit stammt aus der jüdischen Weisheitsliteratur, die Erwar-

---

[624] M. Bauks, Die Welt am Anfang, 1997.

[625] R. Borger u.a. (Hrsg.), Rechtsbücher Bd. 1, 1982, 39–80.

[626] M. Weippert, Götterwort in Menschenmund, 2014.

[627] I. Shirun-Grumach, Weisheitstexte Bd. 2, 1991, 222–250.

[628] Vgl. G. Theissen, Die Entstehung des Neuen Testaments, 2007 ^{2}2011, 84–92.93f.135f. Vgl. in diesem Buch Nr. 8: Literaturgeschichte. Die vier Phasen der Entstehung des Neuen Testaments.

tung eines Menschensohns als eschatologischem Richter aus der jüdischen Apokalyptik, das Bild eines nach seinem Tod zu Gott erhöhten Sohn Gottes und „Heilands“, dessen Herrschaft als „Evangelium“ verkündigt wird, ist ein Gegenbild zum römischen Kaiser und zum Kaiserkult. Hier erlebten die damaligen Zeitgenossen, wie ein Mensch nach seinem Tod postmortal zur Gottheit erhöht wurde. Dies alles zeigt, dass die Bibel der Niederschlag eines intensiven Dialogs mit seiner religionsgeschichtlichen Umwelt ist. Deshalb würde man an diese dialogische Dimension der Bibel anknüpfen, wenn man heute eine „Dialogbibel“ schaffen würde, in der biblische Texte mit Texten aus anderen Religionen sachlich (und nicht nur historisch) zugeordnet und kontrastiert würden.[629]

2 Die Schrift als Begründung der vier Prinzipien Schrift, Tradition Erfahrung und Vernunft

Meine zweite These ist: Das *Sola-scriptura*-Prinzip begründet den Pluralismus der Prinzipien: Schrift, Tradition, Erfahrung und Vernunft. Dies erscheint zunächst ein Widerspruch zu sein, denn die Exklusivität der Schrift sollte ja die Berufung auf konkurrierende Instanzen ausschließen. Aber schon M. Luther berief sich nicht nur auf die Schrift. In einer Schlüsselszene für die Entstehung des Protestantismus führte er auf dem Wormser Reichstag am 16. April 1521 die vier oben genannten Prinzipien an, als er folgende Erklärung abgab:

> „Überzeugt mich mit den Zeugnissen der Heiligen Schrift, oder mit öffentlichen, klaren und hellen Gründen, also mit den Bibelworten und Argumenten, die von mir beigebracht worden sind. Denn die Autorität von Papst und Konzilen allein überzeugt mich nicht, da sie offenkundig oft geirrt und gegen Schrift und Vernunft gestanden haben. Nur wenn mein Gewissen in Gottes Wort gefangen ist, will ich widerrufen. Denn es ist nicht geraten, etwas gegen das Gewissen zu tun. Gott helfe mir, Amen.“[630]

Wenn man das Gewissen als innere Erfahrung deutet, die Päpste und Konzilen als Tradition, so nennt er hier zusammen mit Schrift und Vernunft die vier Prinzipien, die später das methodistische Viereck der Glaubensbegründung (das „Quadrilateral“) bilden.[631] Der Methodismus bringt damit nur auf den Begriff, was den Neuprotestantismus seit dem 18. Jh. vom reformatorischen Altprotestantismus unterscheidet: Der Pietismus wertete die Erfahrung auf, die Aufklärung die Vernunft. Beide ergänzen seitdem Schrift und Tradition.

---

[629] Vgl. meinen Vorschlag zu einer Dialogbibel in: G. THEISSEN, Bibelhermeneutik als Religionshermeneutik, 305, der von U. LUZ, Theologische Hermeneutik, 2014, 558, aufgegriffen wurde.

[630] Text bei H. FAUSEL, Martin Luther, 1966, 198. Natürlich muss man bedenken, dass diese Erklärung nicht nur die Stimme Luthers ist, sondern mit großer Wahrscheinlichkeit auch die seiner juristischen und theologischen Berater.

[631] Das methodistische Quadrilateral (Viereck) geht der Sache nach auf John Wesley zurück. Der Begriff Quadrilateral wurde von A.C. OUTLER, The Wesleyan Quadrilateral, geprägt, der S. 9 das Quadrilateral so beschreibt: „Thus, we can see in Wesley a distinctive theological method, with Scripture as its pre-eminent norm but interfaced with tradition, reason and Christian experience as dynamic and interactive aids in the interpretation of the Word of God in Scripture“. J. Wesley folgte dabei einer anglikanischen Trias, der er die „Erfahrung“ hinzufügte. – Um Missverständnissen vorzubeugen, sei gesagt: Ich bin kein Methodist, sondern reformiert. Aber bekanntlich gibt es da oft eine große Nähe, wenn man als Reformierter universalistisch denkt.

2.1 Schrift und Tradition

Schrift und Tradition sind keine Gegensätze, da die Schrift selbst Traditionsliteratur ist. Sie verarbeitet nicht nur Traditionen, sondern wirkte von Anfang an traditionsbildend, indem ältere Teile von ihr zur literarischen Quelle jüngerer Schriften wurden. Evident ist dies beim Verhältnis der alttestamentlichen Rechtsbücher untereinander: Bundesbuch, Deuteronomium und das Heiligkeitsgesetz bauen aufeinander auf. Ebenso schreiben die Chronikbücher die älteren Geschichtsbücher fort. Im Neuen Testament ist das Johannesevangelium eine eigenständige Neufassung synoptischer Jesustraditionen. Vor allem das Phänomen der neutestamentlichen Pseudepigraphie zeigt die traditionsbildende Kraft anerkannter Autoren und deren Schriften. Paulus entwickelte den antiken Freundschaftsbrief zum Gemeindebrief und wurde dadurch Vorbild für andere neutestamentliche Autoren. Indem man Briefe im Namen des Paulus schrieb, gab man den eigenen Gedanken größeren Nachdruck. Alle Briefe im Neuen Testament sind intertextuell mehr oder weniger auf die Briefe des Paulus bezogen, wenn auch in verschiedener Form: Der 2. Thessalonicherbrief lehnt sich an einen einzigen Paulusbrief, den 1. Thessalonicherbrief, an. Kolosser- und Epheserbrief schreiben die gesamte paulinische Theologie weiter. Die Pastoralbriefe ahmen sogar die Paulusbriefsammlung nach; denn sie wurden von vornherein als Corpus von drei Briefen geschaffen. Alle diese Briefe wurden unter dem Namen des Paulus veröffentlicht, sind also weitergeschriebene Paulustradition. Hinzu kommen pseudepigraphe katholische Briefe unter einem anderen Namen als dem des Paulus. Theologisch wollen sie m.E. ein Gegengewicht zu Paulus sein. Die Schrift hat also nicht erst in ihrer nachkanonischen Wirkungsgeschichte Traditionen begründet, schon ihre vorkanonische Entstehungsgeschichte ist Traditionsgeschichte.

2.2 Schrift und Erfahrung

Schrift und Erfahrung sind keine Gegensätze. Vielmehr demonstriert die Grundstruktur des Kanons die Notwendigkeit, neue Erfahrungen zu berücksichtigen. Religionen brauchen Stabilität und Flexibilität. Die Grundstruktur des alttestamentlichen Kanons weist auf dieses doppelte Bedürfnis: Er besteht aus der Thora auf der einen und aus Propheten (*Nebiim*) und Schriften (*Ketubim*) auf der anderen Seite. Die Thora verkörpert Stabilität, die Propheten zeigen dagegen, dass in neuen geschichtlichen Erfahrungen immer wieder unvorhersehbar neue Botschaften notwendig sind. Die Psalmen artikulieren als wichtigster Teil der „Schriften" (der *Ketubim*) typische individuelle Erfahrungen von Leid und Glück, wie sie in jedem einzelnen Leben vorkommen. Die Dialektik der Kanonbildung bringt es mit sich, dass die aktuellen *neuen* Erfahrungen von gestern später als *alte* Traditionen festgeschrieben waren und dadurch Grundlage der Überlieferungsstabilität wurden. Das Bedürfnis nach einer flexiblen Verarbeitung neuer Erfahrungen aber blieb bestehen. Es führte in spät- und nachalttestamentlicher Zeit zur Entstehung einer neuen „Offenbarungsliteratur", den Apokalypsen, deren Autoren zwar Offenbarungen an längst vergangene Personen wie Henoch, Moses, Abraham oder Esra schildern, aber in Wirklichkeit ihren Zeitgenossen eine neue Botschaft vermitteln wollen. Nur eines dieser Bücher, das Buch Daniel, wurde in den alttestamentlichen Kanon aufgenommen.

Im Neuen Testament wiederholt sich diese Dialektik von Stabilität und Flexibilität. Sie zeigt sich in der Zweiteilung des neutestamentlichen Kanons in Evangelien und Briefe. Die Jesusüberlieferung der Evangelien ist ein stabilisierendes Element, während die Briefe zeigen, dass neue Situationen neue Antworten erfordern. Auch im Urchristentum begegnen am Rande Offenbarungsschriften wie die Apokalypse des Johannes und der Hirt des Hermas. Charakteristisch für diese urchristlichen Apokalypsen ist, dass sie sich nicht auf Gestalten der Urzeit berufen, sondern auf namentlich bekannte Zeitgenossen, d.h. auf Johannes auf Patmos und Hermas in Rom. Beide verarbeiten in ihren Apokalypsen aktuelle Erfahrungen: Die Johannesapokalypse ruft zum Widerstand gegen Rom auf, ist aber eine Absage an jeden gewaltsamen Aufruhr. Ihre Botschaft wird symbolisiert in der Metapher des Lammes, das zugleich Sieger und Opfer ist.[632] Der Hirt des Hermas ruft zu einer Erneuerung der Kirche auf und verkündigt die Chance einer zweiten Buße. Nur die Johannesapokalypse wurde kanonisiert, auch wenn es lange Vorbehalte gegen sie gab und bis heute gibt.[633]

2.3 Schrift und Vernunft

Schrift und Vernunft sind keine Gegensätze, vielmehr wurden vernunftbasierte Schriften in Form der Weisheitsliteratur kanonisiert. Das Nachdenken des Menschen über Regelmäßigkeiten der Welt und des Lebens, des Handelns und Erlebens schlägt sich in den Sprüchen und Reflexionen der Weisheitsliteratur nieder. Was in Israel „Weisheit“ (hebr. *chochma* oder griech. *sophía*) genannt wurde, wurde in der griechischen Welt zur *philosophía* (oder „Liebe zur Weisheit“) systematisiert. Die griechische Philosophie setzt damit die Reflexionen der Weisheit auf höherer Ebene fort. Die von ihr vorausgesetzte allgemeine Weisheit begegnet auch in der Bibel. Sie scheint in den Sprüchen und im Prediger Salomos nichts mit der konkreten Geschichte Israels zu tun zu haben. Aber sie wird im Laufe der Zeit immer enger mit dieser Geschichte verbunden. In Jesus Sirach finden wir ein „Lob der Väter“ (Sir 44–50), in der Weisheit Salomos wird die Geschichte Israels (Sap 10–19) ausführlich behandelt. Im Neuen Testament ist Jesus selbst die Inkarnation des Logos und der Weisheit (Joh 1,1–18). Diese Hochschätzung der „Weisheit“ (der *sophía*) in der Bibel war die Voraussetzung für die spätere Synthese von Philosophie und Theologie in Patristik und Scholastik, im Idealismus und Existenzialismus. Sie ist keine Fehlentwicklung, sondern im Herzen der Bibel verankert. Dafür sei auf eine kleine Beobachtung hingewiesen: Jesus verbindet das höchste Gebot der Gottesliebe nicht nur mit der Nächstenliebe, sondern auch mit der Vernunft. Bei den Vermögen des Menschen, die in der Liebe zu Gott aktiviert werden, findet sich über das hebräische Alte Testament und die Septuaginta (*kardía, psychē, dýnamis*) hinaus eine Ausweitung: In Mk 12,30 spricht Jesus nicht nur von drei, sondern von vier Vermögen des Menschen: Herz, Seele,

---

[632] C.L.P. CHAN, Metapher des Lamms, 2016.

[633] Vgl. U. LUZ, Das Neue Testament, 2018: „Für mich […] fließt in der Offenbarung zu viel Blut. Ihr Christus auf dem weißen Pferd im blutigen Kleid und mit dem Schwert, das aus einem Munde ragt (19,11–16), hat mit Jesus, der zur Feindesliebe aufruft, kaum etwas gemeinsam“.

Verstand (*diánoia*) und Kraft. Der „Verstand" ist gegenüber der Tradition neu.[634] Das MtEv verkürzt entsprechend der alttestamentlichen Tradition auf drei Glieder, streicht aber nicht den „Verstand", sondern die „Kraft" (Mt 22,37). Das LkEv bringt alle vier Vermögen, die ersten drei in der alttestamentlichen Reihenfolge, danach den „Verstand". Das Besondere der Jesusüberlieferung, also die Betonung des kognitiven Vermögens, bleibt in allen Variationen erhalten.

Mt 22,37	Mk 12,30	Mk 12,33	Lk 10,27
kardía (Herz) *psychē* (Seele) *diánoia* (Verstand)	*kardía* *psychē* *diánoia* (Verstand) *ischýs* (Kraft)	*kardía* *sýnesis* (Verständnis) *ischýs*	*kardía* *psychē* *ischýs* *diánoia* (Verstand)

Diese Aufwertung von Verstand und Vernunft findet sich auch bei Paulus im Zusammenhang mit der Ethik, wenn er am Anfang der Paränese im Römerbrief zu einem „vernünftigen Gottesdienst" mahnt: „Ändert euch durch Erneuerung eurer Vernunft, damit ihr prüfen könnt, was Gottes Wille ist …" (Röm 12,2). Diese Prüfung ist schon deshalb notwendig, weil wir in der Bibel nicht nur moralisch hochwertige Texte finden, sondern auch Texte, die man aufgrund ethischer Kriterien ablehnen muss, etwa die Tötung von Simri und seiner moabitischen Frau durch Pinchas (Num 25).

3 Der Pluralismus der Interpretationen

Meine dritte These ist: Die Schrift enthält in sich Ansätze für einen Pluralismus der Interpretationen, durch die sie kritisch, poetisch, existenzial oder kerygmatisch ausgeleuchtet wird. Erst eine Polyphonie des Verstehens entfaltet den Reichtum der Schrift.[635] Die Schrift legitimiert dabei selbst die drei Instanzen, die über sie hinausweisen: Tradition, Erfahrung und Vernunft. Das entspräche dem methodistischen Viereck (oder *Quadrilateral*), In ihm ist die Schrift die primäre Instanz, ihre Auslegung geschieht im Lichte von Tradition. Sie soll mit (praktischer) Vernunft betrieben werden und findet ihr Ziel in persönlicher Erfahrung. Wir müssen heute diese Instanzen so aktivieren, dass wir mit ihrer Hilfe die Schrift nicht nur auslegen, sondern auch kritisieren und weiterentwickeln. Der Katholizismus wusste schon immer von der Notwendigkeit solch einer Weiterentwicklung der Schrift in der Kirche, vertraute sie aber einem autoritativen Lehramt an. Im Protestantismus dürfen dies nur demokratische Synoden. Der Katholizismus hat daher im Prinzip recht, wenn er sagt: Die Kirche trägt die Schrift und die Schrift die Kirche. Aber nur eine Kirche, deren Leitung dialogisch geschieht und demokratisch legitimiert ist, kann Traditionen im Konsens weiterentwickeln,

[634] Der Schriftgelehrte verkürzt in seiner Antwort Mk 12,33 auf drei Glieder (entsprechend der Dreizahl im atl. Text). Er fasst die mittleren Glieder als „Verständnis" (*sýnesis*) zusammen.

[635] Vgl. G. THEISSEN, Polyphones Verstehen, 2014.

kann neue Erfahrungen verarbeiten und dabei kritische Maßstäbe der Vernunft zur Geltung bringen.

3.1 Der kritische Zugang zur Schrift

Die Schrift enthält in sich Kritik, denn das Alte Testament wird im Neuen Testament kritisch rezipiert. Die Zugehörigkeit des Alten Testaments zum Kanon der heiligen Schriften ist deshalb ein Glücksfall, weil das Christentum so von Anfang an die Möglichkeit einer kritischen Lektüre heiliger Schriften hatte. Die ersten Christen erklärten z.T. nach tiefen Konflikten viele Ritualgebote des Alten Testaments für ungültig: Sie hörten auf zu opfern, lehnten Beschneidung und Speisegebote ab. Auch nach der Zerstörung des Tempels träumten sie nicht von dessen Wiederaufbau. Die Kritik an den Ritualgeboten des Alten Testaments geschah schon sehr früh und sehr bewusst, während die notwendige Kritik an einigen seiner ethischen Gebote und Glaubensüberzeugungen erst allmählich bewusstwurde. Erst der Gnostiker Markion (2. Jh. n.Chr.) sah hier eine Spannung zwischen der Gerechtigkeit und Liebe, die er sich nur durch eine Zwei-Götter-Lehre erklären konnte: Das Alte Testament sei die Offenbarung des Gottes der Gerechtigkeit, das Neue Testament die Offenbarung des Gottes der Liebe. Das Bewusstsein einer Spannung zwischen Altem und Neuem Testament blieb zwar in der gesamtkirchlichen Tradition erhalten, ihre Deutung durch die Existenz von zwei Gottheiten wurde dagegen vehement als „häretisch“ verworfen. Sie widersprach dem monotheistischen Grundaxiom von Judentum und Christentum. Natürlich geht die historisch-kritische Forschung der Schrift weit über eine solche schriftimmanente Kritik des Neuen Testaments am Alten Testament hinaus. Aber die Tatsache, dass eine historische Kritik seit der Aufklärung in die Theologie integriert werden konnte, wurde durch die kritische Bezugnahme des Neuen auf das Alte Testament erleichtert.

3.2 Der poetische Zugang zur Schrift

Die Auffassung der Schrift als Dichtung verdanken wir dem späten 18. Jahrhundert. Sie wurde am deutlichsten von J.G. Herder vertreten. Eine solche poetische Auffassung der heiligen Schriften hat Ansätze in der Bibel selbst. Als der Monotheismus sich durchsetzte, wurden viele „polytheistische“ Aussagen weiter tradiert, konnten jedoch nur noch als Bild und Gleichnis verstanden werden. So hatte JHWH ursprünglich eine Frau an seiner Seite, die Himmelskönigin, die neben ihm auch kultisch verehrt wurde. Der Prophet Jeremia polemisiert gegen ihre Verehrung (Jer 7,18; 44,17–19.25). In der Weisheitsliteratur begegnet diese Frau nur noch als bildliche Aussage über die „Weisheit“ Gottes, mit der er gemeinsam die Welt erschaffen hatte. Sie wird seine Gespielin genannt. Aber sie ist nur noch der poetische Ausdruck für die überwältigende Intelligenz, die Menschen in der Schöpfung erkennen und ahnen (Spr 8). Die Poetisierung religiöser Aussagen findet bei Jesus einen Höhepunkt: Jesus kleidet seine Botschaft in Parabeln und Gleichnissen ein. Sie erlauben es ihm, „anthropomorph“ von Gott als Vater und König, Hausherr und Weinbergbesitzer, Gastgeber und Richter zu sprechen. Es ist jedoch von vornherein klar, dass dies nur Bilder sind, die auf Gott weisen. Was für den historischen Jesus gilt, wird dann im Johannesevangelium für den kerygmatischen Christus erneuert: Nicht nur von Gott, auch von Christus wird hier in Bildern gesprochen, die allen dogmatischen Formeln überlegen sind. Die Botschaft *von* Jesus als dem vom Himmel gekommenen Offenbarer findet Spitzenaussagen in Bildworten: Ich bin das Brot des Lebens, das Licht der Welt, die Tür, der gute Hirte, der gute Weinstock.

3.3 Der existenziale Zugang zur Schrift

Die Schrift enthält in sich Ansätze einer existenzialen Interpretation. Auf Fragen des persönlichen Lebens wurde sie in ihrer ganzen Auslegungsgeschichte gedeutet, aber erst im 20. Jh. wurde diese Deutung durch die philosophische Theorie des Existenzialismus fundiert. In der Analyse der menschlichen Existenz sah diese Theorie einen Weg zur Erfassung der Wirklichkeit selbst: Existenzanalyse war Fundamentalontologie. Wenn man etwas bescheidener argumentiert, wird man existenziale Analysen als psychologische Exegese betrachten, d.h. als Frage danach, wie biblische Glaubensvorstellungen individuelles Erleben und Verhalten deuten und verändern. Dazu sei hier nur ein Beispiel genannt:[636] Der Glaube bezieht sich im Römerbrief auf objektive Vorgänge im Himmel und auf Erden, er ist Glaube an das Handeln Gottes durch Christus in der gegenwärtigen Endzeit. Im ganzen Römerbrief aber werden diese objektiven „mythischen“ Vorgänge in Parallele zum Verhalten und Erleben des Menschen gesetzt. „Psychomythische Parallelismen“ durchziehen den Brief: Das Gericht im Himmel hat eine Parallele im inneren Gericht des Gewissens (Röm 2,5–11//2,15–16), der Erweis der Liebe Gottes im Sterben Christi hat eine Parallele in der Ausgießung der Liebe Gottes in die Herzen der Menschen (Röm 5,8//5,5). Die Fürsprache des erhöhten Christus hat eine Parallele in der Fürsprache des Geistes in den Tiefen des Herzens (Röm 8,34//8,26), die Rechenschaft der Christen vor Gott hat eine Parallele in der Selbstverurteilung der Menschen (14,1–12//14,22–23). Durchgehend finden wir als entscheidenden Parallelismus: Wie sich Gott im Laufe des Römerbriefs durch seine Offenbarung in Christus aus einem zornigen Gott in einen liebenden Gott verwandelt, so verwandelt sich auch der Mensch durch seine Verbindung mit Christus aus einem aggressiven in ein kooperatives Wesen.[637] Die gesamte objektive „Heilsgeschichte“ wird durch den persönlichen Glauben zu einer inneren, verändernden Kraft im Leben.

3.4 Der kerygmatische Zugang zur Schrift

Die Schrift enthält in sich eine kerygmatische Deutung der in ihr enthaltenen Texte. Die moderne Exegese bewirkte oft eine Profanisierung dieser Texte: Aus Offenbarungstexten wurden menschliche Produkte. Die theologische Hermeneutik musste im Gegenzug darin das Wort Gottes aufspüren: Menschliche Texte werden dadurch „theologisiert“. Manche mögen dies für einen willkürlichen Akt halten, aber diesen Vorgang einer „Theologisierung“ ursprünglich profaner Texte finden wir bereits in der Bibel. Die Gesetzessammlungen des Alten Testaments

---

636 Aus: G. Theissen/P. v. Gemünden, Der Römerbrief, 2016, 471–488.

637 P. v. Gemünden, Image de Dieu, 1997 = Gottesbild und Menschenbild, 2009.

wurden als Gesetze Gottes theologisiert.[638] Vor allem wurden diese Gesetze durch Einbettung in die Geschichte vom Tanz um das goldene Kalb und der erneuerten Gesetzgebung zu einer Geschichte der Gnade Gottes: Schon die Existenz des Gesetzes ist Ausdruck seiner Zuwendung zu jenen sündigen Menschen, die sich durch Verehrung des Goldenen Kalbes von ihm abgewandt hatten. Die Geschichte von der Thronnachfolge Davids schaltet Gott nur zurückhaltend in das Geschehen ein. Sie wirkt wie eine profane Geschichte von Intrigen und Machtkämpfen. Erst durch ganz wenige Bemerkungen wird sie im Rahmen des Kanons „theologisiert" (2Sam 11,27; 12,24; 17,14). Die Weisheitssprüche wirken auf weite Strecken sehr profan. Aber durch die Einleitung von Spr 1–8 in das Weisheitsbuch wird auch sie „theologisiert".

4 Pluralismus der Grundmotive als Konsensbasis

Wir können ein vorläufiges Fazit ziehen: Die Schrift kann Grundlage eines pluralen und sich immer mehr individualisierenden Verstehens sein. Das *sola scriptura* muss dazu mit einer vorurteilslosen historisch-kritischen Deutung der Bibel verbunden werden. Aber diese Öffnung der Schrift hat einen Preis. Für die Reformatoren gehörten die vier *formulae exclusivae* zusammen. Sie hörten aus der Schrift die *eine* klare Botschaft: *solus Christus, sola fide, sola gratia.* Eben dies bestreitet jedoch eine konsequent historische Auffassung der Schrift: Diese drei Prinzipien gelten nicht für alle Schriften der Bibel, nicht einmal für alle neutestamentlichen Schriften. Die reformatorische Botschaft ist zwar in der Schrift enthalten, sie kommt besonders klar nur bei Paulus zum Ausdruck, auch wenn den Reformatoren die soziale Funktion der paulinischen Rechtfertigungslehre zu wenig bewusst war.[639] Man müsste also die paulinischen Schriften zum Kanon im Kanon erklären, um die reformatorische Schriftauffassung als Gesamtskopus der Schriften aufrecht zu erhalten, dabei aber würde man andere Schriften (wie das MtEv und den Jakobusbrief) abwerten. Das wäre eine Verarmung des Glaubens. Umso mehr stellt sich die Frage: Können wir heute auf der Grundlage einer pluralistisch verstandenen Schrift Konsens schaffen – selbst unter den Vorzeichen der gegenwärtigen Individualisierung von Religion und Leben?

Ganz allgemein gilt: Gerade, weil historische Auslegung die innere Pluralität der Schriften herausgearbeitet hat, ist die Schrift heute eine gute Grundlage für die Kirche; sie lässt Spielraum für Flexibilität und Antworten auf neue Herausforderungen. Sobald klar ist, dass solche Antworten biblisch begründbar oder

---

[638] Zur „Theologisierung des Rechts" vgl. E. OTTO, Theologische Ethik des Alten Testaments, 1994, 104.

[639] Das ist die Kritik der *New Perspective on Paul* an der reformatorischen Paulusauslegung. Aber auch unabhängig davon zeigt V. STOLLE, Luther und Paulus, 2002, bes. 415–438, Spannungen zwischen Paulus und Luther: Neu ist bei Luther der durchgehende Dualismus von Gott und Satan. Die Bindung des Gesetzes an Israel spielt bei ihm nicht die Rolle, die sie bei Paulus hatte. Paulus sah den Menschen im Übergang von der alten zur neuen Welt, Luther deutet ihn synchronisch als *simul justus et peccator*. Das Kreuz deutet bei Luther die Existenz des Christen in der Gegenwart, bei Paulus seine Verwandlung zu einem neuen Leben. Stolles Ergebnis ist: „Ein Diskurs, der Luthers Paulinismus mit Paulus selbst neu ins Gespräch bringt, führt notwendig zu einer Destruktion des lutherischen Sinnganzen" (S. 438).

vertretbar sind, werden sie als Bestandteile christlicher Identität anerkannt. Deshalb wird um diese Antworten ernsthaft gerungen. Die Schrift ist nach wie vor ein Reservoir für Konsens, Identitätsfindung, Legitimierung und Motivierung, darüber hinaus eine Basis für das ökumenische Gespräch in und außerhalb der Kirchen. Liberale wie Evangelikale können sich auf ihrem Boden begegnen, Katholiken und Protestanten mit ihrer Hilfe verständigen, griechisch-orthodoxe und orientalische Kirchen, alte und junge Kirchen können sich auf sie beziehen.

Wie solch ein Konsens und Dialog entstehen kann, sei mithilfe einer sprachanalytischen Hermeneutik erläutert, auch wenn sie hier nur kurz skizziert werden kann: Religionen sind Zeichensprachen. Sie haben wie alle Sprachen eine Grammatik, d.h. Regeln, nach denen diese Zeichen verknüpft und organisiert werden. Diese Regeln entscheiden darüber, was in einer Sprache legitim ist und was nicht. Menschen, die in die christliche Glaubenswelt hineinwachsen, haben diese Regeln aufgrund biblischer Texte intuitiv internalisiert, ohne dass sie darüber Rechenschaft ablegen müssen. Wir beherrschen ja auch unsere Muttersprache, bevor wir ihre Grammatik erlernen. Was schon Kinder aus den biblischen Schriften lernen können, sind zwei Axiome der christlichen Religion: den Glauben an den einen und einzigen Gott und den Glauben an einen Offenbarer neben Gott. Gott steht im Alten Testament im Zentrum, Jesus als Offenbarer im Neuen Testament. Die Zeugnisse von ihnen enthalten wiederkehrende Motive. Es sind zunächst *Textmotive* wie die Notwendigkeit der Umkehr, die uns von Amos bis zur Johannesapokalypse in vielen Variationen begegnen. Sie werden zu *Lebensmotiven*, wenn sie das Verhalten und Erleben der Leser bestimmen. Sie werden zu *Interpretationsmotiven*, mit denen sie Leben und Welt in einem neuen Licht deuten können. Solche Interpretationen ermöglichen Erfahrungen und machen sie sprachlich mitteilbar. Man kann verschiedene Listen solcher „Grundmotive" zusammenstellen. Nicht alle Texte im Neuen Testament müssen alle Grundmotive enthalten, nicht alle Christen müssen alle Motive internalisiert haben. Es reicht, wenn es genug sind, um eine „Familienähnlichkeit" (L. Wittgenstein) herzustellen.[640] Anbei gebe ich eine Liste der wichtigsten biblischen Grundmotive ohne Anspruch auf Vollständigkeit:

1. Das *Schöpfungsmotiv*: Alles könnte auch nicht oder anders sein. Eine aus dem Nichts schaffende göttliche Macht ist in jedem Augenblick wirksam und tritt in der Geschichte in der Auferweckung Jesu hervor.
2. Das *Weisheitsmotiv*: Die Welt ist durch Gottes Weisheit geschaffen, die sich in unwahrscheinlichen Strukturen zeigt, sich oft unter ihrem Gegenteil verhüllt – bis hin zur „Torheit" des Kreuzes, in der Gottes Weisheit verborgen ist.
3. Das *Wundermotiv*: Alles Geschehen ist offen für überraschende Wendungen, nichts ist völlig determiniert. Gott und Mensch, Glauben und Gebet bewirken wunderbare Änderungen. Jesus ist Träger solcher Wundermacht.
4. Das *Distanzmotiv*: Alles Leben lebt in Distanz zu Gott und entspricht nicht der Realität, die es hervorgebracht hat und erhält. Im Menschen wird diese Ferne von Gott durch die Erfahrung von Schuld und Leid bewusst: Beides trennt ihn von Gott. In Christus deckt Gott diese Distanz auf und überwindet sie.

---

[640] Zu diesen Grundmotiven vgl. G. THEISSEN, Zur Bibel motivieren, 2003, 131–173. Die oben wiedergegebene Kurzfassung findet sich u.a. in: G. THEISSEN, Polyphone Evidenz, 2014, 131f.

5. Das *Hoffnungs- und Erneuerungsmotiv*: Die Geschichte durchzieht eine wachsende Verheißung – bis hin zur Erwartung einer neuen Welt, die schon jetzt beginnt. Der Mensch ist Bürger zweier Welten, mit seiner „*sarx*“ (dem Fleisch) der alten Welt verhaftet, mit dem „*pneuma*“ (dem Geist) der neuen Welt verpflichtet, die mit Jesus begonnen hat.
6. Das *Umkehrmotiv*: Der Mensch hat die Möglichkeit radikaler Veränderung. Wie sich die Welt verändern muss, um Gottes Willen zu entsprechen, so muss dies auch der Mensch – er kann ein neues Leben beginnen, wenn er sich mit Christus kreuzigen lässt und mit ihm ein neues Leben beginnt.
7. Das *Exodusmotiv*: Nicht nur einzelne Menschen werden durch Gottes Ruf verändert, sondern ganze Gruppen – beginnend mit Abrahams Exodus aus der Heimat und Israels Rückkehr aus dem Exil bis hin zum Aufbruch der neutestamentlichen Gemeinde in eine neue Welt in der Nachfolge Jesu.
8. Das *Glaubensmotiv*: Gott erschließt sich durch Menschen, denen wir vertrauen, d.h. nicht primär durch Strukturen, Institutionen oder Gedanken, sondern durch ein „Du“, zu dem wir in eine freie Beziehung ohne Zwang treten. Im Zentrum aller Menschen, durch die Gott zu uns spricht, steht Jesus von Nazareth.
9. Das *Inkarnationsmotiv*: Gott nimmt Wohnung in der konkreten Welt. Er ist präsent in Israel, in Christus, im Wort, im Sakrament und in jedem Gläubigen durch seinen Geist. Die Inkarnation in Christus macht diese Nähe Gottes beim Menschen ein für alle Mal gewiss – auch in Schuld und Leid.
10. Das *Stellvertretungsmotiv*: Leben ist stellvertretendes Leben für andere – entweder unbewusst leidendes Leben, auf dessen Kosten sich anderes Leben entfaltet oder bewusstes Leben für andere. Die blutigen Tieropfer zeugen vom Zwang, auf Kosten anderer zu leben. Christus zeigt die Alternative: Leben als Hingabe für andere.
11. Das *Positionswechselmotiv*: Der Erste wird der Letzte, der Letzte der Erste sein. Von denen, die bis zur Selbststigmatisierung (in Askese und Martyrium) freiwillig auf Status verzichten, geht eine verwandelnde Kraft aus. Noch mehr aber von Christus, der als Richter gerichtet, als Priester zum Opfer, als Weltenherr zum Sklaven und als Gekreuzigter zum Grund neuen Lebens wurde.
12. Das *Agapemotiv*: Jeder Mitmensch wird durch Liebe zu unserem Nächsten – sei es durch Suche des Verlorenen, durch Aufnahme des Fremden oder durch Liebe zum Feind. Auch hier ist Christus das Urbild solcher Liebe: Seine Lebenshingabe ist Liebe für die, die Gottes „Feinde“ waren.
13. Das *Gerichtsmotiv*: Alles Leben ist selektiven Prozessen unterworfen. Nur dem Menschen ist dies bewusst: Er weiß, dass er nicht nur als physisches Lebewesen, sondern als moralisch Handelnder bedroht ist. Er wird daran gemessen, was er getan hat – nach ethischen Maßstäben, nach denen Gott ein endgültiges Urteil über ihn fällt. Maßstab und Richter des göttlichen Gerichts ist Jesus.
14. Das *Rechtfertigungsmotiv*: Die Legitimation des Daseins ist so unbegründbar wie die Existenz des Lebens überhaupt. Sie ist eine Schöpfung aus dem Nichts, die der Mensch so rezeptiv empfängt, wie er seine physische Existenz empfängt. Er hat sich selbst nicht geschaffen. Grundlage der Rechtfertigung ist das neue Schöpfungshandeln Gottes in Christus.

Diese Axiome und Grundmotive des biblischen Glaubens stellen den „Geist der Bibel“ dar. Wer sie als regulative Sätze internalisiert hat, kann mit ihrer Hilfe neue Texte im Geist der Bibel schaffen, die nirgendwo in der Bibel stehen. Er kann mit ihrer Hilfe Grenzen ziehen. Wer etwa dem Menschen grundsätzlich die Fähigkeit abspricht, in seinem Leben neu zu beginnen, widerspricht dem Grundmotiv der „Umkehr“. Für die Hermeneutik der Bibel gilt: Der Buchstabe tötet, der Geist macht lebendig. Sieht man nur historisch den buchstäblichen Sinn der Texte, so verwirrt die Mannigfaltigkeit des Sinnes. Ist man dagegen vom Geist der Bibel ergriffen und hat die oben skizzierten Grundmotive in Leben und Denken internalisiert, fügt sich vieles zusammen. Dann kann man die Texte der Bibel im Geiste der Bibel weiterdenken. Dann wird Theologie zu einer „schriftinspirierte Theologie“, die gegenüber dem Buchstaben der Schrift frei, aber umso mehr von ihrem Geist bewegt ist. Dann werden Predigten zu „schriftinspirierten Predigten“, die weder den Geist durch den Buchstaben töten, noch den Buchstaben zu Stichworten für die eigenen Lieblingsgedanken machen – mögen diese Gedanken nun berechtigt sein oder nicht. Um die Schrift in diesem Sinne weiterzuschreiben sind Tradition, Erfahrung und Vernunft notwendig – nicht nur als Auslegungsprinzipien, die der Schrift untergeordnet sind (wie im methodistischen *Quadrilateral*), sondern darüber hinaus als kritische Instanzen, die ggf. der Schrift widersprechen. „Vernunft“ bedeutet auch einen argumentativen Austausch zwischen Menschen über die Auslegung. Daher muss das methodistische „Viereck“ zu einem Fünfeck erweitert werden: Schrift, Tradition, Erfahrung, Vernunft und *Dialog*.[641] Kein Lehramt kann autoritativ entscheiden, was gilt. Wohl aber können Presbyterien und Synoden darüber mit Argumenten beraten. Wenn ihre Mitglieder vom Geist der Bibel erfasst sind und vernünftig argumentieren, gibt es eine Chance, dass sie zu einem Konsens ohne Zwang gelangen.[642]

Jedoch muss man realistisch sein: Ein Konsens ist auch trotz intensiver Dialoge oft nicht erreichbar. Aber auch solch ein Dissens muss dialogisch gestaltet werden. Das Neben- und Ineinander der vier Grundlagenprinzipien, Schrift und Tradition, Erfahrung und Vernunft, ist dabei zur Konsensfindung hilfreich, ein Dissens ergibt sich aus einer Exklusivität nur eines dieser Prinzipien:

Exklusivität der Schrift führt zum *Literalismus*, sei es in seiner konservativen oder liberalen Variante. Konservative hängen am Wortlaut der Bibel und sind deswegen motiviert, intensiv nach dessen Sinn zu fragen. Liberale Literalisten lassen nur den historisch-kritisch rekonstruierten Sinn gelten, ohne die Texte als Sinnpotenzial zu verstehen, das in vielen Auslegungen seinen Reichtum entfaltet. Aber beide Haltungen vertreten ein berechtigtes Anliegen.

Exklusivität der Tradition führt zum *Traditionalismus*. Für manche konservativen Traditionalisten sind die reformatorischen Bekenntnisschriften wichtiger als die Bibel. Korrekturen der Paulusexegese an den reformatorischen Einsichten

---

[641] Ein solches „synodales“ Prinzip lässt sich aus der Schrift ableiten. Das „Schlüsselamt“ des Petrus (Mt 16,18–20) wird in 18,18 auf die Gemeinde übertragen. Hinzu kommt in 23,8–12 die Ablehnung irdischer Lehrer: Jesus ist der einzige legitime Lehrer.

[642] Diskussionen mit Pastoren und Pastorinnen haben mir gezeigt: „Varianzbändigung“ ist heute schwierig. Meist handelt es sich nicht um die Frage, ob die „Grammatik“ des Glaubens verletzt wird, sondern sein „Stil“ – etwa bei Kasualien, bei denen Menschen ihre individuellen Wünsche einbringen wollen.

bleiben unberücksichtigt.[643] Liberaler Traditionalismus formuliert gerne ein protestantisches Materialprinzip als „Rechtfertigungslehre" oder „Gewissensfreiheit" und versucht, das Formalprinzip der Schrift damit auszuhebeln.[644]

Exklusivität der Erfahrung führt zum *Spiritualismus*, sei es, dass er dem mystischen „inneren Wort" unabhängig von allen Vermittlungen vertraut, sei es, dass er in der „äußeren Wirklichkeit" transparente Durchblicke auf Gott hin entdeckt. Das Ich oder die Welt werden zum Sakrament, in dem Gott präsent ist. Beides kann sich mit der Schrift verbinden, aber auch gegen sie ausgespielt werden. Beides ist wertvoll: Aber die Orientierung an Schrift und Tradition erleichtert die Kommunikation über subjektive Erfahrungen.

Exklusivität der Vernunft führt zum *Rationalismus*, der die Bibel auf das reduziert, was in ihr vernünftig ist. Die rationalistische Variante der Aufklärung machte die Propheten und Jesus zu Lehrern einer allgemeinen Ethik und reduzierte alle „irrationalen" Mythen zu einer Aura um diese Lehren, die nichts Neues sagen, sondern ihnen nur Nachdruck verleihen sollen. Die idealistische Variante macht dagegen die Menschwerdung Gottes zum Bild für die Verwirklichung und Entdeckung einer Vereinigung des Menschen mit Gott. Beide Ansätze sind nicht unberechtigt: Die Bibel enthält Ansätze eines vernünftigen Ethos,[645] ihre Mythen sind oft von einer tiefen Weisheit.

In allen diesen einseitigen Bezugnahmen auf Schrift, Tradition, Erfahrung und Vernunft sind wertvolle Elemente enthalten. Werden sie in Übereinstimmung mit den Grundmotiven biblischen Glaubens angewandt, dienen sie dem Leben und ermöglichen den Dialog in den Kirchen. Gerade dabei erweist sich die Schrift oft als eine große Hilfe, um trotz Dissens zusammenzubleiben. Schriftinspiriertes Denken, Reden und Handeln hält die Kirche zusammen, Denn die Schrift stützt Positionen, die sich widersprechen. Auch dadurch wirkt das „vormoderne" Schriftprinzip in der modernen Zeit friedensstiftend: Man stellt es nicht infrage, weil es von der Tradition vorgegeben ist und deshalb nicht immer wieder neu begründet werden muss. Es bildet eine Klammer um sich widerstreitende Positionen. Die Schrift ist dann faktisch „Tradition", sie verbindet das, was im Leben auseinanderstrebt. Aber der Protestantismus hat mit Recht eine große Kunst darin entwickelt, sein *Sola-scriptura*-Pathos mit einem *Sola-scriptura*-Traditionalismus zu verbinden. Man kann sogar noch weitergehen: Wenn man mit dem *Sola-Scriptura*-Prinzip das eng verstandene *sola scriptura* widerlegen kann, indem man die normative Macht von Tradition, Erfahrung und Vernunft aus der Schrift selbst begründet, dann ist die unreflektierte Berufung auf das *sola scriptura* ein

---

[643] Als sich 1999 katholische und lutherische Kirchen auf eine Erklärung zur Rechtfertigungslehre einigten, wurden die Erkenntnisse der „New Perspective on Paul" nicht berücksichtigt: Die hier vertretene neue soziale Deutung der Rechtfertigungslehre, nach der sie soziale Schranken überwinden soll, wäre ökumenisch sehr fruchtbar gewesen. Hier ließ man sich eine Chance entgehen. Vgl. den Text der Erklärung in: Lutherisches Kirchenamt der VELKD (Hrsg.), Die Gemeinsame Erklärung zur Rechtfertigungslehre, 1999.

[644] Vgl. J. LAUSTER, Prinzip und Methode, 2004, 83–93.188.307.460.

[645] G. THEISSEN, Religiöse und rationale Ethikbegründung, 2016 = Fondement religieux et rationnel de l'éthique, 2017.

performativer Selbstwiderspruch. Der Protestantismus hat mit diesem Selbstwiderspruch bisher sehr gut gelebt. Seine Lebendigkeit verdankt er seiner Tradition, seinen Erfahrungen und seinen vernünftigen Argumenten. Altorthodoxe Traditionsbildung, pietistische Erfahrungen und die Kritik von Aufklärung und Idealismus haben ihn geprägt. Dass er sogar die Krise des Schriftprinzips zur Grundlage seiner Existenz gemacht ist, ist ein anderes Thema, das für sich behandelt werden soll.

Eine Frage müssen wir jedoch noch erörtern: Wenn man mit dem *Sola-Scriptura*-Prinzip das eng verstandene *sola scriptura*, wie es die Reformation formuliert hat, aufhebt – wird man damit der Reformation gerecht? Diese Frage kann man bejahen. Das *sola scriptura* diente vor allem dazu, dem autoritativen Anspruch von Papst und Kirche zu widersprechen. Es benannte die Schrift als Instanz, die das ermöglichen sollte. Wenn sich der Protestantismus heute faktisch auf vier Instanzen, also auf Schrift und Tradition, Erfahrung und Vernunft, beruft, dann bleibt dieser Widerspruch zu jedem autoritativen Anspruch einer Institution erhalten. Entscheidend ist, dass diese vier Instanzen in einer demokratisch strukturierten Kirche einen Dialog ermöglichen, in dem keiner sagen kann: *Roma locuta, causa finita*. Ihr Vorteil ist, dass die katholische Kirche die erweiterten Instanzen als Grundlage für einen ökumenischen Dialog im Prinzip anerkennen kann. Tradition, Erfahrung und Vernunft wurden in ihr immer höher bewertet als im Protestantismus. Die Neuformulierung des *Sola-Scriptura*-Prinzips entspricht somit der ökumenischen Situation heute. Sie ermöglicht nicht nur Abgrenzung vom Katholizismus, sondern erleichtert auch das Gespräch mit ihm.

Andererseits war die Funktion des reformatorischen *Sola-scriptura*-Prinzips die Varianzbändigung innerhalb der Kirche. Die Grundmotive der Bibel geben dabei viele Hinweise darauf, wo Grenzen gezogen werden müssen. Die vier Instanzen, Schrift und Tradition, Erfahrung und Vernunft lassen weit mehr Spielraum als die Schrift allein. Aber damit werden wir der Individualisierung von Glauben und Religion gerecht und zeigen, wie man auch dann in einer Kirche zusammenleben kann, wenn der Glauben zu einer individuellen Option geworden ist. Die hier vorgeschlagene Weiterentwicklung des Schriftprinzips entspricht zwar nicht dem Wortlaut, wohl aber dem Geist nach der Reformation in einer veränderten geschichtlichen Situation. Auch wenn der moderne Protestantismus nicht an die „Inspiration der Schrift“ glaubt, tut er gut daran, sich von der Schrift inspirieren zu lassen.

15 Die Problematisierung der Schrift: Die Krise des Schriftverständnisses als Grundlage des modernen Protestantismus[646]

Als die Gründer des Protestantismus gegen das mittelalterliche Autoritätssystem der Kirche rebellierten, war die Bibel ihre wichtigste Waffe. In der göttlich inspirierten Schrift hörten sie Gottes Wort. In ihr fanden sie eine *auctoritas,* die an die Stelle kirchlicher Autorität treten konnte, dazu gab sie ihnen Antworten auf alle Fragen des christlichen Glaubens und Lebens. Die *sufficientia scripturae* machte ihrer Meinung nach weitere Autoritäten wie Tradition oder Lehramt überflüssig. Denn man war überzeugt, dass die Bibel in allen für das Heil notwendigen Aussagen eindeutig und klar war; ihre *perspicuitas* gab jedem Christen die Chance eines unmittelbaren Zugangs zu ihr, zumal ihr die Fähigkeit zugeschrieben wurde, sich selbst auszulegen: die *facultas semetipsum interpretandi.* Die Bibel war ein WAHRHEITS- und GEWISSHEITSGENERATOR. „Es steht geschrieben", bedeutete so viel wie: „Es ist wahr und gewiss",[647] nämlich objektiv wahr und subjektiv gewiss.

Die altprotestantische Auffassung von der Schrift war eng mit ihrer Interpretationsgemeinschaft, den protestantischen Kirchen, verbunden. Die Schrift war für sie auch ein IDENTITÄTSGENERATOR, der Konsens nach innen und Abgrenzung nach außen ermöglichte. Generell gilt: Jedes Schriftverständnis hat einen Sitz im Leben, d.h. ist Ausdruck des Gebrauchs, den eine Interpretationsgemeinschaft von der „Schrift" macht. Krisen der Interpretationsgemeinschaft sind Krisen des Schriftverständnisses und umgekehrt. Aufgrund dieses Zusammenhangs kann man katholisches und protestantisches Schriftverständnis nicht einfach kontrastieren, denn für beide gilt: Die Kirche trägt als Interpretationsgemeinschaft die Schrift und die Schrift trägt wiederum diese Interpretationsgemeinschaft. Der Unterschied zwischen Katholizismus und Protestantismus liegt in der Autoritätsstruktur ihrer Kirchen: Sind es Kirchen von Priestern und Laien oder von Brüdern und Schwestern? Entscheiden die Kirchen hierarchisch oder dialogisch?

Diese Rolle der Schrift als Gewissheitsgenerator wurde im Protestantismus schon sehr früh erschüttert. Es kam zu einer Dauerkrise des Schriftprinzips.[648] Schon bald erkannten spiritualistische Strömungen in der Reformationszeit: Das *verbum externum*, das äußere Wort der Schrift, schafft keine Gewissheit. Zu ihm muss als *verbum internum* eine subjektive Evidenz treten. Gewissheit entsteht

---

[646] Der Grundgedanke, dass die Dauerkrise des Schriftprinzips eine Grundlage des modernen Protestantismus ist, geht zurück auf einen Vortrag vor dem Pfarrerkonvent des Kirchenbezirks Weinheim-Ladenburg am 14.03.1990. Dieser Vortrag war inspiriert durch das wertvolle Buch von R. MORGAN with J. BARTON, Biblical Interpretation, 1988. Der Vortrag wurde für diese Veröffentlichung völlig neu konzipiert.

[647] Eine knappe Zusammenfassung der altlutherischen Lehre von der Schrift findet sich bei: H. SCHMID, Die Dogmatik der evangelisch-lutherischen Kirche, 1843 [9]1979, 40–73. Grundlegend für die Gegenwart ist: J. LAUSTER, Prinzip und Methode, 2004. Ders., Schriftauslegung als Erfahrungserhellung, 2014, 179–206.

[648] W. PANNENBERG, Die Krise des Schriftprinzips, 1967, 11–21. CH. TIETZ, Schriftprinzip, 2016.

erst dort, wo das äußere Wort durch das innere Wort, durch das *testimonium spiritus sancti internum*, bestätigt wird: In einer mystischen Frömmigkeit wurde das äußere Wort sogar herabgestuft zur sekundären Bestätigung des inneren Wortes – so bei Caspar Schwenckfeld (1489–1561).[649] In einer kosmischen Frömmigkeit wie bei Sebastian Franck (1499–1542) war dagegen Gott überall in der Welt und der Geschichte erfahrbar, exemplarisch jedoch in Jesus und in der Schrift.[650] Aber diese beiden Varianten des *Spiritualismus* waren nicht der einzige Grund für die Erosion des Schriftprinzips.

Zweitens kam seit der Aufklärung die historische Kritik hinzu.[651] In ihr wurde das Verhältnis von *verbum externum* und *verbum internum* immer mehr an einigen Stellen der Schrift zu einem Gegensatz: Die Schrift bezeugt Unhistorisches und ist voller Widersprüche, sie wird erst im kritisch urteilenden Menschen zur Wahrheit. Eine Vernunfthermeneutik wollte dennoch aus der Schrift allgemein einsichtige Erkenntnisse gewinnen. Sie wurde in zwei Varianten entwickelt: Der *Rationalismus* des 18. Jahrhunderts machte Jesus zum Lehrer einer vernünftigen Ethik, während man die ihn umgebende Mythologie ablehnte – wie z.B. bei H.S. Reimarus (1694–1768). Der *Idealismus* des frühen 19. Jahrhunderts deutete dann eben diese Mythologie als bildliche Einkleidung der Wahrheit über Gott und Mensch: Die Inkarnation wurde bei F.Chr. Baur (1792–1860) zum Ausdruck dessen, dass Gottes Geist im Menschen zu sich selbst kommt. Er inkarniert sich in jedem Christen neu. In beiden Varianten einer Vernunfthermeneutik wird die Schrift zum historisch zufälligen Anlass für die Entdeckung einer zeitlosen Wahrheit. Sie verliert dadurch an Bedeutung, wenn sie nicht gar überflüssig wird.

Je mehr das „äußere Wort" der Kritik ausgesetzt wurde, umso mehr musste eine innere Evidenz durch Erfahrung und Vernunft diesen Verlust ausgleichen. Dadurch verwandelte sich die Schrift aus einem Gewissheitsgenerator in einen Suchgenerator. Sie motiviert weiterhin dazu, die in ihr verborgene Wahrheit aufzuspüren und in unmittelbar evidenten Erfahrungen und Erkenntnissen aufleuchten zu lassen, aber sie verpflichtet umso mehr dazu, Wahrheit und Unwahrheit zu unterscheiden, wenn ihr Inhalt nicht einleuchten will. Das Wort „Es steht geschrieben" verlor seine argumentative Kraft. Es lautet jetzt: „Das Wort wird durch Gewissheit wahr."

Es war naheliegend, die problematisierte Gewissheit durch die Exegese wiederzufinden. Im 18. und 19. Jahrhundert finden wir manchmal diesen Optimismus. Aber hier stieß das Schriftprinzip an eine neue Grenze: Die Exegese führt nicht zu Gewissheiten, sondern zu Hypothesen. Dies kündigt sich bereits in der Reformationszeit an: Das Vertrauen darin, dass sich die Schrift selbst auslegt und dadurch Evidenz schafft, wurde im Marburger Religionsgespräch von 1529 erschüttert, als sich Luther und Zwingli nicht auf die Exegese der Abendmahlsworte einigen konnten. Die Dauerkrise des „Schriftprinzips" gehört von Anfang an zum Protestantismus.

---

[649] H. WEIGELT, Art. Schwenckfeld/Schwenkfeldianer, 1999.

[650] A. SÉGUENNY: Art. Franck, Sebastian, 1983, 310f.

[651] U. LUZ, Schriftprinzip, 2018, 205: „Die historisch-kritische Methode hat das protestantische Schriftprinzip grundlegend verändert". Ursachen dafür sind: (1) Die Entdeckung der Kontextualität biblischer Texte, (2) der hypothetische Charakter der Exegese, (3) das sich geschichtlich ändernde Kanonverständnis.

Dazu vertreten wir im Folgenden die These: Dem Protestantismus gelang es, diese Dauerkrise durch eine Verbindung von theologischer Hermeneutik und historischer Kritik zu seiner Grundlage zu machen. Die Transformation der Schrift aus einem Gewissheits- zum Suchgenerator wurde Teil seiner Identität. Diese allgemeine These wird im Folgenden exemplarisch an der existenzialen Hermeneutik aufgezeigt, die bis heute die faszinierendste Antwort auf die Krise des Schriftprinzips ist.[652] Dieser hermeneutische Entwurf verblasste zwar in den letzten Jahrzehnten und wurde durch neue hermeneutische Versuche erweitert und abgelöst, die bei der historischen, der literarischen oder der religiösen Dimension der Schrift einsetzen. Aber eben deswegen haben wir die Aufgabe, eine Lösung zu finden, die in unserer Zeit so überzeugend ist, wie es die existenziale Interpretation im 20. Jh. war.

1 Historische Kritik als Krise des Schriftprinzips und Identitätsgenerator protestantischer Kirchen

Die sich seit der Aufklärung durchsetzende Anwendung allgemeiner Methoden der Textinterpretation auch auf die Bibel führte zu sechs Einsichten, die das Verhältnis des Protestantismus zur Schrift tiefgreifend verändert haben:[653]

1. Was in der Schrift „historisch“ gemeint ist, muss nicht auch tatsächlich historisch sein. Historische Kritik im engeren Sinne reißt eine Differenz zwischen der Schrift und der von ihr bezeugten Geschichte auf.
2. Die Schrift lässt sich nur verstehen, wenn man sie in viele historische Analogien einbettet. Es gibt eine Differenz zwischen ihrem Anspruch auf Singularität und ihrer Relativierung durch Analogien.
3. Die in der Schrift enthaltenen Vorstellungen und Werte trennen moderne Menschen von der Schrift. Es gibt eine Differenz zwischen der vormodernen Lebenswelt der Schrift und unserer gegenwärtigen Lebenswelt.
4. Die Auslegung der Schrift geschieht in verwirrender Vielstimmigkeit. Es gibt eine Differenz zwischen der Gewissheit des Glaubens und den vielen Hypothesen der Auslegung.
5. Die Aussagen der Schrift sind Menschenwort. Es gibt eine Differenz zwischen Menschenwort und Gotteswort. Erst innere Erfahrungen verwandeln die Menschenworte der Bibel in Offenbarungsworte Gottes.
6. Wenn man von den biblischen Schriften als Basis theologischer Wahrheit ausgeht, baut man auf „zufällige Geschichtswahrheiten“, keine „notwendigen Vernunftwahrheiten“. Es gibt eine Differenz zwischen der historischen Zufälligkeit der Schrift und der Unbedingtheit des Glaubens.

---

[652] N. SLENCZKA, Historizität, 2015, zeigt, dass die existenziale Deutung auch heute wertvolle Erkenntnisse bringt: Die Schrift dient der Selbsterhellung der Existenz durch Konfrontation mit fremden Texten.

[653] E. TROELTSCH nannte in seinem Aufsatz: Ueber historische und dogmatische Methode in der Theologie, ^{2}1922, drei Prinzipien moderner historischer Arbeit: Kritik, Analogie und Kausalität. Kritik stellt die Historizität der Texte infrage, Analogien ihre Singularität, Kausalität ihre Transzendenzoffenheit. Dies entspricht den Punkten (1), (2) und (5) oben.

Trotz der destruktiven Wirkung dieser Einsichten wurde die historisch-kritische Forschung von den Kirchen akzeptiert. Man kann sogar sagen: Sie wurde im Laufe der Zeit aus einer Opposition zum Teil einer Regierungskoalition. Kritik an ihr ist heute Kritik an einer in Theologie und Kirche vorherrschenden Macht. Hier stellt sich die Frage, wie der Neuprotestantismus das Wunder fertigbrachte, diesen Störenfried zu integrieren? Die Antwort ist: Das Schriftprinzip entsprach auch im Zustand seiner Dauerkrise fundamentalen Bedürfnissen protestantischer Kirchen. Im Altprotestantismus hatte es eine innovatorische Funktion bei der Begründung neuer Erkenntnisse, dazu eine emanzipatorische Funktion in der Abgrenzung von der mittelalterlichen Kirche und eine konsensstiftende Funktion in den protestantischen Kirchen. Auch im Neuprotestantismus konnte die durch historisch-kritische Exegese gedeutete Schrift diesen sozialen Funktionen gerecht werden, musste sich aber auch neuen Herausforderungen stellen wie z.B. der Tatsache, dass in der modernen Welt alles Alte ständig überholt wird und Autoritätsansprüche grundsätzlich infrage gestellt werden.

Modernitätsdynamik: Die Historisch-kritische Exegese führt zu immer neuen Erkenntnissen. Kirche und Theologie erscheinen dadurch nicht nur als Verwalter ewiger Wahrheiten, sondern als Vertreter einer offenen Wahrheitssuche und entsprechen so der Dynamik moderner Gesellschaften, die ständig nach neuen Lösungen suchen. Auch der schnelle Wechsel neuer methodischer Ansätze, wie Strukturalismus, *rhetorical criticism*, Narratologie, Sozialgeschichte, kulturanthropologische Exegese, psychologische Exegese, wird daher positiv erlebt. Vor dem Zweiten Vatikanischen Konzil konnte man sich mit einem protestantischen Modernitätspathos vom katholischen Antimodernismus abgrenzen, seit dem Zweiten Vatikanum nur noch vom christlichen Fundamentalismus in allen Kirchen und Denominationen.

Der *Widerstand gegen Autoritäts- und Anpassungsdruck* wird durch historisch-kritische Auslegung legitimiert. Dieser Widerstand ist Zeichen unserer modernen Welt. Viele Theologen haben sich durch Exegese von der Enge ihrer Kirche befreit. Diese emanzipatorische Funktion kann auch gegen die moderne Gesellschaft eingesetzt werden: „Progressive" Kritik am Kapitalismus beruft sich auf die Alternative „Gott oder Mammon" (Mt 6,24), „konservative" Ablehnung moderner Lebensformen auf die Verurteilung von Homosexualität auf Paulus (Röm 1,26f). Die Schrift wurde für oppositionelle Gruppen in Kirche und Gesellschaft zu einem Oppositionsgenerator.

Der *Konsenseffekt der historischen Distanz*: Die historisch-kritische Exegese deckte den großen Abstand zwischen der modernen und antiken Welt auf. Das Bewusstsein dieses Abstands kann sozial fruchtbar sein. Wir können uns in Europa leichter auf Sokrates, Franz von Assisi oder Johannes Kepler als Symbolgestalten unserer Kultur einigen als auf Zeitgenossen. Mit der zeitlichen Nähe zu uns werden alle Personen umstrittener. Die Bibel profitiert innerhalb der Kirche von diesem „Konsenseffekt der Vergangenheit". In der allgemeinen Öffentlichkeit wirkt die „Bibel" freilich nicht nur in diesem Sinne. Hier wird sie zwar als Bildungsgut geschätzt, aber oft mit evangelikaler „Bibeltreue" assoziiert.

Der *ökumenische Dialog* wird durch die historisch-kritische Exegese gefördert. Durch sie werden Regeln für die Auseinandersetzung über die Aussagen biblischer Texte formuliert. Daher konnte die Schrift ihre Rolle als konsensschaffender Identitätsgenerator im ökumenischen Dialog ausbauen, weil sich alle Konfessionen mithilfe „neutraler" historisch-kritischer Methoden über den Sinn der Schrift austauschen können, ohne sich gegenseitig zu bevormunden.[654]

Ebenso wird der *interreligiöse Dialog* durch die historische Erforschung der Schrift erleichtert. Wenn die historisch-kritische Forschung zu dem Ergebnis kommt, dass sich Jesus nicht als „Gottheit" verstanden hat, so schlägt dies eine Brücke zum Judentum wie auch zum Islam. Vielleicht noch wichtiger ist, dass die historische Forschung alle Aussagen der Bibel unter den Vorbehalt stellt, dass die von ihr bezeugten historischen Ereignisse auch etwas anders verlaufen sein und die Texte auch etwas anders verstanden werden könnten. Das erzieht zur Toleranz.

Schließlich wird auch der *innerkirchliche Dialog* gestärkt und der Toleranzraum in der Kirche vergrößert. Die historisch-kritische Forschung macht die Pluralität der Ansichten in der Bibel bewusst und legitimiert so eine Meinungspluralität in der Kirche. Viele „engagierte Lektüreformen" wie die jüdisch-christliche, befreiungstheologische und feministische Lektüre biblischer Texte oder die katholische meditative *lectio divina* der Bibel geben neuen Bewegungen in der Kirche eine soziale Identität. Auch nach ihrer Ablösung als Gewissheitsgenerator konnte die Schrift ihre Rolle als Identitätsgenerator für die Kirche und für Gruppen in ihr bewahren.

Zusammenfassend kann man feststellen: Historisch-kritische Methoden haben sich als Regeln für den Dialog von Menschen über die Bibel bewährt. An diesen Regeln hat der Protestantismus ein Interesse, weil er immer pluralistisch, konfliktreich und „chaotisch" sein wird. Die Krise des Schriftprinzips wurde so im modernen Protestantismus zur Grundlage seiner Existenz: Aus einem Gewissheitsgenerator wurde ein Identitätsgenerator, auch wenn die Formel „Es steht geschrieben" nicht mehr die Wahrheit anzeigt, sondern zur Suche nach ihr motiviert – freilich mit der Verheißung: „Suchet, so werdet ihr finden" (Mt 7,7).

Obwohl die historisch-kritische Exegese den sozialen Erfordernissen eines modernen Protestantismus entspricht, steht sie in einer Hinsicht zu ihm in Spannung: Zwischen die Bibel und den Laien schiebt sich viel Gelehrsamkeit und droht, die Laien zu entmündigen.[655] Gleichzeitig dient die historisch-kritische Forschung den Kirchenleitungen dazu, Konflikte zu entschärfen, radikale Positionen zu integrieren und irrlichternde Pastoren einzubinden. So gibt es im Neuen Testament die Utopie des „Liebeskommunismus". Bei politisch konservativen Christgen wird gerne die historisch-kritische These aufgenommen, dass sie ein unrealistischer Traum gewesen sei. Dadurch wehrt man sozialistische Träume in

---

[654] Auch im interreligiösen Dialog hat die historische Forschung eine Chance, wenn sie z.B. zeigt, dass schon die Bibel Niederschlag eines Austauschs mit anderen Religionen ist.

[655] Dieses Problem lässt sich entschärfen. Historische Methoden haben die Endgestalt des Textes neu aufgewertet, sodass sich die wissenschaftliche Exegese dem Gebrauch der Bibel im Leben aller angenähert hat. Ihre Ergebnisse werden in Bibelkursen allgemein zugänglich, im Bibliodrama mit Leben gefüllt und in narrativen Exegesen als Erzählungen verbreitet. Als Beispiel für Bibelkurse nenne ich: O. ALBRECHT, Lebensthemen, 2013, zum Bibliodrama vgl. G.M. MARTIN, Sachbuch Bibliodrama, 1995 ^{3}2011. Beispiele narrativer Exegese sind: G. THEISSEN, Der Schatten des Galiläers, 1986 ^{24}2012; ders., Der Anwalt des Paulus, 2017 ^{2}2018.

der Kirche ab.[656] Umgekehrt wurde der Einzug von Frauen in Leitungsämter durch Argumente dafür gestützt, dass das *mulier taceat in ecclesia* (1Kor 14,34f) eine Interpolation ist.[657] Dass die Gefahr besteht, historisch-kritisches Wissen für die eigenen Zwecke zu instrumentalisieren, ist unbestreitbar. Es hat für Kirchenleitungen Vorteile, wenn der Zugang zu ihrer Legitimationsbasis den Gelehrten vorbehalten ist, deren Meinungen man gegeneinander ausspielen kann, um sich das herauszusuchen, was den eigenen praktischen Bedürfnissen entspricht.

Das Unbehagen gegenüber der historisch-kritischen Forschung ist aber nicht nur darin begründet. Es geht tiefer und ist an einem Punkt berechtigt: Eine rein historisch-kritische Exegese der Bibel dient der zwischenmenschlichen Dialogaufnahme über die Bibel, aber sie führt nicht zur Dialogaufnahme mit Gott. Ihre Methoden enthalten keinen Schritt, der dem *testimonium spiritus sancti internum* vergleichbar ist. Sie bringen einem Menschen wenig, der nach dem Sinn seines Lebens zwischen Geburt und Grab fragt. Hier bot die existenziale Hermeneutik Rudolf Bultmanns (1884–1976) eine Lösung an, die lange in Theologie und Kirche viele Christen überzeugt hat.

2 Die existenzielle Dimension: Existenzialtheologische Hermeneutik und historische Kritik

Die existenziale Hermeneutik war ein Programm, um in der Bibel Gottes Wort zu hören. Sehr lange konnte sie mit der historisch-kritischen Forschung ein Bündnis eingehen, weil sie die oben skizzierten sechs Aufgaben einer theologischen Hermeneutik befriedigend löste.[658]

1. Die existenziale Hermeneutik bewältigt die *Differenz zwischen Text und Geschichte*. Unhistorische Dichtungen und Mythen gibt sie einen theologischen Sinn: Historische Ereignisse werden erst durch ihre mythische Einkleidung zur Konfrontation mit Transzendenz. Der Mythos mag Fiktion sein, aber er verweist auf eine transzendente Dimension, die kein historisches Faktum erschließen kann.
2. Existenziale Hermeneutik kann die *Differenz zwischen Singularität und Analogien* bewältigen. Sie arbeitet in den Texten universale Grundstrukturen des Menschen heraus, die in religiösen Mythen bewusstgemacht werden. Man darf nicht vergessen: Die existenziale Interpretation wurde zum ersten Mal zur Interpretation der antiken Gnosis entwickelt, die auch nicht-christliche Texten wie das Corpus Hermeticum umfasst.[659]
3. Existenziale Hermeneutik überbrückt die *Differenz zwischen Antike und Gegenwart*. Sie rechnet mit einer zeitlosen Grundstruktur des Menschen. Allen Menschen ist mit ihrer Existenz die Aufgabe gegeben, ihrem Leben durch Entscheidungen eine Richtung zu geben. Alle werden dabei mit dem „Sein" und darin mit Gott konfrontiert.

---

[656] G. THEISSEN, Urchristlicher Liebeskommunismus, 1995.
[657] G. FITZER, Das Weib schweige in der Gemeinde, 1963.
[658] Die wichtigsten Beiträge von R. Bultmann sind gesammelt in: R. BULTMANN, Neues Testament und christliche Existenz, 2002; ders., Neues Testament und Mythologie, 1941= hrsg. von E. Jüngel, 1988.
[659] H. JONAS, Gnosis und spätantiker Geist, 1932.

4. Existenziale Hermeneutik bewältigt die *Differenz zwischen Glaubensgewissheit und Auslegungshypothesen.* Fragen der Existenzgestaltung sind unabhängig von umstrittenen historischen Hypothesen. Unabhängig davon, wie man das Hiobbuch auslegt, besteht kein Zweifel daran, dass es mit der Frage nach Gott und dem Leiden konfrontiert.
5. Die existenziale Interpretation überbrückt die *Differenz von Menschenwort und Gotteswort.* Sie betrieb Existenzanalyse als Fundamentalontologie, als Frage nach dem Sein. In dieser Frage ist die Frage nach Gott verborgen. Manche identifizierten sogar Gott mit dem „Sein selbst" (P. Tillich).[660] Andere durchkreuzen in der Nachfolge der Dialektischen Theologie diesen eher philosophischen Weg „von unten" durch einen „Weg von oben": Im Kerygma von Kreuz und Auferstehung wird die Texttranszendenz zur Offenbarung eines von außen kommenden Wortes.
6. Es bleibt die *Differenz zwischen Zufälligkeit und Unbedingtheit.* Auch die existenziale Interpretation kann nicht erklären, warum eigentliche Existenz gerade in der Auseinandersetzung mit Bibeltexten zu finden ist. R. Bultmann griff auf die schlichte Überzeugung zurück, dass Gott in Christus gehandelt hat und dass wir in der Bibel sein Wort finden. Mit anderen Worten: Es bleibt unbegründbar, warum hier und nicht anderswo Wahrheit und Leben zu finden sind. Nach der existenzialen Hermeneutik erweist sich die Bibel aber dadurch als Wort Gottes, dass es Menschen erneuert und zu eigentlichem Leben verhilft. Wir haben das Zeugnis vieler Menschen, die darin Wahrheit und Leben gefunden haben.

Die existenziale Hermeneutik ist ein überzeugender Entwurf, um den Aufgaben einer theologischen Hermeneutik heute gerecht zu werden. Nach ihr steht der Mensch immer vor der Entscheidung zwischen wahrem und falschem Leben. Diese Grundentscheidung kann niemandem durch historische oder philosophische Argumente abgenommen werden. Vielmehr gelangt der Mensch zur erfüllten Existenz, wenn ihn Gottes Wort von Kreuz und Auferstehung trifft, das ihn dem Nichts aussetzt, um ihm wahres Leben als Schöpfung aus dem Nichts zu schenken. Dieser Glaube ist autonom gegenüber historischen Zusammenhängen, auch wenn er nicht ganz unabhängig von ihnen ist. Denn er wird durch das historisch verortete Wort der Schrift vermittelt, erfährt aber durch dieses Wort in „vermittelter Unmittelbarkeit" eine direkte Abhängigkeit von der schöpferischen Macht Gottes und darin Geborgenheit.

Die Verbindung von wissenschaftlicher Kritik und existenzialtheologischer Hermeneutik wirkt oft paradox. Als Student hatte ich den Eindruck, die biblischen Texte würden zunächst historisch-kritisch begraben, um danach hermeneutisch zu neuem Leben auferweckt zu werden. Destruktive historische Kritik galt sogar als Garantie für die Reinheit des Glaubens. G. Ebeling gab der historisch-kritischen Methode eine theologische Weihe, indem er sie mit der Rechtfertigungslehre verband:[661] So wie die Reformation eine Gerechtigkeit ohne Werke

---

[660] P. TILLICH, Systematische Theologie Bd. 1, 1956, 273: „Das Sein Gottes ist das Sein-Selbst".

[661] G. EBELING, Bedeutung der historisch-kritischen Methode, 1950. Kritisch dazu: O. WISCHMEYER, Hermeneutik des neuen Testaments, 2004, 208: „Ebeling hat zwar zurecht auf die Bedeutung der historisch-kritischen Methode für die Theologie hingewiesen und auf eine theologische

verkündigt habe, ziele die existenziale Hermeneutik auf den Glauben ohne historische Gewissheit. Wie die Heilsbedeutung der Werke durch die Rechtfertigung des Sünders „destruiert" wurde, destruiere der Zweifel die Heilsbedeutung historischer Fakten. Historische Kritik und theologische Hermeneutik wurden nach dem Motto verbunden: Je größer der Zweifel, umso echter der Glaube.

Dies entsprach einer bedeutenden theologischen Tradition. Søren Kierkegaard (1813–1855) hatte mit seiner „Theologie des Paradoxen" die spekulativen Systeme des Idealismus kritisiert. Die Inkarnation Gottes in Christus sei nicht das Zu-sich-selbst-Kommen der Gottheit im Menschen, sondern Gottes Botschaft und der Ruf an den Menschen, existenziell zu sich selbst zu kommen.[662] Die Verbindung von Ewigkeit und Zeit in Christus sei so paradox wie diese Verbindung in der je eigenen Existenz. Die existenzialtheologische Hermeneutik gibt uns damit ein erstes Kriterium für jede religiöse Erfahrung an die Hand: Religiöse Erfahrung muss existenziell sein, muss den Menschen als Ganzen ansprechen und ihn hier und jetzt herausfordern.

Die Hochschätzung des Paradoxen entsprach ferner der „paradoxen" sozialen Situation von Theologie in einer säkularen Gesellschaft. Theologen waren aufgrund ihrer kritischen Exegese Repräsentanten der Modernität in der Kirche, aufgrund ihrer Kerygmatheologie aber gleichzeitig Häretiker in der Gesellschaft. R. Bultmann und seine Schüler waren in diesem Sinne in beiden Bereichen, sowohl in der Kirche als auch in der Gesellschaft, „Ketzer". Die von ihnen vertretene Synthese von Hermeneutik und Kritik erodierte freilich in den 1968ern, als Gesellschaftskritik wichtiger wurde als die Suche nach existenzieller „Eigentlichkeit" des eigenen Lebens. Es entstanden damals in Ablösung von der existenzialtheologischen Hermeneutik drei neue Ansätze – ausgehend von der *Geschichte* hinter den Texten, von der *literarischen Qualität* der Texte selbst und von der in ihnen kodierten religiösen *Erfahrung*. Geschichte, Literatur, Religion wurden die entscheidenden neuen Stichworte dieser neuen hermeneutischen Ansätze.

3 Die geschichtliche Dimension: Die universalgeschichtliche Hermeneutik

In den 1960er Jahren bildete sich als erste Gegenströmung gegen die existenziale Interpretation ein universalgeschichtlicher hermeneutischer Ansatz. Er wollte die Bibel als Zeugnis historischer Ereignisse ernstnehmen, anstatt sie historisch zu begraben. Inspiriert durch den Alttestamentler Gerhard von Rad (1901–1971) suchte ein Kreis um Wolfhart Pannenberg (1928–2014) in Heidelberg in der Geschichte nach den Spuren Gottes.

Pannenberg stellte in seinem 1962 gehaltenen Vortrag „Die Krise des Schriftprinzips" fest, dass das altprotestantische Verständnis der Schrift durch die histo-

Rezeption gedrängt. Aber dadurch, daß er die Methode mit der reformatorischen Rechtfertigungslehre zusammensieht, beraubt er die Methode ihrer Freiheit und trägt – ungewollt – zu ihrer Pseudotheologisierung und -erstarrung bei".

[662] H. SCHROER, Art. Paradox, 1995, 734: „Das Paradox ist kein Beweis für Gott, sondern die Aufforderung, den Sprung (sc. in den Glauben) zu vollziehen, den Augenblick als Atom der Ewigkeit wahrzunehmen".

rische Forschung erschüttert worden sei, denn die Schrift enthalte oft unhistorische Berichte.[663] Er fragte, wie die Schrift dennoch als Zeugnis Gottes verstanden werden könne. Seine Lösung verbindet drei Grundgedanken: das Konzept der *Universalgeschichte*, die Idee der *Prolepse* des Geschichtsendes und die Theorie einer Einheit von *Geschichte und Überlieferungsgeschichte*.

Erstens postuliert er, dass wir alle historischen Ereignisse in den Gesamtzusammenhang der *Universalgeschichte* einordnen müssen, um sie zu verstehen. Gott erschließe sich erst in der ganzen Geschichte. Nur die universale Geschichte sei also Offenbarung. Die Gesamtgeschichte aber werde uns erst an ihrem Ende zugänglich – so, wie wir einen Text erst verstehen, wenn wir ihn zu Ende gelesen haben.

Zweitens ist nach neutestamentlichem Zeugnis dieses Ende in der Auferstehung Jesu *proleptisch* schon geschehen. Damit wurde Gott in einem konkreten Einzelereignis offenbar, weil dieses Ereignis der Schlüssel für das Verstehen der ganzen Geschichte sei. Pannenberg konnte damit die Frage beantworten, warum die Theologie gerade von diesem einen Ereignis ausgeht. Hier fand er den Schlüssel zum Verständnis der Universalgeschichte. Er konnte sagen, zu welchem Ziel Gott hier und nicht anderswo gehandelt hat.

Drittens sieht Pannenberg, dass die Ostererscheinungen erst im Rahmen der apokalyptischen Erwartung des Weltendes proleptischen Charakter erhalten. Dieser Deutungsrahmen gehört als *Überlieferungsgeschichte* zur Geschichte. Sie erschließt den Sinn des Geschehens. Das entwickelte er zu einer allgemeinen Theorie: Überall erschließt erst die Überlieferungsgeschichte den Sinn der Geschichte. Die Überlieferungsgeschichte ist ein Teil der Geschichte.

Bei Pannenberg führt also nicht schon eine historische Auswertung der Bibel zu einer „Dialogaufnahme mit Gott“, sondern erst die Überzeugung, dass sich Gott in der Universalgeschichte offenbart und in der Ostergeschichte den Schlüssel zu deren Verständnis gegeben hat. Drei Merkmale seiner Hermeneutik entsprachen seiner zeitgeschichtlichen Situation:

Das Vertrauen in die Überlieferungsgeschichte: Pannenberg machte die Überlieferungsgeschichte der biblischen Literatur zum Teil der Universalgeschichte. Diese Aufwertung der Überlieferungsgeschichte passt gut in die Nachkriegszeit. Nach 1945 musste man das Vertrauen in Überlieferungen neu lernen, nachdem sie durch unvorstellbare Verbrechen kompromittiert schienen. H.-G. Gadamer erneuerte dieses Vertrauen.[664] Gadamer und Pannenberg stimmten darin überein: Wir dürfen uns den Deutungsmustern der Tradition anvertrauen, um Geschichte und Welt zu interpretieren.

Die Öffnung für die Universalgeschichte: Seit dem 19. Jh. hatten deutsche Intellektuelle alle Probleme aus einer nationalhermeneutischen Perspektive heraus betrachtet. Diese Sicht war 1945 kompromittiert. Pannenberg setzt dagegen eine universalhermeneutische Perspektive, die alle Völker einbezieht. Dies entsprach

---

[663] W. PANNENBERG, Hermeneutik und Universalgeschichte, 1967. Das Programm einer universalgeschichtlichen Hermeneutik wurde in W. Pannenberg u.a., Offenbarung als Geschichte, Göttingen 1961, vorgestellt. Beteiligt waren an diesem Programm neben W. Pannenberg der Alttestamentler Rolf Rendtorff, der Neutestamentler Ulrich Wilckens, der Systematiker Trutz Rendtorff.

[664] H.-G. GADAMER, Wahrheit und Methode, 1960.

der Globalisierung der Welt seit 1945 und war eine Absage an jeden Nationalismus.

Der Anspruch von Rationalität: Das Aufblühen (west-)europäischer Länder nach dem Krieg förderte das Vertrauen in rationale Problemlösungen. W. Pannenberg wollte Theologie in Analogie zu anderen Wissenschaften treiben.[665] Er behauptete, die Theologie entwerfe Hypothesen, die sich durch Überprüfung an der Wirklichkeit bewährten. Deren Verifikation erwartete er jedoch erst in der Ewigkeit Gottes. Aber kleine Lichter bestätigten schon proleptisch hier und jetzt, was sich in Ewigkeit als Wahrheit erweisen werde. Das entscheidende Licht sei Jesus Christus als Vorschein des Endes.

Die universalgeschichtliche Hermeneutik W. Pannenbergs ist in verschiedener Hinsicht unvollendet: Eine Universalgeschichte müsste auch die Geschichte der Natur erfassen. Obwohl Pannenberg das Gespräch mit den Naturwissenschaften intensiv geführt hat, bettet er den Menschen nicht explizit in die gesamte Evolution ein.[666] Dennoch ist die Einbeziehung der Evolution in seinem Programm implizit enthalten: In der „Universalgeschichte" ist die Geschichte des Menschen die bisher letzte Stufe einer langen Evolution.

Ferner müsste eine universale Religionsgeschichte die anderen Religionen außerhalb Europas integrieren. Das gilt insbesondere für den Umbruch in der „Achsenzeit", der parallel im Westen, in Indien und in China stattfand und Menschen für ihre Religion verantwortlich machte, indem durch neue Erkenntnisse Traditionen kritisiert wurden.[667] Andererseits setzte damals eine Sonderentwicklung der Religion in Europa ein, die dazu führte, dass nur in Europa die Religion zu einem autonomen Bereich innerhalb der Gesellschaft wurde und die Entstehung eines weltlichen Bereichs neben der Kirche ermöglichte. Das relativiert die Entdeckung der Achsenzeit, eines Konzepts, das trotz aller Kritik an ihm den Verdienst hat, den Eurozentrismus unserer Sicht in Frage zu stellen.

Außerdem müsste eine empirische Verifikation theologischer Aussagen religiöse Erfahrungen umfassen, wie sie in der Religionspsychologie erforscht werden. Die Dimension individueller religiöser Erfahrung fehlt bei Pannenberg.[668] Nur indirekt könnte man seiner universalgeschichtlichen Theologie ein zweites Kriterium dafür entnehmen, was eine religiöse Erfahrung ist: Sie muss einen Bezug zur Universalität aller Dinge haben. Dies gilt nicht nur für die Geschichte. Religiöse Erfahrung ist dadurch universal, dass sie sich direkt oder indirekt auf das Ganze der Wirklichkeit bezieht.

Schließlich fehlt in seiner überlieferungsgeschichtlichen Hermeneutik die poetische Dimension: Die Bibel ist eine Verbindung von „Dichtung und Wahrheit". Welche Aufgabe hat die Dichtung in ihr? Was lässt sie uns über das Historische

---

665 W. PANNENBERG, Wissenschaftstheorie und Theologie (1973), 1987.

666 In W. PANNENBERG, Anthropologie in theologischer Perspektive, 1983, fehlt im Register das Stichwort „Evolution".

667 K. JASPERS, Vom Ursprung und Ziel der Geschichte (1949), 2017.

668 W. PANNENBERG, Anthropologie in theologischer Perspektive (1973), 1983, kommt zwar an fünf Stellen auf „religiöse Erfahrung" zu sprechen, aber seine Erfahrungsbasis ist die Universalgeschichte, nicht die individuelle religiöse Erfahrung. Stichworte wie „Bekehrung", „Konversion", „Wiedergeburt" fehlen im Register.

hinaus neu erkennen? Auch hier gibt Pannenberg implizit einen wertvollen Hinweis, wenn man seine Idee der Prolepse aufgreift: Wenn in einem Konkreten das Universale transparent wird, dann ist dies eine religiöse Erfahrung, die wir mit poetischen Bildern erfassen. Religiöse Erfahrung ist immer eine „Prolepse" des Ganzen.

Die bestechende universalgeschichtliche Hermeneutik W. Pannenbergs wollte die Krise des Schriftprinzips überwinden, ist aber zugleich ein Ausdruck dieser Krise. Um der Theologie einen wissenschaftskonformen Charakter zu geben, deutet Pannenberg biblische Überzeugungen nämlich zu „Hypothesen" um, die noch verifiziert werden müssen.[669] Das *verbum externum* wird also nicht durch unmittelbare Evidenzerfahrungen des *verbum internum* „verifiziert", nicht durch individuelle religiöse Erfahrung, sondern durch eine Überprüfung an der Gesamtrealität. Hier wird mit großer Klarheit dokumentiert, dass die Schrift aus einem Gewissheitsgenerator zu einem Suchgenerator geworden ist. Sie produziert Hypothesen. Pannenbergs Hermeneutik zeigt: Die „Schrift" lässt uns suchen – aber nicht nur, wie Pannenberg meinte, nach den Spuren Gottes in der Geschichte, sondern ebenso in religiösen Erfahrungen, moralischen Geboten, in der Existenz des Menschen und seinen Erkenntnissen. Sie gibt uns durch poetisch gestaltete Texte die Kraft, uns auf diese offene Suche zu begeben. Denn Poesie ergreift uns, ehe wir durchschauen, was in ihr Wahrheit ist. Wäre also eine literarische und poetische Auffassung der Schrift die Lösung, um die Krise des Schriftprinzips zu überwinden?

4 Die ästhetische Dimension: Die Bibel als Poesie des Heiligen – ein Weg zur theologischen Hermeneutik?

Der anglikanische Neutestamentler R. Morgan analysierte 1988 die Erosion der Synthese von wissenschaftlicher Auslegung und theologischer Hermeneutik in seiner Zeit.[670] Er zeigte: Die Spannung zwischen wissenschaftlicher Bibelauslegung und theologischer Hermeneutik wurde lange dadurch verdeckt, dass die Auslegung der Bibel im Rahmen theologischer Ausbildungsstätten geschah – durchgeführt von theologisch engagierten Forschern. Sie verbanden in ihrer Person, was sachlich auseinandergetreten war. Es gab schon damals säkularisierte theologische Fakultäten wie die *departments of religion* in den USA. Aber auch dort, wo theologische Fakultäten weiterexistierten, gab es Tendenzen zu einer Selbstsäkularisierung: Interdisziplinäre Projektforschung fördert Fragen in der Theologie, die auch nicht-theologischen Wissenschaftlern einleuchten. Eine wissenschaftliche Bibelauslegung geschieht daher heute für drei Interpretationsgemeinschaften. (1) Für die *Wissensgemeinschaft* der Fachexegeten und aller anderen Wissenschaftler – oft in interdisziplinären Forschungsprojekten. (2) Für die *Glaubensgemeinschaft* in allen Konfessionen. Die Bibelexegese wurde entkonfessionalisiert und ist Grundlage der Ökumene. (3) Für die *Bildungsgemeinschaft* der Gesellschaft, d.h. für jeden, der sich über die Bibel informieren will.

---

[669] W. Pannenberg könnte sich dafür auf die Weissagungen der Bibel berufen und darüber hinaus auf den *promissio*-Charakter aller Heilsaussagen: Aber Verheißungen sind keine Hypothesen. Eine Verheißung verlangt Vertrauen, eine Hypothese Überprüfung.

[670] R. MORGAN with J. BARTON, Biblical Interpretation, 1988.

Der Exeget muss zugleich Lehrer der Kirche und der nachchristlichen Gesellschaft sein. Er muss eine Doppellektüre der Bibel von innen und von außen ermöglichen und verschiedenen Adressatengruppen gerecht werden. Exegeten bilden primär für kirchliche Leitungs- und Lehraufgaben aus. Wenn bei ihnen kein Funke davon zu spüren ist, dass es in diesen Texten um mehr als um historische Altertümer geht, wie sollen sie jemals Menschen motivieren, diesen Funken in die Welt zu tragen? Loyalität fordert aber auch die säkulare Gesellschaft. Weil die „Erfahrung des Heiligen“ für viele Menschen unzugänglich geworden ist, erwarten sie von den Exegeten eine historische „Rekonstruktion“ des Heiligen, sei es, um dessen Verlust zu verstehen, sei es, um neue Zugänge zu ihm zu finden. Je säkularisierter eine Gesellschaft wird, umso größer wird die Notwendigkeit, dass sie sich auf das besinnt, was für viele nur noch eine kulturelle Erinnerung ist: auf den religiösen Glauben und die ihn begründenden Texte. Es bleibt die Frage: Führt solch eine Doppellektüre der Bibel für die Kirchen und für die Gesellschaft nicht in ein unlösbares Dilemma?

Hier setzte R. Morgan mit der Beobachtung ein, dass durch die wissenschaftsimmanente Entwicklung der Bibelexegese dieses Dilemma zwar nicht gelöst, jedoch gemindert wurde. Denn in den 80er Jahren des letzten Jahrhunderts wurde das traditionelle historisch-kritische Paradigma der Bibelauslegung durch ein neues literarisches Paradigma ergänzt. Worin bestand diese neue Sichtweise?

Historische Forschung fragt nach der Entstehung, Aussageabsicht und Wirkung von Texten in bestimmten geschichtlichen Situationen. Der Text wird dadurch oft lebendiger, aber auch historisch distanzierter. Die literarische Forschung betrachtet Texte dagegen als fertige Produkte und nimmt sie wie ein „Kunstwerk“ wahr: als Netzwerk von Bildern und Beziehungen, das den Leser auffordert, seinen Sinngehalt auszuschöpfen. Dieser literarische Zugang zu den Texten begegnet unter verschiedenen Etiketten, z.B. als *wholistic approach* oder als *canonical approach*, als leserorientierte Auslegung oder als Endgestaltsexegese. Dieser literarische Zugang steht dem Bibelgebrauch in Gottesdienst und meditativer Schriftlektüre nahe. Er gibt dem Laien Mut, sich als kompetenter Leser zu erleben. Laien gehören als Leser konstitutiv zur Entstehung des Textsinns. Ihr Verstehen wird unabhängig von Hypothesen über Quellenscheidungen, Traditionsstufen und Entstehungssituationen, weil es sich auf die unmittelbar zugängliche Endgestalt des Textes bezieht. Der biblische Text wird hier nicht historisch distanziert betrachtet, sondern als gegenwärtiges Sinngebilde ernstgenommen.

Aber gibt es nicht auch hier die Möglichkeit einer ästhetischen Distanzierung? Wenn man das Johannesevangelium als Gewebe von Bildern und Bedeutungen „genießt“, kann man sich gerade dadurch dessen theologischen Anspruch vom „Leibe“ halten. Dennoch gilt: Gerade eine „ästhetische Einstellung“ ist eine Chance, sich von der Schrift als Suchgenerator nach Wahrheit und Sinn ergreifen zu lassen. Sie kann als „Poesie des Heiligen“ gelesen werden. Poesie ist Magie ohne Anspruch auf Wahrheit. Wir lassen uns von ihr verzaubern, ohne zu fragen: Was ist in ihr wahr? Ästhetisches spricht uns an, ohne dass wir auf den Begriff bringen können, was uns berührt. Es kann kein Zufall sein, dass Jesus seine Verkündigung in poetischer Form, also in Bildern, Gleichnissen und Parabeln, vermittelt hat. Paul Ricœur hat für eine Hermeneutik dieser religiösen Sprache die

Formel „Das Symbol gibt zu denken" gefunden.[671] Symbolhaltige Texte motivieren zu Fragen, die wir sonst nicht stellen würden.

Fassen wir zusammen: Dem existenzialhermeneutischen Ansatz verdanken wir ein erstes Kriterium für religiöse Erfahrung: sie ist existenziell. Der universalgeschichtliche Ansatz fügte ein zweites Kriterium hinzu: Religiöse Erfahrung ist auf das Ganze der Wirklichkeit bezogen. Der literaturästhetische Ansatz gibt uns ein drittes Kriterium an die Hand: Das Ästhetische ist Erfahrung von etwas, das ein Wert in sich ist. „Was aber schön ist, selig scheint es in sich selbst" (E. Mörike). Auch die religiöse Erfahrung ist auf etwas bezogen, was ein Wert in sich ist. Sie ist darin der ästhetischen Erfahrung verwandt – mit dem wichtigen Unterschied, dass sie sich nicht nur auf etwas bezieht, das nur selig in sich selbst *scheint*, sondern selig in sich selbst *ist*. Gott ist Selbstzweck. Alles, was uns als Selbstzweck begegnet, wird für uns vorübergehend eine Erscheinung des Göttlichen. Für die religiöse Erfahrung bedeutet dies, dass sie den Menschen „dezentriert". Er kommt zu sich selbst, indem er sich auf ein Zentrum außerhalb seiner selbst bezieht. Er wird dabei von seiner natürlichen Egozentrizität befreit, ohne sich selbst zu verlieren. Religiöse Erfahrung ist daher nicht nur existenziell und universal, sondern auf ein externes Zentrum bezogen, das Zweck in sich ist.

Ästhetische Erfahrung wird empfangen durch die Natur, die wir nicht geschaffen haben. In der Natur werden das Schöne wie das Erhabene, die Attraktivität einer Blume wie die Unendlichkeit des Sternenhimmels zu einer religiösen Erfahrung, wenn in diesen natürlichen Phänomenen ein Wert an sich wahrgenommen wird.

Ästhetische Erfahrung wird ferner durch den Menschen in der Kunst in drei Gattungen gestaltet, in Malerei, Musik und Dichtung. Alle drei können zu Medien religiöser Erfahrung werden. Musik, Kunst und Dichtung besitzen als ästhetische Medien die Fähigkeit, in unserem Leben das aufleuchten zu lassen, was Zweck in sich ist. Doch jedes Medium lässt andere Dimensionen erscheinen.

Die Bilder der Kunst stehen quer zum Zeitstrom. Sie ruhen in sich, während die Zeit vergeht. Der Augenblick ihrer Betrachtung reißt uns aus dem Zeitstrom heraus. In konkreten Figuren und Formen wird etwas transparent, was über das Konkrete hinausgeht: In einer kleinen Maus erscheint die Vitalität des Lebens schlechthin. Bei der Betrachtung von Malerei treten wir aus der Zeit heraus, als berührten wir ein Stück Ewigkeit. Kunst wird in religiöser Einstellung zur TRANSPARENZERFAHRUNG, in der sich ein Stück Ewigkeit öffnet. Die orthodoxe Kirche hat in Ikonen diese religiöse Bedeutung der Kunst ins Zentrum gerückt, die katholische Kirche in ihren prachtvollen Kirchen, der Protestantismus diskret in der religiösen Kunst Rembrandts, die nicht für Kirchen, sondern private Räume bestimmt war.

Während Kunst im Raum begegnet, trifft uns Musik in der Zeit. Sie beginnt in ihr, wird durch sie strukturiert und geht in ihr unaufhaltsam zu Ende. Obwohl sie schnell verrauscht, ergreift sie uns im Inneren und bringt etwas in uns zum Schwingen, ohne dass wir durchschauen, was uns so tief bewegt. Aber sie will uns einbeziehen in ihre Schwingung: Musik wird in religiöser Einstellung zur

[671] P. RICOEUR, Symbolik des Bösen, 1960.

RESONANZERFAHRUNG. Der Mensch will mit seinem ganzen Leben auf eine Herausforderung antworten. Seine Antwort ist vor allem wiederum Musik und Gesang. Das Loblied ist Antwort auf eine göttliche Realität und verbindet alle, die daran teilnehmen. Der Protestantismus hat Musik und Gesang bei Johann Sebastian Bach zu einem zentralen religiösen Medium gemacht.

Das Wort aber hat eine besondere Bedeutung. Das Wort transportiert nicht nur Gedanken, die das Leben erhellen, sondern stellt eine Beziehung her, die weit über das hinausgeht, was uns in der Welt als Sache begegnet. Als Heisenberg gefragt wurde, ob er an Gott glaube, antwortete er: „Darf ich die Frage auch anders formulieren? […] Dann würde sie lauten; Kannst du oder kann man der zentralen Ordnung der Dinge oder des Geschehens, an der ja nicht zu zweifeln ist, so unmittelbar gegenübertreten, mit ihr so unmittelbar in Verbindung treten, wie dies bei der Seele eines anderen Menschen möglich ist? Ich verwende hier ausdrücklich das so schwer deutbare Wort ‚Seele', um nicht missverstanden zu werden. Wenn du so fragst, würde ich mit Ja antworten".[672] Wenn durch Worte eine Verbindung hergestellt wird, dann kann uns Fremdes so nahe kommen wie das DU (oder die Seele) eines anderen Menschen. Religiöse Erfahrung wird WORTERFAHRUNG, sie hat dialogischen Charakter. Das Wort will beides: die Augen öffnen für eine letzte Wirklichkeit, die in allen Dingen hindurchscheint und Transparenzerfahrung ermöglicht, und im Menschen die Bereitschaft hervorrufen, sein Leben responsorisch als Antwort auf diese letzte Wirklichkeit zu leben und damit Resonanzerfahrung zu ermöglichen.

Nehmen wir als Beispiel die beiden biblischen Ereignisse, die im Mittelpunkt der christlichen Kunst stehen: die Geburt und die Kreuzigung Jesu, dort das *mysterium fascinosum* der Geburt, hier das *mysterium tremendum* des Todes. Bei der Geburt werden wir mit dem Wunder des Seins konfrontiert; in jedem Kind beginnt das Experiment des Lebens neu. Beim Tod werden wir mit der Unbedingtheit des Nichts konfrontiert. Hier wie dort werden konkrete Ereignisse, die Geburt des Kindes und die Hinrichtung Jesu, transparent für Sein und Nichts. In dieser Situation zeigen die Bilder von Kreuz und Auferstehung den Weg zu einer Bejahung des Lebens auch angesichts des Nichts. Sie finden im Menschen eine Resonanz, die auf einen unbedingten Wert reagiert. Vermittelt aber wird dies nicht nur durch Bilder der christlichen Kunst, sondern durch die Worte der Bibel, die zuvor schon die Künstler inspiriert haben: Wenn wir diese Texte als Kunst, d.h. als poetische Texte, erleben, verwandeln wir sie nicht in Hypothesen, die noch verifiziert werden müssen. Wir lassen uns von ihnen ganzheitlich ansprechen – unabhängig davon, ob es mythische, legendarische oder poetische Texte sind.

Beide Zugänge zum Bibeltext, der historische wie der literarisch-ästhetische sind notwendig. Nach einer Dominanz historischer Fragestellungen kann die Zuwendung zum Text als Literatur und Poesie ein Korrektiv sein. Eine Einschränkung ist jedoch notwendig: Beide, der historische und der literarische Zugang zu biblischen Texten, führen nicht von selbst zu einem theologischen Verstehen der Bibel durch eine Dialogaufnahme mit Gott. Auch der poetische Zugang lässt das Entscheidende offen. Poesie gibt dem Menschen die Freiheit, wie er sie rezipieren

[672] W. HEISENBERG, Der Teil und das Ganze, 1973, 253.

möchte. Niemand „zwingt" einen dazu, in ihr die Stimme der Ewigkeit zu hören. Bleibt die Dialogaufnahme mit Gott also einem unverfügbaren Geschehen vorbehalten? Bleibt es unplanbaren „Erschließungssituationen" vorbehalten, uns die Augen für Ewiges zu öffnen und unsere Ohren für dessen Resonanz in uns? Theologische Hermeneutik wäre dann eine Lehre vom Heiligen Geist, vom *testimonium spiritus sancti internum*. Die Theologie kann sich mit solch einer Lösung nicht zufriedengeben. Durch eine literarisch-ästhetische Würdigung der Bibel bliebe die Schrift zwar ein Identitätsgenerator für unsere Kultur und potenziell ein religiöses Medium. Aber die Kirche braucht mehr. Religion unterscheidet sich von Ästhetik durch einen wichtigen Punkt: durch ihre Verbindlichkeit. Dies führt uns zu einer weiteren Überlegung R. Morgans.

5 Die religiöse Dimension: Religionstheoretische Hermeneutik – ein Weg zum Verständnis der Bibel?

Auch für einen säkularen Leser ist die Bibel nicht nur ein Dokument der Geschichte oder ein Stück Literatur, sondern die Grundlage von Judentum und Christentum und eine wichtige Schrift für den Islam. Die Bibel darf daher nicht nur als historisches und literarisches Phänomen erforscht werden, sondern auch als Ausdruck und Grundlage von „Religion". Dafür ist die Religionswissenschaft zuständig. Einige Religionstheorien schließen zwar die Annahme eines Transzendenzbezugs religiöser Texte aus, andere rechnen mit ihm, auch wenn man nicht von „Gott" spricht, sondern vom „Heiligen" oder von einer „letzten Wirklichkeit". Immer aber entwickeln Religionstheorien Kategorien, die eine argumentative Verständigung über Religion ermöglichen. Im Rahmen einer für Transzendenz offenen Religionstheorie kann auch für Außenstehende verständlich gemacht werden, dass biblische Texte der Kontaktaufnahme mit einer letztgültigen Realität dienen.

R. Morgan hat nur in Umrissen das Programm solch einer religionstheoretischen Hermeneutik angedeutet. Aber mit E. Drewermanns tiefenpsychologische Exegese, der die Theorie zugrunde liegt, dass die Religion Zugang zum Unbewussten ist, gab es zu seiner Zeit in den 80er Jahren des letzten Jahrhunderts bereits einen Ansatz zur Verwirklichung solch eines Programms.[673] E. Drewermann deutet das Unbewusste mit C.G. Jung als ein Reservoir von sinngebenden Bildern gedeutet, die universal verbreitet sind. Drewermann zeigt, wie die Bilder und Symbole der Bibel Kräfte zur Selbstfindung im Menschen wecken. Seine psychologische Exegese führt dabei nicht direkt zu einer theologischen Deutung. Das ermöglicht erst die in ihr vorausgesetzte Religionstheorie. Für E. Drewermann sind nämlich die aus dem Unbewussten aufsteigenden Symbole und Bilder die „Sprache Gottes". Historisch-kritische Forschung habe diese Symbolsprache Gottes verlernt und lasse deshalb Menschen, die mithilfe biblischer Texte nach einem Leben in Beziehung zu Gott suchen, geistlich verhungern.

---

673 E. DREWERMANN, Tiefenpsychologie und Exegese, 1984/1985; ders., Evangelium des Markus, 1987/1988.

E. Drewermanns Hermeneutik ist der Hermeneutik W. Pannenbergs diametral entgegengesetzt. Bei Pannenberg offenbart sich Gott in der Gesamtheit der Geschichte, bei Drewermann in der Tiefe des Inneren. Bei Pannenberg geschieht Offenbarung dadurch, dass das Wort auf geschichtliche Ereignisse hinweist, bei Drewermann durch innere Bilder, weniger durch das Wort. Man kann beide Auffassungen als Abrücken von der biblischen Auffassung vom Wort Gottes als Selbsterschließung Gottes kritisieren. Aber beide enthalten etwas Wahres. Zweifellos will die Bibel von geschichtlichen Ereignissen zeugen, zweifellos ist sie angefüllt mit Bildern, die nicht nur unseren Verstand ansprechen, sondern auch unser Unbewusstes. Dass beide Ansichten für sich genommen einseitig sind, geht aus dieser Gegenüberstellung hervor. Aber zusammen entsprechen sie zwei Kriterien religiöser Erfahrung. W. Pannenberg insistiert auf ihrer Beziehung zum Universalen, E. Drewermann auf ihrer existenziellen Tiefenwirkung im Menschen. Religiöse Erfahrung muss *universal* und *existenziell* sein. Dazu kommt, dass sie sich auf ein Zentrum außerhalb des Menschen bezieht, welches ein Zweck in sich ist und in ästhetischen Medien in verschiedener Weise erscheint: als Vermittlung von Ewigkeitserfahrungen, von Resonanzerfahrungen und Beziehungserfahrungen. Religiöse Erfahrung ist *dezentrierte* und *dezentrierende* Erfahrung.

Versuchen wir daher am Ende dieses Abschnittes, ein theologisches Schriftverständnis auf religionstheoretischer Grundlage zu skizzieren. Dabei genügt es nicht, sich von der Poesie der Schrift bezaubern zu lassen. Diese Poesie sollte uns anleiten, etwas mit ihrer Hilfe zu entdecken: Wahrheit für das Verstehen, Weisheit für das Handeln, Verbindlichkeit für Gemeinden. Wir legen unserer religionstheoretischen Hermeneutik zwei Annahmen zugrunde. Die erste hat eine Nähe zum literarischen, die zweite zum historischen Zugang zur Schrift.

Die erste Annahme lautet: Religion ist ein Zeichensystem aus Erzählungen, Bildern, Riten und Gemeinschaftsnormen, das ihren Bewohnern das Bewusstsein geben will, in Übereinstimmung mit einer letztgültigen Wirklichkeit zu leben. Dies geschieht dadurch, dass sie vom Menschen eine innere Wandlung verlangt, die alle Seiten – auch die unbewussten Tiefen – von ihm umfasst. Die durch religiöse Zeichensysteme vermittelte Erfahrung ist *existenziell*. Sie umfasst den ganzen Menschen. Die kanonischen Texte einer Religion sind die Grundlagen dieser „Zeichenwelt".

Die zweite Annahme lautet: Religionen sind geschichtliche Zeichensysteme, die in einem langen Prozess entstanden sind und sich immer wieder ändern, um sich an die intendierte letztgültige Wirklichkeit anzupassen. Die Beziehung zum Ganzen der Wirklichkeit zeichnet religiöse Erfahrung aus. Religiöse Erfahrung ist *universal*.

Das hermeneutische Problem für die Auslegung eines evolutionären Zeichensystems, das Entsprechung zu einer letztgültigen Wirklichkeit vermitteln will, ergibt sich daraus, dass wir dieses Zeichensystem nicht mehr ungebrochen bewohnen. Auch Christen sind in ihm zugleich Bewohner und Besucher, auch sie erleben diese Welt ihrer Religion von innen wie von außen. Wir müssen herausfinden, mit welchen Zeichen wir uns identifizieren können und mit welchen nicht.

Nun besitzt jedes Zeichensystem eine Grammatik, d.h. einen Satz von fundamentalen Regeln, Mustern und Strukturen. Dies gilt auch für die Zeichensprache der Religion. In biblischen Texten begegnen immer wieder dieselben Grundüberzeugungen als Basismotive des jüdischen und christlichen Glaubens. Sie begegnen in historischen und mythischen, in indikativischen und imperativischen, in erzählenden und hymnischen Texten. Mit diesen Basismotiven können wir uns – ganz oder teilweise – identifizieren. Sie brauchen uns als solche nicht einmal bewusst zu sein. Denn sie sind in den Erzählungen und Bildern der Bibel implizit enthalten, weshalb D. Ritschl sie „implizite Axiome“ nannte.[674]

Wir nehmen diese Zeichen in unser Inneres auf, wenn wir biblische Texte so hören, dass wir uns mit den in ihnen angebotenen Rollen identifizieren und unser Erleben und Verhalten von ihren Bildern und Metaphern bestimmen lassen. Durch diese Grundmotive und Axiome wird die Bibel zu einem Suchgenerator, der die Leser nach Wahrheiten suchen lässt, die in religiösen Erfahrungen einleuchten. Ich nenne einige neutestamentliche Basismotive.

1. Das *Schöpfungsmotiv*: Gott hat alles aus Nichts geschaffen; alles könnte ebenso gut auch nichts sein.
2. Das *Weisheitsmotiv*: die Welt ist durch Gottes Intelligenz gestaltet, erkennbar in ihrer unwahrscheinlichen Struktur.
3. Das *Glaubensmotiv*: Gott erschließt sich durch Menschen, denen wir vertrauen, erst in zweiter Linie durch Gedanken, Institutionen und Tempel.
4. Das *Stellvertretungsmotiv*: Alles Leben ist stellvertretendes Leben für andere, entweder für das Wohl anderer oder auf Kosten anderer.
5. Das *Positionswechselmotiv*: Wer oben steht, übernimmt die untere Position, wer unten steht, wird erhöht.
6. Das *Agapemotiv*: Durch Liebe untereinander entsprechen die Menschen Gott, der selbst Liebe ist.
7. Das *Rechtfertigungsmotiv*: Die Legitimation des Lebens ist ein ebenso radikales Geschenk wie das Leben überhaupt: eine Schöpfung aus dem Nichts.

Alle diese Basismotive sind nicht als natürliche Anlage im Menschen vorhanden, sondern stammen aus der Schrift. Sie werden durch Hören und Verinnerlichung geschichtlich „gelernt“. Einige finden in uns eine Resonanz in den unbewussten Tiefen unserer Seele. Andere widersprechen Tendenzen des Verhaltens und Erlebens in uns. In jedem Fall strukturieren sie das Leben existenziell bis in seine Tiefen hinein. Was folgt nun aus der „Entdeckung“ solcher Basismotive für das Schriftverständnis?

Erstens basiert die AUTORITÄT DER SCHRIFT nach altprotestantischer Überzeugung auf dem *testimonium spiritus sancti internum*, also auf einer Evidenzerfahrung: „So ist es!“ Diese Evidenzerfahrung wird durch Annahme von Basismotiven verständlich, die *a posteriori* erworben wurden, aber apriorisch wirken: Wo wir im Lichte internalisierter Basismotive Übereinstimmung zwischen ihnen und unserer Erfahrung erleben, oder genauer: wo wir diese Erfahrung mit ihrer Hilfe strukturieren, deuten und bewerten, stellt sich jenes Evidenzerlebnis ein: „Ja, so ist es! So gelingt das Leben!“ Solche Evidenzerfahrungen lassen sich nicht herstellen, aber sind deswegen auch nicht irrational. Die Schrift wird durch sie zu einem Erfahrungsgenerator für viele Menschen und dadurch zur Legitimationsbasis der Kirche, in der solche Erfahrungen gesammelt und tradiert werden.

---

[674] D. RITSCHL, Die Erfahrung der Wahrheit, 1986.

Zweitens ist die MITTE DER SCHRIFT in diesen Basismotiven gegeben. Sie bilden einen Kanon im Kanon. Dieser Kanon ist offen und kann immer wieder neu bestimmt werden. Dieser innere Kanon ist pluralistisch. Er reduziert das Wesentliche der Bibel nicht auf eine einzige Botschaft, sei es die Rechtfertigungslehre oder das Doppelgebot der Liebe. Er wählt nicht bestimmte Texte aus, etwa die Briefe des Paulus oder das Johannesevangelium. Die Basismotive finden sich in Variationen in vielen Schriften. Von diesem inneren Kanon im Kanon her lassen sich Bibeltexte sachkritisch beurteilen: Das gute Gewissen, mit der Prediger oft gegen den Sinn biblischer Texte „anpredigen", rührt m.E. daher, dass ihnen bewusst ist, in Übereinstimmung mit dem „Geist der Bibel", d.h. in Übereinstimmung mit ihren Grundmotiven zu predigen.

Drittens wird man so der Herausforderung der HISTORISCHEN KRITIK gerecht. Um dies zu zeigen, gehen wir die sechs Herausforderungen noch einmal durch, die wir am Anfang des Kapitels herausgestellt haben.

Die Differenz zwischen Text und Geschichte zeigt sich darin, dass die Bibel unhistorische Texte enthält, fiktionale Texte, die sich als Dichtungen zu erkennen geben, und fiktive Texte, die erst durch einen kritischen Leser als Dichtung erkannt werden können. Dieselben Grundmotive der Bibel finden sich in historischen und unhistorischen, in fiktiven und fiktionalen Texten. Das Motiv des Positionswechsels begegnet als weisheitliche Mahnung, dass die Ersten die Letzten sein werden (Mt 19,30; 20,16), als hymnisches Lob Gottes, der die Mächtigen vom Thron stößt und die Niedrigen erhöht (Lk 2,52). Es begegnet im Gleichnis von den Arbeitern im Weinberg (Mt 20,1–16) und im christologischen Mythos von der Erniedrigung und Erhöhung Christi im Philipperhymnus (Phil 2,6–11). Wer sein Leben im Lichte dieses Motivs führt, führt es in Entsprechung zu Christus und zum Willen Gottes.

Die Differenz zwischen Singularität und Analogien lässt sich mithilfe formaler Grundmotive besser verstehen. In ihrem Licht entdecken wir Analogien in anderen Religionen, aber auch Besonderheiten, welche diese Grundmotive in verschiedenen Religionen auszeichnen. So findet sich in vielen Religionen die Überzeugung, dass die Wirklichkeit eine verborgene Weisheit enthält und der Mensch in Übereinstimmung mit ihr leben solle. Das Weisheitsmotiv verbindet ebenso wie das Umkehrmotiv: Viele Religionen wissen, dass der Mensch aus seinem bisherigen Leben herausgerissen werden muss, um durch einen Neuanfang den Weg zu Gott und zur Erfüllung seines Lebens zu finden.

Die Differenz zwischen Antike und Gegenwart kann mithilfe solcher Grundmotive überbrückt werden. „Basismotive" des Glaubens sind zwar keine zeitlosen Strukturen wie die Existenzialien. Sie sind geschichtlich geworden und wurzeln in konkreten Geschichten. Die Frage ist: Wie lassen sie sich heute fortsetzen? Zur Illustration möge folgendes Gleichnis dienen: Im Deutschunterricht gibt es für Kinder die Aufgabe, eine angefangene Geschichte selbständig zu Ende zu erzählen, um zu testen, ob sie die Gattungsstrukturen erfasst haben. Ein Märchen muss anders fortgeschrieben werden als eine Gespenstergeschichte. Beide haben gattungsspezifische „Normen", Strukturen, Motive. Beide haben bestimmte Basismotive. Zwar lassen die vorgegebenen Geschichten verschiedene Fortsetzungen zu, aber nicht alle. Ähnlich verhält es sich mit der biblischen Geschichte, die wir eigenständig fortsetzen müssen. In unseren Fortsetzungen zeigt sich, ob wir ihre Motive richtig verstanden haben. Die Basismotive der bisherigen Geschichte sind die Kriterien, die wir bewusst oder unbewusst einsetzen. Wir spüren, dass christlicher Glaube seine Identität verliert, wenn seine Grundmotive in ihm nicht mehr wirksam sind. Manchmal ermöglichen aber Basismotive die Entdeckung einer tiefen Verwandtschaft quer durch die Zeiten. Der Mythos des Philipperhymnus findet Resonanz überraschenderweise im antiautoritären Pathos der Moderne.

Die Differenz zwischen Gewissheit und Hypothesen wird leichter bewältigt. Die exegetischen Hypothesen mögen sich widersprechen, aber die Grundmotive sind in vielen Texten vorhanden. Wenn verschiedene Interpretationen zu verschiedenen Texten konvergieren, dürfen wir gewiss sein, dass man dem Geist der Bibel folgt – selbst dort, wo man bei einem einzelnen Text exegetisch seinen Sinn verfehlt hat. Dadurch gewinnt der Glaube eine Autonomie gegenüber umstrittenen Hypothesen. Das biblische Schöpfungsmotiv begegnet als Deutung der umfassenden Daseinskontingenz aller Dinge (z.B. 1Kor 8,6). Es deutet Abrahams Glauben (Röm 4,17), Bekehrung (Eph 4,14), Taufe (Röm 6,11) und Umkehr (Lk 15,24). Es begegnet in der Deutung von Hoffnung trotz aller Widrigkeiten (2Kor 1,9f; 4,7ff) und *last but not least*, auch in der Deutung der Liebe: Bruderliebe ist ein Übergang vom Tod zum Leben (1Joh 3,14). Dieses Motiv ist unabhängig von allen einzelnen Texten und Themen, in denen es vorkommt. Es bildet einen quasi apriorisch wirksamen Interpretationsrahmen, in den unsere Erfahrungen eingeordnet und zusammengeschaut werden.

Die Differenz zwischen Menschenwort und Gotteswort. Wenn der Mensch die Grundmotive der Bibel verinnerlicht, sieht er die Welt in ihrem Licht. Er wird von einem Suchprogramm motiviert, um in ihr nach den Spuren Gottes zu fahnden. Dabei muss ihm eine innere Verwandlung oft erst die „Augen" für die Transzendenz öffnen. Dies fällt in einer säkularisierten Gesellschaft schwer, in der „Gott" nicht zum allgemeinen Überzeugungsgut gehört. In ihr wird die Welt interpretiert, als ob es Gott nicht gäbe, und das Leben wird so gelebt, als sei er irrelevant. Erst durch eine Abweichung von allgemeinen Einstellungen, Sichtweisen und Wahrnehmungsmustern wird die Plausibilität einer solchen rein immanenten Weltdeutung erschüttert. Dazu seien als Gleichnis die Kippbilder angeführt, mit denen Gestaltpsychologen demonstrieren, dass unser Wahrnehmungsprozess ein aktiver Prozess ist. Wenn wir bei ihrer Betrachtung Figur und Hintergrund vertauschen, sehen wir einmal einen Kelch, dann zwei Gesichter, einmal eine alte Frau, dann eine junge Dame.[675] Das hängt davon ab, wie wir dasselbe sinnlich gegebene Material „umstrukturieren". Die Basismotive des christlichen Glaubens sind Antizipationen, die uns Neues in der Wirklichkeit entdecken lassen. In einer Welt, die für viele nur ein Konglomerat von Partikeln und Feldern ist, entdeckt der Glaube durch Umstrukturierung z.B. eine überlegene Weisheit, die im menschlichen Verstand nur ein schwaches Echo findet. Im „Vexierbild" der Wirklichkeit mit seinen vielen verworrenen Linien wird eine Kraft spürbar, die den Menschen anspricht, verpflichtet und ihm Geborgenheit verleiht. Damit haben wir ein weiteres Kriterium für religiöse Erfahrung gewonnen: Sie

[675] Vgl. die Darstellung solcher Kippbilder in: https://www.blickcheck.de/auge/funktion/optische-taeuschungen/.

ist nicht nur *universal*, *existenziell* und *dezentriert*, sondern dazu *responsorisch*, d.h. sie ist Echo und Antwort auf eine überwältigende Erfahrung, die eine Antwort mit dem ganzen Leben fordert. Sie ist mit anderen Worten „Resonanzerfahrung".[676]

Die Differenz zwischen Zufälligkeit und Unbedingtheit. Auch eine religionstheoretische Hermeneutik kann die Frage nicht beantworten, warum wir von der biblischen Geschichte und biblischen Texten ausgehen sollen und nicht von anderen Texten, um in einen Dialog mit Gott einzutreten. Wir dürfen damit rechnen, dass Menschen in anderen Religionen mithilfe ihrer eigenen heiligen Texte ebenso diesen Dialog aufnehmen können. Es wäre freilich schon viel gewonnen, wenn wir sagen könnten, warum der Ausgangspunkt in der Bibel und der von ihr bezeugten Geschichte auch für alle anderen unverzichtbar sein sollte. Hier kann man an die universalgeschichtliche Hermeneutik anknüpfen und fragen, ob es etwas Besonderes gibt, was die Bibel einzigartig macht. Es muss nicht die proleptische Antizipation des Weltendes sein, sondern sollte etwas sein, das wir nicht erst in einer unbekannten Zukunft beurteilen können, sondern durch Rückblick auf die uns schon jetzt zugängliche Geschichte. Die Bibel ist m.E. Zeuge und Resultat einer revolutionären Transformation der religiösen Zeichenwelt, die man historisch im Rahmen der gesamten Geschichte und der Gesamtevolution versteht.[677] Der Mensch veränderte den Gang der biologischen Evolution dadurch, dass er das Selektionsprinzip durch Einsatz für Schwache und Verlorene „unterwanderte". Dieser Zug prägt jede humane Kultur. Er kommt in der Bibel besonders deutlich zum Ausdruck. Denn in ihr wird die alle Kulturen kennzeichnende Reduktion des Selektionsprinzips zu einer Rebellion gegen das Selektionsprinzip gesteigert – im Alten Testament in der Erwählung eines vom Untergang bedrohten Volkes und in der Entdeckung der Nächstenliebe, im Neuen Testament in den Bildern von Kreuz und Auferstehung: Ein gescheiterter Mensch wurde zum Grund neuen Lebens. Würde diese Wahrheit dadurch geringer, wenn wir auch in anderen Kulturen und Religionen diese Unterwanderung des Selektionsprinzips entdeckten – etwa im Buddhismus, der den Lebensdurst überwinden will, der alle Lebewesen zu Konkurrenten macht? Man kann aus diesen Überlegungen ein formales Kriterium gewinnen: Wenn uns unsere eigene Tradition die Augen für das öffnet, was auch in anderen Traditionen wertvoll ist, dann sind wir wahrscheinlich auf dem richtigen Weg.

Da die Autorität der Schrift letztlich davon abhängt, wie weit sie Suchgenerator für bestätigende Erfahrungen und Einsichten ist, ist der Protestantismus auf Menschen angewiesen, die in ihrem Leben religiöse Erfahrungen im Lichte der Schrift deuten.[678] Unplanbare Erfahrungen sind eine labile Grundlage für eine

---

676 G. THEISSEN, Argumente für einen kritischen Glauben, 1978 ²1983 = KT 36, ³1988; H. ROSA, Resonanz, 2016.

677 Vgl. G. THEISSEN, Biblischer Glaube in evolutionärer Sicht, 1984.

678 CH. TIETZ, Schriftprinzip, 1967, 300, begründet im Anschluss an Karl Barth das Schriftprinzip durch das kirchliche Bekenntnis: „Durch ihre Praxis, durch den kirchlichen Umgang mit der Bibel bekennen sich Menschen dazu, in diesen menschlichen Texten Gottes Wirken erfahren zu haben. [...] Es ist die Einladung, sich auch selbst mit diesen Texten zu beschäftigen, sie zu lesen, über sie nachzudenken und darauf zu hoffen, dass sie zum Wort Gottes werden". Ch. Tietz rekurriert hier auf Erfahrungen vieler Menschen.

Gemeinschaft. Daher steht der Protestantismus in Versuchung, sie durch eine „stabile" Schriftdogmatik zu ersetzen, durch evangelikalen Literalismus oder durch eine kerygmatische Offenbarungstheologie.

Der evangelikale Literalismus hält daran fest, dass die Schrift als *verbum externum* ein Gewissheitsgenerator ist und nicht nur zur Suche nach Gewissheit motiviert. Er macht damit ein traditionelles Schriftverständnis zu seinem Identitätsmerkmal und sammelt in seinen Gemeinschaften *bibeltreue* Christen in antimodernen Nischen der modernen Welt. Diese evangelikale Frömmigkeit hat durchaus sympathische Seiten, wenn die Grundmotive der Schrift spürbar im Leben dieser Christen wirken. Dem *verbum externum* korrespondiert dann die Motivationskraft des *verbum internum*. Das soziale Engagement mancher evangelikaler Christen ist bewundernswert. Wer im Leben in der modernen Gesellschaft gescheitert ist, findet hier oft diakonische Hilfe und menschliches Verständnis. Aber richtig ist auch: Gruppen gleich welcher Richtung, die das Zusammenleben durch intensive Sozialkontrolle prägen, sind ein Problem.

Der zweite Weg, die Erosion des Schriftprinzips aufzufangen, ist eine kerygmatische Offenbarungstheologie. Sie kann zugestehen, dass die Schrift ein Suchgenerator ist, der dazu motiviert, nach Gott zu fragen. *Kerygmatische* Christen behaupten freilich, dass nicht *ihre* Suche zu Gott führt, sondern dass *Gott* sie gesucht und gefunden hat. Diese Gewissheit gibt ihnen eine bemerkenswerte Unabhängigkeit von der modernen Gesellschaft. Sie setzen der Devise: „Ich kaufe, also bin ich", die Devise entgegen: „Ich glaube, also bin ich". Kerygmatische Theologie führt zu einer prophetischen Gesellschaftskritik, die sich über inhumane Gesellschaftsstrukturen, die Menschen stranden lassen, keine Illusionen macht. Richtig ist aber auch: Wer in prophetischer Kritik Fundamentalanklagen gegen die moderne Gesellschaft formuliert, kann sich auch in unhaltbaren Verschwörungstheorien verlieren.

Die Irrwege des evangelikalen Literalismus und der kerygmatischen Offenbarungstheologie sind kein Grund, ihre berechtigten Anliegen zu leugnen. Wir brauchen eine Synthese von „Buchstabe" und „Geist", Wir plädieren für eine Erfahrungshermeneutik, die sagt: Offenbarung ist die objektive Seite dessen, was in subjektiver Sicht Erfahrung ist. Die Schrift weckt religiöse Erfahrung. Dies hat vier Merkmale. Sie umfasst *existenziell* den ganzen Menschen, bezieht sich *universal* auf das Ganze der Wirklichkeit, richtet sich *dezentrierend* auf ein Zentrum als einen Wert in sich selbst und antwortet *responsorisch* auf dieses Zentrum. Authentische religiöse Erfahrung kann sich überall in der Welt einstellen, auch in anderen Religionen. Aber sie wird immer wieder durch die Schrift angeregt und gedeutet. Menschen mit religiösen Erfahrungen können mithilfe der Schrift und ihrer religiösen Tradition anderen Menschen Rechenschaft darüber ablegen. Dies geschieht durch kommunikative Vernunft. Daher kann man die Bedeutung der Schrift für unsere Zeit so zusammenfassen: Die Grundmotive der Bibel enthalten eine verborgene Grammatik und Weisheit, in deren Lichte wir religiöse Erfahrungen machen und deuten. Diese Motive motivieren als SUCHGENERATOR die Frage nach Gott mit der Verheißung, ihn zu finden. Sie sind für Menschen ein GEWISSHEITSGENERATOR, sofern sie religiöse Erfahrungen wecken und erhellen. Sie sind für die Kirche ein WAHRHEITSGENERATOR, sofern mit ihrer Hilfe religiöse Erfahrungen zur Sprache kommen und durch kommunikative Vernunft, d.h.

durch den Austausch unter Menschen, geprüft werden. Deshalb kann der Protestantismus die Wahrheit des katholischen Schriftverständnisses anerkennen: Die Schrift erhält ihre Kraft als Wahrheits- und Gewissheitsgenerator in der Tat durch die kirchliche Gemeinschaft – nur, dass die (protestantische) Kirche nicht durch ein autoritatives Lehramt gelenkt wird, sondern durch den Dialog ihrer Mitglieder. Wenn das Gespräch über die Schrift in der Kirche mit Vernunft geführt wird, erweist sich die Schrift als LEGITIMATIONS- und IDENTITÄTSGENERATOR der Kirche. Entscheidend ist, dass sie religiöse Erfahrungen weckt, deutet und kommuniziert – als universale und existenzielle, als dezentrierende und responsorische Erfahrungen, in denen Menschen Kontakt mit Gott haben.

16 Die Normativität der Schrift
Über theologische Texttranszendenz der Bibel

Die Bibelhermeneutik hat zwei Grundprobleme: Wie kann ein Text aus der Vergangenheit noch heute Geltung beanspruchen? Und wie können von Menschen geschriebene Texte von Gott zeugen? Im ersten Fall handelt es sich um eine *historische Distanz* zwischen damals und heute, im zweiten Fall um eine *theologische* Distanz zwischen Mensch und Gott.

Beide Distanzen fallen zusammen, wenn man einseitig die historische oder die theologische Distanz verabsolutiert. Steigert man die historische Distanz, kommt man zu dem Schluss, dass sich der Glaube an „Gott" in der Neuzeit aufgelöst hat. Für viele Menschen existiert Gott nicht mehr. Wenn Gott nicht existiert, kann es keine Distanz zwischen ihm und dem Menschen geben. Die historische Distanz wird so groß, dass Gott verschwindet. Theologie wird zur Denkmalspflege. Wird umgekehrt die theologische Distanz so stark betont, dass der Mensch direkt mit Gott und seiner Ewigkeit konfrontiert wird, verschwindet die historische Distanz. Wenn tausend Jahre wie ein Tag sind (2Petr 3,8), dann ist der Abstand zwischen uns und der Bibel ein Nichts. Die Geschichte verschwindet *sub specie aeternitatis*. Historiker können in diesem Fall nur noch belanglose Fußnoten schreiben.

Die Beziehung zu Gott ist in einer theologischen Hermeneutik nicht von der Beziehung zwischen Menschen zu trennen. Beide Dimensionen sind im Doppelgebot der Liebe verbunden (Mk 12,28–34). Die Liebe zu Gott steht an erster Stelle, die Liebe zum Mitmenschen ist ihr gleichgestellt. Sie wird insbesondere im Neuen Testament ausgeweitet auf Außenseiter, Verlierer und Verlorene. Für uns ist wichtig, dass sie auch Fremde umfasst. Denn eine theologische Hermeneutik will Fremdes verstehen – nicht nur die Fremden, mit denen wir gleichzeitig sind, sondern auch diejenigen, die uns durch ihre zeitliche Distanz fremd geworden sind. Eine theologische Hermeneutik sucht in der Schrift nach Texttranszendenz in beiden Dimensionen, nach Spuren Gottes und der Menschen. Ihr Ziel ist es, mit den Menschen der damaligen Zeit „gleichzeitig" zu werden und sie auch in ihrer Fremdheit zu verstehen.

Die theologische Distanz zwischen Gott und Mensch wurde in der Theologie in der Kirchengeschichte unterschiedlich definiert: In der Antike trennten Vergänglichkeit und Tod den Menschen von Gott, im Mittelalters die Sünde, in der Neuzeit die Sinnlosigkeit und die Absurdität des Daseins. Sie wurden auch in unterschiedlicher Weise überwunden. Im Katholizismus überbrückt die *Kirche* durch ihre Gnadenmittel die Distanz zwischen Mensch und Gott, durch ihre Tradition die Entfernung zwischen Gegenwart und Vergangenheit, durch ihr Gemeinschaftsleben die Distanz zwischen den Menschen. Vor allem aber vermittelt sie durch ihre Autorität Gewissheit. Der Protestantismus will dagegen durch Auslegung der *Schrift* Glaubensgewissheit vermitteln: In der Schrift findet er in der Botschaft von der Rechtfertigung des Menschen die grundlegende Gewissheit der Kirche. Als Sünder sind alle Menschen gleich weit entfernt von Gott in Vergangenheit und Gegenwart. Als Gerechtfertigte sind sie in gleicher Weise frei, sich ihren Mitmenschen zuzuwenden. Wenn in traditionellen reformierten Kirchen kein Kreuz, kein Kelch, keine Blumen auf dem Altar zu sehen sind, sondern nur die aufgeschlagene Bibel, so verkörpert die Bibel in sinnlich wahrnehmbarer Form Texttranszendenz. Sie allein ist das Tor zur Transzendenz. Aber erst Auslegung und Predigt bringen sie den Menschen nahe. Gewissheit ist Auslegungsevidenz. Von Anfang an aber mussten die protestantischen Kirchen ihr hermeneutisches Schriftprinzip vom *Evidenzprinzip* der Spiritualisten abgrenzen, das besagt: Nicht das *verbum externum* der Schrift ist Grundlage der Gewissheit, sondern das *verbum internum* religiöser Erfahrung. Im protestantischen Spiritualismus begann damit eine moderne Entwicklung, die Emanzipation des Glaubens von vorgegebenen Autoritäten – einschließlich der objektiven Autorität des Bibelwortes. Der Spiritualismus steht damit der Mystik nahe, die in allen Zeiten und Religionen einen direkten Zugang zur Transzendenz sucht. Insgesamt zeigen sich somit drei Wege zur Gewissheit: die Autoritätsevidenz des Katholizismus, die Auslegungsevidenz des Protestantismus und die Erfahrungsevidenz des Spiritualismus.

Dass exegetische Auslegungsevidenz im Protestantismus an Grenzen stößt, wurde schon früh im Marburger Religionsgespräch 1529 sichtbar. In ihm konnten sich lutherische und reformierte Theologen nicht durch Exegese auf die Bedeutung der Abendmahlsworte einigen. Die lutherische Tradition hielt an ihrer Überzeugung einer hermeneutischen Auslegungsevidenz fest: Der Heilige Geist sei im objektiven *verbum externum* der Schrift genauso real präsent wie Christus in den Elementen des Abendmahls. Die reformierte Tradition näherte sich den „Spiritualisten" an: Erst durch das *testimonium spiritus sancti internum* entstehe subjektive Evidenz. Dies gelte sowohl für das Verstehen der Bibel als auch für die Wirksamkeit der Sakramente. Mit dem Scheitern des Marburger Religionsgesprächs begann die Krise des Schriftprinzips. Das aber heißt: Die Krise gehört von Anfang an zum protestantischen Schriftprinzip.

Im Pietismus und in der Aufklärung wurde die subjektive Evidenz zum entscheidenden Kriterium der Wahrheit. Der Pietismus suchte sie in der Erfahrung, die Aufklärung in der Vernunft. In der Aufklärung wurden nicht nur einzelne dunkle Texte zum Problem, sondern die Abhängigkeit von der Schrift überhaupt. G.E. Lessing (1729–1781) brachte dies auf die Formel: „Zufällige Geschichtswahrheiten können der Beweis von notwendigen Vernunftwahrheiten nie werden."[679] Anstößig war, dass man sich mit der Schrift von fremden Autoritäten abhängig machte. Dagegen rebellierte das Autonomieprinzip der modernen Welt.

Moderne Hermeneutiken sind von dieser verschärften Krise des Schriftprinzips durch das Autonomieprinzip bestimmt. Zwar war das protestantische Schriftprinzip in der Reformation einmal als Protest gegen die Autorität der katholischen Kirche entwickelt worden und hatte dadurch einen antiautoritären Zug, aber es wurde später oft gegen jede modernisierende Hermeneutik liberaler Theologie ausgespielt. In der Gegenwart macht der Fundamentalismus die Schrift zu einem Bollwerk gegen die Moderne.[680]

---

[679] G.E. LESSING, Über den Beweis des Geistes und der Kraft (1777), 1967, 309.

[680] Evangelikale sind „Maximalisten", die möglichst viel in der Bibel wörtlich nehmen, aber im Einzelnen Abstriche machen können; Fundamentalisten sind „Totalitaristen", die die Schrift insgesamt für irrtumsfrei halten, sonst bricht für sie deren Autorität zusammen.

Gerade deshalb ist es reizvoll, eine zeitgemäße Schrifthermeneutik in den Kategorien der altprotestantischen Schriftlehre zu entwickeln, um zu testen, ob man auch im 21. Jh. Fragen in neuer Weise beantworten kann, die einst die altprotestantische Orthodoxie bewegt haben. Dazu gehen wir die vier Merkmale der Schrift (die *affectiones scripturae*) nach altprotestantischer Lehre durch: Um die Autorität der Schrift als Bollwerk gegen Rom zu sichern, entstand in der Orthodoxie die Lehre von der Schriftinspiration als Personal-, Sach- und Wortinspiration. Diese dreifache Inspiration verlieh der Schrift die Eigenschaften (oder *affectiones*), die ihr Autorität geben: *auctoritas, sufficientia, claritas et perspicuitas, efficacia*. Gelegentlich werden weitere Merkmale genannt, unter denen für uns die *necessitas* wichtig ist.[681] Denn gerade die Notwendigkeit, überhaupt auf die Schrift zurückzugreifen, wurde seit der Aufklärung infrage gestellt.

1. Auctoritas bedeutet:
Die Schrift beglaubigt sich selbst und gewinnt ihre Autorität aus sich selbst.

2. Necessitas meint:
Die Schrift ist notwendig zur Entstehung und Erhaltung des Glaubens.

3. Sufficientia sagt:
Die Schrift enthält alles, was zum Heil notwendig ist.

4. Claritas et perspicuitas versichern:
Die Schrift ist verstehbar und interpretiert sich, indem klare Stellen die dunklen deuten (*scriptura sui interpres* oder: *semetipsam interpretandi facultas*).

5. Efficacia meint:
Die Schrift hat in sich die Fähigkeit, Glauben zu wecken und Menschen zu bekehren.

Im Folgenden soll gezeigt werden: Auch eine moderne polyphone Hermeneutik, die auf eine Inspirationslehre verzichtet und die Schrift als Zeugnis religiöser Erfahrung und Gedanken vergangener Generationen deutet, kann die (altprotestantische) Lehre von den *affectiones* weiterführen. Einige altprotestantische Überzeugungen sind dabei abzulehnen: Die Schrift ist nicht irrtumslos. Sie ist nicht verbalinspiriert, aber kann Leser so inspirieren, dass sie eine „schriftinspirierte Theologie" entwickeln. Trotz dieser Distanz zur altprotestantischen Schriftlehre kann auch eine moderne Schrifthermeneutik an sie anknüpfen. Dazu muss sie

---

[681] Es gibt keine einheitliche Lehre von der Heiligen Schrift in der altprotestantischen Dogmatik. Die Darstellung von H. SCHMID, Dogmatik, ^{9}1979, Kap. IV: De scriptura sacra, entwirft ein bewundernswertes System aus den altprotestantischen Quellen. Im Einzelnen gibt es viele Variationen. Johann Gerhard (1582–1637) hat in seinen „Loci theologici I" (1610) als erster das Schriftprinzip systematisiert und dabei auch die Verbalinspiration zu begründen versucht. Abraham Calov (1612–1686) nennt in seiner „Theologia positiva (1682) als Eigenschaften erster Ordnung: (1) göttliche Autorität (*auctoritas*) und Wahrheit, die er als Irrtumslosigkeit versteht. (2) Vollkommenheit und Vollständigkeit (*perfectio, integritas, sufficientia*), womit er das katholische Traditionsprinzip kritisiert. (3) Klarheit und Fähigkeit, sich selbst auszulegen (*perspicuitas et semetipsum interpretandi facultas*), womit er die katholische Lehre ablehnt, sie sei auf ein Lehramt der Kirche zur Auslegung angewiesen, sie lasse sich vielmehr als Richtschnur und Entscheidungsmacht (*usus normalis ac iudicaria potestas*) gebrauchen. (4) Bekehrungskraft und göttliche Wirksamkeit (*vis convertendi ac divina efficacitas*). Davon unterscheidet er Eigenschaften zweiter Ordnung: Notwendigkeit, Beständigkeit, Unverdorbenheit, authentische Würde. Vgl. E. HIRSCH, Studium der Dogmatik, ^{4}1964, 317f; W.-D. HAUSCHILD, Kirchen- und Dogmengeschichte 2, ^{3}2003, §15, S. 437f.

zeigen: In der Polyphonie der Schrift ist ein doppelter Transzendenzbezug entscheidend. Texttranszendenz ist sowohl Transzendenz zu Gott wie zum Mitmenschen hin. Die theologische Texttranszendenz ist das gemeinsame Anliegen der altprotestantischen und der modernen Schrifttheorie. Eine moderne Hermeneutik unterscheidet sich freilich in einem Punkt von der altprotestantischen Orthodoxie: Zur Polyphonie des Verstehens gehört gleichrangig ein Sozialbezug des Verstehens. Es wirbt um die Zustimmung anderer Menschen.

1 *Auctoritas scripturae* durch Dialogaufnahme mit Gott

Kein Gedanke kann allein dadurch Geltung beanspruchen, dass er schon immer gegolten hat. Er kann nur gelten, weil er einleuchtet und durch Gründe rechtfertigt werden kann. Das wussten schon die Reformatoren. Die Schrift ist auf subjektive Evidenzerfahrungen angewiesen. Das *testimonium spiritus sancti internum* bestätigte ihre objektive Geltung. Welche Evidenzerfahrungen aber können die Schrift zur Autorität machen? Es sind Evidenzerfahrungen im Kontakt mit Gott! Dies entspricht der altprotestantischen Lehre von der Schriftautorität (der *auctoritas scripturae*), auch wenn sie weitere Argumente für die Autorität der Schrift anführte, die heute nicht mehr überzeugen wie der Weissagungsbeweis und die Wunder Jesu. Das Entscheidende ist für die alt- wie für die neuprotestantische Lehre von der Schrift, dass Gott den Menschen durch die Worte der Bibel anspricht. Bei dieser *auctoritas scripturae* unterschied die Altorthodoxie eine ursächliche und eine normative Autorität, eine *auctoritas causativa* und *normativa.*

Die Schrift hat eine *auctoritas causativa*, sofern sie den Glauben durch Dialogaufnahme mit Gott weckt. Nur Gott kann diesen Glauben schaffen. Die Schrift hat darüber hinaus als *auctoritas normativa* eine regulierende Macht, indem sie definiert, was richtiger und falscher Glaube ist. Dabei ist die Schrift als normierende Instanz (oder *norma normans*) den später hinzugekommenen Bekenntnisschriften überlegen; diese müssen sich als *norma normata* der Schrift unterordnen. Die normierende Macht der Bekenntnisschriften ist heute im Leben der Kirche verblasst – abgesehen von Luthers Kleinem Katechismus und einigen Teilen des Heidelberger Katechismus. Dafür entstand eine reichhaltige protestantische Tradition. Zu ihr gehören die Lieder von Paul Gerhardt (1607–1676) und Gerhard Tersteegen (1697–1769). Dazu kommt die Musik Johann Sebastian Bachs (1685–1750). Klassiker des Protestantismus“ sind ferner M. Luthers Schrift „Von der Freiheit eines Christenmenschen“ (1520), D.F.G. Schleiermachers Reden „Über die Religion“ (1799), R. Bultmanns Entmythologisierungsaufsatz „Neues Testament und Mythologie“ (1941), K. Barths Vortrag über „Christengemeinde und Bürgergemeinde“ (1946) und P. Tillichs Buch „Der Mut zum Sein“ (1952). Es ist ein protestantischer Mythos, dass die Schrift allein (*sola scriptura*) die Kirche bestimmt. Schon das Prinzip des *sola scriptura* ist ein Teil der protestantischen Tradition,[682] darüber hinaus aber gehören zu dieser Tradition viele weiteren Schriften.

[682] Diesen Gedanken verdanke ich der E. MAIKRANZ, Reformatorische Tradition, 2015.

Die Autorität der Schrift aber, ihr Anspruch und ihre Geltung liegen letztlich alleine darin, dass sie eine Chance zur Kontaktaufnahme mit Gott ist und gleichzeitig den Weg zu anderen Menschen öffnet. Grundsätzlich gibt es drei Wege für Erfahrungen mit Gott: (1) Gott wird entweder durch Interpretation der Welt gefunden; dann wird die Welt in religiösen Erfahrungen transparent für Gott. (2) Gott begegnet in den Tiefen des Subjekts; dann ist religiöse Erfahrung ein Weg nach innen. (3) Gott macht sich durch Offenbarung selbst bekannt; dann ist religiöse Erfahrung Antwort auf eine Selbsterschließung Gottes.

1.1 Religiöse Erfahrung durch Interpretation der Welt

Lässt sich Gott durch Interpretation der *Welt* erfahren? Wird die Welt an manchen Stellen oder in manchen Zeiten transparent für Gott, sodass wir in ihr Hinweise auf Gott wahrnehmen? Eine Möglichkeit, Gott indirekt in der Welt zu erfahren, wird durch die Ordnung der Natur vermittelt. Für viele Menschen weist sie auf eine überlegene Intelligenz, die alles Dasein und unsere Existenz ermöglicht. Dabei ist die entscheidende Frage: Wann wird solch eine Erfahrung zur Erfahrung Gottes? Denn viele Naturwissenschaftler kennen sehr wohl diese Ordnung, ohne dass sie einen religiösen Funken in ihnen anzündet. Es muss noch etwas hinzukommen, damit aus der wahrgenommenen Ordnung in der Natur religiöse Erfahrung wird: das Staunen darüber, dass überhaupt etwas existiert. Dieses Staunen umfasst auch die Ordnung der Natur. Auch ihre Ordnung ist so kontingent und unerklärlich wie die Existenz der Dinge überhaupt. Drei Aspekte lassen sich in diesem Staunen unterscheiden:

Erstens: Wenn wir uns vorstellen, dass die Ordnung der Natur auch nicht sein könnte, kontrastieren wir SEIN und NICHTSEIN. Mag eine religiöse Erfahrung auch nur von einem kleinen Teil der Wirklichkeit angeregt sein, so umfasst sie dann alles: Erfahrungen von SEIN und NICHTSEIN haben *Totalitätscharakter*. Wenn wir auf die bloße Tatsache des Seins stoßen, öffnet sich ein Horizont, der über alles hinausgeht, was wir empirisch erfahren können.

Zweitens: Wenn die Natur als etwas Wunderbares bejaht wird, wird ihr SEIN als WERT erfahren. Dass etwas existiert, ist in sich wertvoll. Wir ziehen das Sein dem Nichtsein vor. SEIN und WERT sind Erfahrungen mit *Unbedingtheitscharakter*. Denn wenn wir etwas als wertvoll bejahen, müssen wir es bedingungslos dem vorziehen, was nicht wertvoll ist.

Drittens: Wenn sich in dieser Ordnung etwas zeigt, das sich gleichzeitig entzieht, dann weist diese Ordnung auf etwas, das in wahrnehmbaren Erscheinungen zugänglich wird: SEIN wird in seiner ERSCHEINUNG erlebt. Sein wird zum Geheimnis, das sich in Erscheinungen zeigt und zugleich verbirgt. Dadurch gewinnen religiöse Erfahrungen *Tiefencharakter*.

Wo diese drei Merkmale gegeben sind, wo also Strukturen und Prozesse der Welt Erfahrungen mit Totalitäts- Unbedingtheits- und Tiefencharakter auslösen, kann diese Ordnung Gegenstand religiöser Erfahrung werden und mit den Symbolen „GOTT" und „SCHÖPFUNG" gedeutet werden. Vorausgesetzt wird dabei die Alternative von Sein und Nichtsein: Alles könnte auch nicht sein. Vorausgesetzt wird ferner die Differenz von Sein und Wert: Dass überhaupt etwas ist und nicht nichts, ist in sich wertvoll. Vorausgesetzt wird schließlich die Differenz von Sein und Schein: Sein ist mehr, als alles, was wir von ihm erfahren.

Wichtig ist, dass diese Erfahrung die eigene Existenz umschließt. Der Kontingenz aller Dinge entspricht die Kontingenz des eigenen Daseins. Diese wird am intensivsten an zwei Punkten erfahren: Einerseits in unserer Existenz, die sich jeder Entscheidung entzieht. Ferner gerade in unseren Entscheidungen, die so oder anders ausfallen können, also so kontingent sind wie die Existenz der Welt. Die Polarität von SEIN und NICHTSEIN begegnet daher auch im Zentrum unserer eigenen Existenz. Dasselbe gilt für die Polarität von SEIN und WERT. Dem Wert alles Seins entspricht in uns die Zustimmung zum eigenen Leben: eine Daseinsbejahung, die so grundlos ist, wie die Bejahung dessen, dass überhaupt etwas existiert. Schließlich stoßen wir auch in Bezug auf uns selbst auf die Polarität von SEIN und ERSCHEINUNG: Nicht nur das Sein in seiner Totalität ist mehr als alles, was wir von ihm wissen, sondern auch wir selbst sind mehr als alles, was wir von uns wissen.

Die Entsprechung von Sein und Nichtsein, Sein und Wert, Sein und Erscheinung einerseits in der Gesamtwirklichkeit, andererseits in der eigenen Existenz wird als Resonanz erfahren: Die Existenz aller Dinge findet Resonanz in unserem eigenen Dasein. Das eigene Dasein wird dadurch responsorisch zur Antwort auf das Geheimnis der Dinge – auch auf die Ordnung, die sich in ihr zeigt.

Das bedeutet für die Ethik: Wenn wir die regelmäßige Ordnung der Welt als Schöpfung verstehen, werden wir zugleich verpflichtet, selbst nach allgemeinen Regeln zu handeln. Dies impliziert notwendigerweise, dass wir jedem anderen Menschen, der ein Regelbewusstsein hat, Rechenschaft darüber ablegen müssen, warum wir so handeln, wie wir handeln. Wir folgen dann dem kategorischen Imperativ. Dieser kategorische Imperativ sagt ja nicht, dass wir nach denselben universalen Gesetzen handeln sollen, die wir in der Natur erkennen, sondern nach den Gesetzen, die wir uns selbst geben und für die wir die Zustimmung unserer Mitmenschen suchen. In den mythischen Bildern der Bibel von Gott als Gesetzgeber sind solche Erfahrungen in poetischer Sprache kodiert. Wo Gott als Gesetzgeber erscheint, gewinnt die Schrift theologische Texttranszendenz.

1.2 Religiöse Erfahrung durch den Weg nach innen

Wenn wir Gott in transparenten Welterfahrungen suchen, suchen wir ihn auf einem „Weg nach draußen“. Dabei wird uns bewusst: Wir sehen in der Welt zwar dasselbe wie alle anderen Menschen, aber nur bei wenigen wird daraus eine religiöse Erfahrung. Dies muss von subjektiven Voraussetzungen in uns abhängen. Daher ist die Frage berechtigt: Führt nicht auch ein „Weg nach innen“, der uns zu diesen subjektiven Voraussetzungen führt, zu Gott? Finden sich Gottes Spuren also auch in den Tiefen des *Subjekts* – in Voraussetzungen, die wir schon immer machen, wenn wir wahrnehmen, denken und handeln? Gott wäre dann weniger ein Gegenstand unseres Bewusstseins, als ein Teil des Lichts in uns, mit dessen Hilfe unser Bewusstsein alles betrachtet. Gewiss wird Gott auch in der Tiefe des Subjekts nur in seinen Spuren erkannt. Denn der Mensch ist auch in seiner tiefsten Tiefe nicht mit Gott identisch. Aber alles in uns kann zum Medium für Gottes

Spuren werden. Eine solche Spur Gottes in uns ist die Verpflichtung zur Wahrheit. Sie bedeutet: Wir müssen erkannte Irrtümer verwerfen und Hypothesen auf dem Altar der Wirklichkeit opfern, wenn sie sich nicht halten lassen. Jeder kennt diese Verpflichtung zur Wahrheit. Aber auch hier stellt sich die Frage: Wann wird diese Verpflichtung zu einer religiösen Erfahrung? Die Antwort ist: Die Wahrheit wird zur religiösen Erfahrung, wenn die Verpflichtung auf sie in uns einen Sinn für EWIGES, UNBEDINGTES und FREIHEIT aktiviert. Der Sinn dafür ist als *sensus divinitatis* in uns latent vorhanden,[683] wird vielen aber erst in besonderen „Erschließungssituationen" bewusst.[684]

Jede Aussage, die wir mit Geltungsanspruch vertreten, impliziert erstens den Anspruch, dass sie ewig gilt, wenn sie zutrifft, und ewig falsch ist, wenn sie nicht zutrifft: Wenn es heute regnet, dann wird es auch in alle Ewigkeit zutreffen, dass es heute geregnet hat. Und wenn wir uns darin geirrt haben, werden wir uns auch in aller Zukunft in diesem Punkt geirrt haben. Wir haben insofern in uns einen Sinn für EWIGES.[685]

Bei jedem Geltungsanspruch unterwerfen wir uns zweitens der Pflicht, den Irrtum zugunsten der Wahrheit zu verwerfen, auch wenn der Irrtum uns noch so sehr gefällt. Darin meldet sich etwas UNBEDINGTES: Wir erkennen eine Verpflichtung an, die wir unter keinen Umständen missachten dürfen: den Imperativ zur Wahrheit.

Drittens leuchtet ein: Jeder Geltungsanspruch hebt sich auf, wenn er nur das Ergebnis eines Körperzustands ist. Geltungsansprüche setzen FREIHEIT voraus, nämlich die Freiheit, sich von Gründen und nicht nur von Ursachen bestimmen zu lassen. Gründe fordern eine Zustimmung, die wir verweigern könnten. Ursachen wirken ohne unsere Zustimmung.

Wir haben also in uns einen Sinn für Ewiges, für Unbedingtes und für Freiheit. Aber er ist uns meist nicht bewusst. Erst besondere Grenz- und Erschließungssituationen des Lebens aktivieren diesen Sinn. Eine solche Erschließungssituation ist die Herausforderung zu ethischem Handeln und zur Rechenschaft über dieses Handeln. Dabei stoßen wir wieder auf mythische Bilder der Bibel: Es sind Bilder von der Forderung Gottes, der Verantwortung des Menschen vor Gott und von seinem Urteil über alles menschliche Tun. Diese Bilder öffnen den Blick für unsere Nächsten. In unserem Nächsten begegnet eine Forderung, die ewig gilt, unbedingt ist und an unsere Freiheit appelliert. In der poetischen Sprache der Bibel heißt das: Der Herr der Welt begegnet in den bedürftigen Mitmenschen: „Was ihr getan habt einem von diesen meinen geringsten Brüdern, das habt ihr mir getan!" (Mt 25,40). Durch solche Bilder wird die Schrift ein Ort mit theologischer Texttranszendenz, die gleichzeitig den Weg zum Nächsten öffnet.

---

[683] J. CALVIN, Institutio Christianae Religionis I 3,1.

[684] I.TH. RAMSEY, Religious Language, 1957.

[685] A. NYGREN, Die Gültigkeit der religiösen Erfahrung, 1922, wollte darauf einmal seine Religionsphilosophie bauen.

1.3 Religiöse Erfahrung als Antwort auf Selbsterschließung Gottes

Ist es möglich, Gott aus *Gott* selbst heraus zu erkennen? Grundsätzlich gilt von jeder Erfahrung: Das, was wir erfahren, muss in irgendeiner Weise auf uns eingewirkt haben, damit wir es erkennen können. Wir könnten die Sonne nicht erkennen, wenn uns nicht ihre Strahlen berührten. Analog gilt für Gott: Wir würden ihn nicht erkennen, wenn uns seine Auswirkungen nicht schon erreicht hätten. Lässt sich das aber auch begründen?

Eine solche Begründung versuchte einst der ontologische Gottesbeweis. Gott ist das, worüber hinaus nichts Größeres gedacht werden kann. Von ihm allein gilt: *quo maius cogitari nequit*. Kann man daraus schließen: Wenn ihm nicht das Merkmal des Seins zukommt, müsse es noch etwas geben, das noch größer gedacht werden kann, weil es zusätzlich das Merkmal des Seins besäße? Zeigt sich Gott also darin, dass wir seinen Begriff mit innerer Notwendigkeit bis zu Ende denken müssen? Der alte Einwand leuchtet freilich ein: Auch so bleibt Gott immer noch eine von unserem Denken abhängige Größe. Gedachte 100 € sind keine realen 100 €. Daran scheitert der ontologische Gottesbeweis.

Aber dieser Gottesbeweis ist in anderer Weise richtig, indem er auf eine unbestreitbare Erfahrung weist: Wo wir aufhören, nach etwas Größerem zu fragen, weil wir auf etwas gestoßen sind, das ein Zweck in sich ist, sind wir auf Gott gestoßen. Wir können ihn so zwar nur in Gedanken vorstellen. Um uns von seiner Wirklichkeit zu überzeugen, müssten wir nicht nur in Gedanken solch einen Selbstzweck postulieren, sondern in der Realität auf ihn stoßen. Nun gibt es in der Realität die Wahrnehmung eines Selbstzwecks in der ästhetischen Erfahrung, auch wenn es nur etwas ist, das in sich wertvoll *scheint*. Für viele wurde daher in der Gegenwart die Kunst zur „Kunstreligion", in der sie Spuren des Unbedingten finden. Kann doch die Kunst in der Tat eine Ahnung davon wecken, es müsse etwas geben, das nicht nur Selbstzweck zu sein *scheint*, sondern Selbstzweck *ist*. Dann schlägt ästhetische Erfahrung in religiöse Erfahrung um. Denn generell gilt: Wo immer wir auf Erfahrungen stoßen, in denen sich uns eine Wirklichkeit aufdrängt, die in sich selbst Zweck ist, rühren wir an das Geheimnis Gottes.

Jeder erfüllte Augenblick, von dem wir überzeugt sind, dass er in sich selbst sinnvoll ist, wird seinen Wert behalten, auch wenn er lange vergangen ist und wir nicht mehr existieren. Er ist eine „Epiphanie" des Göttlichen, d.h. einer Wirklichkeit, die nicht für etwas anderes da ist, sondern in sich ihren Wert hat. Jede ästhetische Erfahrung ist ein Abglanz davon. Das Ästhetische in seinen mannigfachen Variationen des Schönen und Erhabenen, Komischen und Tragischen, Konkreten und Abstrakten kann zum Abglanz göttlicher Wirklichkeit werden. Kunst, Musik und Dichtung sind deshalb nicht in sich eine Erscheinung des Göttlichen, aber können für dessen Spuren transparent werden. Sie sind zudem eingebunden in irdische Zwecksetzungen – nicht zuletzt in die Notwendigkeit, dass Künstler, Musiker und Dichter Geld verdienen müssen, um sich zu ernähren. Gerade deswegen setzt sich im Kontrast zu dieser Notwendigkeit in der Kunst etwas durch, was frei von Zwecken ist. Dadurch kann die Erfahrung des Ästhetischen die Augen für die Erscheinung des Göttlichen in der ganzen Wirklichkeit öffnen. Am intensivsten begegnet Gott jedoch in der Gestalt anderer Menschen. Der andere

Mensch ist ein Selbstzweck. Er ist es nicht nur, weil er uns ästhetisch als Selbstwert *erscheint*. Er *ist* ein Selbstwert. In der Bibel sagt Jakob zu seinem Bruder, als er sich mit ihm versöhnt: „Ich sah dein Angesicht, als sähe ich Gottes Angesicht, und du hast mich freundlich angesehen" (Gen 33,10).

Die Schrift enthält viele Bilder für solche *signa Dei*, d.h. Spuren Gottes. Das Staunen über die Ordnung der Welt begegnet in der Bibel im Bild der Weisheit Gottes, die zum ethischen Leitfaden wird (Prov 1–8). Der Imperativ der Wahrheit begegnet als Verheißung, dass die Wahrheit freimacht (Joh 8,32). Gottes Realität, die in sich selbst Zweck ist, begegnet in Allaussagen von Gott, aus dem alle Dinge sind, durch den alles ist und zu dem hin alles existiert (Eph 4,6). Es handelt sich bei diesen drei Erfahrungen um Dimensionen des Guten, des Wahren und des Schönen. Aber noch einmal sei betont: Erfahrungen des Guten, Wahren und Schönen sind nicht an sich religiöse Erfahrungen, aber können es werden. Dass sich in ihnen Gott selbst erschließt, wird in der Regel erst durch Anstoß von außen, manchmal auch durch Texte der Bibel, bewusst.

Die hier vertretene These ist also: Nur durch Texttranszendenz wird die Schrift zum Medium von Gotteserfahrung und gewinnt Autorität. Durch sie kann eine Beziehungsaufnahme wie zwischen zwei Personen geschehen. Das heißt negativ: Die Schrift ist keine Autorität für Kosmologie, Geschichte und Ökonomie. Sie erklärt nicht, in wie vielen Tagen die Welt entstanden ist und sie hat auch keine Autorität als kulturgeschichtliches Dokument. *Auctoritas hat die Schrift nur als Chance zur Dialogaufnahme mit Gott*, sofern sie uns zugleich den Weg zum Nächsten öffnet. Darin besteht ihre *kerygmatische Dimension*.[686]

2 Die *necessitas scripturae* aufgrund der Geschichtlichkeit religiöser Erfahrung

Die *necessitas* der Schrift musste in altprotestantischer Zeit vor allem gegen mystische Spiritualisten verteidigt werden. Mystiker brauchen keine Schrift, sie finden unabhängig von ihr auf einem „Weg nach innen" durch das *verbum internum* den Weg zu Gott. Auch der Neuprotestantismus sucht Evidenzquellen unabhängig von der Schrift: in Kunst, Musik, Meditation und Liturgie, Natur und Kultur. Daher stellt sich die Frage: Brauchen wir die Schrift überhaupt als *verbum externum?* Ist religiöse Erfahrung nicht unabhängig von der Schrift? Weht der Geist nicht, wo er will (Joh 3,8)? Mein Plädoyer für die Notwendigkeit der Schrift argumentiert auf verschiedenen Ebenen. Daraus, dass religiöse Erfahrung geschichtlich geprägt und auf Tradition angewiesen ist, folgt (2.1) nur eine „schwache" *necessitas* der Schrift, da religiöse Erfahrungen in unserem Kulturbereich durch die Bibel geprägt sind. Das ist nur ein plausibler Grund dafür, die Schrift intensiv zu befragen, jedoch kein überzeugendes Argument dafür, sich für sie zu entscheiden. Wir müssen darüber hinaus (2.2) die Frage nach der religiösen

[686] Eine Reihe von Hermeneutiken gehen von einer Selbstevidenz des Textes als Wort Gottes aus: H. WEDER, Neutestamentliche Hermeneutik, 1986; U.H.J. KÖRTNER, Der inspirierte Leser, 1994. Aber auch P. RICŒUR, Symbolik des Bösen, 1960, geht von einer inneren Überzeugungskraft der großen religiösen Symbole und Bilder aus, die dem Menschen zu denken geben. Hauptaufgabe einer biblischen Hermeneutik ist es in der Tat, die Bilder und Symbole der Schrift als Ursprung menschlicher Evidenzerfahrungen zu interpretieren.

Wahrheit in unseren Überlieferungen stellen. Sie führt auf einer „mittleren" Ebene zu einer *necessitas* der Schrift, sofern wir in ihr überzeugende Wahrheiten finden. Eine „starke" *necessitas* der biblischen Schriften ergibt sich aber erst (2.3) durch die konkrete *Geschichtsbindung* des Glaubens an die Geschichte Israels und Jesu von Nazareths. Die *necessitas* der Schrift beruht letztlich darauf, dass die Geschichte Israels und Jesu Medium einer Beziehungsaufnahme zu Gott sind.

2.1 Die necessitas der Schrift aufgrund der allgemeinen Traditionsprägung religiöser Erfahrung

Alle religiöse Erfahrung ist gedeutete Erfahrung, die von geschichtlich erlernten Mustern des Wahrnehmens, Deutens, Wertens abhängig ist. Der schwedische Theologe und Religionspsychologe Hjalmar Sundén (1908–1993) machte diese Erkenntnis zur Grundlage seiner Theorie religiöser Erfahrung.[687] Religion ist ein Ergebnis sozialen Lernens, bei dem Menschen aus ihrer religiösen Tradition menschliche Rollen übernehmen und mit dieser *„Rollenübernahme"* gleichzeitig die Beziehung zu korrespondierenden Rollen von Gottheiten aufnehmen. Das nannte er im Unterschied zur Rollenübernahme *„Rollenaufnahme"*. Aufgrund erlernter und internalisierter Rollen deuten Menschen Erfahrungen religiös, wo andere bei denselben äußeren Faktoren (oder *stimuli*) nur profane Erfahrungen machen. Der Unterschied zwischen diesen Erfahrungen hängt mit kognitiven Mustern zusammen, die durch Sozialisation gelernt sind. Wer aufgrund der biblischen Tradition die Rolle des „Kindes Gottes" *übernimmt*, nimmt damit zugleich die Rolle des „Vaters im Himmel" *auf* und entwickelt Erwartungen, in deren Licht er die Ereignisse anders wahrnimmt als ohne diese Erwartung. Auch hier gilt: Wir sehen, was wir wissen. Wir nehmen wahr, wovon wir überzeugt sind. Entscheidend ist: Wir *sehen* dabei wirklich etwas. Wie aber kann man feststellen, dass wir in dem, was wir sehen, ein Zeichen Gottes sehen? Als Merkmale religiöser Erfahrung nennt H. Sundén zwei Merkmale: Totalität und Intentionalität. Wir beziehen in religiösen Erfahrungen partikulare Erfahrungen auf das Ganze der Wirklichkeit und schreiben dieser Totalität eine „Intentionalität" zu, als wolle sie etwas von uns.

Ein Beispiel für solch eine religiöse Erfahrung ist ein Erlebnis des Schriftstellers Éric-Emmanuel Schmitt in der Sahara am 4. Februar 1989.[688] Er war allein von einem hohen Berg gestiegen und hatte sich verirrt. In der Nacht grub er sich zum Schutz vor der Kälte in den Sand ein:

> „Obwohl ich hätte Angst haben müssen, war diese einsame Nacht unter dem gestirnten Himmelsgewölbe ganz außergewöhnlich. Ich habe das Gefühl des Absoluten erfahren und damit die Gewissheit, dass eine Ordnung, eine Intelligenz über uns wacht und dass ich in dieser Ordnung geschaffen und gewollt bin. Immer wieder beschäftigte meine Gedanken derselbe Satz: ‚Alles ist gerechtfertigt' (*Tout est justifié*)."[689]

---

[687] H. Sundén, Die Religion und die Rollen, 1966, ders., Rollenpsychologie, 1969; N.G. Holm/J.A. Belzen (Hrsg.), Sundén's Role Theory, 1995.
[688] Nach G. Theissen, Erleben und Verhalten der Ersten Christen, 2007, 113.
[689] Zitiert aus dem Nachwort zu: É.-E. Schmitt, Oscar et la dame rose, 2004,105f.

Wäre ein anderer Mensch bei ihm gewesen, hätte dieser vielleicht dieselben Sterne gesehen, ohne eine religiöse Erfahrung zu machen. Warum ist aber das, was Schmitt schildert, eine *religiöse* Erfahrung? Vier Aspekte des Religiösen in ihr seien hervorgehoben: (1) Religiöse Erfahrung besteht darin, dass der Mensch die wahrgenommene Ordnung der Welt als „geschaffen" deutet. Diese Ordnung ist für ihn nicht einfach da, sondern ist *ex nihilo* entstanden. Im Sein erscheint daher potenziell ein NICHTSEIN. (2) Das Erlebte ist für ihn wertvoll: Alles ist gerechtfertigt. Alles ist legitim. Es ist nicht nur ein Faktum, sondern ein WERT. Er fühlt sich geborgen, obwohl er Angst hätte haben müssen. (3) Das Erlebte hat eine Tiefendimension, die weit über das hinausreicht, was er sieht. Der Sternenhimmel wird transparent für die Ordnung des Kosmos überhaupt. Das Sein als Ganzes und die konkrete ERSCHEINUNG des Sternenhimmels sind nicht identisch. *Alles* ist gerechtfertigt, nicht nur ein begrenzter Ausschnitt in diesem All. (4) Dazu kommt das Erleben einer Intentionalität: Alles ist *gewollt*. Die universale Intentionalität wird als „Intelligenz" erfahren, sodass der Mensch nicht mehr mit sich allein ist, sondern eine Wirklichkeit entdeckt, die mit ihm zutiefst verwandt ist. Sie hat Intentionen wie er selbst. Er nimmt eine Beziehung zu dieser Wirklichkeit auf.

É.-E. Schmitt hat sein Saharaerlebnis mit biblischen Begriffen als Schöpfung und Rechtfertigung gedeutet.[690] Wichtig ist, dass er es spontan und unmittelbar so deutete, denn nur in diesem Fall handelt es sich um eine unmittelbare religiöse *Wahrnehmung*. Die Deutungen waren schon vorher im erlebenden Ich da, in diesem Falle als Vorstellungen von Schöpfung und Rechtfertigung. Sie können aber auch in einem nachträglichen Reflexionsprozess aktiviert worden sein. Dann handelt es sich um religiöse *Interpretationen*. Die Schrift enthält für beide Fälle ein Angebot, um Erfahrungen vorgreifend zu ermöglichen oder nachträglich zu deuten. Dennoch müssen wir uns fragen: Müssen wir solche Deutungen unbedingt aus der Bibel nehmen? Die allgemeine Geschichtlichkeit religiöser Erfahrung impliziert nicht, dass wir nur in einer ganz bestimmten Geschichte die passenden Deutungsmuster für religiöse Erfahrungen finden. Jedoch gibt es gute Argumente dafür, den Anschluss an eine bestimmte religiöse Tradition zu rechtfertigen, ohne für sie Absolutheitsanspruch zu reklamieren, nämlich je ein traditionsökonomisches, wirkungsgeschichtliches und didaktisches Argument:

Das *traditionsökonomische* Argument sagt: Es ist vernünftig, sich auf eine vorhandene Tradition zu konzentrieren und sie auszuwerten. Selbst eine dogmatische Bindung an sie hat den positiven Effekt, dass ihr Potenzial für Leben, Denken und Fühlen nicht vorschnell verloren geht. Das ist für alle Menschen wertvoll. Die Konzentration auf eine Tradition lässt sich traditionsökonomisch dadurch rechtfertigen, dass wir durch diese Konzentration mit wenig Aufwand viel erreichen: Das gilt in einer pluralistischen Gesellschaft selbstverständlich für alle in ihr vorhandenen Traditionen. Wer Zugang zum Judentum, Islam oder Buddhismus hat, soll das Potenzial dieser Religionen für sich erkunden. Das traditionsökonomische Argument ist neutral. Es sagt nur: Konzentration auf eine Tradition ist sinnvoll. Es sagt nichts darüber aus, welche Tradition das sein sollte.

---

[690] Unausgesprochen ist das Theodizeeproblem in beiden Stichworten verborgen: Denn in der Schöpfung lässt sich so vieles nicht rechtfertigen!

Das *wirkungsgeschichtliche* Argument führt hier einen kleinen Schritt weiter. Es sagt: Es ist vernünftig, diejenige Tradition intensiv auszuwerten, in der wir aufgewachsen sind und die uns geprägt hat. Im vertrauten Milieu können wir gute und schlechte Traditionen besser unterscheiden. In fremden Kulturen fallen wir allzu schnell auf gut inszenierten Pseudo-Tiefsinn herein. Der wirkungsgeschichtliche Weg führt freilich auch zu einer Relativierung der eigenen Tradition: Wir erkennen, dass uns mehrere Traditionen geprägt haben. Das Christentum hat nur zusammen mit nichtchristlichen antiken Traditionen gewirkt. Fremde Religionen haben Spuren bei uns hinterlassen.

Hier greift ein „*didaktisches*" Argument. Es sagt: Es ist unvermeidbar, dass wir zunächst unsere Muttersprache lernen. Ihr Erlernen ist die Voraussetzung dafür, andere Sprachen zu lernen. Daher sind wir verpflichtet, unseren Kindern die Grammatik der Muttersprache in der Schule so beizubringen, dass sie didaktisch das Erlernen anderer Sprachen erleichtert. Ebenso ist es mit der Religion: Wer nicht durch Aufwachsen in einer Religion überhaupt keine religiöse Sprache lernt, wird wenig Verständnis für andere Religionen entwickeln.

Alle genannten Argumente rechtfertigen, dass wir uns Traditionen anschließen und sie studieren, ergeben aber insgesamt nur eine „schwache" *necessitas* dafür, die biblische Schrift dem eigenen Glauben zugrunde zu legen. Diese Notwendigkeit wird ein wenig größer, wenn wir die Traditionen daran messen, inwiefern sie die Grundfragen der Religion beantworten. Damit kommen wir zu ethischen und religionstheoretischen Argumenten für eine Hinwendung zur Bibel.

2.2 Die necessitas der Schrift aufgrund ihrer Antwort auf die religiöse Frage

Eine Tradition ist für unser geistiges Leben notwendig, wenn wir in ihr Antworten auf unausweichliche Fragen finden. Das Problem ist: Schon die Fragen, für die wir eine Antwort in bestimmten Traditionen suchen, sind von Traditionen geprägt. Wenn man „Religionen" als Zeichensprachen definiert, durch die Menschen durch Kontakt mit einer letztgültigen Wirklichkeit Lebensgewinn suchen, so ist diese Definition schon „biblisch" geprägt. Denn in der Bibel geht es um den Kontakt zu Gott und Lebensgewinn durch die Zuwendung zum Mitmenschen. In ihr setzt sich in der Beziehung zu Gott ein exklusiver Monotheismus durch, der keine Götter neben sich duldet. In ihr wird gleichzeitig eine expandierende Solidarität verlangt, die über den Nächsten hinaus auch andere einschließt. Die Antwort auf die Frage, wie diese Kontakte in beiden Dimensionen positiv gestalten werden können, hat einen gemeinsamen Nenner: die Liebe. Denn im Zentrum der Bibel steht das Doppelgebot der Liebe als Kombination eines religiösen und ethischen Imperativs. Ist es aber für den ethischen Imperativ der Nächstenliebe wirklich notwendig, auf die Bibel zurückzugreifen? Leuchtet er nicht auch ohne weitere Erklärungen ein? Ist die Bibel also vielleicht nur der Entdeckungszusammenhang einer unabhängig von ihr einleuchtenden ethischen Maxime? Was spricht dennoch für den Rekurs auf die Bibel?

Hat die Bibel eine geschichtliche *Priorität*? Das Nächstenliebegebot mag vielen Menschen einleuchten, aber es wurde zum ersten Mal in Israel (Lev 19,18) formuliert und im Neuen Testament aufgewertet. Man muss der Bibel daher gewiss einen „Ehrenplatz“ im kulturellen Gedächtnis der Menschheit einräumen. Aber kann sie deshalb eine unbedingte normative Geltung beanspruchen?

Hat die biblische Nächstenliebe darüber hinaus eine besondere *Qualität*? Ist das Liebesgebot in der Bibel klarer formuliert als anderswo? Ist es hier vielleicht radikaler als sonst? In der Tat wird in ihr ein allgemein einleuchtendes Gebot konsequent ausgeweitet. Schon in Lev 19,18 wird es auf diejenigen angewandt, bei denen die Nächstenliebe schwerfällt: auf Prozessgegner, Behinderte und Schwache. Im Neuen Testament wird die Nächstenliebe sogar auf alle Feinde, auf Fremde und Sünder ausgeweitet.

Hat die biblische Formulierung der Nächstenliebe durch ihren biblischen Kontext darüber hinaus eine besondere *Motivationskraft*? Wurde sie in einer Nische der Weltgeschichte formuliert oder im Kontext harter Konflikte? Je konkreter der Kontext, je „historischer“ die Gestalt hinter dieser Formulierung ist, umso weniger kann man sie als illusorische „Hypermoral“ abwerten.

Daher kann man sagen: Selbst, wenn man die Bibel *nur* als Lehrbuch einer ansprechenden Ethik ansieht, hat sie Gewicht. Sie ist auch dann mehr als der Entdeckungszusammenhang einer allgemein einleuchtenden Erkenntnis, den man später vergessen oder verdrängen darf.

Gleichwertig mit der Beziehung zum Nächsten ist die Beziehung zu Gott. Hier ist in der Bibel der Monotheismus zum Durchbruch gekommen. Er hat dabei eine besondere Gestalt angenommen: Es ist ein *exklusiver* Monotheismus, der die Verehrung anderer Götter ausschließt. Gleichzeitig entsteht in Griechenland ein *inklusiver* Monotheismus, der in der Verehrung verschiedener Götter die eine und einzige Gottheit ahnt – abgesehen vom *dualistischen* Monotheismus Persiens, bei dem sich Gott gegen seinen Gegenspieler durchsetzen muss. Natürlich stellt sich hier die Frage, ob der Monotheismus der Wirklichkeit gerecht wird. Unbestreitbar ist, dass sich die Realität uns immer mehr als Einheit erschlossen hat und der Mensch dadurch zur inneren Einheit wurde, indem er alle seine Kräfte auf den einen Gott ausgerichtet hat. In der Religionsgeschichte gibt es einen Sog zum Monotheismus, zugleich aber eine Tendenz zur Verbindung verschiedener Varianten des Monotheismus: Der biblische Monotheismus hat ein dualistisches Element übernommen, als er den Satan zum Gegenspieler Gottes machte. Er nahm inklusive Züge an, wenn er alle Mächte und Gewalten wie im Kolosser- und Epheserbrief in einer großen Einheit vereint. Es gibt gute religionstheoretische Argumente, dem Monotheismus eine größere Wahrheit zuzuschreiben als anderen Formen der Religion – vor allem dann, wenn man auch die biblische Religion auf dem Weg sieht zu einer Religion, für die Gott alles in allem ist (1Kor 15,28). Auf diesem Weg wird man der Bibel immer eine wichtige Stellung einräumen können.

Wir müssen diesen Gedanken aber noch einmal vertiefen. Im Zentrum der Bibel, dem Doppelgebot der Liebe, steht nicht eine bestimmte *Vorstellung* von Gott, sondern eine *Beziehung* zu ihm: Dem einen und einzigen Gott soll der Mensch mit seinem ganzen Dasein dienen, mit Herz, Seele und allen Vermögen (dazu mit dem Verstand, wie es in der neutestamentlichen Variante dieses höchsten Gebotes heißt). Hier geht es nicht um eine zeitlose Wahrheit, die man religionstheoretisch einschätzen kann, sondern um eine Beziehungsaufnahme zwischen dem

Menschen mit seinem ganzen Dasein und Gott als dem einen und einzigen Gott. Diese Beziehung ist etwas Singuläres. Wer die Entwicklung von Ethik und Religion nur ethik- und religionsgeschichtlich betrachtet, ist wie ein Reisender, der viele Menschen kennenlernt und über sie kulturwissenschaftliche Studien macht. Aber er wechselt in eine ganz andere Betrachtungsweise, wenn er sich in einen dieser Menschen verliebt, wenn er also eine Beziehung zu ihm aufnimmt. Dann fällt dieser eine Mensch aus allen anderen Menschen heraus. Er lässt sich zwar nach wie vor unter vielen Kategorien beschreiben und bewerten, aber die Aufnahme einer Liebesbeziehung geht über alle diese Kategorisierungen hinaus. Es ist ein fundamentaler Wechsel in eine andere Relation, wenn ein Erkenntnisgegenstand zum Partner wird. Genau darum aber geht es im Glauben: um eine singuläre Beziehungsaufnahme, durch die Gott zum Partner wird. Bei solch einer Beziehung ist der Bezug zu einer konkreten Geschichte konstitutiv. Wer eine Partnerschaft eingeht, tritt in die Geschichte des Partners ein. Im Glauben ist das die Geschichte Israels und in ihrer Mitte die Geschichte des Jesus von Nazareth. Erst wenn wir den Glauben als eine Beziehung verstehen, die den Glaubenden in diese konkrete Geschichte einbindet, erhält die Schrift eine starke *necessitas* durch einen konkreten Geschichtsbezug.

2.3 Die necessitas der Schrift aufgrund des konkreten Geschichtsbezugs religiöser Erfahrung

Unbedingt notwendig für religiöse Erfahrung wird die Schrift also erst, wenn wir das Christentum als eine geschichtsbezogene Religion bestimmen: Nur durch (schriftliche) Quellen können wir uns den Ursprungsereignissen und Ursprungserfahrungen des Christentums nähern. Nirgendwo ist uns die Vergangenheit unmittelbar zugänglich. Sie existiert immer nur als Rekonstruktion aufgrund gegenwärtig existierender Quellen und Relikte.

Doch müssen wir noch einmal die Frage stellen: Können wir uns vielleicht von dieser konkreten Geschichte lösen? Hier sei ein hermeneutischer Entwurf skizziert, der zwar von der Bibel ausgeht, sich aber im Grunde von ihr stark gelöst hat: Es ist Eugen Drewermanns archetypische Hermeneutik in Anlehnung an C.G. Jung. Die Religion basiert danach auf unbewussten, transkulturell verbreiteten Bildern in unserem kollektiven Unbewussten. Dieses kollektive Unbewusste ist wie ein großer unterirdischer See in der Sahara, der manchmal in kleinen Oasen an die Oberfläche dringt. Die Bibel ist solch eine Oase. Hier tauchen in konzentrierter Weise zeitlose archetypische Bilder wie aus einem großen unterirdischen See an die Oberfläche und ermöglichen religiöse Erfahrungen. Nicht das Rollenangebot der Religionen in ihren verschiedenen Schriften, sondern das zeitlose Bilderangebot der Archetypen ermöglicht danach religiöse Erfahrung. Dieselben Archetypen wie in der Bibel begegnen in Märchen, in der Literatur und in den Mythen anderer Völker. De facto hat für Drewermann die Bibel einen Vorrang, aber grundsätzlich kann er auch viele nicht-biblische Texte in seinem Sinne interpretieren. Hier finden wir eine begrenzte *necessitas* der Schrift, die auf ein ungeschichtliches Reservoir von Bildern zurückgreift, das u.a. in der Schrift an die Oberfläche kam.[691]

Jedoch stellt sich weiterhin die Frage, warum die Geschichte Israels und Jesu von Nazareth eine derart singuläre Stellung in der Geschichte einnimmt, dass man sich an ihr orientieren muss? Die universalgeschichtliche Hermeneutik von W. Pannenberg bot dazu eine Geschichtstheorie an, in der die Beziehung des Glaubens auf Jesus von Nazareth notwendig ist, denn für ihn war Jesus die Vorwegnahme des Endes der Geschichte. Ohne Kenntnis des Endes könnten wir die Geschichte als Ganze nicht verstehen. Nur von Jesus her wird uns also die Geschichte erschlossen. Freilich übersteigt solch ein universaler Geschichtsentwurf unsere Erkenntnismöglichkeiten. Wir haben keinen Einblick in die Gesamtgeschichte. W. Pannenberg sagt selbst, dass eine Verifikation der universalgeschichtlichen Offenbarung erst im Jenseits erfolgen kann. Dies bedeutet aber, dass diese Offenbarung aus der Perspektive endlicher Menschen nie erkannt werden könnte, wenn nicht Gott deren Ende in der Aufweckung Jesu von den Toten schon vorweggenommen hätte. Aber übersteigt es nicht unsere Erkenntnismöglichkeiten, ein konkretes Ereignis universalgeschichtlich als Prolepse des Endes zu deuten? Zu diesem Modell gibt es jedoch eine Alternative: Der Rekurs auf die Bibel und auf Jesus wäre m.E. rechtfertigt, wenn die Geschichte Israels und Jesu einen Zugang des Menschen zu Gott ermöglicht. Man muss plausibel machen, dass in dieser Geschichte in exemplarischer Weise religiöse Transzendenzerfahrung vermittelt wird. Das kann man für das Alte Testament leichter begründen als für das Neue Testament. Denn das Alte Testament ist Zeuge einer Revolution in der Religionsgeschichte: In ihm bricht die Erkenntnis des einen und einzigen Gottes durch. Darin ist diese Geschichte singulär. In dieser Geschichte hat aber auch Jesus seinen Ort. Die Frage ist, ob wir auch hier einen Umbruch in der Geschichte erkennen können, eine „zweite Revolution", die in gültiger Weise den Kontakt mit Gott eröffnet. Zumindest so viel ist erkennbar: Im Neuen Testament wird der Glaube an den einen und einzigen Gott so gestaltet, dass er universalisiert werden kann. Er wird für alle Menschen zugänglich – auch für Fremde, Außenseiter, Versager und Verlorene. Der Glaube an den einen und einzigen Gott wird hier eng mit der Öffnung für alle Menschen verbunden. Vor allem aber werden Grundzüge einer antiselektionistischen „Revolution" erkennbar, die Leben ermöglicht, wo es sonst verloren ist. Damit wird eine evolutionäre Schwelle überschritten.[692]

3 Die *sufficientia scripturae* und ihre Angewiesenheit auf Tradition, Erfahrung und Vernunft

Die *sufficientia scripturae* der Altprotestanten besagt, dass in der Schrift alles enthalten ist, was der Einzelne und die Kirche für ihr Leben und Zusammenleben

[691] Man muss diese hermeneutische Theorie nicht teilen, um viele Auslegungen von Drewermann für anregend und wertvoll zu halten. Sein Erfolg zeigt Defizite der historisch-kritischen Exegese im Umgang mit der Bibel auf. Aber seine Exegesen halten oft strengen historischen Kriterien nicht stand.

[692] Vgl. meine Gedanken zum Antiselektionismus der urchristlichen Religion: G. THEISSEN, Biblischer Glaube in evolutionärer Sicht, 1984; ders. Biblischer Glaube und Evolution, 2011, 188–237.

benötigen. Dies ist eine kühne Behauptung. Die Bibel ist ein altes Buch, das unmöglich alles enthalten kann, was eine christliche Gemeinde für ihr Leben heute braucht. Dies hat auch John Wesley (1703–1791) erkannt. Er nennt vier Quellen des Glaubens, über die *Schrift* hinaus auch *Tradition, Erfahrung* und *Vernunft*. Die Frage ist berechtigt, ob durch dieses methodistische Viereck (*Quadrilateral*) nicht die *sufficientia* der Schrift infrage gestellt wird.[693]

Wie steht es mit der *Tradition*? Vertreter des Protestantismus haben in Abgrenzung gegen den Katholizismus die Schrift oft gegen die Tradition ausgespielt. Gleichzeitig haben sie neue Traditionen geschaffen, denen sie eine normierende Kraft zuschrieben. Sie erhoben die Schrift zum Formalprinzip des Protestantismus und zentrale Inhalte in ihr zum Materialprinzip: die Rechtfertigungslehre, die Gewissensfreiheit oder die Kritik an allen Verabsolutierungen.[694] Solche Definitionen eines protestantischen Prinzips sind *de facto* Ergänzungen der Schrift durch eine spezifisch protestantische Tradition. Was immer man dabei als Materialprinzip des Protestantismus formuliert, es hat immer einen Bezug zu Gott und zum Nächsten. Die Rechtfertigungslehre sagt: Gott allein rechtfertigt; dadurch wird der Mensch frei, seinem Nächsten zu dienen. Das Gewissensprinzip sagt: Gottes Wille macht sich im Gewissen bemerkbar; er verpflichtet den Menschen, sich für seinen Nächsten einzusetzen. Die Kritik an Verabsolutierungen setzt voraus: Gott ist mit nichts in der Welt identisch, sodass man sich kein Bildnis noch Gleichnis von ihm machen darf; das aber verpflichtet, sich auch vom Mitmenschen kein definitives Bild zu machen. Immer ist der doppelte Transzendenzbezug entscheidend. Auch hier begründet eine zweifache theologische und soziale Texttranszendenz die Bedeutung der Schrift.

Wie steht es aber mit der *Erfahrung*? Die Christentumsgeschichte kennt mystische und prophetische Erfahrungen. Wenn wir klären, was für Erfahrungen das sind, dürfen wir uns nicht auf unsere eigenen Traditionen beschränken, sondern müssen Erfahrungen in der Ökumene und allen Religionen heranziehen. Dabei sollten wir anerkennen, dass kein Mensch alle Möglichkeiten sinnvoller religiöser Erfahrung realisieren kann, aber auch, dass ohne Erfahrung keine Religion vorstellbar ist. Die erfahrungstheologische Hermeneutik (J. Lauster)[695] hat auf jeden Fall diese Pointe: Die Schrift ist ein Hilfsmittel, um gegenwärtige religiöse Erfahrungen anzuregen und zu erhellen, nicht Erfahrungen überhaupt, sondern Transzendenzerfahrungen. Die Schrift hat in solch einer Hermeneutik die Aufgabe, Erfahrungen zu deuten und so mitteilbar zu machen. Nur so können Erfahrungen Gemeinschaft bilden.

---

[693] Vgl. A.C. OUTLER, Wesleyan Quadrilateral, 1985.

[694] Die Unterscheidung eines materialen von einem formalen Prinzip entstand in der Vermittlungstheologie des 19. Jh. A.D.Chr. Twesten (1789–1876) sah in der Rechtfertigungslehre, I.A. Dorner (1809–1884) im Glauben das Materialprinzip des Protestantismus; vgl. J. LAUSTER, Prinzip und Methode, 2004, 82–93. Die Suche nach einem Prinzip des Protestantismus geht parallel zu katholischen Bemühungen. Vgl. die Habilitationsschrift von J.A. Möhler (1796–1838) in Tübingen aus dem Jahr 1825: „Die Einheit der Kirche, oder das Princip des Katholicismus". Im Laufe des Jahrhunderts wurde diese Suche nach einem Materialprinzip durch die Suche nach dem „Wesen des Christentums" abgelöst. Nachdem L. FEUERBACH, Wesen des Christentums, 1841, es in religionskritischer Absicht analysiert hatte, stellte es zum Beginn neuen Jahrhunderts A. v. HARNACK, Das Wesen des Christentums, 1900, in religionshermeneutischer Absicht dar.

[695] J. LAUSTER, Schriftauslegung, 2014.

Das letzte der vier methodistischen Prinzipien ist die *Vernunft*. Der Protestantismus hat zwar keine Religionsphilosophie als Grundlage seiner Theologie entwickelt, wie sie der Katholizismus einst in der thomistischen Philosophie besaß. Aber eben darum muss sich der Protestantismus heute mehr denn je um eine Religionsphilosophie bemühen. In einer säkularen Gesellschaft kann sich der christliche Glaube nur mit allgemein zugänglichen Argumenten verständlich machen. Wenn sich protestantische Theologie programmatisch der religionsphilosophischen Argumentation entzieht, indem sie allein der Offenbarung vertraut, muss sie mit Argumenten zumindest begründen, warum sie in der Religion nicht auf Argumente vertraut. Aber es gibt ein starkes Argument dafür, auch in der Religion auf Argumente zu vertrauen. Wer eine theologische Hermeneutik eine Ausrichtung auf den Nächsten gibt, muss sich um Argumente bemühen, sonst entzöge er sich dem Nächsten. Argumente sind Werbungen um die Zustimmung des Nächsten. Dasselbe gilt *mutatis mutandis* für die Ethik: Wer heute eine christliche Ethik vertritt, muss argumentativ um Zustimmung anderer Menschen werben. In der Ethik ist das besonders wichtig, weil in einer säkularen Gesellschaft Menschen mit verschiedenen Überzeugungen zusammenarbeiten müssen. Wenn Theologen zur Begründung der Ethik auf die Beziehung zu Gott verweisen, so können wir das nur durch *Religions*philosophie allgemein verständlich machen, also durch Nachdenken über die Beziehung des Menschen zur Transzendenz.

Wird durch das Viererprinzip (*Quadrilateral*) von Schrift, Tradition, Erfahrung und Vernunft also die „Schrift" relativiert? Keineswegs! Vielmehr kann man zeigen: Die Schrift selbst enthält *Traditionen* und hat als Nacherzählung biblischer Texte oder Kommentare zu ihnen Traditionen hervorgerufen. Die Schrift selbst bezeugt *Erfahrungen* mit Gott und rechnet mit neuen Erfahrungen in der Zukunft, wenn das JohEv weissagt, dass der kommende Paraklet die Christen in alle Wahrheit führen wird (Joh 16,13). Auch die *Vernunft* wird in der Schrift hochgeschätzt: Sie wird im Alten Testament u.a. Weisheit genannt. Diese Weisheit ist international. Salomo und die Königin des Südens verständigen sich durch ihre Weisheit. In der Weisheitsliteratur begegnet uns diese „Weisheit" als ein eigenständiger Zugang zu Gott, der relativ unabhängig von Tempel und Thora ist. Wer die theologische Bedeutung von Tradition, Erfahrung und Vernunft leugnet, hat die Schrift gegen sich.

Was aber hält diese vier Evidenzgrundlagen, also Schrift, Tradition, Erfahrung und Vernunft, zusammen? M.E. gibt es eindeutig einen gemeinsamen Nenner: die Beziehung zu Gott und zum Nächsten. Man muss sich jeweils fragen: Warum wurden aus den vielen damals entstandenen Schriften gerade diese und keine anderen ausgewählt? Warum übernahm man aus dem gesamten Erfahrungsschatz der Menschen gerade diese Erfahrungen und keine anderen? Warum wurden gerade diese Traditionen aufgegriffen und keine anderen? Warum wurden diese vernünftigen Argumente formuliert und keine anderen? Das jeweilige Auswahlprinzip ist ihre Beziehung zu Gott und zum Nächsten. Sie gibt den verschiedenen Evidenzgrundlagen der Religion eine einheitliche Ausrichtung. Theologische Texttranszendenz macht die Schrift zur „Heiligen Schrift", zwischenmenschliche Texttranszendenz macht sie zur kanonischen Schrift für Ethik und Kirche.

Worin könnte dann aber die *sufficientia scripturae* heute bestehen? Sofern es um die Beziehung zu Gott geht, ist die Schrift in der Kirche ausreichend, wenn sich die Kirche zugleich auf Tradition, Erfahrung und Vernunft stützt. Modelle für die Verarbeitung von Tradition, Erfahrung und Vernunft kann sie der Schrift selbst entnehmen. Die Schrift zeigt, dass man Traditionen immer wieder neu weiterschreiben muss, dass neue Erfahrungen neue Antworten verlangen und unsere Vernunft alles überprüfen muss (Röm 12,2). *Sufficientia hat die Schrift als Grundlage der Kirche für ihre Aufgabe, Menschen den Dialog mit Gott zu ermöglichen und Menschen durch diesen Dialog zusammenzuführen.* Die doppelte theologische Texttranszendenz begründet die kanonische Dimension der Texte.

4 *Claritas scripturae* durch Grudmotive des Glaubens

Wenn die Schrift Menschen zusammenführen soll, muss sie in wesentlichen Aussagen verständlich sein. Für die Reformatoren waren die zentralen Aussagen über Heil und Unheil der Menschen klar und einleuchtend. Sie waren überzeugt: Von diesen klaren Stellen her könne man die weniger klaren Texte interpretieren oder ihre Deutung offenlassen. Was aber besagen diese klaren Aussagen? Für die Reformatoren war klar: Es sind Aussagen über die Beziehung des Menschen zu Gott, vor allem über seine Rechtfertigung: „So halten wir nun dafür, dass der Mensch gerecht wird ohne des Gesetzes Werke, allein durch den Glauben" (Röm 3,28). Heute ist diese Klarheit nicht mehr gegeben. Heute scheint die Schrift in die Hände von Exegeten und Fachleuten gefallen zu sein, die auf manche Gläubigen so abschreckend wie jene Räuber wirken, die auf dem Weg von Jerusalem nach Jericho ihr Unwesen trieben. Genauso versperren in ihren Augen manche Exegeten heute den Weg zu einem Schriftverständnis. Die Schrift sei keineswegs für alle Menschen klar und einleuchtend, sondern in vieler Hinsicht dunkel. Sie entferne sich mit wachsendem Zeitenabstand von unserer Welt und werde dadurch unverständlicher. Aber es gab von jeher die Hoffnung, dass sich diese Unverständlichkeit in *claritas* verwandelt, wenn man in der Schrift etwas findet, das dem Leben Halt und Sinn gibt; wenn man durch sie hindurch mit Gott Kontakt aufnimmt und das Leben dadurch verändert wird. *Claritas* gewinnt die Schrift dadurch, dass sie ihre Leser durch *Vernunft*, *Gefühl* oder *Willen* überzeugt, ihr Leben mit Gott zu führen.

4.1 Claritas scripturae durch Vernunft, Gefühl und Willen: Grundtypen der Hermeneutik

In der Geschichte des Bibelverständnisses haben verschiedene Epochen diese drei Vermögen des Menschen in den Mittelpunkt gestellt: in der Aufklärung die Vernunft, in der Romantik das Gefühl, in der Moderne den Willen. Eine *Vernunfthermeneutik* war das Anliegen der Aufklärung. Ihr Grundsatz lautet: Wage selbst zu denken und zu urteilen! Übernimm nichts unkritisch, sondern nur, was dir evident ist! Wer mit dieser Devise an die Bibel herangeht, sucht in ihr nach einer verborgenen Vernunft und Weisheit. G.E. Lessing (1729–1781) ist das Modell dieser Suche nach einer verborgenen Vernunft in der Bibel, nach einer inneren Wahrheit in ihr, die unabhängig davon ist, was in ihr historisch zutrifft oder nicht. Heute wird eine Vernunfthermeneutik als Hermeneutik der Universalgeschichte von W. Pannenberg, als Hermeneutik des religiösen Sprachspiels von katholischen Religionsphilosophen wie Friedo Ricken vertreten[696], als Philosophie der „souveränen Daseinsäußerungen" von der lutherischen Schöpfungstheologie von K.E. Løgstrup.[697] Diese souveränen Daseinsäußerungen, denen wir uns nicht entziehen können, setzen sich in uns gegen andere Tendenzen durch; in ihnen mache sich Gott in unserem Leben bemerkbar. Solche Ansätze sind Teil einer theologischen Vernunfthermeneutik, deren Grundsatz es ist: Wir müssen unsere Irrtümer immer wieder durch neue Gedanken korrigieren. Dies entspricht dem biblischen Prinzip der „Umkehr", das wir auch im Denken verwirklichen müssen.

Die *Gefühlshermeneutik* der Romantik erkannte an, dass subjektive Evidenz in der Religion nicht nur auf Vernunftkriterien, sondern auch auf Intuition und Gefühl beruht. Nach D.F. Schleiermacher (1768–1834) entzündet die Bibel durch alle historisch bedingten Vorstellungen hindurch ein „Gefühl schlechthinniger Abhängigkeit". Dieses Gefühl sei das Entscheidende, nicht aber, was in der Bibel im historischen Sinne wahr oder falsch sei. Die Vernunfthermeneutik der Aufklärung wurde so durch die Gefühlshermeneutik der Romantik vertieft. Heute wird solch eine Hermeneutik oft von den Vertretern einer Kulturhermeneutik vertreten, also einer Hermeneutik des christlichen Lebens, die oft zur Hermeneutik der Schrift hinzutritt. Auch wir haben hier solch eine Hermeneutik skizziert: Wenn das Staunen darüber, dass überhaupt etwas existiert, die zentrale religiöse Grunderfahrung ist, dann ist das eine theologische Gefühlshermeneutik. „Staunen" ist ein Gefühl. Wenn es die Existenz aller Dinge erschließt, ist es mehr als eine beliebige Stimmung. Es erschließt einen Sachverhalt in allen Dingen, der uns selbst umgreift.

Eine *Willenshermeneutik* wurde entwickelt, als in der modernen Zeit die Umgestaltung der Welt zum großen Thema wurde. Damit verschob sich die Frage nach der Evidenz biblischen Glaubens. A. Schweitzer (1875–1965) fand in der Bibel vieles, was nicht „vernünftig" war, z.B. Vorstellungen von einer apokalyptischen Veränderung der Welt. Aber in ihnen spürte er einen Willen, dem er sich verpflichtet wusste: den Willen, das Leben zu bewahren, zu fördern und so das Reich Gottes durch Veränderung der Welt schon jetzt beginnen zu lassen. Eine ganz andere Willenshermeneutik findet man bei R. Bultmann: Das Kerygma ruft zur Entscheidung und zielt auf eine Antwort durch unseren Willen – nämlich den Willen, ein authentisches Leben zu führen. Sieht man in der Entsprechung zwischen der Kontingenz aller Dinge und der Kontingenz unseres Willens eine Entsprechung, dann ist die Reflexion darüber Teil einer theologischen Willenshermeneutik. Wir vollziehen in uns eine *creatio ex nihilo*, insofern wir die Fähigkeit haben, etwas neu anzufangen, und sind eben dadurch Ebenbild der großen *creatio*

---

[696] F. RICKEN, Glauben, 2007.

[697] Vgl. O. JENSEN, Knud Ejler Løgstrup, 2015, 122–162. „Spontane oder souveräne Daseinsäußerungen" sind (1) Vertrauen und Zuversicht, (2) Offenheit der Rede und Aufrichtigkeit, (3) Barmherzigkeit und Liebe, (4) Hoffnung.

ex nihilo der ganzen Wirklichkeit. Wir sind ein Ebenbild des Gottes, der schlechthin der Anfang aller Dinge ist.

G.E. Lessing, F.D. Schleiermacher und A. Schweitzer sind die großen Repräsentanten einer Vernunft-, Gefühls- und Willenshermeneutik. Auch hier ist der Transzendenzbezug entscheidend: im Imperativ zur Wahrheit, im Staunen über die Existenz aller Dinge und der Verantwortung des Menschen für sein Handeln. Zur modernen Willenshermeneutik gehört m.E. auch die existenziale Interpretation. Sie hatte freilich, bedingt durch ihren zeitgeschichtlichen Entstehungskontext, ein verengtes Menschenbild: Angst, Sorge und die Geworfenheit des Menschen in diese Welt erschließen in ihr das eigentliche Sein. Ihr Axiom lautete: „Ich habe Angst, also bin ich". Ebenso wahr ist aber auch der Satz: „Ich liebe, also bin ich", oder wie H. Heine sagt: „Ich küsse, also bin ich". Was wir letztlich vor Gott sind, erschließt sich in vielen Stimmungen, Entscheidungen und Erkenntnissen, nicht nur in den Erfahrungen, die im Existenzialismus mit Recht im Vordergrund standen. Unser Fazit ist: In allen Dimensionen der Schrift ist der Transzendenzbezug entscheidend; und dieser ist immer mit einer Öffnung für den Mitmenschen verbunden. G.E. Lessing fasste nicht zu Unrecht die Botschaft des Neuen Testaments im Liebesgebot zusammen, wenn er im „Testament Johannis" den alten Johannes immer nur diesen einen Satz sagen lässt. „Kindlein, liebet einander!"[698]

4.2 Claritas scripturae durch Grundmotive des Glaubens

Wie aber erzeugt die Schrift persönliche Gewissheit? Wie spricht sie Vernunft, Gefühl und Willen so an, dass sich Menschen auf Gott ausrichten und ihr Leben erneuern? Gewissheit entsteht durch Übereinstimmungserfahrungen: Wenn wir nach etwas suchen und wir finden genau das, was wir suchten, ohne es schon vorher gekannt zu haben, fühlen wir uns bestätigt. Die Schrift enthält viele „Suchmotive". Es sind Motive, die der Leser bei der Lektüre in sich aufnimmt, in vielen Texten wiedererkennt, die ihn emotional ansprechen, verpflichten und ihm die Augen für die Wirklichkeit öffnen. Sein Erkennen, Fühlen und Wollen wird von ihnen ergriffen. Die Liste solcher Grund- und Suchmotive ist nie endgültig. Im Folgenden skizziere ich solche sich wiederholende Motive in neutestamentlichen (und einigen urchristlichen) Texten, die zusammen den „Geist des urchristlichen Glaubens" ergeben, der durch den Buchstaben der Texte zugänglich wird.[699]

Aussagen über die *Liebe* stehen in vielen urchristlichen Schriften an der Spitze der in ihnen erkennbaren „Hierarchien" von Überzeugungen: Das Liebesgebot ist das erste Gebot (Mt 22,34–39). Die Liebe hat in der Trias „Glaube, Hoffnung, Liebe" den Vorrang (1Kor 13,13). Liebe ist Gottes Wesen, wie es sich in seiner Offenbarung zeigt (1Joh 4,16). Dass Gott Liebe ist, bleibt freilich keine abstrakte Definition, sondern wird zu einer Aussage über menschliches Leben: „Gott ist Liebe. Und wer in der Liebe bleibt, der bleibt in Gott". Diese Liebe wird bei Jesus paradox zugespitzt: Sie soll auch den Feinden, den Fremden und den Sündern gelten.

---

[698] G.E. LESSING, Das Testament Johannis (1777), 1967, 313–318.

[699] Hier orientiere ich mich an den Texten, die ich in G. THEISSEN, Weisheit des Urchristentums, 2008, zusammengestellt habe.

Glaube ist ein zweiter Grundsatz. Glaube ist dabei ein lebensbestimmendes Vertrauen, das den ganzen Menschen umfasst und ihm ein Zentrum gibt. Schon bei Jesus genügt Glaube in der Größe eines Senfkorns, um etwas in der Welt zu bewegen (Lk 17,5f). Nicht Jesus, sondern der Glaube in den Menschen, ist die heilende Kraft bei wunderhaften Heilungen (Mk 5,25–34 u.ö.). Bei Paulus wird er zum Schlüssel der Erlösung (Röm 1,16f; 3,27–30). Kein objektives Geschehen im Himmel und auf Erden rettet, es sei denn, der Mensch macht es sich im Glauben zu eigen (Röm 10,5–13).

Hoffnung ist das dritte Grundmotiv: Das Nachdenken des Urchristentums richtete sich weniger auf das, was unveränderlich ist und bleibt, sondern auf Veränderungen. Diese Veränderungen ermöglichen Hoffnung. Sie beginnen schon in der Gegenwart, wie die Saat schon jetzt die Ernte in sich trägt (Mk 4,26–29). Die Welt befindet sich in einem Übergang. Während sich die Weisheit sonst an einer gleichbleibenden Welt orientiert, entwickelt das Urchristentum ein Bewusstsein davon, dass sich die Welt grundlegend verändert. Die Christen haben einen ersten Schritt in eine neue Welt getan (Joh 5,24 u.ö.).

Demut ist das vierte Grundmotiv. Das Selbstbewusstsein, an der Schwelle einer neuen Welt zu stehen, wirkt elitär, wird aber durch Demut ausgeglichen. Demut bedeutet Statusverzicht. Er wird vor allem von denen gefordert, die einen hohen Status haben. Sie sollen sich Christus zum Vorbild nehmen, der auf seinen gottgleichen Status verzichtet hatte (Phil 2,5–11). Gott erniedrigt das Hohe, erhöht das Niedrige (Lk 1,46–55). Dieser Positionswechsel verpflichtet zu einem statusunabhängigen Verhalten (Mk 10,35–45).

Dazu ist *Umkehr* gefordert. Auf keinen Fall bedeutet Demut, sich in diese Welt „demütig" und passiv einzuordnen. Wenn sich die Welt verändert, muss sich auch der einzelne Christ verändern (Mk 1,14f). „Umkehr" ist daher ein fünfter Grundwert urchristlichen Verhaltens, wobei sie nicht allein auf ein Tun des Menschen zurückgeht: Sie ist neue Schöpfung (Gal 6,15), Anziehen des neuen Menschen (Kol 3,9–17), Erleuchtung (2Kor 4,6) und Wiedergeburt (Joh 3,3). Der Mensch wird geboren, um wiedergeboren zu werden.

Hinzu kommt als sechstes Grundmotiv die *Freiheit*: Wer umkehrt, weil sich mitten in dieser Welt eine neue Welt ankündigt, darf sich dieser Welt nicht gleichstellen (vgl. Röm 12,1f), sondern muss sich von ihren Traditionen freimachen. In der Antike bedeutete dies quasi einen Gewaltakt, denn die von den Vätern ererbten Traditionen waren heilig. Die Christen aber waren froh, dass sie von dem „nichtigen Wandel nach der Vätertradition" erlöst waren (1Petr 1,18). Sie erlebten sich als „frei" wie privilegierte Königssöhne (Mt 17,24–27), als zur Freiheit berufen (Gal 5,1.13). Frei waren sie gegenüber dem Gesetz (Röm 7) und gleichzeitig durch das Gesetz (Jak 1,22–27).

Wie aber sollen die Christen die Welt wahrnehmen? Das „*Sehen*" wird oft zum Thema: Weder Neid (Mt 6,22f) noch der moralisierende Blick (Mk 7,3–5) sollen das Auge verdunkeln. Unabhängig davon, ob es von anderen Menschen gesehen wird, soll man das Gute tun (Mt 6,1–18). Entscheidend ist, wie Gott einen sieht, denn das Ziel des Lebens ist die Schau Gottes; sie ist denen verheißen, die reinen Herzens sind (Mt 5,8). Die Sehnsucht nach ihr wird schon auf Erden erfüllt. Wer Jesus in Menschengestalt sieht, hat Gott gesehen (Joh 14,8–11.15–21).

„*Erkennen*" geht über das Sehen hinaus (EvThom 3). Die religiöse Erkenntnis des Heils wird in der sogenannten „Gnosis" (= Erkenntnis) zum zentralen Wert, der Glauben und Liebe überbietet: Die Erkenntnis des Selbst als eines versprengten Teils der göttlichen Welt wird zum Schlüssel des Heils. Eine solche Hochschätzung des religiösen Erkennens blieb jedoch auf kleine Kreise beschränkt, die an den Rand der Kirche gedrängt wurden. Aber auch in der Kirche bestand man auf der Einheit von Erkennen und Glauben (Joh 17,1–26).

Das moralische „*Urteilen*" war ein wichtiges Thema für alle Christen. Die Devise ist: Richtet nicht, damit ihr nicht selbst gerichtet werdet (Mt 7,1, vgl. Röm 2,1–4). An die Selbstbeurteilung werden strenge Maßstäbe angelegt: Es entsteht eine Lehre vom Gewissen als Urteil über das eigene Verhalten (Röm 2,12–16). Das Gewissensurteil anderer soll man akzeptieren und im eigenen Handeln Rücksicht darauf nehmen, auch wenn man es nicht teilt (1Kor 8,1–13; 10,23–11,1; Röm 14,13–23). Aber im Blick auf einen selbst wird vor Selbstverurteilung gewarnt: Gott ist größer als unser Herz, das uns verurteilt (1 Joh 3,19–24).

Das *Versagen* der Menschen im Allgemeinen, der Christen insbesondere wird deutlich angesprochen: Das exemplarische Versagen der Jünger durch ihren Schlaf in Gethsemane, durch ihre Flucht und die Verleugnung Jesu steht am Anfang des Urchristentums. Paulus sieht den natürlichen Menschen unfrei, das Gute zu tun, und er schreibt sein Versagen nicht sich, sondern der Sünde zu (Röm 7,14–25). Der Jakobusbrief mahnt dagegen, die Schuld bei eigenem Versagen sich selbst zuzuschreiben. Denn jeder wird durch sich selbst versucht (Jak 1,12–15).

Das Urchristentum hat die Aggressivität erkannt, die in der gegenseitigen Verurteilung liegt. Es verurteilt den *Zorn*. Es sieht hinter dem Zorn den Keim zum Töten, mahnt zu seiner Überwindung (Mt 5,21–26) oder zumindest dazu, ihn nicht lange zu bewahren (Eph 4,26). Aber wir finden auch die Erkenntnis, dass auch gute Menschen vor plötzlichem Jähzorn nicht geschützt sind (Hirt des Hermas V 1,1–6; V 2,1–8).

Wenn Menschen sündigen, muss man ihnen eine zweite Chance einräumen. Ein weiterer Grundwert christlichen Verhaltens ist daher die *Vergebungsbereitschaft*. Gott macht seine Vergebung davon abhängig, dass Menschen sich untereinander vergeben (Mt 6,12.14). Ohne Vergebungsbereitschaft lässt sich das Leben in Gemeinde und Gemeinschaft mit all seinen Unzulänglichkeiten nicht denken (Mt 18,21–35).

Ein klassisches Thema der Weisheit ist ferner der *Umgang mit dem Wort*. Das Urchristentum entwickelt ein rigoroses Sprachethos, das absolute Aufrichtigkeit verlangt: Jede Aussage soll so sicher wie ein Eid sein (Mt 5,33–37). Das Wort ist der Schlüssel zum Frieden unter den Menschen, manchmal aber zündet es in der Welt ein Höllenfeuer an (Jak 3,1–12). Es soll knapp (Mt 12,35–37) und verständlich sein (1Kor 14,1–19). Es kann in der Glossolalie Sprachgrenzen überwinden (Apg 2,1–13) und als Wort vom Kreuz Heil vermitteln (1Kor 1,18–31). Die Hochschätzung des Wortes geht so weit, dass Christus selbst als inkarniertes Wort Gottes gilt (Joh 1,1–18).

Der *Umgang mit Macht* ist auch im Urchristentum ein zentrales Thema. Religion und Staat, das, was Gottes und was des Kaisers ist, werden unterschieden (Mk 12,13–17). Im Zweifelsfall muss man Gott mehr gehorchen als Menschen

(Apg 4,18–20; 5,27–29). Zwar wird eine Anerkennung des weltlichen Staates gefordert – aber dort, wo sich Macht kultisch verehren lässt, wird sie zur Erscheinungsform des Satans (Apk 13). Die Gemeinde selbst soll ein Gegenbild zur Herrschaft sein. Wer der Erste sein will, soll bereit sein, der Letzte zu werden (Lk 22,24–27).

Der *Umgang mit Besitz* ist ein großes Thema. Zwischen Gott und dem Mammon gibt es eine schroffe Alternative: „Ihr könnt nicht Gott dienen und dem Mammon" (Mt 6,19–24). Die Reichen werden scharf angegriffen. Viele Lösungen zur Reduktion dieses Konfliktes werden formuliert: Spendenbereitschaft (Apg 20,33–35; Mk 12,41–44), Besitzverzicht (Mk 10,17–31), Gütergemeinschaft (Apg 2,44–47; 4,32–35). Dabei ist bewusst, dass mit dem Geben von Almosen nicht viel getan ist: Besser als Almosen ist es, wenn jemand wieder auf eigenen Füßen steht, oder, wenn man ihm Arbeit verschafft (Didache 12,1–5).

Der *Umgang mit Weisheit* wird auch in der urchristlichen Weisheit reflektiert, so wie es zu den Weisheitsüberlieferungen gehört, dass sie nicht nur weise Gedanken verbreitet, sondern den Umgang mit der Weisheit selbstreflexiv zum Thema macht. Göttliche Torheit und menschliche Weisheit werden kontrastiert (1Kor 2,18–2,5), eine irdische und eine himmlische Weisheit unterschieden: Die irdische Weisheit ruft Streit hervor, die himmlische schafft Frieden (Jak 3,13–18). Vor allem aber wird jede Einbildung auf Weisheit und Bildung abgelehnt.

Der *Umgang mit der Sexualität* spielt eine große Rolle: Auf der einen Seite wird die Ehe gestärkt (Mk 10,2–9), auf der anderen Seite das ehefreie Leben über die Ehe gestellt (1Kor 7). Die rigiden asketischen Forderungen zur Kontrolle der Sexualität sind eher an Männer gerichtet (Mt 5,27–30), ein nachsichtiger Umgang mit sexuellen Verfehlungen wird dagegen vor allen am Umgang mit Frauen demonstriert (Joh 8,1–11). Frauen werden in der Schrift positiver gesehen als in der späteren Kirchengeschichte. Sie rücken in Rollen, die später nur Männern vorenthalten waren: als Vermittlerinnen von Offenbarung, als Schülerinnen des Meisters, als Prophetinnen.

Bei Mahnungen zum *Umgang mit Eltern und Kindern* lassen sich zwei Richtungen erkennen: Einerseits wird der Bruch mit der Familie gefordert (Lk 9,57–62; 14,25–27), es finden sich viele familienkritische Aussagen. Andererseits merkt man eine Aufwertung der Familie: Die alten Eltern dürfen in Vermögensangelegenheiten nicht übervorteilt werden (Mk 7,8–13), hinter den kleinen Kindern (und nicht hinter den Eltern) steht Gottes Autorität (Mk 9,33–37). Die Glaubenden bilden als Kinder Gottes eine *familia dei* (Mk 10,28–31).

Der *Umgang mit Leid* besteht nicht nur in Trost, sondern in der Aufforderung, in der Nachfolge Christi Konflikte bewusst zu riskieren (Mk 8,34–38). Jesus und Paulus werden zum Modell des Umgangs mit Leid in äußerer Gefahr, in Krankheit, in Todesnähe. Christusnähe adelt das alltägliche wie das extreme Leiden (2Kor 4,7–18; 11,21–33). Auch die Drangsalierung von Sklaven erhält in diesem Licht Bedeutung. In dieser Hinsicht können sogar Sklaven der ganzen Gemeinde als Vorbild hingestellt werden, was in der Antike sehr kühn war (1Petr 2,18–25)

Die Suche nach *Freude* bleibt aber trotz allen Leides die große Motivation. Nicht Angst vor Strafen soll zur Umkehr motivieren, sondern die Freude im Himmel, die auch zur zwischenmenschlichen Freude auf Erden werden soll (Lk 15,1–

32). Vollkommene Freude gibt es in der Beziehung zu Christus, die den Schmerz der Trennung hinter sich gelassen hat (Joh 15,9–11; 16,20–24).

Durch einen *Kontrast zweier Wege* ruft das Urchristentum zur Entscheidung auf, den Weg zum Leben anstatt den Weg zum Tode zu wählen (Mt 7,13–14; Did 1,1–2,5). Die Zusammenstellung der Tugenden und Laster (z.B. Kol 3,5–15) ergeben ein Bild, wie die Christen ihr eigenes Ethos zusammengefasst haben: Entscheidend ist die Gemeinschaftsfähigkeit des Menschen. Prosoziale Tugenden stehen im Vordergrund – kein Wunder, denn an der Spitze der Werte steht im Urchristentum die Liebe.

Mag man zu den einzelnen Motiven Parallelen im Judentum und in der sonstigen Antike finden, die Kombination dieser Lebensregeln, die ein Bündel von Einstellungen, Maximen und Imperativen ergeben, ist einzigartig. Anstatt nach einem einzigen „Materialprinzip" der Schrift oder einem auf wenige Maximen zurückführbare „Wesen des Christentums" sollten wir der Fülle der Schrift dadurch gerecht werden, dass wir die vielen Grundmotive in ihr erkennen, die in ihr in großer Variationsbreite begegnen. Diese Grundmotive stellen den „Geist der Bibel" dar, der vom Buchstaben zu unterscheiden ist. Theologie muss sich von diesem Geist „inspirieren" lassen, dann ist sie „schriftinspirierte Theologie". Alle biblischen Motive werden im Neuen Testament durch einen gemeinsamen Nenner verbunden: durch eine Beziehung zu Gott und Christus, die gleichrangig ist mit der Beziehung zum Mitmenschen. Man kann sagen: In Christus sind nach neutestamentlicher Auffassung diese Lebensregeln „inkarniert". Und durch Christus werden sie zu einem „Tor" zur Transzendenz und zum Nächsten. Moderne Mentalität neigt zwar dazu, die urchristliche Weisheit von der Bindung an Christus zu lösen, aber dies würde dem Neuen Testament widersprechen.

Fassen wir am Ende die wichtigsten Gedanken zusammen: Nur durch ihren doppelten *Transzendenzbezug,* also durch Texttranszendenz, die sowohl auf Gott als auch den Mitmenschen verweist, gewinnt die Schrift Autorität, nicht etwa durch das, was sie uns über die Natur oder die Geschichte lehrt. Die *auctoritas* der Schrift liegt darin, dass sie Dialogaufnahme mit Gott und dem Mitmenschen ermöglicht.

Nur durch ihren *Geschichtsbezug* lässt sich die *necessitas* der Schrift begründet; denn nur durch Quellen haben wir Zugang zur Geschichte. Die Schrift ist aber nicht notwendig, weil sie uns historisches Wissen vermittelt, auch nicht, weil sie die Universalgeschichte durch Antizipation ihres Endes erhellt. Vielmehr bezieht sie sich auf eine Geschichte, in der der Dialog mit Gott in ein entscheidendes Stadium getreten ist und sich untrennbar mit der Zuwendung zum anderen Menschen verbunden hat. Weil dieser doppelte Transzendenzbezug eine Geschichte hat und bleibend durch diese Geschichte geprägt ist, sind historische Quellen notwendig, um ihn zu bezeugen.

Für den *Gemeinschaftsbezug* ist die Schrift ausreichend, vorausgesetzt, man sieht in ihr Tradition, Erfahrung und Vernunft angelegt – auch über die Schrift hinaus. Dabei spielt die Vernunft eine besondere Rolle, da Menschen durch sie in einem kritischen Dialog alle Traditionen prüfen können. Ein kritischer Dialog gelingt, wenn alle Beteiligte ein Bewusstsein von Wahrheitstranszendenz haben und wissen: Absolute Wahrheit ist für Menschen unerreichbar, aber die Suche nach ihr verbindet alle. Solch eine Wahrheitstranszendenz wird durch die Beziehung zu Gott gemeinschaftsfähig. Denn hier kann man anerkennen: Gott und die absolute Wahrheit sind unerreichbar. Solch eine kommunikative Vernunft sollte im Protestantismus an die Stelle katholischer Autoritätsevidenz treten.

Schließlich ist der Transzendenzbezug auch für den *Existenz- und Lebensbezug* zentral. Denn die *claritas scripturae* bezieht sich auf die Aussagen in der Schrift, die den Menschen durch seine Beziehung zu Gott verwandeln. Dadurch entsteht subjektive Erfahrungsevidenz. Mit ihr kann man dunkle Stellen auf sich beruhen lassen oder von klaren Stellen her deuten. Wem sich Gott durch die Schrift erschlossen hat, der hat in ihr in einem entscheidenden Zentrum Klarheit und Evidenz gefunden. Aber er ist verpflichtet, sie zu prüfen – durch Schrift, Tradition und Vernunft. Die Verpflichtung zu geprüfter Erfahrungsevidenz greift das Anliegen der „Spiritualisten" und Pietisten auf.

Doppelte Texttranszendenz ist das Wichtigste in der Schrift. Es gilt hier wie im Doppelgebot der Liebe, dass die Beziehung zu Gott und die Beziehung zum Nächsten gleichwertig sind. *Kommunikative Vernunftevidenz* in der Gemeinschaft entspricht der katholischen Vermittlung von Gewissheit in der Kirche, ersetzt aber die Autoritätsevidenz des Katholizismus durch den Dialog. *Subjektive Erfahrungsevidenz* macht religiösen Glauben individuell wirksam und greift damit ein Anliegen des Pietismus auf. Ein halbes Jahrtausend Protestantismus hat ferner eine reiche protestantische *Tradition* entstehen lassen, zu der auch gehört, *exegetischer Schriftevidenz* zu vertrauen; denn auch das Schriftprinzip ist Teil der protestantischen Tradition.

Wenn die Dialogaufnahme mit Gott und dem Nächsten das Entscheidende ist, dann hat dies eine wichtige Konsequenz: Der eine und einzige Gott wurde ebenso im Alten Testament entdeckt wie das Nächstenliebegebot. Wenn wir fragen, warum wir diese und nicht andere Schriften als „Heilige Schriften" unserem Leben zugrunde legen sollten, so gibt es nur eine Antwort: Israel entdeckte Gott stellvertretend für alle Menschen und gestaltete sein Verhältnis zu Gott als ethischen Monotheismus, der zur Mitmenschlichkeit verpflichtet. Die Bibel zeugt von dieser Geschichte. Daher ist das Alte Testament der Ursprung der kanonischen Geltung der Bibel in der Kirche.[700]

[700] Damit ist eine neue Aufgabe gestellt: Kann das Christentum aufgrund der gemeinsamen Schrift, also aufgrund des Alten Testaments, mit dem Judentum in ein Gespräch kommen? Kann es anerkennen, dass ihm die Juden auf dem Weg zu Gott vorausgegangen sind? Kann die Schrift darüber hinaus für alle Menschen zugänglich werden? Kann sie eine Schrift aller Menschen werden?

17 Die Zweiteilung der Schrift
Der Eigenwert des Alten Testaments[701]

Reformierte lernen in ihrem Katechismus das erste Gebot mit der Hinausführungsformel: „Ich bin der Herr, dein Gott, der ich dich aus Ägyptenland, aus der Knechtschaft, geführt habe. Du sollst keine anderen Götter haben neben mir!" Lutheraner lernen es nur in der verkürzten Form: „Ich bin der Herr, dein Gott. Du sollst nicht andere Götter haben neben mir!"[702] Dies scheint nur ein kleiner Unterschied zu sein, und doch sagt er viel aus.

Wer in einer reformierten Gemeinde groß geworden ist, hat gelernt, sich mit Israel zu identifizieren. Er erkennt sich selbst in den Personen des Alten Testaments wieder. Er verlässt in seiner inneren Vorstellung zusammen mit den Patriarchen sein Heimatland, er wird mit Israel in Ägypten versklavt. Er wird herausgeführt aus dem Sklavenhaus. Er wird zum Gottesberg geführt, um die großen Worte Gottes zu hören.[703] Dieser Gott des Alten Testaments prägt sich ihm als ein Gott ein, der in die Freiheit führt. Er ist nicht nur der strenge Gott der Gesetze. Im Gegenteil, er ist ein Gott, der dem Menschen etwas zutraut. Von den Zehn Geboten liest er in seinem Heidelberger Katechismus im Abschnitt von der Dankbarkeit. Wenn Gott ihn zusammen mit Israel gewürdigt hat, diese Gebote zu erfüllen, so ist das eine Ehre und ein Indikativ, aber keine Last.

Reformierte Kinder lernen aber auch in der ersten Frage des Heidelberger Katechismus, dass Jesus ihr „einziger Trost im Leben und im Sterben ist". Hat sich nicht das Christentum mit Jesus und dem Glauben an ihn als Sohn Gottes vom Judentum getrennt und dadurch das Alte Testament hinter sich gelassen? Hat das Alte Testament nicht seitdem vor allem seinen Wert durch die in ihm enthaltene Verheißung auf Christus hin? Verblasst dadurch nicht der Eigenwert des Alten Testaments als ein Zeugnis des Gottes, der in sich ein unbedingter Wert ist?

Die moderne Jesusforschung hat in der Tat im Rahmen der sogenannten „neuen Frage nach Jesus" zunächst eine Abwertung des Alten Testaments begünstigt. Als E. Käsemann diese neue Frage 1953 mit seinem Vortrag über das Problem des historischen Jesus einleitete, war die Abgrenzung zum Judentum durch seine Authentizitätskriterien vorprogrammiert:

„Einigermaßen sicheren Boden haben wir nur in einem einzigen Fall unter den Füßen, wenn nämlich Tradition aus irgendwelchen Gründen weder aus dem Judentum abgeleitet

---

[701] Jürgen Kegler zum 65. Geburtstag gewidmet. Erstveröffentlichung: G. THEISSEN, Der Eigenwert des Alten Testaments, 2009.

[702] Bekenntnisschriften der Evangelischen Landeskirche in Baden, ^{8}1988, 77.114f.

[703] Ganz anders urteilt der Lutheraner R. BULTMANN, Die Bedeutung des Alten Testaments für den christlichen Glauben, 333: „Wer in der Kirche steht, für den ist die Geschichte Israels vergangen und abgetan. Die christliche Verkündigung kann und darf die Hörer nicht daran erinnern, daß Gott ihre Väter aus Ägyptenland geführt hat, daß er das Volk einst in die Gefangenschaft führte und wieder zurückbrachte in das Land der Verheißung, daß er Jerusalem und den Tempel neu erbaute usw. Israels Geschichte ist nicht unsere Geschichte, und sofern Gott in jener Geschichte gnädig gewaltet hat, gilt diese Gnade nicht uns".

noch der Urchristenheit zugeschrieben werden kann, speziell dann, wenn die Judenchristenheit ihr überkommenes Gut als zu kühn abgemildert oder umgebogen hat."[704]

Käsemann betonte die Abgrenzung gegenüber dem Judentum (durch die gleichzeitige Abwertung des Judenchristentums) weit stärker als die Abgrenzung zum Urchristentum. Zum Urchristentum wollte er Kontinuität herstellen, um zu zeigen, dass der kerygmatische Christus des Urchristentums einen Anhalt im historischen Jesus hat, zum Judentum hin aber betonte er Diskontinuität und Bruch.[705] Aus dem Hinweis von R. Bultmann, dass in der Verkündigung des historischen Jesus das Kerygma (und das Christentum) implizit enthalten sei, schlossen fast alle Exegeten in seiner Nachfolge, dass die Trennung vom Judentum schon bei Jesus begonnen hätte. Hätten sie die Überzeugung R. Bultmanns, dass Jesus ins Judentum gehört, ernstgenommen, hätten sie genauso überzeugend schließen können, dass das Christentum implizit im Judentum enthalten sei. Erst nachdem die „neue Frage nach dem historischen Jesus" in den 1980er Jahren durch eine noch neuere „dritte Frage" abgelöst wurde, hat sich R. Bultmanns Ansicht, dass der historische Jesus ins Judentum gehört, erneut durchgesetzt. Dazu gehört auch die Erkenntnis, dass das „Alte Testament" die Bibel Jesu war. Er lebte in ihr und aus ihr, ohne sie ständig zu zitieren.[706] Aber Jesus hat sich auch explizit auf Stellen des Alten Testaments bezogen, wie die Antithesen der Bergpredigt zeigen. Auch die Bemerkungen, er habe in den Synagogen gepredigt (Mk 1,21.39; 6,2) zeugen davon, denn dazu musste er sich auf Texte des Alten Testaments beziehen. Es ist ein Vorurteil, alle Bezugnahmen auf das Alte Testament in der Jesusüberlieferung als nachträgliche urchristliche Schriftgelehrsamkeit zu deuten.

Wenn die Bezugnahme auf den *historischen Jesus* das Christentum nicht von Israel trennt, sondern mit ihm verbindet – könnte die Trennung zum Judentum dann auf den *kerygmatischen Christus* zurückgehen? Gilt der nach Ostern verkündigte Christus nicht als weit mehr als ein Mensch und gefährdet durch seine Verehrung die monotheistische Überzeugung des Judentums? Auch hier sehen wir heute klarer.[707] Der Glaube an ein göttliches Wesen neben Gott war im Judentum möglich, wie der Glaube an die „Weisheit" als Gespielin Gottes (Prov 8,30) und den „Logos" als „zweiten Gott" (Philo QG 2,62) zeigen. Schon in der Urzeit hatte Gott neben sich eine zweite Gottheit, die ihm funktional zugeordnet war und durch die er wirksam war: Die Weisheit und der Logos Gottes waren Hypostasen, Verselbständigungen des einen und einzigen Gottes, aber keine po-

---

[704] E. KÄSEMANN, Problem des historischen Jesus, 1954 = Ders., 1960, 205.

[705] Daraus, dass es zum „Ich aber sage euch ..." der Bergpredigt keine Parallele im Judentum gibt, schloss E. Käsemann: „Er (= Jesus) ist wohl Jude gewesen und setzt spätjüdische Frömmigkeit voraus, aber er zerbricht gleichzeitig mit seinem Anspruch diese Sphäre" (E. KÄSEMANN, Problem des historischen Jesus, 1954, 206). „Diese Souveränität erschüttert nicht nur die Grundlagen des Spätjudentums und verursacht darum entscheidend seinen Tod, sondern hebt darüber hinaus die Weltanschauung der Antike mit ihrer Antithese von kultisch und profan und ihrer Dämonologie aus den Angeln" (E. KÄSEMANN, Problem des historischen Jesus, 1954, 208). Es ist offen, ob der Tod des Spätjudentums (in Parallele zum Zerbrechen seiner Sphäre) oder der Tod Jesu gemeint ist.

[706] Auch Jesus Sirach lebte in der biblischen Tradition, zitiert aber nirgendwo explizit eine Schrift aus dem alttestamentlichen Kanon.

[707] L.W. HURTADO, One God. One Lord, 1988; Ders., Lord Jesus Christ, 2003.

lytheistischen Gottheiten neben ihm. Dem entsprach in der Endzeit eine vergleichbare Pluralität in Gott: In ihr werde Gott seine Macht einer himmlischen Gestalt übertragen, die „wie ein Menschensohn“ aussieht (Dan 7,14). Eine Tendenz zu einer Pluralität in Gott ist also schon in den späten Schriften des Alten Testaments angelegt – in der Weisheitsliteratur war sie bei der Schöpfung, in der apokalyptischen Literatur in der Endzeit aktiv. Die urzeitliche Weisheit und der endzeitliche Menschensohn waren Gestalten göttlichen Ranges neben Gott. Neu war im Christentum also vor allem, dass in der Gegenwart – zwischen Urzeit und Endzeit – ein Mensch göttlichen Rang erhielt: Er galt als Inkarnation der Weisheit und als „Menschensohn“ (Mk 13,24–27parr; Mt 25,31–46). Daher trennt die Christologie das Judentum vom Christentum. Schwer zu denken ist im Judentum, dass ein Mensch (zudem ein gekreuzigter Mensch) eine Position gleichrangig neben Gott einnimmt, und unvorstellbar war es, dass solch eine Gestalt kultisch verehrt wird, wie wir im Philipperhymnus lesen: „Alle Wesen im Himmel, auf Erden und unter der Erde sollen vor ihm die Knie beugen“ (Phil 2,10). Erst mit dieser kultischen Verehrung Jesu als einer Gottheit, die zur Rechten Gottes sitzt und gleichen Ranges mit ihm ist, beginnt die Trennung des Christentums vom Judentum. Aber diese Trennung der Religionen bedeutete keine Trennung der Christen von den Lehren des Alten Testament. Im Gegenteil: Um den Glauben an eine zweite Gestalt neben Gott zu rechtfertigen, brauchte man das Alte Testament: Ps 110,1, Ps 2,7 und Dan 7,14 wurden zusammen mit den Aussagen von einer präexistenten Weisheit die wichtigsten Stellen zur Begründung der neuen Christologie.[708]

Wie immer man es betrachtet: Ein Ergebnis von 200 Jahren historisch-kritischer Jesusforschung ist, dass Jesus zwei Religionen angehört: Er war zu seinen Lebzeiten ein Jude, dessen Wirken ganz im Rahmen des Judentums blieb, mochte er in diesem Rahmen auch Konflikte mit anderen jüdischen Gruppen gehabt haben.[709] Nach seinem Tode aber wurde er zur Grundlage des Christentums und rückte dabei in eine Stellung neben Gott. Das „Alte Testament“, das erst durch die Entstehung des Christentums zum „Alten“ im Unterschied vom „Neuen Testament“ wurde, behielt unabhängig von dieser Trennung seinen Eigenwert. Oft wurde zwar der Wert des Alten Testaments im Christentum nur dadurch begründet, dass es auf Christus weist: Nur, weil man den historischen Jesus und die Entstehung der Christologie nicht ohne das Alte Testament verstehen könne, gehöre es zum Christentum. Auf seiner Verlesung und seinem Verständnis ruhe eine „Decke“, die erst in Christus entfernt werde (2 Kor 3,14). In dieser Sicht hat das Alte Testament keinen Eigenwert in sich, es hat ein externes Zentrum in Jesus Christus.

---

[708] Vgl. G. THEISSEN, Monotheistische Dynamik im Neuen Testament, 2005.

[709] G. THEISSEN, Jesus im Judentum, 1999/2003. Die entgegengesetzte Meinung vertrat nicht nur E. Käsemann, sondern auch F. Hahn: „An Jesu provokatorischem Verhalten am Sabbat, an seiner Ignorierung der rituellen Reinheitsforderungen, an seinem Verhalten gegenüber der aufgrund von Gesetzesbestimmungen aus der Gemeinschaft ausgeschlossenen Kranken, an seiner Gemeinschaft mit denen, die das Gesetz nicht beachten, zeigt sich, dass er nicht bereit war, als Jude jüdisch zu leben im Sinne des damaligen jüdischen Selbstverständnisses, gleich welcher Schattierung“, vgl. F. HAHN, Methodologische Überlegungen, 1974, 43.

Dieser Aufsatz will die Bedeutung des Alten Testaments für das Christentum nicht durch Rückgriff auf den historischen Jesus oder den erhöhten Christus legitimieren. Die Pointe dieses Aufsatzes ist vielmehr, dass das Alte Testament einen Eigenwert hat – unabhängig davon, dass es die Bibel des historischen Jesus war, unabhängig auch davon, dass es die ersten Christen in vielfältiger Weise benutzten, um ihren Glauben zum Ausdruck zu bringen.[710] Ganz sicher auch unabhängig davon, dass wir das Neue Testament ohne die Schriften Israels weder historisch noch sprachlich verstehen könnten.[711]

Die These von Eigenwert des Alten Testaments widerspricht einerseits allen in der christlichen Theologie verbreiteten Verhältnisbestimmungen von Altem und Neuem Testament, kann sich andererseits mit fast allen Verhältnisbestimmungen verbinden – nur nicht mit Anschauungen, die dem Alten Testament jeden positiven Wert für das Christentum absprechen. F. Crüsemann unterscheidet insgesamt vier Typen solcher Verhältnisbestimmungen.[712]

1. Die *Ablehnung des Alten Testaments* bei Markion. Danach habe sich im Alten Testament ein anderer Gott als im Neuen Testament offenbart: dort ein Gott der Gerechtigkeit, hier ein Gott der Liebe. Christen müssten sich exklusiv am Neuen Testament orientieren. Oft wird freilich übersehen, dass Markion überzeugt war, dass die im Alten Testament enthaltenen Verheißungen eines neuen Israels in der Geschichte Israels in Erfüllung gehen werden. Er kritisiert zwar den Gott, der sich im Alten Testament offenbart, aber nicht die Juden. Markion ist weniger „antijudaistisch", als ihm oft unterstellt wird.[713]

2. Ein *Kontrast zwischen Altem und Neuem Testament* wird in vielen Variationen vertreten: Er wird begründet mit einer Entgegensetzung von Judentum und Jesus, Gesetz und Evangelium, Gott der Vergeltung und der Gnade. Mit diesem Modell einer Dialektik der Offenbarung verbindet sich das Modell, das Alte Testament sei Vorstufe des Neuen Testaments, die in ihm überwunden werde. Hier wird zwar an der Einheit des alttestamentlichen und neutestamentlichen Gottes festgehalten, aber dafür wird seine Offenbarung kontrastiert. R. Bultmann vertritt diese Deutung: Das Alte Testament sei eine Geschichte des Scheiterns, enthülle damit aber das allgemein menschliche Geschick des Menschen vor Gott.[714] Diese

---

[710] Vgl. G. THEISSEN, Neutestamentliche Überlegungen, 1995.

[711] Nach D.F. Schleiermacher ist das Neue Testament für den christlichen Glauben ausreichend, das Alte Testament sei nur geschichtlich, nicht aber theologisch für ihn von Bedeutung, (1) weil die ersten Christen es homiletisch nutzten, und (2) weil die neutestamentlichen Schriften sich darauf berufen. Er wollte deshalb das AT (mit Psalmen und Propheten als Schwerpunkt) dem Neuen Testament nur als Anhang hinzufügen. Vgl. F. SCHLEIERMACHER, Der christliche Glaube nach den Grundsätzen der evangelischen Kirche, ²1830/1831 = M. Redeker (Hrsg.), ⁷1960, dort §131 S. 299 und §132 S.304.

[712] F. CRÜSEMANN, Das Alte Testament als Wahrheitsraum des Neuen, 2011, 31–90.

[713] Vgl. den Nachweis bei H. RÄISÄNEN, Marcion, Muhammad and the Mahatma, 1997, 64–80.

[714] R. BULTMANN, Weissagung und Erfüllung (1949), 1952 ³1961, 183: „Inwiefern ist nun die alttestamentlich-jüdische Geschichte Weissagung, die in der Geschichte der neutestamentlichen Gemeinde erfüllt ist? Sie ist es in ihrem inneren Widerspruch, in ihrem Scheitern". Dieses Scheitern ist freilich ein Widerspruch, „der der menschlichen Existenz als solcher eigen ist: auf Gott hin geschaffen zu sein, zu Gott gerufen zu sein und doch der weltlichen Geschichte verhaftet zu sein" (S. 185).

Position kann ohne Antijudaismus vertreten werden, kann sich aber auch mit ihm verbinden.

3. Das *Alte Testament wird als Christuszeugnis* positiv gewertet: Es enthalte Verheißungen auf Jesus hin und spreche an vielen Stellen von Christus. Martin Luther vertrat eine solche christozentrische Deutung des Alten Testaments und konnte nicht akzeptieren, dass Juden diese christologische Deutung nicht teilten. Das Alte Testament wird hier zwar hochgeschätzt, aber nicht als Schrift des Judentums.

4. *Relativierung und Selektion* nennt F. Crüsemann die vierte Position: Sie wird durch eine historisch-kritisch erforschte Entwicklungsgeschichte zwischen Altem und Neuem Testament begründet. Das Christentum dokumentiert im Neuen Testament einen fortgeschrittenen Stand der Religion über das Alte Testament hinaus, könne aber selektiv Elemente aus dem Alten Testament Geltung zusprechen. Ein klassisches Beispiel für diese Position ist G.E. Lessing. In „Die Erziehung des Menschengeschlechts" (1780) unterschied er drei Entwicklungsstufen der Moral. Im Alten Testament werde in der Zeit Gottes des Vaters das Gute durch irdischen Lohn motiviert, im Neuen Testament in der Zeit des Sohnes durch die Aussicht auf ewiges Leben oder ewige Verdammnis, im kommenden Reich des Geistes aber werde das Gute allein um seiner selbst willen getan.

Im Unterschied zu allen Denkmodellen für die Verhältnisbestimmung zwischen Altem und Neuem Testament, ist darauf zu bestehen, dass das Alte Testament einen Eigenwert unabhängig vom Neuen Testament hat.[715] Damit wird nur ein allgemeines hermeneutisches Prinzip auf die alttestamentlichen Schriften angewandt: Dass alle menschlichen Äußerungen es wert sind, um ihrer selbst gedeutet zu werden – weil jeder Mensch einen Selbstwert hat. Je wertvoller die Äußerungen sind, umso mehr ergibt sich solch eine Lektüre wie von selbst. Das Alte Testament ist in sich ein faszinierendes Buch. Dieser Eigenwert des Alten Testaments zeigt sich in den vier großen Themenbereichen: Gott, Schöpfung, Mensch und Heil. Das Alte Testament ist ein Zeuge des Monotheismus, des Schöpfungsglaubens, eines Menschenbildes, das die Verantwortung des Menschen betont und einer beeindruckenden Vision vom Heil und Unheil des Menschen. Die folgenden Ausführungen wollen nicht systematisch alles erfassen, was zu diesem Eigenwert des Alten Testaments zu sagen ist. Sie stellen nur die wichtigsten Aussagen und Inhalte des Alten Testaments zusammen, die in sich wertvoll sind.

1 Das Alte Testament als Zeuge des Monotheismus

Das Alte Testament hat durch den Glauben an den einen und einzigen Gott einen bleibenden Eigenwert. Es ist das monotheistische Grunddokument der Menschheit, in dem Israel den einen und einzigen Gott entdeckt. Sein Monotheismus konvergiert mit dem der griechischen Philosophen, der sich etwa zur selben Zeit im 6. Jh. v.Chr. durchgesetzt hat. Aber der Glaube an Jahwe ist etwas Besonderes im Vergleich zum Monotheismus der Philosophen. Der Vorsokratiker Xenophanes sagt: „Ein einziger Gott ist unter Göttern und Menschen der Größte, weder

---

[715] Vgl. als Ergebnis von M. OEMING, Gesamtbiblische Theologien der Gegenwart, ^{2}1987, 237–241: „Der Eigenwert des Alten Testaments".

dem Körper noch der Einsicht nach den sterblichen Menschen gleich" (Fragment 34). Dieser einzige Gott ist, wenn man das Fragment des Xenophanes genau liest, im Grunde nur ein besonderes Exemplar der Gattung „Götter". Auch wenn er in seiner Art unverwechselbar und einzigartig ist, fällt er unter einen allgemeinen Gattungsbegriff. Nach alttestamentlichem Verständnis gehört ein solcher Gott noch immer zur Welt. Denn das, was Exemplar einer Gattung ist, kann grundsätzlich in vielen Exemplaren existieren und ist Teil eines umfassenden Ganzen. Israel aber erkannte, dass der eine und einzige Gott eine Singularität im strengsten Sinne ist, denn er fällt unter keinen Gattungsbegriff, er ist kein Exemplar einer Gottheit. Er kann nur mit einem Eigennamen bezeichnet werden und sich zeigen als der, der sagt: „Ich bin, der ich bin", oder: „Ich werde sein, der ich sein werde" (Ex 3,14). Selbst wenn es theoretisch ein nur einzigartiges Exemplar in der allgemeinen Gattung „Götter" gäbe, wäre dieses Exemplar nicht dem einen und einzigen Gott der Juden vergleichbar. Der Glaube an eine die Singularität des Göttlichen in diesem strengen Sinne ist nichts Willkürliches. Denn die ganze Welt ist streng genommen eine Singularität.[716] Gott ist so singulär wie das Sein überhaupt – und ist ihm gegenüber transzendent, weil er alles Sein geschaffen hat und über alles Sein hinausweist. Als Sinn und Wert transzendiert er alle Faktizität: Als er sich dem Mose als der „Ich bin, der ich bin" offenbart, gibt er ihm den Auftrag, das Volk Israel in die Freiheit zu führen (Ex 3,1–22). Dieser eine und einzige Gott kann daher nur unzulänglich Gegenstand des Denkens sein, das in allgemeinen Begriffen die Wirklichkeit erfasst. Er ist verborgen. Wenn er zugänglich wird, so geschieht es, weil er sich selbst dem Menschen erschließt. Er wird nur erfasst, wenn man (wie Moses am Dornbusch) von ihm einen Auftrag erhält und diesen Auftrag annimmt.

Dieser Glaube an den einen und einzigen Gott wird heute infrage gestellt.[717] Der Monotheismus wird fast als sozialschädlich hingestellt, einerseits als Bedrohung der Freiheit, weil er die ganze Welt der metaphysischen Diktatur eines einzigen Gottes unterwerfe, andererseits als Bedrohung mitmenschlichen Zusammenlebens, weil er zur Toleranz unfähig sei. Freiheit und Mitmenschlichkeit werden diesem Gott abgesprochen.

Auch wenn es eine dunkle Seite des Monotheismus gibt, darf man nie vergessen, dass gerade die beiden hier genannten Werte, Freiheit und Mitmenschlichkeit, seine Stärken sind: Im Zentrum des biblischen Monotheismus steht die Selbstvorstellung dieses einen und einzigen jüdischen Gottes mit der Freiheitsformel: „Ich bin der Herr, dein Gott, der ich dich aus Ägyptenland, aus der Knechtschaft, geführt habe. Du sollst keine anderen Götter haben neben mir!"

---

[716] Dies gilt auch dann, wenn man nicht mit nur *einem* Universum, sondern mit vielen Universen nebeneinander rechnet. Denn auch die Gesamtheit dieser „Multiversen" wäre etwas Singuläres.

[717] Vgl. J. ASSMANN, Die Mosaische Unterscheidung, 2003. Der Untertitel „Preis" des Monotheismus ist ein wenig doppeldeutig: Er meint im Buch die „Kosten" des Monotheismus, also dessen negative Seite, aber „Preis" kann im Deutschen auch von „preisen" abgeleitet werden und ein „Lob" des Monotheismus bedeuten. In der Tat verstehe ich Assmanns Gedanken als Durchführung der mosaischen Unterscheidung: Er sucht nach einer lebensdienlichen Religion, die mit Toleranz und Respekt verbunden ist, und er macht mit Recht auf eine dunkle Seite des Monotheismus aufmerksam: Wer diese dunkle Seite nicht wahrhaben will, verfällt ihr nur allzu leicht.

(Ex 20,2–3). Nur ein Gott, der in die Freiheit führt, ist der wahre Gott. Alle anderen Götter sind Götzen. Im Neuen Testament stellt Jesus neben das erste Gebot des Monotheismus und die Verpflichtung, Gott zu lieben, das gleichwertiges Gebot: Liebe deinen Nächsten wie dich selbst! (Mk 12,28–34). Nur ein Gott, der zur Mitmenschlichkeit verpflichtet, ist der wahre Gott. Alle anderen Götter sind Götzen. An diesen zentralen Stellen der Bibel werden die Werte Freiheit und Mitmenschlichkeit mit dem Kern des Glaubens an den einen und einzigen Gott verbunden. Wer gegen sie verstößt, kann sich nicht darauf berufen, im Namen Gottes zu handeln und zu reden.

Dass ferner ein ganzes Volk (und nicht nur ein paar Intellektuelle) in einen Dialog mit diesem einen und einzigen Gott eintritt, ist etwas Singuläres. Nichts im Neuen Testament kann dem zur Seite gestellt werden. Man könnte nun einwenden: Dieser Dialog Gottes mit den Menschen bliebe im Alten Testament auf ein Volk beschränkt, im Neuen Testament sei dieser Partikularismus überwunden. Aber wer den Partikularismus des Alten Testaments kritisiert, muss auch die Bindung des neutestamentlichen Gottes an eine Gemeinde kritisieren. Beides sind Partikularismen, die mit der Universalität des einen und einzigen Gottes in Spannung stehen. Das Gottesverständnis *beider* Testamente weist jede partikulare Einschränkung hinaus. Juden und Christen sind beide noch unterwegs zu einem wirklich universalen Gottesglauben.

2 Das Alte Testament als Zeuge des Schöpfungsglaubens

Das Alte Testament hat durch den Schöpfungsglauben einen Eigenwert, der dem Neuen Testament weit überlegen ist. Das Staunen darüber, dass überhaupt etwas existiert, findet in ihm einen überwältigenden Ausdruck. Die Schöpfung wird zum Gegenstand des Lobens und Preisens. Weil der Schöpfungsglaube heute oft in Opposition zur naturwissenschaftlichen Evolutionstheorie gesetzt wird, geht das Bewusstsein verloren, wie viel die Naturwissenschaft diesem Schöpfungsglauben verdankt. Der Mythos des biblischen Weltbilds und die moderne Naturwissenschaft widersprechen einander nicht nur. Denn der Mythos ist der erste Versuch der Vernunft, die Welt zu begreifen und dem Menschen einen Platz in ihr anzuweisen. Dies gilt auch für die beiden biblischen Schöpfungsberichte: Der erste in Gen 1 zeugt von einem Staunen über die geordnete Folge der Schöpfungswerke und die Ordnungsentscheidungen Gottes. Er ist Evolutionslehre in mythischer Form, bei dem der Mensch am Ende auftritt und eine Verantwortung für diese Welt erhält. Der zweite Schöpfungsbericht in Gen 2 zeigt den Verlust der Unschuld des Menschen durch sein Wissen um Gut und Böse und das Bewusstsein von Endlichkeit und Tod. Dadurch ragt der Mensch über die Natur hinaus. Schon die Entstehungsgeschichte der Bibel zeugt von einem vorwissenschaftlichen Erkenntniswillen. Dies gilt erst recht für ihre Wirkungsgeschichte, denn die Bibel hat durch zwei Motive den naturwissenschaftlichen Erkenntniswillen befördert: durch den Glauben an die Weisheit und an die Kontingenz der Schöpfung.

Für Kepler, Newton und viele Naturwissenschaftler war in der Natur eine bewundernswerte *Weisheit* verborgen. Sie lasen die Natur als ein Buch, das Gott in mathematischer Sprache geschrieben hat. Das Staunen über die in die Welt investierte „Intelligenz" verleiht naturwissenschaftlichem Wissen bis heute eine religiöse Farbe. Gleichzeitig motivierte das Wissen um die Kontingenz der Welt die empirische Forschung. Kontingenz heißt: Etwas könnte auch anders sein. Es ist nicht notwendig so, wie es ist. Der Schöpfungsglaube sagt: In der Natur könnte alles anders sein, wenn Gott es anders gewollt hätte.[718] Daraus folgt: Kein apriorischer Gedanke kann die Ordnung in der Natur vorwegnehmen; sie kann nur *a posteriori* beobachtet und nachkonstruiert werden. Sogar die experimentelle Vorgehensweise konvergiert mit dem Schöpfungsgedanken: Wenn Gott als „Techniker" die Welt geschaffen hat, kann man sie am besten durch Nachkonstruktionen erkennen – so wie man das Werk eines Töpfers am besten versteht, wenn man selbst töpfert.

Dennoch ist der Schöpfungsbericht weit mehr als ein vorwissenschaftliches Erkennen bzw. eine mythische Erzählung, in der die Bedingungen der Möglichkeit für empirisches Erkennen formuliert werden: die Kontingenz einer nur empirisch und aposteriorisch erkennbaren Ordnung in der Welt. Darüber hinaus leistet dieser Mythos etwas, das in der Naturwissenschaft notwendigerweise verloren geht: Wir können uns mit all unserem Wissen keinen sinnvollen Platz im Universum zuweisen, keinen Ort, der uns emotional befriedigt und an dem wir unserer Aufgabe in ihm gewiss werden. Die Naturwissenschaft muss sich asketisch auf das beschränken, was objektiv der Fall ist. Sie blendet aus, was wert- oder sinnvoll sein könnte. Wir können zwar die Natur heute weit besser erkennen als die Verfasser des biblischen Schöpfungsberichts, aber wir können mit naturwissenschaftlichen Mitteln nicht jenen Satz formulieren, der den biblischen Schöpfungsbericht als Refrain durchzieht: „Und Gott sah, dass es gut war!" Nicht einmal dessen säkularisierte Abwandlung: „*Wir* sahen, dass es gut war!", wäre ein naturwissenschaftlicher Satz, sondern lediglich unser Bekenntnis. Wert und Sinn gehen über alle Faktizität hinaus. Eng verbunden damit ist eine zweite Besonderheit dieses mythischen Schöpfungsberichts: Er weist dem Menschen eine Verantwortung zu. Im ersten Schöpfungsbericht Gen 1 ist es die Aufgabe des *dominium terrae*, der Herrschaft über Erde und Tiere. Sie wird mit harten Begriffen beschrieben, eine neue Bibelübersetzung formuliert so: „Da sprach Gott: ‚Wir wollen Menschen machen – als unser Bild, etwa in unserer Gestalt. Sie sollen niederzwingen die Fische des Meeres, die Flugtiere des Himmels, das Vieh, die ganze Erde, alle Kriechtiere, die auf dem Boden kriechen" (Gen 1,26).[719] Der Herrschaft des Menschen wird hier ein repressives Element zugeschrieben. Anders im zweiten Schöpfungsbericht Gen 2. Hier wird der Mensch zum Gärtner des Paradiesgartens eingesetzt: „Adonaj, also Gott, nahm das Menschenwesen und brachte es in den Garten Eden, ihn zu bearbeiten und zu beaufsichtigen" (Gen 2,15).[720] Der

---

[718] Hinsichtlich der Kontingenz der Schöpfung widerspricht die biblische Tradition der antiken Kosmosfrömmigkeit. Diese wollte das Sosein der Welt in seiner Notwendigkeit erkennen. Juden und Griechen aber führten es auf den unbegründbaren Willen Gottes zurück. Vgl. A. DIHLE, Die Vorstellung vom Willen in der Antike, 1985, 9–13.

[719] So übersetzen F. CRÜSEMANN/J. EBACH, Bibel in gerechter Sprache, 2006, 32, keineswegs in einer ökologisch „gerechten Sprache", sondern eher quer zu dem, was *political correctness* hier erwarten lässt.

[720] F. CRÜSEMANN/J. EBACH, Bibel in gerechter Sprache, 2006, 33.

Machtanspruch gegenüber den Tieren wird durch einen Auftrag des Hütens und Bewahrens gegenüber dem Garten ergänzt. Der Schöpfungsmythos sagt somit nicht nur über alle kontingente Faktizität hinaus, dass die Schöpfung gut ist, sondern auch, dass der Mensch die Verantwortung dafür hat, dass sie gut bleibt. Der starke Begriff des „Niederzwingens" deutet an, dass diese Verantwortung mit Härte und Sünde verbunden sein kann. Als Herrscher ist der Mensch Ebenbild Gottes, als Hüter ein Erdengeschöpf. Als Herrscher steht er über den beherrschten Tieren, als Hüter aber ist er aus dem gleichen Stoff wie alles andere um ihn herum. In jeder Hinsicht aber hat er Verantwortung.

3 Das Alte Testament als Verpflichtung zu sozialer Verantwortung

Das Alte Testament hat durch seine Darstellung der Geschichte und der Gesellschaft einen Eigenwert. Nur das Alte Testament entwickelt ein umfassendes Geschichtsbild, das dem Menschen Verantwortung für die Geschichte zuschreibt. Nicht nur Könige, sondern alle Menschen im Volk haben in dieser Geschichte Verantwortung. Und dabei spielt der Monotheismus eine wichtige Rolle: Weil Gott transzendent ist, konnten in Israel Menschen nicht in den Rang von Göttern erhoben werden. Der König war weder Gott noch Gottessohn. Wo man ihn als „Sohn Gottes" in Israel verehrte, verstand man die entsprechenden Aussagen spätestens nach dem Ende der Königsherrschaft in Israel, also seit dem Exil, als unerfüllte Weissagungen einer zukünftigen königlichen Heilsgestalt. Aber selbst diese Heilsgestalt, der Messias, blieb Gott untergeordnet: Er wird von Gott gelehrt und vertraut auf Gott (PsSal 17,32.39). Dies galt erst recht für den König: Wenn er nach dem Königsgesetz des Deuteronomiums die Thora lesen soll (Dtn 17,19), so wurde er damit dem Gebot Gottes untergeordnet. Er soll sich durch Gott belehren lassen. Wenn neben ihm in einer Art Machtteilung der Prophet erschien, so soll dieser ein Gegengewicht gegen die Macht des Königs sein (Dtn 18,9–22). Andere altorientalische Könige hingegen proklamierten ihre Gesetze im Auftrag der Götter. Die daraus resultierende hierarchische Reihenfolge war im Orient: Gottheit > König > Gesetz, in Israel galt dagegen die Reihenfolge: Gott > Gesetz > König. Immer wieder traten Propheten auf und erinnerten die Machthaber daran, dass Gottes Gesetz über ihnen stand.

Wichtiger noch war, dass nicht nur der König, sondern jeder Israelit Verantwortung übernehmen sollte. Ganz Israel war „Sohn Gottes"; die Verwirklichung des Willens Gottes wurde dem ganzen Volk aufgetragen. Auch das Gebot der Nächstenliebe: „Du sollst den Nächsten lieben wie dich selbst; ich bin der Herr" (Lev 19,18), wirkt zunächst so, als sei es ein individualethisches Gebot. Es ist aber im Alten Testament in einen sozialen Kontext eingebettet, welcher durch Ungleichheit gekennzeichnet ist. Das Nächstenliebegebot bezieht sich nämlich in Lev 19,18 auf Menschen, bei denen es keine Gleichwertigkeit gibt oder bei denen sie nicht leicht zu akzeptieren ist: (1) auf den persönlichen Feind, (2) den sozial Schwächeren und (3) den Fremden.[721]

(1) Schon in der ersten Formulierung des Nächstenliebegebots ist der mächtige Gegner gemeint. Wenn man ihm gegenüber auf Rachegedanken verzichten

---

[721] Vgl. um Folgenden G. THEISSEN, Nächstenliebe und Statusverzicht, 2000.

soll (Lev 19,18), so muss er sich in einer Situation (etwa im Prozess) als mächtiger erwiesen haben. Das Nächstenliebegebot ist hier von Anfang an auch ein Gebot zur Feindesliebe – bezogen auf den persönlichen Feind im eigenen Volk.

(2) Die Nächstenliebe verbindet sich in Lev 19 ferner mit einem im Orient allgemein verbreiteten Barmherzigkeitsethos, das den Schwachen gilt. Man soll Arme unterstützen (Lev 19,10), Tagelöhnern nicht den Lohn vorenthalten (19,13), die Behinderung von Tauben und Blinden nicht ausnutzen (19,14). Im Alten Orient gelten vor allem die Witwen und Waisen als schutzbedürftig. Zu ihrer Unterstützung verpflichtet wurden die Könige und Mächtigen. In Israel wird jedoch das ganze Volk zum Schutz von Witwen und Waisen verpflichtet.

(3) In Abweichung von den altorientalischen Parallelen wird in Israel schließlich die Gruppe der *personae miserabiles* um die Fremden erweitert: um Menschen, die als Gäste im Lande wohnen. Auch ihnen gilt das Nächstenliebegebot: „Wie ein Einheimischer aus eurer eigenen Mitte soll euch der Fremdling gelten, der bei euch wohnt, und du sollst ihn lieben wie dich selbst – seid ihr doch Fremdlinge gewesen im Lande Ägypten; ich bin der Herr, euer Gott!" (Lev 19,34).

Das Nächstenliebegebot begegnet also schon in seiner ersten Formulierung im Alten Testament als Liebe zum Feind, zu den Schwachen und zum Fremden.[722] Es gilt zwar auch dem prinzipiell gleichberechtigten „Nachbarn", wird aber gerade dort zum Gebot, wo diese Gleichwertigkeit nicht selbstverständlich ist. Dass das Nächstenliebegebot im Kontext der Priesterschrift (oder der priesterlichen Schicht im Pentateuch) die immer wieder neu zu schaffende Gleichwertigkeit der „Nächsten" voraussetzt, geht aus dem größeren Kontext hervor. Es steht zwischen vielen kultischen Geboten und den Bestimmungen zum Jubeljahr:[723]

Lev 1–16 (17)	Lev (17)18–26
Thora für Priester: Ritual- und Opfergesetze	Thora der Priester für das Volk: Heiligkeitsgesetz 19: Nächstenliebe
16: Versöhnungstag Wiederherstellung der rituellen Reinheit	25: Jubeljahr Wiederherstellung der Besitzverhältnisse

Die vorhergehenden Opfergesetze umfassen Sühn- und Schuldopfer (Lev 4–7) und finden ihren Höhepunkt im *Versöhnungstag*, der die Sünden des Volkes be-

[722] Dass schon im Heiligkeitsgesetz beim Liebesgebot diese Tendenz zur „Entgrenzung" vorhanden ist, hat H.P. Mathys, Liebe deinen Nächsten wie dich selbst, 1986, gezeigt.

[723] Nach der Errichtung des Heiligtums (Ex 25–40), der Ordnung des Gottesdienstes durch Opfergesetze (Lev 1–7), Priestereinsetzung (8f) und den ersten Opferdarbringungen (9 und 22), nach Reinheitsgesetzen (Lev 11–15) und einem großen Komplex, in dessen Zentrum der Versöhnungstag (Lev 16) steht – aber vor dem Gesetz über das Jubeljahr in Lev 25.

seitigt. Jedes Jahr muss neu das Verhältnis zwischen Gott und seinem Volk wiederhergestellt werden, damit Nächstenliebe möglich wird. Das Nächstenliebegebot setzt also ein gestörtes Verhältnis zwischen Gott und Mensch voraus. Am Ende des Heiligkeitsgesetzes stehen die Bestimmungen zum *Jubeljahr* (Lev 25), die zeigen: Alle 50 Jahre müssen periodisch die Besitzverhältnisse wiederhergestellt werden. Wenn in der Mitte zwischen diesen Bestimmungen das Liebesgebot als Feindes- und Fremdenliebe steht, so kann man das folgendermaßen verstehen: Nächstenliebe lässt sich auf Dauer nur praktizieren, wenn sowohl das religiöse Gottesverhältnis immer wieder erneuert wird als auch die sozialen Besitzverhältnisse immer wieder neu korrigiert werden. Sie ist nachhaltig nur möglich, wenn der „Nächste" ein Nachbar bleibt, der gleiche Rechte und gleiche Lebenschancen hat. Darauf zielt das *Jubeljahr*. Nächstenliebe ist ebenso auf Dauer nur dadurch möglich, dass Gott immer wieder neu Sühne für gemeinschaftswidriges Verhalten schafft: Wenn Gott vergibt, kann auch der Mensch seinen Hass überwinden und vergeben. Darauf zielt der *Versöhnungstag*. Nächstenliebe ist also darauf angewiesen, dass der religiöse und soziale Rahmen immer wieder erneuert wird, innerhalb dessen sie praktiziert wird. Dabei ist die ganze Gesellschaft angesprochen.

Der Horizont des Neuen Testaments ist enger. Im Neuen Testament handelt es sich nicht um die Literatur eines Volkes und einer ganzen Gesellschaft, sondern um die Literatur von Kleingruppen. Diese Kleingruppen haben vieles nicht im Blick, was ein lebendiger Glaube in der gesamten Gesellschaft im Blick haben muss. Nur das Alte Testament enthält eine Konzeption von sozialer Gerechtigkeit und Macht, die den Horizont der neutestamentlichen Kleingruppenliteratur übersteigt. Man kann daher sagen: Die öffentliche Sprache des Glaubens, mit der er seine Verantwortung für die Welt formuliert, ist ohne das Alte Testament unvorstellbar.

4 Das Alte Testament als Konzeption von Heil und Unheil

Das Alte Testament hat einen Eigenwert, weil es eine Konzeption des Heils entwickelt, die vor der Todesgrenze Erfüllung sucht, auch dort, wo es an diese Todesgrenze rührt und sie überschreitet. Das Heil erscheint als irdische Erfüllung: entweder als Segen, der ohne dramatische Ereignisse Nahrung, Nachkommenschaft und Sicherheit gibt, oder als dramatische Rettung, die aus Not befreit. Die Freude am irdischen Leben führt im Prediger Salomo sogar zu einer beeindruckenden biblischen Philosophie der Lebensfreude, die in anderen Schriften zur kultischen Festfreude vertieft wird. Diese ist letztlich Beziehungsfreude, die sich freut, mit Gottes Angesicht in Kontakt zu kommen: Hinzu kommt die Freude am Gesetz und die Vision einer zukünftigen Heilsfreude. Was der Prediger zur *Lebensfreude* sagt, lässt sich in der Mahnung zusammenfassen:

> „So geh hin und iss dein Brot mit Freuden, trink deinen Wein mit gutem Mut … Lass deine Kleider immer weiß sein und lass deinem Haupte Salbe nicht mangeln. Genieße das Leben mit deinem Weibe, das du liebhast, solange du das eitle Leben hast, das dir Gott unter der Sonne gegeben hat" (Koh 9,7–9).

Zwei Aussagen geben dieser Freude grundsätzliche Bedeutung: Gott hat dem Menschen einerseits die Ewigkeit ins Herz gegeben (Koh 3,11), andererseits die Freude (Koh 5,19). Vielleicht darf man beide Aussagen aufeinander beziehen und so deuten: Gottes Ewigkeit macht dem Menschen seine Vergänglichkeit bewusst, Gottes Freude aber lässt ihn diese Vergänglichkeit vergessen:

„Denn wenn Gott einem Menschen Reichtum und Güter gibt und lässt ihn davon essen und trinken … und fröhlich sein bei seinem Mühen, so ist das eine Gottesgabe. Denn er denkt nicht viel an die Kürze seines Lebens, weil Gott sein Herz erfreut" (Koh 5,18f).

Daneben gibt es viele Aussagen zur kultischen *Festfreude*: Feste sind „Tage eurer Freude" (Num 10,10). „Vor Jahwe fröhlich sein" und „vor Jahwe essen", bedeutet dasselbe (Dtn 12,18; 14,26; 27,7).

Die Psalmen steigern diese Freude zur *Beziehungsfreude*: Leben im Angesicht Gottes ist in sich Freude. Programmatisch heißt es: „Dienet dem Herrn mit Freuden, kommt vor sein Angesicht mit Frohlocken" (Ps 100,2). Der Beter fleht: „Herr, lass leuchten über uns das Licht deines Antlitzes! Du erfreust mein Herz" (Ps 4,7f). Gott ist in sich „Freude und Wonne" (Ps 43,4). Daher kann der Beter bekennen: „Ich freue mich und bin fröhlich in dir" (Ps 9,3 u.ö.). Schon der Kontakt mit Gott ist unendlich viel wert und bewährt sich im Leid:

„Wenn ich nur dich habe, so frage ich nichts nach Himmel und Erde. Wenn mir gleich Leib und Seele verschmachtet, so bist du doch Gott, allezeit meines Herzens Trost und mein Teil. … das ist meine Freude, dass ich mich zu Gott halte" (Ps 73,25f.28).

Freude gibt auch das Studium des Gesetzes (Ps 119). Schriftgelehrte bekennen sich zu dieser *Gesetzesfreude*. Sie preisen den Menschen glücklich, der Tag und Nacht über Gottes Gesetz sinnt (Ps 1). Das Gesetz ist Gegenstand ihrer Freude (Ps 119,14.24.47 u.ö.). Durch ihr Studium haben sie Kontakt mit Gott.

Zur der Festfreude in kultischem und häuslichem Rahmen kommt die Vision einer *prophetischen Heilsfreude*, die in eschatologischen Farben ausgemalt wird: Wenn Tyrannei und Unrecht ein Ende haben,

„werden die Tauben hören die Worte des Buches, und die Augen der Blinden werden aus Dunkel und Finsternis sehen; und die Elenden werden wieder Freude haben am Herrn, und die Ärmsten unter den Menschen werden fröhlich sein in dem Heiligen Israels" (Jes 29,18f).

Fasten- und Bußzeiten werden „zur Freude und Wonne und zu fröhlichen Festzeiten werden" (Sach 8,19). Es wird ewige Freude herrschen (Jes 35,10). In einer neuen Welt werden Mensch und Gott in Freude vereint sein:

„Denn siehe, ich will einen neuen Himmel und eine neue Erde schaffen, dass man der vorigen nicht mehr gedenken und sie nicht mehr zu Herzen nehmen wird. Freuet euch und seid fröhlich immerdar über das, was ich schaffe. Denn siehe, ich will Jerusalem zur Wonne machen und sein Volk zur Freude, und ich will fröhlich sein über Jerusalem und mich freuen über mein Volk" (Jes 65,17–19).

Die Heilskonzeptionen im Alten Testament sind natürlich weit differenzierter, als dass sie sich auf das Thema der Lebensfreude vor Gott reduzieren ließen. Aber sie haben hier ein Proprium über das Neue Testament hinaus. Nur im Alten Testament finden wir in der Bibel einen Lobgesang auf die irdische Erotik: im Hohelied Salomos. Nur im Alten Testament finden wir in den Psalmen Gebete, die Lebensfreude in Dankbarkeit gegenüber Gott verwandeln. In der säkularen hedonistischen Kultur unserer Gegenwart sind sie dennoch fremd und begründen trotzdem die Kultur eines religiösen Hedonismus, der in einem Punkt dem säkularen Hedonismus überlegen ist. Wer Freude als Gabe empfängt, weiß, dass sie ein Geschenk ist, und er weiß auch, dass Lebensfreude Kehrseite des Leids ist.

Nirgendwo äußert sich menschliches Leid so beeindruckend wie im Buch Hiob. Neben dem Heil als irdischer Erfüllung steht im Alten Testament das Scheitern der Heilserwartungen. Wenn der größte Neutestamentler des 20. Jahrhunderts, R. Bultmann,[724] das Alte Testament als eine Geschichte des Scheiterns deutete, so ist das nicht so falsch, wie heute oft gesagt wird. Man kann seine These auch vor einem anderen Hintergrund lesen. K. Jaspers vertrat damals eine Existenzphilosophie, bei dem das Stichwort „Scheitern" eine positive Konnotation hatte: Im Scheitern des Lebens öffnet sich der Zugang zum Unbedingten. Wenn das Alte Testament also Darstellung und Gestaltung eines immer wieder erneuten Scheiterns in Katastrophen ist, dann bringt es eine Wahrheit über unser Leben vor Gott und den Mitmenschen zum Ausdruck. Eher müssen wir fragen: Finden wir im Neuen Testament eine vergleichbare Kraft, Scheitern darzustellen, einzugestehen und zu gestalten? Diese Frage kann man bejahen: Das Kreuz steht im Mittelpunkt des Neuen Testaments. Die Hoffnung, die es vertritt, ist historisch gesehen eine scheiternde Hoffnung. Das Reich Gottes kam nicht. Die Parusie blieb aus. Mit Hilfe des Alten Testaments können wir solche Erfahrungen besser bewältigen als ohne das Alte Testament.

5 Das Alte Testament und das Neue Testament. Schlussbetrachtung

Die reformierte Tradition hat immer die „ganze Schrift" in Ehren gehalten, Das *tota scriptura* war ebenso wichtig wie das *sola scriptura.* Aber der Grundsatz, dass Gott größer ist als alle seine konkreten Offenbarungen, dass er selbst das *solus Christus* übersteigt, gehört zur reformierten Tradition. Auch hier gilt: *finitum non capax infiniti.* Es gibt einen Überschuss der freien Gnade Gottes. Das gilt erst recht für einen liberalen Reformierten. Dieser Überschuss zeigt sich an erster Stelle in der Geschichte des jüdischen Volkes bis heute, kann sich aber auch in anderen Religionen niederschlagen. Vor allem aber wird ein Reformierter nie vergessen, dass das Alte Testament zwei Grundwerte in die Welt der Religionen gebracht hat: Gott definiert sich erstens dadurch, dass er in die Freiheit führt und keine Sklaverei will. Dies wird im Zentrum festgemacht, im Prolog der zehn Gebote. Und Gott will zweitens Nächstenliebe – eine Liebe zum Nächsten, die von vornherein in Lev 19,18 den Schwachen, den Feind und den Fremden umfasst.

Dennoch darf man neben dem Eigenwert des Alten Testaments auch seinen Wert als Vorbereitung auf das Christentum anerkennen. Das Alte Testament ist

[724] R. BULTMANN, Die Bedeutung des Alten Testaments, 1933 [5]1964, 313–336.

die Geschichte einer ständig wachsenden Verheißung trotz aller Krisen und Rückschläge. Wenn im Neuen Testament manche alttestamentlichen Gebote kritisiert werden, so sollte man darin einen unschätzbaren Vorteil des Christentums sehen. Die ersten Christen verehrten das Alte Testament zwar als heilige Schrift, hielten aber nicht alle seine Gebote, hoben die Beschneidungs- und Speisegebote zumindest für ihre nicht-jüdischen Mitglieder auf. Wir haben hier ein Modell für eine Verbindung der Hochschätzung einer religiösen Tradition mit gleichzeitiger Freiheit ihr gegenüber, also ein Modell für den Umgang mit allen theologischen und religiösen Traditionen. Wollte man den theologischen Wert des Alten Testaments wegen einiger Texte, die man zu Recht kritisieren darf, grundsätzlich herabsetzen, so verlöre man ein Modell für einen zugleich loyalen und kritischen Umgang mit religiösen Traditionen. Wir müssen heute lernen, diesen kritischen Gebrauch auf alle heiligen Schriften auszudehnen, auch auf das Neue Testament.

Der Eigenwert des Alten Testaments wird auch dadurch unterstrichen, dass es eine reiche Wirkungsgeschichte hat, nicht nur in einer einzigen Religion, sondern im Judentum, Christentum und im Islam. Die Wirkungsgeschichte entfaltet das Potential der Texte, und je größer dieses Potential ist, umso reichhaltiger ist auch deren Wirkungsgeschichte. Im Licht jeder Wirkungsgeschichte wird der Eigenwert des Alten Testaments neu bestimmt werden. Große Texte haben immer einen Eigenwert. Das Neue Testament ist sich im Übrigen dessen bewusst, dass das Alte Testament unabhängig von ihm einen Eigenwert hat. An zwei Stellen unterscheidet Paulus bewusst die Bedeutung der alttestamentlichen Schrift oder eines alttestamentlichen Ereignisses für die Menschen damals und für die Christen heute: In Röm 4 zeigt er am Beispiel Abrahams, dass der Glaube zur Gerechtigkeit angerechnet wird, und betont:

> „Dass es ihm zugerechnet worden ist, ist aber nicht allein um seinetwillen geschrieben, sondern auch um unsretwillen, denen es zugerechnet werden soll. Wenn wir glauben an den, der unseren Herrn Jesus auferweckt hat von den Toten, welcher ist um unsrer Sünden willen dahingegeben und um unsrer Rechtfertigung willen auferweckt" (Röm 4,23–25).

Abraham erscheint hier als ein Glaubender mitten im Alten Testament. Er glaubt nicht an Christus, aber er glaubt in einer Weise, die christuskonform ist: Er glaubt an die Macht Gottes, die etwas aus dem Nichts schaffen kann und stärker als der Tod ist. Ein solcher Eigenwert des Alten Testaments ist aber nicht auf den einen Abraham als die große Ausnahme beschränkt. An anderer Stelle begegnet ein formal vergleichbarer Gedankengang in Bezug auf das ganze Volk Israel. Paulus ist überzeugt: Israel wurde wie die Christen beim Exodus durchs Rote Meer getauft und wurde durch Manna in der Wüste gespeist. Dennoch erreichte es nicht das gelobte Land. Die Menschen murrten und starben, bevor sie ihr Ziel erreichten. Paulus deutet dies so: „Dies widerfuhr ihnen als ein Vorbild (wörtlich: in „typischer" Weise). Es ist aber geschrieben uns zur Warnung, auf die das Ende der Zeiten gekommen ist" (1 Kor 10,11). Paulus neigt zu einer Doppellektüre des Alten Testaments: Für ihn enthält es einen Sinn in sich und darüber hinaus einen Sinn für die Gegenwart. Der Sinn, den es für die alttestamentlichen Personen und das Volk Israel hat, ist keineswegs ein archivarisch-historischer Sinn. Er ist hoch theologisch, existenziell bedeutsam, betrifft Leben und Tod, Gott und die Welt. Wenn man das Alte Testament auf diese Weise liest, nicht nur als historische

Quelle, liest man es auch im Sinne des Neuen Testaments. Darüber hinaus aber hat das Alte Testament einen Mehrwert an Sinn durch seine zweifache Fortsetzung im Judentum und Christentum gewonnen.

Der Eigenwert des Alten Testaments ist ferner für die Begründung des „Schriftprinzips“ wichtig: Die Autorität vorgegebener Schriften steht in Spannung zur Autonomie des Menschen, der in entscheidenden Fragen selbst entscheiden muss, wobei er sich immer mit vorgegebenen Traditionen auseinandersetzt. Eine offene Frage ist dabei immer: Warum sollte er sich gerade für die Tradition der Bibel entscheiden? Er kann dies natürlich damit begründen, indem er in ihr eine in sich einleuchtende Wahrheit findet, die in der Bibel klarer und deutlicher formuliert wird als anderswo in der Geschichte der Religionen und Philosophien. Dies allein aber genügt nicht. Denn diese Wahrheit, einmal erkannt, emanzipiert sich von ihrem Entstehungszusammenhang. Hinzu muss kommen, dass die Schrift auch noch durch einen singulären geschichtlichen Ort ausgezeichnet ist. Wenn man z.B. zeigen kann, dass im Alten Testament diese Wahrheit nicht nur klarer als anderswo zum Ausdruck kommt, sondern sich dort zum ersten Mal durchgesetzt hat, werden solche Schriften immer einen besonderen Rang haben. Wenn schließlich noch hinzukommt, dass diese Wahrheit sich in einer singulären Beziehung öffnet, die durch diese Schrift wie durch einen an uns adressierten „Brief“ vermittelt wird – dann wäre es logisch, diese eine Schrift zu „kanonisieren“.

Die Wahrheit, die wir suchen ist die Erkenntnis Gottes. Hier stellt das Alte Testament sachlich und geschichtlich etwas Singuläres dar: In diesen Schriften kam Israel zur Erkenntnis des einen und einzigen Gottes – abweichend von seiner Umwelt und im Bewusstsein, dass es sich dadurch von allen Völkern unterscheidet. Zwar gab es auch anderswo Entwicklungen, die in die Richtung eines monotheistischen Glaubens wiesen: Echnatons Kultreform in Ägypten in der Mitte des 14. Jh.s v.Chr. und Xenophanes’ Religionskritik in Griechenland im 6. Jh. v.Chr. Dennoch war die Entdeckung des einen und einzigen Gottes in Israel etwas Singuläres. Unterstützende Zeichen und Erkenntnisse in der damaligen „Achsenzeit“ bestätigen, dass hier kein abwegiger Weg eingeschlagen wurde. Hier ergriff der Glaube an einen einzigen Gott zum ersten Mal ein ganzes Volk – nicht nur eine kleine politische oder philosophische Elite wie bei Echnaton oder bei Xenophanes. Dadurch ist das Alte Testament nicht nur sachlich, sondern auch geschichtlich etwas Singuläres. Hinzu kommt, dass diese Erkenntnis des einen und einzigen Gottes unlöslich mit einer Beziehungsaufnahme verbunden war. Dieser eine Gott nahm eine Beziehung zu Israel auf und Israel band sich an diesen einen Gott. Israel erinnerte dies als einen Bundesschluss: Gott hatte einen Bund mit allen Menschen, dann mit den Ahnen Israels, mit Abraham, Isaak und Jakob, vor allem aber am Sinai mit dem ganzen Volk geschlossen. Selbst wenn diese Beziehungsaufnahme durch ein Medium wie das der Sinaigesetze geschah, die in unseren Augen historisch in vieler Hinsicht zufällig sind, so lässt man dieses Medium doch hinter sich, wenn durch sie hindurch eine Beziehung zu Gott vermittelt wurde. Die Schriften, die dieser Entdeckung zum Durchbruch verhalfen, wurden mit Recht kanonisiert. Oder genauer: Die Idee eines Kanons wurde erst durch diese Erkenntnisse geschaffen. Der Kanon war eine Erfindung Israels, von der das Neue Testament abhängig ist. Das Alte Testament verlieh ihm seinen kanonischen Rang – nicht umgekehrt. Daher hat das Alte Testament einen bleibenden Eigenwert. Natürlich hat auch das Neue Testament einen solchen Eigenwert, der hier nur angedeutet werden kann. Wenn Gott im Alten Testament zum Anliegen des Menschen wird, der sein ganzes Leben auf ihn ausrichtet, so wird im Neuen Testament der Mensch das Anliegen Gottes. Er soll so verwandelt werden, dass er seinem Willen entspricht, und dies geht nur durch eine Öffnung für alle Menschen, die auch den Feind und den Fremden, den Armen, Kranken und Verlorenen mit einschließt.

18 Die Pluralismusfähigkeit der Schrift
Das Alte Testament im Neuen Testament – Paradigma einer religionspluralistischen Bibellektüre?[725]

Was kann ein Neutestamentler zur Suche nach einem christlichen Bibelverständnis, das für andere Religionen dialogoffen ist, beitragen? Ist er nicht Teil des Problems, das es zu lösen gilt? Hat nicht gerade das Neue Testament einen Absolutheitsanspruch erhoben, der den Weg zu anderen Religionen versperrt? Sein Absolutheitsanspruch bezieht sich nicht nur auf Gott, sondern auf einen Menschen. Gottes Transzendenz entzieht sich menschlichen Zugriffen. Erst wenn Gottes Offenbarung mit seiner Offenbarung in einem konkreten Menschen verbunden wird, droht die Gefahr der Intoleranz. Die Zentralstellung der Offenbarung in Christus belastete daher das Verhältnis zum Judentum: Die ersten Christen haben das Alte Testament als Verheißung auf den Messias gelesen, den sie in Jesus Christus verehrten. Deswegen warfen sie den Juden vor, dass sie das Alte Testament nicht recht verstanden hätten. Eine Decke läge auf dem Verlesen des ‚Alten Bundes', nur in Christus würde sie entfernt (2Kor 3,14). Die christliche Inanspruchnahme der Bibel war eine hermeneutische Enteignung der Juden, die ihre Bibel anders als die Christen verstanden.

Erst recht gilt für den Dialog mit anderen Religionen, dass der Neutestamentler für ihn keine Hilfe zu sein scheint: Der Absolutheitsansprach im Neuen Testament ist im interreligiösen Dialog anstößig. Jesus sagt im Johannesevangelium: „Niemand kommt zum Vater denn durch mich" (Joh 14,6). Petrus erhebt in der Apostelgeschichte für Jesus einen exklusiven Anspruch: „In keinem andern ist das Heil, ist auch kein andrer Name unter dem Himmel den Menschen gegeben, durch den wir sollen selig werden" (Apg 4,12). Wie soll angesichts solcher Exklusivitätsansprüche eine religionspluralistische Lektüre des Neuen Testaments möglich sein?

Ein Neutestamentler kann im 20. Jh. für eine religionspluralistische Lektüre des Neuen Testaments freilich auch positive Erfahrung der interkonfessionellen Lektüre des Neuen Testaments einbringen. Auch im evangelisch-katholischen Dialog gab es Versuche, die jeweils andere Seite hermeneutisch zu enteignen: Protestanten beanspruchten exklusiv für sich die historisch-kritische Auslegung als wissenschaftlich integren Zugang zur Schrift, Katholiken exklusiv den Alleinvertretungsanspruch ihres Lehramtes für ungeklärte Fragen der Schriftauslegung. Trotzdem kam es zu einer gemeinsamen Lektüre und Exegese der Bibel. Lässt sich daraus für eine jüdisch-christliche und für eine interreligiöse Lektüre der Bibel lernen? M.E. kann man kann man etwas aus den vier Voraussetzungen lernen, die solch eine gemeinsame ökumenische Bibellektüre ermöglicht haben:

Die erste Voraussetzung war eine *gemeinsame Methodik*. Die ökumenische Bibellektüre wurde möglich, nachdem die katholische Kirche seit dem 2. Vatikanum die allgemeinen wissenschaftlichen Methoden (d.h. die historisch-kritische

---

[725] Stark überarbeitete und erweiterte Fassung von: G. THEISSEN, Neutestamentliche Überlegungen zu einer jüdisch-christlichen Lektüre des Alten Testaments, 1995.

Methodik) zur Erforschung der Bibel freigegeben hatte[726] – Methoden, die der Humanismus entwickelt hatte, die aber im Protestantismus im Blick auf die Bibel weiterentwickelt worden waren. Diese Methoden sind konfessionell neutrale Dialogregeln, mit deren Hilfe man sich ohne dogmatischen Zwang oder moralische Appelle verständigen kann. Solche Dialogregeln brauchen wir auch im interreligiösen Dialog. Im Blick auf eine jüdisch-christliche Bibellektüre gibt es hier kaum Probleme. Es waren Juden, die entscheidende Anstöße zur Entwicklung angemessener Auslegungsmethoden gegeben haben: im Mittelalter die Bibelexegese Raschis (1040–1105), in der Aufklärung die Religionskritik Baruch de Spinozas (1632–1677). Zwar sind die historisch-kritischen Methoden in Europa entstanden und insofern ein „Export" des Westens im globalen Religionsdialog, aber sie sind religiös neutral. Außerdem gibt es auch in anderen Kulturen etwa im Islam Traditionen von Texttradierung und Textauslegung.[727]

Eine zweite Voraussetzung für eine interkonfessionelle Bibelauslegung war die *wirkungsgeschichtliche Hermeneutik*. Nach ihr ist ein Text kein in sich ruhender unveränderbarer Gegenstand, sondern ein Sinnpotenzial, das sich in verschiedenen Auslegungen entfaltet. Die konfessionellen Auslegungstraditionen konnte man daher als Realisierungen dieses Sinnpotenzials verstehen und im Grundsatz gleichberechtigt nebeneinanderstellen. Die weitere postmoderne Entwicklung der Hermeneutik begünstigte solch ein Bibelverständnis: Texte gelten als offene Texte, deren Sinn der Leser durch seine Leseaktivität mit erschafft. Verschiedene Ergebnisse des Lesens sind möglich, ja sogar wünschenswert. Die katholische Deutung der Bibel steht dann gleichberechtigt neben der protestantischen, die jüdische gleichberechtigt neben der christlichen. Auch die islamische Rezeption der Bibel hat ihr eigenes Gewicht. Bei Religionen außerhalb des europäischen Kulturkreises setzt die Wirkungsgeschichte der Bibel freilich erst in moderner Zeit ein, aber sie fehlt auch hier nicht ganz. Die postmoderne Abwertung des Autors zugunsten des Lesers wird erst dort zum Problem, wo der Text auf seine Rolle als Stichwortgeber für ‚inspirierte Leser' reduziert wird.[728]

Eine dritte Voraussetzung für eine interkonfessionelle Exegese war eine neue *Wertschätzung der Bibel*. Im Katholizismus gab es einen ‚Bibelfrühling', während der Protestantismus sein *Sola-scriptura*-Pathos verlor. Allzu deutlich war, dass hinter dem *sola scriptura* in Wirklichkeit ein *sola nostra scriptura* stand:

---

726 Es begann mit der Bibelenzyklika von PIUS XII., *Divino afflante Spiritu* 1943. Der Weg zur Öffnung für die historisch-kritische Methodik wurde durch die Päpstliche Bibelkommission 50 Jahre später dokumentiert: PÄPSTLICHE BIBELKOMMISSION, Die Interpretation der Bibel in der Kirche, 1995.

727 Als Beispiel sei Nasir Khusraw (ca.1004–1088) für eine ismaelitische Tradition der Schriftauslegung genannt: Vgl. G. THEISSEN, La conversion de Paul et la conversion de Nasir Khusraw, 2008.

728 U.H.J. KÖRTNER, Der inspirierte Leser, 1994, gibt eine gute Einführung in diese neue ‚postmoderne' Hermeneutik, die er gerade für das Verständnis des gesamtbiblischen Kanons fruchtbar machen will. Sie ermöglicht es, „den biblischen Kanon als Lesefrucht zu interpretieren, als Resultat nicht nur eines individuellen Leseaktes, sondern einer Lesetradition frühchristlicher und altkirchlicher Gemeinden und zugleich als Anleitung zu einer fortgesetzten synchronen Lektüre der in ihm zusammengestellten Texte, deren Einheit freilich nicht nur ein fixer Sinnbestand ist, sondern durch kombinatorische Lektüre im Akt des Lesens immer wieder neu entstehen soll" (S. 15f). Hier soll die Bibel gerade nicht nur Stichwortgeber sein. Eine „schriftinspirierte Theologie" lässt sich von den Texten in ihrem Kontext inspirieren.

eine konfessionell ausgelegte Schrift. Im christlich-jüdischen Dialog gibt es hier kein Problem, Juden müssen ihre Wertschätzung des Ersten Testaments nicht nachweisen. Es ist ihre Bibel. Dafür müssen Christen begründen, warum sie die Bibel Israels als ihre kanonische Schrift in Anspruch nehmen. Dies ist nicht selbstverständlich. Bis heute wird immer wieder im Christentum die Dekanonisierung des Alten Testaments betrieben. Wenn sie mit dem Argument begründet wird, dass sich das Alte Testament nicht christologisch auslegen lässt und daher ein jüdisches Buch sei,[729] fördert das sogar eine religionspluralistische Lektüre der Bibel. Schon die Bibel wäre dann in ihren beiden Teilen ein Dialog zwischen zwei Religionen, intertextuelle Beziehungen zwischen Neuem und Altem Testament wären eine Auseinandersetzung zwischen Christen und Juden. Das Dilemma der christlichen Theologie besteht darin: Wenn sie das Alte Testament theologisch gering einschätzt, kann sie es ohne Schwierigkeiten als Schrift einer anderen Religion akzeptieren, belastet aber den Dialog mit ihr: Eine Geringschätzung des Alten Testaments ist immer auch Geringschätzung derer, für die es die Heilige Schrift ist! Entwickelt sie dagegen eine christliche Hochschätzung des Alten Testaments, läuft sie Gefahr, das Alte Testament als eigene Schrift zu okkupieren. Unsere Aufgabe ist daher, beides zu verbinden: eine hohe theologische Wertschätzung des Alten Testaments und seine Anerkennung als Buch des Judentums. Beides verbindet man, wenn man erkennt: Das Alte Testament wurde erst durch christliche Leseaktivität (auch) ein christliches Buch. Was hier für das Alte Testament und die Beziehung zum Judentum aufgezeigt wurde, lässt sich für den interreligiösen Dialog verallgemeinern: Er wird gefördert, wenn Vertreter verschiedener Religionen in den Schriften anderer Religionen etwas entdecken, die sie schätzen und lieben. Diese Liebe zum Fremden muss jede Vereinnahmung vermeiden und die Distanz zu anderen Religionen gerade deshalb respektieren, um im Verstehen ihre Nähe suchen zu können.

Die vierte Voraussetzung der in den letzten Jahrzehnten entstandenen interkonfessionellen Exegese war die Entstehung einer von beiden Konfessionen getragenen „Biblischen Theologie“, also einer theologischen Theorie, die beide Testamente bewusst aufeinander bezog.[730] Drei Probleme sind dabei für den jüdisch-christlichen Dialog von Bedeutung:

Das erste Problem ist die Wirkungsgeschichte des Alten Testaments: Je mehr man traditionsgeschichtliche Entwicklungslinien vom Alten zum Neuen Testament nachzeichnet, umso deutlicher wird der doppelte Ausgang des Alten Testaments in Judentum und Christentum (K. Koch).[731] Alle Entwicklungslinien scheinen in der Sicht vieler christlicher Theologen zwar auf ein einziges externes Ziel hinzusteuern: auf Christus. Aber ebenso viele führen zum Judentum, ja, die Mehrzahl aller Linien führt zu ihm. Das Christentum ist eher eine Abzweigung als das alle verbindende Ziel! Eine Biblische Theologie muss das akzeptieren.

---

[729] Zuletzt hat N. Slenczka in der Tradition von F. Schleiermacher und A. v. Harnack die kanonische Gleichrangigkeit des Alten mit dem Neuen Testament infrage gestellt; vgl. N. SLENCZKA, Die Kirche und das Alte Testament, 2013.

[730] Vgl. den Überblick bei M. OEMING, Gesamtbiblische Theologien der Gegenwart, ^{2}1987. Zur alttestamentlichen Hermeneutik ist noch immer eine gute Einführung C. WESTERMANN (Hrsg.), Probleme alttestamentlicher Hermeneutik, 1968.

[731] K. KOCH, Der doppelte Ausgang des Alten Testaments, 1991.

Das zweite Problem ist die Rezeption des Alten im Neuen Testament. Je mehr man die alttestamentlichen Zitate und Bezüge in eine Biblische Theologie des Neuen Testaments integriert, umso unverkennbarer wird: Das *vetus testamentum per se* und das *vetus testamentum in novo receptum* sind verschiedene Größen.[732] Das Urchristentum rezipierte nur eine kleine Auswahl von Schriftstellen und deutete sie in seinem Sinne um. Man kann daher fragen: Ist Biblische Theologie als Gesamtdeutung der Schrift nicht ein unhistorisches Unternehmen – wird sie nicht erst im Kontext unserer Gegenwart möglich, ohne vom Kontext der Vergangenheit gedeckt zu sein (R. Albertz)?[733]

Das dritte Problem ist die Rolle der Septuaginta (LXX) und des hebräischen Kanons. Eine Meinung besagt: Nur die LXX sei die Bibel des Urchristentums und deshalb auch des Christentums. Mit ihren Apokryphen überbrücke sie nicht nur den geschichtlichen Abstand zwischen hebräischer Bibel und dem griechischen Neuen Testament. Sie sei sogar geschichtlich älter, sei es, dass sie manchmal ältere Texttraditionen bewahrt hat, sei es, dass der hebräische Kanon (so eine andere These) erst Ende des 1. Jh. als Reaktion gegen die christliche beanspruchte LXX zustande kam (H. Gese).[734] Der Streit um die LXX mutet manchmal wie ein Versuch an, philologische Erstgeburtsrechte für das Christentum auch für das Alte Testament zu sichern.

Angesichts dieser Fragen ist es wichtig, sich Folgendes vor Augen zu halten: In der christlichen Theologie ging die neue Wertschätzung des Alten Testaments ihrer theoretischen Begründung voraus. Gegen seine nationalsozialistische Denunzierung wurde das Alte Testament neu entdeckt. Unabhängig von allen theologischen Rechtfertigungen der Liebe zum Alten Testaments sollten wir zu ihm stehen. Liebe braucht sich nicht zu rechtfertigen. Dasselbe gilt *mutatis mutandis* für den interreligiösen Dialog: Die Globalisierung der Welt verschärft heute viele Konflikte, die durch religiös motivierten Hass geschürt werden. Der interreligiöse Dialog will dem entgegensteuern. Er wurde zu einer lebensnotwendigen Pflicht – zumal auch Antisemitismus und die Abwertung des Alten Testaments zugenommen haben. Dessen Monotheismus wird oft beschuldigt, Quelle intoleranten Fanatismus zu sein.

Auf dem Hintergrund dieser Situation fragt dieser Beitrag nach der Möglichkeit einer religionspluralistischen Lektüre des Neuen Testaments, indem er sich mit intertextuellen Beziehungen zwischen Neuem und Alten Testament beschäftigt. Mancher wird sich fragen: Was können Intertextualitätsuntersuchungen mit ihrer Liebe zu Kleinigkeiten zu den großen Problemen der Verständigung zwischen den Religionen beitragen? Vorweg daher zwei grundsätzliche Überlegungen, die im Einzelnen noch entfaltet werden. Dass das Alte Testament zum zweigliedrigen Kanon gehört, enthält eine zweifache Chance.

Zunächst liegt darin eine Chance, ein kritisches Verhältnis zu heiligen Überlieferungen zu entwickeln, ohne diese zu verwerfen. Wir stehen heute überall vor dem Problem, gegenüber Traditionen Loyalität und Kritik zu verbinden. Das

---

732 H. HÜBNER, Vetus Testamentum, 1988.

733 R. ALBERTZ, Religionsgeschichte Israels, 1995.

734 H. GESE, Erwägungen zur Einheit der biblischen Theologie; DERS., Vom Sinai zum Zion, 1974, 16f.

Christentum musste dies von Anfang an praktizieren: Es hielt am Alten Testament als heiliger Schrift fest, praktizierte aber nicht alle Gebote und hörte trotzdem in ihm Gottes Stimme! Diese Verbindung von Achtung und Kritik müssen wir heute gegenüber jeder religiösen Tradition einnehmen, gegenüber dem Neuen Testament wie gegenüber allen anderen Religionen. Unsere Koexistenz in einer globalisierten Welt nötigt uns alle dazu, destruktive religiöse Traditionen aufzugeben, ohne die Religion grundsätzlich abzulehnen.

Die zweite große Chance besteht darin, dass das Christentum durch Rückbezug auf seine eigenen Grundlagen in der zweigeteilten Bibel verpflichtet ist, mit seiner Mutterreligion in einen Dialog einzutreten. Dieser Dialog ist in den Grundlagen des Christentums eingebaut und etwas ganz Einzigartiges. Durch ihn können wir Erfahrungen für den interreligiösen Dialog überhaupt sammeln, der heute eine große geistige Herausforderung darstellt. Wie können Menschen mit verschiedenen Traditionen einen Dialog führen – und Irritationen der eigenen Identität dabei in den Griff bekommen?[735]

Beide Chancen lassen sich m.E. nur verwirklichen, wenn wir das Christentum des Neuen Testaments genauso kritisch behandeln wie das Alte Testament. Auch dies wird schon lange praktiziert. So wie die ersten Christen nicht alle Vorschriften der Bibel praktizierten, so leben wir an vielen Stellen im Widerspruch zu den Aussagen des Neuen Testaments: Protestanten ordinieren Frauen gegen die Vorschriften der Pastoralbriefe, die nur Männer als Gemeindeleiter zulassen. Katholiken verlangen von ihren Priestern den Zölibat trotz der Vorschrift in den Pastoralbriefen, dass ein Bischof verheiratet sein soll. Katholiken wie Protestanten verzehren trotz des Aposteldekrets (Apg 15,20) ungeschächtetes Fleisch. Über die Legitimität für solch ein Abweichen vom Neuen Testament soll hier nicht gesprochen werden. Aber eine für uns wichtige Überlegung dazu ist: Auch das Alte Testament ist für notwendige Kritik am Neuen Testament eine Hilfe. Erst das Alte Testament macht einige Probleme, die das Neue Testament hinterlassen hat, in einer Weise ‚lösbar', dass man mit ihnen leben kann. Dabei denke ich z.B. an die „Parusieverzögerung", den Umgang mit großen geschichtlichen Enttäuschungen und dem Scheitern von Hoffnungen und Erwartungen. Das Alte Testament zeigt, wie man trotz aller Enttäuschungen an Grundorientierungen festhält. Vom

---

[735] In andere Richtung geht der sehr gute Vorschlag von R.G. KRATZ, Damit Gott sei alles in allem, 2018: Das Christentum soll anerkennen, dass es ein Teil des Judentums ist und sich in die Geschichte des Judentums einreihen. Das Alte Testament ist sein Ursprung. Das zeige die historische Analyse, die sich hier gegen das Selbstverständnis von Christen durchsetzen sollte. Obwohl wir die Hochschätzung des Alten Testaments teilen, gehen unsere Vorschläge auseinander. Die Unterschiede sind: (1) Das Alte Testament hat für mich einen Eigenwert unabhängig von seiner Wirkungsgeschichte in Judentum und Christentum. (2) Mit Judentum und Christentum sind zwei verschiedene Religionen entstanden. (3) Beide Religionen rezipieren das AT in legitimer Weise unterschiedlich. (4) Wir müssen daher lernen, das AT sowohl in christlicher als auch in jüdischer Rezeption zu lesen – als Dialog mit einer anderen Religion und (5) als Modell für den Religionsdialog überhaupt. R.G. Kratz betont zwar, dass seine „Position ausschließlich für das Verhältnis von Judentum und Christentum gilt und sich nicht ohne weiteres auf andere Religionen und ihr Verhältnis zueinander übertragen lässt" (S. 400). Darin aber deutet er an: „ohne weiteres" geht das nicht, aber im weiteren Sinne vielleicht doch. Zweifellos sind die Beziehungen zu anderen Religionen anders als die zum Judentum. Doch die Zielvorstellung bei R.G. Kratz, dass der eine Gott „alles in allem sei", wäre für jede pluralistische Religionstheologie ein guter Zielgedanke.

Alten Testament her kann man das Neue Testament aber auch an anderen Stellen kritisieren. Eben dadurch kann das Verhältnis zum Alten Testament ein Modell für den Religionsdialog überhaupt werden: denn auch in ihm müssen wir lernen, nicht nur zu kritisieren, sondern auch, uns kritisieren zu lassen.

Um solch eine neue christliche Lektüre des Alten Testaments zu rechtfertigen, gehe ich vom urchristlichen Verhältnis zum Alten Testament aus. Wir können es aufgrund von zwei Quellen rekonstruieren: aufgrund alttestamentlicher Zitate im Neuen Testament und aufgrund der Kanongeschichte.

Die intertextuellen Bezüge auf das Alte Testament im Neuen Testament geben erste Hinweise für eine Verhältnisbestimmung von AT und NT. Zu ihnen gehören markierte und intendierte Textbezüge (also „Zitate"), dazu bewusste Textaufnahmen, die nicht ausdrücklich gekennzeichnet sind, ferner eine oft unbewusste Aufnahme biblischer Sprache. Im Folgenden werden vier intertextuelle Bezugsformen unterschieden: Das Alte Testament ist entweder (2.1) Verheißung oder (2.2) typologische Vorabbildung, (2.3) Sprache des Glaubens oder (2.4) Darstellung von *exempla fidei.* Vier Ansätze in der modernen theologischen Hermeneutik für eine christliche Lektüre des Alten Testaments lassen sich diesen Grundformen zuordnen, auch wenn sie nicht direkt aus ihnen ableitbar sind: die traditionsgeschichtliche, die (universal-)geschichtliche, die sprach- und die existenzgeschichtliche Lektüre des Alten Testaments. Wir werden dabei jeweils fragen, inwiefern diese vier Formen der Aufnahme des Alten Testament ein Paradigma für den interreligiösen Dialog überhaupt sein können.

Die Kanongeschichte ist die zweite Quelle. Die Motive, die zur Entstehung des zweigliedrigen Kanons führten, geben Hinweise für das Verhältnis beider Teile des Kanons in einer biblischen Theologie. Aufschlussreich ist dabei ein Blick auf die erste theologische Theorie des zweigeteilten christlichen Kanons bei Irenäus von Lyon. Er gehört zwar nicht mehr zu den Vertretern des Urchristentums, ist aber der älteste theologische Zeuge für die Kanonbildung, also für jenen Prozess, mit dem das Urchristentum m.E. zu Ende ging.

1 Motive der Kanongeschichte als Leitfaden für die christliche Lektüre des Alten Testaments[736]

Das Neue Testament wurde erst durch seine Beziehung zum Alten Testament zur kanonischen Schrift der Christen. Ursprünglich war das Alte Testament die „Schrift" schlechthin. Neben sie trat der „Kyrios". Der christliche Kanon entstand in dem Augenblick, als neutestamentliche Schriften in gleicher Weise wie alttestamentliche Bücher als „Schrift" zitiert wurden. Ihre Gleichbehandlung zeigt sich auch in der Textgeschichte. In den Ausgaben des Alten und Neuen Testaments

[736] Die folgenden Überlegungen zur Kanongeschichte sind weitgehend inspiriert durch D. TROBISCH, Die Endreaktion des Neuen Testaments, 1996. Möglicherweise gab es eine im Blick auf die gesamte Bibel vorgenommene Endredaktion des NT. Sie zeigt sich in den Überschriften zu einzelnen Schriften, den *nomina sacra*, der Codexform und der Reihenfolge der Schriften, sowie in ganzen Schriften, die wahrscheinlich erst mit der Kanonbildung entstanden sind wie der 2. Petrusbrief. Solch eine in den Texten nachweisbare Endredaktion wäre m.E. die notwendige Voraussetzung dafür, um auch exegetisch und nicht nur systematisch-theologisch nach einer Einheit des Kanons zu fragen.

werden in beiden Teilen des Kanons die *nomina sacra* eingeführt, eine spezifisch christliche Art der Abkürzung von Begriffen mit heiliger Aura. „Gott" begegnet als ΘΣ. Diese Abkürzungen könnte durch das Tetragramm, die vier Buchstaben JHWH für den Gottesnamen, angeregt sein, ist aber in seiner Durchführung auch für viele andere Begriffe etwas Neues. Damit signalisierten die Schöpfer des zweigliedrigen Kanons: Im Alten und Neuen Testament ist nicht nur vom selben Gott die Rede, sondern auch von denselben heiligen Dingen. Beide bilden unter religiösen Gesichtspunkten eine Einheit. Auch wenn die moderne Exegese zeigt, dass z.B. die Gottesbilder der Bibel sehr unterschiedlich sind und sich im Laufe der Zeit tiefgreifend geändert haben, so wollten doch die kanonischen Endredaktoren alle diese Gottesbilder dezidiert auf denselben Gott beziehen.

Diese Betonung der Einheit beider Testamente in der Textgestaltung könnte gegen die Verwerfung des Alten Testaments durch Markion gerichtet sein, auch wenn die von A.v. Harnack und H.v. Campenhausen vertretene Meinung, erst der Widerspruch gegen Markion habe den Kanon geschaffen, nicht allgemein anerkannt ist.[737] Konsensfähig dürfte jedoch sein, dass der zweigliedrige Kanon faktisch als Korrektur Markions gewirkt hat. Dies aber bedeutet: In diesem zweigliedrigen Kanon hatte das Alte Testament die Funktion, ein einseitig verstandenes Neues Testament zu korrigieren. Markion wollte den sich im Neuen Testament offenbarenden Gott der Liebe vom Schöpfergott des Alten Testaments unterscheiden. Es ist zwar richtig, dass für die Redaktoren der Gesamtbibel das Alte Testament vom Neuen Testament her kritisch gelesen werden sollte – darauf weisen die Titel der beiden Schriftsammlungen „Altes" und „Neues" Testament, die durch 2Kor 3,14 und die dort zu findende Unterscheidung von tötendem Buchstaben und lebendig machendem Geist inspiriert sind (2Kor 3,6). Genauso richtig ist aber auch: Das Neue Testament muss vom Alten Testament her kritisch gelesen werden, um etwa einen einseitigen Erlöserglauben vom Schöpfungsglauben her zu korrigieren.

Das Alte Testament der ersten Christen war die LXX. Sie stellten die LXX und das Neue Testament in einer heiligen Schrift in griechischer Sprache zusammen. Daraus lässt sich jedoch keine grundsätzliche Entscheidung gegen den hebräischen Text ableiten. Indem die kanonischen Redaktoren dem zweiten Teil ihrer Schriftensammlung die Überschrift „Neues Testament' gaben, bekannten sie sich mit 1Kor 3 zu einer Religion des Geistes gegen eine Religion des Buchstaben. Der Geist (also der eigentliche Sinn der Schrift) war das Entscheidende, nicht der Buchstabe, weder der hebräische noch der griechische Buchstabe. Das dokumentiert auch die Textgeschichte. Es gibt zu fast jeder Stelle des Neuen Testaments viele Varianten. Den Abschreibern kam es nicht darauf an, den ,Buchstaben' festzuhalten. Sie fühlten sich frei, entsprechend dem *Geist* des eigentlich Gemeinten den *Buchstaben* zu korrigieren. Diese Freiheit der Abschreiber gegenüber dem Buchstaben entspricht der Auffassung der ursprünglichen Autoren der neutestamentlichen Schriften. Denn auch sie wichen gelegentlich von der LXX ab. Der

---

[737] Vgl. A.v. HARNACK, Markion, 1924; H.v. CAMPENHAUSEN, Die Entstehung der christlichen Bibel, 1968.

Rückgriff auf den hebräischen Text war (direkt oder vermittelt über Übersetzungen) immer noch möglich, wenn er dem Wahrheitsbewusstsein der Christen entsprach. So sind die Erfüllungszitate des Matthäusevangeliums bekanntlich Mischzitate und die Jesajazitate bei Paulus stehen in mancher Hinsicht dem hebräischen Text näher als die sonstigen LXX-Zitate bei Paulus.[738]

Von den kanonischen Redaktoren der ersten gesamtbiblischen Ausgaben her lässt sich die Frage beantworten, ob eine Biblische Theologie, die Altes und Neues Testament umfasst, nur im Kontext der Gegenwart möglich ist oder auch im Rahmen der damaligen Zeit. Der Einwand dagegen lautet, dass es nie eine Situation gegeben hat, in der der ganze Kanon rezipiert worden ist. Die Geschichte der Bibel sei die Geschichte eines religiösen Diskurses von heterogenen Gruppen gewesen, die immer nur selektiv Teile der Bibel für sich aktiviert hätten. Ein Ausgleich in einer gesamtkanonischen Theologie sei erst ein modernes Bedürfnis. Ein solcher Ausgleich – eine Einheit der ganzen Schrift – schwebte aber spätestens den kanonischen Redaktoren des Neuen Testaments im ausgehenden Urchristentum und den christlichen Abschreibern biblischer Handschriften vor, denn sie wählten aus dem Alten Testament nicht nur einzelne Texte aus, sondern schrieben alle ab. Sie verteilten die *nomina sacra* nicht auf einige Schriften, um anzudeuten, dass diese einen höheren Grad an ‚Heiligkeit' als andere Schriften besäßen. Sie behandelten vielmehr alle Schriften als ‚heilige Schriften'. Natürlich war in ihrem Bewusstsein theologisch nicht die gesamte Schrift präsent, was aber auch auf den gelehrtesten Theologen nicht zutrifft. Denn für die menschliche Kultur gilt generell: Objektive Zeichensysteme werden nur partiell im menschlichen Bewusstsein repräsentiert. Dennoch kann sich individuelles menschliches Bewusstsein intentional auf das Ganze beziehen. Anders gesagt: Die kanonischen Redaktoren der gesamtbiblischen Ausgaben hinterließen einen geschichtlich fundierten Auftrag zu einer biblischen Theologie.

Sie hinterließen diese Aufgabe als Auftrag, sich mit einem Kanon aus *zwei Teilen* auseinanderzusetzen. Prinzipiell wäre es auch denkbar gewesen, die kanonischen Schriften des Urchristentums als eine Untergruppe „messianischer Schriften" in die *eine* Bibel einzugliedern. Die LXX war dem Umfang nach offen. Jedoch betrachteten die kanonischen Redaktoren das Alte Testament als geschlossene Größe. Das Neue Testament wird ihm ebenfalls als etwas Ganzes gegenübergestellt. Das zeigen nicht nur die Begriffe ‚Altes und Neues Testament', das zeigen auch die Gruppierung und Überschriften der neutestamentlichen Schriften. Wenn am Anfang Evangelien stehen, dann Apostelgeschichte und Briefe folgen, am Ende aber die Apokalypse das Neue Testament abschließt, so spürt man diesen (im Einzelnen variierenden Reihenfolgen) die Tendenz an, die Struktur der LXX nachzuahmen, also die dort vorherrschende Folge von geschichtlichen Büchern, Schriften und Propheten.

---

[738] Ganz anders verlief die Überlieferung des hebräischen Textes der Bibel. Hier versuchte man so genau wie möglich, den Buchstaben zu verwahren, selbst wenn der Text dadurch unverständlich wurde. Daher muss er heute im hebräischen Text oft mit Konjekturen wiederhergestellt werden.

2 Intertextuelle Bezugnahmen im Neuen auf das Alte Testament als Leitfaden einer christlichen Lektüre des Alten Testaments

Die kanonischen Redaktoren der christlichen Gesamtbibel schufen nicht etwas völlig Neues, sondern sie führten zu Ende, was sich in den einzelnen neutestamentlichen Schriften angebahnt hatte. So ist die grundsätzliche Trennung alt- und neutestamentlicher Schriften schon in den Einzelschriften angelegt. Neutestamentliche Schriften zeichnen sich dadurch aus, dass sie auf das Alte Testament (als „Schrift" schlechthin) zurückverweisen, also auf eine in ihren Augen vorgegebene fertige Größe. Das Neue Testament ist in Einzelschriften und als kanonische Sammlung intertextuell konzipiert, es ist voll von alttestamentlichen Zitaten. Dieser (fast) durchgängige Rückgriff in der Gründungsurkunde einer Religion auf eine ältere kanonische Schriftensammlung ist ein Proprium des Urchristentums. Nur manche jüdischen Kreise, die jüdische Qumran-Gemeinschaft und Philo von Alexandrien kennen Texte mit solch einer dichten Intertextualität.[739] Diese intertextuellen Bezüge unterscheiden sich in zweifacher Weise:

Es gibt Textbezüge mit und ohne Reflexion des Zeitenabstands zwischen den Testamenten: Erfüllungszitate und Typologien beziehen sich grundsätzlich auf eine zeitlich vorhergehende Verheißung oder Vorabbildung zurück. Daneben gibt es aber unmittelbar in die Gegenwart hineinsprechende alttestamentliche Zitate, z.B. die zehn Gebote und andere ethische Normen, bei denen der Zeitenabstand keine Rolle spielt. Dasselbe gilt für Darstellungen vorbildlicher Menschen oder negativer Gegenbeispiele im Alten Testament. Ein Paradigma oder Modell bezieht seine Vorbildlichkeit nur sekundär aus seinem Abstand zur Gegenwart – etwa dann, wenn es als Vertreter einer vergangenen ‚goldenen Zeit' angesehen wird.

Die Bezüge auf das Alte Testament kann man ferner danach unterscheiden, ob sie sich auf die alttestamentlichen Texte oder auf die erzählte Geschichte hinter den Texten beziehen. Natürlich wird diese Geschichte nur durch Texte zugänglich. Dennoch lässt sich beides unterscheiden: Ein Erfüllungszitat bezieht sich auf eine Verheißung (also auf einen Text) zurück, die Typologie bezieht sich dagegen auf Ereignisse, Personen und Institutionen, also auf die in den Texten dargestellte geschichtliche Realität. Ebenso sind mit Paradigmen geschichtliche Personen gemeint unabhängig davon, ob sie wirklich historisch sind. Wir gelangen dann zu vier intertextuellen Bezugsformen, denen vier Grundtypen einer gesamtbiblischen Hermeneutik entsprechen.[740]

---

[739] K.-W. NIEBUHR, Neues Testament, 2014, 60: „Die ausdrückliche Verankerung eigener theologischer bzw. religiöser Aussagen frühchristlicher Autoren in den Schriften stellt also ein Proprium des Neuen Testaments dar, das bei seiner Auslegung im Auge behalten werden muss".

[740] Der Reichtum der biblischen Hermeneutik von G. V. RAD, Theologie des Alten Testaments I/II, 1957/1960 ^{7}1978/1980, liegt darin, dass er jede hermeneutische Einheitskonzeption hinter sich lässt. Das Alte Testament ist für ihn Verheißung und Typologie, Geschichtsbuch und Sprachlehre, Gesetz und Evangelium. M. Oeming konnte daher die verschiedenen Ansätze einer ‚Gesamtbiblischen Theologie' mit Recht als Vereinseitigung verschiedener Aspekte des Entwurfs von G. v. Rad darstellen.

	Das Alte Testament als Text	Das Alte Testament als Geschichte
Bezugnahme auf das Alte Testament mit Reflexion des Zeitabstands	Altes Testament weist als Verheißung auf die Geschichte im NT als Erfüllung.	Geschichte im Alten Testament weist als Typos auf Entsprechungen im Neuen Testament
Bezugnahme auf das Alte Testament ohne Reflexion des Zeitabstands	Altes Testament ist als Sprache urchristlichen Glaubens z.B. Forderung und Zuspruch	Das Alte Testament ist voll von *exempla fidei*, deren Aporien im Neuen Testament gelöst, deren Ansprüche eingelöst werden

2.1 Das Alte Testament als Verheißung: Von der Erfüllung der Verheißungen zur zielorientierten Traditionsgeschichte

Traditionell las die christliche Theologie das Alte Testament als ein Buch messianischer Verheißungen. Die historisch-kritische Aufklärung hat uns gelehrt, dass im Alten Testament mit den Verheißungen eines zukünftigen Heilskönigs andere Personen gemeint waren als der „Messias" Jesus, welcher erst Jahrhunderte später erschien. Viele dieser messianischen Stellen sind zudem Texte ohne „Messiasbegriff". Erst um die Zeitenwende herum werden sie explizit auf den Messias bezogen, deutlich schon in den Qumranschriften, durchgehend in den Targumim. Ferner wissen wir heute: Die Messiaserwartung war in vielen Varianten lebendig und diese war nur eine Variante von damals kursierenden Zukunftserwartungen. Nur in einigen Gruppen des Judentums rückte sie ins Zentrum, dennoch war sie zur Zeit Jesu eine verbreitete populäre Sehnsucht. Im Urchristentum war die messianische Deutung des Alten Testaments oft eine Projektion urchristlicher Überzeugungen in die Texte hinein. Somit schien die historisch-kritische Forschung wie von selbst die Lektüre des Alten Testaments als Verheißung auf Jesus hin zu desavouieren!

Das exegetische Programm einer „Traditionsgeschichte", die auf das Neue Testament hinzielt (H. Gese),[741] lässt sich m.E. als eine mit historisch-kritischen Mitteln formulierte Aufnahme der verheißungsgeschichtlichen Lektüre des Alten Testaments verstehen: In allen Traditionen, nicht nur in den explizit messianischen, stecken danach Verheißungen, die immer wieder neue Formulierungen der Tradition hervorriefen. Im Neuen Testament gehen zwar nicht einzelne prophetische Weissagungen in Erfüllung, dafür aber die alttestamentliche Traditionsgeschichte als Ganze.

Die Kritik an diesem Programm ist bekannt. Es gibt zwischen Altem und Neuem Testament nicht nur eine Traditionskontinuität, sondern auch Traditionsbrüche durch die Eschatologisierung der Zukunftserwartung in der Apokalyptik und den Einfluss des Hellenismus. Nicht aus dem Alten Testament, wohl aber aus diesem apokalyptisch bewegten und hellenistisch geprägten Frühjudentum

[741] Vgl. H. GESE, Vom Sinai zum Zion, 1974.

ging das Urchristentum hervor. Aber selbst dann kann man nicht behaupten, das Neue Testament sei die Erfüllung einer alttestamentlichen Traditionsgeschichte. Dabei würde man eine große Traditionsverzweigung übersehen: Das Alte Testament hat in viel größerem Maße seine Fortsetzung im Judentum als im Urchristentum gefunden. Die Annahme, das Neue Testament sei Zielpunkt einer durch das Alte Testament hindurchgehenden Traditionsgeschichte, ist eine theologische Wertung, die weit über das hinausgeht, was historisch-kritische Forschung feststellen kann.

Und doch sollte man solche Versuche, das Alte Testament verheißungsgeschichtlich zu lesen, ernstnehmen. Mit einer Absage an das Schema ‚Verheißung und Erfüllung' ginge man mit einem jüdischen Erbe des Christentums lieblos um. Unbestreitbar ist zudem: Das Alte Testament lässt sich unabhängig vom Neuen Testament als Geschichte einer „ins Ungeheure anwachsenden Erwartung" lesen (G. v. Rad).[742] Die entscheidende Frage ist, worauf diese Erwartung zielt.

Will man eine für das Alte Testament zentrale Verheißung finden, die implizit in einer Fülle seiner Traditionen gegeben ist, so ist es eine dezidiert theozentrische Verheißung: Gott will als Gott nicht nur von seinem Volk, sondern von allen Menschen verehrt werden. Genau diese theozentrische Verheißung steht aber im Zentrum der Verkündigung Jesu: Er verheißt das Kommen der Königsherrschaft Gottes. Wenn man die ganze Bibel als ein Ringen um ein neues Gottesverhältnis liest – durchzogen von der Verheißung, dass Gott sich seiner Schöpfung, seinem Volk und der ganzen Menschheit zuwendet, dann liest man die Bibel nicht gegen die Juden, sondern gemeinsam mit ihnen. Dann kann auch das Neue Testament Teil einer noch immer unabgeschlossenen Verheißungsgeschichte werden. Auch in ihm finden wir unerfüllte Verheißungen. Jesus erwartet, dass alle Völker in die Gottesherrschaft strömen (Q: Mt 8,11f/Lk 13,28f). Paulus zieht am Ende seines Wirkens nach Jerusalem, in der Hoffnung, dass sich in naher Zeit der Tempel öffnen werde, sodass die Juden zusammen mit der „Fülle der Heiden" den einen und einzigen Gott verehren könnten (Röm 11,25–27). Das Markusevangelium hofft mit Jes 56,7 darauf, dass der Tempel zu einem „Gebetshaus" für die Völker würde (Mk 11,17). Im Johannesevangelium weissagt Jesus, dass Gott weder in Jerusalem noch auf dem Garizim, sondern im Geist und in der Wahrheit verehrt werden wird (Joh 4,21–24) und verheißt den Geist, der die Jünger in alle Wahrheit führen wird (Joh 16,12f). Man darf das Neue Testament daher nicht nur als Erfüllung von alttestamentlichen Verheißungen lesen, sondern als Erneuerung von Verheißungen, die im Alten Testament ihren Anfang nahmen und auf die ganze Menschheit zielen. Nicht das Alte Testament hat eine „externe Mitte" im Neuen Testament, sondern beide Testamente zusammen zielen auf eine externe Mitte über sich selbst hinaus: auf eine universale Gottesverehrung, „dass Gott sei alles in allem" (1Kor 15,28). Erst diese universale Texttranszendenz bringt die Bibel zum Leuchten.

Vom Alten Testament her wird dabei ein Problem erträglich, das mit dem Neuen Testament verbunden ist: Das Neue Testament ist nicht nur Zeuge einer erfüllten Verheißung, sondern auch einer fehlgeschlagenen Erwartung. Das nahe Gottesreich brach nicht herein! Diese Tatsache wird im Neuen Testament nur in

---

[742] G. v. RAD, Theologie des Alten Testaments II, 1960 [7]1980, 341.

Ansätzen reflektiert, sie ergibt sich zwingend notwendig erst aus unserer rückblickenden Sicht – und wird in der modernen Theologie oft zu schnell beiseitegeschoben! Wo aber soll man lernen, mit unerfüllten Verheißungen zu leben und dennoch weiter der Spur einer unerfüllten Verheißung zu folgen, wenn nicht im Dialog mit dem Alten Testament?

Was aber ist dann das Proprium des Neuen Testaments? Worin ist sein Erfüllungsbewusstsein für uns nachvollziehbar? Die messianischen Erwartungen wurden hier in zweifacher Hinsicht erfüllt und neu formuliert: Die Emmausjünger (und die Jünger überhaupt) mussten nach dem Tod Jesu lernen: (1) dass Jesus ein leidender Messias war. Die messianischen Verheißungen gingen nicht in einer triumphalistischen, sondern in einer durch Leid, Tod und Gewalttat durchkreuzten Geschichte in Erfüllung; (2) Sie lernten ferner, dass Jesus ein Messias für alle Völker war: Die Jünger werden zu allen Völkern geschickt, um ihnen die Botschaft Gottes zu bringen. Diese alttestamentliche Verheißung wurde im NT für alle Menschen neu bestätigt.

Erfüllung ist das Neue Testament also eher in dem Sinne, dass es eine bestehende Verheißung neu formuliert – als Bekräftigung und Bestätigung. Sie wird durch einen äußerlich betrachtet gescheiterten Messias für alle Völker bestätigt. Aber auch diese messianische Verheißung ist der theozentrischen Grundverheißung untergeordnet: „Ich will euer Gott sein“ – der Gott Israels und der Gott aller Menschen. Die gesamtbiblische Verheißungsgeschichte zielt eindeutig auf alle Religionen. Die Bibel verstehen heißt, sich in diese Verheißungsgeschichte einzureihen und heute danach zu fragen, wie Menschen aus verschiedenen Kulturen und Religionen zu einer gemeinsamen Gottesverehrung gelangen können. Die Bibel wird so eine Schrift mit universaler Texttransparenz.

2.2 Das Alte Testament als Typologie: Von der typologischen Geschichtsdeutung zur Universalgeschichte

Typologie ist eine Betrachtungsweise, bei der analoge Gestalten und Institutionen entdeckt werden, die aufeinander verweisen. Die typologische Auslegung der Bibel wurde durch die historisch-kritische Forschung ebenso erschüttert wie ihr Verständnis als Weissagung und Erfüllung. Sie setzt als theologische Geschichtsdeutung voraus, dass Gott zwei Ereignisse oder Personen der Geschichte über viele Jahrhunderte hinweg in Beziehung setzt. Über das historisch erfassbare Motivgeflecht, in das jedes Geschehen eingebettet ist, führt sie eine höhere Kausalität ein. Gott hat bestimmten Ereignissen Hinweischarakter auf Zukünftiges gegeben. Solch ein „übergeschichtlicher“ Faktor geht über historisch-kritisches Bewusstsein hinaus. Zudem wird vorausgesetzt, dass die in den Texten dargestellten Ereignisse und Gestalten historisch sind, obwohl sie doch nur in unseren Texten in typologisch deutbarer Form existieren.

Das Programm einer heils- oder universalgeschichtlichen Lektüre des Alten Testaments versucht m.E. das berechtigte Anliegen der typologischen Exegese aufzunehmen, nicht nur Texte, sondern auch Ereignisse der alt- und neutestamentlichen Geschichte sinnvoll aufeinander zu beziehen. Geschichtliche Ereignisse gelten dabei als Offenbarung Gottes, wenn auch als durch Texte gedeutete Ereignisse. Aber Gott offenbart sich nach der heils- und universalgeschichtlichen

Konzeption anders als in der „Kerygmatheologie" nicht nur durch sein Wort, sondern indirekt auch durch seine Taten. Entweder steht in dieser Konzeption Jesus in der Mitte dieser Ereignisse (O. Cullmann)[743] oder er ist die Antizipation des Endes aller Dinge (W. Pannenberg).[744] In jedem Fall wird von Jesus her der ganze Geschichtszusammenhang verständlich.

Die Kritik an diesen Entwürfen ist bekannt. Das Alte Testament besteht nicht nur aus Erzählungen von geschichtlichen Ereignissen, sondern auch aus Gesetzen, Weisheitssprüchen und Psalmen. Diese lassen sich nicht nur als Kommentare zu geschichtlichen Ereignissen lesen. Aber unbestreitbar ist, dass die Bibel von geschichtlichen Ereignissen zeugen will. Wie aber kann man rechtfertigen, aus der gesamten Geschichte ganz bestimmte Ereignisse ins Zentrum zu stellen? Warum soll ausgerechnet die biblische Geschichte die Universalgeschichte erhellen? Warum hat in ihr nicht der Exodus des Volkes ebenso Recht darauf, das zentrale Heilsereignis zu sein, wie das Leben und Sterben Jesu und der Aufbruch der neutestamentlichen Gemeinde ins Reich Gottes? Und schließlich: Will die Typologie im Neuen Testament nur die vergangene Geschichte deuten? Will sie nicht überall gegenwärtiges und zukünftiges menschliches Handeln und Erleben erhellen und steuern?

Auch bei der typologischen Geschichtsdeutung möchte ich mich dagegen aussprechen, eine im Neuen Testament vorhandene Denktradition so abzuwerten, dass sie uns ganz fremd wird. Die typologische Auslegung der Bibel lässt sich aber kaum durch das Aufspüren eines übergeschichtlichen göttlichen Handelns restaurieren, das der Geschichte einen tieferen Sinn gibt. Denn Typologien sind *menschliche* Deutungen der Geschichte: Aus der Vergangenheit stammende Erfahrungen werden zu Analogien des Zukünftigen. Die Zukunft ist dabei zugleich Wiederholung, Überbietung und Widerspruch zu Analogien in der Vergangenheit. Gegenüber der mythischen Wiederholung archetypischer Urzeitereignisse ist die typologische Wiederkehr frei vom mythischen Bann der Vergangenheit: Variationen, Überbietungen, ja Gegensätze zum Vergangenen sind möglich. Insofern war typologisches Denken ein wichtiger Schritt zur rationalen Bewältigung von Vergangenheit und Zukunft. Während wir im Umgang mit der Natur unser Wissen auf Voraussage und experimenteller Falsifikation oder Verifikation stützen, werden wir im Umgang mit der Geschichte nie eine vergleichbare Rationalität praktizieren können (und das wäre auch nicht wünschenswert). Aber auch hier gibt es eine rationale Einstellung zur unbekannten Zukunft. Die Bibel war Lehrmeisterin dieser rationalen Einstellung: Sie lehrt, vergangene Erfahrung zu bewahren, um in ihrem Lichte die Gegenwart und Zukunft zu deuten – in der Erwartung, dass neben Entsprechungen auch Widersprüche möglich sind.

Wenn wir heute Altes und Neues Testament typologisch aufeinander beziehen, gibt es keine Prävalenz des einen über das andere. Das Alte Testament ist nicht nur schattenhaftes Vorbild für eine erst im Neuen Testament zutage tretende eigentliche Wirklichkeit. Oft ist das Neue Testament eher der schattenhafte Nachklang dessen, was im Alten Testament sein Urbild hat. So ist die Erschaffung des inneren neuen Menschen ein typologischer Nachklang der großen Schöpfung, das

[743] O. Cullmann, Heil als Geschichte, 1965.
[744] W. Pannenberg, Grundzüge der Christologie, ^{7}1990.

Leben des Täufers in der Wüste ein Nachklang des großen Exodus in die Wüste! Wenn Juden und Christen gemeinsam die Bibel lesen, sollten sie die Freiheit haben, analoge Erfahrungen im Alten und Neuen Testament zu finden, ohne von vornherein einem der beiden Teile der Bibel Überlegenheit zusprechen zu müssen. Entscheidend ist dabei nicht das rückblickende Aufspüren von Typologien und Analogien. Entscheidend ist, eine gemeinsame Tradition von Bildern und Erzählungen als Reservoir für Zukunftsbilder neu zu lesen! So kann die an ethische Gebote geknüpfte Landnahme Israels heute ein Typos für die Inbesitznahme der ganzen Erde durch den Menschen sein – und auch eine Warnung: Verhalten wir uns nicht entsprechend einem Mindeststandard von lebensermöglichenden Normen, so werden wir diesen Lebensraum durch eigene Schuld wieder verlieren! Der Exodus ist bis heute Typos für alle Befreiungsbewegungen der Geschichte. Der Neue Bund, in dem niemand den anderen mehr belehren wird, sondern alle unmittelbar um Gottes Willen wissen, ist das große unerfüllte Bild eines neuen, auf Autonomie basierenden Gottesverhältnisses (Jer 31,31–34).

Die Typologie ist für eine interreligiöse Lektüre der Bibel von hohem Wert. Wenn wir Typologien unabhängig von der Zeitrichtung lesen – also nicht nur vergangene Bilder für zukünftige auswerten, sondern auch spätere Bilder für vergangene, so können wir typologische Entsprechungen auch zeitunabhängig quer durch verschiedene Religionen suchen. In vielen Religionen gibt es Muttergottheiten, die uns lehren, die Marienfrömmigkeit besser zu verstehen. In vielen Religionen gibt es radikale Gnadenverheißungen, die uns lehren, unsere Rechtfertigungslehre besser zu würdigen. In vielen Religionen gibt es Mystik, die uns lehrt, die eigenen mystischen Traditionen zu entdecken. Der gegenwärtige Religionsdialog hat dieses vergleichende Verfahren als „*comparative theology*" eingeführt[745], um nicht nur durch umfassende Globaltheorien ganze Religionen in Beziehung zueinander zu setzen.

Diese Beschränkung auf einzelne Überlieferungen ist weise. Aber ich halte auch eine von der Bibel inspirierte Deutung der menschlichen Geschichte als Ganzer nicht grundsätzlich für unmöglich, obwohl wir in der Bibel keinen hermeneutischen Schlüssel, der uns die dunklen Ereignisse der Geschichte aufhellt, erhalten. Vielmehr ermöglicht eine Vertiefung in das Leiden Israels und des Gekreuzigten, die Dunkelheit der Geschichte zu ertragen – auch durch die Hoffnung, dass die Absurdität menschlicher Geschichte immer wieder mitten in ihr zeichenhaft überwunden wird. Wer in der ganzen Bibel einen Protest gegen das unsere Geschichte bestimmende „Selektionsprinzip" sieht, das den Schwachen (im Sinne der weniger Tüchtigen und Angepassten) ausschaltet, den Tüchtigen und Angepassten dagegen überleben lässt[746], der findet hier etwas, was das Leiden der Geschichte ertragen lässt – ein Licht, an dem er sich mitten in der Dunkelheit der Geschichte orientieren kann. Der Gekreuzigte und Auferstandene ist auch dann

---

[745] F. X. CLOONEY, Comparative Theology, 2010, erhielt durch Hymnen auf eine weibliche hinduistische Gottheit ein neues Verständnis für die Marienfrömmigkeit seiner katholischen Herkunft. Ein Vertreter dieses Ansatzes im Religionsdialog ist K. V. STOSCH, Komparative Theologie, 2012.

[746] G. THEISSEN, Biblischer Glaube in evolutionärer Sicht, 1984; DERS., Biblischer Glaube und Evolution, 2011.

noch keine Antwort auf die Fragen Hiobs und Jeremias. Er gibt keine theoretischen Antworten auf deren Fragen, sondern er gibt den Mut, mit unlösbaren Fragen zu leben.

2.3 Das Alte Testament als Schule christlicher Sprache Vom autoritativen Schriftgebrauch zur sprachhermeneutischen Lektüre

Viele alttestamentliche Zitate im Neuen Testament sind weder Erfüllungszitate noch typlogische Schriftbeweise, sondern unmittelbar gültiges Schriftwort oder gar Gotteswort – z.B. in Paränesen oder in der Schilderung der Passion Jesu in alttestamentlichen Farben. Was immer das Neue Testament für eine Botschaft vermittelt, die Sprache dieser Botschaft stammt aus atl.-jüdischer Tradition. Das Alte Testament gab ihm seine Erzählsprache, Gebetssprache, Gebotssprache, Bekenntnissprache, Reflexions- und Visionssprache. Das Alte Testament war die Sprachschule urchristlichen Glaubens.

Dafür seien drei einfache Beispiele genannt: Der Schöpfungsglaube wird im Neuen Testament als so selbstverständlich vorausgesetzt, dass er nirgendwo als eigenes Thema entfaltet wird. Das war nicht nötig. Das Alte Testament mit seinem Schöpfungsbericht war die Bibel der ersten Christen und hatte unmittelbar Geltung. Ebenso gehörten die zehn Gebote und andere ethische Normen wie das Nächstenliebegebot zur unmittelbar gültigen urchristlichen Sprache. Vor allem waren die Gebete der Psalmen im Leben gegenwärtig. Der persönliche Dialog mit Gott wurde in alttestamentlicher Sprache geführt. Das Neue Testament hat deshalb ein Defizit an einer Gebetssprache, denn dieser Platz war durch die Psalmen besetzt. Noch heute wird es oft zusammen mit dem Psalter gedruckt – eine stillschweigende Anerkennung dessen, dass das Alte Testament mehr ist als das angeblich (veraltete) *Alte* Testament. Es ist gültige religiöse Sprache.

Auf solche Sachverhalte kann sich das hermeneutische Programm stützen, in dem das Alte Testament als Sprachlehre des (ur-)christlichen Glaubens gelesen wird. Sprache ist dabei mehr als äußere Form. Mit jeder Sprache ist eine Welt gegeben. Mit der alttestamentlichen Sprache übernehmen die Christen auch ein charakteristisches Gottes-, Welt- und Menschenverständnis (A.H.J. Gunneweg):[747] Zu ihm gehört die Geschöpflichkeit und Geschichtlichkeit der Welt, die Verantwortung und Sünde des Menschen, der Glaube an den einen Gott – all dies ist nicht nur äußerlich mit der alttestamentlichen Sprache gegeben.

Die Kritik an diesem Programm ist m.E. in einem Punkt berechtigt. Nach A.H.J. Gunneweg übernimmt das Neue Testament nur eklektisch die alttestamentliche Sprache. Für ihn ist das Alte Testament deshalb als Ganzes kein christliches, sondern ein jüdisches Buch. Nur einzelne alttestamentliche Texte seien Sprachschule des urchristlichen Glaubens. Denn das, was die Christen mit Hilfe dieser Sprache zum Ausdruck brächten, überschreite sachlich das Alte Testament. Aber müsste man dann nicht eher im Neuen Testament von einer neutestamentlichen Sprache mit alttestamentlichen Fremd- und Lehnwörtern reden? Ist es nicht widersprüchlich, die enge Verbindung von Sprache und Sache zu betonen, zugleich aber die alttestamentliche Sprache und neutestamentliche Sache so

---

[747] A.H.J. GUNNEWEG, Vom Verstehen des Alten Testaments, 1977.

scharf zu trennen? Konsequent wäre es, mit der alttestamentlichen Sprache auch die Sache des Alten Testaments ernst zu nehmen. Wenn man in dieser Sprache aber die Sache des Evangeliums zum Ausdruck bringen kann – muss dann diese Sache nicht schon im Alten Testament präsent sein? Es bleibt bei Gunneweg ein unauflöslicher Widerspruch, dass er die alttestamentliche *Sprache* für den christlichen Glauben für unverzichtbar hält, die alttestamentliche *Schrift* aber als nichtchristliche Schrift vom Christentum distanziert.

Was aber ist die Sache des Neuen Testaments? Gerade die sprachhermeneutisch denkenden Exegeten (wie A.H.J. Gunneweg) insistieren darauf: Es ist das Wort Gottes in seinen beiden Formen als Gesetz und Evangelium, als Forderung und Verheißung, als Anspruch und Zuspruch. Diese Sache aber ist in überzeugender Form schon im Alten Testament präsent. Die Geschichte vom Sinai zeigt in ihrer Endgestalt, dass schon die Gesetzgebung ein Akt göttlicher Gnade war. Die erste Gesetzgebung scheitert am Ungehorsam des Volkes. Dem darüber verzweifelten Mose offenbart sich Gott als Gnädiger: „Ich bin gnädig, wem ich gnädig bin" (Ex 33,19). Eben dieser Gott erneuert die zerbrochenen Tafeln des Bundes. Die Gebote verdanken von da an ihre Existenz allein göttlicher Gnade!

Auch hier kann man natürlich fragen: Wo bleibt das Proprium des Neuen Testaments? Das Alte Testament enthält ja in der Thora schon beides, Gesetz und Evangelium. Aber beides wird im Neuen Testament in der Person Jesu auch den Heiden zugänglich. Bei diesem Übergang wird die Gnade Gottes gewiss noch einmal gesteigert – weil nämlich das Menschenbild im Neuen Testament vor unseren Augen pessimistisch wird: Nicht nur die Umkehr wie in den synoptischen Evangelien, sondern nur eine völlige Verwandlung unseres Wesens ermöglicht den Gehorsam gegen Gott bei Paulus. Das Proprium des Neuen Testaments ist also die universalisierte und durch ein vertieftes Sündenverständnis radikalisierte Gnade. Aber liegt dies nicht innerhalb der Varianzbreite biblischer Theologien? Und ist das radikalisierte Sündenverständnis *nur* ein Fortschritt? Kann es nicht sehr fragwürdige Folgen haben, wenn es ohne Korrektur durch das Alte Testament bliebe?

Unser Fazit ist auf jeden Fall: Wenn das Neue Testament seine Sache in alttestamentlicher Sprache zum Ausdruck bringt, das Alte Testament aber die Schrift des Judentums ist, dann wäre damit der Beweis erbracht, dass eine Religion ihr eigenes Anliegen auch in der Sprache einer anderen Religion zum Ausdruck bringen kann! Das wird umso sinnfälliger, als das Alte Testament ursprünglich in Hebräisch formuliert war, aber in der griechischen Übersetzung der LXX zur christlichen Bibel wurde. Daraus sollten wir die Zuversicht schöpfen: Auch, wenn die Religionen verschiedene Sprachen sprechen (wörtlich im Sinne linguistischer Sprachen und übertragen im Sinne gedanklicher Stile), so kann sich in ihnen das Wunder des Verstehens ereignen. Auch das Neue Testament basiert von vornherein auf einer Übersetzung und transformiert in eine neue Sprache die Sache des Alten Testaments.

Wenn das Neue im Neuen Testament darüber hinaus die Universalisierung dieser Sprache ist, dann ist eine religionspluralistische Lektüre der Bibel legitim. Sie motiviert heute dazu, in der eigenen Sprache das Anliegen fremder Religionen zu erfassen und zu übersetzen, umgekehrt aber auch dazu, mit der Sprache fremder Religionen das eigene Anliegen zum Ausdruck zu bringen. Im Bereich der Mystik war dies schon immer möglich. Mystische Erfahrungen sind quer durch viele Religionen zwar nicht identisch, aber ausreichend ähnlich, dass man sie in verschiedenen Sprachen zum Ausdruck bringen kann. Mystik, wie sie im Neuen Testament begegnet, hat dabei ein Anliegen, das der theozentrischen Utopie entspricht: Der Mensch muss sich tiefgreifend verändern, um dem einen und einzigen Gott zu entsprechen.[748]

2.4 Das Alte Testament als exemplum fidei *Von den Zeugen des Glaubens zur existenzanalytischen Lektüre*

Eng mit dem sprachgeschichtlichen Zugang zum Alten Testament ist der existenzanalytische Zugang verbunden. Auch er kann an die urchristliche Verwendung des Alten Testaments anknüpfen. Immer wieder greift das Neue Testament auf alttestamentliche Gestalten als *exempla fidei* zurück. Am bekanntesten unter diesen Beispielen und Vorbildern des Glaubens ist die Gestalt Abrahams. Paulus stellt ihn im Römerbrief als einen Glaubenden mitten im Alten Testament dar. Abraham glaubt in derselben Weise wie die Christen an den von den Toten auferweckenden Gott. Er erhält wie sie Sündenvergebung aufgrund seines Glaubens ohne Werke. Er ist daher der „Vater" aller Glaubenden und zugleich Anfang einer erwählungs- und glaubensgeschichtlichen Linie vom Alten zum Neuen Testament. Aber er ist vor allem ein *exemplum* für Glauben und Handeln. Dasselbe gilt von Elia (Röm 11,2–4), von der Kette von Zeugen in Hebr 11, von Abraham, Rahab und Hiob im Jakobusbrief usw. Für das Neue Testament ist das Alte Testament ein Reservoir mit Modellen menschlichen Lebens, menschlichen Glaubens, menschlicher Aporien und Hoffnungen.

Die existenztypologische Interpretation des Alten Testaments kann an diese intertextuelle Verwendung des Alten Testaments anknüpfen.[749] In ihm werden existenzielle Grunderfahrungen des Menschen dargestellt. In diesem Sinne versteht R. Bultmann das Alte Testament als Geschichte eines Scheiterns, nicht um es abzuwerten, sondern um in ihm die allgemein menschliche Struktur des vor Gott scheiternden Menschen herauszuarbeiten.[750] Überall im Alten Testament werde das Heil an äußere Bedingungen geknüpft, an Gesundheit, Nachkommenschaft, Landbesitz usw. Aber all diese Hoffnungen gehen innerweltlich nicht in Erfüllung. Wahres Heil sei nur in einer grundsätzlichen Freiheit von solchen innerweltlichen Heilsbedingungen zu erfahren. Das ständige Scheitern der irdischen (an politische, materielle, konkrete Verhältnisse gebundenen) Heilserwartungen weise daher auf das Neue Testament. Ähnlich wird argumentiert, wenn man als existenzielles Grundproblem die Suche nach einer Gerechtigkeitsordnung in der Welt annimmt. Auch hier kommt es im Alten Testament immer wieder zu einer Diskrepanz zwischen Erwartung und Erfahrung – bis man im Neuen Testament auf eine von Gott geschenkte Gerechtigkeit stößt, die sich in der Torheit des Kreuzes offenbart (H.H. Schmid u.a.).[751] Das Grundschema ist dabei

---

[748] Vgl. G. THEISSEN, Paulus und die Mystik, 2013.

[749] Vgl. die kurze Skizze in H.D. PREUSS, Das Alte Testament, 1968.

[750] Vgl. R. BULTMANN, Weissagung und Erfüllung (1949), ^{3}1961. O. KAISER, Der Gott des Alten Testaments, 1993, 86f.

[751] H.H. SCHMID, Unterwegs zu einer neuen Biblischen Theologie, 1977.

durchgehend: Das Alte Testament enthüllt eine existenzielle Aporie des Menschen, das Neue Testament ist die Antwort darauf. Dabei kann diese Auslegung an eine im Alten Testament selbst vertretene Konzeption anknüpfen, die Israels Geschichte unter dem Aspekt des Scheiterns deutet: an das deuteronomistische Geschichtsbild, innerhalb dessen Israel immer wieder auch nach Rettungen von Katastrophen erschüttert wird.

Meine Kritik an solch einer existenzanalytischen Sicht des Alten Testaments läuft darauf hinaus: Wenn wir das Neuen Testament richtig lesen, ist es genauso eine Geschichte des Scheiterns wie das Alte Testament. Das Neue Testament enthält eine überwältigende Verheißung: die Verwirklichung des Neuen Bundes, in dem die Thora Gottes den Menschen ins Herz gelegt ist (Hebr 8,8–12). Spontan werden die vom Geist Erneuerten Gottes Willen tun. Diese utopische Verheißung ist die positive Kehrseite des tiefen Sündenpessimismus bei Paulus: Die vertieft gesehene Sünde ist grundsätzlich überwindbar; denn der Mensch kann „in Christus“ ein neues Geschöpf werden. Mit dieser Hoffnung ist eine große Unruhe und Motivationskraft in die Geschichte gekommen. Aber ging diese Hoffnung in Erfüllung? Wurden Christen wirklich zu neuen Menschen? Weist nicht schon das unbefangen gelesene Neue Testament so kräftige Spuren der Unvollkommenheit des alten Adams auf, dass man seine Überwindung von Anfang an für eine Utopie halten muss? Die materiellen Hoffnungen des Alten Testaments sind wesentlich realistischer als die spirituellen Utopien des Neuen Testaments. Wenn wir bei jenen eine Diskrepanz zwischen Erwartung und Erfüllung konstatieren, so erst recht bei den spirituellen Hoffnungen des Neuen Testaments. Nur ein Beispiel aus der Auslegungsgeschichte mag genügen: Die Schilderung des gespaltenen Menschen in Röm 7 wird mehrheitlich von der heutigen Exegese auf den unerlösten Menschen gedeutet. Wie aber kam es, dass dieser Text lange als zutreffende Beschreibung des erlösten Menschen gedeutet wurde – von Augustin bis Luther? Wie steht es mit einer Erlösungsreligion, wenn in ihr eine Beschreibung des unerlösten Menschen mit der des erlösten Menschen verwechselt werden kann? Dokumentiert diese Tatsache nicht am besten, dass das Neue Testament *auch* die Geschichte des Scheiterns einer großen Erlösungshoffnung ist?

Wenn wir somit das Neue Testament nicht als Erfüllung und Lösung der im Alten Testament dargestellten Aporien lesen können, nicht als gelungene Existenz im Kontrast zu einer scheiternden Existenz, sondern als Zeugnis einer vom Scheitern gezeichneten und bedrohten Existenz – dann werden wir auf das Alte Testament zurückgeführt. Im Neuen Testament finden wir keine Reflexion über das grundsätzliche Scheitern einer Erlösungshoffnung, es lässt uns hier ratlos zurück. Das Alte Testament aber enthält theologische Konzeptionen des Scheiterns. Mit alttestamentlichen Augen gelesen, kann das Neue Testament menschlicher rezipiert werden.

Der existenzanalytische Zugang zur biblischen Traditionen öffnet sich sehr leicht für eine religionspluralistische Lektüre. Man muss nur davon ausgehen, dass die grundlegenden Probleme der Menschen überall vergleichbar sind, mögen die Antworten auch noch so verschieden sein. Alle Menschen müssen sich mit der Endlichkeit und Sterblichkeit ihres Daseins auseinandersetzen, werden mit Normen und Kontrollen konfrontiert, sind Aggressionen ausgesetzt und üben selbst Aggression aus. Alle Menschen sind auf Hilfe und Verständigung angewiesen.

2.5 Das Alte Testament als Modell einer religionspluralistischen Lektüre?

Unser Fazit ist: Keine der vier Formen einer intertextuellen Bezugnahme des Neuen Testaments auf das Alte Testament und deren Weiterentwicklung zu hermeneutischen Programmen einer Bibellektüre können den grundsätzlichen Vorrang des Neuen Testaments vor dem Alten Testament begründen. Auch das Neue Testament ist nicht (nur) Erfüllung, sondern auch Verheißung. Auch das Neue Testament ist ein schattenhaftes Nachbild dessen, was im Alten Testament als Urbild erscheint. Auch das Neue Testament ist Gesetz und nicht nur Evangelium. Auch das Neue Testament ist Dokument einer scheiternden Existenz vor Gott. Alle Verbindungslinien und Verbindungen zwischen den beiden Testamenten aber weisen über sich selbst hinaus: auf eine Begegnung mit anderen Religionen, in der sich herausstellen müsste, wie der eine und einzige Gott zum Gott aller Menschen werden kann. Altes und Neues Testament haben beide eine dynamische Kraft, die in diese Zukunft weist. Darin besteht ihre Texttranszendenz.

Es stimmt: Viele Traditionslinien gehen vom Alten zum Neuen Testament. Insofern sie zum Neuen Testament hinführen, muss das aber nicht heißen, dass sie in ihm „vollendet" werden. Sie weisen meist auch über das Neue Testament hinaus – auf noch unerfüllte Verheißungen und auf eine noch nicht vorhandene Verständigung unter allen Menschen und allen Religionen.

Es stimmt: Geschichtliche Zusammenhänge führen vom Alten zum Neuen Testament. Aber weder das Alte noch das Neue Testament geben uns den Schlüssel zur Universalgeschichte. Doch tröstet uns beide Testamente darüber, dass wir diesen Schlüssel nicht haben. Denn sie geben Mut und Kraft dazu, weiter nach einer universalen Verständigung unter den Religionen suchen.

Es stimmt: Die Sprache des Alten Testaments ist die Möglichkeitsbedingung des neutestamentlichen Glaubens. Aber sie ist ebenso die Möglichkeitsbedingung jüdischen Glaubens. Das Alte Testament ist eine Sprachlehre der ersten Christen und der jüdischen Rabbinen. Offen ist, ob es auch eine Sprachlehre für alle Menschen und alle Religionen werden kann.

Es stimmt: Existenzielle Erfahrungen verbinden das Alte und das Neue Testament. Wir stoßen in der ganzen Bibel auf dieselben Grundaporien des Menschseins vor Gott. Dass sie im Neuen Testament ein für alle Mal gelöst sind, kann man jedoch nicht behaupten. Diese Aporien scheinen eher zuzunehmen, wenn auch die im Neuen Testament verkündigte Erlösung keine erlösende Kraft hat. Aber sie weisen dadurch in eine noch größere Zukunft.

Was folgt daraus für eine jüdisch-christliche Doppellektüre der Bibel? Was ergibt sich für eine religionspluralistische Lektüre? Wer die ganze Bibel liebt, hat keinen Grund, sich über das Judentum erhaben zu fühlen. Er steht neben ihm mitten in der unerlösten Geschichte. Für eine religionspluralistische Bibellektüre aber bedeutet dies: Juden und Christen begegnen in der Bibel in beiden Testamenten einer Veränderungsdynamik, die über sich selbst weit hinaus weist in eine unbekannte Zukunft. Es ist noch nicht erschienen, was wir sein werden (1Joh 3,2). Ebenso wenig ist erschienen, was die Religionen einmal sein werden. Wozu aber brauchen Christen dann noch das Alte Testament? Und warum wäre das Neue Testament allein für sie zu wenig?

Eine Heilige Schrift ist dadurch „heilige Schrift“, dass sie eine Dialogaufnahme mit Gott und über Gott mit anderen Menschen ermöglicht. Sie ist ein Referenzrahmen für theologische Diskurse. Inspiriert ist nicht die Schrift an sich, inspiriert ist der Leser, wenn er durch biblische Texte den Dialog mit Gott aufnehmen kann. Das Alte Testament ist in dieser Hinsicht dem Neuen Testament gleichwertig. Beide enthalten Texte, die es den Christen ermöglicht haben, den Dialog mit Gott aufzunehmen. Beide enthalten auch Texte, die dafür ungeeignet sind – Texte, die wie Dtn 7 ethnische Vertreibungen legitimieren, oder wie Joh 8,44 die Verteufelung von Juden. Wenn aber die ganze Bibel in diesem Sinne „heilige Schrift“ ist, warum ist dann die Zweiteilung der Schrift sinnvoll? Warum gibt es nicht nur *eine* Bibel (mit einem Teil „messianischer“ Texte) ohne ein Gegenüber von Alten und Neuem Testament?

3 Die älteste Kanontheorie als Leitfaden für eine christliche Lektüre beider Testamente?

Schon Irenäus von Lyon wollte auf die oben gestellte Frage eine Antwort geben. Es geht mir nicht darum, diese Antwort zu übernehmen, wohl aber darum, durch sie meine eigene Stellungnahme zu klären. Beide Testamente galten für Irenäus als vom heiligen Geist inspirierte Schriften. Er sprach nicht von zwei „Testamenten“ oder „Bünden“, sondern von drei: Der erste Bund enthielt die *lex naturalis.* Sachlich stimme sie mit dem Dekalog und den Geboten Christi überein. Schon den Patriarchen sei diese *lex naturalis* ins Herz geschrieben worden. Als dieser erste Bund seine Kraft verloren hatte, habe Gott auf dem Sinai den Bund erneuert und den Dekalog als *lex reformata* erlassen. Erst der Abfall zum Goldenen Kalb und die Sehnsucht zurück nach der ägyptischen Knechtschaft hätten den Anstoß zum Erlass des Zeremonialgesetzes gegeben. Sachlich aber habe der Dekalog genauso wie die Weissagungen der Propheten auf Christus vorbereiten wollen. Der dritte Bund, das Neue Testament, sei erst nötig geworden, als die Pharisäer das Gesetz durch ihre Satzungen verwässert hätten. Christus habe die ursprüngliche *lex naturalis* wiederhergestellt: das Gebot der Liebe und das geistliche Opfer. Folgt man der Logik des Irenäus, so kommt man in unserer Zeit potenziell zu einer neuen Sicht des letzten „Bundes“. Der Wille Gottes ist von Anfang an ungeteilt derselbe: *Lex naturalis*, Sinaioffenbarung und Christusoffenbarung zielen sachlich auf dasselbe. Zum vorläufigen Bund werden die vergangenen Bundesschlüsse immer nur durch das Versagen der Menschen. Wenn man nun zu der Erkenntnis kommt, dass die christliche Kirche in ihrer Geschichte nicht weniger als das alte Israel gegenüber Gottes Willen versagt hat, müsste man die vergangenen Bundeschlüsse Gottes als Verheißung auf einen „ewigen Bund“ verstehen, der auch mit dem letzten Bund nicht realisiert, sondern nur erneut verheißen wurde. Und umgekehrt: Muss man die beiden „Bünde“ im Alten Testament nicht ebenso als ein Geschehen von Verheißung und Erfüllung deuten, wie das ganze Alte Testament im Verhältnis zum Neuen Testament? War der Mensch im Alten Testament nicht genauso unmittelbar und genauso getrennt von Gott wie im

Neuen Testament? Haben beide Testamente nicht dasselbe Ziel: eine Dialogaufnahme mit Gott? Sind Christen wie Juden nicht vor Gott in derselben Situation? Kann es grundsätzliche hermeneutische Privilegien der Christen gegenüber den Juden geben?

4 Eine christliche Bibellektüre im interreligiösen Dialog

Zurück zu unserem Ausgangspunkt: Als Neutestamentler können wir in die Probleme einer jüdisch-christlichen Doppellektüre der Bibel die Erfahrung der interkonfessionellen Lektüre des Neuen Testaments einbringen. In diesem ökumenischen Dialog hat die Suche nach „impliziten Axiomen" in konfessionell verschiedenen dogmatischen Aussagen ihren Sitz im Leben.[752] Aussagen, die sich auf der Oberflächenebene widersprechen, müssen sich nicht automatisch auch in ihrer Tiefenstruktur widersprechen. Vielmehr gilt oft: Wenn man eine Sprache mit denselben Basisstrukturen spricht, kann man erst recht streiten, denn ohne eine gemeinsame Sprache ist nicht einmal das möglich. Das müsste auch für den jüdisch-christlichen Dialog gelten. Und es müsste auch im interreligiösen Dialog anwendbar sein. Es lohnt sich daher, sich auf die Suche nach gemeinsamen „impliziten Axiomen" zu begeben, die die Juden und Christen verbinden. Vielleicht gibt es auch Axiome, die Christen und Juden sogar mit Moslems teilen? Vielleicht sind dies sogar ganz formale Axiome, die in jeder religiösen Sprache vorausgesetzt sind?

Der zweigeteilte Kanon ist im Christentum die Basis einer gesamtbiblischen Sprache. Unabhängig davon, wie willkürlich oder einleuchtend die Bezugnahmen des Neuen Testaments auf das Alte Testament sind, gilt: Die neutestamentliche Sprache hat über solch bewusste Bezugnahmen hinaus unbewusst teil an denselben Tiefenstrukturen wie das Alte Testament. Diese fungieren wie grammatische Regeln, die eine Sprache normieren. In diesem Falle handelt es sich nicht um eine linguistische Sprache, sondern um eine religiöse Zeichensprache. Kanonische Texte sind Texte, aus denen die religiöse Zeichensprache einer Religion immer wieder neu regeneriert werden kann. Im Folgenden nenne ich in einem ersten Teil als Beispiele einige „Grundmotive", die wir in den neutestamentlichen Texten finden und die die urchristlichen Leser auch im Alten Testament finden konnten. Sie bilden das, was Altes und Neues Testament gemeinsam haben. Sie werden von Juden und Christen geteilt, finden sich manchmal auch darüber hinaus in anderen Religionen. Ihre konkrete Anwendung geschieht aber z.T. in sehr unterschiedlicher Weise. In einem zweiten Teil skizziere ich dann das Proprium von Altem und Neuem Testament aus christlicher Sicht, in der Hoffnung, dass ein Jude dieser Charakterisierung des Alten Testaments nicht widersprechen muss. In einem dritten Teil stelle ich die Frage, wie die Erfahrungen des jüdisch-christlichen Dialogs für das interreligiöse Gespräch mit anderen Religionen fruchtbar gemacht werden können.

---

[752] D. RITSCHL, Die Erfahrung der Wahrheit, 1986.

4.1 Interreligiöse Motive in der biblischen Zeichensprache?

Eine gemeinsame Grundüberzeugung von Juden, Christen und Moslems ist der *Schöpfungsglaube*: Gott hat souverän die Welt geschaffen. Die Formel von der Schöpfung „aus Nichts" begegnet erst später (2Makk 7,28), nicht zufällig in einer Schrift, die auch die Auferstehung von den Toten bezeugt. Hinter dieser Überzeugung einer todüberwindenden Macht Gottes steht letztlich der Schöpfungsglauben. Dieser Schöpfungsglaube verbindet alle drei abrahamitische Religionen. Er wird jedoch in großen Teilen des Alten Testaments nicht auf die Gestorbenen angewandt; große Teile des Alten Testaments hoffen nicht auf ein Leben nach dem Tod. Der Schöpfungsglaube wird von Juden und Moslems auch nicht in so singulärer Weise mit der Auferstehung Jesu verbunden wie im Christentum. Der gemeinsame Schöpfungsglaube nimmt also sehr unterschiedliche Formen in Judentum, Christentum und im Islam an.

Eine andere Grundüberzeugung ist das *Weisheitsmotiv*. Gott hat mit seiner Weisheit die Welt geschaffen. Sie zeugt indirekt von seiner „Intelligenz" und „Rationalität". In die Schöpfung ist göttliche Weisheit investiert, wenn auch häufig in verborgener Form, sodass die Weisheit Gottes oft nicht erkennbar ist und als unzugänglich gilt. Im Urchristentum verbirgt sie sich unter dem Schein des Gegenteils, in der Torheit des Kreuzes. Niemand wird von Juden erwarten, diese konkrete Aussage nachzuvollziehen. Wohl aber finden wir in der ganzen Bibel die Überzeugung von der verborgenen, teils zugänglichen, teils sich entziehenden Weisheit Gottes in der Schöpfung. Auch Moslems können als Basisüberzeugung akzeptieren, dass Gott die Welt mit Weisheit geschaffen hat. Auf einer sehr formalen Ebene gibt es hier möglicherweise sogar eine Gemeinsamkeit mit den kosmischen Religionen des Ostens: In der Welt ist eine Ordnung verborgen, in der bisweilen das Schwache mehr überzeugt als das Starke.

Eine weitere Grundüberzeugung ist das Motiv, dass Menschen umkehren können, ja, dass die Begegnung mit Gott immer Chance und Aufforderung zur *Umkehr* bedeutet. Von den Propheten bis hin zur Apokalypse durchzieht dieses Umkehr-Motiv die Bibel. Wer leugnet, dass Menschen ihr Verhalten und ihre Einstellungen ändern können, fällt aus diesem biblischen Konsens heraus. Die ersten Christen haben diese radikale Umkehr mit dem Gekreuzigten und Auferstandenen verbunden. Sie wandten die (sakramental vermittelte) Symbolik von Tod und Leben auf die Umkehr an. Wer Christ wurde und dies durch seine Taufe bezeugte, wurde mit Christus begraben, um mit ihm an einem neuen Leben teilzunehmen. Juden und Moslems werden diese christologische Konkretisierung des Umkehrmotivs nicht nachvollziehen können, wohl aber das diesem Umkehrmotiv zugrundeliegende allgemeine Motiv. Es gehört zur gesamtbiblischen Sprache und ist ein Grundmotiv aller entwickelten Religionen: Erst durch Umkehr und Erleuchtung kommt man der Wahrheit nahe. Das Zeugnis der Bekehrung des ismaelitischen Philosophen Nasir Khusraw (1004– ca. 1072/7) ist ein anschauliches Beispiel dafür.[753]

Diese drei Beispiele mögen genügen, um die Suche nach Grundmotiven hinter der gemeinsamen biblischen Zeichensprache zu illustrieren. In der Bibel steht

---

[753] G. THEISSEN, La conversion de Paul et la conversion de Nasir Khusraw, 2008.

dabei hinter jedem einzelnen Motiv das 1. Gebot als Grundaxiom: Die Schrift ist vor allem Chance und Verpflichtung zur Dialogaufnahme mit dem einen und einzigen Gott.

4.2 Das Proprium von Altem und Neuem Testament in christlicher Bibellektüre

Gesetzt, wir könnten hinter der biblischen Zeichensprache eine Reihe „impliziter Axiome“ und Grundmotive finden, die alle religiösen Gemeinschaften teilen, die sich auf die Bibel beziehen – oder vorsichtiger gesagt, die alle Gruppen teilen könnten, sofern sie sich auf die Bibel beziehen, dann stellt sich die Frage, ob es ein Proprium bei der Lektüre des Alten und Neuen Testaments gibt. Meine vorläufigen Überlegungen dazu fasse ich in zwei Punkten zusammen, ohne damit alles zu diesem Thema zu sagen:

Das Alte Testament bezeugt die Dialogaufnahme Gottes mit einem Volk und die eines Volkes mit Gott. Das Neue Testament bringt die Ausweitung dieses Dialogs auf alle Völker. Das messianische Element in ihm ist die Generalisierung des alttestamentlichen Glaubens. Eine messianische Lektüre des Alten Testaments ist daher eine kritische Lektüre, die der Generalisierungsregel unterliegt. Aus dem Alten Testament kann ebenso wie aus dem Neuen Testament nur übernommen werden, was sich für alle Menschen generalisieren lässt. Diese Generalisierungstendenz ist notwendigerweise mit einer Gefahr verbunden: Was universal formuliert wird, wird abstrakter, weniger konkret, wird spiritualisiert und ins Innere verlegt. Aber diese Universalisierung öffnet die Bibel für andere Menschen. Sie schafft jene Dynamik, die nach einer Verständigung zwischen allen Menschen und Religionen sucht.

Das Alte Testament bezeugt den Dialog Gottes mit einem Volk in seiner ganzen konkreten, materiellen Existenz – und nicht nur den Dialog mit einer kleinen Gemeinde wie es im Neuen Testament geschieht. Es richtet das alttestamentliche Volk wie die neutestamentliche Gemeinde auf eine universale Gemeinschaft aller Menschen aus. Aber die Rückbindung an konkrete Gemeinschaften hat einen Eigenwert. Das Alte Testament ist gerade durch seine Konkretheit und Partikularität dem Neuen Testament überlegen. Es stellt den Dialog mit Gott in alle Lebensbezüge hinein dar: in Natur, Geschichte, Staat, Recht, aber auch Erotik und Poesie. Ein im Lichte des Alten Testaments kritisch gelesenes Neues Testament wird mit einer Konkretisierungsregel gemessen – gegen alle Verführung zu unverbindlicher Abstraktheit. Dies gilt nicht nur im Hinblick auf die politische und soziale Realität, sondern auch für die private, individuelle Existenz. Nur im Alten Testament finden wir eine Gebetssammlung, in der der Einzelne seinen Dialog mit Gott aufnimmt.

Beide Testamente müssen m.E. kritisch gegenseitig gelesen werden. Sie bilden auch zusammengenommen keine vollkommene heilige Schrift. Sie bilden ein Erstes und ein Neues Testament. Seitdem beide Testamente historisch und theologisch kritisch interpretiert werden, ist in die Theologie eine nie aufhörende Unruhe hineingekommen. Sie ist dadurch bedingt, dass die Theologie schon immer insgeheim nach einem „dritten“ Testament sucht – nach jenem Zielpunkt, auf den alle Traditionslinien, Sprachmöglichkeiten, Analogien und Existenzprobleme hinweisen. Das führt zu einer letzten Überlegung: Wir haben das Verhältnis von

Alten und Neuem Testament in der Bibel als eine Schule für den jüdisch-christlichen Dialog untersucht, als einen Dialog zwischen zwei Religionen, die durch ihre Geschichte tatsächlich zu zwei getrennten und selbständigen Religionen geworden sind. Dabei hatten wir immer im Blick gehabt, ob sich daraus etwas für den interreligiösen Dialog lernen lässt.

4.3 Möglichkeiten einer interreligiösen Bibellektüre

Eine interreligiöse Bibellektüre wird dann möglich, wenn man die zweigeteilte Bibel aus Altem und Neuen Testament nicht als eine in sich abgerundete Zeichenwelt betrachtet, sondern in ihr überall eine Zukunftstranszendenz entdeckt, die über beide Testamente hinausweist.

Es gibt in der Bibel eine große VERHEIßUNGSDYNAMIK, die in eine offene Zukunft weist. Die Bibel enthält die Utopie eines Friedens zwischen allen Völkern und die Vision einer gemeinsamen Gottesverehrung (Micha 4,1–5; Jes 2,1–5). Das Urchristentum meinte, mit dieser gemeinsamen Gottesverehrung beginnen zu können, was sich als eine vorschnelle Hoffnung erwies. Die Verheißung blieb nach wie vor unerfüllt. Der heutige interreligiöse Dialog folgt den Spuren dieser Verheißung. Diese Dynamik geht dabei nicht von einzelnen Zukunftsbildern aus, sondern letztlich vom biblischen Gottesgedanken: Gott will der Gott aller Menschen sein. Die Kirchen in der Neuzeit haben diesen Traum in einer gewaltigen Missionsbewegung erneuert. Aber er ließ sich auch durch diese Missionsbewegung nicht verwirklichen, wir müssen ihn vielmehr in das Ziel einer allgemeinen Religionsverständigung verwandeln, bei der alle Religionen bereit sind, einander zu verstehen, Kritik zu üben und Kritik zu akzeptieren.

Wir finden in der Bibel innerhalb des Alten Testaments, aber auch im Gegenüber von Altem und Neuem Testament eine Fülle von TYPOLOGIEN, die einander entsprechen. Wir können diese biblischen Analogien in die Zukunftsdynamik der Bibel als Suche nach Analogien in allen Religionen einbauen, keineswegs als Suche nach völligen Entsprechungen, als wären alle Religionen im Grunde eine einzige Religion in verschiedenen Erscheinungsformen. Zur Typologie gehören neben Entsprechung auch Widerspruch und Steigerung. Es geht daher nicht darum, in allen Religionen z.B. einen gleichbleibenden Kern einer mystischen Frömmigkeit zu finden. Aber es gibt unbestreitbar in den Religionen Analogien, auch wenn diese Analogien konkret sehr unterschiedlich gestaltet sind. Die Parallelen in der Mystik gehören dazu.

Wir finden in der Bibel im Alten Testament eine RELIGIÖSE SPRACHE, die sich als geeignet erwies, auch zur Sprache einer neuen Religion zu werden, da sie in sich eine religionsverbindende Kraft hat. Diese Tatsache sollte uns ein Ansporn sein, auch im Verhältnis zu anderen Religionen eine Sprache zu finden, in der wir Neues und Fremdes so zum Ausdruck bringen, dass wir es verstehen. Oder fremde religiöse Sprachen so zu übersetzen, dass wir sie in unserer Sprache zum Ausdruck bringen. Beim Transport von einer Sprache in eine andere geht nicht alles verloren. Das zeigt die Übersetzungsgeschichte der Bibel: Die *veritas hebraica* des Alten Testaments wurde in die griechische Septuaginta transformiert. Hinzu aber kamen schon bald viele weiteren Sprachen, von denen die lateinischen Übersetzungen der Itala und der Vulgata das Christentum im Westen bestimmten. Die Übersetzung von einer religiösen Sprache in eine andere ist gewiss mehr als eine linguistische Übersetzung, sie betrifft auch Vorstellungen, Riten und Werte. Aber gelungene linguistische Übersetzungsgeschichten sollten eine Ermutigung sein, auch Übersetzungen von einer religiösen Zeichensprache in eine andere zuzutrauen, dass sie eine Wahrheit transportieren können.

Schließlich finden wir in der Bibel immer wieder dieselben Grundprobleme menschlicher EXISTENZ und verschiedene Antworten darauf. Auch hier können wir im Religionsdialog erkunden, wie die Antworten auf die Fragen von Natalität und Mortalität des Lebens, von Glück und Leid, von Liebe und Konflikt, von Schuld und Vergebung in anderen Religionen ausfallen.

Das Gegenüber von Altem und Neuem Testament ist darüber hinaus gerade aufgrund des Abstands zwischen beiden Testamenten wichtig: Dieser Abstand unterbricht alle Kontinuitätslinien. Denn in historischer Sicht liegt zwischen dem Alten und dem Neuen Testament die Phase eines gewaltigen geschichtlichen Umbruchs: die Hellenisierung Palästinas (seit Alexander dem Großen) mit einem intensivierten Austausch mit der Umwelt. Die Juden wurden erst jetzt direkt mit der griechischen Philosophie konfrontiert. Philo von Alexandrien ist Zeuge dieser Begegnung.

Auf der einen Seite beobachten wir eine Intensivierung weisheitlichen Gedankenguts, das in sich einen universalen Charakter hat. Dadurch wurden schon vorher bestehende Tendenzen der alttestamentlichen Weisheitsliteratur verstärkt: Die Weisheit galt schon immer als ein universal zugängliches Denken. Die Symbolgestalt alttestamentlicher Weisheit, König Salomo, zieht mit seiner Weisheit die Königin des Südens an. Die Weisheit appelliert an die Einsicht des Menschen. Sie rechnet mit einer stabilen Welt. Eine Tendenz zur *Individualisierung* ist unverkennbar: Die Weisheitsüberlieferungen richten sich weitgehend an den einzelnen Menschen.

Auf der anderen Seite kam es zu einem Aufblühen apokalyptischer Träume, die ohne fremde Einflüsse kaum denkbar sind: orphische Unterweltsphantasien, ägyptische Todesträume, babylonische Astrologie – die vielfältigen Vorstellungen der altorientalischen und griechischen Umwelt haben in eschatologischen Phantasien ihre Spuren hinterlassen. In diesen apokalyptischen Träumen vertrauen die Menschen nicht der vernünftigen Einsicht in die sichtbare Welt, sondern sie konstruieren übernatürliche Offenbarungen, die ihnen Einblick in sonst unzugängliche Gebiete gewähren. Diese apokalyptischen Träume rechnen mit einer sich verändernden Welt. Auch hier spüren wir eine *Universalisierung*. Es geht um das Geschick der ganzen Welt.

Das Neue Testament setzt diese neue Intensivierung von Weisheit und Apokalyptik voraus. Beide wurden in der Verkündigung des historischen Jesus und der Verkündigung des erhöhten Christus' kombiniert aufgenommen. Universalisierung und Individualisierung verstärkten sich gegenseitig. Die alttestamentlichen zukunftsdynamischen Entwicklungslinien wurden in dieser Situation modifiziert – durch die Öffnung der jüdischen Gedankenwelt für eine größere Umwelt. Mit der Hellenisierung geschah damals ein Umbruch, der dem gegenwärtigen Umbruch der Globalisierung vergleichbar ist. Solche sich öffnenden Umbruchszeiten nötigen zu einem Umdenken: Sie transformieren alte Traditionen. Dies gilt auch für unsere gegenwärtige Situation. Wir kommen aus einer Vergangenheit, in der die Religionen nebeneinander existierten. Jetzt leben sie in denselben Gesellschaften zusammen. So wie das Neue Testament die alttestamentliche Verheißungsdynamik aufgreift und fortsetzt und durch Universalisierung und Individualisierung modifiziert, so müssen Theologie und Kirche auch in der Gegenwart in einer sich globalisierenden Welt die biblische Verheißungsdynamik fortsetzen und transformieren.

Was aber ist das Ziel? Ich kann es nur mit Hilfe es eines mythischen Bildes zum Ausdruck bringen. Es ist die Suche nach einem „ewigen Testament". Meine „apokalyptische" Vision, die sich in einer literarischen Fiktion eng mit unseren Bildern der „Weisheit" verbindet, geht auf dieses Ziel zu: Am Ende der Tage erhält die himmlische „Akademie der Wissenschaften" den Auftrag, einen Kanon der gültigen Texte unserer Geschichte zusammenzustellen. Ich bin überzeugt, dass große Teile des Alten und des Neuen Testaments in diesen Kanon aufgenommen werden. Dazu andere Texte, über die ich nur Vermutungen äußern kann. Es wird ein Kanon sein, dem alle Menschen befreit von den Vorurteilen unserer endlichen Existenz zustimmen können, Juden und Christen, aber auch Menschen aus anderen Religionen. Wo theologische Hermeneutik engagiert getrieben wird, ist sie Suche nach diesem ewigen Kanon. Jede Interpretation der Schrift als theologisch gültiger Text, jede Predigt, jede Meditation ist unterwegs zu diesem Kanon. Christen allein werden den Weg dorthin nicht finden. Sie werden das Gespräch mit Juden und mit allen Religionen suchen müssen, um sich in ihren theologischen Deutungen der Schrift diesem unbekannten Kanon anzunähern, ohne ihn vielleicht jemals erreichen zu können. Was diesen Kanon auszeichnet aber ist eine doppelte Texttranszendenz. Die in ihm gesammelten Texte lassen die *Gegenwart Gottes* aufleuchten und verbinden Menschen untereinander. Das ist das Entscheidende. Diese Suche nach doppelter Texttranszendenz ist durch das Doppelgebot der Liebe inspiriert. Wenn man das Doppelgebot der Liebe in dieser Weise für das Verstehen fruchtbar macht, folgt man ihm nicht wörtlich, wohl aber dem Sinn nach. Das ist legitim. Denn „schriftinspirierte Theologie" ist Theologie, die vom Geist der Schrift motiviert wird, aber nicht an den Buchstaben gebunden ist.

19 Schlussbetrachtung

Eine theologische Lektüre der Bibel ist von der Erwartung motiviert, verborgen im Gestrüpp der Worte, Sätze und Texte einen „Schatz im Acker" zu finden, um dessentwillen es sich lohnt, alles dahinzugeben. Dieser Schatz ist das Wort Gottes. Es ermöglicht Dialogaufnahme mit Gott. Wenn das geschieht, werden Texte transparent für Gott. Das ist die erste Bedeutung von Texttranszendenz. Die hier vorgelegten Beiträge zu einer *polyphonen Bibelhermeneutik* vertreten die These einer *doppelten Texttranszendenz*: Wie in einem Sonatensatz das erste Thema nur zusammen mit einem Gegenthema der Musik eine innere Dynamik gibt und sie zum Klingen bringt, so wird die Bibel nur lebendig, wenn wir zugleich ihren Kontext im menschlichen Leben erfassen. Zur theologischen Texttranszendenz tritt eine *menschliche Lebenstranszendenz*. Um sie zu erfassen, müssen wir alle uns zur Verfügung stehenden humanwissenschaftlichen Kenntnisse aktivieren: Literaturwissenschaft, Soziologie, Psychologie, Ethnologie, Religionswissenschaft und Religionsphilosophie. Unsere These ist, dass beides untrennbar verbunden ist. Das ist keineswegs selbstverständlich. Beide Ansätze erleben sich oft als Konflikt.

Die Erforschung der menschlichen Texttranszendenz wurde von der überlegenen Warte einer Offenbarungstheologie manchmal dezidiert abgelehnt, Psychologie sogar als Götzendienst verdammt, Soziologie als Irrweg erkannt, der den gesuchten Schatz nicht findet, sondern zerstört. Mit dem Pathos des Unbedingten wurde abgelehnt, was in der Wissenschaft selbstverständlich ist: Dass wir alle uns zur Verfügung stehenden Theorien und Methoden ausschöpfen, um uns über die Religion zu verständigen. Worauf Menschen ihr Leben bauen, ist es wert, intensiv erforscht zu werden. Wir sind dazu verpflichtet. Aber lange gehörte ein konfessorischer Antipsychologismus und Antisoziologismus zur Identität vieler Theologen. Es herrschte in der Theologie eine innere Unfreiheit, sich auf diese neuen Fragestellungen einzulassen. Sie ist heute in der Regel überwunden, freilich nicht überall.

Umgekehrt waren die Urteile der Religionskritik nicht weniger schroff: Aus der Perspektive einer religionskritischen Psychologie und Soziologie gelten oft alle Versuche, in der Religion einen Zugang zu einer letzten Wirklichkeit zu finden, als Illusion oder Neurose, Repression oder Ressentiment. Für viele Zeitgenossen steht das negative Urteil über Religion fest. Ihnen gegenüber muss man geduldig darum werben, als intellektuell und moralisch integer anerkannt zu werden, wenn man für die Religion eintritt. Gerade jene sympathischen modernen Zeitgenossen, die sich eingestehen, dass sie dabei gescheitert sind, die Gesellschaft von kapitalistischer Profitsucht zu befreien, reagieren manchmal auf Religion mit starken Abwehrreflexen. Es scheint so, als sei ihnen als einziger Trost geblieben, dass sie sich wenigstens konsequent von der Religion getrennt haben. Eine konfessorische Religionskritik ist Teil ihrer Identität und wird oft mit dem Pathos des Unbedingten vertreten.

Zwischen dem, was in diesen Beiträgen als Suche nach einer doppelten Texttranszendenz vereint wurde, herrscht also ein tiefgehender *„hermeneutischer Konflikt"* (P. Ricœur). Dieser Konflikt ist Kennzeichen der Verständigung über

Religion in unserer modernen Gesellschaft. Religionskritik wurde zum Medium des modernen Religionsdiskurses in und außerhalb der Kirche. Gerade deshalb bemühen sich die hier vorgelegten Beiträge um eine Verständigung, bei der man darauf angewiesen ist, dass sie von beiden Seiten angebahnt wird. Ziel wäre es, den hermeneutischen Konflikt in eine *„hermeneutische Polyphonie“* zu verwandeln – nicht in die harmonische Musik alter Zeiten, sondern in moderne Musik, die sich jenseits von Tonalität entfaltet und dadurch unserer Zeit gerecht wird.

Von theologischer Seite her kann man sich für die hermeneutische Suche nach einer doppelten Texttranszendenz auf das Doppelgebot der Liebe berufen. In ihm wird im Zentrum der Bibel die Beziehung zu Gott mit der zu anderen Menschen gleichgestellt. Die Beziehung zu Gott umfasst den ganzen Menschen. Ausdrücklich heißt es, dass diese Liebe das ganze Herz, die ganze Seele (*psyché*) und alle Kräfte umfassen soll. Wenn man ethisch beide Beziehungen gleich hoch bewerten soll, spricht alles dafür, dass man auch hermeneutisch beide Beziehungen zusammensieht. Der ganze Mensch wird durch Psychologie erforscht, seine Beziehungen zu anderen Menschen durch Soziologie. Wer diese Fragestellungen mit theologischem Pathos ablehnt, urteilt nicht im Geist der Bibel.

Von religionskritischer Seite her kann man sich auf große Religionskritiker berufen. Sie haben ihrer Intention nach die Beseitigung der Religion angestrebt, aber ihre Kritik kann auch dazu dienen, die Religion besser zu verstehen. Ich habe zu zeigen versucht, dass sich ihre religionskritischen Thesen gegenseitig relativieren. Einerseits heißt es, Religion widerspreche empirischer Erkenntnis, andererseits wirft man ihr vor, dass sie empirisch nicht widerlegbar sei. Einerseits beruhe sie auf Projektionen in eine nicht-existierende Wirklichkeit hinein, andererseits soll sie Reaktion auf die Übermacht der Wirklichkeit sein. Sie setze sich als wunschbedingte Illusion über alle Grenzen hinweg, arbeite sich aber in Ritualen an einschneidenden Grenzen des Lebens ab. Sie diene den Herrschenden zur Repression der Beherrschten, den kleinen Leuten aber als Ressentiment zur Domestizierung der Herrschenden. Sie sei Brandbeschleuniger menschlichen Fanatismus, aber zugleich Motor eines Gutmenschentums, das unfähig macht, sich gegen Fremde und Feinde zu wehren. Religionskritik ist wertvoll, weil sie mit diesen Thesen einem differenzierten Verstehen der Religion dient. Religion ist eine komplexe Realität. Wer das Gespräch mit der Religion verweigert, handelt nicht im Geist der Religionskritik, aber auch nicht im Geist der Bibel. Denn Religionskritik ist auch in der Bibel verwurzelt. Religionskritik beginnt in der Antike mit den Propheten in Israel und den Philosophen in Griechenland.

Konflikte sind Antrieb für Entwicklungen, aber nur, wenn sie nach Regeln geführt werden und im Rahmen gegenseitiger Anerkennung. Das ist das Prinzip der Demokratie. Ähnliches gilt auch für den hermeneutischen Konflikt zwischen Religionskritik und Religionsbewahrung. Sich ihm zu entziehen, wäre Zeichen einer Vitalitätsschwäche. Eine große Hilfe ist es, wenn man erkennt: Religionen und unter ihnen besonders die biblische Religion haben Religionskritik motiviert. Die „mosaische Unterscheidung“ (J. Assmann) interpretiere ich als Verpflichtung, nicht alles in der Religion zu akzeptieren. Kriterium dessen, was man akzeptieren kann, ist die Ethik. Daher steht im Zentrum des Alten Testaments ein „ethischer Monotheismus“ und im Zentrum des Neuen Testaments das Doppelgebot der Liebe. Deswegen können wir antireligiöse Kritik von außen in innerreligiöse Kritik verwandeln und so fruchtbar machen. Auch hat schon die Bibel Visionen einer reformierten und veränderten Religion entworfen – wie die Vision vom „Neuen Bund" bei Jeremia. Umgekehrt ist es eine Hilfe, wenn man zugibt: Selbst scharfe Religionskritiker waren oft durch den Traum motiviert, auf Erden zu verwirklichen, was sie an Wertvollem in der Religion erkannt hatten – auch wenn sie dabei den Himmel gleich mitabschaffen wollten.

Die Theologie kann sich auf die Bibel als Inspiration für diesen Weg berufen. Eine moderne Theologie, die sich kritisch zu ihren Traditionen verhält, sollte daher eine *„schriftinspirierte Theologie"* sein. Sie ist nicht an den Buchstaben der Schrift gebunden, wohl aber an ihren Geist. Dieser Geist wirkt konzentriert in den beiden wichtigsten Kriterien, an denen wir alles messen müssen, was in der Bibel steht: Das ist erstens die mosaische Unterscheidung, die jede Gottesverehrung an das Tun des Guten bindet, und zweitens das jesuanische Doppelgebot der Liebe, welches diese mosaische Unterscheidung zusammenfasst und die Liebe ausweitet auf Fremde, Sünder und Feinde. Dieser Geist enthält jedoch noch sehr viel konkretere Impulse. Er wird erkennbar, wenn wir die Schrift als Grundlage einer *Zeichensprache* erkennen. Denn Religionen sind Zeichensprachen mit einer eigenen Grammatik. Die Regeln dieser Grammatik, ihre *Axiome und Grundmotive*, sind ihr Geist, der durch den Buchstaben hindurch wirkt, aber nicht mit dem Buchstaben identisch ist. Diese Motive seien abschließend noch einmal genannt: Das Motiv der Schöpfung, der Weisheit, des Wunders, der Distanz zwischen Gott und Mensch, das Hoffnungs- und Erneuerungsmotiv, das Umkehrmotiv, das Exodusmotiv, das Motiv des Glaubens, der Inkarnation, der Stellvertretung, des Positionswechsels, der Liebe, des Gerichts und der Rechtfertigung. Wer diese (und andere biblische) Motive internalisiert hat und sich von ihnen inspirieren lässt, kann im Geiste der Bibel neue Texte schaffen, neue Erfahrungen machen und zu neuen Einsichten kommen. All das ist „schriftgemäß". Das Schriftprinzip muss dabei freilich neu verstanden werden. In diesem Schriftprinzip ist angelegt, dass wir uns nicht nur an der Schrift, sondern an Schrift *und* Tradition, Erfahrung *und* Vernunft (entsprechend dem methodistischen *Quadrilateral*) orientieren. Schon in der Schrift selbst begegnen wir nämlich Texten, die als Traditionen weitergeschrieben wurden, schon in der Schrift finden wir den Ausdruck reicher Erfahrungen in den Psalmen und vernünftige Reflexionen in der Weisheit. Wenn der Geist der Schrift von den Propheten bis hin zu Jesus und Paulus in Theologie und Kirche lebendig bleibt, können wir mit Vernunft den „Schatz im Acker" finden. Denn das Doppelgebot der Liebe wurde im Neuen Testament um einen kleinen Zusatz ergänzt. Es sagt: Wir sollen Gott lieben mit ganzem Herzen, ganzer Seele, *mit ganzem Verstand* und allen Kräften (Mk 12,30).[754]

---

[754] Diese Beiträge wollen nur zeigen, dass sich die hermeneutische Suche nach einem Schatz im Acker lohnt. Hin und wieder wurde inhaltlich umrissen, worin dieser Schatz besteht. Ich habe versucht, das in meditativen Texten zusammenzufassen und zu entfalten in G. THEISSEN, Glaubenssätze. Ein kritischer Katechismus, 2012 ^{4}2018.

Literaturverzeichnis

AHN, G., Art. Religion I, in: TRE 28 (1997) 513–522.

ALBERT, H., Traktat über kritische Vernunft, Tübingen 1968.

ALBERTZ, R., Religionsgeschichte Israels statt Theologie des Alten Testaments. Plädoyer für eine forschungsgeschichtliche Umorientierung, JBTh 10 (1995) 3–24.

ALBRECHT, O., Lebensthemen. Grundkurs biblischer Theologie, Stuttgart 2013.

ALEXANDER, PH. S., Rabbinic Biography and the Biography of Jesus. A Survey of the Evidence, in: C.M. Tuckett (Hrsg.), Synoptic Studies, Rabbinic Biography and the Biography of Jesus. A Survey of the Evidence, Sheffield 1984, 19–50.

ALTHAUS, P., Die christliche Wahrheit. Lehrbuch der Dogmatik, Gütersloh [6]1962.

ASSMANN, J., Das kulturelle Gedächtnis. Schrift, Erinnerung und politische Identität in frühen Hochkulturen, München [2]1997.

ASSMANN, J., Die Mosaische Unterscheidung oder der Preis des Monotheismus, München/Wien 2003.

ASSMANN, J., Achsenzeit: Eine Archäologie der Moderne, München 2018.

AUNE, D.E., The New Testament in its Literary Environment, LEC 8, Philadelphia 1987.

AUNE, D.E. Passions in the Pauline Epistles: The Current State of Research, in: J. T. Fitzgerald (Hrsg.), Passions and Moral Progress in Greco-Roman Thought, London 2008, 221–237.

BARTH, H.M., Dogmatik. Evangelischer Glaube im Kontext der Weltreligionen, Gütersloh 2001.

BARTH, K., Der Römerbrief, Zollikon 1923.

BARTH, K., Kirchliche Dogmatik I 2, Zollikon 1938.

BARTH, K. Der Römerbrief (Zweite Fassung) 1922, in: Karl Barth Gesamtausgabe, Zürich 2010.

BAUKS, M., Die Welt am Anfang: zum Verhältnis von Vorwelt und Weltentstehung in Gen 1 und in der altorientalischen Literatur, WMANT 74, Neunkirchen-Vluyn 1997.

BAUM, A.D., Pseudepigraphie und literarische Fälschung im frühen Christentum, WUNT II/138, Tübingen 2001.

BAUMAN, Z., Allosemitism. Premodern, Modern, Postmodern, in: B. Cheyette/L. Marcus (Hrsg.), Modernity, Culture, and the „Jew“, New York 1993, 143–156.

Bekenntnisschriften der Evangelischen Landeskirche in Baden, Karlsruhe [8]1988.

BERGER, K., Hellenistische Gattungen im Neuen Testament, ANRW II 25/2, Berlin 1984.

BERGER, K., Formgeschichte des Neuen Testaments, Heidelberg 1984.

BERGER, K., Hermeneutik des Neuen Testaments, Gütersloh 1988.

BERGER, K., Historische Psychologie des Neuen Testaments, SBS 146/147, Stuttgart 1991.

BERGER, K., Der Zeltmacher Paulus und seine Gesellen. Mit ersten Zeichen von Ermüdung: Eine umfassende Sozialgeschichte des Urchristentums, FAZ 21.12.1995.

BERGER K./NORD, CH., Das Neue Testament und frühchristliche Schriften, Frankfurt 1999.

BERGUNDER, M., Was ist Religion? Kulturwissenschaftliche Überlegungen zum Gegenstand der Religionswissenschaft, in: ZfR 19 (2011) 3–55.

BESIER G./GESTRICH, CH. (Hrsg.), 450 Jahre evangelische Theologie in Berlin, Göttingen 1989.

BISER, E., Gottsucher oder Antichrist? Nietzsches provokative Kritik des Christentums, Salzburg 1982.

BLUMENBERG, H., Die Lesbarkeit der Welt, stw 592, Frankfurt 1986.

BONHOEFFER, D., Widerstand und Ergebung. Briefe und Aufzeichnungen aus der Haft. Hrsg. von E. Bethge, München 1951.

BORGER, R. u.a. (Hrsg.), Rechtsbücher Band 1, TUAT I/1, Gütersloh 1982.

BORNKAMM, G., Der Römerbrief als Testament des Paulus, in: Ders., Geschichte und Glaube 2, Gesammelte Aufsätze 4, München 1971, 120–139.

BORNKAMM, G., Jesus von Nazareth, UTB 19, Stuttgart [12]1980.

BOUSSET, W. Jesu Predigt in ihrem Gegensatz zum Judentum. Ein religionsgeschichtlicher Vergleich, Göttingen 1892.

BOUSSET, W., Kyrios Christos. Geschichte des Christusglaubens von den Anfängen des Christentums bis Irenäus, FRLANT 21, Göttingen (1913) ²1921.

BOYER, P., Religion Explained. The Evolutionary Origins of Religious Thought, London 2001 = Und Mensch schuf Gott, Stuttgart (2004) ³2011.

BRANDT, P.Y., L'identité de Jésus et l'identité de son disciple. Le récit de la transfiguration comme clef de lecture de l'Évangile de Marc, NTOA 50, Fribourg/Göttingen 2002.

BRANDT, P.Y., Die Bildung einer neuen Identität, Belehrung und Berufung im Licht der göttlichen Inspiration, in: G. Theißen/P. v. Gemünden (Hrsg.), Erkennen und Erleben. Beiträge zur religionspsychologischen Erforschung des Frühen Christentums, Gütersloh 2007, 57–72.

BRANDT, R. (Hrsg.), Pseudo-Longinus. Vom Erhabenen, Darmstadt 1966.

BRAUN, H., Gesammelte Studien zum Neuen Testament und seiner Umwelt, Tübingen ³1971 (1962).

BRINGELAND, H., Religion und Welt. Martin Dibelius (1883–1947). Band. 1: Dibelius in seiner Frühzeit (bis 1915), BVB 20, Münster 2013.

BRINGELAND, H., Religion und Welt. Martin Dibelius (1883–1947). Band. 2: Dibelius in seiner Heidelberger Zeit (bis 1933), BVB 21, Münster 2014.

BRINGELAND, H., Religion und Welt. Martin Dibelius (1883–1947). Band. 3: Dibelius im Dritten Reich und in der Nachkriegszeit, BVB 22, Münster 2014.

BRUNNER, E., Die Mystik und das Wort. Der Gegensatz zwischen moderner Religionsauffassung und christlichem Glauben, dargestellt an der Theologie Schleiermachers, Tübingen ²1928 (1924).

BULTMANN, R., Geschichte der synoptischen Tradition, FRLANT NF 12, Göttingen 1921.

BULTMANN, R., Welchen Sinn hat es von Gott zu reden?, ThBl 4 (1925) 129–135 = Ders., Glauben und Verstehen 1, Tübingen (1933) ⁵1964, 26–37.

BULTMANN, R., Jesus, Berlin 1926.

BULTMANN, R., Geschichtliche und übergeschichtliche Religion im Christentum?, ZZ 4 (1926) 345–403 = Ders., Glauben und Verstehen 1, Tübingen (1933) ⁵1964, 65–84,

BULTMANN, R., Römer 7 und die Anthropologie des Paulus (1932), in: Ders., Exegetica, Tübingen 1967, 198–209.

BULTMANN, R., Die Bedeutung des Alten Testaments für den christlichen Glauben, in: Ders., Glauben und Verstehen 1, Tübingen (1933) ⁵1964, 313–336.

BULTMANN, R., Rez. Emanuel Hirsch, Die Auferstehungsgeschichten und der christliche Glaube (1940), ThLZ 65 (1940) 242–264.

BULTMANN, R., Offenbarung und Heilsgeschehen, BEvTh 7, München 1941.

BULTMANN, R., Die Frage der natürlichen Offenbarung, in: Offenbarung und Heilsgeschehen, BEvTh 7, München 1941, 3–26 = Ders., Glauben und Verstehen 2, Tübingen (1952) ³1961, 79–104.

BULTMANN, R., Neues Testament und Mythologie, in: Ders., Offenbarung und Heilsgeschehen, BEvTh 7, München 1941, 27–69 = neu hrsg. von E. Jüngel, BEvTh 96, München 1988.

BULTMANN, R., Weissagung und Erfüllung (1949), in: Ders., Glauben und Verstehen 2, Tübingen (1952) ³1961, 162–186.

BULTMANN, R., Theologie als Wissenschaft, ZThK 81 (1984) 447–469.

BULTMANN, R., Theologie als Kritik. Hrsg. v. M. Dreher/K.W. Müller, Tübingen 2002.

BULTMANN, R., Neues Testament und christliche Existenz. Hrsg. von A. Lindemann, UTB 2316, Tübingen 2002.*

BURI, F., Entmythologisierung und Entkerygmatisierung der Theologie, in: H.W. Bartsch (Hrsg.) Kerygma und Mythos, ThF 2, Hamburg 1952, 85–101.

CAIRNS D./NELIS, D. (Hrsg.), Emotions in the Classical World, Methods, Approaches, and Directions, Stuttgart 2017.

CALLAN, T., Competition and Boasting. Toward a Psychological Portrait of Paul, ST 40 (1986) 137–156.

CALLAN, T., Psychological Perspectives on the Life of Paul. An Application of the Methodology of Gerd Theissen, Lewiston u.a. 1990.

CALVIN, J., Institutio Christianae Religionis (1559), hrsg. v. O. Weber / M. Freudenberg, Neukirchen 2008.

CAMUS, A., Der Mythos von Sisyphos, Hamburg 1959.

CAMPENHAUSEN, H. v., Die Entstehung der christlichen Bibel, BHTh 39, Tübingen 1968.

CANCIK, H., Die Gattung Evangelium. Markus im Rahmen der antiken Historiographie, in: Ders. (Hrsg.), Markus-Philologie. Historische, literaturgeschichtliche und stilistische Untersuchungen zum zweiten Evangelium, WUNT 33, Tübingen 1984, 85–113.

CANCIK, H., Bios und Logos. Formengeschichtliche Untersuchungen zu Lukians „Leben des Demonax", in: Ders. (Hrsg.), Markus-Philologie. Historische, literaturgeschichtliche und stilistische Untersuchungen zum zweiten Evangelium, WUNT 33, Tübingen 1984, 115–130

CAPPS, D., A Psychobiography of Jesus, in: J.H. Ellens/W.G. Rollins (Hrsg,), Psychology and the Bible. Band 4: From Christ to Jesus, Westport 2004, 59–70.

CARNAP, R., Überwindung der Metaphysik als logische Analyse der Sprache (1932), in: Ders., Scheinprobleme in der Philosophie und andere metaphysikkritische Schriften. Hrsg. v. Th. Mormann, PhB 560, Hamburg 2004, 81–109.

CHAN, C.L.P., Die Metapher des Lamms in der Johannesapokalypse. Eine sprach- und sozialgeschichtliche Analyse, NTOA 99, Göttingen 2016.

CHARLESWORTH, J.H., Psychobiography, in: J.H. Ellens/W.G. Rollins (Hrsg.), Psychology and the Bible. Band 4: From Christ to Jesus, Westport 2004, 21–58.

CHILDS, B., Die Theologie der einen Bibel, Band 1: Grundstrukturen. Band 2: Hauptthemen, Freiburg i.Br. 1994/1996.

CICERO, M.T., Gespräche in Tusculum. Übers. O. Gigon, München/Zürich [5]1985.

CLOONEY, F.X., Comparative Theology. Deep Learning Across Religious Borders, Chichester 2010.

COLPE, C., Die religionsgeschichtliche Schule, Darstellung und Kritik ihres Bildes vom gnostischen Erlösermythos, FRLANT 60, Göttingen 1961.

CRAFFERT, P., Neutestamentliche Forschung nach der Revolution in den Neurowissenschaften, Ungewöhnliche menschliche Erfahrungen ins Bewusstsein rufen, in: G. Theißen/P. v. Gemünden (Hrsg.), Erkennen und Erleben. Beiträge zur psychologischen Erforschung des frühen Christentums, Gütersloh 2007, 91–117.

CROSSAN, J.D., The Historical Jesus. The Life of a Mediterranean Jewish Peasant, Edinburgh 1991.

CRÜSEMANN, F., Das Alte Testament als Wahrheitsraum des Neuen. Die neue Sicht der christlichen Bibel, Gütersloh 2011.

CRÜSEMANN, F./EBACH, J., Genesis. Das erste Buch der Tora, in: U. Bail/F. Crüsemann u.a. (HRSG.), Bibel in gerechter Sprache, Gütersloh 2006, 30–116.

CULLMANN, O., Heil als Geschichte. Heilsgeschichtliche Existenz im Neuen Testament, Tübingen 1965.

CULLMANN, O., Die neuen Arbeiten zur Geschichte der Evangelientradition (1925), in: Ders., Vorträge und Aufsätze 1925–1962, Tübingen 1966, 41–89.

CZACHESZ, I., Kontraintuitive Ideen im urchristlichen Denken, in: G. Theißen/P. v. Gemünden (Hrsg.), Erkennen und Erleben. Beiträge zur psychologischen Erforschung des frühen Christentums, Gütersloh 2007, 197–208.

CZACHESZ, I., Cognitive Science and the New Testament. A New Approach to Early Christian Research, Oxford 2017.

CZACHESZ, I./THEISSEN, G., Kognitive Ansätze in der Exegese. Ihr Beitrag zur methodischen Erforschung der Bibel, in: G. Theissen/L.P.Chan/I. Czachesz, Kontraintuitivität und Paradoxie. Zur kognitiven Analyse des urchristlichen Glaubens, BVB 29, Münster 2017, 31–65.

DAHMS, H.-J., Politischer und religiöser Liberalismus. Bemerkungen zu ihrem Verhältnis im Wilhelminischen Kaiserreich am Beispiel der „Religionsgeschichtlichen Schule", in: G. Lüdemann/M. Schröder, Die „Religionsgeschichtliche Schule" in Göttingen. Eine Dokumentation, Göttingen 1987, 225–242.
DAHL, N.A., Formgeschichtliche Beobachtungen zur Christusverkündigung in der Gemeindepredigt, in: R. Bultmann (Hrsg.), Neutestamentliche Studien für Rudolf Bultmann, BZNW 21, Berlin 1954, 3–9.
DALFERTH, I.U., Die Wirklichkeit des Möglichen. Hermeneutische Religionsphilosophie, Tübingen 2003.
DEISSMANN, A., Das Urchristentum und die unteren Schichten, VESK 19, Göttingen 1908 = Separatdruck Tübingen 1908.
DEISSMANN, A., Der Lehrstuhl für Religionsgeschichte, Berlin 1914.
DELITZSCH, F., System der biblischen Psychologie, Leipzig 1855 = A System of Biblical Psychology, Edinburgh 1869.
DETERING, H. Der Antichrist und der Gekreuzigte. Friedrich Nietzsches letzte Texte, Reclam 20228, Stuttgart 2012.
DIBELIUS, M., Die urchristliche Überlieferung von Johannes dem Täufer, FRLANT 15, Göttingen 1911.
DIBELIUS, M., Formgeschichte des Evangeliums, Tübingen (1919) ^{4}1961.
DIBELIUS, M., „Neue Jugend", in: Die Brücke 1, 01.11.1920.
DIBELIUS, M., Warum bekenne ich mich zur Demokratie?, in: Heidelberger Tageblatt, 8.5.1920.
DIBELIUS, M., Der Brief des Jakobus, KEK, Göttingen (1921) ^{11}1964.
DIBELIUS, M., Geschichtliche und übergeschichtliche Religion im Christentum, Göttingen 1925.
DIBELIUS, M., Mensch und Gott, in: Sonderheft: Judentum und Christentum, Der Jude (1926) 16–23.
DIBELIUS, M., Geschichte der urchristlichen Literatur, 1926 = ThB 58, München 1975.
DIBELIUS, M., Urchristentum und Kultur, Rektoratsrede (22.11.1927), Heidelberger Universitätsreden 2, Heidelberg 1928.
DIBELIUS, M., Das geistliche Amt in der Kirche, in: H. Sasse (Hrsg.), Weltkonferenz für Glauben und Kirchenverfassung. Deutscher amtl. Bericht über die Weltkirchenkonferenz in Lausanne 3.–21. August 1927, Berlin 1929.
DIBELIUS, M., The Contribution of Germany to New Testament Science 2, The Expository Times 41/7 (1930) 39–43.
DIBELIUS, M., Jesus in Contemporary German Theology, JR 11 (1931) 179–211.
DIBELIUS, M., Das soziale Motiv im Neuen Testament, in: Ders., Kirche, Bekenntnis und Soziallehre, Genf/Berlin 1934 = Ders., Botschaft und Geschichte. Gesammelte Aufsätze. Band 1: Zur Evangelienforschung, Tübingen 1953, 178–203.
DIBELIUS, M., Jesus, Sammlung Göschen 1130, Berlin (1939) ^{2}1947.
DIBELIUS, M., Paulus und die Mystik, München 1941 = Ein erweiterter Sonderdruck von „Paulus und die Mystik, Eine Heilige Kirche 22 (1941) 57–76 = Ders., Botschaft und Geschichte. Gesammelte Aufsätze 1: Zum Urchristentum und zur hellenistischen Religionsgeschichte, Tübingen 1956, 134–159.
DIBELIUS, M., Rom und die Christen im ersten Jahrhundert, SAHW PH, Heidelberg 1942 = Ders., Botschaft und Geschichte. Gesammelte Aufsätze. Band 2: Zum Urchristentum und zur hellenistischen Religionsgeschichte, Tübingen 1956, 177–228.
DIBELIUS, M., Der ‚psychologische Typus des Erlösers' bei Friedrich Nietzsche, DVLG 22 (1944) 61–91.
DIHLE, A., Die Evangelien und die biographischen Traditionen der Antike, ZThK 80 (1983) 33–49.
DIHLE, A., Die Vorstellung vom Willen in der Antike, Göttingen 1985.
DORMEYER, D., Das Neue Testament im Rahmen der antiken Literaturgeschichte. Eine Einführung, Darmstadt 1993.

DREWERMANN, E., Tiefenpsychologie und Exegese Band 1: Traum, Mythos, Märchen, Sage und Legende; Band 2: Wunder, Vision, Weissagung, Apokalypse, Geschichte, Gleichnis, Olten u.a. 1984/1985.
DREWERMANN, E., Das Evangelium des Markus, 2 Bände, Olten u.a. 1987/1988.
DREWERMANN, E., Kleriker. Psychogramm eines Ideals, Olten u.a. 1990.
DREWS, A., Die Christusmythe, Jena 1909.
DULING, D.C., Die Jesusbewegung und die Netzwerkanalyse, in: W. Stegemann/B.J. Malina/G. Theißen, Jesus in neuen Kontexten, Stuttgart 2002, 135–157.
DÜLMEN, R. van, Historische Anthropologie, Köln u.a. ^{2}2001.
EBELING, G., Die Bedeutung der historisch-kritischen Methode für die protestantische Theologie und Kirche, ZThK 47 (1950) 1–46.
EBERTZ, M.N., Das Charisma des Gekreuzigten. Zur Soziologie der Jesusbewegung, WUNT 45, Tübingen 1987.
EGGER-WENZEL, R. (Hrsg.), Emotions from Ben Sira to Paul, Deuterocanonical and Cognate Literature Yearbook 2011, Berlin/New York 2012.
ELLENS, J.H./ROLLINS, W.G. (Hrsg.), Psychology and the Bible, 4 Bände, Westport 2004.
ELLIOTT, M.A., Faithful Feelings. Rethinking Emotion in the New Testament, Grand Rapids MI 2006.
ENGELS, F., Zur Geschichte des Urchristentums, Die Neue Zeit 13/1. Band1/2, Berlin 1894/95.
ESLER, PH.F., Conflict and Identity in Romans. The Social Setting of Paul's Letter, Minneapolis MN 2003.
ESLER, PH.F., New Testament Theology. Communion and Community, Minneapolis MN 2005.
FASTENRATH, H., Religionskritik. Ein Abriß atheistischer Grundpositionen. Feuerbach, Marx, Nietzsche, Sartre, Kurswissen Religion, Stuttgart/Dresden 1993.
FAUSEL, H., D. Martin Luther, Leben und Werk. Band 1: 1483 bis 1521, München/Hamburg 1966.
FEIL, E., Religio. Die Geschichte eines neuzeitlichen Grundbegriffs vom Frühchristentum bis zur Reformation, Band 1–4, FKDG 36/70/79/91, Göttingen 1986/1997/2001/2007.
FELDTKELLER, A., Theologie und Religion. Eine Wissenschaft in ihrem Sinnzusammenhang, ThLZ.F 6, Leipzig 2002.
FERGUSON, D., Art. Entmythologisierung, in: RGG^{4} 2 (1999) 1328–1330.
FEUERBACH, L., Das Wesen des Christentums (1841, ^{3}1849), RUB 4571–77, Stuttgart 1974.
FEUERBACH, L., Grundsätze der Philosophie der Zukunft (1843), in: Ders., Sämtliche Werke. Band 2: Philosophische Kritiken und Grundsätze, Stuttgart-Bad Cannstatt 1959.
FITZER, G., „Das Weib schweige in der Gemeinde". Über den unpaulinischen Charakter der *mulier-taceat*-Verse in 1. Korinther 14, TEH 110, München 1963.
FITZGERALD, J.T., Passions and Moral Progress in Greco-Roman Thought, Routledge Monographs in Classical Studies 8, London/New York 2008.
FLUSSER, D., Die rabbinischen Gleichnisse und der Gleichniserzähler Jesus, JudChr 4, Bern 1981.
FREDE, M., Art. Seelenlehre, in: DNP 11 (2001) 325–328.
FRENSCHKOWSKI, M., Pseudepigraphie und Paulusschule. Gedanken zur Verfasserschaft der Deuteropaulinen, insbesondere der Pastoralbriefe, in: F.W. Horn (Hrsg.), Das Ende des Paulus. Historische, theologische und literaturgeschichtliche Aspekte, BZNW 106, Berlin 2001, 239–272.
FREUD, S., Zwangshandlungen und Religionsübungen (1907), in: Ders., Gesammelte Werke. Band 7: Werke aus den Jahren 1906–1909, Frankfurt a.M. 1941, 129–139.
FREUD, S., Die Zukunft einer Illusion (1927), in: Ders., Studienausgabe. Band 9: Fragen der Gesellschaft. Ursprünge der Religion, Frankfurt a.M. 1974, 135–189.
FREY, J., Eugen Drewermann und die biblische Exegese. Eine methodisch-kritische Analyse, WUNT II/71, Tübingen 1995.

FUCHS, E., Das entmythologisierte Glaubensärgernis (1952), in: Ders., Zum hermeneutischen Problem in der Theologie. Die existenziale Interpretation, Gesammelte Aufsätze 1, Tübingen 1959, 211–236.

FÜRHOLZER, K./MEVISSEN, Y. (Hrsg.), Briefkultur und Affektästhetik, Beiträge zur neueren Literaturgeschichte 369, Heidelberg 2017.

GABRIEL, K., Religiöse Individualisierung und Authentizität, in: A. Kreutzer/Ch. Niemand (Hrsg.), Authentizität. Modewort, Leitbild, Konzept. Theologische und humanwissenschaftliche Erkundungen zu einer schillernden Kategorie, Regensburg 2016, 117–132.

GADAMER, H.-G., Wahrheit und Methode. Grundzüge einer philosophischen Hermeneutik, Tübingen 1960.

GAGER, J.G., Kingdom and Community. The Social World of Early Christianity, Eaglewood Cliffs NJ 1975, 19–65 = deutsch: Das Ende der Zeit und die Entstehung von Gemeinschaften, in: W.A. Meeks (Hrsg.), Zur Soziologie des Urchristentums, ThB 62, München 1979, 88–130.

GANTKE, W., Der umstrittene Begriff des Heiligen. Eine problemorientierte religionswissenschaftliche Untersuchung, Marburg 1998.

GARLEFF, G., Urchristliche Identität in Matthäusevangelium, Didache und Jakobusbrief, BVB 9, Münster 2004.

GEBAUER, S., Art. Babel-Bibel-Streit, in: M. Bauks/K. Koenen, St. Alkier (Hrsg.), Das wissenschaftliche Bibellexikon im Internet (WiBiLex). *https://www.***bibel***wissenschaft.de/***wibilex.**

GEHLEN, A., Moral und Hypermoral. Eine pluralistische Ethik, Frankfurt a.M./Bonn 1969.

GEISER, S., Verantwortung und Schuld. Studien zu Martin Dibelius, Hamburg 2001.

GEMÜNDEN, P. V., Vegetationsmetaphorik im Neuen Testament und seiner Umwelt. Eine Bildfelduntersuchung, NTOA 18, Fribourg/Göttingen 1993.

GEMÜNDEN, P. V., La culture des passions à l'époque du Nouveau Testament. Une contribution théologique et psychologique, ETR 70 (1995) 335–348 = Die Affektkultivierung in neutestamentlicher Zeit. Ein theologischer und psychologischer Beitrag, in: Dies., Affekt und Glaube. Studien zur historischen Psychologie des Frühjudentums und Urchristentums, NTOA 73, Göttingen 2009, 34–51.

GEMÜNDEN, P. V., La femme passionelle et l'homme rationnel? Un chapitre de psychologie historique, Bib. 78 (1997) 547–480 = Die emotionale Frau und der vernünftige Mann? Die Affekte und der Logos in ihrer Zuordnung zu den Geschlechtern in der Antike. Ein Kapitel historischer Psychologie, in: P. v. Gemünden, Affekt und Glaube, Studien zur historischen Psychologie des Frühjudentums und Urchristentums, NTOA 73, Göttingen 2009, 138–159.

GEMÜNDEN, P. V., Image de Dieu – image de l'être humain dans l'Épître aux Romains, RHPhR 77 (1997) 11–49 = Gottesbild und Menschenbild im Römerbrief, in: Dies., Affekt und Glaube. Studien zur Historischen Psychologie des Frühjudentums und Urchristentums", NTOA 73, Göttingen 2009, 207–225.

GEMÜNDEN, P. V., La gestion de la colère et de l'aggression dans l'Antiquité et dans le sermon sur la montagne, Hen. 25 (2003) 19–45.

GEMÜNDEN, P. V., Die Wertung des Zorns im Jakobusbrief auf dem Hintergrund des antiken Kontextes und seine Einordnung, in: Dies. u.a., Der Jakobusbrief. Beiträge zur Rehabilitierung der ‚strohernen Epistel', BVB 3, Münster 2003, 97–119.

GEMÜNDEN, P. V., Methodische Überlegungen zur Historischen Psychologie. Exemplifiziert am Themenkomplex der Trauer in der Bibel und ihrer Umwelt, EvTh 65 (2005) 86–102 = in: B. Janowski/K. Liess (Hrsg.), Der Mensch im alten Israel. Neue Forschungen zur alttestamentlichen Anthropologie in ihrem altorientalischen Kontext, HSB, Freiburg/Basel/Wien 2009, 41–68.

GEMÜNDEN, P. V., Äußerer und innerer Friede aus affektpsychologischer Sicht, in: Dies., Affekt und Glaube. Studien zur historischen Psychologie des Frühjudentums und Urchristentums, NTOA 73, Göttingen 2009, 69–93.

GEMÜNDEN, P. V., Ansätze zur psychologischen Auslegung im hellenistischen Judentum und frühen Christentum, in: P. Lampe/H. Schwier (Hrsg.), Neutestamentliche Grenzgänge, Symposium zur kritischen Rezeption der Arbeiten Gerd Theißens, NTOA 75, Göttingen 2010, 161–176.
GEMÜNDEN, P. V., Die Fremdheit der Bibel wahrnehmen. Der kulturanthropologische Beitrag zur Exegese, in: H. Assel/St. Beyerle/Ch. Böttrich (Hrsg.), Beyond Biblical Theologies, WUNT 275, Tübingen 2012, 427–530.
GEMÜNDEN, P. V., Affekte in den synoptischen Evangelien. Die Bedeutung der literarischen Gattung für die Darstellung von Zorn, Begierde, Furcht/Angst und Neid, in: P. v. Gemünden/D. Horrell/M. Küchler (Hrsg.), Jesus – Gestalt und Gestaltungen. Rezeptionen des Galiläers in Wissenschaft, Kirche und Gesellschaft. FS G. Theißen, NTOA 100, Göttingen 2013, 255–284.
GEMÜNDEN, P. V., Die Todesangst des Paulus. Ein Schlüssel zum Verständnis des Römerbriefs? In: P.G. Klumbies, Paulus. Werk und Wirkung. FS A. Lindemann, Tübingen 2013, 235–261.
GEMÜNDEN, P. v., Der „Affekt" der Freude im Philipperbrief und seiner Umwelt, in: J. Frey/B. Schließer (Hrsg.), Der Philipperbrief des Paulus in der hellenistisch-römischen Welt, WUNT 353, Tübingen 2015, 223–254.
GEMÜNDEN, P. V., Freundschaft und Freude in schweren Zeiten. Soziorhetorische Beobachtungen zum Philipperbrief, in: E. Adamiak u.a. (Hrsg.), Friendship with the Other. Religions – Relations – Attitudes, Gniezno European Studies Monograph Series 21, Poznan 2016, 35–50.
GEMÜNDEN, P. V., Emotions and Literary Genres in the Testament of the Twelve Patriarchs and the New Testament, A Contribution to Form History and Historical Psychology, BibInt 24 (2016) 514–535.
GESE, H., Erwägungen zur Einheit der biblischen Theologie, ZThK 67 (1970) 417–436.
GESE, H., Vom Sinai zum Zion. Alttestamentliche Beiträge zur biblischen Theologie, BEvTh 64 (1974) 11–30.
GIRGENSOHN, K., Geschichtliche und übergeschichtliche Schriftauslegung, AELKZ 55 (1922) 626–629; 642–645; 658–661; 674–678.
GLADIGOW, B., ‚Imaginierte Objektsprachlichkeit'. Der Religionswissenschaftler spricht wie der Gläubige, in: A. Michels/D. Pezzoli-Olgiati/F. Stolz (Hrsg.), Noch eine Chance für die Religionsphänomenologie?, StRH 6/7, Bern u.a. 2000, 421–440.
GLEI, R.F., Et individus et inbecillus. Das angebliche Epikurfragment bei Lactanz, De Ira Dei 13,20–21, VigChr 42 (1988) 47–58.
GOETERS, F.G., Art. Günther Dehn, in: TRE 8 (1981) 390–392.
GÖTTEL-LEYPOLD, M./DEMLING, J.H., Die Persönlichkeitsstruktur des Paulus nach seinen Selbstzeugnissen, in: E.-M. Becker/P. Pilhofer (Hrsg.), Biographie und Persönlichkeit des Paulus, WUNT 187, Tübingen 2006, 125–148.
GRÄB, W., Die Pluralisierung des Religiösen in der ‚Postmoderne' als Problem der ‚Bibeldidaktik', in: G. Lämmermann u.a. (Hrsg.), Bibeldidaktik in der Postmoderne, FS K. Wegenast, Stuttgart 1999, 182–197.
GRÄB, W., Predigtlehre. Über religiöse Rede, Göttingen 2013.
GRAF, F.-W., „Der Götze wackelt"? Erste Überlegungen zu Karl Barths Liberalismuskritik, EvTh 46 (1986) 422–441.
GRAF, F.-W., Art. Pfleiderer, Otto (1839–1908), TRE 26 (1996) 429–437.
GRAF, F.-W., Die Wiederkehr der Götter. Religion in der modernen Kultur, München 2004.
GRÜN, A., Tiefenpsychologische Schriftauslegung, MKS 68, Münsterschwarzach 1992.
GUNKEL, H., Zum religionsgeschichtlichen Verständnis des Neuen Testaments, FRLANT 1, Göttingen 1903.
GUNNEWEG, A.H.J., Vom Verstehen des Alten Testaments. Eine Hermeneutik, GAT 5, Göttingen 1977.
HAENDLER, O., Die Predigt. Tiefenpsychologische Grundlagen und Grundfragen, Berlin 1941.
HAENDLER, O., Tiefenpsychologie, Theologie und Seelsorge, Göttingen 1971.

HAHN, F., Methodologische Überlegungen zur Rückfrage nach Jesus, in: K. Kertelge (Hrsg.), Rückfrage nach Jesus, QD 63, Freiburg 1974, 11–77.
HÄRLE, W., Art. Dialektische Theologie, TRE 8 (1981) 683–696.
HÄRLE, W., Paulus und Luther. Ein kritischer Blick auf die „New Perspective“, ZThK 103 (2006) 362–393 = in: Ders., Spurensuche nach Gott. Studien zur Fundamentaltheologie und Gotteslehre, Berlin 2008, 202–239.
HAMMANN, K., Rudolf Bultmann. Eine Biographie, Tübingen 2009.
HARNACK, A. V., Das Wesen des Christentums, Leipzig 1900.
HARNACK, A. V., Entstehung und Entwicklung der Kirchenverfassung und des Kirchenrechts in den zwei ersten Jahrhunderten. Urchristentum und Katholizismus, Leipzig 1910.
HARNACK, A. v., Markion. Das Evangelium vom fremden Gott. Eine Monographie zur Geschichte der Grundlegung der katholischen Kirche, Leipzig 1924.
HARTWIG, CH./THEISSEN, G., Die korinthische Gemeinde als Nebenadressat des Römerbriefs. Eigentextreferenzen des Paulus und kommunikativer Kontext des längsten Paulusbriefes, NT 46 (2004) 229–252.
HAURY, H., Art. Müller, Johannes, in: RGG[4] 5 (2002) 1571.
HAUSCHILD, W.-D., Lehrbuch der Kirchen- und Dogmengeschichte. Band 2: Reformation und Neuzeit, Gütersloh [3]2003.
HECKEL, TH., Vom Evangelium des Markus zum viergestaltigen Evangelium, WUNT 120, Tübingen 1999.
HEINE, H., Zur Geschichte der Philosophie und Religion in Deutschland. Vorrede zur zweiten Auflage 1852, in: H. Heine, Beiträge zur deutschen Ideologie, Frankfurt 1972, 4–8.
HEINE, S., Grundlagen der Religionspsychologie, UTB 2528, Göttingen 2005.
HEINRICI, C.F.G., Die Christengemeinde Korinths und die religiösen Genossenschaften der Griechen, ZWTh 19 (1876) 476–526.
HENGEL, M., Anonymität, Pseudepigraphie und literarische Fälschung in der jüdisch-hellenistischen Literatur, in: Judaica et Hellenica Kleine Schriften 1, WUNT 90, Tübingen 1996, 196–251.
HEISENBERG, W., Der Teil und das Ganze, München 1973.
HERMS, E., Art. J.G. Herder, in: TRE 15 (1986) 70–95.
HESCHEL, S., Theologen für Hitler. Walter Grundmann und das „Institut zur Erforschung und Beseitigung des jüdischen Einflusses auf das deutsche kirchliche Leben“, in: L. Siegele-Wenschkewitz (Hrsg.), Christlicher Antijudaismus und Antisemitismus, ArTe 85, Frankfurt a.M. 1994, 125–170.
HESCHEL, S., Deutsche Theologen für Hitler, in: P. v. d. Osten-Sacken, Das mißbrauchte Evangelium. Studien zu Theologie und Praxis der Thüringer Deutschen Christen, SKI 20, Berlin 2002, 70–90.
HESCHEL, S., The Aryan Jesus. Christian Theologians and the Bible in Nazi Germany, Princeton/Oxford 2008.
HEZSER, C., Die Verwendung der hellenistischen Gattung Chrie im frühen Christentum und Judentum, JSJ 27 (1996) 371–439.
HIRSCH, E., Hilfsbuch zum Studium der Dogmatik. Die Dogmatik der Reformatoren und der altevangelischen Lehrer quellenmäßig belegt und verdeutscht, Leipzig 1937 = Berlin [4]1964.
HIRSCH, E., Die Umformung des christlichen Denkens in der Neuzeit (1938), Tübingen 1985.
HIRSCH, E., Osterglaube. Die Auferstehungsgeschichten und der christliche Glaube (1940), Tübingen 1988.
HOCHSCHILD, R., Sozialgeschichtliche Exegese. Entwicklung, Geschichte und Methodik einer neutestamentlichen Forschungsrichtung, NTOA 42, Fribourg/Göttingen 1999.
HOLM, N.G./BELZEN J.A. (Hrsg.), Sundén's Role Theory. An Impetus to Contemporary Psychology of Religion, Åbo 1995.
HORSLEY, R., Jesus and the Powers. Conflict, Covenant, and the Hope of the Poor, Philadelphia PA 2010.

HOSSFELD, F.-L., Der Dekalog: seine späten Fassungen, die originale Komposition und seine Vorstufen, OBO 45, Fribourg 1982.
HUBER, W., Dietrich Bonhoeffer. Auf dem Weg zur Freiheit. Ein Porträt. München 2019.
HÜBNER, H., Vetus Testamentum und Vetus Testamentum in Novo Receptum. Die Frage nach dem Kanon des Alten Testaments aus neutestamentlicher Sicht, JBTh 3 (1988) 147–162.
HUME, D., Naturgeschichte der Religion (1757). Hrsg. v. L. Kreimendahl, PhB 341, Hamburg 1984.
HURTADO, L.W., One God. One Lord. Early Christian Devotion and Ancient Jewish Monotheism, Philadelphia/London 1988.
HURTADO, L.W., Lord Jesus Christ. Devotion to Jesus in Earliest Christianity, Grand Rapids MI/Cambridge UK 2003.
IDEA, „Neutestamentler Prof. Berger: Die Theologie hat ein krankes Herz. Warum die Zahl der Theologiestudenten drastisch zurückgeht. Psychologie verdrängt Seelsorge“, Idea 7 (2003) 10 (vom 17. Januar 2003).
INSELMANN, A., Affektdarstellung und Affektwandel in der Parabel vom Vater und seinen beiden Söhnen. Eine textpsychologische Exegese von Lk 15,11–32, in: G. Theißen/P. v. Gemünden (Hrsg.), Erkennen und Erleben. Beiträge zur religionspsychologischen Erforschung des Frühen Christentums, Gütersloh 2007, 271–299.
INSELMANN, A., Die Freude im Lukasevangelium. Ein Beitrag zur psychologischen Exegese, WUNT II/322, Tübingen 2012.
INSELMANN, A., Zum Affekt der Freude im Philipperbrief. Unter Berücksichtigung pragmatischer und psychologischer Zugänge, in: J. Frey/B. Schließer (Hrsg.), Der Philipperbrief des Paulus in der hellenistisch-römischen Welt, WUNT 353, Tübingen 2015, 255–288.
INSELMANN, A., Emotions and Passions in the New Testament. Methodological Issues, BibInt 24 (2016) 536–554.
ISENBERG, S.R., Millenarism in Greco-Roman Palestine, Religion 4 (1974) 26–46.
JANNIDIS, F. u.a. (Hrsg.), Die Rückkehr des Autors, Tübingen 1999.
JANSSEN, N., Der ‚Wissenschaftliche Predigerverein‘ in Hannover und die ‚Religionsgeschichtliche Schule‘, in: G. Lüdemann, Die „Religionsgeschichtliche Schule“. Facetten eines theologischen Umbruchs, Studien und Texte zur Religionsgeschichtlichen Schule 1, Frankfurt a.M./Berlin u.a. 1996, 65–105.
JASPERS, K., Nietzsche. Einführung in das Verständnis seines Philosophierens, Berlin 1936.
JASPERS, K., Vom Ursprung und Ziel der Geschichte (1949), in: Karl Jaspers Gesamtausgabe 1/10. Hrsg. von K. Salamun, Basel 2017.
JASPERS, K., Der philosophische Glaube angesichts der Offenbarung (1962), in: Karl Jaspers Gesamtausgabe 1/13. Hrsg. von B. Weidmann, Basel 2016.
JEANROND, W., Theological Hermeneutics. Development and Significance, London 1994.
JEANROND, W., Art. Hermeneutik. V. Fundamentaltheologisch, in: RGG^4 3 (2000) 1654–1659.
JENSEN, O., Knud Ejler Løgstrup. Philosoph und Theologe, Stuttgart 2015.
JERKE, B., Wie wurde das Neue Testament zu einem sogenannten Volkstestament „entjudet“?, in: L. Siegele-Wenschkewitz (Hrsg.), Christlicher Antijudaismus und Antisemitismus. Theologische und kirchliche Programme Deutscher Christen, ArTe 85, Frankfurt 1994, 201–234.
JEWETT, R., Romans as an Ambassadorial Letter, Int. 36 (1982) 5–20.
JONAS H., Gnosis und spätantiker Geist, Göttingen 1932.
JONAS, H. Das Prinzip Verantwortung, Versuch einer Ethik für die technologische Zivilisation, Frankfurt a.M. 1979.
JØRGENSEN, D., Den skønne tænkning. Veje til erfaringsmetafysik. Religionsfilosofisk udmøntet, Aarhus 2014.
JUDGE, E.A., The Social Pattern of the Christian Groups in the First Century (1960) = Christliche Gruppen in nichtchristlicher Gesellschaft, Wuppertal 1964.

JÜNGEL, E., Einleitung, in: R. Bultmann, Neues Testament und Mythologie, BEvTh 96, München 1988, 7–9.
JÜTTEMANN, G., (Hrsg.), Wegbereiter der Historischen Psychologie, München/Weinheim 1988.
KAISER, O., Der Gott des Alten Testaments, Theologie des Alten Testaments. Band 1: Grundlegung, UTB 1747, Göttingen 1993.
KÄSEMANN, E., Begründet der Neutestamentliche Kanon die Einheit der Kirche? EvTh 11 (1951/2) 13–21 = in: Ders., Exegetische Versuche und Besinnungen, Göttingen 1970, 214–223.
KÄSEMANN, E., Das Problem des historischen Jesus, ZThK 51 (1954), 125–153 = in: Ders., Exegetische Versuche und Besinnungen I, Göttingen 1960, 187–214.
KÄSEMANN, E., An die Römer, HNT 8a, Tübingen 1973.
KASSEL, M., Biblische Urbilder. Tiefenpsychologische Auslegung nach C.G. Jung, München ^{2}1980.
KEMP, P., Tid og fortaelling. Introduktion til Paul Ricœur, Aarhus 1995.
KEZBERE, I., Umstrittener Monotheismus. Wahre und falsche Apotheose im lukanischen Doppelwerk, NTOA 60, Fribourg/Göttingen 2006.
KIPPENBERG, H.G., Die Entdeckung der Religionsgeschichte. Religionswissenschaft und Moderne, München 1997.
KIPPENBERG, H.G./STUCKRAD, K. V., Einführung in die Religionswissenschaft. Gegenstände und Begriffe, München 2003.
KLATT, W., Hermann Gunkel. Zu seiner Theologie der Religionsgeschichte und zur Entstehung der formgeschichtlichen Methode, FRLANT 100, Göttingen 1969.
KLAUCK, H.-J., Herrenmahl und hellenistischer Kult. Eine religionsgeschichtliche Untersuchung zum ersten Korintherbrief, NTA.NF 15, Münster 1982.
KLAUCK, H.-J., Die antike Briefliteratur und das Neue Testament, UTB 2022, Paderborn 1998.
KLEIN, G., „Christlicher Antijudaismus“. Bemerkungen zu einem semantischen Einschüchterungsversuch, ZThK 79 (1982) 411–450 = Ders., Vernehmen statt Erklären. Aufsätze zur neutestamentlichen Theologie. Hrsg. v. Th. Hübner, Dokumente aus Theologie und Kirche 6, Rheinbach 2008, 147–206.
KLEIN, G., Vernehmen statt Erklären. Aufsätze zur neutestamentlichen Theologie, Rheinbach 2008.
KLIMKEIT, H.J., Art. Religionswissenschaft, in: TRE 29 (1998) 61–67.
KLUMBIES, P.-G., Mythos und Entmythologisierung, in: Chr. Landmesser (Hrsg.), Bultmann Handbuch, Tübingen 2017, 383–389.
KOCH, K., Der doppelte Ausgang des Alten Testaments in Judentum und Christentum, JBTh 6 (1991) 215–242.
KONRADT, M., Christliche Existenz nach dem Jakobusbrief. Eine Studie zu seiner soteriologischen und ethischen Konzeption, StNT 22, Göttingen 1998.
KONSTAN, D., The Emotions of the Ancient Greeks. Studies in Aristotle and Classical Literature, Toronto 2006.
KOOSED, J.L./MOORE, S.D., Introduction. From Affect to Exegesis, BibInt 22 (2014) 381–387.
KÖRTNER, U.H.J., Theologie in dürftiger Zeit. Ein Essay, KT 75, München 1990.
KÖRTNER, U.H.J., Der inspirierte Leser. Zentrale Aspekte biblischer Hermeneutik, Göttingen 1994.
KÖRTNER, U.H.J., Einführung in die theologische Hermeneutik, Darmstadt 2006.
KÖSTER, H., Einführung in das Neue Testament im Rahmen der Religionsgeschichte und Kulturgeschichte der hellenistischen und römischen Zeit, Berlin/New York 1980.
KRATZ, R.G., ‚Damit Gott sei alles in allem‘. Überlegungen zum Verhältnis von Altem und Neuem Testament, ZThK 115 (2018) 377–401.
KRÜGER, G., Das Dogma vom Neuen Testament, Gießen 1896.
KÜMMEL, W.G., Das Neue Testament, Freiburg i.Br./München 1970.
KÜMMEL, W.G., Einleitung in das Neue Testament, Heidelberg ^{20}1980.

KURZ, R. Nationalprotestantisches Denken in der Weimarer Republik. Voraussetzungen und Ausprägungen des Protestantismus nach dem Ersten Weltkrieg in seiner Begegnung mit Volk und Nation, Gütersloh 2007.

LAKTANZ, Des Lucius Caelius Firmianus Lactantius Schriften. Übers. v. A. Hartl, BVB 1/36, München 1919, 102.

LAMPE, P., Identification with Christ. A Psychological View of Pauline Theology, in: T. Fornberg/D. Hellholm (Hrsg.), Texts and Contexts, FS L. Hartman, Oslo 1995, 931–943.

LAMPE, P., Die Wirklichkeit als Bild. Das Neue Testament als ein Grunddokument abendländischer Kultur im Lichte konstruktivistischer Epistemologie und Wissenssoziologie, Neukirchen-Vluyn 2006.

LAMPE, P., Psychologische Einsichten Quintilians in der Institutio Oratoria, in: NTS 52 (2006) 533–554 = in: G. Theissen/P. v. Gemünden (Hrsg.), Erkennen und Erleben: Beiträge zur psychologischen Erforschung des frühen Christentums, Gütersloh 2007, 209–230.

LAMPE, P., Affects and Emotions in the Rhetoric of Paul's Letter to Philemon. A Rhetorical- Psychological Interpretation, in: D.F. Tolmie (Hrsg.), Philemon in Perspective. Interpreting a Pauline Letter, BZNW 169, Berlin 2010, 61–77.

LANDMESSER, CHR. (Hrsg.), Bultmann Handbuch, Tübingen 2017.

LANG, B., Art. Kanon, in: NBL 2 (1995) 440–450.

LANTERNARI, V., Religiöse Freiheits- und Heilsbewegungen unterdrückter Völker, Soziologische Texte 33, Neuwied o. J.

LAUSTER, J., Prinzip und Methode. Die Transformation des protestantischen Schriftprinzips durch die historische Kritik von Schleiermacher bis zur Gegenwarft, HUTh 46, Tübingen 2004, 83–93.

LAUSTER, J., Religion als Lebensdeutung. Theologische Hermeneutik heute, Darmstadt 2005.

LAUSTER, J., Schriftauslegung als Erfahrungserhellung, in: F. NÜSSEL (Hrsg.), Schriftauslegung, Themen der Theologie 8, UTB 3991, Tübingen 2014, 179–206.

LAUSTER, J., Die Verzauberung der Welt. Eine Kulturgeschichte des Christentums, München 2014.

LEHMKÜHLER, K., Die Bedeutung des Kultus für das Christentum der Moderne. Eine Diskussion zwischen Wilhelm Bousset und Ernst Troeltsch, in: G. Lüdemann/M. Schröder, Die „Religionsgeschichtliche Schule“ in Göttingen. Eine Dokumentation, Göttingen 1987, 207–224.

LEHMKÜHLER, K., Kultus und Theologie. Dogmatik und Exegese in der religionsgeschichtlichen Schule, FSÖTh 76, Göttingen 1996.

LEINER, M., Psychologie und Exegese. Grundlage einer textpsychologischen Exegese des Neuen Testaments, Gütersloh 1995.

LEINER, M., Neutestamentliche Exegese zwischen ‚Psycholatrie‘ und ‚Psychophobie‘,EvTh 65 (2005) 148–154.

LEINER, M., Dem Evangelium die Seele wiedergeben? Grundsätzliche Fragen einer Psychologie des Urchristentums, in: G. Theißen/P. v. Gemünden (Hrsg.), Erkennen und Erleben. Beiträge zur religionspsychologischen Erforschung des Frühen Christentums, Gütersloh 2007, 29–54.

LEPPÄ, O., The Making of Colossians. A Study on the Formation and Purpose of a Deutero-Pauline Letter, SESJ 86, Göttingen 2003.

LEPPIN, V., Differenz oder Harmonie. Die Herausbildung der konfessionellen Unterschiede im Schriftverständnis vor spätmittelalterlichem Hintergrund, in: Der Streit um die Schrift, JBTh 31 (2016), Göttingen 2018, 225–244.

LEPPIN, V., Reformation, Darmstadt 2013.

LESSING, G.E., Über den Beweis des Geistes und der Kraft (1777), in: Ders., Lessings Werke. Hrsg. v. K. Wölfel, Frankfurt a.M. 1967, 307–312.

LESSING, G.E., Das Testament Johannis (1777), in: Lessings Werke, hrsg. v. K. Wölfel, Frankfurt a.M. 1967, 313–318.

LOHMEYER, E., Soziale Fragen im Urchristentum, Leipzig 1921.

LOHMEYER, E., Probleme paulinischer Theologie, ZNW 26 (1927) 158–173.
LORAUX, N., Éloge de l'anachronisme en historie, in: Le genre humain, Été-automne (1993) 23–38.
LÜBBE, H., Religion nach der Aufklärung, Graz 1986.
LÜCKE, F., Die freien Vereine. Ein nothwendiges Capitel in der theologischen Moral. Erster, historischer und litterarischer Artikel, VTK 1 (1845) 1–25.
LÜDEMANN, G., Die Religionsgeschichtliche Schule und die neutestamentliche Wissenschaft, in: Ders./M. Schröder, Die Religionsgeschichtliche Schule in Göttingen, Eine Dokumentation, Göttingen 1987, 9–22.
LÜDEMANN, G., Texte und Träume, Göttingen 1992.
LÜDEMANN, G./SCHRÖDER, M., Die religionsgeschichtliche Schule in Göttingen. Eine Dokumentation, Göttingen 1987.
LUTHERISCHES KIRCHENAMT DER VELKD (Hrsg.), Die Gemeinsame Erklärung zur Rechtfertigungslehre. Alle offiziellen Dokumente v. Luth. Weltbund u. Vatikan, TVELKD 87, Hannover 1999.
LÜTT, J., Art. Aurobindo Ghose, in: RGG 1 (1998) 975–976.
LUZ, U., Die Jesusgeschichte nach Matthäus, Neukirchen-Vluyn 1993.
LUZ, U., Das Evangelium nach Matthäus, EKK I/1–4, Zürich/Neukirchen-Vluyn 1985–2002.
LUZ, U., Theologische Hermeneutik des Neuen Testaments, Neukirchen-Vluyn 2014.
LUZ, U., Das Neue Testament. Wer, Was, Wo für Einsteiger. Unter Mitarbeit von Nicht-Theologinnen und Nicht-Theologen, Ostfildern/Zürich 2018.
LUZ, U. Das Schriftprinzip und kirchliche Identität heute, in: Ders., Theologische Aufsätze, WUNT 414, Tübingen 2018, 205–217.
LUZ, U., Erwägungen zur sachgemäßen Interpretation neutestamentlicher Texte, in: Ders., Theologische Aufsätze, WUNT 414, Tübingen 2018, 227–252.
LUZ, U., Wirkungsgeschichtliche Hermeneutik und kirchliche Auslegung der Schrift, in: Ders., Theologische Aufsätze, WUNT 414, Tübingen 2018, 299–318.
LUZ, U., Postmoderne Bibelinterpretation, in: Ders., Theologische Aufsätze, WUNT 414, Tübingen 2018, 319–362.
LUZ, U., Theologische Hermeneutik des Neuen Testaments als Hilfe um Reden von Gott, in: Ders., Theologische Aufsätze, WUNT 414, Tübingen 2018, 363–385.
MAIKRANZ, E., Reformatorische Tradition zwischen Rechtfertigungslehre und ‚Sola Scriptura'. Ein Versuch einer konstruktiven Annäherung an ein protestantisches Traditionsverständnis, Heidelberg 2015 (unveröffentlichte Seminararbeit),
MALINA, B.J., Christian Origins and Cultural Anthroplogy. Practical Models for Biblical Interpretation, Atlanta GA 1986.
MANSFELD, J. (Hrsg.), Die Vorsokratiker. Band 1: Milesier, Pythagoreer, Xenophanes, Heraklit, Parmenides. Griechisch/deutsch, RUB 7965, Stuttgart 1983.
MARTIN, G.M., Sachbuch Bibliodrama. Praxis und Theorie, Berlin (1995) [3]2011.
MARX, K., Zur Kritik der Hegelschen Rechtsphilosophie (1843/1844), in: Ders., Die Frühschriften. Hrsg. v. S. Landshut, Stuttgart 1964, 207–224.
MARX, K., Die deutsche Ideologie (1845/46). A. Thesen über Feuerbach, in: Ders., Die Frühschriften. Hrsg. v. S. Landshut, Stuttgart 1964, 339–417.
MARX, K., Das Kapital. Band 1: Der Produktionsprocess des Kapitals, Berlin 1951.
MATHYS, H.P., Liebe deinen Nächsten wie dich selbst. Untersuchungen zum alttestamentlichen Gebot der Nächstenliebe (Lev 19,18), OBO 71, Fribourg/Göttingen 1986.
MEEKS, W.A., The First Urban Christians. The Social World of the Apostle Paul, New Haven CT 1983.
MEIER, K., Die Theologischen Fakultäten im Dritten Reich, Berlin 1996.
MERZ, A., Why did the Pure Bride of Christ Become a Wedded Wife (Eph 5,22–33)? Theses about the Intertextual Transformation of an Ecclesiological Metaphor, JSNT 79 (2000) 131–147.
MERZ, A., Die fiktive Selbstauslegung des Paulus. Intertextuelle Studien zur Intention und Rezeption der Paulusbriefe, NTOA 52, Göttingen 2004.

MICHAELS, A. „Die Religionsphänomenologie ist tot. Es lebe die Religionsphänomenologie“ (Nachwort), in: A. Michels/D. Pezzoli-Olgiati/F. Stolz (Hrsg.), Noch eine Chance für die Religionsphänomenologie?, StRH 6/7, Bern u.a. 2000, 489–492.
MILBANK, J., Theology and Social Theory. Beyond Secular Reason, Oxford 1990.
MIRGUET, F., What is an „Emotion in the Hebrew Bible? An Experience that Exceeds Most Contemporary Concepts, BibInt 24/4–5 (2016) 442–465.
MIRGUET, F., An Early History of Compassion. Emotions and Imagination in Hellenistic Judaism, Cambridge 2017.
MITTERNACHT, D., Forum für Sprachlose. Eine kommunikationspsychologische und epistolär-rhetorische Untersuchung des Galaterbriefs, Stockholm 1999.
MITTERNACHT, D., Paul's Letter to the Galatians in Social-Psychological Perspective, in: J.H Ellens/W.G. Rollins, Psychology and the Bible. Band 3: From Gospel to Gnostics, Westport 2004, 193–212.
MÖDRITZER, H., Stigma und Charisma im Neuen Testament und seiner Umwelt. Zur Soziologie des Urchristentums, NTOA 28, Fribourg/Göttingen 1994.
MOLTMANN, J. (Hrsg.), Anfänge der dialektischen Theologie. Band 1: Karl Barth, Heinrich Barth, Emil Brunner, München ^{4}1964.
MORGAN, R., with BARTON, J., Biblical Interpretation, Oxford 1988.
MÜHLMANN, W.E., Chiliasmus und Nativismus. Studien zur Psychologie, Soziologie und historischen Kasuistik der Umsturzbewegungen, Studien zur Soziologie der Revolution 1, Berlin 1961.
MÜLLER, J., Die Bergpredigt verdeutscht und vergegenwärtigt, München ^{8}1929 (1906).
MÜLLER, K., Neuer Atheismus? Alte Klischees, aggressive Töne, heilsame Provokationen, HerKorr 61 (2007) 552–557.
NEUMANN, K., Das Fremde verstehen. Grundlagen einer kulturanthropologischen Exegese. 2 Bände, Münster 1999.
NEUMANN, N., Affekte in den synoptischen Evangelien, ThR 81 (2016) 80–104.
NEUMANN, P.H.A. (Hrsg.), Religionsloses Christentum und nicht-religiöse Interpretation bei Dietrich Bonhoeffer, WdF 304, Darmstadt 1990.
NEWBERG, A./D'AQUILI, E./RAUSE, V., Why God Won't Go Away. Brain Science and the Biology of Belief, New York 2002 = Der gedachte Gott. Wie Glaube im Gehirn entsteht, München 2004.
NEYMEYR B., Kommentar zu Nietzsches Unzeitgemäßen Betrachtungen, Berlin (erscheint ca. 2019)
NIEBUHR, K.-W., Neues Testament, in: F. Nüssel (Hrsg.), Schriftauslegung. Themen der Theologie 8, UTB 3991, Tübingen 2014, 43–103.
NIETZSCHE, F., Unzeitgemässe Betrachtungen. Band: 1/2: Vom Nutzen und Nachtheil der Historie für das Leben. Hrsg. v. G. Colli/M. Montinari, Kritische Studienausgabe 1, München 1999, 248–334.
NIETZSCHE, F., Zur Genealogie der Moral, 1. Abhandlung Nr. 7, in: F. Nietzsche, Jenseits von Gut und Böse. Zur Genealogie der Moral, Kritische Studienausgabe 5, München 1999, 245–412.
NIETZSCHE, F. Der Antichrist. Fluch auf das Christenthum 2, Kritische Studienausgabe 6, München 1999, 165–254.
NITSCHKE, H., Historische Verhaltensforschung. Analysen gesellschaftlicher Verhaltensweisen, Stuttgart 1981.
NÜRNBERGER, A., Zweifelskonzepte im Urchristentum. Dipsychia und Oligopistia im Rahmen menschlicher Dissonanz- und Einheitsvorstellungen in der Antike, NTOA 122, Göttingen 2019.
NUSSBAUM, M.C. The Therapy of Desire. Theory and Practice in Hellenistic Ethics, Princeton NJ 1994.
NUSSBAUM, M.C., Political Emotions. Why Love Matters for Justice, Cambridge Mass. 2013 = Politische Emotionen. Warum Liebe für Gerechtigkeit wichtig ist, Berlin 2016.

NUSSBAUM, M.C., Anger and Forgiveness. Resentment, Generosity, Justice, New York 2016 = Zorn und Vergebung. Plädoyer für eine Kultur der Gelassenheit, Darmstadt 2017.
NÜSSEL, F. (Hrsg.), Schriftauslegung, Themen der Theologie 8, UTB 3991, Tübingen 2014.
NYGREN, A., Die Gültigkeit der religiösen Erfahrung, Gütersloh 1922.
OEMING, M., Gesamtbiblische Theologien der Gegenwart. Das Verhältnis von AT und NT in der hermeneutischen Diskussion seit Gerhard von Rad, Stuttgart/Berlin u.a. (1985) ^{2}1987.
OEMING, M., Biblische Hermeneutik. Eine Einführung Darmstadt 1998.
OEMING, M., Bultmann und das Alte Testament, in: Chr. Landmesser (Hrsg.), Bultmann Handbuch, Tübingen 2017, 301–307.
OEPKE, A. Geschichtliche und übergeschichtliche Schriftauslegung, Gütersloh 1931.
OSTEN-SACKEN, P. V. D., Evangelium und Tora. Aufsätze zur Paulus, ThB 77, München 1987.
OTTO, E., Theologische Ethik des Alten Testaments, Stuttgart 1994.
OUTLER, A.C., The Wesleyan Quadrilateral. In John Wesley, WTJ 20 (1985) 1–18.
OVERBECK, F., Zur Geschichte des Kanons. Zwei Abhandlungen, Chemnitz 1880.
OVERBECK, F., Werke und Nachlass, Band 2: Schriften bis 1880, Hrsg. von E.W. Stegemann/R. Brändle, Stuttgart/Weimar 1994.
OVERBECK, F., Über die Anfänge der patristischen Literatur, HZ 48 (1882) 417–472 = Libelli 15, Darmstadt 1954.
PANNENBERG, W. u.a., Offenbarung als Geschichte. Göttingen 1963.
PANNENBERG, W., Grundzüge der Christologie, Gütersloh (1964) ^{7}1990.
PANNENBERG, W., Hermeneutik als Universalgeschichte, in: Ders., Grundfragen systematischer Theologie. Gesammelte Aufsätze 1, Göttingen (1967) ^{3}1979, 91–122.
PANNENBERG, W., Erwägungen zu einer Theologie der Religionsgeschichte, in: Ders., Grundfragen systematischer Theologie. Gesammelte Aufsätze 1, Göttingen 1967, 252–295.
PANNENBERG, W., Die Krise des Schriftprinzips, in: Ders., Grundfragen systematischer Theologie. Gesammelte Aufsätze 1, Göttingen 1967, 11–21.
PANNENBERG, W., Wissenschaftstheorie und Theologie (1973), stw 676, Frankfurt a.M. 1987.
PANNENBERG, W., Anthropologie in theologischer Perspektive, Göttingen 1983.
PANNENBERG, W., Systematische Theologie 1–3, Göttingen 1988/1991/1993.
PÄPSTLICHE BIBELKOMMISSION, Die Interpretation der Bibel in der Kirche. Das Dokument der Päpstlichen Bibelkommission vom 23.04.1993 mit einer kommentierenden Einführung von L. Ruppert und einer Würdigung durch H.-J. Klauck, SBS 161, Stuttgart 1995.
PAULSEN, H., Sozialgeschichtliche Auslegung des Neuen Testaments, JK 54 (1993) 601–605.
PFISTER, O. Die Entwicklung des Apostels Paulus. Eine religionsgeschichtliche und psychologische Skizze, Imago 6 (1920) 243–290.
PFLEIDERER, O. Religionsphilosophie auf geschichtlicher Grundlage. 2 Bände, Berlin (1878) ^{2}1884.
PFLUG, G., Art. Lebensphilosophie, in: Historisches Wörterbuch der Philosophie online, DOI: 10.24894/HWPh.2197.
PILCH, J., Healing in the New Testament, Insights from Medical and Mediterranean Anthropology, Minneapolis MN 1989.
PILCH, J. Ereignisse eines veränderten Bewusstseinszustandes bei den Synoptikern, in: W. Stegemann/B.J. Malina/G. Theißen (Hrsg.), Jesus in neuen Kontexten, Stuttgart 2003, 35–42.
POHLENZ, M., Die Stoa, Göttingen 1959.
POLLACK, D., Was ist Religion? Probleme der Definition, ZfR 3 (1995) 163–190.
POKORNÝ, P., Hermeneutics as a Theory of Understanding, Grand Rapids MI/Cambridge 2011 (tschechisch 2005).

PREUSS, H.D., Das Alte Testament in der Verkündigung der Kirche, DtPfrBl 68 (1968) 73–79.
PYYSIÄINEN, I., How Religion Works. Towards a New Cognitive Science of Religion, Cognition and Culture 1, Leiden 2001.
RAD, G. V., Theologie des Alten Testaments 1/2, München (1957/1960) ^{9}1987/^{9}1987.
RADEN, M.J., Hermeneutik der Entsprechung oder Hermeneutik der Nichtentsprechung. Eine Gegenüberstellung der theologischen Hermeneutiken von E. Jüngel und P. Ricœur, EvTh 48 (1988) 217–232.
RÄISÄNEN, H., Marcion, Muhammad and the Mahatma, London 1997.
RAMSEY, I.TH., Religious Language. An Empirical Placing of Theological Phrases, London 1957.
RATH, M., Der Psychologismusstreit in der deutschen Philosophie, Freiburg i.Br./München 1994.
REBELL, W., Gehorsam und Unabhängigkeit. Eine sozialpsychologische Studie zu Paulus, München 1986.
RECKI, B., Art. Erhabene, das, in: RGG^{4} 2 (1999) 1408f.
REISER, M., Sprache und literarische Formen des Neuen Testaments, UTB 2197, Paderborn 2001.
RENDTORFF, T., Ethik. Grundelemente, Methodologie und Konkretionen einer ethischen Theologie. Band 1/2, Stuttgart/Berlin 1980/1981.
RICŒUR, P., Philosophie de la volonté. Band 1: Le volontaire et l'involontaire, Paris 1950 = Das Willentliche und das Unwillentliche, Paderborn 2016.
RICŒUR, P., Die Symbolik des Bösen, Phänomenologie der Schuld, Band 2 (franz. 1960), Freiburg/München 1960.
RICŒUR, P., Die Interpretation. Ein Versuch über Freud (franz. 1965), Frankfurt a.M. 1969.
RICŒUR, P., Hermeneutik und Psychoanalyse, Der Konflikt der Interpretationen 1/2, München 1973/1974.
RICŒUR, P., Hermeneutik der Symbole und Philosophische Reflexion, in: Ders., Hermeneutik und Psychoanalyse, Der Konflikt der Interpretationen 2, München 1974, 196–216.
RICŒUR, P., The Hermeneutical Function of Distanciation, Philosophy Today 17 (1973) 129–141.
RICŒUR, P., Stellung und Funktion der Metapher in der biblischen Sprache, in: P. Ricœur/E. Jüngel, Metapher. Zur Hermeneutik religiöser Sprache, EvTh.S, München 1974, 45–70.
RICŒUR, P., La metaphore vive, Paris 1975 = Die lebendige Metapher, München 1986.
RICŒUR, P., Biblische Hermeneutik (engl. 1975), in: W. Harnisch (Hrsg.), Die neutestamentliche Gleichnisforschung im Horizont von Hermeneutik und Literaturwissenschaft, WdF 575, Darmstadt 1982, 248–339.
RICŒUR, P., Zeit und Erzählung. Band 1: Zeit und historische Erzählung (franz. 1983), München 1988; Band 2: Zeit und literarische Erzählung (franz. 1984), München 1989; Band 3: Die erzählte Zeit (franz. 1985), München 1991.
RICŒUR, P., Lectures on Ideology and Utopia, New York/Guildford 1986.
RICŒUR, P., Das Selbst als ein Anderes (franz. 1990), München 1996.
RICKEN, F., Glauben, weil es vernünftig ist, Stuttgart 2007.
RICKERT, H. Die Philosophie des Lebens. Darstellungen und Kritik der philosophischen Modeströmungen unserer Zeit, Tübingen 1920.
RITSCHL, D., Die Erfahrung der Wahrheit. Die Steuerung von Denken und Handeln durch implizite Axiome, in: Ders., Konzepte, München 1986, 147–166.
ROBINSON, J.M. LOGOI SOPHON. Zur Gattung der Spruchquelle, in: H. Köster/Ders., Entwicklungslinien durch die Welt des frühen Christentums, Tübingen 1971, 70–106.
ROHLS, J., Protestantische Theologie der Neuzeit. Band 1: Die Voraussetzungen und das 19. Jahrhundert, Tübingen 1997. Band 2: Das 20. Jahrhundert, Tübingen 1997.

ROLLINS, W.G./KILLE, D.A. (Hrsg.), Psychological Insight Into the Bible. Text and Readings, Grand Rapids MI/Cambridge 2007.
ROSA, H., Resonanz. Eine Soziologie der Weltbeziehung, Frankfurt 2016.
RUDOLPH, U., Art., Gazzali, in: RGG 3 (2000) 482f.
RUF, M.G., Die heiligen Propheten, eure Apostel und ich. Metatextuelle Studien zum zweiten Petrusbrief, WUNT II/300, Tübingen 2011.
SABBATUCCI, D., Kultur und Religion, HRWG 1 (1988) 43–58.
SALAMUN, K., Wie soll der Mensch sein? Philosophische Ideale vom ‚wahren' Menschen von Karl Marx bis Karl Popper, UTB 3669, Tübingen 2012.
SALAQUARDA, J., Art. Feuerbach, Ludwig, in: TRE 11 (1983) 144–157.
SANDERS, E.P., Paul and Palestinian Judaism. A Comparison of Patterns of Religion, Philadelphia 1977 = Paulus und das palästinische Judentum. Ein Vergleich zweier Religionsstrukturen, StUNT 17, Göttingen 1985.
SANDERS, E.P., Paulus. Eine Einführung, Stuttgart 1995 (engl. 1991).
SATO, M., Q und Prophetie. Studien zur Gattungs- und Traditionsgeschichte der Quelle Q, WUNT II/29, Tübingen 1988.
SCHARFENBERG, J., Einführung in die Pastoralpsychologie, UTB 1382, Göttingen 1985.
SCHELER, M. Versuche einer Philosophie des Lebens (1913), in: Ders., Vom Umsturz der Werte. Abhandlungen und Aufsätze, Berlin/München (1915) ^{4}1972, 311–339.
SCHELLING, F.W.J. V., Philosophie der Offenbarung. 25. Vorlesung (1854). In: M. Schröter (Hrsg.), Schellings Werke. Band 6: Schriften zur Religionsphilosophie 1851–1854, München 1928.
SCHENKE, H.-M., Der Gott „Mensch" in der Gnosis. Ein religionsgeschichtlicher Beitrag zur Diskussion über die paulinische Anschauung von der Kirche als Leib Christi, Göttingen 1962.
SCHIRREN, TH./ZINSMAIER, TH. (Hrsg.), Die Sophisten. Ausgewählte Texte. Griechisch/Deutsch, RUB 18264, Stuttgart 2003.
SCHLEIERMACHER, F.D.E., Kurze Darstellung des theologischen Studiums zum Behuf einleitender Vorlesungen (1811/1830). Hrsg. v. D. Schmid, Berlin/New York 2002.
SCHLEIERMACHER, F.D.E., Der christliche Glaube nach den Grundsätzen der evangelischen Kirche im Zusammenhange dargestellt, 2 Bände (^{2}1830/1831). Hrsg. v. M. Redeker, Berlin ^{7}1960.
SCHLUCHTER, W., Einleitung: Max Webers Analyse des antiken Christentums. Grundzüge eines unvollendeten Projekts, in: Ders. (Hrsg.), Max Webers Sicht des antiken Christentums, Frankfurt a.M. 1985, 11–71.
SCHMID, H., Die Dogmatik der evangelisch-lutherischen Kirche. Dargestellt und aus den Quellen belegt (1843). Hrsg. v. H.G. Pöhlmann, Gütersloh ^{9}1979.
SCHMID, H.H. Unterwegs zu einer neuen Biblischen Theologie? Anfragen an die von H. Gese und P. Stuhlmacher vorgetragene Entwürfe Biblischer Theologie, BThSt 1, Neukirchen-Vluyn 1977, 75–95.
SCHMIDT, J., Die Geschichte des Genie-Gedankens in der deutschen Literatur. Philosophie und Politik 1750–1945. Band 1: Von der Aufklärung bis zum Idealismus. Band 2: Von der Romantik bis zum Ende des Dritten Reichs, Darmstadt 1985 (= Heidelberg ^{3}2004).
SCHMITHALS, W., Von der Tübinger zur religionsgeschichtlichen Schule (Otto Pfleiderer), in: 450 Jahre evangelische Theologie in Berlin. Hrsg. von G. Besier u. Ch. Gestrich, Göttingen 1989, 309–331.
SCHMITHALS, W. Zum Problem der Entmythologisierung bei Rudolf Bultmann, ZThK 92 (1995) 166–206.
SCHMITT, É.-E., Oscar et la dame rose, RUB 9128, Stuttgart 2004.
SCHNEIDER H./GLOYNA T., Art. Übergeschichtlich, überhistorisch, HWPh online, DOI: 10.24894/HWPh.4388.
SCHNELLE, U., Art. Wettstein, Johann Jakob (1693–1754), in: TRE 35 (2003) 723–727.
SCHREIBER, A., Die Gemeinde in Korinth. Versuch einer gruppendynamischen Betrachtung der Entwicklung der Gemeinde in Korinth auf der Basis des ersten Korintherbriefes, NTA 12, Münster 1977.

SCHROER, H., Art. Paradox II. Theologisch, in: TRE 25 (1995) 731– 737.
SCHRÖTER, J., Das Abendmahl. Frühchristliche Deutungen und Impulse für die Gegenwart, SBS 210, Stuttgart 2006.
SCHÜSSLER FIORENZA, E., In Memory of Her. A Feminist Theological Reconstruction of Christian Origins, London 1983.
SCHWEIZER, E., Das Evangelium nach Lukas, NTD 3, Göttingen [18]1982.
SCROGGS, R., The Earliest Christian Communities as Sectarian Movement, in: J. Neusner, Christianity, Judaism and other Greco-Roman Cults. Band 2: Early Christianity, FS M. Smith, Leiden 1975, 1–23.
SÉGUENNY, A., Art. Franck, Sebastian, in: TRE 11 (1983) 307–312.
SEMLER, J.J., Abhandlung von freier Untersuchung des Canon, Halle 1771–1775.
SENECA, L.A., Ad Lucilium, Epistulae Morales. Übers. M. Rosenbach, Darmstadt [2]1987.
SHIRUN-GRUMACH, I., Weisheitstexte 2, TUAT 3/2, Gütersloh 1991.
SLENCZKA, R., Die Kirche und das Alte Testament, in: E. Gräb-Schmidt (Hrsg.), Das Alte Testament in der Theologie, MJTh 25, Leipzig 2013, 83–119.
SLENCZKA, N., Historizität und normative Autorität der Schrift. Ein neuer Blick auf alte Texte, in: Ch. Landmesser/E.E. Popkes (Hrsg.), Verbindlichkeit und Pluralität. Die Schrift in der Praxis des Glaubens, Leipzig 2015, 13–36.
SMITH, W.C., The Meaning and End of Religion. A New Approach to the Religious Traditions of Mankind, New York 1963.
SMITH, W.C., Towards a World Theology, Faith and the Comparative History of Religions, New York 1964/Philadelphia 1981.
SOMMER, A.U., Der Geist der Historie und das Ende des Christentums. Zur „Waffengenossenschaft“ von Friedrich Nietzsche und Franz Overbeck, Berlin 1997.
SORABJI, R., Emotion and Peace of Mind. From Stoic Agitation to Christian Temptation. The Gifford Lectures, Oxford 2000.
STANDHARTINGER, A., Rudolf Bultmann im interreligiösen Dialog, EvTh 71 (2011) 16–34.
STEGEMANN, W.E./STEGEMANN, W., Urchristliche Sozialgeschichte. Die Anfänge im Judentum und die Christusgemeinden in der mediterranen Welt, Stuttgart 1995.
STENDAHL, K., The Apostle Paul and the Introspective Conscience of the West, HThR 56 (1963) 199–215 = in: Ders., Paul Among Jews and Gentiles and Other Essays, London 1977, 78–96 = Der Apostel Paulus und das „introspektive“ Gewissen des Westens, KuI 11 (1996) 19–33.
STOLLE, V., Luther und Paulus. Die exegetischen und hermeneutischen Grundlagen der lutherischen Rechtfertigungslehre im Paulinismus Luthers, ABG 10, Leipzig 2002.
STOSCH, K. V., Komparative Theologie als Wegweiser in der Welt der Religionen, Paderborn 2012.
STRECKER, CH., Die liminale Theologie des Paulus. Zugänge zur paulinischen Theologie aus kulturanthropologischer Perspektive, FRLANT 185, Göttingen 1999.
STRECKER, G., Art. Literaturgeschichte, Biblische. II. Neues Testament, in: TRE 21 (1991) 338–358.
STRECKER, G., Literaturgeschichte des neuen Testaments, UTB 1682, Göttingen 1992.
STRECKER, G./SCHNELLE, U., Einführung in die neutestamentliche Exegese, Göttingen [2]1985.
STROMBERG, P., Language and Self-Transformation. A Study of the Christian Conversion Narrative, Cambridge 1993.
STUHLMACHER, P., Vom Verstehen des neuen Testaments, Eine Hermeneutik, GNT 6, Göttingen 1979.
STUPPERICH, R. (Hrsg.), Melanchthons Werke. Band 1: Reformatorische Schriften, Gütersloh 1951.
SUNDÉN, H.J., Religionen och rollerna, Stockholm, 1959 = Die Religion und die Rollen, Berlin 1966.
SUNDÉN, H.J., Die Rollenpsychologie und die Weisen des Religions-Erlebens, 1969.
SUNDÉN, H.J., Gott erfahren. Das Rollenangebot der Religionen, GTB 98, Gütersloh 1975.

SUNDERMEIER, TH., Was ist Religion. Religionswissenschaft im theologischen Kontext. Ein Studienbuch, TB 96, Gütersloh 1999.

TAATZ, I., Frühjüdische Briefe. Die paulinischen Briefe im Rahmen der offiziellen religiösen Briefe des Frühjudentums, NTOA 16, Fribourg/Göttingen 1991.

TENBRUCK, F.H., Die Religion im Maelstrom der Reflexion, in: J. Bergmann/A. Hahn/Th. Luckmann, Religion und Kultur, KZSS.S 33, Opladen 1993, 31–67.

THEISSEN, G., Wanderradikalismus. Literatursoziologische Aspekte der Überlieferung von Worten Jesu im Urchristentum, ZThK 70 (1973) 245–271 = in: Ders., Studien zur Soziologie des Urchristentums, WUNT 19, Tübingen 1979, 79–105 = Itinerant Radicalism, RadRel 2 (1975) 84–93 = The Bible and Liberation. Political and Social Hermeneutics. A Radical Religion Reader, Berkeley 1976, 84–93; The Wandering Radicals. Light shed by the sociology of literature in the early transmission of Jesus sayings, in: G. Theissen, Social Reality and Early Christians. Theology, Ethics and the World of the New Testament, Minneapolis 1992, 33–59 = in: D.G. Horell (Hrsg.): Social-Scientific Approaches to New Testament Interpretation, Edinburgh 1999, 93–122.

THEISSEN, G., Urchristliche Wundergeschichten. Ein Beitrag zur formgeschichtlichen Erforschung der Evangelien, Gütersloh 1974, [8]2019.

THEISSEN, G., Theoretische Probleme religionssoziologischer Forschung und die Analyse des Urchristentums, NZSTh 16 (1974) 35–56 = in: Ders., Studien zur Soziologie des Urchristentums, WUNT 19, Tübingen 1979, 55–76.

THEISSEN, G., Die soziologische Auswertung religiöser Überlieferungen. Ihre methodologischen Probleme am Beispiel des Urchristentums, Kairos 17 (1975) 284–299 = in: Ders., Studien zur Soziologie des Urchristentums, WUNT 19, Tübingen 1979, 35–54.

THEISSEN, G., Soziologie der Jesusbewegung. Ein Beitrag zur Entstehungsgeschichte des Urchristentums, TEH 194, München: Kaiser 1977 = Gütersloh [7]1997.

THEISSEN, G., Argumente für einen kritischen Glauben oder: Was hält der Religionskritik stand? ThEx 202, München 1978 [3]1988.

THEISSEN, G., Studien zur Soziologie des Urchristentums, WUNT 19, Tübingen (1979) [2]1983.

THEISSEN, G., Psychologische Aspekte paulinischer Theologie, FRLANT 131, Göttingen 1983 [2]1993.

THEISSEN, G., Biblischer Glaube in evolutionärer Sicht, Gütersloh 1984.

THEISSEN, G., Der Schatten des Galiläers. Historische Jesusforschung in erzählender Form, München 1986 = Gütersloh [24]2012.

THEISSEN, G., Lokalkolorit und Zeitgeschichte in den Evangelien. Ein Beitrag zur Geschichte der synoptischen Tradition, NTOA 8, Fribourg/Göttingen 1989 [2]1992.

THEISSEN, G., Zur forschungsgeschichtlichen Einordnung der soziologischen Fragestellung, in: Ders., Studien zur Soziologie des Urchristentums, WUNT 29, Tübingen [3]1989, 3–34.

THEISSEN, G., Identité et expérience de l'angoisse dans le christianisme primitif. Une contribution à la psychologie de la religion des premiers chrétiens, ETR 68 (1993) 161–183.

THEISSEN, G., Urchristlicher Liebeskommunismus. Zum „Sitz im Leben" des Topos *hápanta koiná*, in Apg 2,44 und 4,32, in: T. Fornberg (Hrsg.), Text and Contexts. Biblical Texts in Their Textual and Situational Contexts, FS Lars Hartmann, Oslo/Copenhagen 1995, 689–711.

THEISSEN, G., Neutestamentliche Überlegungen zu einer jüdisch-christlichen Lektüre des Alten Testaments, KuI 10 (1995) 115–136.

THEISSEN, G., Methodenkonkurrenz und hermeneutischer Konflikt. Pluralismus in Exegese und Lektüre der Bibel, in: J. Mehlhausen (Hrsg.), Pluralismus und Identität, Gütersloh 1995, 127–140.

THEISSEN, G., Jesus im Judentum, Drei Versuche einer Ortsbestimmung, KuI 14 (1999) 93–109 = in: Ders. Jesus als historische Gestalt. Beiträge zur Jesusforschung, FRLANT 202, Göttingen 2003, 35–56.

THEISSEN, G., Jesus – der Prophet einer millenaristischen Bewegung? Sozialgeschichtliche Überlegungen zu einer sozialanthropologischen Deutung der Jesusbewegung, EvTh 59 (1999) 402–415 = in: Ders., Jesus als historische Gestalt, FRLANT 202, Göttingen 2003, 197–228.

THEISSEN, G., Die Religion der ersten Christen. Eine Theorie des Urchristentums, Gütersloh 2000 [4]2008.

THEISSEN, G., Nächstenliebe und Statusverzicht als Grundzüge christlichen Ethos, in: W. Härle/H. Schmidt/M. Welker (Hrsg.), Das ist christlich. Nachdenken über das Wesen des Christentums, Gütersloh 2000, 119–142.

THEISSEN, G., Gospel Writing and Church Politics. A Socio-Rhetorical Approach, Chuen King Lecture Series 3, Hongkong 2001.

THEISSEN, G., Röm 9–11 als Auseinandersetzung des Paulus mit Israel und mit sich selbst, Versuch einer psychologischen Auslegung, in: I. Dunderberg/Ch. Tuckett/K. Syreeni (Hrsg.), Fair Play. Diversity and Conflicts in Early Christianity, Essays in Honour of Heikki Räisänen, NT.S 103, Leiden 2002, 311–341.

THEISSEN, G., Die pseudepigraphe Intention des Jakobusbriefs. Ein Beitrag zu seinen Einleitungsfragen, in: P. v. Gemünden/M. Konradt/G. Theissen, Der Jakobusbrief. Beiträge zur Rehabilitierung der ‚strohernen Epistel', BVB 3, Münster 2003, 54–82.

THEISSEN, G., Zur Bibel motivieren. Aufgaben, Inhalte und Methoden einer offenen Bibeldidaktik, Gütersloh 2003 [2]2014.

THEISSEN, G., Die Jesusbewegung. Sozialgeschichte einer Revolution der Werte, Gütersloh 2004.

THEISSEN, G., Vom wieder gefundenen Paradies. Meditative Texte, Stuttgart 2005.

THEISSEN, G., Theologie und Religionswissenschaft. Gegenseitige Inspiration und Irritation zweier komplementärer Wissenschaften, NTT 59 (2005) 124–141.

THEISSEN, G., Monotheistische Dynamik im Neuen Testament. Der Glaube an den einen und einzigen Gott und die neutestamentliche Christologie, KuI 20 (2005) 130–143.

THEISSEN, G., Kirche oder Sekte? Über Einheit und Konflikt im frühen Urchristentum, Theologie und Gegenwart 48 (2005) 126–175.

THEISSEN, G., Gesetz und Ich. Beobachtungen zur persönlichen Dimension des Römerbriefs, in: D. Sänger/M. Konradt (Hrsg.), Das Gesetz im frühen Judentum und im Neuen Testament, FS Ch. Burchard, NTOA 57, Fribourg/Göttingen 2006, 286–303.

THEISSEN, G., Die Entstehung des Neuen Testaments als literaturgeschichtliches Problem, SHAW PH 40, Heidelberg 2007 [2]2011 = The New Testament. A Literary History, Minneapolis 2011.

THEISSEN, G., The New Perspective on Paul and its Limits. Psychological Considerations, Alexander Thompson Lecture Princeton 26.02.2007, PSB The Princeton Seminary Bulletin 27 (2007) 64–85.

THEISSEN, G., Protestantische Exegese. Plädoyer für einen neuen vierfachen Schriftsinn, Sacra Scripta 5 (2007), 164–191

THEISSEN, G., Les quatre phases de la naissance du Nouveau Testament. Esquisse d'une histoire de la littérature du christianisme antique, RHPhR 87 (2007) 19–53.

THEISSEN, G., Erleben und Verhalten der ersten Christen. Eine Psychologie des Urchristentums, Gütersloh, 2007, [2]2017.

THEISSEN, G., Weisheit des Urchristentums aus Neuem Testament und nicht-kanonischen Schriften, München 2008.

THEISSEN, G., La conversion de Paul et la conversion de Nasir Khusraw. Une rencontre au musée imaginaire de l'histoire, ETR 83 (2008) 507–527.

THEISSEN, G., Exégesis socio-histórica desde los comienzos de la investigación histórico-crítica hasta la antropología cultural, C. Bernabé/C. Gil (Hrsg.) Reimaginando los orígenes del cristianismo. Relevancia social y ecclesial de los estudios sobre Orígenes del cristianismo, FS R. Aguirre, Estella 2008, 53–80

THEISSEN, G., Neutestamentliche Wissenschaft vor und nach 1945. Karl Georg Kuhn und Günther Bornkamm, Heidelberg 2009.

THEISSEN, G., Der Eigenwert des Alten Testaments. Überlegungen eines Neutestamentlers aus reformierter Tradition, in: M. Oeming/W. Boës (Hrsg.), Alttestamentliche Wissenschaft und kirchliche Praxis, FS J. Kegler, BVB 18, Münster 2009, 15–28.

Theissen, G., Om at forstå Bibelen i den moderne verden. Skriften som grundlaget for en verden af tegn med fire dimensioner, DTT 74 (2011) 258–275 = Bibelhermeneutik als Religionshermeneutik. Der vierdimensionale Sinn der Bibel, EvTh (2012) 291–306.

THEISSEN, G., Kritik an Paulus im Matthäusevangelium? Von der Kunst verdeckter Polemik im Urchristentum, in: O. Wischmeyer/L. Scornaienchi (Hrsg.), Polemik in der frühchristlichen Literatur, BZNW 170, Berlin 2011, 465–490.

THEISSEN, G., Biblischer Glaube und Evolution. Der antiselektive Indikativ und Imperativ, in: Ders., Von Jesus zur urchristlichen Zeichenwelt, „Neutestamentliche Grenzgänge“ im Dialog, NTOA 78, Göttingen 2011, 188–237.

THEISSEN, G., Antike Psychologie und Anachronismusverdacht. Zu P. v. Gemünden: Psychologische Auslegung, in: Ders., Von Jesus zur urchristlichen Zeichenwelt. Neutestamentliche Grenzgänge im Dialog, NTOA 78/StUNT 78, Göttingen u.a. 2011, 159–168.

THEISSEN, G., Le Jésus historique et le kérygme. La construction scientifique et l'accès à la foi, in: De Jésus à Jésus-Christ. I. Le Jésus de l'Histoire, Paris 2010, 215–235 = Considerations concerning the gulf between faith and history in the research on the historical Jesus, RCatT 36/1 (2011) 167–188.

THEISSEN, G., Wie wurden neutestamentliche Texte zu heiligen Schriften?, in: E.-M. Becker/St. Scholz (Hrsg.) Kanon in Konstruktion und Dekonstruktion. Kanonisierungsprozesse religiöser Texte von der Antike bis zur Gegenwart. Ein Handbuch, Berlin/New York 2012, 423–447.

THEISSEN, G., Glaubenssätze. Ein kritischer Katechismus, Gütersloh 2012 ⁴2018.

THEISSEN, G., Paulus und die Mystik. Der eine und einzige Gott und die Transformation des Menschen, ZThK 110 (2013) 263–290.

THEISSEN, G., Die Ritualdynamik urchristlicher Sakramente. Von prophetischen Zeichenhandlungen zu geheimnisvollen Riten, Lectiones Vagagginianae 4, Rom 2013.

THEISSEN, G., Das Verschwinden des hermeneutischen Konflikts. Beobachtungen zur Rezeption von P. Ricoeur in der deutschsprachigen theologischen Hermeneutik, EvTh 73 (2013) 258–272 = La disparition du conflit herméneutique. La reception de P. Ricoeur dans l'herméneutique théologique germanophone, in: D. Frey/C. Grappe/K. Lehmkühler/F. Lienhard (Hrsg.), La réception de l'oeuvre de Paul Ricoeur dans les champs de la théologie, Ètudes de théologie et d'ethique 3, Münster 2013, 19–35.

THEISSEN, G., Transparente Erfahrung. Ein theologischer Essay zur Einleitung, in: Ders., Transparente Erfahrung, Predigten und Meditationen, Gütersloh 2014, 14–23.

THEISSEN, G., Soziologie und Theologie des Neuen Testaments. Ein hermeneutischer Konflikt, in: Ch. Landmesser u.a. (Hrsg.), Familienstrukturen im Urchristentum, Leipzig 2014, 213–232.

THEISSEN, G., Sarx, Soma and the Transformative Pneuma. Personal Identity Endangered and Regained in Pauline Anthropology, in: M. Welker (Hrsg.) The Depth of the Human Person. A Multidisciplinary Approach, Grand Rapids MI/Cambridge 2014, 166–185.

THEISSEN, G., Polyphones Verstehen, Beiträge zur Bibelhermeneutik, BVB 23, Münster 2014 ²2015.

THEISSEN, G., Polyphone Hermeneutik. Ein Nachklang der Bibelhermeneutik aus vielen Jahrhunderten, in: Ders., Polyphones Verstehen. Entwürfe zur Bibelhermeneutik, BVB 23, Münster 2014, ²2015, 21–64.

THEISSEN, G., Polyphone Evidenz. Die Überzeugungskraft der Bibel in der modernen Welt, in: Ders., Polyphones Verstehen. Entwürfe zur Bibelhermeneutik, BVB 23, Münster 2014 ²2015, 101–135.

THEISSEN, G., Religiöse und rationale Ethikbegründung in einer säkularisierten Welt. Ein Versuch, in: F. Lienhard/Chr. Grappe (Hrsg.), Religiöser Wandel und Laizität, Heidelberger Studien zur Praktischen Theologie 22, Münster 2016, 143–157 = Fondement religieux et rationnel de l'éthique dans un monde sécularisé. Un essai, in: F. Lienhard/Chr. Grappe (Hrsg.) Mutations religieuses et laïcité. Une approche theologique, Études de théologie et d`éthique 11, Münster 2017, 133–148.

THEISSEN, G., La foi en Jésus-Christ relie-t-elle ou sépare-t-elle les religions? Réflexions sur la christologie dans le pluralisme religieux, RHPR 96 (2016) 365–380.

THEISSEN, G., Veränderungspräsenz und Tabubruch. Die Ritualdynamik urchristlicher Sakramente, BVB 30, Münster 2017.

THEISSEN, G., Sola Scriptura – Grundlage für Konsens und Individualisierung des Glaubens?, in: M. Vogel u.a. (Hrsg.), Sola Scriptura, Sonderband der ZNT 39/40 (2017) 193–211

THEISSEN, G., Paradoxe Grenzüberschreitungen, in: G. Theissen/L.P. Chan/I. Czachesz, Kontraintuitivität und Paradoxie. Zur kognitiven Analyse urchristlichen Glaubens, BVB 29, Münster 2017 221–243.

THEISSEN, G., Der Anwalt des Paulus, Gütersloh 2017 [2]2018.

THEISSEN, G./WINTER, D., Die Kriterienfrage in der Jesusforschung, Vom Differenz- zum Plausibilitätskriterium, NTOA 34, Fribourg/Göttingen 1997.

THEISSEN, G./GEMÜNDEN, P. v. (Hrsg.), Erkennen und Erleben. Beiträge zur religionspsychologischen Erforschung des Frühen Christentums, Gütersloh 2007.

THEISSEN, G./GEMÜNDEN, P. v., Der Römerbrief. Rechenschaft eines Reformators, Göttingen 2016.

THOMAE, H., Das Individuum und seine Welt. Eine Persönlichkeitstheorie, Göttingen 1968.

TIETZ, CH., Das Ringen um das Schriftprinzip in der modernen evangelischen Theologie, in: Der Streit um die Schrift, JBTh 31 (2016), Göttingen 2018, 283–302.

TILLICH, P., Systematische Theologie, Band 1, Stuttgart 1956.

TOLBERT, M.A., The Prodigal Son. An Essay in Literary Criticism from a Psychoanalytical Perspective, Semeia 9 (1977) 1–20.

TOPITSCH, E., Vom Ursprung und Ende der Metaphysik, Wien 1958.

TROBISCH, D., Die Entstehung der Paulusbriefsammlung: Studien zu den Anfängen christlicher Publizistik, NTOA 10, Fribourg/Göttingen 1989.

TROBISCH, D., Die Paulusbriefe und die Anfänge der christlichen Publizistik, Gütersloh 1994.

TROBISCH, D., Die Endredaktion des Neuen Testaments, Eine Untersuchung zur Entstehung der christlichen Bibel, NTOA 31, Fribourg/Göttingen 1996.

TROELTSCH, E. Ueber historische und dogmatische Methode in der Theologie, in: Ders., Gesammelte Schriften. Band 2: Zur religiösen Lage. Religionsphilosophie und Ethik, Tübingen [2]1922, 729–753.

TURNER, V., Das Ritual. Struktur und Anti-Struktur, Frankfurt/New York 1989.

VELTRI, G., Art. Philo von Alexandrien, in: RGG 6 (2003) 1286–1288.

VIELHAUER, PH., Geschichte der urchristlichen Literatur. Einleitung in das Neue Testament, die Apokryphen und die Apostolischen Väter, Berlin 1975.

VOGT, T., Angst und Identität im Markusevangelium. Ein textpsychologischer und sozialgeschichtlicher Beitrag, NTOA 26, Fribourg/Göttingen 1993.

VOLLENWEIDER, S., Außergewöhnliche Bewusstseinszustände und die urchristliche Religion. Eine alternative Stimme zur psychologischen Exegese, n: G. Theißen/P. v. Gemünden (Hrsg.), Erkennen und Erleben. Beiträge zur psychologischen Erforschung des frühen Christentums, Gütersloh 2007, 73–90.

VOLLENWEIDER, S., Die historisch-kritische Methode. Erfolgsmodell und Schattenseiten, ZThK 114 (2017) 243–259.

WAARDENBURG, J., Religionsphänomenologie 2000, in: A. Michels/D. Pezzoli-Olgiati/F. Stolz (Hrsg.), Noch eine Chance für die Religionsphänomenologie?, StRH 6/7 (2000) 441–469.

WAGNER, A., Emotionen, Gefühle und Sprache im Alten Testament. Kleine Untersuchungen zur Sprache des Alten Testaments und seiner Umwelt 7, Waltrop 2006.

WAGNER, K., Das interaktive Gewissen bei Paulus, in: G. Theißen/P. v. Gemünden (Hrsg.), Erkennen und Erleben. Beiträge zur psychologischen Erforschung des frühen Christentums, Gütersloh 2007, 301–318.

WAGNER, A., Göttliche Körper – göttliche Gefühle. Was leisten anthropomorphe und anthropopathische Götterkonzepte im Alten Orient und im Alten Testament?, OBO 270, Fribourg 2014.

WALTER, N., Pseudo-Phokylides, in: E. Vogt/N. Walter, Tragiker Ezechiel. Fragmente jüdisch-hellenistischer Epik: Philon, Theodotos. Pseudepigraphische jüdisch-hellenistische Dichtung: Pseudo-Phokylides, Pseudo-Orpheus, Gefälschte Verse auf Namen griechischer Dichter. Band 4: Poetische Schriften, Lieferung 3, JSHRZ IV/3, Gütersloh 1983, 182–216.

WEDER, H., Neutestamentliche Hermeneutik, Zürich 1986.

WEIGELT, H., ART. Schwenckfeld/Schwenkfeldianer, in: TRE 30 (1999) 712–719.

WEINRICH, M., Religionskritik in der Neuzeit. Philosophische, soziologische und psychologische Texte, Gütersloh 1965.

WEINRICH, M., Religion und Religionskritik, Ein Arbeitsbuch, UTB 3453, Göttingen 2011 ^{2}2012.

WEIPPERT, M., Götterwort in Menschenmund. Studien zur Prophetie in Assyrien, Israel und Juda, FRLANT 252, Göttingen 2014.

WEISSE, W./ENNS, F. (Hrsg.), Reformation, Aufbruch und Erneuerungsprozesse von Religionen, Religionen im Dialog 11, Münster 2017.

WELKER, M., The Theology and Science Dialogue. What Can Theology Contribute?, ThAn 3, Neukirchen-Vluyn 2012.

WENDLAND, P., Die urchristlichen Literaturformen, HNT 1/3, Tübingen $^{2/3}$1912.

WENZ, G., Art. Religionskritik II. Theologisch, in: TRE 28 (1997) 693–699.

WENZ, G., Art. Religionskritik, in: TRE 28 (1997) 687–699.

WERBICK, J., Was zeigt der Verdacht? Paul Ricœurs Relecture der Religionskritik, in: S. Orth/P. Reifenberg (Hrsg.), Poetik des Glaubens, Paul Ricœur und die Theologie, Freiburg/München 2009, 29–43.

WESTERMANN, C. (Hrsg.), Probleme alttestamentlicher Hermeneutik. Aufsätze zum Verstehen des Alten Testaments, ThB 11, München 1968.

WETTACH, TH., Art. „Missionskonferenzen", EKL 3 (1992), Sp. 456–462

WETTSTEIN, J.J., H KAINH DIAQHKH, 2 Bände, Amsterdam 1751–1752 (Nachdruck: Graz 1962).

WHITEHOUSE, H., Arguments and Icons. Divergent Modes of Religiosity, Oxford 2000.

WIEBE, PH.H., Visions of Jesus. Direct Encounter from the New Testament to Today, Oxford 1997.

WIKIPEDIA.DE, Art. Deutsche Christen, Zugriff am 30.07.2018.

WISCHMEYER, O., Hermeneutik des Neuen Testaments. Ein Lehrbuch, NET 8, Tübingen 2004.

WISCHMEYER, O., Was meint ‚Literaturgeschichte des Neuen Testaments', in: P. Lampe/H. Schwier (Hrsg.), Neutestamentliche Grenzgänge. Symposium zur kritischen Rezeption der Arbeiten Gerd Theißens, NTOA 75, Göttingen/Fribourg 2010, 120–139.

WISCHMEYER, O. Der Jakobusbrief, in: E.M. Becker/F.W. Horn/Der kritisch-exegetische Kommentar in seiner Geschichte, Göttingen 2018, 436– 453.

WITTGENSTEIN, L., Vortrag über Ethik, in: Ders., Vortrag über Ethik und andere kleine Schriften. Hrsg. v. J. Schulte, stw 770, Frankfurt 1989, 9–19.

WITTGENSTEIN, L., Schriften. Tractatus logico-philosophicus. Tagebücher 1914–1916. Philosophische Untersuchungen, Frankfurt 1960.

WOBBERMIN, G., Systematische Theologie nach religionspsychologischer Methode, Band 1: Die religionspsychologische Methode in der Religionswissenschaft und Theologie, Leipzig 1913.

WOLGAST, E., Nationalsozialistische Hochschulpolitik und die theologischen Fakultäten, in: L. Siegele-Wenschkewitz/C. Nicolaisen (Hrsg.), Theologische Fakultäten im Nationalsozialismus, Arbeiten zur Kirchlichen Zeitgeschichte 18, Göttingen 1993, 45–79.

WOLTER, M., Paulus. Ein Grundriss seiner Theologie, Neukirchen-Vluyn 2011.

ZELLER, D., Die Mysterienkulte und die paulinische Soteriologie (Röm 6,1–11). Eine Fallstudie zum Synkretismus im Neuen Testament, in: H.P. Siller (Hrsg.), Suchbewegungen. Synkretismus – Kulturelle Identität und kirchliches Bekenntnis, Darmstadt 1991, 42–61.

ZENKERT, G., Art. Comte, in: RGG^4 (1999) 442f.

ZIMBARDO, PH. G., Psychologie. Hrsg. v. S. v. Hoppe-Graff/B. Keller, Berlin/Heidelberg ^{6}1995.

ZUMSTEIN, J., La grammaire de la haine dans le quatrième Évangile, ETR 91 (2016) 191–203.

Beiträge zum Verstehen der Bibel / Contributions to Understanding the Bible
Prof. Dr. Manfred Oeming und Prof. Dr. Dr. h. c. mult. Gerd Theißen (Heidelberg)

Heinz Janssen
„... es geschah wegen des Zornes JHWHs"
Studien zu Ursprung und Rezeption der unbedingten Unheilsprophetie im Jeremiabuch
Bd. 41, 2019, 408 S., 49,90 €, br., ISBN 978-3-643-14484-3

Karl Börner
Die Ägypten-Worte im Buch Jesaja
Bd. 40, 2019, 304 S., 49,90 €, br., ISBN 978-3-643-14475-1

Manfred Oeming (Hg.)
Das Alte Testament im Rahmen der antiken Religionen und Kulturen
Mit Beiträgen von Jan Assmann, Angelika Berlejung, Filip Capek, Volker Grunert, Ulrich Hübner, Andrea Jördens, Hans-Peter-Mathys, Stefan M. Maul, Manfred Oeming, Diamantis Panagiotopoulos, Joachim F. Quack, Bernd U. Schipper, David S. Vanderhooft und Josef Wiesehöfer
Der Glaube Israels entfaltete sich unter fortwährender Aufnahme, Abwandlung und Abstoßung von längst vorgeprägten Vorstellungen der altorientalischen Religionen und Kulturen. Erst ihre Einbindung in dieses Netzwerk erschließt den vollen Sinn der biblischen Texte. In den Ursprungsmythen, in der Geschichtsschreibung, im Kult, im Recht, in der Poesie, in der Prophetie, im Gebet, in der Liebeslyrik, in der Hofsprache des Königspalastes, in den Weisheitsschulen oder in apokalyptischen Visionen, überall ist deutlich, dass die Literatur Israels weithin eine lokale Ausprägung der altorientalischen Kultur und Religion ist. Der vorliegende Band möchte durch fünfzehn Aufsätze herausragender Fachgelehrter überblicksartig (mit vielen Hinweisen auf Literatur und Internetquellen), aber auch exemplarisch verdeutlichen, wie sehr es für das Verstehen der Bibel auch theologisch notwendig ist, dass die alttestamentliche Exegese mit den Nachbardisziplinen wie Ägyptologie, Assyriologie, Iranistik, Papyrologie oder Gräzistik zusammenarbeitet.
Bd. 39, 2019, 440 S., 49,90 €, br., ISBN 3-643-14392-1

Jacobus Kok; Martin Webber; Jermo van Nes (Eds.)
Drawing and Transcending Boundaries in the New Testament and Early Christianity
vol. 38, 2019, ca. 208 pp., ca. 39,90 €, br., ISBN-CH 978-3-643-91115-5

Christina Risch
Dynamische Manifestation – Die „Präsenz" Christi im Herrenmahl
Diese Studie zeigt auf, dass die in der Geschichte der Exegese oft gestellte Frage nach der Präsenz Christi im Herrenmahl im Prinzip falsch gestellt ist, da die einschlägigen neutestamentlichen Texte diese Frage nicht direkt beantworten. Anstatt dessen liegt die Vorstellung einer „Präsenz" Christi im Herrenmahl den neutestamentlichen Texten indirekt zugrunde, wie vor allem die paulinischen Textpassagen 1 Kor 10, 1-22 und 11,17-34 eindrucksvoll zeigen. Die Studie versucht, sich dieser unausgesprochenen, dem antiken Leser offensichtlich selbstverständlichen Präsenzvorstellung durch eine vorstellungsgeschichtliche Analyse anzunähern. Die Studie schlägt als Ergebnis der Analyse vor, im Hinblick auf antike Präsenzvorstellungen nicht von einer „Präsenz" Christi im Herrenmahl zu sprechen, sondern von einer „dynamischen Manifestation" Christi im Mahlgeschehen, da so die Dynamik und Effektivität des Geschehens begrifflich besser gefasst wird.
Bd. 37, 2019, 200 S., 34,90 €, br., ISBN 978-3-643-14262-7

Viktor Ber (ed.)
Nomos and Violence
Dimensions in Bible and Theology
Bd. 35, 2019, 216 S., 34,90 €, br., ISBN 978-3-643-90997-8

Steven Paas (ed.)
Israelism and the Place of Christ
Christocentric Interpretation of Biblical Prophecy
Bd. 34, 2017, 272 S., 34,90 €, br., ISBN 978-3-643-90981-7

Petr Sláma
New Theologies of the Old Testament and History
The Function of History in Modern Biblical Scholarship
Bd. 33, 2017, 298 S., 39,90 €, br., ISBN 978-3-643-90841-4

Ulrich Kellermann
Elia als Toralehrer und Versöhner
Mal 3,22-24 und das Motiv der Zuwendung der Herzen von Vätern und Söhnen durch Elia im frühen Judentum
Bd. 32, 2017, 192 S., 34,90 €, br., ISBN 978-3-643-13571-1

Monika Szarek
Ehe und Askese
Familienethos bei Paulus und Musonius
Bd. 31, 2016, 272 S., 34,90 €, br., ISBN 978-3-643-13422-6

Gerd Theißen
Veränderungspräsenz und Tabubruch
Die Ritualdynamik urchristlicher Sakramente
Bd. 30, 2017, 454 S., 59,90 €, br., ISBN 978-3-643-13454-7

Gerd Theißen; Lung Pun Common Chan; István Czachesz
Kontraintuitivität und Paradoxie
Zur kognitiven Analyse urchristlichen Glaubens
Bd. 29, 2017, 386 S., 34,90 €, br., ISBN 978-3-643-13324-3

Manfred Oeming; Petr Sláma (Eds.)
A King like All the Nations?
Kingdoms of Israel and Judah in the Bible and History
Bd. 28, 2015, 348 S., 39,90 €, br., ISBN 978-3-643-90674-8

Ruth Huppert
Israel steht auf
Eine Studie zu Bedeutung und Funktion von Ez 37,1-14 im Buch Ezechiel
Bd. 27, 2016, 354 S., 34,90 €, br., ISBN 978-3-643-12746-4

Dennis Solon
Rechtfertigung der Sünder und Solidarität mit den Opfern
Eine befreiungstheologische Auslegung des Römerbriefs
Bd. 26, 2015, 296 S., 34,90 €, br., ISBN 978-3-643-12725-9

Hannelore Jauss
Der liebebedürftige Gott und die gottbedürftige Liebe des Menschen
Ursprung und Funktion der Rede von der Liebe des Menschen zu Gott als alttestamtentlicher Beitrag zur Gotteslehre
Bd. 25, 2014, 624 S., 59,90 €, br., ISBN 978-3-643-12554-5

Kornelia Weber
In Eden und darüber hinaus
Exegetische, archäologische und ikonographische Studien zum Garten im Alten Testament
Bd. 24, 2014, 304 S., 29,90 €, br., ISBN 978-3-643-12505-7

Gerd Theißen
Polyphones Verstehen
Entwürfe zur Bibelhermeneutik
Bd. 23, 2. Aufl. 2016, 520 S., 49,90 €, br., ISBN 978-3-643-12245-2

LIT Verlag Berlin – Münster – Wien – Zürich – London
Auslieferung Deutschland / Österreich / Schweiz: siehe Impressumsseite

Bibel und Ethik

Prof. Dr. Sven van Meegen (DHBW Heidenheim), Prof. Dr. Eberhard Schockenhoff (Universität Freiburg), Prof. Dr. Josef Wehrle (Universität München) und

Josef Wehrle
Der Dekalog
Text, Theologie und Ethik
Der Dekalog, das „Zehnwort", gehört zu den bekanntesten Texten des Alten Testaments. Im Verlauf der Jahrhunderte entstanden unzählige Übersetzungen. Sie weichen oft stark vom hebräischen Originaltext ab. Die vorliegende Interpretation nimmt die Originaltexte als Grundlage. Sie lassen den Dekalog und seine wichtigen Aussagen in einem ganz neuen Licht erscheinen. Die theologische und ethische Relevanz wird transparenter. Die bleibend gültigen Aussagen gewinnen an Profil und Plausibilität. Jeder, der sich mit diesem großartigen Zeugnis Israels und seiner Bedeutung für unsere heutige Zeit befassen möchte, erhält durch die Lektüre dieses Buches fundierte Informationen und Anregungen für den wissenschaftlichen Diskurs, aber auch für die Schule, Erwachsenenbildung und für die Gemeindepastoral.
Bd. 7, 2015, 216 S., 29,90 €, br., ISBN 978-3-643-12855-3

Jorgiano dos Santos da Silva
Füllet die Erde und macht sie euch untertan! (Gen 1,28)
Strukturen einer alttestamentlich begründeten Schöpfungstheologie und deren Konsequenzen für eine biblisch orientierte Umweltethik
Das Thema Ökologie, Umweltethik und Schöpfungsverantwortung gewinnt seit der Umweltenzyklika *Laudato si'* auch im theologischen Bereich zunehmend an Relevanz. Eine theologische Umweltethik ist dann nur möglich, wenn es ihr gelingt, aus sozialethischer Perspektive die biblische Offenbarung zur Schöpfung mit exegetischer Fachkompetenz zu erschließen. Diese Aufgabe zu erfüllen, gilt als Anliegen dieses Buches. Zentrale Schöpfungsaussagen in alttestamentlichen Texten werden herausgearbeitet, gängige Vorurteile oberflächlicher Rezeptionen korrigiert und Perspektiven für die Umweltethik erschlossen.
Bd. 6, 2018, 320 S., 39,90 €, br., ISBN 978-3-643-14171-2

Sven van Meegen; Josef Wehrle (Hg.)
Macht und Ohnmacht in der Bibel
Prof. P. Dr. Otto Wahl SDB zu Ehren
Bd. 5, 2012, 192 S., 19,90 €, br., ISBN 978-3-643-11691-8

Josef Wehrle
Der leidende Mensch und der mitleidende Gott
Ein Beitrag zur Anthropologie und Theologie des Alten Testaments
Bd. 4, 2012, 232 S., 24,90 €, br., ISBN 978-3-643-11520-1

Sven van Meegen
Alttestamentliche Ethik als Grundlage einer heutigen Lebensethik
Ein Beitrag zum interreligiösen Dialog
Bd. 3, 2005, 440 S., 34,90 €, br., ISBN 3-8258-8316-7

Sven van Meegen; Markus Graulich (Hg.)
Menschen – Rechte
Theologische Perspektiven zum 60. Jahrestag der Proklamation der Allgemeinen Erklärung der Menschenrechte
Bd. 2, 2008, 168 S., 17,90 €, br., ISBN 978-3-8258-1494-6

Josef Wehrle; Sven van Meegen (Hg.)
Gottes Wort – unser Leben
Biblische Texte als Grundlage einer lebensbejahenden Ethik
Bd. 1, 2007, 240 S., 24,90 €, br., ISBN 978-3-8258-9350-7

LIT Verlag Berlin – Münster – Wien – Zürich – London
Auslieferung Deutschland / Österreich / Schweiz: siehe Impressumsseite

Altes Testament und Moderne

begründet von Hans-Peter Müller (†), Michael Welker und Erich Zenger (†)
herausgegeben in Verbindung mit Andreas Schüle und Bernd Janowski
ab Band 24 Prof. Dr. Michaela Bauks (Koblenz), Prof. Dr. Ulrich Berges (Bonn),
Prof. Dr. Daniel Krochmalnik (Potsdam), Prof. Dr. Manfred Oeming (Heidelberg)

Alexander Massmann; Christopher B. Hays (eds.)
Deathless Hopes
Reinventions of Afterlife and Eschatological Beliefs
Questions of eternal life and a revolution of the human condition have been a continuing theme in many religions, notably in the Abrahamic faiths. In one way or another, "deathless hopes" continue to play a prominent role in today's public discourses. To understand the current significance of the issue, a thorough grasp of historical dynamics is required. This volume gives a representative overview of prominent traditions in the Hebrew Bible, Jewish Studies, contemporary ethics, theology, and anthropology, but also evaluates common questions afresh, suggesting new perspectives.
Bd. 31, 2018, 202 S., 39,90 €, br., ISBN 978-3-643-91033-2

Lilli Ohliger
Das Narrativ der Schöpfung
Zur Rezeption alttestamentlicher Schöpfungsmythen in ausgewählter neuerer Literatur
Die Bibel war immer schon und ist immer noch Quelle der Kunst, Musik und Literatur und wird auch in neuer Literatur auf unterschiedlichste Weise rezipiert. Diese Arbeit sucht daher nach einem methodischen Zugang, um historisch-kritische Bibelwissenschaft und literaturwissenschaftliche Analyse zu verbinden. Dazu werden die biblischen Schöpfungserzählungen und drei Werke der neueren Literatur (P. Süskind, *Das Parfum*; J. Richter, *Der Anfang von allem*; A. Lightman, *Mr g*), die sich auf unterschiedlichste Weise biblischer Strukturelemente, Themen oder Motive bedienen, analysiert und an ihnen beispielhaft aufgezeigt, wie die Rezeption die jeweiligen Werke beeinflusst.
Bd. 30, 2018, 264 S., 39,90 €, br., ISBN 978-3-643-13902-3

Misook Lim
Königskritik und Königsideologie in Ps 44-46
Eine exegetische Untersuchung zum theologischen Sinn in den kompositorischen „Unterbrechungen" der Psalmen-Trias, gelesen in *lectio continua*, gedeutet nach dem Prinzip der *concatenatio*
Bd. 29, 2017, 296 S., 39,90 €, br., ISBN 978-3-643-13578-0

Aris Margianto
Antike Seelsorge heute?
Studien zum Umgang mit Verlust, Krankheit und Tod im Buch Hiob, in der modernen Seelsorge und bei HIV-Patienten in Indonesien
Bd. 28, 2016, 272 S., 34,90 €, br., ISBN 978-3-643-13028-0

Eva Jenny Korneck
Das Buch Hiob als pädagogisches Konzept
Die Rede von Gottes Allmacht in religiösen Bildungsprozessen
Bd. 27, 2014, 368 S., 39,90 €, br., ISBN 978-3-643-12570-5

Robert Abelava
Le motif de la fragilité de l'homme dans le Psaume 90
Une analyse sémantique et contextuelle
Bd. 26, 2013, 328 S., 29,90 €, br., ISBN 978-3-643-90347-1

Daniel Krochmalnik; Hans-Joachim Werner (Hg.)
50 Jahre Martin Buber Bibel
Internationales Symposium der Hochschule für Jüdische Studien Heidelberg und der Martin Buber-Gesellschaft
Bd. 25, 2014, 392 S., 29,90 €, br., ISBN 978-3-643-12150-9

LIT Verlag Berlin – Münster – Wien – Zürich – London
Auslieferung Deutschland / Österreich / Schweiz: siehe Impressumsseite